Le héros et l'Etat dans la tragédie de Pierre Corneille

Michel Prigent

Le héros et l'Etat dans la tragédie de Pierre Corneille

QUADRIGE / PUF

ISBN 2 13 042175 x
ISSN 0291 0489

Dépôt légal — 1re édition : 1986, mai
1re édition « Quadrige » : 1988, octobre

108, boulevard Saint-Germain, 75006 Paris

Préface

Il y a plusieurs hommes en Michel Prigent. A sa solide formation universitaire — et aussi un peu à l'hérédité — il doit une culture totale, pleinement reliée à ses origines, enracinée dans une tradition nationale et humaine dont les valeurs l'ont fortement imprégné. S'étant tourné vers l'action, il y a développé son sens du réel, le goût d'affronter ce qui résiste, de vaincre et de créer, en même temps que de pratiquer l'art de la parole et de la communication. Il s'est engagé dans cette forme — en principe noble — de l'action que constitue la politique, manifestant perspicacité dans les analyses, fermeté dans les options, courage dans les attitudes, volonté d'entreprendre et aptitude à rassembler. En tous ces domaines, il a su associer l'esprit et le cœur, la lucidité et la passion, la netteté des convictions n'empêchant pas un certain détachement de soi, et un maniement savoureux de la gouaille et de l'humour.

Faut-il considérer l'attachement que Michel Prigent a toujours porté à Corneille comme une autre face de sa personnalité ? Qu'on y voie plutôt ce qui, entre toutes, réalise l'union. En Corneille il a reconnu l'homme qui a profondément assimilé une culture ancienne, avant d'entrer lui-même, comme élément fondamental, dans une nouvelle culture, qui est encore la nôtre. En lui, il a apprécié une pensée forte, tout particulièrement appliquée à saisir les rapports entre la théorie et la pratique, entre les exigences de l'esprit et celles de la volonté. En lui enfin il a trouvé, dans le domaine politique, moins une doctrine toute faite qu'une réflexion sur le rapport entre la politique et l'existence, réflexion servie par une imagination créatrice de personnages et de situations où la pensée rejoint la vie. Partout Corneille lui a donné l'exemple de l'exaltation unie à la lucidité. La sympathie ne pouvait être plus profonde entre l'auteur et le lecteur.

Principe d'un dialogue qui aboutit, de la meilleure façon possible, à une thèse, dont la publication sous forme d'un beau livre et sous la marque des Presses Universitaires de France, établit un lien essentiel, trop rare pour n'être pas salué avec admiration, entre des origines universitaires et une carrière d'éditeur.

Vu de l'Université, Michel Prigent doit être chaleureusement loué d'avoir voulu, tout en prenant une autre voie, compléter la longue série de titres qu'il s'était brillamment acquis par le plus prestigieux de tous, le doctorat d'Etat. Dans cette institution aujourd'hui menacée, il est agréable de voir reconnu un exercice dont la vertu n'est pas seulement de préparer des professeurs à leurs plus hautes tâches, mais de développer en chaque esprit des capacités de critique et de création propres à donner la maîtrise de vastes sujets, et de construire pour le public une science qui, sans cette contrainte précieuse, s'éparpillerait en travaux mineurs ou en essais banals, avec impasse presque inévitable sur les grands problèmes. Un exercice, au demeurant, dont les règles fondamentales peuvent s'appliquer de toutes sortes de manières et donner lieu à la manifestation des talents les plus divers.

Celui de Michel Prigent s'est accompli dans une direction où l'ont engagé ses goûts personnels, mais aussi les conditions de travail que lui imposait son activité professionnelle. Il a dû sacrifier l'érudition, renoncer à la quête du document inédit, de la source révélatrice, sans toutefois rien ignorer des résultats considérables acquis dans ce domaine par la recherche récente. Il s'est essentiellement attaché au texte, au texte complet du théâtre de Corneille, pour en mener une « lecture » personnelle et rigoureuse, essayer de dégager une cohérence interne qui doit nécessairement composer avec les variations introduites par le temps, au long d'une carrière étendue sur quarante années, en une époque où le goût s'est profondément modifié, où les données de la réflexion politique se sont constamment renouvelées : occasion de montrer un Corneille très attentif à son temps, mais aussi très sûr de sa propre pensée. Les limites obligées de la documentation ont ainsi été remarquablement compensées par un puissant effort d'interprétation.

Si Michel Prigent a excellé dans cette tâche, c'est pour avoir compris que chercher à définir purement et simplement la pensée politique de Corneille eût été, sinon poser un faux problème, du moins se placer sur un mauvais terrain. Impossible de traiter de la politique chez un homme de théâtre sans en apprécier la fonction et la finalité — c'est-à-dire sans situer la partie dans le tout qui lui donne son sens. D'où une enquête fondée sur l'emploi de grandes notions dont nous sommes invités à saisir les articulations et à suivre le jeu : celle de politique, évidemment ; mais aussi celle d'héroïsme, axe de l'analyse morale ; enfin celle de tragédie, dont le théâtre de Corneille implique une certaine idée. Toutes notions qui se conjuguent avec d'autres, et qui, en particulier, pour s'élaborer, supposent méditation de l'histoire et regard averti sur le présent. Tenir ainsi à la fois tous les fils de l'écheveau, vouloir reconstituer la démarche authentique d'une création, voilà qui requérait finesse et puissance, rigueur dans l'analyse et sens de la complexité de la vie ; voilà qui donne au théâtre de Corneille un relief nouveau et une force de signification plus précise.

La persistance de ces notions clefs d'un bout à l'autre de ce théâtre en définit la cohérence, et la variété des rapports qui s'établissent entre elles permet d'en caractériser les grandes étapes, puis de dégager l'originalité de chaque pièce particulière. Mais, au-delà de ces analyses très directement appelées par l'orientation de son sujet, Michel Prigent a réussi, par surcroît, à projeter de nouveaux éclairages sur l'œuvre dans son ensemble. Il est des tendances de la critique contemporaine qu'il y aura lieu de reviser. Il est courant aujourd'hui de contester la moralité du théâtre de Corneille, d'y voir, non une école de grandeur d'âme, mais l'exaltation de la grandeur pure, d'une volonté de puissance amorale. Nous serons désormais portés à associer davantage l'héroïsme cornélien à la quête des valeurs. Plus essentiellement encore, c'est le caractère tragique de ce théâtre qui a été souvent mis en question. La Providence ne venait-elle pas au secours du héros et son intervention ne créait-elle pas un climat d'optimisme peu compatible avec l'idée tragique du malheur irrémédiable ? Désormais, nous verrons davantage la présence de la fatalité, nous mettrons l'accent sur les personnages malheureux et souffrants, sur l'expression de la tristesse. L'humanité du théâtre de Corneille, toujours sentie par les connaisseurs, devient plus aisément perceptible.

C'est de toutes sortes de manières que le livre de Michel Prigent manifeste la vitalité persistante de l'œuvre de Corneille. Il en fait découvrir, une fois de plus, l'aptitude à se plier à de nouvelles interprétations. Il en dégage l'actualité durable, en fait valoir les ressources pour conduire une réflexion sur les problèmes de notre temps. Il montre enfin par l'exemple qu'un homme d'action y trouve, sous une forme particulièrement riche, la culture dont il a plus que jamais besoin.

Jean MESNARD.

Remerciements

Cet ouvrage n'aurait sans doute pas vu le jour sans l'influence des deux professeurs de littérature française qui ont déterminé le choix de Corneille et la méthode critique : Jean Prigent et Jean Mesnard. Que l'un et l'autre soient des pascaliens et que leur autorité m'aient conduit sur les chemins de la tragédie politique n'est pas un hasard : l'unité du XVIIe siècle est un facteur essentiel à la cohérence d'une interprétation de la confrontation entre les valeurs de l'héroïsme et la raison d'Etat.

Introduction

Le climat intellectuel et politique du premier XVIIe siècle

Le succès des premières tragédies de Corneille marque l'avènement d'une nouvelle génération et l'apparition d'une sensibilité politique moderne[1]. Le genre tragique commençait à conquérir ou reconquérir ses lettres de noblesse et le public du théâtre s'intéressait, d'une manière ou d'une autre, aux affaires de l'Etat. La simple consultation d'une chronologie présentant le premier XVIIe siècle suffit à montrer que la France est plongée dans une crise politique, institutionnelle, religieuse qui menace l'ordre de la société et la monarchie[2]. Henri IV est assassiné en 1610, mais ce régicide est parfois perçu comme un tyrannicide. Concini devient, en 1611, principal conseiller de Marie de Médicis : la royauté subit la double épreuve d'une régence et d'une minorité. Une révolte nobiliaire éclate en 1614 et Condé sera embastillé en 1616. Concini est assassiné en 1617. Marie de Médicis et Louis XIII se querellent tandis que la guerre contre les protestants est imminente. Richelieu est ministre en 1624, le complot de Chalais éclate en 1626, la ville de La Rochelle capitule en 1628

1. Le texte de cet ouvrage est celui d'une thèse pour le doctorat d'Etat soutenue le 5 juin 1985 à l'Université de Paris-Sorbonne. Le titre de la thèse était *Politique et tragédie dans l'œuvre de Pierre Corneille*.
2. Robert Mandrou, *La France aux XVIIe et XVIIIe siècles*, Paris, PUF, 2e éd. revue et corrigée, 1970, p. 40 sq.

après un long siège. Gaston d'Orléans, Montmorency, Cinq-Mars harcèlent Richelieu qui meurt en 1642, un an après le triomphe de Cromwell en Angleterre. La disparition de Louis XIII entraîne une nouvelle régence, un nouveau ministériat, une nouvelle minorité. Les mêmes causes produisent les mêmes effets : la noblesse de robe et l'aristocratie guerrière pensent à tort que l'heure est venue de soumettre la monarchie à leurs ambitions. Le règne personnel de Louis XIV débute en 1661, un an après la restauration de la royauté en Angleterre. Ce tableau pourrait être plus minutieux et plus approfondi; il amènerait l'historien à la même conclusion : la France est plongée dans une guerre civile qui déchire les consciences et les institutions.

L'histoire contemporaine offre ainsi aux écrivains et aux dramaturges des thèmes, des personnages, des situations que la création littéraire, par allusion ou par allégorie, exploitera d'autant mieux que le public y est naturellement sensible. La politique s'inscrit dans les lettres parce qu'elle est vivante dans les faits. Des textes théoriques, des pièces de théâtre, des recueils divers font apparaître la richesse de cette littérature politique même si la propagande et le pamphlet se substituent souvent à la réflexion et à l'analyse. « Malgré la diversité apparente des sujets et l'élargissement du champ historique, les traités politiques ont constitué un répertoire de thèmes et de personnages repris à travers l'Europe entière de 1560 à 1650 », note, à juste titre, André Stegmann[3]. Ainsi Corneille utilisera-t-il souvent des sources antiques recensées par Mgr Mascardi dont *Dell'Arte historica* et les *Ethicae prolusiones* sont publiées en 1636 et 1639. Ainsi peut-on rappeler plusieurs ouvrages qui posent l'ensemble des problèmes liés à l'exercice du pouvoir : en 1626, l'*Etat chrétien ou maximes politiques tirées de l'Ecriture contre les fausses raisons d'Etat des libertins politiques de ce siècle* de Claude Vaure; en 1630, *Les politiques* de Vincent Cabot; en 1631, *Le Prince* de Guez de Balzac, *De l'autorité des rois* de François de Colomby, *Le ministre d'Etat avec le véritable usage de la politique moderne* de Jean de Silhon; en 1632, *Le conseiller d'Etat, ou recueil des plus générales considérations servant au maniement des affaires publiques* de Philippe de Béthune, *De la souveraineté du*

3. André Stegmann, *L'héroïsme cornélien*, Paris, Armand Colin, 1968, t. II, p. 196.

roi, de son domaine et de sa couronne de Cardin Le Bret; en 1633, *Bibliographia politica* de Gabriel Naudé. Ces quelques références ne constituent ni un recueil de sources ni un recensement de théories. Elles témoignent seulement, et d'une manière partielle, de la diversité des textes politiques dans la décennie qui précède *Le Cid.*

Le public du premier XVIIe siècle que l'histoire immédiate rend attentif aux problèmes politiques est aussi un public cultivé : il reconnaîtra dans les héros de tragédie les modèles ou les antimodèles de la philosophie politique. Les lecteurs et les spectateurs du théâtre de Corneille sont ainsi engagés dans des débats et des polémiques dont l'origine remonte au XVIe siècle, à la découverte de Tacite et de Machiavel. Les travaux d'Etienne Thuau[4] ont montré comment le tacitisme et le machiavélisme ont contribué à former l'esprit public à l'époque de Richelieu. Amelot de La Houssaye, que cite Etienne Thuau, rapproche les deux doctrines : « On ne saurait ni approuver ni condamner l'un sans l'autre, de sorte que si Tacite est bon à lire pour ceux qui ont besoin d'apprendre l'art de gouverner, Machiavel ne l'est pas moins; l'un enseignant comment les empereurs romains gouvernaient et l'autre comment il faut gouverner aujourd'hui »[5]. Le protestant Innocent Gentillet, les jésuites Ribadeneyra et Possevin, le P. Caussin, dans *La Cour Sainte* rééditée quatorze fois du vivant de l'auteur, multiplient les réfutations chrétiennes du machiavélisme, désormais considéré comme une forme du libertinage politique. Si certains assimilent la raison d'Etat à une « raison d'enfer », les partisans de Machiavel ne sont pas chassés pour autant de la scène politique : l'entourage de Richelieu, Naudé, Machon agissent d'une manière systématique pour faire connaître et approuver les thèses du théoricien florentin. La politique doit perdre toute dimension morale ou religieuse : les mécanismes du pouvoir, les équilibres de forces, le « constructivisme » de la raison, l'ébauche du *Léviathan*, tels sont les symptômes de l'étatisme moderne dont la mise en œuvre est contemporaine du théâtre de Pierre Corneille.

4. Etienne Thuau, *Raison d'Etat et pensée politique à l'époque de Richelieu*, Paris, Armand Colin, 1966, p. 88-102.
5. Etienne Thuau, *op. cit.*, p. 53-54.

L'histoire, la philosophie, la vie quotidienne, tout concourait donc à mener Corneille sur les chemins de la tragédie politique. Encore fallait-il que le genre précisât ses ambitions et ses limites, que le dramaturge adoptât ou créât un certain nombre de règles, que le public reconnût dans les personnages du théâtre les héros ou les victimes de la raison d'Etat. Le miracle de la dramaturgie cornélienne fut cette rencontre providentielle d'un public, d'une culture et d'un genre littéraire qui ajoutait aux textes abstraits de la théorie politique une dimension indispensable à l'émotion : la vie et la mort des acteurs sur une scène.

Corneille, théoricien de la tragédie politique

Notre ambition n'est pas de nous interroger sur l'esthétique de Corneille, sur les mécanismes de sa dramaturgie ou sur l'authenticité de son classicisme. Elle consiste, en prenant appui sur les textes mêmes de l'auteur et sur les travaux de René Bray[6], de Jacques Scherer[7], de Jacques Morel[8], de Marie-Odile Sweetser[9], de Jacques Truchet[10], à réfléchir sur la nature de la tragédie politique en répondant à trois questions. Pourquoi la tragédie est-elle nécessairement politique ? Pourquoi la politique relève-t-elle nécessairement de la tragédie ? Quelles sont les conséquences d'une réponse positive à ces deux premières questions sur les options dramatiques de Corneille ?

Sur le plan méthodologique, nous avons préféré regrouper ici l'analyse des textes théoriques du poète afin d'éviter tout risque de dispersion. Les Dédicaces, les Avis au lecteur, les Examens, les *Discours* permettent en effet, si on les embrasse d'un seul regard sans briser leur chronologie, de rassembler les thèmes majeurs, de situer Corneille par rapport à ses prédécesseurs et ses contemporains, de retrouver l'unité de sa doctrine, l'évolution de sa technique et l'originalité de sa création.

6. René Bray, *La formation de la doctrine classique en France*, Paris, Nizet, 1966.
7. Jacques Scherer, *La dramaturgie classique en France*, Paris, Nizet, 1973.
8. Jacques Morel, *La tragédie*, Paris, Armand Colin, 1964.
9. Marie-Odile Sweetser, *La dramaturgie de Corneille*, Genève-Paris, Droz, 1977.
10. Jacques Truchet, *La tragédie classique en France*, Paris, PUF, 1975.

Le poète se situe d'abord face aux Anciens, à Aristote, aux règles. Dans les trois cas, son attitude est identique : la fidélité de l'inspiration autorise la liberté de la création. Le poète a souvent précisé la nature du respect que l'on devait aux Anciens : « Je leur porte du respect comme à des gens qui nous ont frayé le chemin et qui, après avoir défriché un pays fort rude, nous ont laissé à le cultiver »[11]; « Nous pardonnons beaucoup de choses aux Anciens; nous admirons quelquefois dans leurs écrits ce que nous ne souffririons pas dans les nôtres; nous faisons des mystères de leurs imperfections et couvrons leurs fautes du nom de licences poétiques »[12]. Dans l'Avis au lecteur d'*Heraclius*, Corneille revendique « les exemples des Anciens » pour « autoriser » une liberté prise avec l'histoire. Dans la Dédicace à M. de Zuylichem, le poète précise que la comédie héroïque *Don Sanche* est « un poème d'une espèce nouvelle et qui n'a point d'exemple chez les Anciens ». Dans l'Avis au lecteur d'*Agésilas*, Corneille distingue les « règles » des Anciens qui sont « bonnes », de leur « méthode » qui « n'est pas de notre siècle ». Enfin, dans le *Discours de l'utilité et des parties du poème dramatique*, le poète rappelle l'essentiel : « Il faut, s'il se peut, nous accommoder avec elles (les règles des Grecs) et les amener jusqu'à nous. » Bref la fidélité, loin de contraindre à l'esclavage, invite à la modernité. Les leçons que Corneille tire de la lecture d'Aristote conduisent à la même conclusion. L'Avertissement du *Cid* (1648) présente un commentaire complet du théoricien grec : « Ce grand homme a traité la poétique avec tant d'adresse et de jugement que les préceptes qu'il nous a laissés sont de tous les temps et tous les peuples; et bien loin de s'amuser au détail des bienséances et des agréments, qui peuvent être divers selon que ces deux circonstances sont diverses, il a été droit aux mouvements de l'âme dont la nature ne change point. Il a montré quelles passions la tragédie doit exciter dans celle de ses auditeurs; il a cherché quelles conditions sont nécessaires, et aux personnes qu'on introduit, et aux événements qu'on représente, pour les y

11. Corneille, *Œuvres complètes*, t. I, édition de Georges Couton, Paris, Gallimard, 1980, Préface de *Clitandre*, p. 95-96. Nous utilisons l'édition de Georges Couton (t. I et II) jusqu'à *Pertharite* et, pour les textes qui n'y figurent pas, l'édition d'André Stegmann (Paris, Le Seuil, 1963). Nous désignons l'édition de Georges Couton par la référence *OC* I ou *OC* II et l'édition d'André Stegmann par la référence *OC*.
12. *OC* I, p. 386, Dédicace de *La Suivante*.

faire naître; il en a laissé des moyens qui auraient produit leur effet partout dès la création du monde, et qui seront capables de le produire encore partout, tant qu'il y aura des théâtres et des acteurs »[13]. Ce texte n'est pas un alibi mis en avant par le dramaturge plus d'une décennie après la Querelle du *Cid*. Il constitue un plaidoyer en faveur de l'unité du genre tragique, des sujets et des passions de la tragédie. Les *Discours* ne marqueront pas une rupture de Corneille avec Aristote, mais le souci d'intégrer la logique de l'œuvre cornélienne dans la tradition aristotélicienne. Le *Discours de l'utilité et des parties du poème dramatique* rappelle qu'Aristote et Horace ont été victimes de leurs « interprètes », plus « grammairiens » et « philosophes » qu'hommes de théâtre : les arguments de l'expérience et du goût jouent contre une conception abstraite de la critique. Entre l'avis des doctes et le sentiment du public, le choix de Corneille est clair : « Je tâche de suivre toujours le sentiment d'Aristote dans les matières qu'il a traitées, et comme peut-être je l'entends à ma mode, je ne suis point jaloux qu'un autre l'entende à la sienne. Le commentaire dont je m'y sers le plus est l'expérience du théâtre et les réflexions sur ce que j'ai vu y plaire ou déplaire »[14]. D'ailleurs, « le grand succès » du *Cid* s'explique par le respect du principe aristotélicien de la purgation des passions et Corneille ne manque pas de le souligner dans le *Discours de la tragédie*[15]. Enfin, dans le *Discours des trois unités*, Corneille montre que « l'autorité d'Aristote » repose sur « la raison naturelle ». Le théoricien, le dramaturge et le public sont tous sensibles à cette raison naturelle et cette commune sensibilité s'exprime dans le succès d'une pièce de théâtre.

L'attitude de Corneille envers les Anciens et Aristote permet d'interpréter la position du dramaturge face au problème des règles. Georges Couton est ici formel : « La vieille idée d'un Corneille ligoté par les règles et se débattant douloureusement manque de consistance. On ira plus loin : la question des règles ne l'a jamais intéressé profondément »[16]. L'Examen de *Mélite*

13. *OC* I, p. 695-696, Avertissement du *Cid*.
14. *OC*, p. 830.
15. *OC*, p. 831.
16. Georges Couton, *Corneille*, nouv. éd. revue et mise à jour, Paris, Hatier, 1969, p. 152.

révèle que le meilleur synonyme de « règle » est « sens commun » : cette thèse est proche de celle de la raison naturelle. La Dédicace de *La Suivante*, en annonçant la réflexion doctrinale des *Discours*, avait apporté une nouvelle preuve de l'indépendance du poète qui refusait d'être l'esclave des règles et de leur sacrifier « les beautés des événements ». La critique cornélienne a donné acte au dramaturge de cette liberté dans la fidélité : « Corneille n'est pas, comme on l'a dit parfois, un révolté ni même un indépendant. Nulle part il ne rejette le joug des règles. Partout, au contraire, il essaie de se plier à leurs commandements. Il tient à contenter les savants aussi bien que le peuple. Et pourtant il n'a pas pour les règles le fétichisme d'un Scudéry ou d'un Chapelain. Il professe qu'il ne suffit pas d'avoir étudié Aristote pour réussir au théâtre. Il faut d'abord plaire au public. Le critérium de la valeur d'une pièce est donc son succès »[17]. Robert Brasillach privilégie encore davantage la liberté du poète : « Il accepte les règles, discute pour prouver que ses aventures extravagantes se passent bien en un lieu et en un jour : concessions pour qu'on n'aille pas chercher plus loin, pour qu'on lui permette de se livrer en toute sécurité, une fois les apparences sauvegardées, à son travail personnel, à son travail que rien ne peut atteindre, à ce vice impuni, la création »[18]. Jean Schlumberger[19], Marie-Odile Sweetser[20] soulignent l'autonomie de Corneille et sa volonté d'échapper aux carcans. L'*Excuse à Ariste*, parue en pleine Querelle du *Cid*, est sans doute le témoignage le plus noble que le poète ait porté sur son œuvre : le poète y ressemble d'ailleurs étrangement à son héros. L'Avis au lecteur de *Pertharite* et l'Examen de *Théodore* prouvent assez que Corneille reste un homme de théâtre soucieux de plaire à son public et conscient du fait que le public reste, même aux périodes de doute, son meilleur allié.

Mais la liberté de Corneille n'est pas une liberté d'indifférence. Elle est fondée sur une connaissance approfondie des doctes. René Bray rappelle que Corneille a lu Robortello, Vettori, Hein-

17. René Bray, *op. cit.*, p. 109.
18. Robert Brasillach, *Corneille*, Paris, Fayard, 1938, p. 221.
19. Jean Schlumberger, *Plaisir à Corneille*, Paris, Gallimard, 1936, Préface, p. xv et p. 19.
20. Marie-Odile Sweetser, *op. cit.*, p. 49-50.

sius, Castelvetro, Beni. Marc Fumaroli privilégie le P. Tarquinio Galluzzi : « De même qu'il y a une refonte jésuite de l'*Ethique* aristotélicienne dans une perspective catholique, il y a aussi une refonte jésuite de la *Poétique* pour l'adapter aux fins particulières de la dramaturgie édifiante des collèges »[21]. D'une manière plus générale, la création cornélienne s'inscrit dans le renouveau du genre tragique. Encore fallait-il construire la tragédie sur une conception de l'homme dans laquelle le public du siècle reconnaîtrait spontanément ses aspirations et ses inquiétudes. Corneille rencontre un public sensible à l'analyse historique, à la réflexion politique, à l'exemplarité de l'Antiquité. Cela peut donner un cadre à la tragédie. Cela ne lui donne pas nécessairement un contenu ou une signification. L'histoire et la politique peuvent se greffer sur la tragédie. La tragédie peut avoir, à un moment donné, une tonalité historique ou politique.

Quelle est donc l'originalité majeure de Corneille ? Elle est d'avoir pensé que la tragédie était nécessairement politique avant de conclure que la politique était fatalement tragique. Le texte essentiel est ici celui du *Discours de l'utilité et des parties du poème dramatique* qui présente le lien essentiel entre la « dignité » du genre tragique et la mise en scène d'un « grand intérêt d'Etat ». « Lorsqu'on met sur la scène une simple intrigue d'amour entre des rois, et qu'ils ne courent aucun péril ni de leur vie ni de leur Etat, je ne crois pas que, bien que les personnes soient illustres, l'action le soit assez pour s'élever jusqu'à la tragédie. Sa dignité demande quelque grand intérêt d'Etat ou quelque passion plus noble et plus mâle que l'amour, telles que sont l'ambition ou la vengeance, et veut donner à craindre des malheurs plus grands que la perte d'une maîtresse. Il est à propos d'y mêler l'amour, parce qu'il a toujours beaucoup d'agrément et peut servir de fondement à ces intérêts et à ces autres passions dont je parle; mais il faut qu'il se contente du second rang dans le poème, et leur laisse le premier »[22]. L'Etat, forme historique du pouvoir, est donc un élément constitutif de la tragédie. Pour cette raison, l'action de la tragédie sera « illustre, extraordinaire, sérieuse ».

21. *Héroïsme et création littéraire sous les règnes d'Henri IV et de Louis XIII*, Actes du colloque de Strasbourg publiés par Noémi Hepp et Georges Livet, Paris, Klincksieck, 1974, p. 345.
22. *OC*, p. 824.

L'unité d'action est l'unité de péril. Le péril est un péril d'Etat. Ainsi l'unité, contre le sentiment de Corneille lui-même, est-elle respectée dans *Horace* : le meurtre de Camille n'est pas une seconde action, un second péril mais l'expression logique de l'héroïsme politique d'Horace. Laisser Camille en vie était un danger aussi terrible pour Rome que subir la loi des Curiaces. La logique de l'Etat romain, le « grand intérêt d'Etat » voulait qu'Horace tuât sa sœur après avoir tué les Curiaces. De même Théodore devait s'offrir au martyre après avoir échappé à la prostitution car elle était victime d'une vengeance politique et personnelle à laquelle elle n'aurait échappé que par le déshonneur : l'héroïne ne pouvait pas se dérober à son statut de « victime d'Etat ». *Horace* et *Théodore* respectent l'unité d'action, l'unité de péril, si on admet que Corneille est plus un créateur de tragédies politiques qu'un théoricien de la tragédie régulière.

Si l'action tragique met en scène les intérêts d'Etat, elle introduit des personnages qui représentent l'Etat. L'Examen de *Clitandre* montre comment le poète imagine l'intervention d'un « homme d'autorité » sur le théâtre. Auguste dans *Cinna* et Phocas dans *Héraclius* interviennent seulement comme rois : ils n'ont intérêt qu'à la conservation de leur trône ou de leur vie, ils n'ont « l'esprit agité d'aucune passion particulière »; ces héros sont des hommes d'Etat aux prises avec des intérêts d'Etat. Grimoald, dans les trois premiers actes de *Pertharite*, et les deux reines dans *Don Sanche* ne sont pas confrontés à des problèmes d'Etat mais à « l'intérêt d'une passion à suivre ou à vaincre ». Enfin don Fernand, dans *Le Cid*, ne doit résoudre ni des affaires d'Etat ni ses propres affaires : il paraît comme juge d'un différend qui lui reste extérieur. Ces trois cas de figure ne semblent pas les meilleurs à Corneille qui s'éloigne de la définition du sujet tragique telle qu'elle est donnée dans le premier *Discours*. Il faut donc que l'intérêt d'Etat et la passion humaine soient mis en scène simultanément : Corneille refuse de séparer la politique de la tragédie ou la tragédie de la politique. « Il (le Roi) peut paraître comme Roi et comme homme tout à la fois quand il a un grand intérêt d'Etat et une forte passion tout ensemble à soutenir, comme Antiochus dans *Rodogune* et Nicomède dans la tragédie qui porte son nom, et c'est à mon avis la plus digne manière et la plus avantageuse de mettre sur la scène des gens de cette condition, parce qu'ils attirent alors toute l'action à eux et ne manquent jamais d'être représentés par les premiers acteurs »[23]. C'est la confrontation du héros et de l'Etat qui crée l'action tragique.

La politique et la passion donnent ainsi aux personnages une dignité tragique. Ces personnages n'ont de force que si leurs sentiments et leurs actes sont conformes à leur nature et à leur fonction. Sur ce point, Corneille propose une conception des bienséances, une approche de la théorie des mœurs, contraires aux thèses de Scudéry et Chapelain. Les adversaires du poète, pendant la Querelle du *Cid*, avaient condamné l'impudicité de Chimène parce que l'héroïne acceptait de recevoir le meurtrier de son père. Dans ce débat, les doctes sacrifiaient l'essence de la tragédie à sa finalité morale. Corneille, au contraire, choisit toujours la logique de la tragédie contre l'instruction morale. La Dédicace de *Médée* avait fixé, dès 1639, les orientations du poète : « Dans la portraiture il n'est pas question si un visage est beau, mais s'il ressemble, et dans la poésie, il ne faut pas considérer si les mœurs sont vertueuses, mais si elles sont pareilles à celles de la personne qu'elle introduit »[24]. L'Avertissement du *Cid*, en 1648, confirmera cette thèse à propos de Chimène : « Ses mœurs sont inégalement égales, pour parler en termes de notre Aristote, et changent suivant les circonstances des lieux, des personnes, des temps et des occasions en conservant toujours le même principe »[25]. L'unité du personnage autorise la diversité des attitudes, la cohérence psychologique n'interdit pas la variété dramatique. Corneille portera son ambition plus loin encore puisqu'il mettra en scène la prostitution et la monstruosité. Le débat définit le nœud de la tragédie politique : la prostitution dans *Théodore* et la monstruosité dans *Rodogune* sont des affaires d'Etat. Corneille perçoit la difficulté dans l'Examen de *Théodore* : « Ce n'est pas toutefois sans quelque satisfaction que je vois la meilleure et la plus saine partie de mes juges imputer ce mauvais succès à l'idée de la prostitution qu'on n'a pu souffrir, bien qu'on sût assez qu'elle n'aurait point d'effet et que, pour en exténuer

23. *OC* I, p. 103, Examen de *Clitandre*.
24. *OC* I, p. 535, Dédicace de *Médée*.
25. *OC* I, p. 694, Avertissement du *Cid*.

l'horreur, j'aie employé tout ce que l'art et l'expérience m'ont pu fournir de lumières »[26]. Corneille est d'ailleurs moins audacieux que saint Ambroise qui a « fait voir cette vierge dans le lieu infâme ». L'abbé d'Aubignac pourtant ne sera pas convaincu par ces arguments[27]. Mais la condamnation de Corneille au nom des bienséances est une double erreur : par rapport à la « nécessité » du sujet tragique, par rapport à la démonstration politique. Quel est en effet l'enjeu ? Corneille entend sans doute montrer que la mort n'est plus, comme dans *Polyeucte*, l'ultime refuge du héros chrétien. Le pouvoir politique, sachant que la mort et la gloire sont identiques pour le martyr, étend sa tyrannie en interdisant à Théodore de mourir : la prostitution, violation du serment de la vierge et dégradation du corps, prouve la toute-puissance de l'Etat. Valens est ici encore plus cruel que Marcelle. La prostitution est un outil de gouvernement, elle démontre la fragilité du héros en ce monde. Si Corneille y avait renoncé, *Théodore* ne serait ni une tragédie religieuse, ni une tragédie politique.

Le même raisonnement vaut pour *Rodogune*. Corneille rappelle dans l'Examen qu'il ne veut pas faire Cléopâtre méchante « sans nécessité ». La monstruosité de cette « seconde Médée » n'est pas gratuite. Elle exprime la démesure d'une passion politique qui dénature la nature. Dans le *Discours de l'utilité et des parties du poème dramatique*, Corneille propose une interprétation de la bonté des mœurs voulue par Aristote qui témoigne de l'influence des Jésuites : « S'il m'est permis de dire mes conjectures sur ce qu'Aristote nous demande par là, je crois que c'est le caractère brillant et élevé d'une habitude vertueuse ou criminelle, selon qu'elle est propre et convenable à la personne qu'on introduit. Cléopâtre, dans *Rodogune*, est très méchante; il n'y a point de parricide qui lui fasse horreur, pourvu qu'il la puisse conserver sur un trône qu'elle préfère à toutes choses, tant son attachement à la domination est violent, mais tous ses crimes sont accompagnés d'une grandeur d'âme qui a quelque chose de si haut qu'en même temps qu'on déteste ses actions on admire la source dont elles

26. *OC* II, p. 271, Examen de *Théodore*.
27. Abbé d'Aubignac, *La pratique du théâtre*, Amsterdam, 1715, Slatkine Reprints, Genève, 1971, Livre Second, Chapitre Premier : « Du sujet », p. 57.

partent »[28]. Tous les thèmes de l'esthétique cornélienne sont ici réunis : Marc Fumaroli en a fait apparaître les mécanismes et la cohérence[29]. La monstruosité est un effet de la passion politique : Phocas et Rodélinde, parricides en intention, appartiennent à la même famille que Cléopâtre; comme elle, ils sont dominés par la passion du pouvoir. La *libido dominandi* enfante la monstruosité. Supprimer la monstruosité au nom des bienséances constituerait une amputation fatale à la tragédie politique. La logique des choix de Corneille s'affirme ainsi avec netteté : la dignité de la tragédie implique que le poète mette en scène de grands intérêts d'Etat; cette première nécessité interdit au dramaturge de sacrifier le sujet de la pièce à des règles formelles qui limitent et affaiblissent la tragédie. Dans cette querelle liée à la théorie des mœurs, Corneille préfère les bienséances internes aux bienséances externes. Il place donc les exigences de cohérence du sujet ou du personnage au-dessus de l'adaptation du sujet ou du personnage au public. Cette option expliquera celle de Corneille sur le traitement de la vérité historique dans la tragédie.

Ayant défini le sujet de la tragédie et les mœurs des personnages, le poète s'attache à la mise en œuvre des thèmes. Cet approfondissement de sa réflexion le conduit à prendre parti dans le débat sur le vrai et le vraisemblable puis à situer la création tragique comme conservation ou falsification de l'histoire. Robert Brasillach résume excellemment, en deux phrases, le choix du dramaturge : « C'est sur l'invraisemblance du vrai, et sur le plaisir, qu'il faut construire toute théorie dramatique... Car on sent bien que, pour Corneille l'œuvre n'a d'autre loi que sa fatalité intérieure »[30]. René Bray préfère souligner l'isolement du poète : « Aristote disait que le vrai est toujours possible; Heinsius dit que le vrai est toujours vraisemblable : un fait est vraisemblable par le fait même qu'il est vrai. Ce sera ce que Boileau et d'autres avant lui refuseront d'accepter. Ce sera, par contre, de là que Corneille tirera sa théorie de la vraisemblance »[31]. La vérité histo-

28. *OC*, p. 826.
29. Marc Fumaroli, L'héroïsme cornélien et l'idéal de la magnanimité, in *Héroïsme et création littéraire sous les règnes d'Henri IV et Louis XIII*, *op. cit.*, p. 74.
30. Robert Brasillach, *op. cit.*, p. 268.
31. René Bray, *op. cit.*, p. 196.

rique sera préférée à la vraisemblance. La Dédicace de *Médée* fixe la doctrine cornélienne à propos des actions de la tragédie : « Je n'examine point si elles sont vraisemblables ou non, cette difficulté, qui est la plus délicate de la poésie, et peut-être la moins entendue, demanderait un discours trop long pour une épître : il me suffit qu'elles sont autorisées ou par la vérité de l'histoire ou par l'opinion commune des Anciens »[32]. Un personnage de *Clitandre*, Alcandre, avait déjà résumé le sentiment de Corneille :

> Combien la vraisemblance a peu de vérité.
>
> (V, 4, 1468.)

La conception retenue dans la Dédicace de *Médée* se retrouve dans l'Examen d'*Horace* : « Le personnage de Sabine est assez heureusement inventé, et trouve sa vraisemblance aisée dans le rapport à l'histoire, qui marque assez d'amitié et d'égalité entre les deux familles pour avoir pu faire cette double alliance »[33]. Le bonheur de l'invention, le charme de la création trouvent leur légitimité dans un « rapport à l'histoire » qui reste à la discrétion du poète mais qui repose sur la complicité entre Corneille et un public féru de politique romaine. Dans l'Avis au lecteur d'*Héraclius*, Corneille adoptera une thèse maximaliste : « J'irai plus outre, et quoique peut-être on voudra prendre cette proposition pour un paradoxe, je ne craindrai point d'avancer que le sujet d'une belle tragédie doit n'être pas vraisemblable »[34]. L'argumentation de Corneille s'apparente au syllogisme : Aristote ne veut pas qu'un ennemi tue un ennemi, car ce meurtre n'exciterait ni crainte ni pitié et demande que l'action de la tragédie se déroule entre des « personnes proches », qu'un père tue son fils, une femme son mari, un frère sa sœur; or de tels meurtres ne sont pas vraisemblables; ils doivent donc être crus par « l'autorité de l'histoire » ou « l'opinion commune » et le poète ne peut pas « inventer un sujet de cette nature ». Corneille ne conservera pas cette théorie extrême mais il plaidera toujours pour « la liberté du poète » et refusera la tyrannie de la vraisemblance que l'abbé d'Aubignac voudra imposer. Il n'est pas étonnant de voir Corneille reven-

32. *OC* I, p. 536, Dédicace de *Médée*.
33. *OC* I, p. 841, Examen d'*Horace*.
34. *OC* II, p. 357, Au lecteur d'*Héraclius*.

diquer ici une nouvelle fois l'indépendance du créateur contre la soumission aux doctes ou à certains d'entre eux. Il est intéressant de constater que la préférence de Corneille pour un théâtre d'histoire correspond à sa définition de la tragédie et du sujet tragique : le choix de la tragédie politique impliquait le triomphe du vrai sur le vraisemblable. Un théâtre politique qui ne serait pas fondé sur l'histoire et sur la connaissance de cette histoire par le public relèverait de l'utopie : il ne parviendrait ni à émouvoir ni à convaincre. Corneille se sépare de certains doctrinaires du classicisme mais il se rapproche des spectateurs sans trahir sa conception de la tragédie : en ce sens il est plus fidèle à l'esprit classique que ses adversaires.

Où se trouvent en effet les grands intérêts d'Etat, sinon dans l'histoire ? « Le théâtre de Corneille n'est pas un théâtre qui se greffe sur l'histoire; c'est un théâtre d'histoire; non un théâtre qui utilise l'histoire, mais qui la réfléchit »[35]. Serge Doubrovsky, prolongeant cette réflexion, devine dans l'histoire de Corneille, une histoire de philosophe plus qu'une histoire d'historien. Il refuse de se limiter à l'interprétation « allégorique » de Georges Couton et voit dans Corneille un « créateur de mythes ». Enfin il invoque, pour que soit réellement comprise l'histoire cornélienne, la nécessité de recourir à la dialectique hégélienne. Il n'est pas certain que cette rupture méthodologique et épistémologique avec le XVIIe siècle soit indispensable. Il semble au contraire plus opportun et plus fécond, pour étudier le traitement de l'histoire par Corneille, de mettre en œuvre les mêmes principes que dans l'examen des attitudes du poète face aux bienséances et à la vraisemblance : quels sont les textes où le dramaturge a précisé sa pensée ? Comment ces choix sont-ils liés à celui de la tragédie politique ?

Dès la Préface de *Clitandre*, Corneille refuse « de donner un soufflet à l'histoire ». Dans l'Examen du *Cid*, il affirme sa volonté de « ne pas contredire l'histoire ». L'Examen de *Cinna* définit les conditions théâtrales de cette non-contradiction : « Rien n'y contredit l'histoire, bien que beaucoup de choses y soient ajoutées; rien n'y est violenté par les incommodités de la représen-

35. Serge Doubrovsky, *Corneille et la dialectique du héros*, Paris, Gallimard, 1963, p. 268.

tation, ni par l'unité de jour ni par celle de lieu »[36]. Il faut attendre l'Examen de *La Mort de Pompée* pour que Corneille dévoile sa pensée : « A bien considérer cette pièce, je ne crois pas qu'il y en aye sur le théâtre où l'histoire soit plus conservée et plus falsifiée tout ensemble »[37]. Quelle est donc la nature de cette conservation-falsification de l'histoire et à quels critères répond-elle ? La première contrainte est celle des unités de jour et de lieu : « La diversité des lieux où les choses se sont passées et la longueur du temps qu'elles ont consumé dans la vérité historique, m'ont réduit à cette falsification pour la ramener dans l'unité de jour et de lieu »[38]. Le respect des règles « réduit » Corneille à modifier la réalité de l'histoire mais cette falsification est en fait une stylisation plus qu'une déformation : l'histoire n'est pas faussée, elle est mise en scène. La seconde contrainte est d'ordre politique : « J'ai avancé l'âge de Ptolomée, afin qu'il pût agir et que, portant le titre de roi, il tachât d'en soutenir le caractère »[39]. Corneille entend poser le problème de la minorité du prince dans une monarchie mais il s'éloigne de la thèse du *rex puer* chère à Lucain et aux historiens latins à laquelle il oppose la citation d'Hirtius « puer jam adulta aetate »; il rappelle également que Ptolomée est « en état d'épouser sa sœur Cléopâtre » et donne ainsi une force politique et tragique plus grande à la crise de la royauté égyptienne. Enfin, dans la construction du personnage de Cléopâtre, Corneille reste fidèle à la vérité historique en ne retenant pas l'image d'une « femme lascive et abandonnée à ses plaisirs » : « Je trouve, qu'à bien examiner l'histoire, elle n'avait que de l'ambition sans amour et que par politique elle se servait des avantages de sa beauté pour affermir sa fortune. » Cléopâtre est ainsi plus une femme de tête que de sens, elle domine sa sensibilité au lieu d'être soumise à la sensualité : son plaidoyer en faveur d'une restauration héroïque et politique du trône égyptien n'en aura que plus de valeur. Tel est l'enjeu de la conservation-falsification de l'histoire dans *La Mort de Pompée*.

Dans le cas de *Rodogune*, Corneille invoque le respect de la bienséance pour justifier des modifications minimes de l'histoire.

36. *OC* I, p. 910.
37. *OC* I, p. 1074, Examen de *La Mort de Pompée*.
38. *OC*, p. 1075, *ibid.*
39. *OC*, p. 1076, Examen de *La Mort de Pompée*.

Mais cette tragédie, parce qu'elle met en scène un monstre, entretient avec la réalité historique un rapport particulier : « L'ordre de leur naissance incertain, Rodogune prisonnière, quoiqu'elle ne vînt jamais en Syrie, la haine de Cléopâtre pour elle, la proposition sanglante qu'elle fait à ses fils, celle que cette princesse est obligée de leur faire pour se garantir, l'inclination qu'elle a pour Antiochus, et la jalouse fureur de cette mère qui se résout plutôt à perdre ses fils qu'à se voir sujette de sa rivale, ne sont que des embellissements de l'invention et des acheminements vraisemblables à l'effet dénaturé que me présentait l'histoire et que les lois du poème ne me permettaient pas de changer »[40]. Cette thèse est celle du *Discours de la tragédie* : « Il est constant que les circonstances ou, si vous l'aimez mieux, les moyens de parvenir à l'action demeurent en notre pouvoir »[41]. Le code de la falsification est ainsi donné et la place réservée à la liberté du poète interdit de modifier l'essentiel. Corneille n'est pas sur ce point très éloigné d'Aristote : « Or les fables traditionnelles, on ne peut les modifier; je veux dire, par exemple, que Clytemnestre doit être tuée par Oreste et Eriphyle par Alcméon, mais le poète de son côté doit trouver et faire un usage judicieux des données de la tradition »[42]. Aristote écrit εὑρίσκειν et χρῆσθαι καλῶς. Corneille traduit librement par « embellissements de l'invention ». Il faut conserver « les effets de l'histoire », ni plus ni moins. Cette conservation répond à une double nécessité : seule l'histoire peut convaincre ou émouvoir les spectateurs qui resteraient insensibles à la mise en scène d'événements irréels; le public, qui est cultivé, ne comprendrait pas que l'histoire et la politique antiques, dont il connaît la trame, soient bouleversées sans raison par le théâtre.

Encore faut-il que les changements apportés par Corneille aient une signification précise. Quelle est la nature des faits que le poète ajoute ou modifie ? Elle correspond à une volonté de Corneille qui entend préserver la cohérence d'un personnage ou développer un argument politique. Ainsi ni Antiochus, ni Héraclius, ni Nicomède ne sont parricides. N'étant pas parri-

40. *OC* II, p. 196, Dédicace de *Rodogune*.
41. *OC*, p. 836.
42. Aristote, *Poétique*, Paris, Les Belles-Lettres, 1975, 1453 *b*, p. 49.

cides, ils ne sont ni régicides ni même tyrannicides. Les héros sont à l'abri d'un acte barbare qui serait aussi un crime et une faute politiques. L'Examen d'*Héraclius*, l'Examen de *Nicomède* et le *Discours de la tragédie* plaident en faveur de la même conclusion : Corneille ne veut pas compromettre ses héros dans des assassinats qui dénatureraient leur statut de héros et ruineraient leur mission politique. Cléopâtre prendra elle-même la coupe empoisonnée, Exupère assassinera Phocas et ce meurtre lui vaudra d'être appelé « perfide généreux », Prusias ne sera pas assassiné. Lorsque l'histoire elle-même est monstrueuse, le poète tragique n'évitera pas la monstruosité : si Médée ne tue pas ses enfants, si Clytemnestre ne tue pas son mari, si Oreste ne tue pas sa mère, l'histoire et la tragédie n'ont plus de sens. Corneille préfère le vrai au vraisemblable. Pour les mêmes raisons, il préfère la fidélité à l'histoire pour l'essentiel, au risque d'inventer des situations nouvelles. Ici encore, le choix de la tragédie politique implique que le poète adopte, par rapport au classicisme, une position originale. Le public reste d'ailleurs l'arbitre suprême dans l'appréciation des falsifications mineures de l'histoire : « L'auditeur qui communément n'a qu'une teinture superficielle de l'histoire s'offense rarement d'une pareille prolongation qui ne sort point de la vraisemblance »[43]. Cette précision de l'Avis au lecteur de *Sertorius* montre que Corneille joue parfois sur la chronologie mais jamais d'une manière à déformer la compréhension de l'histoire.

Corneille apparaît donc comme un théoricien de la tragédie politique classique. Il est en effet hasardeux de vouloir isoler à l'excès le dramaturge Corneille. Ainsi, l'abbé d'Aubignac a-t-il, sur le problème du tyrannicide, un sentiment fort proche de celui de Corneille : « Je ne crois pas que l'on puisse faire assassiner un tyran sur notre théâtre avec applaudissement, sans de très signalées précautions, comme par exemple, si le légitime héritier se faisait reconnaître, son peuple se pourrait soulever pour le rétablir dans le trône, et se venger des maux qu'il aurait endurés sous la tyrannie d'un usurpateur; mais la seule usurpation contre la volonté des sujets ne serait pas assez considérable pour faire mourir sans quelque horreur un souverain par la main des

43. *OC*, p. 620.

rebelles »[44]. Le dénouement de *Pertharite* est en deçà des critères autorisés par l'abbé d'Aubignac. La lettre de Balzac à Corneille sur *Cinna* avait déjà montré que, sur le problème de l'imitation, qui rejoint indirectement celui de la fidélité à l'histoire, les règles de l'art l'emportaient sur l'art des règles : « L'Empereur le fit consul et vous l'avez fait honnête homme : mais vous l'avez pu faire par les lois d'un art qui polit et orne la vérité, qui permet de favoriser en imitant, qui quelquefois se propose le semblable et quelquefois le meilleur »[45]. René Bray souligne la place exacte de Corneille dans le classicisme : « L'Académie, Chapelain, Scudéry, La Mesnardière et d'Aubignac sont d'accord sur toutes les grandes questions. Le seul dissident est Corneille dont l'opposition d'ailleurs ne touche pas au fond de la doctrine »[46]. Corneille revendique la liberté dans l'interprétation des règles et non la liberté contre les règles. Selon l'excellente formule de Jacques Scherer, il est plus « novateur » qu' « excentrique » : « La dramaturgie lui doit surtout une volonté de renouvellement qui a rarement été égalée, et une œuvre de théoricien d'une clarté et d'une pénétration que nul n'a dépassées de son temps »[47]. Qu'il s'agisse de la fidélité aux Anciens et à Aristote, de l'unité d'action définie comme unité de péril, des bienséances, de la vraisemblance, de l'histoire, Corneille préfère toujours la logique de l'œuvre et la logique du théâtre à la logique des règles. Sa conception du genre tragique, dont la « dignité » exige la mise en scène des intérêts d'Etat, le conduit à puiser dans l'Antiquité et chez les doctes les instruments d'un théâtre politique moderne où le public du XVIIe siècle retrouve en même temps sa culture et son époque. Il faut plaire et convaincre. Plaire, car l'agrément est plus important que la finalité morale. Convaincre, car la tragédie politique est un instrument d'interprétation de l'histoire. Corneille n'avait peut-être pas une vocation de théoricien. Ses adversaires le contraindront à préciser sa pensée sans que jamais le poète ne s'enferme dans un système. Corneille est un théoricien de la tragédie politique classique mais la théorie reste un outil au service de la création et du public. Notre seule ambition était ici de mon-

44. Abbé d'Aubignac, *op. cit.*, p. 63.
45. Cité par René Bray, *op. cit.*, p. 151.
46. René Bray, *op. cit.*, p. 358.
47. Jacques Scherer, *op. cit.*, p. 430.

trer que la tragédie politique inventée par Corneille pouvait s'interpréter par la confrontation des textes sans chercher, ni trop avant ni surtout trop après le XVIIe siècle, une « grille de lecture » idéologique.

Politique et tragédie du Cid *à* Suréna

La politique et la tragédie relèvent l'une et l'autre d'un même ordre, celui de la grandeur. La notion de grandeur est en effet un thème majeur chez Corneille : Rodrigue est grand dans le succès, Auguste grand dans le pardon, Cléopâtre grande dans la haine, Œdipe grand dans le malheur, Sophonisbe grande dans la défaite, Eurydice et Suréna grands dans la mort. L'univers cornélien est avant tout celui de la grandeur, même lorsque le héros succombe, car il est fondé sur des valeurs et non sur des forces. La grandeur et la valeur ne se mesurent pas en termes d'échec et de réussite car leurs principes n'appartiennent pas au monde de la matière. La critique a eu raison d'insister, après Péguy, sur la notion de famille pour lier les uns aux autres les héros de Corneille. Cette notion implique une distinction des êtres en fonction de leur race et de leur rang, donc une domination de la nature des personnages : les héros restent, quoi qu'il arrive, des héros, ils ne peuvent pas déroger. Il en est de même pour les médiocres et pour les esclaves : Prusias ressemble fâcheusement à Félix, le Martian d'*Othon* est l'héritier de l'Euphorbe de *Cinna*. Les sujets, l'action, les personnages, tout conduit à embrasser d'un seul regard l'ensemble du théâtre cornélien.

La critique ne s'y est pas trompée qui propose, depuis Brasillach et Schlumberger, des travaux s'attachant à interpréter, sous un angle ou sous un autre, la totalité de l'œuvre. Jacques Truchet plaide avec raison pour l'unité d'inspiration de Corneille : « Il existait bel et bien une politique de la tragédie qu'explique, semble-t-il, la rencontre entre deux éléments : d'une part les doctrines et réalités de l'Ancien Régime, de l'autre la volonté de créer un théâtre spectaculaire... Corneille est poète dans *Suréna* comme il l'avait été dans *Le Cid* et il n'a jamais cessé de faire des expériences poétiques nouvelles »[48]. Après l'unité de thèmes et

48. Jacques Truchet, *op. cit.*, p. 106 et 114.

l'unité de moyens, l'unité dramaturgique : « L'unité de l'œuvre est organique, diffuse à travers tout le théâtre, par-delà les différences de genres. Elle consiste dans la reprise de schémas, de situations, de types relativement simples mais combinés chaque fois de façon différente, dans la production d'effets et d'émotions reconnaissables d'une pièce à l'autre, mais combinées elles aussi de diverses manières »[49]. L'unité est aussi celle d'une éthique de la gloire : « Corneille a appliqué les mêmes règles de conduite à ses amoureux, à ses héros, à ses hommes d'Etat, à ses politiques, à ses rois, à ses martyrs. Il les a tous orientés vers un même but : la gloire. De là l'unité si solide de son théâtre, l'air et l'esprit de famille de tous ses personnages, le dynamisme de la foi cornélienne. Que cette gloire ne soit point située en même lieu, c'est évident : elle n'entraîne pas moins pour tous une égale conviction »[50]. Serge Doubrovsky attribue l'unité de ce théâtre à une obsession : « La construction du héros que jansénistes ou pessimistes mondains de la seconde moitié du siècle s'emploieront à démolir »[51]. Cette remarque ne manque pas de justesse. Fallait-il pour autant interpréter cet héroïsme dans le cadre d'une philosophie de l'histoire qui n'ajoute ni n'explique rien ? « La maîtrise cornélienne, portée tout entière à incarner la subjectivité noble dans le mouvement même de l'histoire, appartient à une autre lignée que Nietzsche : celle qui, passant par la philosophie hégélienne, se termine dans l'entreprise marxiste »[52]. Ainsi ne nous semble-t-il guère indispensable de comparer les « prophéties » de Livie à celles de Marx et les « crimes » d'Auguste à ceux de Staline[53]. Les intuitions, souvent justes, du critique ne gagnent rien à se fondre dans un modèle d'explication chronologiquement absurde. La même prudence doit s'appliquer aux analyses de Bernard Dort qui s'inspire des thèses de Lucien Goldmann sur l'interprétation du jansénisme comme reflet d'un milieu et d'une classe, celle des officiers, et qui propose une explication sociopolitique peu convaincante de l'échec du héros : « Sans doute un

49. Marie-Odile Sweetser, *op. cit.*, p. 255.
50. Octave Nadal, *Le sentiment de l'amour dans l'œuvre de Pierre Corneille*, Paris, Gallimard, 1948, p. 306.
51. Serge Doubrovsky, *op. cit.*, p. 29.
52. Serge Doubrovsky, *op. cit.*, p. 501.
53. Serge Doubrovsky, *op. cit.*, p. 220.

tel échec est-il celui du groupe social auquel appartenait Corneille, de cette bourgeoisie de robe séduite par la noblesse au point de se perdre avec elle dans la Fronde sans pour autant obtenir, en compensation, le droit à la cour »[54]. Cette « sociologisation » de Corneille a deux inconvénients : d'une part, elle risque de conduire à un contresens politique en oubliant que le poète a toujours été un partisan de la monarchie, que jamais dans son œuvre la rébellion n'est légitime; d'autre part, elle fait apparaître une confusion entre la grandeur et la force et fait preuve d'un réductionnisme contraire à la diversité des valeurs cornéliennes. Suréna n'est pas une victime de la lutte des classes au XVIIe siècle. Enfin, l'argumentation que Gérard Ferreyrolles a développée, à propos de Pascal, contre les hypothèses de Lucien Goldmann souligne le danger de privilégier arbitrairement des similitudes de situation sociale et de tomber dans les pièges du « constructivisme » idéologique[55].

Les tentatives de biographie intellectuelle d'André Stegmann et les propositions de critique historique de Georges Couton sont sans doute plus fécondes. Elles sont à tout le moins indispensables pour retrouver le climat dans lequel s'est développée l'œuvre de Corneille. Octave Nadal n'est guère convaincu par l'utilité des informations, au demeurant fort rares, que nous avons sur la vie du poète et reste prudent devant « les échafaudages d'analogies » construits par la critique des sources[56]. Le panorama d'André Stegmann est cependant fort opportun pour situer Corneille : « En dépit de la maigre moisson de certitudes nouvelles, cette analyse biographique devrait surtout contribuer à mieux établir les bornes d'une interprétation de Corneille au regard de son temps. Sans épouser les opinions politiques ou littéraires de Balzac, d'Aubignac ou Rotrou, étranger aux événements de la cour et des salons, apparemment pas marqué par les dramaturges rivaux, fidèle aux jésuites qui l'ont éduqué, bien informé de ce qui se passe aux Pays-Bas et en Italie, Corneille va rencontrer dans la bibliothèque de l'honnête homme des ouvrages de grande diffusion européenne qui, mieux que les

54. Bernard Dort, *Corneille dramaturge*, Paris, L'Arche, 1972, p. 163-164.
55. Gérard Ferreyrolles, *Pascal et la raison du politique*, Paris, PUF, 1984, p. 35 à 50.
56. Octave Nadal, *op. cit.*, p. 13-14.

événements contemporains, expliquent le choix de ses sujets et sa vision tragique. C'est entre 1640 et 1645 qu'il semble en avoir fixé les traits essentiels. Pour le choix des sujets, la lecture de Baronius, Paul Diacre et Flavius Josèphe prépare l'œuvre future. La pensée, nourrie d'ouvrages de philosophie politique et de spiritualité, semble avoir trouvé ses assises psychologiques quelque peu auparavant, mais la fixation concrète d'un sujet tragique entraînera Corneille à une lutte constante avec lui-même et à une évolution qui subira assez fortement l'influence des vues nouvelles, notamment celles de La Rochefoucauld et des milieux précieux »[57]. Dans le domaine de l'histoire des idées comme dans celui des structures sociales, il ne faut pas confondre coïncidence et causalité, mais il est souvent opportun de retrouver ici ou là, en filigrane, un thème capable d'éclairer une réalité littéraire. Il en est de même pour l'attention à l'influence qu'exerce sur Corneille l'histoire contemporaine. Georges Couton a ainsi proposé une reconstruction séduisante de l'évolution de la pensée politique du dramaturge : « *Le Cid* expose une situation militaire dont l'analogie avec la situation française est bien visible »[58]; *Cinna* correspond à une volonté de briser, par la clémence, le cycle infernal des complots et de la répression : la reine de *Don Sanche* a quelques traits d'Anne d'Autriche; la gloire militaire et le loyalisme monarchique rapprochent Nicomède et Condé; *Pertharite* est sans doute une condamnation de Cromwell; *Sertorius* rappelle que, dans les guerres civiles, la fidélité à un choix compte plus que le choix lui-même; après *Othon*, les ministres envahissants, les frères turbulents, les sujets encombrants, les grandes dames politiques sont aussi nombreux à la scène qu'à la cour. Seul *Suréna* — Georges Couton a la prudence de le rappeler — constitue un « anachronisme » dans l'ordre nouveau[59]. Cela ne signifie pas que l'histoire des règnes de Louis XIII et Louis XIV offre des clés. Le théâtre de Corneille n'est pas l'expression scénique de la vie politique du XVIIe siècle et le réductionnisme historique est aussi dangereux que le réductionnisme sociologique. Il reste que les allusions et les analogies étaient sensibles au

57. André Stegmann, *op. cit.*, t. I, p. 10.
58. Georges Couton, La pensée politique de Pierre Corneille, *Corneille*, Paris, *Europe*, 1974, nº 540-541, p. 59.
59. *Ibid.*, p. 70.

public de l'époque et ne peuvent être ignorées du lecteur d'aujourd'hui. Bref, les grilles d'analyse extérieures au texte et à son environnement ne sont pas les meilleures. En particulier, les approches hégélienne et marxiste ne sont sans doute pas les plus positives. L'attention aux sources, au contexte et surtout à l'œuvre elle-même est à notre avis la méthode la plus prudente ou la moins équivoque.

Deux principes guideront ici notre méthode critique. Le premier s'inspire de l'analyse pascalienne de la contradiction : « Pour entendre le sens d'un auteur, il faut accorder tous les passages contraires »[60]. La fidélité à ce principe doit permettre d'interpréter la diversité des opinions politiques défendues dans la tragédie en fonction de la position, dans l'ordre social et le champ tragique, de chaque personnage. Ainsi les propos excessifs de don Gomès ne condamnent évidemment pas la monarchie mais la démesure aristocratique : ces propos perdent beaucoup de leur portée puisqu'au moment même où ils sont prononcés ils sont affaiblis par la mort prochaine du Comte qui se croit à tort irremplaçable et qui sera « remplacé » par Rodrigue, héros authentique, sujet plus loyal. Suréna, héros réellement irremplaçable, sujet réellement loyal, ne prononce pas, contre Orode, les phrases subversives que don Gomès avait formulées contre don Fernand. Pourtant sa disparition sonnera la double mort de l'ordre héroïque et de l'ordre politique. Les mots que prononce don Gomès sont faux. Les mots que ne prononce pas Suréna sont vrais. Avant de ranger Corneille sous la bannière de tel ou tel clan, il convient de prendre ses distances avec la scène, de ne pas proposer des conclusions qui expliqueraient une pièce, un personnage, une situation mais qui ne s'intégreraient pas à l'ensemble de l'œuvre. Marie-Odile Sweetser souligne à cet égard la nécessité de chercher l'unité d'interprétation dans le texte : « Il existe certes une cohérence interne du théâtre cornélien, mais elle ne dépend pas de celle d'un système philosophique ou éthique emprunté »[61]. En ce sens, les travaux de Germain Poirier soulignent le danger d'appliquer à une seule fraction de l'œuvre

60. Pascal, *Œuvres complètes*, Paris, Editions du Seuil, p. 533, Papiers classés, XIX : Loi figurative, fragment 257.
61. Marie-Odile Sweetser, *op. cit.*, p. 46.

un système extérieur : « L'histoire commence avec *Horace*, se poursuit avec *Cinna*, s'achève avec *Polyeucte* : le Prudent devra marcher longtemps sur un chemin qu'il lui faudra inventer en marchant. Avec le Valère d'*Horace*, il connaîtra la jubilation de la victoire; avec le Maxime de *Cinna*, la confusion de l'erreur; avec le Sévère de *Polyeucte*, l'amertume de l'échec; mais, à aucun moment de sa carrière, le héros plein de « réserve » n'oubliera la leçon de la Sagesse antique : pas de Piété sans Prudence; pas de Prudence sans Piété »[62]. Comme Jacques Maurens, Germain Poirier s'arrête après *Polyeucte*. Si leurs thèses avaient été appliquées à l'ensemble de l'œuvre, elles seraient peut-être plus convaincantes : les vertus romaines n'expliquent pas la diversité des tragédies. Le second principe, après la référence pascalienne, est de respecter la chronologie : « Ses œuvres se déduisent les unes des autres, se complètent, se balancent d'une manière si révélatrice que nous les suivrons autant que possible dans leur ordre chronologique »[63]. Ce choix présente trois avantages : le premier est d'intégrer la création cornélienne dans l'histoire du siècle et dans sa richesse politique, le second de suivre les phénomènes d'usure, de vieillissement, de dégradation sans les interpréter, bien au contraire, comme les signes d'un déclin du poète mais pour mesurer l'effet du temps dans la suite des tragédies, le troisième de reconstituer, à travers l'évolution d'une rhétorique consciente, l'évolution du système de valeurs cornélien dont l'écho déformé ou inversé de Tite à Auguste reste un exemple célèbre[64]. La finesse des analyses et des allusions de Georges Couton est souvent due à la fidélité chronologique qui prolonge le souci d'« accorder tous les passages contraires » : telle situation politique ou tragique ne relève pas de la même interprétation selon qu'elle se situe à tel ou tel moment de l'œuvre. L'attention à ces deux principes critiques nous a conduit à une intuition, à une hypothèse dont le présent ouvrage tente de vérifier le bien-fondé.

62. Germain Poirier, *Corneille et la vertu de la prudence*, Genève, 1984, p. 12.
63. Jean Schlumberger, *op. cit.*, p. 17.
64. Je suis maître de moi comme de l'univers.

(*Cinna*, V, 3, v. 1696.)

Maître de l'univers sans l'être de moi-même.

(*Tite et Bérénice*, II, 1, v. 407.)

Quelle est cette intuition ? Quelle est cette hypothèse ? Comment peuvent-elles être éprouvées ou vérifiées ? Les textes théoriques de Corneille montrent pourquoi la tragédie est nécessairement politique. *Clitandre* et *Médée* posent les premières questions mais Corneille ne rencontre son vrai public qu'en 1636 avec *Le Cid*. *Le Cid* est un triomphe parce qu'il est une genèse. Genèse d'un ordre héroïque qui conquiert sa liberté grâce à la nature mais aussi contre la nature. Genèse d'un ordre historique et politique qui résout, grâce au temps, les contradictions des personnes et des situations. Genèse d'un monde à l'image des finalités de la Providence qui impose l'épreuve tragique pour mieux éviter l'impasse tragique. Le dénouement du *Cid* laisse au spectateur — voire au héros — l'impression d'une victoire intérieure qui place les valeurs héroïques sous la protection du « temps », de la « vaillance », et du « roi »[65]. Que reste-t-il, trente-huit années plus tard, de cet univers providentiel ? Le temps est devenu une force d'usure, de compromission, de suspicion, de dénaturation : le temps n'est plus rédempteur, il est, au sens originel du terme, catastrophique. La marche du temps offrait à Rodrigue, dans un monde ouvert, chance après chance. La marche du temps condamne Suréna, dans un espace fermé, à l'étouffement. La vaillance n'est plus une valeur, mais un crime : le héros n'a plus le droit d'être héroïque. Symboliquement, l'assassinat politique anonyme remplace le duel : l'épée de Rodrigue tuait don Gomès — c'était un affrontement entre pairs —, trois flèches inconnues abattent Suréna — c'est une élimination ténébreuse. Le roi enfin a changé. Don Fernand n'était certes pas un grand souverain mais il connaissait sa fonction historique, sa mission providentielle. Il accompagnait de son autorité naissante la genèse du monde héroïque. Orode et Pacorus se partagent — comble du scandale dans une monarchie — un pouvoir négatif destiné à écraser le sujet, même et surtout si celui-ci est loyal : le roi était un allié, il est devenu un ennemi. L'histoire sauvait Rodrigue. La politique condamne Suréna. Le temps, la vaillance, le roi sont, en 1674, des valeurs négatives. La grandeur n'abandonne pas pour autant la scène mais la scène sera muette désor-

65. *Le Cid*, V, 7, v. 1840.

mais : le dernier silence de Corneille, dix ans avant sa mort, est celui de la mort du héros. *Suréna* est la figure inversée du *Cid* : pourquoi la tragédie politique a-t-elle subi cette « modification » ? Telle est la question qui porte notre réflexion. Nous avons, du *Cid* à *Suréna*, l'intuition d'une modification. Quelle hypothèse peut donner un sens à ce changement ?

Comment est-on passé d'une complémentarité providentielle entre le héros et l'Etat à une incompatibilité essentielle ? Le « grand intérêt d'Etat » utile à Rodrigue, indispensable à Horace, devient mortel pour Suréna. Le héros a-t-il changé ? L'Etat a-t-il changé ? Où se situe la vision tragique ? Il serait hasardeux d'avancer une définition du tragique cornélien avant d'examiner toutes les tragédies. Il n'est pas interdit de réfléchir autour d'une impression : le dénouement du *Cid* invite à l'espérance, la mort de Suréna suscite le pessimisme. Dans un cas comme dans l'autre, l'attitude du héros est aussi singulière qu'exemplaire, mais l'unanimité ne se fait plus sur un même système de valeurs. Rodrigue a besoin de don Fernand qui a besoin de Rodrigue. Orode croit pouvoir exécuter Suréna dont la mort sera fatale aux Parthes. Dans *Le Cid* le héros prolonge son action dans l'histoire et par l'Etat. Dans *Suréna* l'histoire, dégradée en politique, et l'Etat, dégradé en tyrannie, éliminent le héros. La tragédie est politique parce que la politique est tragique, au sens où le tragique signifie l'écrasement de l'homme par une force qui lui est supérieure. Cette première conclusion, qui prolonge la réflexion du poète lui-même, sur le sujet et la nature de l'action dans ses tragédies, souligne que la vision cornélienne du monde est, dans une perspective historique, tragique. Mais, si la victime est Suréna, il faut chercher le coupable. En d'autres termes, qui a donné la force et la volonté de tuer à Orode et Pacorus ? Qui a créé l'Etat meurtrier ?

Il convient ici de méditer sur la nature de l'héroïsme. L'acte héroïque est un moment, un instantané dont la continuité relève de la répétition. Polyeucte, comme Rodrigue, s'exclame :

> Je le ferais encore si j'avais à le faire.

En ce sens, l'héroïsme relève moins d'une philosophie dialectique que d'une conception cyclique de l'histoire. Mais le héros court le danger de s'exténuer dans la répétition d'un acte qui exige une tension de tout son être. Il faut donc que l'acte héroïque soit un acte fondateur. Don Diègue croyait à tort que la noblesse du sang le mettait à l'abri du déshonneur : il découvre vite les limites d'un ordre fondé sur le passé et soumis à la subversion de chaque instant. La mort du Comte lave l'affront, mais l'affront a eu lieu. Il ne suffit pas d'avoir été héroïque. Il ne suffit pas non plus de l'être. Il faut que l'acte héroïque préserve, dans l'avenir, le héros de toute mauvaise surprise. Auguste affirme la double maîtrise de sa personne et de l'univers mais il réclame aussitôt le secours du temps, de l'histoire. De même Horace était sauvé par l'Etat : Rome innocentait le meurtrier de Camille et Tulle ne rappelait pas sans raison que l'Urbs était fondée sur le meurtre de Remus. Horace parricide est justifié par Romulus parricide : pour la seconde fois, Rome absout un assassin. La logique de l'héroïsme enfermait Horace dans un statut de meurtrier. La logique de l'Etat romain garantit son salut comme Auguste est assuré d'être à l'abri des mauvais coups du destin. En un mot, le héros a besoin du temps pour que l'instant héroïque soit la figure de l'éternité. Le dernier vers du *Cid* est révélateur : sans le temps, tout est perdu. Le héros n'est plus un héritier mais un fondateur : les valeurs de Rodrigue, fils de don Diègue, sont un héritage; les valeurs du Cid, vainqueur des Mores, sont un engagement. Ce temps n'est pas neutre. Ce temps est celui de l'histoire : Corneille n'a pas sans raison mis en scène la Rome royale, républicaine, impériale. La dignité du genre tragique donne au héros une place éminente dans l'ordre social, celle du prince ou de premier sujet. Elle implique également la présence de l'Etat. Le temps ouvert devant le héros est donc une histoire. Cette histoire est naturellement celle de l'Etat. En demandant l'aide du temps et de l'histoire pour conserver l'héroïsme, le héros a construit l'Etat : que serait Horace sans l'Etat ? Un criminel de droit commun. Que devient Horace avec l'Etat ? Un héros exemplaire. Donc l'Etat sauve et dénature en même temps l'héroïsme. Que serait Rodrigue sans les Mores ? Un bretteur passionné. Que devient Rodrigue grâce aux Mores ? Un héros d'Etat meilleur que sa victime.

L'acte héroïque, par sa singularité, condamne le héros à la solitude, à l'exercice solitaire et infini de l'héroïsme. Il est révélateur que Polyeucte veuille, par son acte iconoclaste, gagner la vie éternelle : il veut échanger un instant d'héroïsme contre une éternité de gloire. Il veut éviter que l'héroïsme soit remis en cause. Voilà la grandeur chère à Corneille : la grandeur du héros fonde la grandeur de l'histoire et de l'Etat. L'Etat est une créature du héros. Jusqu'à présent, le tragique politique est inconnu dans l'univers cornélien : seul Polyeucte affronte l'Etat. Rodrigue, Horace, Auguste sont des pionniers de « l'étatisme »[66] et, dans leur cheminement, le tragique est une étape nécessaire à la domination de leur nature. Mais, de même que l'âge réservait une mauvaise surprise à don Diègue, l'Etat devient peu à peu une force de contestation de l'héroïsme. La raison d'Etat et le machiavélisme entrent en scène avec *La Mort de Pompée* dont la première expression est un conseil de cabinet destiné à préparer l'assassinat d'un héros. Corneille, qui n'a pas appris pour rien la *ratio studiorum*, multiplie les cas de figure : le prince est légitime, le prince est un usurpateur, les parricides d'Etat sont nombreux, les valeurs naturelles et amoureuses sont sacrifiées, l' « obscure clarté » du *Cid* dégénère en obscurité totale, la raison et la volonté ne sont plus dans le même camp. Les épreuves et les contre-épreuves politiques se répètent jusqu'à *Suréna*. L'histoire s'est dénaturée en politique. Le pouvoir, qui était une mission pour Auguste, est devenu une fonction pour Orode. L'héroïsme était fondé sur la nature. L'Etat apparaît comme une anti-nature. Le tragique politique est à l'œuvre : la tragédie naît de l'affrontement entre le héros et l'Etat. L'Etat remercie son créateur en l'assassinant. Pourquoi ? Parce que la singularité de l'héroïsme est un scandale pour le Léviathan. Ce Léviathan est un « homme artificiel » créé par l'homme à l'image de l' « homme naturel » : l'Etat est donc une force imitée de la nature mais contraire à la nature[67]. Le *Léviathan* paraît en 1651 pour le texte anglais et 1668 pour le texte latin. Il ne s'agit pas de proposer un parallèle — dont la démonstration serait fort délicate tant pour des raisons chronologiques que sur le plan conceptuel — entre Corneille et Hobbes mais de constater que l'Etat moderne est perçu comme une création artificielle de

66. Au sens d'Etienne Thuau, *op. cit.*, chap. V, p. 166 sq.
67. Hobbes, *Léviathan*, traduction de François Tricaud, Paris, Sirey, 1971, p. 5.

la nature humaine. La notion de contrat est étrangère à l'univers cornélien mais le héros devient tragique en étant la victime de l'Etat. La tragédie naît de l'affrontement entre la grandeur du héros et la grandeur de l'Etat. La politique, omniprésente et toute-puissante, ne tolère plus la présence du héros. Tite et Pulchérie, qui sont en même temps héros et souverains, mourront sans descendance, preuve que la race des héros disparaît. Suréna, qui est né sujet, mourra victime du prince.

L'évolution de Corneille se développe autour d'un renversement de perspective. Du *Cid* à *Polyeucte*, l'ordre héroïque et l'ordre politique se construisent simultanément. De *La Mort de Pompée* à *Pertharite*, toutes les valeurs de la nature et de l'héroïsme sont soumises à une véritable subversion politique : le tragique prend pour forme le désordre ou la confusion des ordres. D'*Œdipe* à *Suréna*, le héros quitte lentement la scène de la tragédie qui est envahie par l'Etat. Il n'est pas exclu de retrouver cette évolution dans l'histoire du siècle : la domination aristocratique, la Fronde, le règne personnel de Louis XIV. Les travaux de Georges Couton sont ici très précieux. Quant à la désaffection progressive du public, qu'il ne faut d'ailleurs pas exagérer car elle correspond au déclin de la tragédie, elle peut alors s'interpréter par un désintérêt à l'égard d'un héros victime de son pari sur l'histoire.

Telles sont la méthode et la trame de cet ouvrage. Elles reposent sur une attention constante au texte des tragédies. Elles refusent le moindre détour par des idéologies ou des doctrines extérieures à la culture et à l'univers de Pierre Corneille. Elles impliquent un jeu et un renvoi permanents entre toutes les notions cornéliennes, une confrontation systématique entre les situations, les sentiments et les idées. Notre intuition et notre hypothèse ne sont, pour l'instant, que les guides de la recherche critique. Corneille ressemble à son héros : il n'est pas entré en tragédie comme on entre en religion. Il a mis en scène le mouvement naturel des passions et de la raison qui n'exclut pas la démesure dont la conséquence reste la construction de l'Etat. La catastrophe de *Suréna* n'est sans doute pas un effet pervers de l'enthousiasme du *Cid*. Le grand mérite de Corneille, penseur politique et tragique, est d'avoir utilisé toutes les ressources de la dramaturgie pour donner vie aux explications des ouvrages historiques. Cela ne signifie pas nécessairement que Corneille ait porté au théâtre un système politique. Cela implique, chez le poète, la volonté de proposer, dans le langage indirect de la tragédie, une réflexion sur les formes du pouvoir. La découverte par Corneille de la tragédie politique coïncide avec la conviction du caractère tragique de la politique[68].

68. Les références au texte même des tragédies sont données dans le cadre de l'édition d'André Stegmann, afin de maintenir une unité à nos yeux nécessaire. Nous avons cependant utilisé également l'édition de Georges Couton, dont la publication n'est pas achevée, pour compléter plusieurs de nos analyses, en particulier dans le domaine des sources.

PREMIÈRE PARTIE

Du Cid *à* Polyeucte *:* *l'ordre*

I

La genèse du héros : sacrifice, singularité, exemplarité

Les analyses dramaturgiques et les études thématiques montrent le danger de séparer les tragédies des comédies : Marie-Odile Sweetser et Jean Starobinski[1] ont insisté avec raison sur l'unité du théâtre cornélien à travers deux genres. D'ailleurs l'unité d'intrigue dans la comédie et l'unité de péril dans la tragédie sont deux formes de l'unité d'action. L'héroïsme lui-même n'apparaît pas sur la scène comme un orage éclate par un ciel serein. Avant *Le Cid*, le héros était en formation, il subissait peut-être plus qu'il n'agissait : Alidor est esclave de sa liberté, Médée est dominée par la monstruosité; Alidor sacrifie Angélique comme Médée sacrifie ses enfants. L'héroïsme, c'est la mort des autres. En d'autres termes, cet héroïsme-là n'est pas authentique. Octave Nadal souligne les limites du héros de *La Place Royale* : « Alidor est un prudent, non un généreux; une logique, non une intelligence. Il manque de nature »[2]. Rodrigue apportera sur la scène cette nature dont la première expression reste la loi du sang. Alidor est encore un solitaire, Rodrigue sera un exemple : les intrigues de comédie mènent à l'impasse, l'action de la tragédie ouvrira sur l'histoire. « Si le projet aristocratique a besoin de l'existence de l'autre, il faut donner à cet autre une existence véritable. Pour être valablement reconnu, il faut également reconnaître. En un mot, pour vivre à soi il faut d'abord établir

1. Jean Starobinski, *L'œil vivant*, Paris, Gallimard, 1961, p. 31 sq.
2. Octave Nadal, *op. cit.*, p. 114.

des relations authentiques avec autrui. Mais puisque ces relations sont par définition impossibles dans le monde des comédies, celui-ci se détruit dans ses contradictions et se dépasse vers le monde de la tragédie : Rodrigue prend la relève d'Alidor »[3]. La transition décrite ici par Serge Doubrovsky n'est pas fausse à la condition d'y apporter deux restrictions non négligeables : Corneille n'abandonne pas la comédie après *Le Cid*; la tragédie n'est pas la résolution dialectique des contradictions de la comédie mais la mise en scène d'un ordre nouveau pour le héros, celui de la grandeur. Jean Starobinski a défini l'unité thématique de la relation héroïque dans la comédie puis dans la tragédie. Est-ce un hasard si le regard amoureux de la comédie préfigure la séduction politique de la tragédie ? « Comment s'en étonner ? C'est l'expression archaïque du pouvoir; la pensée magique ne conçoit pas de maître humain ou divin qui n'ait le don de s'imposer en apparaissant. Qu'est-ce que la toute-puissance, sinon le privilège de n'avoir qu'à se montrer pour être obéi ? Le mot "éclat", si fréquent chez Corneille, exprime parfaitement cette splendeur active »[4]. Alidor n'est pas un héros abstrait, « un héros aristocratique rêvé par un bourgeois »[5]. Alidor est un héros privé de temps, d'histoire, d'Etat. Alidor est un personnage, Rodrigue sera une personne. Il n'existe pas la moindre contradiction sociale chez Alidor pour l'excellente raison que la société n'existe pas encore dans le théâtre de Corneille. Alidor en est encore au plus bas degré de la liberté, celui de la liberté d'indifférence. Il croit à la liberté absolue de l'instant. Il n'a pas encore appris que l'instant a un passé, la nature, et qu'il a un avenir, l'histoire. Alidor ignore la nature et l'histoire.

Quel est donc ce héros qui entraîne l'enthousiasme du public de 1636 ? André Stegmann souligne « l'ambiguïté du concept héroïque dans la littérature morale en France sous Louis XIII »[6]. « S'agit-il de l'instauration d'un ordre moral en période anarchique, de la restauration d'une tendance fondamentale de l'âme

3. Serge Doubrovsky, *op. cit.*, p. 82.
4. Jean Starobinski, *op. cit.*, p. 32.
5. Bernard Dort, *op. cit.*, p. 46.
6. André Stegmann, L'ambiguïté du concept héroïque dans la littérature morale en France sous Louis XIII, *Héroïsme et création littéraire...*, *op. cit.*, p. 29-51.

humaine, d'une récupération morale ou politique des instincts passionnels d'une époque foncièrement individualiste, ou encore de la protestation, de plus en plus solitaire, de quelques individus, à la fois contre une morale bourgeoise vidée de tout élan et contre un appétit terrestre libéré de toute contrainte ? »[7]. L'héroïsme caractérise la noblesse ou la royauté. Il intègre plusieurs notions d'une manière disparate : celles d'honneur et de vertu, de constance et de volonté, de maîtrise de soi et de grandeur d'âme, de générosité et de gloire. André Stegmann se réfère à des traités politiques et moraux dont les définitions du héros, dans les années qui précèdent *Le Cid*, ne contribuent guère à l'unité du concept. Corneille et son public connaissent plus ou moins bien ces textes qui constituent, en 1636, un climat intellectuel privilégié. Encore faut-il que le héros vive et meure sur la scène, qu'une rhétorique propre à l'héroïsme puisse s'exprimer. Rodrigue, Horace, Auguste, Polyeucte scandent la genèse du héros cornélien. Rodrigue affronte et résout les contradictions de la famille et de l'amour, de la nature subie et de la nature choisie. « A partir du *Cid*, l'accord est réalisé; les mouvements de l'amour et ceux de l'héroïsme suivent une même inspiration. La loi intime qui les anime, les principes qui les dirigent sont identiques : c'est dans l'unité de l'âme du héros qu'ils prennent leur source »[8]. Horace accepte, voire provoque, les contradictions de la famille et de l'Etat. Auguste intègre en sa personne le double processus de légitimation de l'héroïsme par l'histoire et de l'histoire par l'héroïsme. Polyeucte invoque le surnaturel pour triompher de la nature : la création continuée du héros n'a de sens que par Dieu, avec Dieu et en Dieu. Cette genèse en quatre tableaux est aussi une initiation : le héros apprend à connaître le réel. La genèse du héros est la naissance de la tragédie. La nature et l'histoire sont vécues comme des résistances à la volonté ou à la parole héroïque. Le héros découvre le réel : cette première rencontre avec le monde sensible est la première forme de la tragédie.

7. *Ibid.*, p. 29-30.
8. Octave Nadal, *op. cit.*, p. 159.

Rodrigue : « Rodrigue peut mourir sans hasarder sa gloire »

Lorsque Rodrigue entre en scène, à la fin du premier acte, il est déjà prisonnier. La tragédie sera d'abord une libération. Il est prisonnier de l'estime du Comte et de l'amour de Chimène. Le vers faussement anodin d'Elvire :

> Il estime Rodrigue autant que vous l'aimez.
>
> (I, 1, v. 4.)

est un carcan. Sous l'apparence d'une issue heureuse, Corneille a tracé le plan d'un cachot. Rodrigue n'est pas un sujet mais un objet, un objet d'estime, un objet d'amour. Certes Rodrigue est « un homme de cœur » (v. 30) et le Comte reconnaît aisément en lui « la valeur de son père » (v. 33). Cela ne suffit pas pour que Rodrigue soit à sa place dans la société aristocratique : le héros est « un simple cavalier » (v. 88). La valeur est déjà dévaluée si Rodrigue, fils de don Diègue, est situé à côté de l'Infante, fille du roi. L'ordre aristocratique et l'ordre monarchique relèvent d'une différence de nature, non d'une différence de degré. La nature instaure et condamne en même temps. La contradiction qui éclatera entre Rodrigue et Chimène sera vraie car elle éclatera, entre deux mêmes, à l'intérieur de l'ordre. Au contraire, Rodrigue et l'Infante n'appartiennent pas au même ordre, ils sont le même et l'autre : pour cette raison, aucun conflit ne peut éclater entre eux. La confrontation héroïque n'a en effet de sens que si elle intervient à l'intérieur d'un même ordre : à ce titre, elle est à la fois provocatrice et fondatrice.

Le soufflet du Comte à don Diègue confirme rapidement que l'espace de la tragédie est d'abord celui de l'aristocratie. Rodrigue est soumis à la logique du sang : « meurs ou tue » (v. 275). La loi du sang était jusqu'à présent créatrice d'un système de valeurs. Elle devient le principe d'une extermination : le sang et la nature ne laissent guère de choix au héros qui a pour fonction ou pour mission de « réparer » (v. 266). La fragilité de l'univers incarné par don Diègue et don Gomès apparaît ici en pleine lumière : elle est celle d'un monde dont il faut restaurer les fondations. Cet univers risque de sombrer dans un duel infini où l'affront appelle la vengeance sans que jamais le cycle de mort puisse s'arrêter. Dans cette perspective, Rodrigue est soumis à des contraintes qui lui sont extérieures, en termes de personne, et intérieures, en termes de famille. L'affront subi par le père installe le fils dans une position de dépendance. L'incohérence de la société aristocratique provient du fait qu'elle revendique trop ses origines et son passé pour vivre dans le présent. Rodrigue sera donc une force de libération parce qu'il construira l'histoire comme une répétition d'instants, non comme une déclamation du passé. La vengeance est aussi tragique que négative. Tragique car elle soumet la volonté à l'extériorité. Négative car elle tourne l'action du héros vers la destruction de l'autre, alors que l'héroïsme doit être — Auguste et Polyeucte le montreront — un mouvement de conversion des autres. Comment le héros pourrait-il être admiré s'il était seul sur la scène ? Le Comte mort ne saurait être un admirateur. La logique de la vengeance que Rodrigue doit mettre en œuvre est une étape vers l'héroïsme mais, paradoxalement, elle n'est pas héroïque. Le héros accède à l'héroïsme par la conversion de son rival ou de son ennemi, non pas son assassinat : Rodrigue le prouvera en épargnant don Sanche comme il avait épargné les rois des Mores. L'esthétique de l'admiration repose sur une stratégie de la clémence. Cependant l'exercice de la clémence suppose que le rapport de forces soit clair afin que cette clémence ne se réduise pas à un calcul. Il faut d'abord mourir, ou tuer le Comte. Le « meurs ou tue » est donc nécessaire mais il est un achèvement pour don Diègue, un commencement pour Rodrigue. Dans ces conditions, il semble faux d'analyser le courage de Rodrigue comme « un courage de classe qui revient à ses origines »[9]. Il est sans doute aussi faux de présenter le théâtre de Corneille comme « un théâtre réactionnaire »[10]. Il s'agit du contraire : tout l'effort de Rodrigue consiste à se libérer de ses origines, à les accepter pour mieux les dépasser. Il n'est pas indispensable d'interpréter le personnage de Rodrigue en termes de classe et de race pour souligner l'existence de deux périls : celui de la désintégration de l'ordre et celui de la détérioration du sang. D'ailleurs la notion d'ordre et le concept de classe sont incompatibles. La première suppose une organisation verticale de la société fondée sur une hiérarchie de fidélités. Le second

9. Serge Doubrovsky, *op. cit.*, p. 95.
10. *Ibid.*, p. 96.

implique un découpage horizontal de la société fondé sur un affrontement d'intérêts. Les travaux de Roland Mousnier ont fait apparaître le danger d'interpréter en termes horizontaux ce qui relevait d'une analyse verticale. La société française sous Louis XIII est une société d'ordres, de lignages, de fidélités[11]. Si Rodrigue faisait preuve d'un « courage de classe », il n'aurait aucun mérite puisque seuls les aristocrates sont présents sur la scène. S'il incarnait les aspirations sociales de Corneille, les ressorts dramatiques de la pièce se casseraient et la tension psychologique disparaîtrait. Lorsque Bernard Dort fait appel à l'idée de clan, il est peut-être moins éloigné que Serge Doubrovsky de la réalité historique et sociale.

Rodrigue est encore au moment de la perception des évidences : celle de la naissance, celle de la sensibilité. Les stances constituent plus une mise en ordre de ces évidences qu'une délibération. La rhétorique est un instrument de la volonté, elle est la volonté en paroles, elle annonce la volonté en actes. « Ce qui peu à peu affleure et se fait jour, au cours de cet admirable monologue, et qui représente le tournant décisif de l'héroïsme cornélien, c'est la nécessité du sacrifice de l'amour en tant que jouissance au maintien de l'ordre aristocratique »[12]. Le temps joue en faveur du héros qui doit établir un calendrier : après l'affront subi par don Diègue, l'heure n'est pas aux « plaisirs » (v. 313). La construction de l'héroïsme se fait avec le temps. Le devoir d'amour et le devoir de vengeance semblent équivalents :

> Je dois à ma maîtresse aussi bien qu'à mon père.
>
> (I, 6, v. 322.)

En réalité, la confrontation peut se dissoudre en chronologie :

> Je dois tout à mon père avant qu'à ma maîtresse.
>
> (I, 6, v. 342.)

La logique de la dette est antérieure à l'amour :

> Je rendrai mon sang pur comme je l'ai reçu.
>
> (I, 6, v. 344.)

11. Roland Mousnier, *Les institutions de la France sous la monarchie absolue*, Paris, PUF, 1974, t. 1, chap. I à IV.
12. Serge Doubrovsky, *op. cit.*, p. 103.

Par la vengeance, Rodrigue se libère d'une dette. Preuve que l'héroïsme consiste en un mouvement vers l'avenir et non en un retour vers le passé. Rodrigue et Chimène ne seront libres que lorsqu'ils auront acquitté leur dette envers don Diègue et don Gomès. La dette d'argent des comédies est devenue une dette de sang. L'épreuve initiatique du héros est le paiement de cette dette.

C'est pourquoi, dans la scène qui oppose Rodrigue au Comte, celui-ci se trouve dans la situation de don Diègue, du héros contestable donc contesté. Le Comte est « invaincu », il n'est pas « invincible » (v. 418) :

> La valeur n'attend point le nombre des années.
>
> (II, 2, v. 406.)

Rodrigue peut attendre s'il s'agit de Chimène. Il ne peut attendre si l'honneur et le sang sont en cause. L'affrontement est une urgence. Le duel ne peut souffrir aucun retard : sa valeur est donc immédiate. Les règles de la confrontation aristocratique sont telles que tout délai est à bannir. Mais cette hâte n'est pas une haine. Don Gomès « estime » Rodrigue; tous les termes de l'héroïsme sont employés à propos de Rodrigue : « passion », « devoir », « ardeur », « magnanime », « vertu ». Rodrigue est un « cavalier parfait », il est, au sens strict, irréprochable. La notion de magnanimité interviendra souvent lorsque sera évoqué le courage de Rodrigue (v. 1057, 1133, 1170). Le Comte reconnaît en Rodrigue un adversaire digne de lui, comme il trouvait en lui un cavalier digne de sa fille. La règle aristotélicienne du rapport nécessaire entre les personnages de la tragédie est appliquée : Rodrigue doit tuer son futur beau-père, le Comte doit tuer son futur gendre. Les événements tragiques se produisent « entre personnes amies » écrit Aristote[13]. Rodrigue et don Gomès ne sont pas des ennemis, mais des adversaires. Les contradictions de l'ordre aristocratique s'expriment parfaitement dans le cadre de la tragédie aristotélicienne. Cette harmonie ne sera pas sans conséquences sur l'élaboration de la tragédie historique et politique.

Par le duel avec le Comte, Rodrigue subit la première initia-

13. Aristote, *op. cit.*, 1453 *b* : ἐν ταῖς φιλίαις.

tion. La loi du sang a été respectée, mais le personnage n'est pas encore un héros, mais Rodrigue n'est pas encore le Cid. Il doit affronter Chimène : les règles du tribunal succèdent à celles du duel :

> Mon juge est mon amour, mon juge est ma Chimène.
>
> (III, 1, v. 753.)

En tuant le Comte, Rodrigue n'a commis ni faute ni erreur aux yeux de l'ordre aristocratique. Mais il est coupable en tant que personne et revendique sa culpabilité :

> Je mérite la mort de mériter sa haine.
>
> (III, 1, v. 754.)

La culpabilité personnelle de Rodrigue est d'autant plus forte que sa fidélité aux exigences de la loi du sang est plus grande. Il a respecté la chronologie des stances. Il s'est acquitté de sa dette de sang : il devait sa vie à son père. Il doit désormais sa vie à sa maîtresse. Pour la seconde fois, Rodrigue met donc sa vie en jeu. La mauvaise conscience n'appartient pas à l'univers du héros et il ne faut pas attendre de Rodrigue :

> Un lâche repentir d'une bonne action.
>
> (III, 4, v. 872.)

Le rôle du temps dans la constitution du système de valeurs est ici mis en lumière. Le duel permettait, négativement, d'« effacer » la honte du soufflet — don Diègue disait « réparer » : la progression est nette —, positivement, de « mériter » Chimène. En s'acquittant d'une double dette envers l'honneur et envers son père, Rodrigue commençait de mériter Chimène. Preuve, comme le rappelle Octave Nadal, qu'il ne faut pas opposer l'amour et l'héroïsme qui reposent sur les mêmes principes. L'autonomie du héros est liée au respect de ses devoirs. La liberté n'est pas extérieure au monde du devoir. La liberté est sacrifice ou elle n'est pas liberté.

Le dénouement de la quatrième scène du troisième acte qui « oppose » Rodrigue à Chimène peut conduire à une nouvelle impasse. Les contradictions de l'héroïsme aristocratique ne sont pas encore résolues : la mort de l'un appelle toujours la mort de l'autre, le modèle d'organisation sociale reste le cycle de la vengeance. Rodrigue n'est plus un objet, il est un sujet, une personne mais il n'occupe pas sa place dans l'ordre politique. Le meilleur signe de la liberté de Rodrigue est sans doute son attitude devant don Diègue. Les stances étaient le rite du sacrifice de l'amour comme plaisir. Mais, après la mort du Comte, la situation est transformée : Rodrigue rappelle à son père que l'honneur et l'amour sont l'un et l'autre singuliers. On voit ici apparaître une notion qui dominera toutes les tragédies jusqu'à *Suréna*, celle du « change ». Don Diègue croit à tort qu'on peut changer de maîtresse, que les femmes sont interchangeables alors que les pères ne le sont pas, que la nature est plus puissante que l'amour. Don Diègue n'a pas compris la singularité héroïque et provoque la colère de son fils :

> Mon honneur offensé sur moi-même se venge
> Et vous m'osez pousser à la honte du change !
> L'infamie est pareille et suit également
> Le guerrier sans courage et le perfide amant.
>
> (III, 6, v. 1061-1064.)

Lorsque le « change » aura corrompu le système de valeurs, l'héroïsme sera presque banni de la scène. Rodrigue est loin de la politique matrimoniale. Il n'a qu'un père. Il n'a qu'une maîtresse. Cette double singularité est la marque de son héroïsme. Elle est aussi le signe de sa solitude ou le symptôme de sa faiblesse :

> Le trépas que je cherche est ma plus douce peine.
>
> (III, 6, v. 1070.)

L'intransigeance de Rodrigue, dans l'ordre familial puis dans l'ordre amoureux, conduit à la mort. La pureté héroïque est aux frontières du suicide.

Le salut viendra d'un changement d'ordre :

> Il n'est pas temps encor de chercher le trépas :
> Ton prince et ton pays ont besoin de ton bras.
>
> (III, 6, v. 1071-1072.)

Un héros sans histoire était un héros sans avenir. Le temps va donc sauver Rodrigue des contradictions de la personne aristocratique. Ce temps n'est pas neutre : il est celui d'un Etat. Après avoir sacrifié à la nature et refusé de sacrifier l'amour, Rodrigue doit sacrifier à l'Etat. La troisième initiation est politique. C'est la politique qui sauve le héros. Rodrigue a besoin des Mores pour devenir le Cid. « Rodrigue ne deviendra le Maître, le Cid que dans la mesure où l'histoire fera irruption dans sa vie »[14]. Serge Doubrovsky n'a pas tort de souligner la nécessaire conversion de l'énergie amoureuse en énergie historique. Cette conversion implique un changement d'ordre. Corneille ne met plus en scène des personnes, mais des peuples, mais des Etats. Ce moment est le nœud de la tragédie politique. Le héros a besoin de l'histoire et de l'Etat pour s'accomplir. Un héros sans histoire, sans Etat, ne serait que l'ébauche d'un héros. Après la nature et l'amour, l'histoire sera pour Rodrigue la troisième épreuve, celle qui conduira du sacrifice et de la singularité vers l'exemplarité. Don Diègue croit à tort que la victoire sur les Mores contraindra don Fernand au pardon et Chimène au silence. Plus exactement, don Diègue a raison pour le roi et tort pour la fille de don Gomès. Le pardon du monarque sera en effet un pardon d'Etat accordé par un roi-juge qui a besoin de Rodrigue. Le « silence » de Chimène ne relève pas du même ordre. La victoire militaire du Cid transforme Rodrigue aux yeux du roi, non aux yeux de Chimène. Don Diègue pratique ici la confusion des ordres en réduisant les valeurs amoureuses aux valeurs politiques. Cette confusion est encore un effet du vieillissement de don Diègue, mais elle deviendra plus tard une marque infaillible de la déraison d'Etat.

Le héros accepte de passer un contrat avec l'Etat, il se met au service de l'Etat. Le héros a besoin de l'Etat comme l'Etat a besoin du héros. L'héroïsme peut être politique comme la politique peut être héroïque. Mais le héros est encore un guerrier, il n'appartient pas encore au monde politique. Rodrigue préfigure ici Horace plus qu'il n'annonce Auguste. Il reste que le détour par l'histoire est une nécessité pour Rodrigue et que Rodrigue accepte cette nécessité. D'une certaine manière, le héros contracte une nouvelle dette. Il se libère de la nature pour se soumettre à l'histoire. Nous examinerons plus loin dans cette perspective l'ensemble des rapports politiques entre don Gomès, don Diègue, Rodrigue et don Fernand, c'est-à-dire le mouvement de construction du système aristocratique puis de l'ordre monarchique. Cependant la genèse du héros ne s'achève pas dans l'accès

14. Serge Doubrovsky, *op. cit.*, p. 119-120.

à l'histoire. Chimène ne manque pas de rappeler que les lois de la vengeance sont toujours en vigueur :

> Qu'il meure pour mon père et non pour la patrie.
>
> (IV, 5, v. 1365.)

Rodrigue doit affronter Chimène après la victoire sur les Mores mais les conditions ont changé. A la scène 4 de l'acte III, Chimène conseillait à Rodrigue :

> Dans l'ombre de la nuit, cache bien ton départ.
>
> (III, 4, v. 975.)

Elle s'exclame désormais :

> Quoi ! Rodrigue, en plein jour ! d'où te vient cette audace.
>
> (V, 1, v. 1465.)

La situation du héros semble inchangée : s'étant acquitté de sa dette envers l'Etat, il revient vers sa maîtresse :

> Maintenant qu'il s'agit de mon seul intérêt
> Vous demandez ma mort, j'en accepte l'arrêt.
>
> (V, 1, v. 1491-1492.)

La tentation du suicide est encore présente. Il existe une similitude de comportement chez Rodrigue entre le moment où il s'adressait à son père après la mort du Comte et celui où il s'adresse à Chimène après la bataille contre les Mores. La question personnelle de la vengeance reste en effet posée. Elle est d'autant plus forte que la « gloire » de Rodrigue est en sûreté puisqu'il a rempli ses devoirs envers son père et envers son prince :

> Rodrigue peut mourir sans hasarder sa gloire.
>
> (V, 1, v. 1530.)

Aucun péril de gloire ne menace plus Rodrigue : la mort immédiate est donc possible, le second duel est donc nécessaire. Paradoxalement, ce duel n'en est pas un, car don Sanche n'est pas un adversaire digne du Cid. La logique sanglante du « meurs ou tue » appartient au passé. L'honneur commandait de tuer don Gomès. L'honneur commande d'épargner don Sanche. Don Gomès était un adversaire. Don Sanche sera un vassal. L'heure n'est plus à l'élimination pour deux raisons. Don Gomès n'était pas irremplaçable. Le Cid l'est. L'intérêt de l'Etat réclame sa survie. Le duel avec le Comte opposait deux familles, le duel avec don Sanche oppose deux individus : l'acharnement a disparu car la loi du sang n'est plus à l'œuvre. C'est en sauvant don Sanche que le Cid est exemplaire : la générosité ne consiste pas à écraser les faibles. Don Sanche ne peut rien enlever, rien ajouter à la gloire de Rodrigue. Le duel apparaît donc comme une fausse solution. Seule la dernière scène de la pièce résoudra, sous les auspices du roi, le « conflit » entre Rodrigue et Chimène. La confirmation est donnée que seuls les héros savent régler les « conflits » héroïques. Dans cette perspective, Rodrigue et Chimène se séparent de tous les autres personnages car ils appartiennent à l'avenir : le temps a une fonction rédemptrice au dénouement comme dans le mouvement de la pièce. Le véritable salut du Cid dépend de Chimène seule. Le cycle des épreuves et des initiations s'achève dans la reconnaissance universelle du héros mais surtout dans l'ultime affirmation de l'identité des valeurs aristocratiques et des valeurs amoureuses.

Rodrigue aura affronté successivement les contraintes de la nature et les devoirs de l'amour. En cela, il aura subi les épreuves constitutives de l'héroïsme : la liberté ne consiste pas, pour le héros, à choisir entre des objets mais à créer son statut de sujet. Rodrigue est engagé dans un temps providentiel qui le met à l'abri de la véritable tragédie. Corneille a sans doute voulu marquer que le héros était d'abord un être autonome, singulier, exemplaire. Rodrigue transforme les contraintes en instruments de libération : la nature et l'amour sont en fait ses alliés, l'une et l'autre ont les mêmes principes. La genèse du héros est commencée; elle n'est pas achevée. Les épreuves seront dans *Horace* plus brutales que dans *Le Cid*. La présence de l'Etat se fera moins discrète et plus contraignante. L'image obsessionnelle de Rome se substituera à l'évocation du royaume de Castille. Rodrigue et Chimène étaient amant et maîtresse. Horace et Camille sont frère et sœur. Le sacrifice, la singularité et l'exemplarité sont toujours les exigences fondatrices de l'héroïsme, mais le héros doit apprendre que le duel n'est pas le degré le plus élevé de la violence.

« Passer du *Cid* à *Horace*, c'est passer d'un monde peint par Delacroix à un monde sculpté par Rude »[15]. Cette appréciation de Jean Schlumberger offre l'avantage de mesurer la progression d'une pièce à l'autre. La notion même de sculpture implique en effet une résistance plus forte de la matière, de la nature. Il n'est pas nécessaire pour autant d'opposer la « magnanimité » et la « courtoisie » de Rodrigue à la « brutalité » et à l' « inhumanité » d'Horace[16]. Il est sans doute plus important de rappeler que *Le Cid* est une tragi-comédie alors qu'*Horace* est une tragédie. L'interprétation du personnage d'Horace exige une méfiance particulière à l'égard des stylisations : *Horace* n'est pas une régression vers l'animalité mais une étape dans la genèse du héros. C'est pourquoi les analyses politiques ou partisanes sont décevantes. Robert Brasillach n'apportait rien à la critique cornélienne lorsqu'il écrivait en 1938 : « Il arrive ainsi que l'écrivain fasciste simplifie, il faut bien l'avouer, que son ardeur et sa foi lui inspirent des œuvres un peu courtes, un peu primaires. La magnificence de la langue ne nous empêchera jamais de ranger *Horace* précisément dans ces œuvres-là »[17]. Corneille n'est pas un écrivain fasciste, Horace n'est pas un héros fasciste car l'idée de fascisme est utilisée ici au prix d'un contresens historique et d'un anachronisme inutile. Pourquoi chercher dans des données du XXe siècle l'explication des réalités intellectuelles et politiques du XVIIe ? Paradoxalement, et sans la moindre ironie, Serge Doubrovsky et Robert Brasillach ont cédé à la même tentation : appliquer au texte de Corneille des critères totalement extérieurs à l'univers du poète. Pourquoi vouloir trouver chez Horace « une ardeur vigoureuse de jeune nazi »[18] ? La lecture prouve assez qu'Horace est un authentique héros tragique. Louis Herland a raison de discerner « une tragédie du malheur » et « une tragédie de l'épreuve » dont le double mouvement entraîne « la naissance de l'homme »[19]. La force dramatique du personnage

15. Jean Schlumberger, *op. cit.*, p. 70.
16. Marie-Odile Sweetser, *op. cit.*, p. 116.
17. Robert Brasillach, *op. cit.*, p. 128.
18. *Ibid.*, p. 130.
19. Louis Herland, *Horace ou la naissance de l'homme*, Paris, Editions de Minuit, 1952.

d'Horace reste due, pour l'essentiel, au combat du héros contre la nature et l'histoire et à l'apparition du tragique dans la famille, dans ce lieu affectif et biologique qui avait protégé Rodrigue. Rodrigue se libérait de la dette familiale en tuant le Comte avec qui il n'avait aucun lien de sang. Horace se libère de cette même dette par le « parricide »[20]. La tension tragique ne se développe plus entre deux familles mais à l'intérieur d'une seule. C'est pour cette raison que la solution exclut la nature au profit de l'histoire, la famille au profit de l'Etat.

> Qui veut mourir ou vaincre est vaincu rarement.
>
> (II, 1, v. 385.)

L'un des premiers vers d'Horace rappelle la logique du « Meurs ou tue » énoncée par don Diègue. Mais le Romain parle en termes de volonté et de victoire : le verbe vaincre remplace le verbe tuer, il ne faut pas éliminer l'adversaire, il faut le soumettre. Horace refuse d'être le sujet de Curiace et refuse que Rome soit sujette d'Albe. Le héros ne peut être aux places inférieures de l'ordre féodal. Le caractère politique de l'héroïsme cornélien est ici très affirmé puisque le refus d'Horace est aussi héroïque que politique. La mort biologique des Curiaces est une figure de la mort politique d'Albe. La victoire physique d'Horace ouvre sur la grandeur de Rome. C'est parce que Horace accepte de mourir que Rome sera sauvée : seul le sacrifice personnel du héros peut fonder l'Etat. La progression du raisonnement de Corneille est sensible depuis *Le Cid*. La bataille contre les Mores ne se situe pas à l'origine du royaume de Castille. Le combat des Horaces et des Curiaces se situe à l'origine de Rome qui doit exorciser le danger de l' « autre soi-même », du « jumeau ». Pour cette raison, Tulle absoudra Horace comme l'histoire avait pardonné à Romulus, meurtrier de son frère. L'origine de l'Etat et l'origine de la tragédie sont une seule et même chose : la naissance de Rome et « la naissance de l'homme » coïncident. Dans un cas comme dans l'autre, il faut soumettre la nature. Camille vivante et proclamant ses valeurs représente un scandale pour Horace. Albe vivante était un scandale pour Rome. Rodrigue aurait été quitte envers son père si don Gomès l'avait tué. Horace ne serait

20. Au sens du XVIIe siècle qui est double : meurtre d'un membre de sa famille ou d'une personnalité de très haut rang.

pas quitte envers Rome si Camille continuait de symboliser, dans sa propre famille, les valeurs d'Albe et de Curiace. Rodrigue avait le droit de mourir sans déchoir. Horace a le devoir de tuer les Curiaces puis Camille au nom de Rome pour ne pas déchoir. Rodrigue sacrifiait à l'honneur. Horace sacrifie à l'Etat. La tragédie héroïque est devenue une tragédie politique.

Horace peut tout sacrifier à l'Etat parce qu'il a lui-même accepté de se sacrifier à l'Etat. Rome et l'Etat sont une force anonyme. Horace est un héros singulier qui engage un processus d'identification à cet anonymat. La singularité sacrificielle du héros tend à se fondre dans l'Etat. Plus tard le héros revendiquera la singularité et refusera le sacrifice au nom de la nécessaire séparation entre l'ordre de la personne et l'ordre de l'Etat. Dans *Horace* la grandeur du héros et la grandeur de l'Etat se confondent en un mouvement ascendant des valeurs. Horace est un héros d'Etat. Camille au contraire sera une « victime d'Etat ». En ce sens l'unité d'action est mieux respectée que ne le pensait Corneille lui-même. « De même que Rodrigue poursuivait avec Chimène le duel commencé avec le Comte, Horace achèvera par le meurtre de Camille la mise à mort de Curiace. Il s'agit, en réalité, d'un seul mouvement en deux temps »[21].

La fatale coïncidence qui conduit au choix des Horaces et des Curiaces n'est pas une contrainte mais une libération qui permet à l'héroïsme de se manifester « hors de l'ordre commun » (v. 436). La notion d'ordre est ici essentielle. Horace accède au statut de héros par le sacrifice de la nature et de l'amour à l'Etat. Les conditions aristotéliciennes de la tragédie correspondent à la mise en place de l'ordre politique :

> Mais vouloir au public immoler ce qu'on aime,
> S'attacher au combat contre un autre soi-même,
> Attaquer un parti qui prend pour défenseur
> Le frère d'une femme et l'amant d'une sœur
> Et, rompant tous ces nœuds, s'armer pour la patrie
> Contre un sang qu'on voudrait racheter de sa vie,
> Une telle vertu n'appartenait qu'à nous;
> L'éclat de son grand nom lui fait peu de jaloux
> Et peu d'hommes au cœur l'ont assez imprimée
> Pour oser aspirer à tant de renommée.

(II, 3, v. 443-452.)

21. Serge Doubrovsky, *op. cit.*, p. 154.

Le mouvement politique de l'héroïsme est ici résumé. L'Etat exige le sacrifice absolu des liens de la nature et de l'amour : l'expression « rompant tous ces nœuds » souligne le changement d'ordre voulu par Horace. Rodrigue sacrifiait momentanément l'amour à la nature, Chimène à don Diègue, les sens au sang. Horace sacrifie simultanément la nature et l'amour à l'Etat : l' « autre soi-même » est ici Curiace. Il sera Camille à la cinquième scène du quatrième acte. La notion de dette reste présente en filigrane comme en témoigne le verbe « racheter » mais la dette publique l'emporte sur la dette privée. La « vertu » et la « renommée », c'est-à-dire la vertu connue et reconnue, couronneront cet effort d'arrachement au monde qui préfigure indirectement Polyeucte. Marc Fumaroli a souligné l'unité de l'héroïsme cornélien lorsqu'il est perçu sous l'angle de la magnanimité. « Il (Horace) est au-dessus de son amitié pour Curiace, il ne l'a pas reniée, au contraire il tente de la transfigurer en une émulation héroïque conforme aux circonstances. Ce dernier trait est entièrement conforme au portrait aristotélicien du Magnanime où l'amitié héroïque est présentée comme une caractéristique de la grande âme. Sa conduite ne s'explique que si l'on admet qu'il a sacrifié son individualité singulière pour transférer toutes ses énergies au service de Rome : il est devenu Actor Romae, et, puisque l'ordre de Rome lui commande de vaincre, il s'est mis dans les dispositions psychiques de la victoire, suscitant en lui-même à la fois la lucidité stratégique et la fureur combative. La gloire (récompense hautement spiritualisée que, comme le fait remarquer le P. Galluzzi, l'orgueil vulgaire est bien incapable de désirer) est le seul objet que ce grand serviteur, abstrait de ses liens affectifs et familiaux, et isolé sur les altitudes du destin romain, se permette de désirer encore pour soutenir la mobilisation de ses énergies »[22]. La conséquence de cette attitude d'Horace est que l'ordre nouveau fondé par le héros sera rebelle à la notion de personne :

> Contre qui que ce soit que mon pays m'emploie
> J'accepte aveuglément cette gloire avec joie.
>
> (II, 3, v. 491-492.)

22. Marc Fumaroli, L'héroïsme cornélien et l'idéal de la magnanimité, *Héroïsme et création littéraire..., op. cit.*, p. 67.

La politique entraîne une forme de cécité. La contiguïté des termes « accepte » et « aveuglément » montre assez qu'Horace est, en effet, sorti de l' « ordre commun » : le sacrifice voulu est désormais un automatisme de gloire. Horace ne voulait pas être le « sujet » de Curiace, il sera l' « employé » de Rome. La logique de la raison d'Etat est une créature de l'héroïsme.

Curiace refuse cette logique. Alors qu'Horace est un « volontaire », Curiace est un « mobilisé »[23]. Cette excellente distinction de Robert Brasillach souligne le nécessaire isolement d'Horace, la solitude du héros d'Etat. Lorsque Horace pense en termes de « gloire » (v. 492), Curiace répond en termes de « devoir » (v. 462). Horace se situe par rapport à Rome et à Curiace. Celui-ci est soumis dès qu'il entre en scène à une contradiction qu'il ne pourra jamais dépasser :

> J'aime encor mon honneur en adorant Camille.
>
> (I, 3, v. 264.)

D'un côté l'amour, de l'autre l'adoration : les jeux sont faits. Le mot « encor » souligne que l'honneur est une contrainte appartenant au passé, alors que Curiace ne connaît pas son adversaire. Lorsqu'il saura que le combat opposera les Curiaces aux Horaces, les adjectifs « cruel », « horrible », « affreux » seront les qualificatifs de l'honneur (v. 429). Horace a choisi la « renommée », Curiace préférerait l' « obscurité » :

> L'obscurité vaut mieux que tant de renommée.
>
> (II, 3, v. 460.)

La gloire d'Etat, selon Curiace, relève en même temps de la barbarie (v. 456) et de la vanité (v. 457). Curiace incarne un autre système de valeurs mais il appartient au monde de l'héroïsme :

> Je n'ai point consulté pour suivre mon devoir...
> Ce triste et fier honneur m'émeut sans m'ébranler.
>
> (II, 3, v. 462-478.)

Il ne faut pas s'y tromper : Curiace est un cornélien mais les valeurs qu'il défend ne sont pas celles de l'époque. Georges Couton souligne à juste titre qu'*Horace* met en scène une morale

23. Robert Brasillach, *op. cit.*, p. 129.

politique pour temps de guerre[24] qui correspond aux ambitions de Richelieu. Curiace n'est pas condamné par Horace mais par l'histoire. Lorsque les relations entre le héros et l'Etat se seront modifiées, lorsque le héros d'Etat sera devenu une victime d'Etat, les valeurs de Curiace seront réhabilitées au grand jour. Curiace n'est pas l'adversaire d'Horace. Curiace est l'avenir d'Horace. Curiace devine une évolution de Rome :

> Et si Rome demande une vertu plus haute,
> Je rends grâces aux Dieux de n'être pas Romain,
> Pour conserver encor quelque chose d'humain.
>
> (II, 3, v. 480-482.)

que Sertorius confirmera avant de mourir :

> Ah ! pour être Romain, je n'en suis pas moins homme.
>
> (IV, 1, v. 1194.)

Curiace plaide pour les droits de l'humanité contre le sacrifice d'Etat. Il plaide pour la nature contre l'histoire et tente de prouver que le sacrifice est inutile, que la « barbarie » est une « vanité ». Horace et Curiace sont, à ce moment de la pièce, deux personnages tragiques : le tragique d'Horace est un tragique de la coïncidence entre le héros et l'Etat, le tragique de Curiace est un tragique de la confrontation entre la nature et l'histoire. C'est pourquoi Curiace « admire » Horace mais ne l' « imite » pas (v. 506). La rhétorique de l'admiration n'entraîne pas une pratique de l'imitation : le système cornélien vole ici en éclats. La solitude d'Horace est irréductible : seul l'Etat pourra l'aider à vivre ou à survivre. Corneille trace les frontières de l'héroïsme absolu. Le parfait héros a la vocation, la mission d'être exemplaire, d'être reconnu et admiré. Mais la perfection même du héros le contraint à la solitude. Plus le héros mérite d'être admiré, moins il doit être imité. La démarche de l'héroïsme livré à lui-même et au sacrifice des valeurs de la nature conduit au tragique de l'absolu qui est un tragique de l'absurde. Seul l'Etat pourra garantir la médiation entre le héros et l'humanité. Curiace pressent le danger qui guette Horace. Aussi refuse-t-il non le sacrifice, mais le sacrifice inutile. Le paradoxe de Curiace est d'être un révolté discipliné.

24. *Corneille*, *Europe*, *op. cit.*, p. 62.

Il n'hésite pas à se révolter contre la Providence. Il maudit le sort, querelle le ciel et se déteste lui-même :

> Je hais cette valeur qui fait qu'Albe m'estime.
>
> (II, 5, v. 539.)

Il n'oublie pas cependant — et en cela il ressemble à Rodrigue — qu'il appartient à sa ville, Albe, plus qu'à sa maîtresse, Camille :

> Avant que d'être à vous, je suis à mon pays.
>
> (II, 5, v. 562.)

Dans *Horace*, comme dans *Le Cid*, le devoir est antérieur à l'amour : le héros peut satisfaire à l'amour lorsqu'il a sacrifié à l'Etat. Curiace n'est pas défaitiste, il est résigné. Il a compris que les exigences de l'Etat étaient une force de destruction, que la politique est d'abord une anti-nature :

> Le choix d'Albe et de Rome ôte toute douceur
> Aux noms jadis si doux de beau-frère et de sœur.
>
> (II, 5, v. 565-566.)

Curiace, héros de la nature, regrette les douceurs du passé. Horace, héros de l'histoire, espère en la grandeur de l'avenir. Curiace perdra la vie. Horace ignorera le bonheur. Le duel scénique d'Horace et Curiace n'a sans doute pas pour objet, comme l'affirme Serge Doubrovsky, de disqualifier « la morale de l'humanité » au profit de « l'éthique héroïque »[25]. Il ne s'agit pas du combat d'un héros contre un homme ou d'un homme contre un héros. Il s'agit de mettre en scène les conditions d'accès à l'héroïsme et, au sens étymologique, de « dramatiser » les choix. Si Curiace est disqualifié, Suréna l'est aussi. Etre battu ne signifie pas être disqualifié. Curiace accepte les règles du jeu, il sait que sa condition humaine lui impose d'affronter Horace et, si possible, d'être victorieux. Mais il devine que le résultat, quel que soit le vainqueur, coûte trop cher. Curiace pressent la démesure de l'ordre politique. Il comprend que l'hybris est à l'œuvre chez Horace comme elle sera à l'œuvre dans Rome. Il refuse un héroïsme de la démesure, de la disproportion. Il soupçonne que le mouvement de l'histoire suscité avec la complicité du héros provoquera un désordre fatal au héros. En ce sens

25. Serge Doubrovsky, *op. cit.*, p. 143.

Curiace est aussi indispensable qu'Horace à l'interprétation de la pensée du héros.

Curiace sera donc tué puisque l'histoire le veut ainsi. Mais sa mort loin de résoudre la crise tragique lui donne une dimension nouvelle. Comme dans *Le Cid*, l'avocat de la victime est une femme mais la comparaison s'arrête là : l'amante est aussi une sœur, la crise de l'amour est une crise de la nature ou, plus exactement, dans la nature. Curiace contestait les valeurs d'Horace de l'extérieur. Camille les attaque de l'intérieur. La « rage » de Camille répond à la « brutalité » d'Horace. Le vocabulaire est beaucoup plus violent que dans le duel entre Horace et Curiace car l'affrontement est désormais une affaire de famille : le sacrifice devient une amputation, le héros ne sacrifie plus les autres mais une partie de lui-même. Les pressentiments de Curiace se vérifient déjà : Horace a quitté « l'ordre commun » qui est aussi l'ordre de la nature. Mais la démcsure n'est pas la folie. Le meurtre de Camille est un acte de « raison » (v. 1319). Camille est en effet un « monstre » (v. 1334). Le procès de Camille est un procès politique. Puisque Horace est victorieux, que Rome l'emporte sur Albe, les faits donnent raison au vainqueur : la raison d'Etat est avant tout la raison du plus fort, il faut justifier le nouveau rapport de forces, il faut mettre en place un nouvel état de droit. Or on ne tue pas une femme comme on tue un homme : Camille n'est pas, comme Curiace, un soldat, un guerrier soumis aux lois de la guerre. Camille est une femme qui revendique sa féminité. Curiace est mort parce qu'il était physiquement plus faible qu'Horace. Camille mourra parce qu'elle a tort. Telle est la progression d'une mort à l'autre. Horace fonde le nouvel ordre par un meurtre « légitime » (v. 1332). L'état de droit relaie l'état de fait. Pourquoi donc Camille est-elle un « monstre » ? Parce qu'elle ne reconnaît pas les valeurs de l'ordre nouveau issu de la défaite des Curiaces. Curiace était un mobilisé. Camille est maintenant une rebelle : elle introduit la subversion dans sa famille et dans son pays. Les lois du sang et les lois de l'Etat condamnent la maîtresse de Curiace :

> Mon père ne peut plus l'avouer pour sa fille,
> Qui maudit son pays renonce à sa famille.

(IV, 6, v. 1327-1328.)

Les exigences d'Etat de Rome et d'Albe interdisaient de céder aux valeurs amoureuses. Les exigences d'Etat de Rome victorieuse d'Albe obligent à détruire les valeurs de la nature. Chez Rodrigue, la piété filiale préfigurait le patriotisme : il obéissait à son père avant de combattre pour son pays. Chez Horace, le patriotisme conduit au parricide : la situation est exactement inversée. Elle est inversée parce que la subversion est intérieure à la famille. Le tragique d'Horace est un tragique de l'absolu au sens où le héros défait un à un tous ses liens avec le monde, rompt un à un tous les nœuds de la sensibilité. Camille et Curiace sont des héros « relatifs » car ils refusent de sacrifier leur « relation » à l'ordre naturel. Horace est un héros « absolu » puisqu'il sacrifie volontiers à Rome ses « relations » au monde de la nature.

Le paradoxe d'Horace sera plus tard de demander à Sabine de l'imiter :

> Sois plus femme que sœur, et te réglant sur moi
> Fais-toi de mon exemple une immuable loi.
>
> (IV, 7, v. 1361-1362.)

Horace reste fidèle à la devise du héros : sacrifice, singularité, exemplarité. Le tragique apparaît dans la construction même de l'héroïsme dont les ambitions sacrificielles et les finalités exemplaires sont contradictoires. Horace a choisi de s'identifier à Rome, quel que soit le prix de cette identification. Ce choix a une logique dont Curiace et surtout Camille sont les victimes. Plus gravement, Horace est guetté par l'impuissance :

> Et quand la renommée a passé l'ordinaire,
> Si l'on n'en veut déchoir, il faut ne plus rien faire.
>
> (V, 2, v. 1571-1572.)

La gloire se trouve en péril : seule la passivité protège de la déchéance, seule la mort reste l'issue mais la mort n'est plus un risque pris pour créer :

> La mort seule aujourd'hui peut conserver ma gloire.
>
> (V, 2, v. 1580.)

Le mot « conserver » suggère assez que le temps, pire ennemi du héros, vient une nouvelle fois d'entrer en scène. La mort n'est plus créatrice, elle est conservatrice : l'héroïsme n'est plus un acte à accomplir mais un état à maintenir. Or l'héroïsme n'est pas un état; il se condamne donc au suicide :

> Je m'immole à ma gloire, et non pas à ma sœur.
>
> (V, 2, v. 1594.)

Le cycle sacrificiel continue et l'héroïsme se referme sur lui-même. Horace rappelle seulement, pour éviter toute ambiguïté, que sa gloire est supérieure à sa sœur, en d'autres termes, que la nature a bien été vaincue. Etrange position que celle d'un personnage qui s'identifie à l'histoire, à l'altérité, pour se sacrifier à lui-même ! Etrange démonstration que celle d'un héroïsme qui fait appel à l'histoire avant de renoncer à l'histoire ! Horace avait en fait parié sur les autres — l'histoire, l'Etat — au nom d'une certaine idée de lui-même. Il découvre, dans une révélation tragique, la contradiction de son pari et, par crainte de sombrer dans l'altérité, il se précipite dans le suicide. Il convient d'apprécier à sa juste valeur cette tentation du renoncement afin de ne pas proposer une interprétation monolithique d'Horace. Auguste également éprouvera la séduction de l'abdication. Il ne faut pas réduire le héros cornélien à une tension sans faille. Rodrigue, Horace, Auguste, Polyeucte connaissent des moments particuliers d'interrogation et d'inquiétude qui sont, dans chaque cas, dépassés. Mais dépasser ne signifie pas nier : l'interprétation dialectique de l'héroïsme est périlleuse. Le théâtre de Corneille relève plus d'une appréhension cyclique que d'une compréhension dialectique. Serge Doubrovsky estime que le héros cornélien, le « Maître », se trouve confronté non aux « Esclaves » mais à d'autres « Maîtres » et déduit de cette constatation que « le théâtre de Corneille est bien, dans sa signification profonde, position et exposition du projet aristocratique dont il esquisse, avec une sûreté étonnante, le développement interne et les étapes nécessaires »[26]. A notre avis, Corneille ne met en scène aucun « projet aristocratique », au sens où l'aristocratie signifie le gouvernement des meilleurs car il ne s'agit ni d'un projet social, ni d'un projet politique. Il s'agit du statut du héros, ni plus ni moins, d'un statut sur lequel s'interroge l'époque. Qu'est-ce qu'un héros ? Comment accède-t-on à l'héroïsme ? Telles sont les

26. Serge Doubrovsky, *op. cit.*, p. 146.

questions agitées par la littérature contemporaine. Pourquoi introduire les catégories hégéliennes du maître et de l'esclave ? Pourquoi surtout nier l'existence de vrais esclaves alors que Corneille s'apprête à les mettre en scène avec l'Euphorbe de *Cinna* ? *Horace* ne dramatise pas les contradictions de la classe aristocratique. *Horace* représente les contradictions existentielles de l'héroïsme. *Horace* ne relève pas d'une critique « mondaine », mais d'une critique « métaphysique ». L'analyse du personnage de Camille et, d'une manière plus générale, la réflexion sur les premières femmes des tragédies, Chimène, Sabine, Emilie, Pauline, feront apparaître que le tragique n'est pas d'ordre social mais d'ordre naturel. Le réductionnisme de la dialectique confond trop souvent les effets et les causes.

Horace est une étape, une épreuve dans la genèse du héros. L'ordre familial imposait à Rodrigue un combat douloureux mais ce combat était aussi une libération, une espérance. L'ordre familial est sacrifié par Horace à la logique héroïque relayée par la raison d'Etat. Nous examinerons plus loin l'authenticité de ce salut politique d'Horace qui doit être étudié d'une manière autonome puisqu'il n'ajoute ni n'ôte rien au héros. Les conditions minimales de l'héroïsme sont l'appartenance à une famille et à un pays : Rodrigue et Horace ont un père et un roi. Ce double statut est en même temps une condition de leur héroïsme et une contrainte. Mais Rodrigue est sauvé par Chimène avant d'être absous par don Fernand tandis qu'Horace reçoit le pardon de Tulle après avoir été condamné par Camille. Les relations du héros avec sa famille et son prince ne sont plus les mêmes. Georges Couton n'a pas tort de souligner qu'Horace est « le héros d'une époque totalitaire »[27]. Il est surtout un héros de la totalité : il sacrifie, par son parricide, toute la nature à tout l'Etat. Son totalitarisme est héroïque avant d'être politique. Dans cette perspective la condition tragique d'Horace est celle d'un héros totalement héroïque qui ne connaît plus ni temps ni espace. Horace se place volontairement sur l'asymptote de l'héroïsme mais il a tout sacrifié à Rome sans être le maître de Rome.

27. Georges Couton, *Corneille*, *op. cit.*, p. 63.

« *Cinna* présente une conspiration de style Louis XIII »[28] : Georges Couton rappelle la révolte populaire de Normandie et le complot de Mme de Chevreuse et Chalais contre Richelieu pour rendre compte du climat dans lequel la pièce fut écrite puis jouée. André Stegmann est d'un avis exactement contraire : « Il n'y a pas lieu de voir dans *Cinna* la moindre allusion à des événements contemporains, complots contre Richelieu — Corneille n'aimait d'ailleurs ni les uns ni l'autre — ou révoltes populaires telles que celles dont il venait d'être le témoin à Rouen »[29]. Cette contradiction absolue entre deux spécialistes particulièrement sensibles à l'histoire du siècle et très attentifs au climat entourant la création cornélienne montre les dangers ou les limites d'une critique qui ne s'interroge pas d'abord sur le mouvement propre de l'œuvre. Le mérite de Serge Doubrovsky sur ce point reste de situer *Cinna* dans la genèse du héros : « Alors que la Politique devait éliminer la Tragédie, nous assistons à la Tragédie même de la Politique »[30]. L'analyse de Bernard Dort, qui rejoint en partie la réflexion de Jean Starobinski, se développe dans la même perspective. « Auguste est plus qu'une fonction. Il accomplit la synthèse vivante du Roi et du héros... Il fonde l'Etat, dans son unité non plus formelle comme dans *Le Cid* et *Horace*, mais organique... Auguste résout toutes les contradictions du héros cornélien. Il réconcilie ébloui et être ébloui, l'être et le paraître »[31]. Cet aperçu rapide de quelques critiques nous conduit à deux conclusions provisoires : la première est que la réflexion sur l'héroïsme est de plus en plus inséparable d'une analyse politique des personnages et des situations, la seconde confirme la nécessité de suivre pas à pas le développement de l'héroïsme dont Corneille étudie avec une minutie de plus en plus grande les ressorts et les échecs.

Rodrigue et Horace étaient des sujets. Auguste est un monarque. L'héroïsme et la politique accèdent en même temps à la grandeur d'Etat. Ce changement d'ordre implique ou bien

28. Georges Couton, *ibid.*, p. 67-68.
29. *OC*, p. 268.
30. Serge Doubrovsky, *op. cit.*, p. 221.
31. Bernard Dort, *op. cit.*, p. 61.

une solution des contradictions du héros-sujet, ou bien un renforcement de ces contradictions chez le Roi-héros. Corneille a retenu la seconde hypothèse, preuve que son théâtre est une exploration systématique des épreuves et des contre-épreuves du héros. Que manquait-il donc à Rodrigue et Horace qu'Auguste peut apporter ? Rodrigue et Horace étaient des héritiers. Auguste est un fondateur de dynastie. La notion de création, de genèse vaut autant pour le héros que pour le prince dont les intérêts, au sens le plus élevé du terme, sont identiques. La disparition d'Horace, après le meurtre de Camille, n'aurait pas signifié l'effondrement de la Rome royale. L'assassinat ou l'échec d'Auguste signifierait très vite, pour Rome, une régression politique et le retour des guerres civiles. Horace a encore le droit de mourir, fût-ce pour sa gloire. Auguste n'a plus ce droit : c'est la rançon du pouvoir. Horace pouvait encore sacrifier sa personne à l'Etat : la mort était l'épreuve ultime du dévouement à la chose publique. Auguste ne le peut pas puisqu'il est lui-même l'Etat. La solitude héroïque et la solitude monarchique se superposent : l'histoire et la politique ne seront plus une solution extérieure au héros, le temps des rois-juges incarnés par don Fernand et Tulle est terminé. Auguste « n'a intérêt qu'à la conservation de son trône ou de sa vie, qu'on attaque pour changer l'Etat, sans avoir l'esprit agité d'aucune passion particulière »[32]. Ce portrait d'Auguste signifie que la politique occupe tout le théâtre : l'empereur romain ne devrait tenir compte ni de la nature ni de l'amour. Le changement, par rapport à Rodrigue et Horace, est considérable. La dignité du genre tragique est tout à fait respectée puisque la pièce s'organise autour d'un « grand intérêt d'Etat ». Après les tragédies de la nature et de l'amour, voici la tragédie politique par excellence, la tragédie de l'Etat. Le risque tragique dans *Cinna* est celui d'une double régression : d'une régression héroïque si Auguste redevenait Octave, d'une régression politique si la Rome impériale revenait aux factions républicaines. Le risque tragique c'est le passé, le retour au passé. Horace craignait de déchoir : il était prêt à sacrifier sa vie pour le salut de sa gloire. Auguste aura peur de revenir en arrière, de parcourir l'histoire en sens inverse : il est donc prêt à sacrifier le

32. *OC* I, p. 103, Examen de *Clitandre*.

passé, c'est-à-dire la tentation d'Octave, pour le salut de l'Etat. En ce sens Auguste reste un héros sacrificiel puisqu'il doit sacrifier Octave, son propre passé. En ce sens, il subit une amputation plus radicale encore que celle d'Horace parricide : le triomphe d'Auguste implique la mort d'Octave. Auguste doit renier ce qu'il a été pour être ce qu'il est. La conquête de l'éternité, comme pour Rodrigue et Horace, se fait dans l'instant mais cet instant annihile le passé, sacrifie l'histoire vécue à l'histoire voulue. C'est pourquoi *Cinna* est une tragédie providentielle de l'Etat. Lorsque le héros est au sommet de l'Etat, la Providence joue un rôle d'autant plus important qu'elle accompagne la synthèse historique de l'héroïsme politique. La présence discrète de Livie sera le signe de cette « céleste flamme », de ce « rayon prophétique » (v. 1753-1754).

Auguste observe le pouvoir comme un amoureux aussi satisfait que déçu d'être satisfait. Le pouvoir est analogue à

> ... ces beautés dont l'éclat éblouit
> Et qu'on cesse d'aimer sitôt qu'on en jouit.
>
> (II, 1, v. 364-365.)

Auguste face au pouvoir ressemble aux personnages de comédie face à leur maîtresse : il est séduit par un objet qui lui échappe : il est donc soumis à une passion, il n'est pas maître de lui. L'amour et la politique appartiennent au même système de convoitise et de déception : la *libido sentiendi* est sœur de la *libido dominandi*. La sexualité et le pouvoir entretiennent une relation analogique où la jouissance est le résultat d'un éblouissement. Auguste donne raison à Rodrigue qui avait su ne pas succomber aux « plaisirs ». Auguste n'est pas encore un héros car il est dominé par la passion. Il est assez lucide pour comprendre son état, il n'est pas assez fort pour en sortir. Auguste a le pouvoir. Il n'est pas le pouvoir. Il existe un espace entre le pouvoir et sa personne. Octave identifiait sa personne au pouvoir. Auguste identifiera le pouvoir à sa personne. Auguste :

> Toujours vers quelque objet pousse quelque désir.
>
> (II, 1, v. 368.)

Il est perpétuellement entraîné hors de lui-même. Il est victime du « divertissement » au sens que Pascal donnera à ce mot. Auguste est aussi soumis à l'histoire réelle qui est, par nature, contradictoire : il cherche dans le passé des modèles politiques à imiter mais ne sait s'il faut suivre Sylla ou César :

Ces exemples récents suffiraient pour m'instruire,
Si par l'exemple seul on se devait conduire;
L'un m'invite à le suivre, et l'autre me fait peur,
Mais l'exemple souvent n'est qu'un miroir trompeur,
Et l'ordre du destin qui gêne nos pensées
N'est pas toujours écrit dans les choses passées.

(II, I, v. 385-390.)

La seule leçon qu'Auguste puise dans l'histoire est qu'il n'y a pas de leçon de l'histoire. L'histoire du héros, c'est l'histoire qu'il fait, les actes qu'il accomplit, qu'on admire et qu'on imite, non les actes qu'il admire ou qu'il imite. De même qu'Auguste est plus ébloui qu'éblouissant, de même il est plus imitateur qu'imité. Auguste n'est pas encore un héros. Cette faiblesse héroïque d'Auguste, cette faille dans la personne du prince devient très vite une faiblesse politique de l'Etat, une faille dans l'ordre monarchique. La crise politique est l'effet, la conséquence de la crise héroïque : les propos d'Auguste, dans leur enchaînement logique, en sont la preuve. S'il existe un projet politique chez Corneille — ce qui n'est pas évident —, il est second par rapport à l'héroïsme. L'héroïsme politique précède la politique héroïque. La faiblesse héroïque précède la faillite politique. Auguste fait appel à Maxime et Cinna, les deux premiers conseillers du théâtre de Corneille :

Traitez-moi comme ami, non comme souverain;
Rome, Auguste, l'Etat, tout est entre votre main...
Votre avis est ma règle et par ce seul moyen
Je veux être empereur, ou simple citoyen.

(II, I, v. 399-400 - 403-404.)

Ces quelques vers sont d'une extrême gravité. Imagine-t-on Horace ou Rodrigue sollicitant un conseil de personnages subalternes ? Auguste se trouve ici au plus bas degré de la politique. Il déclenche lui-même le processus subversif en renonçant au titre de « souverain » pour celui d' « ami » : est-ce au roi d'abaisser la monarchie ? Il remet tout l'Etat, cet Etat auquel Horace avait tout sacrifié, entre les mains de Maxime et Cinna : est-ce au roi d'abandonner la monarchie ? Il se soumet à l'avis de ses conseilleurs pour le choix du régime, impérial ou républicain : est-ce au roi d'organiser la désintégration de la monarchie ? Auguste est en train de perdre le trésor le plus précieux que Rodrigue et Horace avaient conquis dans le sang : la liberté, l'indépendance, l'autonomie. Auguste est plus un machiavélien qu'un cornélien : « Les hommes suivent presque toujours les routes déjà battues par d'autres et ne se conduisent que par imitation; or, comme on ne peut tenir en tout la même route ni parvenir à la hauteur de ceux qu'on prend pour modèles, un homme sage doit suivre les chemins tracés par des hommes supérieurs et imiter ceux qui ont excellé afin que, s'il ne les égale pas en tout, il en approche du moins en quelque chose »[33]. Ce rapprochement de textes permet de cerner les lieux d'apparition du machiavélisme dans le théâtre de Corneille : dès que le héros faiblit, dès qu'il perd son autonomie de choix et de décision, le machiavélisme entre en scène. La confusion des réponses politiques apportées par Maxime et Cinna, dont nous analyserons plus loin les enjeux, répond au désarroi d'Auguste. Lorsque le héros, pour une raison ou pour une autre, n'est pas en mesure de remplir sa mission dans la cité, les professionnels de la politique font leur apparition et proposent des techniques de gouvernement. En réalité, Auguste est un Octave vieilli, usé par le pouvoir : l'empereur reste inférieur à sa mission. Le complot qui le menace est un signe de la Providence, un moyen d'échapper aux forces de l'histoire, du passé. En ce début du deuxième acte, Auguste est en deçà de l'héroïsme : son esprit est troublé, sa volonté chancelante, sa politique ambiguë. Auguste doit se reconquérir avant de devenir un véritable empereur. Octave avait cru prendre le pouvoir. Il s'était en fait laissé prendre au piège du pouvoir. Telle est l'illusion, tel est le malentendu, telle est l'équivoque qu'Auguste devra dissiper pour atteindre au statut de héros puis à l'authentique maîtrise de l'univers.

La conclusion politique qu'Auguste tire de l'entretien avec ses conseillers est fausse puisqu'il accepte de sacrifier à Rome sa personne :

> Je consens à me perdre afin de la sauver.
>
> (II, I, v. 624.)

Auguste raisonne encore comme s'il était sujet de Rome. Il n'a pas encore compris que sa perte serait aussi celle de Rome.

33. Machiavel, *Le Prince*, chap. VI, édition de Raymond Naves, Paris, Garnier, 1968, p. 23.

L'empereur appréhende toujours l'empire comme une réalité extérieure à sa personne. Il ne voit pas — au sens très fort que ce mot a souvent chez Corneille — que la monarchie héroïque ne se divise pas. Auguste est un personnage divisé, donc tragique, aussi longtemps qu'il accepte de séparer sa personne de sa fonction. La solution politique est métaphysiquement liée à la solution de la crise du héros. Auguste et Octave vivent, dans l'acception philosophique du mot, la schizophrénie du héros, c'est-à-dire la fission (σχίζειν) de l'esprit (φρήν). Les symptômes de cette maladie du héros sont d'ailleurs décrits par Auguste lui-même :

> D'effroyables soucis, d'éternelles alarmes,
> Mille ennemis secrets, la mort à tous propos
> Point de plaisir sans trouble, et jamais de repos.
>
> (II, 1, v. 374-376.)

Auguste, à ce moment de la pièce, est un héros tragique : il a décelé son mal, il en discerne les effets mais il n'a trouvé ni la cause ni le remède. Horace croyait à tort que l'Etat était une issue. Auguste découvre cruellement que l'Etat est une impasse.

> Il se ramène en soi, n'ayant plus où se prendre.
>
> (II, 1, v. 369.)

Après avoir cherché son salut dans l'histoire et dans l'Etat, donc dans des objets créés ou perçus par le sujet, le héros découvre que la seule référence reste la personne. Rome est bien, comme le rappelle Marc Fumaroli, la cité des magnanimes, qu'il s'agisse de la *magnanimitas* des *optimates* chère à Caton, Cicéron et Pompée ou de la *magnitudo animi* où se reconnaissent Catilina et César. Encore faut-il que le héros se convertisse à la magnanimité[34]. Tant que cette conversion n'a pas eu lieu, la rhétorique de l'imitation, de l'admiration est exclue. Le dénouement de *Cinna* apportera l'épreuve qu'Auguste devra apprendre à oublier tandis que Rodrigue et Horace avaient appris à se souvenir. Rodrigue n'avait pas le droit d'oublier don Diègue. Auguste aura le devoir d'oublier Octave. La relation que le héros entretient avec le temps se modifie. Le héros ne peut plus laisser faire le temps (*Le Cid*, v. 1840). Le héros doit agir sur le temps. Il ne pourra opérer seul cette conversion, qui relève, pour reprendre deux

34. Marc Fumaroli, L'héroïsme cornélien et l'idéal de la magnanimité, *Héroïsme et création littéraire...*, *op. cit.*, p. 67.

notions très justes proposées par Louis Herland, de l' « imprévisible » et de l' « inexplicable »[35]. Le héros cornélien échappe au risque ou à la condition tragique en devenant un héros providentiel. Jacques Maurens précise, sur ce point, l'originalité de la décision de clémence chez Auguste : « La décision sublime d'Auguste se distingue de celle de Rodrigue ou d'Horace par l'absence d'une délibération explicite »[36]. La Providence a une signification philosophique et une influence dramaturgique. D'une manière plus générale, que l'influence du néo-stoïcisme soit déterminante ou non, le choix de Corneille est celui du public des années 1640[37]. Cela explique sans doute l'immense succès de la pièce. Le triomphe d'Auguste intervient à un moment où le public y est particulièrement préparé.

Cinna reconnaît en Auguste « un prince magnanime » (v. 881) mais cela ne suffit pas. Sur le plan politique, cette reconnaissance de la magnanimité ne provoque pas l'abandon du complot. Sur le plan héroïque, Cinna ne peut rien apporter à Auguste puisqu'il vient de trahir sa confiance. Il est nécessaire qu'Auguste affronte seul la crise. Celle-ci est ouverte par une dénonciation de l'esclave Euphorbe, affranchi de Maxime. La Providence fait appel au personnage le plus bas de la tragédie pour que soit assuré le salut de Rome et d'Auguste. Cette disproportion entre le moyen — Euphorbe — et la fin — l'avenir de Rome — constitue la meilleure preuve d'une intervention de la Providence qui utilise le mal pour créer le bien. L'annonce de la trahison de Maxime et de Cinna est si brutale qu'Auguste se tourne aussitôt vers le ciel :

> Ciel, à qui voulez-vous désormais que je fie
> Les secrets de mon âme et le soin de ma vie ?
>
> (IV, 2, v. 1121-1122.)

Auguste était jusqu'à présent dans la sphère du machiavélisme. Machiavel rappelle en effet[38] qu'il faut distinguer celui qui aspire

35. Louis Herland, L'imprévisible et l'inexplicable dans la conduite du héros comme ressort tragique chez Corneille, *Théâtre tragique*, Paris, CNRS, 1975, p. 239-249.
36. Jacques Maurens, *La tragédie sans tragique. Le néo-stoïcisme dans l'œuvre de Pierre Corneille*, Paris, Armand Colin, 1966, p. 273.
37. André Stegmann, *op. cit.*, t. II, p. 215.
38. Machiavel, *Le Prince*, chap. XVI, « De la libéralité et de la parcimonie ».

au pouvoir de celui qui exerce le pouvoir. Le premier gagne à être généreux. Le second y perd. En étant généreux alors qu'il était au pouvoir, Auguste est resté Octave : il n'a pas effectué sa conversion politique. Un prince « magnanime » n'est pas nécessairement un prince généreux et libéral. Auguste comprend très vite qu'il doit cesser de se « plaindre » (v. 1130). Le célèbre :

> Rentre en toi-même, Octave...
>
> (IV, 2, v. 1130.)

montre que le débat ne se situe pas entre Auguste d'une part, Cinna et Maxime d'autre part, mais entre Auguste et Octave. Le débat ne porte pas sur la nature du régime. Il porte sur le statut de l'héroïsme. Auguste admet volontiers que le complot des deux « républicains » s'explique comme un signe du destin :

> Leur trahison est juste et le ciel l'autorise.
>
> (IV, 2, v. 1145.)

Le complot est une étape dans la marche d'Auguste vers la gloire. Auguste vient ici de progresser dans l'analyse du mal qui atteint sa personne et l'Etat : il a trouvé la cause. La cause est Octave. La cause est la guerre civile. La cause appartient au passé. Auguste avait demandé à Cinna qu'il :

> Regarde seulement l'Etat en ma personne.
>
> (II, 1, v. 630.)

Auguste découvre avec indignation que Cinna

> S'oppose, pour me perdre, au bonheur de l'Etat.
>
> (IV, 2, v. 1156.)

L'empereur avait proposé à Cinna la solution politique de l'abdication et il constate que celui-ci se moquait de Rome et poursuivait seulement une vengeance passionnelle. Si Auguste-Octave se venge comme Cinna se venge, si la mémoire devient une matrice des assassinats politiques, Rome s'effondrera. De même que la mémoire sera condamnée au profit de l'oubli, de même la vengeance sera bannie au profit de la clémence. La mémoire et la vengeance se conjuguent au passé. L'oubli et la clémence sont, dans l'instant, la conquête de l'éternité. La vengeance, fondatrice de l'ordre aristocratique dans *Le Cid*, devient destructrice de l'ordre héroïque et politique dans *Cinna*.

Mais Auguste reste pris dans l'impasse politique d'un machiavélisme qui échoue :

> Je veux me faire craindre et ne fais qu'irriter.
>
> (IV, 2, v. 1164.)

Auguste se trouve dans la situation, décrite par Machiavel au chapitre VIII du *Prince*, d'un souverain qui ne sait pas maîtriser l'usage de la cruauté. Le complot de Cinna est un défi pour deux raisons : il montre que le processus de légitimation par la vertu mis en œuvre par Auguste doit échouer et qu'un tyran reste un tyran — ce schéma annonce l'attitude de Rodélinde face à Grimoald; il montre aussi que l'exercice vertueux du pouvoir n'est rien sans une authentique conversion du Prince à la vertu. Cinna ne reconnaît pas la légitimité politique d'Auguste parce qu'il ne reconnaît pas son aubtenticité héroïque. La conversion des comploteurs, plus tard, suivra naturellement la conversion du Prince. Cependant, Auguste conclut son monologue sans avoir pris de décision : son « cœur » reste « irrésolu » (v. 1188). Si la vertu et la magnanimité sont synonymes de grandeur, de courage, Auguste est encore loin de l'une et de l'autre.

L'intervention de Livie, à cet instant d'irrésolution chez Auguste, fait apparaître, dans un texte très proche de Sénèque, le recours à la clémence (IV, 3, v. 1210-1216). Dans l'esprit de Livie, la clémence a une double fonction utilitaire : assurer la « renommée » d'Auguste, désarmer les comploteurs. Jacques Maurens a souligné le lien entre la clémence d'Auguste envers Cinna et l'interprétation politico-morale du néo-stoïcien Pierre Charron[39]. La clémence de Livie est celle du réalisme politique mais cette clémence-là serait trop faible pour répondre à la trahison d'Emilie qu'Auguste ne connaît pas encore. Cette clémence-là suffirait à Machiavel, elle ne saurait satisfaire Corneille. Auguste répond d'ailleurs à Livie par la tentation d'abdiquer en imitant Sylla :

> De tout ce qu'eut Sylla de puissance et d'honneur,
> Lassé comme il en fut, je pense à son bonheur.
>
> (IV, 3, v. 1227-1228.)

39. Jacques Maurens, *op. cit.*, p. 142 et n. 66.

Auguste est-il éloigné ici de Pertharite déclarant à sa femme :

> Il est temps de tourner du côté du bonheur.
>
> (IV, 5, v. 1422.)

Auguste semble prêt à échanger la grandeur contre le bonheur : cela prouve que la double crise du héros et du roi n'est pas encore résolue, que la clémence serait donc, contrairement à ce que pense Livie, inutile et inopportune. Livie devine la faiblesse d'Auguste dont le comportement est « plutôt désespoir que générosité » (v. 1240). Elle fait apparaître en même temps l'unité du héros et de l'Etat à travers la clémence :

> C'est régner sur vous-même, et par un noble choix,
> Pratiquer la vertu la plus digne des rois.
>
> (IV, 3, v. 1243-1244.)

Le personnage Livie retrouve l'accent du texte de Charron cité par Jacques Maurens : « Si donc tu veux être roi de toi-même et faire acte royal, pardonne librement »[40]. Auguste doit reconquérir son autonomie : la vengeance est un effet de la dépendance passionnelle, la clémence sera un effet de l'indépendance héroïque. Malgré les arguments de Livie, Auguste reste prisonnier du dilemme vengeance-abdication. Il professe même une conception machiavélienne de l'exercice du pouvoir lorsqu'il affirme que « la seule pensée » d'un attentat contre sa personne est « un crime d'Etat ». On croit déjà entendre le conseiller de Prusias, Araspe :

> C'est un crime d'Etat, que d'en pouvoir commettre.
>
> (*Nicomède* : II, 1, v. 436.)

On croit surtout reconnaître la rhétorique policière des étatistes et une phrase célèbre de Richelieu citée par Etienne Thuau : « Le crime de lèse-majesté est si important que même celui qui en est coupable par une simple pensée est digne de punition »[41]. Tacite, Machiavel et Richelieu condamnent Cinna : le jugement d'Auguste est pour l'instant le leur, Auguste est encore un imitateur. Il a des modèles au lieu d'être un exemple.

40. Jacques Maurens, *op. cit.*, p. 142.
41. Etienne Thuau, *op. cit.*, p. 354.

Livie défendra devant Emilie la justification providentielle de la tyrannie en rappelant que l'assassinat de son père :

> Fut un crime d'Octave et non de l'Empereur.
>
> (V, 2, v. 1608.)

D'ailleurs, chez Livie, la justification politique de la clémence annonce la condamnation politique du tyrannicide. La personne du roi est « inviolable » (v. 1614) lorsque l'histoire légitime la politique :

> Tous ces crimes d'Etat qu'on fait pour la couronne,
> Le ciel nous en absout alors qu'il nous la donne,
> Et dans le sacré rang où sa faveur l'a mis
> Le passé devient juste et l'avenir permis.
>
> (V, 2, v. 1609-1612.)

Il n'y a plus ni tyrannie d'usurpation ni tyrannie d'exercice. Mais les maximes de Livie, bien qu'elles s'appliquent à Auguste, restent anonymes : le mot « on », qui reviendra souvent chez les machiavéliens mis en scène par Corneille, en apporte la preuve. Le pronom de l'héroïsme n'est pas « on » mais « je ».

La progression dramatique, de la dénonciation d'Euphorbe jusqu'à l'aveu de Maxime, accompagne sans l'expliquer la conversion d'Auguste qui, jusqu'au dénouement, reste ou semble rester prisonnier d'Octave. D'un seul coup, Auguste devient un héros sacrificiel — il renie Octave —, singulier — l'empereur cornélien ne doit rien au prince machiavélien —, exemplaire — il éblouit au lieu d'être ébloui, il cesse d'imiter pour être admiré.

> Je suis maître de moi comme de l'univers,
> Je le suis; je veux l'être. O siècles, o mémoire,
> Conservez à jamais ma dernière victoire !
>
> (V, 3, v. 1696-1698.)

La maîtrise est un effet de la volonté comme la faiblesse est un effet de l'irrésolution. Cette « victoire » est la « dernière » car il n'y aura plus de combat : l'instant est une figure de l'éternité. La « mémoire » redevient une auxiliaire du héros. Ce n'est plus la « mort », comme dans *Horace*, qui conserve la gloire, c'est la « mémoire ». L'héroïsme est ici une vraie genèse, un commencement absolu fondé sur l' « oubli magnanime » du passé (v. 1733). En ce sens, l'héroïsme est une conversion. Une conversion qu'il faut interpréter. Jacques Maurens y voit un exemple de la fameuse vertu des païens[42]. Serge Doubrovsky y décèle la « justification existentielle et le fondement légitime de l'Etat monarchique »[43] et devine un « risque totalitaire » dans la « récupération providentielle ». Bernard Dort confirme son analyse marxiste : « Un tel moment et un pareil accomplissement sont destinés à rester uniques dans l'œuvre de Corneille. L'accord entre la vision du monde de l'officier Pierre Corneille et la réalité de sa société ne sera que fugitif »[44]. Toutes ces interprétations nous semblent partielles voire, pour Bernard Dort, fausses, car elles oublient un vers, à nos yeux essentiel, de Livie :

> Vous avez trouvé l'art d'être maître des cœurs.
>
> (V, 3, v. 1764.)

Ce vers est l'apothéose de la politique héroïque. Il est ce vers quoi tendront tous les généreux. Il est ce que refuseront tous les « politiques ». Par la vengeance, Auguste aurait été tyran des corps : *Théodore* montrera que le pouvoir politique n'hésitera pas à employer la prostitution pour essayer de briser une héroïne. Par la clémence, Auguste assure la maîtrise des cœurs, la communion de deux ordres : l'ordre des personnes (Cinna, Emilie, Maxime) et l'ordre de l'Etat. Ayant réconcilié ces deux ordres en lui-même, Auguste veut les réconcilier dans Rome. Cette communion n'a de valeur que si elle est un effet de magnanimité. « Il y a bien dans cette clémence un calcul, mais de gloire, et non de politique », écrit, non sans raison, Paul Bénichou[45]. Encore faut-il être réservé sur l'emploi du mot « calcul » qui est incompatible avec la manifestation du sublime.

Auguste est désormais un « exemple aux plus généreux princes » (v. 1774). En dépassant sa fonction royale dans une mission providentielle, Auguste devient un exemple héroïque et politique. Toutefois le dernier vœu de *Cinna* rappelle que tout reposait sur l'empereur et sur lui seul,

> Qu'Auguste a tout appris et veut tout oublier.
>
> (V, 3, v. 1780.)

42. Jacques Maurens, *op. cit.*, p. 274.
43. Serge Doubrovsky, *op. cit.*, p. 214.
44. Bernard Dort, *op. cit.*, p. 62.
45. Paul Bénichou, *Morales du grand siècle*, Paris, Gallimard, 1948, p. 45.

La tragédie politique était bien une tragédie historique oscillant entre les deux pôles de la mémoire et de l'oubli. Après le triomphe d'Auguste, le héros semble sauvé du tragique par la Providence, sauvé de la politique par l'histoire, sauvé des autres par lui-même. Mais le mouvement ascendant du théâtre de Corneille n'est pas arrêté : de même qu'Horace déplaçait le problème de la famille *(Le Cid)* vers l'Etat *(Cinna)*, de même Auguste, par les conditions privilégiées de son salut, déplace l'interrogation héroïque de l'Etat vers Dieu *(Polyeucte)*. Le héros vient de gagner dans le temps et dans le monde. Peut-il gagner hors du temps et hors du monde ? *Cinna* marque une évolution de la thématique et du vocabulaire cornéliens vers le surnaturel. L'ambition du poète n'aura de cesse que le surnaturel réponde, lui aussi, aux crises de la nature.

Polyeucte : « Où le conduisez-vous ? — A la mort. — A la gloire »

La genèse du héros continue avec Polyeucte : « Le don sans réserve qu'Horace fait de ses énergies à la grandeur romaine est une répétition à l'étage de la nature, du don sans réserve que le chrétien fait de ses puissances à la volonté divine »[46], note Marc Fumaroli en s'appuyant sur un texte du P. Galluzzi consacré à la distinction des deux moments de la grandeur d'âme. Marie-Odile Sweetser montre comment *Polyeucte* reprend « la pyramide structurelle de *Cinna* et le mouvement ascensionnel d'Auguste »[47]. S'inspirant des analyses de Péguy, Robert Brasillach souligne l'unité des premiers héros : « Le saint de Corneille est un conquérant, et le rapprocher du *Cid*, d'*Horace* et de *Cinna* montre son véritable caractère... c'est un chevalier chrétien, c'est un croisé de la Terre sainte »[48]. Le personnage même de Polyeucte renvoie implicitement au héros de *La Place Royale*. « La tragédie d'Alidor, en regard de celle de Polyeucte, ne paraît plus soudain qu'une dialectique »[49]. Pour cette raison, « il est plus aisé et plus juste

46. *Héroïsme et création littéraire...*, *op. cit.*, p. 67.
47. Marie-Odile Sweetser, *op. cit.*, p. 125.
48. Robert Brasillach, *op. cit.*, p. 159.
49. Octave Nadal, *op. cit.*, p. 200.

sans doute, de rattacher *Polyeucte* à la dramaturgie et à l'esprit cornéliens qu'au drame religieux du début du XVIIe siècle »[50]. La conversion est d'ailleurs plus cornélienne que chrétienne, plus héroïque que surnaturelle : « C'est le même Dieu responsable du destin de l'Univers qui seconde le pardon d'Auguste nécessaire à la naissance du christianisme, et qui suscite le sacrifice de Polyeucte, occasion de son triomphe prochain »[51]. Cependant la nature même de *Polyeucte* pose un problème théorique que Serge Doubrovsky rappelle avec raison et que Corneille avait délimité : « L'exclusion des personnes tout à fait vertueuses qui tombent dans le malheur bannit les martyrs de notre théâtre. *Polyeucte* y a réussi contre cette maxime »[52]. « Force est donc de reconnaître que, du point de vue de Corneille lui-même, il y a bien ce qu'il convient d'appeler un paradoxe de *Polyeucte* : si le héros de ce nom est un saint, c'est la théorie fondamentale de la tragédie qui a tort; et si la théorie de la tragédie n'a pas tort, c'est Polyeucte qui n'est pas un saint »[53]. Serge Doubrovsky plaide pour la seconde hypothèse en exposant qu'après *Horace* et *Cinna*, *Polyeucte* représente « l'effort suprême du héros pour se récupérer au-delà de l'Etat et pour retrouver un absolu personnel »[54]. Le sujet est toutefois un sujet religieux. René Bray note que la plupart des théoriciens du théâtre proscrivaient la tragédie chrétienne même si la période 1641-1645 voit paraître des pièces sacrées : *Saül* de Du Ryer, *La Pucelle d'Orléans* de d'Aubignac, deux *Sainte Catherine* de Saint-Germain et Puget de La Serre, *Saint Genest* de Rotrou sont des œuvres contemporaines de *Polyeucte* et *Théodore*[55]. La plupart des critiques semblent donc en accord sur un point : quelle que soit l'interprétation de *Polyeucte* sur le plan religieux, le héros principal est cornélien avant d'être chrétien, il appartient à la même famille que Rodrigue, Horace et Auguste.

La première scène de la pièce souligne l'originalité de Polyeucte. Rodrigue allait épouser Chimène, Curiace allait épouser Camille, Polyeucte vient d'épouser Pauline : la sensualité n'est

50. Octave Nadal, *op. cit.*, p. 184.
51. Jacques Maurens, *op. cit.*, p. 287.
52. *Discours de la tragédie*, *OC*, p. 832.
53. Serge Doubrovsky, *op. cit.*, p. 223.
54. *Ibid.*, p. 241.
55. René Bray, *op. cit.*, p. 292-293.

plus une promesse mais une réalité, la tragédie de la volonté se double d'une tragédie de la chair. Polyeucte n'est pas non plus un mari romain, comme Horace. Comme Auguste était prisonnier de l'empire, Polyeucte est « possédé » (v. 20) par les yeux de Pauline. Au sens cornélien du terme, Polyeucte n'est pas ici un héros puisqu'il ne s'appartient pas, puisqu'il n'est pas encore propriétaire de sa personne. N'étant pas maître de l'instant, terre d'élection du héros, Polyeucte cherche un délai avant de suivre Néarque dans la foi chrétienne : la soumission à la sensibilité ou à la sensualité conduit à la manipulation du temps. Polyeucte demande ce qu'un héros ne doit jamais demander, un moratoire. Il souhaite « un peu remettre et différer d'un jour » (v. 52). Imagine-t-on Rodrigue sollicitant un délai auprès de son père ? Comment d'ailleurs répondrait-il au célèbre « Va, cours, vole et nous venge » ? Néarque rappelle qu'attendre est synonyme de trahir : il n'y avait pas de compromis possible avec la loi de l'honneur, il n'y a pas de compromis possible avec Dieu. Le héros cornélien ne sera jamais un négociateur et le Dieu cornélien lui demande un sacrifice absolu de la nature :

> Dieu ne veut point d'un cœur où le monde domine,
> Qui regarde en arrière et douteux en son choix,
> Lorsque sa voix l'appelle, écoute une autre voix.
>
> (I, I, v. 66-68.)

Don Diègue accepterait-il un fils où Chimène domine ? Quelle est la première faiblesse d'Auguste sinon de regarder en arrière, vers Octave, et de ne pas choisir clairement ? Que reproche Horace à Curiace sinon d'entendre la voix de Camille au lieu d'écouter seulement celle d'Albe ? Que reproche, de même, Néarque à Polyeucte sinon d'être soumis à Pauline, forme sensible de l'altérité. La conquête de l'unité passe par la rupture avec l'autre. La rupture avec l'autre implique un sacrifice. Avec *Polyeucte*, la genèse du héros reste sacrificielle, la création reste une amputation. La « grandeur suprême » (v. 73) est en Dieu comme elle était dans Rome pour Horace. L'amour, l'argent, le pouvoir, la « femme », les « biens », le « rang » tout doit être sacrifié tout de suite. Dieu n'accepte de concession ni sur le fond, ni sur la forme, ni sur le délai. L'exigence surnaturelle et providentielle de Dieu remplace l'exigence temporelle et totalitaire de

Rome. La fuite devient étrangement un secours. Horace affirmait, après le meurtre de Camille :

> A quel point ma vertu devient-elle réduite !
> Rien ne la saurait plus garantir que la fuite.
>
> (IV, 7, v. 1395-1396.)

Horace fuyait devant Sabine. De même Polyeucte fuit devant Pauline, avant de courir au baptême :

> Je sens déjà mon cœur prêt à se révolter,
> Et ce n'est qu'en fuyant que j'y puis résister.
>
> (I, 2, v. 123-124.)

Horace et Polyeucte fuient devant leur épouse parce que celle-ci n'est pas, au moment de leur fuite, une adversaire. Il ne sera pas sans intérêt de comparer cette scène à celle où Polyeucte affronte Pauline devenue, au seuil de la mort, une véritable adversaire. Mais le moment de l'épreuve n'est pas encore venu.

La sixième scène du second acte, entre Polyeucte et Néarque, est l'inverse de la première scène de la tragédie. Auparavant, Polyeucte évoquait avec émotion la proximité du mariage :

> Les flambeaux de l'hymen viennent de s'allumer.
>
> (I, 1, v. 12.)

Il est désormais marqué par le sacrement du baptême :

> Je viens de le promettre et je vais l'accomplir.
>
> (II, 6, v. 648.)

La proximité du mariage invitait à différer le baptême. La proximité du baptême incite à accélérer le « sacrilège ». Tel est le changement d'ordre entre la soumission au monde et la conversion à Dieu. Avant le baptême, Polyeucte voulait aller moins vite que le temps. Après, il désire aller plus vite pour conquérir l'éternité. Il acceptait de subir, il entend maintenant construire. Cette scène est essentielle pour la compréhension du personnage de Polyeucte et pour la réflexion sur le christianisme de la pièce. La décision de Polyeucte est accompagnée d'une rhétorique de l'ostentation :

> ... allons aux yeux des hommes
> Braver l'idolâtrie et montrer qui nous sommes.
>
> (II, 6, v. 645-646.)

Polyeucte ne relève ni de l'humilité, ni du λάθε βίωσας de la philosophie grecque : « Chez le héros cornélien, s'inventer soi-même veut dire donner la priorité au cérémonial et à la rhétorique de la grandeur, à charge de leur apporter, après coup, la confirmation des actes »[56]. Cette démarche interdit l'attentisme : on ne devient pas un héros au jour le jour. Rien de pire, pour Polyeucte, que la recommandation de Néarque :

> Il suffit, sans chercher, d'attendre et de souffrir...
> Par une sainte vie il faut la mériter.
>
> (II, 6, v. 659-663.)

Néarque demande à Polyeucte ce que son ami ne peut lui accorder à aucun prix : il lui demande d'attendre et de souffrir en silence. Mais le mérite est un effet de la volonté (v. 658), non de la passivité. Polyeucte entend marcher à la rencontre de Dieu et gagner instantanément l'éternité. Il craint que le temps ne dénature sa foi et ne mette en péril son salut :

> Pourquoi mettre au hasard ce que la mort assure ?
>
> (II, 6, v. 665.)

Le héros du *Cid* affirmait :

> Rodrigue peut mourir sans hasarder sa gloire.
>
> (V, 1, v. 1530.)

La gloire du Cid était déjà en sûreté après la mort du Comte et la défaite des Mores. Elle était sauvée dès ce monde et dans ce monde. Il n'en est pas de même pour Polyeucte qui doit mourir pour mettre sa gloire à l'abri du temps. La mort était une possibilité. Elle est maintenant une nécessité. L'emploi du terme « assure » fait apparaître la situation critique du héros : dans le contrat héroïque, dans le contrat que le héros passe avec Dieu, la mort est une assurance gloire. Rodrigue et Horace acceptaient le risque de la mort. Polyeucte réclame la mort immédiate : la victoire sur la nature ne s'obtient plus en risquant sa vie mais en perdant sa vie. L'image du sacrifice total est encore plus nette que dans *Horace* :

> Je suis chrétien, Néarque, et le suis tout à fait.
>
> (II, 6, v. 667.)

56. Jean Starobinski, *op. cit.*, p. 51.

Dieu remplace Rome comme figure de la totalité. Sacrificiel, déjà sacrifié, le héros est aussitôt exemplaire :

> L'exemple de ma mort les fortifiera mieux.
>
> (II, 6, v. 672.)

La morale de l'admiration est à l'œuvre. L'heure n'est plus aux « exemples vivants » (v. 191) chers à don Gomès mais à l'exemple que donnent les morts. Le vrai héros, le seul héros est un mort en sursis. Mais ce héros est aussi en proie à la démesure :

> Qui n'appréhende rien présume trop de soi.
>
> (II, 6, v. 680.)

rappelle Néarque qui devine l'orgueil derrière la foi. La réponse de Polyeucte est sans doute le nœud des querelles sur le christianisme du personnage :

> J'attends tout de sa grâce et rien de ma faiblesse.
>
> (II, 6, v. 681.)

Marc Fumaroli rappelle que, dans le portrait du Magnanime tracé par le P. Tarquinio Galluzzi, l'humilité est réelle : elle est l'envers de la magnanimité. Le Magnanime « veut être supérieur par sa vertu, son mérite, ses bonnes œuvres, sa clémence, toutes choses étrangères à l'orgueil »[57]. Il faut en tenir compte avant de s'épuiser dans une querelle théologique sur la signification de la grâce dans *Polyeucte*. Le vocabulaire du héros :

> Exposer pour sa gloire et verser tout son sang.
>
> (II, 6, v. 688.)

reste celui du sacrifice, d'un sacrifice qui sera bientôt une réalité. Rodrigue, Horace, Auguste étaient les témoins de l'héroïsme, Polyeucte en deviendra le martyr : l'héroïsme n'est plus en deçà mais au-delà de la mort. Le Dieu héroïque — ou le héros divinisé — de *Polyeucte* transfigure, dans l'ordre surnaturel, l'espérance politique d'Auguste :

> Le Dieu de Polyeucte et celui de Néarque
> De la terre et du ciel est l'absolu monarque,
> Seul être indépendant, seul maître du destin,
> Seul principe éternel et souveraine fin.
>
> (II, 2, v. 841-844.)

57. *Héroïsme et création littéraire...*, *op. cit.*, p. 65.

Les attributs de ce Dieu sont ceux dont le monde faisait au héros la bienheureuse mais vaine promesse : le temps devient un espace clair et transparent *sub specie aeternitatis*, sous le regard de Dieu. Serge Doubrovsky suggère ici une comparaison qui ne manque pas d'intérêt : « Descartes, profondément catholique, élabore une philosophie qui veut, avant tout, donner à l'homme les moyens d'accomplir son propre salut tout seul. Corneille, sincèrement chrétien, compose une dramaturgie tout entière consacrée à l'effort de l'homme pour se faire et s'atteindre lui-même dans l'absolu »[58]. Le Dieu de Polyeucte répond trop exactement aux expériences métaphysiques de l'héroïsme pour n'être pas soupçonné d'anthropomorphisme. Le créateur ressemble plus à la créature que la créature n'est l'image du créateur. Le tragique de Polyeucte est celui de l'adéquation du héros à Dieu. Auguste avait compris que le pouvoir et l'Etat étaient une illusion capable de séduire le héros, de l'emmener hors du droit chemin. Polyeucte voudra échapper au monde pour s'identifier à l'image de sa propre perfection au-delà des vicissitudes de l'histoire : toute la nature sensible est sacrifiée à cette ambition.

Les stances marquent cet arrachement du héros à la nature. Pauline est perçue comme un « obstacle » à son bien (v. 1144). La condamnation du monde est celle de l'inconstance, de l'instabilité, de la fragilité. Ce qu'Auguste reprochait à l'exercice du pouvoir, Polyeucte le refuse dans les

> Honteux attachements de la chair et du monde.
>
> (IV, 2, v. 1107.)

Rodrigue s'enracinait dans une famille, Horace dans un Etat, Auguste dans une histoire. Polyeucte y voit des liens qui étouffent le héros. Il refuse la consistance mondaine du héros qui est artificielle. Il la sacrifie pour devenir singulier et exemplaire. En ce sens il suit le même mouvement de conversion qu'Auguste. Son aspiration au contentement éternel (v. 1154), sa certitude que le ciel donne plus encore qu'il ne promet (v. 1149), tout l'entraîne au repos de la mort. Devant Pauline, Polyeucte revendique l'exigence d'une « grandeur » « immortelle » (v. 1192), le souhait d'un

58. Serge Doubrovsky, *op. cit.*, p. 226.

« bonheur » supérieur au « destin ». Il entend échapper aux contradictions du désir et du plaisir. Il suit les traces d'Horace, attaquant Curiace :

> Et c'est mal de l'honneur entrer dans la carrière
> Que dès le premier pas regarder en arrière.
>
> (II, 3, v. 487-488.)

lorsqu'il affirme, en évoquant Dieu :

> Sa faveur me couronne, entrant dans la carrière.
>
> (IV, 3, v. 1228.)

Polyeucte accomplit tous les rites d'initiation héroïque. Il ne souhaite pas la même chose que ses prédécesseurs, mais il la souhaite de la même manière : l'enjeu a changé, la démarche est identique. Le baptême et la mort sont simultanés (v. 1230) : l'enthousiasme de Rodrigue et d'Horace n'est pas loin, le sublime de la décision d'Auguste non plus. Polyeucte renonce à la nature mais il y renonce sans l'abandonner : il donne Pauline à Sévère. « Seule la générosité totale de son sacrifice à Dieu efface en quelque sorte les dettes qu'il a contractées envers les êtres terrestres. Cette dynamique du don, cette libéralité du Magnanime chrétien est particulièrement éclatante dans la scène où il remet Pauline à Sévère, s'acquittant ainsi envers elle au moment même où il l'abandonne pour n'appartenir plus qu'à Dieu »[59]. L'ordre cornélien du mérite peut accueillir la future veuve et l'ancien amant :

> Vous êtes digne d'elle, elle est digne de vous.
>
> (IV, 4, v. 1305.)

Polyeucte s'acquitte d'une dette envers Pauline comme Rodrigue s'acquittait d'une dette envers son père et Horace d'une dette envers Rome. Le héros doit être irréprochable lorsqu'il quitte le monde, il doit exercer jusqu'au bout les responsabilités de la nature : la conversion n'est pas un alibi pour ne rien faire, mais une raison de faire plus en ce monde. Autant Polyeucte refusait le compromis entre l'idolâtrie et le christianisme, autant il revendique la réconciliation des généreux en ce monde. Cependant Pauline n'acceptera pas d'être épouse et veuve comme son mari n'acceptait pas de servir en même temps Dieu et Jupiter : Polyeucte devient un modèle pour sa femme, le héros est exemplaire. La

59. *Héroïsme et création littéraire...*, *op. cit.*, p. 68.

conception chrétienne de la conversion se moule dans le mouvement cornélien d'admiration et d'imitation.

La conversion, comme l'admiration, a vocation universelle. Elle doit aussi se manifester dans l'ordre politique afin d'être historiquement utile : Félix succède à Pauline. Le christianisme représente une faille dans l'Empire romain. Le dialogue de Félix et Polyeucte souligne le mépris du héros pour la politique. Le don de Pauline à Sévère était un acte magnanime. Polyeucte est assez lucide pour voir qu'un gendre comme Sévère plaisait fort à son beau-père :

> Ma perte n'est pour vous qu'un change avantageux.
>
> (V, 2, v. 1561.)

On pense à Rodrigue stigmatisant « la honte du change » (v. 1062). On devine surtout une des ruptures absolues entre l'héroïsme et la politique : l'héroïsme est l'univers de la singularité, la politique est le monde de l'échange, de la substitution. On ne remplace pas un héros, on remplace un gendre : le don du magnanime est dégradé en troc politique et familial. Polyeucte le sait trop bien. Il ne lui reste plus qu'à mourir. Rodrigue faisait plus que remplacer le Comte. Sévère ferait moins que remplacer Polyeucte. La genèse du héros se développe de la mort de don Gomès au supplice du martyr. Il reste que Polyeucte doit réellement mourir dans ce monde : l'exigence de totalité vaut condamnation à mort.

Cette mort est-elle chrétienne ou cornélienne ? Octave Nadal souligne les effets d'une conversion existentielle : « Comme tout héros plus impatient d'être que de connaître, Polyeucte saisira Dieu par la violence »[60]. Dans le même esprit d'un Dieu au service du héros, Jacques Maurens souligne la rupture entre le stoïcien et le chrétien : « Le stoïcien se sert de Dieu plus qu'il ne le sert »[61]. Serge Doubrovsky résume cette interprétation d'un Dieu plus conforme aux désirs du héros qu'aux exigences des théologiens : « En mourant pour son Dieu, Polyeucte meurt donc exclusivement pour lui-même »[62]... « Sur tous les plans, théologique, éthique et politique, Dieu n'est là que pour être colonisé par l'homme »[63]. La

60. Octave Nadal, *op. cit.*, p. 208.
61. Jacques Maurens, *op. cit.*, p. 83.
62. Serge Doubrovsky, *op. cit.*, p. 251.
63. *Ibid.*, p. 259.

première formule nous semble d'ailleurs plus convaincante que la seconde. Robert Brasillach, au contraire, plaide pour une lecture catholique de la tragédie : « *Polyeucte* est catholique non seulement par la théorie de la grâce, par la théorie du mariage, mais encore par la théorie des intercesseurs »[64]. Il nous semble opportun de rappeler que *Polyeucte* n'a pas de sens hors du grand mouvement de rénovation religieuse qu'est la Contre-Réforme[65] et que le christianisme de Pierre Corneille, loin des querelles théologiques, est avant tout celui de son public. Il ne faut pas oublier non plus que la tragédie sacrée n'avait pas la faveur des doctes. Cela étant, que peut signifier *Polyeucte* dans la genèse de l'univers cornélien ? Pour la première fois, le héros meurt. Certes cette mort est volontaire. Mais elle existe. Les valeurs de l'héroïsme deviennent réalité après la disparition du héros. D'une certaine manière, puisque la pièce marque le désaveu de la nature et de l'histoire, de l'amour charnel et du pouvoir terrestre, la mort du héros implique le silence définitif du poète ou la réflexion sur la possibilité d'un héros refusant à la fois la mort et le compromis. Corneille retiendra la seconde hypothèse et se plongera, dès *La Mort de Pompée*, dans les soubresauts de Rome pour examiner l'état d'un monde sans espérance divine.

La plupart des critiques ont souligné la ressemblance des quatre premiers héros, de Rodrigue à Polyeucte, et nous souscrivons volontiers à ce jugement. L'héroïsme est d'abord, selon l'excellente formule de Jean Starobinski, une « création continuée ». Cette définition implique la prédominance de la volonté : le héros, comme le rappelait Auguste, est ce qu'il veut être. Le premier acte ontologique du cartésien est la pensée, le premier acte du cornélien est la volonté. En ce sens, il existe une métaphysique de l'héroïsme puisque précisément le héros installe son fief au-delà de la nature. L'accès à cet héroïsme n'est pas un don du ciel. Rodrigue, Horace, Auguste, Polyeucte ont des dispositions naturelles et morales à l'héroïsme. Il existe, au théâtre comme dans la génération de 1630, un climat héroïque dont la richesse explique le succès de Corneille : les valeurs spirituelles, au sens large du mot, sont reconnues. Il est sans doute périlleux de fonder l'étude

64. Robert Brasillach, *op. cit.*, p. 164.
65. Georges Couton, *Corneille*, *op. cit.*, p. 74.

des pièces sur une critique des sources qui montre assez vite ses limites[66]. La confrontation n'est pas l'explication. Il semble plus fructueux de déchiffrer le code héroïque, c'est-à-dire le code génétique du héros : sacrifice, singularité, exemplarité. Ce code est celui d'une personne plus que d'une caste : s'il existe un projet aristocratique — ce qui n'est pas évident — ce projet est d'abord une ambition personnelle au sens le plus élevé de quête du salut. Le héros cherche un monde qui soit à l'abri de l'usure, qui domine et maîtrise la nature. Qu'il s'agisse de la famille, de Rome, de Dieu, le héros pense en termes de conquête et de pouvoir; le sacrifice sera de plus en plus grand, à la mesure de l'enjeu. La conversion à la pureté héroïque suppose des amputations toujours plus importantes puis la mort elle-même. Dans cette perspective, le tragique du héros est un tragique de l'absolu. Le héros sacrifie successivement sa maîtresse, sa sœur, son passé, sa vie et ces sacrifices sont autant de libérations. La volonté suprême du héros est bien d'être libre pour lui-même. L'histoire, l'Etat, Rome étaient des alibis ou des illusions. Le héros absolu est un héros de l'absolu. Il est aussi un héros de la solitude qui veut échapper à l'altérité mais qui a besoin des autres pour être admiré. Le martyre de Polyeucte entraîne certes des conversions qui témoignent de l'accord providentiel entre le héros et l'avenir de Rome mais le héros mort est sans effet sur la réalité. Rodrigue, Horace, Auguste avaient une finalité terrestre que Polyeucte refuse. La victoire du héros devient une défaite de l'héroïsme malgré la présence de Sévère. D'une manière plus grave, cette victoire est atteinte du mal le plus grave : la fragilité de son éclat. Après Polyeucte, le héros voudra toujours l'emporter dans le monde et dans l'histoire pour éviter la victoire sans effet de la tragédie sacrée. Le héros cornélien n'est pas fait pour l'apothéose. Il est né dans et pour la cité. La gloire et la grandeur sont des valeurs mondaines même si Polyeucte devait aller au sacrifice ultime pour que l'héroïsme fût authentifié et identifié. *Polyeucte* prouve l'existence du héros comme elle prouve l'existence de Dieu. Cette double preuve n'est pas une invitation au repli de l'héroïsme sur lui-même, mais l'exigence d'un engagement dans la nature et dans l'histoire. Après Polyeucte, le héros peut être un mobilisé ou un volontaire. Il ne sera jamais un déserteur.

66. Octave Nadal, *op. cit.*, p. 14.

2

Le triomphe de la sensibilité : figures de la féminité

La nature est la première victime de l'héroïsme. L'amour, ou du moins la jouissance, subit le même sort. La tendresse même est condamnée. Camille, Chimène, Pauline en font la triste expérience. Si en effet le héros est un être de sexe masculin qui se construit et s'éprouve par la volonté, les femmes de Corneille vivent l'accès à l'héroïsme comme une crise de la sensibilité, au sens où la sensibilité est l'expérience de la nature. C'est pourquoi les femmes ont un statut de victime : Chimène, Camille, Pauline sont sacrifiées sur l'autel de l'héroïsme. Filles de la nature, les héroïnes, à l'avenir, seront souvent plus fortes que les héros, fils de la volonté. La psychocritique a étrangement situé la femme dans un rôle négatif : « Dans le théâtre héroïque de Corneille, le protagoniste féminin n'est pas héroïque. En fait, dans cet univers dominé par des valeurs essentiellement masculines, la femme... se signale par sa différence. Malgré les apparences, elle se révèle étrangère aussi bien à l'idéal héroïque qu'aux réalités politiques. Chez les hommes, l'aventure individuelle débouche sur celle de la communauté, de la cité, la politique étant le prolongement naturel de l'héroïsme. Au cours de sa carrière, le héros peut compter sur la solidarité masculine. Il est appelé au début et honoré à la fin. Or, pour les femmes, ces prolongements n'existent pas. L'ouverture vers l'action héroïque et politique, cette libération pour les hommes qui caractérise les tragédies de Corneille par opposition à ses comédies, est déniée à la femme. En outre, et c'est là le fruit de son aliénation, la femme ne connaît pas la solidarité »[1]. Cette analyse recèle, à notre avis, plusieurs fautes. Une faute logique : être opposée au héros pour la femme n'implique en rien qu'elle refuse l'héroïsme ou qu'elle en soit incapable. La tension que Chimène, Camille et Pauline imposent au héros reste la meilleure preuve de leur caractère héroïque. Le célèbre :

> A vaincre sans péril, on triomphe sans gloire.

du Cid montre assez que le duel est l'instrument de l'héroïsme. Si le héros ne se bat pas contre « un autre soi-même » comme le rappelle Horace, son combat n'a aucun sens. Sa victoire non plus. Les femmes ne représentent pas l'autre, mais le même. Si elles étaient différentes du héros, elles lui seraient indifférentes. C'est parce qu'elles lui ressemblent — comme une sœur ou comme une épouse — que le sacrifice du héros est douloureux. C'est parce qu'elles lui ressemblent — comme une mère ou comme une fille — qu'elles exerceront le pouvoir politique. La seconde faute est méthodologique : Hans Verhoeff oppose le concept d' « aliénation » pour les femmes à celui de « libération » pour les hommes. Si la femme relève du même et non de l'autre, comment serait-elle aliénée ? Lorsque Auguste est encore Octave, il est aliéné à son passé ou à Rome. Lorsque Polyeucte demande un délai à Néarque avant le baptême, il est aliéné à Pauline. Il existe certes une fonction libératrice de l'héroïsme, un mouvement vers l'autonomie et l'indépendance. Mais Horace, au dénouement, est aliéné à l'Etat. Le concept d'aliénation s'applique peut-être à Sabine ou Emilie mais, dans ces deux cas, il décrit plus qu'il n'explique. On peut craindre qu'Hans Verhoeff n'ait confondu aliénation et nature, libération et volonté. La contradiction, le drame de Camille est précisément qu'elle ne saurait s'aliéner la nature et qu'en cela elle se distingue d'Horace. Plus tard, le parricide de Cléopâtre sera prémédité alors que celui d'Horace est spontané : voilà la vraie différence entre la femme et l'homme. La troisième faute d'Hans Verhoeff est organique lorsqu'il nie l'existence d'une « solidarité » entre les femmes de Corneille. La limitation de son étude à quatre pièces et le recours à des concepts psychanalytiques mal définis

1. Hans Verhoeff, *Les grandes tragédies de Corneille. Une psycholecture*, Paris, Lettres Modernes, 1982, p. 100.

rendent compte de cette erreur. Quelle solidarité plus forte en effet que celle de Cléopâtre et Cornélie, d'Aristie et Viriate, d'Honorie et Ildione... ? Les couples de femmes sont les plus beaux du théâtre et donnent au poète un répertoire de situations exceptionnel. Les héroïnes sont solidaires de deux manières. Positivement quand elles ont le même adversaire : Cléopâtre et Cornélie combattent ensemble le machiavélisme de Photin. Négativement quand elles s'affrontent pour la maîtrise d'un même être ou d'un même objet : Rodogune et Cléopâtre entendent l'une et l'autre posséder Antiochus et régner. Les dangers de la psychocritique sont indirectement comparables à ceux de la critique hégélienne : ils invitent à plus de prudence dans le choix de grilles d'interprétation extérieures au texte de Corneille et au climat du premier XVIIe siècle.

Octave Nadal rappelle que Corneille est marqué, dès sa jeunesse, par le climat de la préciosité : « La psychologie amoureuse est en parfait accord avec l'ensemble de sa psychologie du héros. La notion de gloire le plus souvent s'applique aussi bien à l'exercice guerrier qu'à celui de l'amour. Peut-être apercevons-nous ici le vrai contact de Corneille avec la préciosité de son époque. Il en approuvera les éléments de grandeur, en particulier ces rapports qu'elle sut retrouver entre la gloire et l'amour »[2]. L'amour véritable n'est pas une soumission à la sensualité, il est un effet du mouvement d'autonomie de la femme, il est un effort pour ne pas céder au désir immédiat. En ce sens, l'amour est une force créatrice d'ordre et de grandeur puisqu'il contribue au mouvement ascendant des valeurs que Corneille souligne dans l'Examen du *Cid* à propos de Chimène en insistant sur « la haute vertu dans un naturel sensible à ces passions, qu'elle dompte sans les affaiblir et à qui elle laisse toute leur force pour en triompher plus glorieusement »[3]. Le même texte précise que le rapport entre le devoir et la passion est identique chez Rodrigue et chez Chimène. Il est donc hasardeux de vouloir dégrader les personnages féminins qui appartiennent à la même famille que les héros. Corneille a mis en scène avec Chimène, Camille, Emilie et Pauline des figures de la féminité qui témoignent, aux côtés d'un héros sacrificiel et exemplaire, du triomphe de la sensibilité.

2. Octave Nadal, *op. cit.*, p. 51.
3. *OC* I, p. 700, Examen du *Cid*.

Il est révélateur que l'« impudicité » du personnage ait été au centre de la Querelle du *Cid* comme si la présence amoureuse de la femme ou l'existence d'une femme amoureuse constituait déjà un scandale pour un Scudéry ou un Chapelain. Il est non moins intéressant que le personnage de l'Infante ait été contesté. Chimène et l'Infante incarnent l'une et l'autre le tragique de la nature amoureuse confrontée à l'ordre social et familial. La situation de l'Infante existait déjà dans les comédies :

> Où les conditions n'ont point d'égalité
> L'amour ne se fait guère avec sincérité.
>
> (*La Suivante*, III, 6, v. 835-836.)

Elle fait surtout apparaître que la première manifestation de l'amour est « la surprise des sens » (v. 98) que Jean Starobinski nomme éblouissement. Les héroïnes de Corneille ne sont pas rebelles à la sensualité. Elles savent la force du plaisir. Elles savent aussi que cette force est leur faiblesse. Elles refuseront donc de la subir même si, pendant un temps, la « gloire » et l'« amour » s'opposent (v. 123). L'Infante est une préparation dramatique à Chimène.

La maîtresse de Rodrigue maudit l'« honneur » et l'« ambition » comme la fille du roi regrettait sa condition de princesse. L'amour, dans sa manifestation première est donc bien un principe de désordre, de subversion. Il n'interdit pas cependant de reconnaître les exigences de la morale et de la société aristocratiques. Quoi que fasse Rodrigue, après l'affront infligé par le Comte, Chimène lui donne déjà raison :

> S'il ne m'obéit point, quel comble à mon ennui !
> Et s'il peut m'obéir, que dira-t-on de lui ?
>
> (II, 3, v. 487-488.)

L'unité des « généreux » (v. 458) est essentielle, antérieure aux actes quels qu'ils soient.

La mort du Comte est l'épreuve initiatique de l'héroïsme. Chimène exige aussitôt que Rodrigue soit châtié. Plus que des arguments familiaux, elle utilise des arguments politiques :

> Immolez, non à moi, mais à votre couronne,
> Mais à votre grandeur, mais à votre personne,
> Immolez, dis-je, Sire, au bien de tout l'Etat
> Tout ce qu'enorgueillit un si haut attentat.
>
> (II, 8, v. 693-696.)

Rodrigue est un criminel d'Etat ou une victime d'Etat. En acceptant les règles de l'ordre aristocratique, il s'est rendu coupable d'un crime politique : le sacrifice d'Etat apparaît. Il s'achèvera avec la mort de *Suréna*. La plaidoirie de Chimène sera fatale au héros : Chimène confond l'ordre privé et l'ordre public, elle demande à l'Etat de résoudre une crise qu'elle ne peut dominer seule, elle supplie le roi de lui accorder ce qu'en réalité elle ne veut pas, la mort de son amant. Chimène fait à Rodrigue un procès politique. L'histoire lui donnera tort après la défaite des Mores et lui arrachera son argument politique puisque Rodrigue sera devenu plus indispensable à l'Etat que ne l'était son père. D'une manière plus grave, Chimène attaque Rodrigue dans l'ordre politique car elle sait ne pouvoir l'affronter dans l'ordre personnel. Le détour par la politique masque sa faiblesse : l'Etat est déjà un alibi de mauvais aloi. Chimène a la chance que cet Etat soit faible. Plus tard il écrasera le héros. Chimène a toutefois commis une faute irréparable : elle a introduit l'Etat dans la confrontation des consciences héroïques qui devaient rester seules face à face. Chimène a créé l'Etat-arbitre et le roi-juge. Suréna subira l'Etat-tyran et le roi-assassin. Cette faute politique est aussi une impasse, une logique suicidaire : si Chimène obtient du roi la mort de son amant, elle ne survivra pas à Rodrigue. La preuve est donnée que la solution politique est, au premier degré, fatale aux héros. Chimène veut venger « le sang par le sang » : elle est dans la ligne du « Meurs ou tue » de don Diègue. Le monde aristocratique est condamné à se détruire au nom même de ses valeurs : l'ordre aristocratique est en fait un désordre, un rapport de forces fondé sur la vengeance, donc sur la réitération du passé. L'ordre aristocratique est exactement le contraire de l'ordre héroïque que Rodrigue et Chimène doivent construire l'un avec l'autre et non l'un contre l'autre. La femme est indispensable à la genèse de l'ordre héroïque parce qu'elle vit en elle-même les contradictions de la nature et de l'amour et qu'elle intériorise le duel pour le dominer :

> Rodrigue dans mon cœur combat encor mon père.
>
> (III, 3, v. 814.)

Le dialogue de Rodrigue et Chimène, à la quatrième scène du troisième acte, est sans doute victime de l'intérêt excessif de la critique. Rodrigue montre à Chimène la route qui conduit à la gloire. La rhétorique accompagne ce mouvement :

> Ma générosité doit répondre à la tienne.
>
> (III, 4, v. 930.)

affirme Chimène,

> Ta générosité doit répondre à la mienne.
>
> (III, 4, v. 946.)

confirme Rodrigue. L'affrontement est devenu confrontation. Rodrigue et Chimène — qui est la « partie », non le « bourreau » de son amant (v. 940) — s'arrachent peu à peu à leur passé, à leurs parents :

> Que de maux et de pleurs nous coûteront nos pères !
>
> (III, 4, v. 986.)

Serge Doubrovsky propose une interprétation qui soumet Chimène à l'influence de Rodrigue : « Entre Rodrigue, qui se hisse au niveau de la maîtrise véritable et Chimène qui, littéralement, en déchoit, la confrontation ne peut plus être qu'un affrontement, la rencontre amoureuse qu'une rencontre guerrière, où s'affirme la domination du plus fort, c'est-à-dire du plus courageux. L'entrevue, commencée sous le signe de la réciprocité, se termine fatalement sous le signe de la supériorité absolue du vainqueur. Puisque le vaincu n'a pas accepté de mourir, il devient l'Esclave »[4]. Le modèle de la dialectique hégélienne montre ici encore ses limites. Chimène n'est pas une esclave, elle incarne une autre forme de l'héroïsme, celui d'une féminité qui refuse de se sacrifier et de sacrifier l'autre à l'image d'elle-même. Placer Chimène au nombre des esclaves, c'est interdire aux femmes l'accès à la grandeur. L'analyse de Serge Doubrovsky ignore l'autonomie de la féminité chez Corneille : les femmes sont et resteront du côté de la nature et de l'amour, sont et resteront la nature dans l'héroïsme. Si d'ailleurs Chimène était une esclave, Rodrigue ne serait pas un maître mais un tyran.

Chimène est victime de sa sensibilité. De même qu'elle demandait au roi une vengeance d'Etat avec le secret espoir de ne pas

4. Serge Doubrovsky, *op. cit.*, p. 113.

être exaucée, de même elle demande que les armes décident de son sort avec l'espérance que Rodrigue l'emporte :

> Sors vainqueur d'un combat dont Chimène est le prix.
> Adieu, ce mot lâché me fait rougir de honte.
>
> (V, 1, v. 1556-1557.)

Voilà la preuve de l'enthousiasme sensuel dans le personnage de Chimène. L'héroïsme devient une récompense, l'amour couronne le duel comme le duel avait menacé l'amour. La passion devient un principe d'ordre après avoir été un facteur de désordre : les valeurs de l'amour et de l'héroïsme s'épurent progressivement. Si Chimène sacrifiait maintenant Rodrigue à son père, elle condamnerait l'univers aristocratique à la régression. C'est l'irruption de la sensualité, c'est « l'impudicité » de Chimène, c'est l'offrande érotique qui restaurent la hiérarchie des valeurs. Il fallait jadis condamner le plaisir des sens. Il faut désormais le réhabiliter. Car il s'agit bien d'un retour en grâce de la nature et de la passion. Cette réhabilitation n'est pas meurtrière : lorsque le prix était l'honneur, il fallait tuer; lorsque le prix est l'amour, il suffit de désarmer; don Gomès était un adversaire, don Sanche n'est même pas un rival. La nature était meurtrière quand le fils vengeait le père. La nature épargne quand l'amant répond à la maîtresse.

Chimène commet cependant une seconde fois la faute de donner à son mariage une dimension politique :

> Si Rodrigue à l'Etat devient si nécessaire,
> De ce qu'il fait pour vous dois-je être le salaire
> Et me livrer moi-même au reproche éternel
> D'avoir trempé mes mains dans le sang paternel ?
>
> (V, 7, v. 1809-1812.)

Chimène revendique son statut de « prix » d'un duel contre don Sanche, elle refuse d'être un « salaire » d'Etat. Le temps rédempteur effacera cette contradiction. S'il existe une faiblesse, ou plutôt une faille, chez Chimène, elle se situe dans le transfert politique.

Fille de don Gomès et maîtresse de Rodrigue, victime des incohérences d'un désordre aristocratique aussi fatal à la genèse de l'héroïsme qu'au développement de l'Etat, Chimène témoigne de l'enracinement du théâtre cornélien dans la sensibilité. Elle n'a pas, comme le Cid, les armes de la vengeance immédiate : elle réclame, pour cette raison, la médiation de don Fernand. Elle n'est pas, à cet égard, indépendante. Il lui manque l'expérience de la mort, l'exemple de Camille. Elle n'appartient peut-être pas tout à fait au monde héroïque puisqu'elle ne peut résoudre seule les crises qui la déchirent. Les reines et les princesses de Corneille se souviendront que la femme doit détenir le pouvoir politique pour être libre. Plus encore que pour l'homme, l'Etat est une nécessité biologique pour la femme. Chimène n'est en rien l'esclave du maître Rodrigue mais elle a besoin de l'autre pour traduire sa volonté en actes. Elle est même totalement libre et maîtresse du jeu théâtral lorsque sa passion s'exprime en elle d'une manière presque inconsciente (« ce mot lâché »). L'amour n'exige aucune médiation : il est regard ou parole, sans plus. La passion est aux antipodes de la séduction : Chimène est la sœur des héroïnes des comédies, elle est l'héroïne de la transparence. Mais Chimène suit l'exemple de Rodrigue (v. 953), elle n'est pas encore un modèle. Chimène est un commencement.

Sabine et Camille : l'épouse et l'amante

L'Etat avait laissé deviner son importance dans *Le Cid*. Il exerçait une fonction réconciliatrice pour dominer les désordres de famille. Corneille développe avec *Horace* la mise en scène de la féminité qui subit les assauts de la famille, de la passion et de l'histoire. Sabine, femme et sœur, Camille, amante et sœur, assistent à la destruction des liens naturels les plus forts, ceux du sang et ceux de la passion. Louis Herland compare Sabine « trop tragédienne pour être tragique » et Camille « d'autant plus tragique qu'elle est née pour le bonheur ». Corneille commence à jouer sur les couples de femmes qui marqueront l'évolution de son théâtre même si, dans l'Examen, il rappelle que l'égalité des mœurs entre les deux héroïnes est respectée au détriment de l'égalité dans la dignité des personnages. L'abbé d'Aubignac n'a pas manqué d'insister sur les effets dramatiques du choix de Corneille : « L'auteur des *Horaces* a fort bien supposé le mariage de Sabine, sœur des Curiaces, avec l'aîné de leurs ennemis, pour introduire dans son théâtre toutes les passions d'une femme avec celles de Camille qui n'était qu'amante »[5]. Sabine se trouve au croisement de deux

5. Abbé d'Aubignac, *La pratique du théâtre*, *op. cit.*, p. 77.

fatalités dont Octave Nadal a tracé les frontières : « Elle est à la fois femme d'Horace et sœur des Curiaces; son amour pour Horace voudrait s'exercer dans le sens de l'idéal romain, les tendresses du sang dans celui de l'idéal albain. Les idéaux sont identiques dans leurs principes mais opposés dans leurs effets... Une double fatalité, d'ordre sentimental et d'ordre social, impose à Sabine des mouvements inconciliables »[6].

Cette notion de conciliation de l'inconciliable est neuve chez Corneille. Chimène ne l'acceptait guère et s'abritait, pour l'envisager, derrière le temps : elle refusait l'acceptation simultanée des contraires. Sabine va tenter, mais sans jamais y parvenir, d'assumer en même temps son statut de sœur et celui de femme, d'être la fille par le sang d'Albe et la fille adoptive de Rome. En un mot, tout son effort sera de briser la tragédie familiale et historique. Par là, elle se place dès le début de la pièce en situation de résistance et d'infériorité. Elle revendique devant Julie le droit à la « faiblesse » (v. 1), à l' « ébranlement » (v. 4), au « désordre » (v. 6). Elle reconnaît le caractère équivoque, intermédiaire, de son attitude :

> Si l'on fait moins qu'un homme, on fait plus qu'une femme.
>
> (I, 1, v. 12.)

Sabine se condamne ainsi à l'impuissance voire à l'inexistence. Le non-choix, dans cet univers, vaut condamnation au néant. On peut choisir un camp ou un autre mais on ne peut pas ne pas choisir. Cette faiblesse de la volonté n'implique pas une faiblesse de la raison. Sabine comprend que le combat contre Albe est le meurtre de la mère. S'adressant à Rome, elle lui rappelle :

> Albe est ton origine...
>
> (I, 1, v. 55.)

Curiace évoque bientôt le risque de parricide (v. 320). Femme, sœur et mère, Sabine vit, pour les trois raisons, les périls de la monstruosité politique. Ce qui est un scandale de la nature pour Sabine est une nécessité de l'histoire pour Rome : la genèse de l'Etat passe par la négation de la nature. Sabine devra vivre dans sa chair le sacrifice collectif de la nature à l'Etat. Rodrigue trou-

6. Octave Nadal, *op. cit.*, p. 180-181.

vait dans les origines les plus profondes de sa famille, de son sang, les forces constitutives de l'héroïsme. Horace et Rome trouveront ensemble dans le parricide les voies de l'avenir. Le triomphe de la nature et de la passion modelait, dans *Le Cid*, l'ébauche d'un héros. L'étouffement de la nature — symboliquement par la défaite d'Albe, physiquement par le meurtre de Camille — accompagne l'accomplissement du héros. Sabine pressent la catastrophe, en accepte l'aspect négatif, en refuse les effets. Elle n'est guère éloignée, à cet égard, de la morale stoïcienne :

> Je ne suis point pour Albe et ne suis plus pour Rome,
> Je crains pour l'une et l'autre en ce dernier effort
> Et serai du parti qu'affligera le sort.
> Egale à tous les deux jusques à la victoire,
> Je prendrai part aux maux sans en prendre la gloire
> Et je garde au milieu de tant d'âpres rigueurs
> Mes larmes aux vaincus et ma haine aux vainqueurs.
>
> (I, 1, v. 88-94.)

La neutralité politique de Sabine l'exclut de la gloire et la conduit à une forme de passivité, à la « mélancolie » (v. 132). Cette psychologie semble peu conforme aux exigences de l'héroïsme. Imagine-t-on Chimène ou Pauline mélancolique ? La dramaturgie de Pierre Corneille est ici au sommet de son art : personne ne peut échapper aux contradictions de la nature et de l'histoire, surtout pas une femme, une mère, une sœur. Les héroïnes qui, plus tard, domineront la scène cornélienne ressembleront plus à Camille qu'à Sabine : elles auront vécu dans leur chair les contradictions, les antinomies de la loi du sang et de la loi de l'Etat. Cléopâtre, Léontine, Rodélinde savent toutes ce qu'est un parricide. Elles le savent parce qu'elles le sentent ou le ressentent. Sabine ne le sait pas parce qu'elle se contente de le pressentir intellectuellement. Mais la nature n'est pas une abstraction dont la volonté et la raison peuvent se jouer. La nature est une réalité sensible, elle se reconnaît seulement dans l'épreuve. Sabine n'affronte vraiment ni l'épreuve naturelle ni l'épreuve politique. Elle perdra comme femme d'Horace, comme sœur des Curiaces, comme Albaine et comme Romaine. Sabine n'est pas pour autant un personnage sans valeur, sans grandeur mais elle reste extérieure au système des valeurs de l'héroïsme : sa grandeur n'est pas celle de la gloire et l'évolution de Corneille lui donnera en partie raison puisque cette gloire vaudra au général parthe d'être assassiné. A l'époque d'*Horace*, Sabine n'est pas à sa place : l'heure n'est pas au compromis, elle est à l'affrontement, à la logique du « Meurs ou tue ».

Le refus du choix conduit la femme d'Horace à la confusion des ordres. Elle exige de son mari et de son frère que l'un des deux la tue pour transformer la haine publique en haine privée, pour faire d'Horace et de Curiace des « ennemis légitimes » (v. 624). Elle veut ainsi dégrader le combat entre Albe et Rome, ramener la guerre à la vengeance (v. 631). Elle est, en ce sens, réactionnaire puisqu'elle amorce un mouvement inverse de celui du *Cid* : Rodrigue affrontait les Mores après avoir vengé son père. Si Horace et Curiace accédaient à la prière de Sabine, ils seraient précisément des ennemis alors qu'ils sont des adversaires. Horace ne hait pas Curiace. Curiace ne hait pas Horace. Ils s'estiment et se respectent. Ils ont toutes les raisons personnelles, affectives, familiales d'être plus que des amis. Si leur combat était ravalé au statut d'une vengeance, ils retomberaient dans la situation d'où Rodrigue venait de tirer l'héroïsme. Sabine veut échapper au mouvement même de la tragédie politique : Horace et Curiace doivent être proches et parents, ils doivent être contraints de s'entretuer par une raison extérieure à leur vie privée. L'ordre privé et l'ordre public ne se confondent pas. En voulant les mélanger, Sabine commet une erreur intellectuelle et une faute morale. Une erreur intellectuelle car elle n'a pas compris qu'Horace et Curiace sont des héros d'Etat. Une faute morale car elle entend dénaturer en affaire de famille une affaire d'Etat. Lorsqu'elle leur dit :

> Achetez par ma mort le droit de vous haïr.
>
> (II, 6, v. 629.)

elle prononce une phrase contraire aux principes de l'héroïsme qui ne relèvent ni de la négociation, ni du marchandage, ni du troc mais de la confrontation des consciences et des personnes.

C'est pourquoi le monologue de Sabine fait apparaître une rhétorique de la constatation ou de la tautologie qui souligne sa double impuissance :

> En l'une je suis femme, en l'autre je suis fille...
> En l'une je suis fille, en l'autre je suis femme.
>
> (III, 1, v. 732-756.)

Sabine est ce qu'elle est. Camille sera ce qu'elle veut. Le stoïcisme de Sabine est donc celui de la résignation :

> La maison des vaincus touche seule mon âme.
>
> (III, 1, v. 755.)

Sabine n'agit pas. Elle réagit. Camille agira et contraindra Horace à réagir. Camille montrera bientôt à sa belle-sœur que la crise de la nature est d'abord une crise de la féminité. Sabine place la nature au-dessus de l'amour, le sang au-dessus du sentiment, la nécessité au-dessus de la volonté :

> C'est crime qu'opposer des liens volontaires
> A ceux que la naissance a rendus nécessaires.
>
> (III, 1, v. 911-912.)

De quoi relèvent les relations avec un amant ? De la « mauvaise humeur » (v. 907), de la « jalousie » (v. 907), de la « fantaisie » (v. 908), du « caprice » (v. 909). Sabine croit que l'amour est un effet de la volonté (v. 906) qui peut être dominé par la raison (v. 909). Elle refuse à l'amant le statut d'autre soi-même, alors qu'elle le revendique pour un frère. Sabine ne connaît pas la sensualité. Sabine reste en deçà de la passion amoureuse. Comme don Diègue, elle croit qu'on peut changer à son gré d'amant ou de maîtresse. Comme don Diègue, elle est dominée par les lois de la famille. La nature est conservatrice mais aussi créatrice. Sabine oublie que le respect des seules lois de la famille est stérile. Elle oublie qu'un amant et une maîtresse sont à l'origine de toute famille. Elle condamne donc en fait la famille qu'elle entendait défendre. Une femme qui n'est qu'une fille ou une sœur n'est pas encore une femme. Sabine est plus une fille ou une sœur qu'une femme car elle est une épouse qui n'a pas été une maîtresse. La féminité de Sabine est institutionnelle. La féminité de Camille sera sacrificielle.

Sabine renoncera à la vertu romaine (v. 1367). Camille avait renoncé à la vie. Elle voudra établir une distinction des ordres contraire aux recommandations du vieil Horace et à la proposition qu'elle avait faite elle-même :

> Prenons part en public aux victoires publiques,
> Pleurons dans la maison nos malheurs domestiques.
>
> (IV, 7, v. 1371-1372.)

Sabine n'a pas compris que la mort de Camille n'est pas un malheur domestique, qu'elle est dans la logique de la mort des Curiaces, que le parricide d'Horace est le parricide de Rome. Elle commettra donc une nouvelle erreur en suppliant Tulle de la sacrifier pour préserver son mari : si Horace peut ou doit être sauvé, il ne peut ou doit l'être que par Rome. A la limite, Sabine n'est pas digne de mourir. Etant en deçà de la passion, elle reste en deçà de la mort. Le sacrifice de Camille était nécessaire à la genèse du héros d'Etat. La mort de Sabine serait inutile. Corneille rappelle dans l'Examen d'*Horace* que le personnage de Sabine est une invention historiquement vraisemblable. Cette création dramatique répond sans doute à la volonté du poète de nouer les contradictions de la féminité pour mieux dessiner les contours de l'héroïsme. Sabine a la grandeur. Camille aura la gloire. Dans cette perspective, le théâtre, comme genre littéraire permettant la mise en scène des contrastes et des conflits, marque sa supériorité sur des œuvres plus linéaires et moins dynamiques qui exposent les mécanismes sans faire jouer des ressorts. Emilie et Livie joueront un rôle comparable dans *Cinna*.

Si la femme d'Horace révèle négativement l'héroïsme, la maîtresse de Curiace l'expose en pleine lumière. Camille n'est ni une « déracinée » ni une « dégénérée »[7]. Le tragique du personnage provient de la confrontation absolue entre l'ordre du sang et l'ordre de la passion. Serge Doubrovsky n'a pas tort d'employer le terme de « subversion » pour qualifier l'attitude de Camille. En effet, la sœur d'Horace renverse l'ordre de Rome. Elle représente à l'intérieur de l'Etat une menace encore plus grave que celle des Curiaces à l'extérieur. Il n'est pas anormal que les Curiaces s'opposent aux Horaces comme Albe s'oppose à Rome. Il est scandaleux que Camille affronte son frère, héros d'Etat. La progression dramaturgique par rapport au *Cid* est nette : Sabine « correspond » à l'Infante. Camille « correspond » à Chimène, mais la sœur d'Horace va au-devant d'un sacrifice que la maîtresse de Rodrigue n'était pas en état d'envisager.

Camille d'ailleurs ressemble fort à Rodrigue : elle refuse le

7. Octave Nadal, *op. cit.*, p. 181.

« change » amoureux, elle affirme le caractère irremplaçable de la personne. L'affirmation de Julie :

> On peut changer d'amant, mais non changer d'époux.
>
> (I, 2, v. 146.)

est une véritable provocation. Camille répond aussi vivement que Rodrigue à son père : le « change » est un « crime » de « parjure ». De même que la loi du sang est une nécessité, de même la loi du sentiment interdit tout remplacement. On ne remplace ni un père ni un enfant, ni un amant, ni une maîtresse. La politisation progressive du théâtre de Corneille montrera que le poète sera de plus en plus du côté de Rodrigue et Camille. Tout l'effort de la politique sera précisément de nier la valeur irréductible de la personne pour imposer le change : Suréna et Eurydice mourront pour avoir refusé ce change, pour avoir préféré la fidélité au serment à la prétendue raison d'Etat. Camille éprouve cruellement le jour tragique, « propice et funeste à la fois » (v. 173). Le bonheur est d'autant plus perceptible qu'il se trouve hors d'atteinte en restant tout proche. Camille perçoit, peut-être mieux que les autres personnages, la nature du nœud tragique et l'unité de l'action tragique : un même jour voit l'union des familles et la désunion des rois, l'hymen et la guerre. Le tragique naît de la confrontation de plusieurs ordres dont la présence simultanée provoque la crise. Le tragique interdit aussi toute solution : Camille ne pourra épouser ni le vainqueur ni l'esclave de Rome (v. 232). Les valeurs amoureuses, familiales et politiques ne peuvent pas coexister : tel est le constat de Camille. Dans *Le Cid*, l'Etat sauvait les valeurs amoureuses par la genèse d'un ordre qui transcendait les contradictions des familles : l'amour était un facteur dynamique d'équilibre politique. Dans *Horace*, les valeurs amoureuses sont condamnées dès le départ au nom des valeurs politiques : la gloire de Camille ne saurait accepter le mariage avec Curiace demeuré en vie après la guerre entre Albe et Rome. C'est pourquoi, en mourant pour Albe, Curiace meurt aussi pour Camille. Une idée se dessine qui prendra peu à peu de la force chez Corneille : être, pour le héros, c'est être de trop. Camille et Curiace gênent la mise en œuvre d'un nouvel ordre politique, leur double disparition est historiquement nécessaire.

Mais Camille ne sait pas encore qu'un duel doit opposer les

Horaces aux Curiaces. Lorsque Albe et Rome auront fait le choix de leurs combattants, la contradiction entre l'« honneur » et le « bonheur » sera encore plus nette (v. 533-34). Camille ne comprend pas la nature de l'héroïsme d'Etat qui naît sous ses yeux au cours de la tragédie. Ce qu'elle dit à Curiace pour le retenir auprès d'elle est faux :

> Ton nom ne peut plus croître, il ne lui manque rien.
>
> (II, 5, v. 549.)

Pour reprendre une formule déjà utilisée, Camille n'appréhende pas l'héroïsme comme une « création continuée ». L'héroïsme est, à tout moment, menacé. Le héros peut, à tout moment, déroger. En réalité le « nom » de Curiace peut se dégrader d'un seul coup si l'Albain fuit devant la mort. En réalité il manquerait tout à Curiace s'il fuyait le combat pour rejoindre Camille. L'héroïsme n'est pas une rente de situation. Rodrigue devait accomplir « un coup d'essai » qui serait « un coup de maître » : au début du *Cid*, Rodrigue n'est pas encore un héros. Curiace est déjà un héros : il a fait tout ce qu'il devait pour Albe mais la totalité du devoir ne suffit plus désormais. L'Etat demande plus que le devoir. Robert Brasillach a sans doute tort d'affirmer que Curiace est « dans la situation du soldat forcé des régimes démocratiques et du service militaire obligatoire »[8]. Camille est une menace pour le nom de Curiace, pour sa gloire : « La gloire prend corps dans le Nom. C'est lui qui traversera la durée en résistant à la durée. C'est à lui que sera déléguée la permanence de l'être. Plongé dans le temps historique, il s'y maintient indestructible, et assure à l'existence héroïque l'identité continue où s'absorbent les actes volontaires instantanés »[9]. Avant d'être subversive pour Horace, Camille est subversive pour Curiace. Elle reproche à son amant « d'aspirer au nom de fratricide » (v. 600), mais elle provoquera Horace à devenir fratricide. Ainsi Camille représente la pulsion amoureuse dans sa totalité : elle sacrifie tout à l'amour mais elle sait que tout est perdu (v. 869). Encore faut-il savoir que cette passion amoureuse, si elle est absolue, n'est pas, dans son principe, dans son origine, contraire à l'ordre social. Il est révélateur que Camille emploie le

8. Robert Brasillach, *op. cit.*, p. 129.
9. Jean Starobinski, *L'œil vivant*, *op. cit.*, p. 61.

vocabulaire de la philosophie politique pour expliquer comment cet amour-tyran est devenu « un légitime roi » (v. 922). Camille souligne ici la fonction destructrice de la politique et de l'histoire. Tout conspirait à son mariage avec Curiace. Tout, d'un seul coup, conspire à condamner cette union. Les valeurs amoureuses sont restées identiques après l'aveu d'un père et l'engagement de la foi. Les valeurs politiques, elles, ont changé. Camille est donc une victime d'Etat. Subversive pour Albe et Rome, Camille se trouve conservatrice pour l'ordre des passions. La maîtresse de Curiace laisse apparaître ainsi l'idée que la nature est rebelle au change alors que la politique y est particulièrement adaptée. Camille n'admet pas que des circonstances historiques modifient, transforment une légitimité amoureuse. Le recours au vocabulaire politique implique l'existence d'un conflit de légitimités qui porte le tragique cornélien. L'amour de Camille et Curiace est légitime. Les exigences d'Etat d'Albe et de Rome sont aussi légitimes. On retrouve l'affrontement de la nature et de l'histoire. Il existe un état de droit amoureux comme il existe un état de droit politique : d'ailleurs, dans les deux cas, la tyrannie précède la légitimité. Plus gravement, Camille a le sentiment de subir son destin, d'être :

> Asservie en esclave à plus d'événements,
> Et le piteux jouet de plus de changements.
>
> (IV, 4, v. 1209-1210.)

Camille refuse, après la mort de Curiace, d'être dominée. Dans un premier temps, elle revendique le droit à la tristesse, qui n'est pas, contrairement à ce que dit le vieil Horace, synonyme de lâcheté, et le caractère « légitime » (v. 1235) de ses pleurs. Mais cela ne suffit pas. Camille met en cause la générosité elle-même :

> Leur brutale vertu veut qu'on s'estime heureux
> Et si l'on n'est barbare, on n'est point généreux.
>
> (IV, 4, v. 1237-1238.)

L'accusation est terrible : l'animalité, la brutalité, la barbarie sont un signe de générosité. La dialectique de la nature et de l'histoire s'inverse. L'histoire imposait de renoncer à la nature sous la double forme de l'attachement familial et du sentiment amoureux. Ayant obtenu le sacrifice de cette nature, l'histoire provoque l'apparition d'une seconde nature plus proche de la bête que de l'homme. La genèse d'un ordre historique et politique nouveau était un progrès autant qu'une nécessité voulue par le destin de Rome. Mais les conditions de cette genèse déchaînent la barbarie, c'est-à-dire une régression vers les formes les plus primaires de la nature. Certes Rome a gagné en asservissant Albe, son « origine », mais cette origine, par un phénomène de transfert, est désormais dans Rome. Rome a tué sa mère Albe mais elle a donné en même temps droit de cité au parricide, à la barbarie. Dans ces conditions le choix de Camille est simple : subir ou rompre.

> Dégénérons, mon cœur, d'un si vertueux père,
> Soyons indigne sœur d'un si généreux frère,
> C'est gloire de passer pour un cœur abattu
> Quand la brutalité fait la haute vertu.
>
> (IV, 4, v. 1239-1242.)

Cet appel à la dégénérescence, à la régression biologique est le témoignage le plus pur et le plus paradoxal de la rébellion de la nature face à l'Etat incarné par Horace et son père. La nature, la gloire, la vertu, toutes les valeurs fondamentales chez Corneille sont littéralement sens dessus dessous. Camille n'est donc pas une femme passive ou impuissante. Elle est totalement héroïque puisque sa conduite est le seul effet de sa seule volonté. La provocation va très vite relayer la subversion : Camille ne trichera pas avec Horace, elle ne cherchera aucun compromis. La liaison des quatrième et cinquième scènes de l'acte IV souligne, sur le plan dramatique, cette situation de rupture. Les mots « amante » et « amant » ferment le monologue de Camille. Les mots « sœur » et « frères » ouvrent l'intervention d'Horace. Camille prononce le « nom » de Curiace devant Horace, preuve que la continuité héroïque, après le mort, est assurée par le nom. Camille n'est plus une sœur, elle est désormais une amante : telle est la conséquence de la dénaturation des valeurs par l'histoire. Horace est un « barbare », un « tigre altéré de sang », bref plus une bête qu'un homme, un mélange de « gloire » et de « brutalité » livré aux malédictions et aux imprécations de Camille. Maudire Horace ne suffit pas. Il faut maudire Rome et « mourir de plaisir » à l'idée que cette malédiction seule puisse perdre Rome. Camille, en prononçant ces paroles, se condamne. Horace ne peut pas admettre une contestation aussi radicale de ses propres valeurs et des valeurs romaines. En tuant Camille, il veut conjurer le sort par crainte que la malédiction ne soit une prophétie. Cet assassinat est un acte de « raison », non de passion (v. 1319). Il constitue l'autodestruction des deux formes de l'héroïsme : la forme naturelle avec Camille, la forme historique avec Horace. « Assassinée par Horace elle entraîne son frère dans le néant »[10]. La victoire d'Horace sur Camille est en réalité une défaite : la force ne l'emporte jamais sur la grandeur. Le héros d'Etat est dans une aporie d'Etat. Rodrigue gagnait avec Chimène. Horace gagne seul, donc il perd, du moins pour l'instant.

Pour les mêmes raisons, la mort de Camille ne signifie pas la défaite de son système de valeurs. Albe était sur le terrain de l'histoire, de la politique, des Etats : la défaite des Curiaces implique sa disparition. Camille est dans l'ordre des valeurs de la nature : sa mort ne porte en rien condamnation de la nature. Camille est le premier témoignage du tragique de la nature et de l'histoire. Plus que Curiace — qui est un guerrier, un être capable de mourir au combat —, elle est victime de la tragédie politique, de la politique comme facteur tragique. Plus que Chimène — qui est sauvée par l'amour de Rodrigue —, elle paie le prix de la féminité, de la sensualité, de l'amour. Le dénouement heureux du *Cid* intégrait les valeurs amoureuses. Le dénouement d'*Horace* les exclut : à force de mutiler la nature, la tragédie se mutile elle-même. Certes *Horace* propose une synthèse, mais cette synthèse parce qu'elle est totalitaire n'est pas totale : au sens étymologique, elle est une conclusion plus qu'un dénouement. En prouvant que la force ne peut rien contre la grandeur, Camille exige que les droits de la nature soient respectés. Elle impose au héros une épreuve nouvelle, au-delà de la conciliation du *Cid* et de la contradiction d'*Horace*, celle de la conversion de *Cinna* et *Polyeucte*. C'est parce que Camille a accepté ou souhaité la mort, que le héros, désormais, devra se convertir ou être converti. Camille nous aura appris que la gloire ne peut rien contre la grandeur.

L'échec d'Emilie : la conspiratrice et la maîtresse

Camille sacrifiait tout à l'amour. Emilie semble tout sacrifier à la politique. Octave Nadal s'attache au portrait de Chimène, de

10. Serge Doubrovsky, *op. cit.*, p. 166.

Camille, de Pauline. Il ne consacre aucun chapitre à Emilie comme si le personnage était en deçà de la féminité et payait de cette exclusion le prix de sa passion politique. Cette absence est significative dans un ouvrage qui analyse le sentiment de l'amour dans l'œuvre de Pierre Corneille. Condamnée dans l'ordre de la nature, Emilie n'est pas réhabilitée dans l'ordre de l'histoire. Serge Doubrovsky la soupçonne de mettre en œuvre un projet réactionnaire et de promouvoir un héroïsme an-historique, en un mot d'être républicaine au mauvais moment. Chimène et Camille avaient toute leur place dans la genèse de l'univers héroïque parce qu'elles incarnaient les valeurs de la nature et de l'amour. Sabine était déjà dans une situation équivoque sur le plan personnel — elle était plus qu'une femme et moins qu'un homme comme si son identité sexuelle n'était pas évidente — et sur le plan politique — elle cherchait d'impossibles compromis. Emilie serait rejetée au nom de la nature — car son amour pour Cinna est intéressé — et au nom de l'histoire — car elle défend une conception politique contraire au destin providentiel de Rome. Mais Emilie conspiratrice contre Auguste, maîtresse de Cinna, est aussi, lors du dénouement, Emilie convertie à l'Empire. En ce sens Corneille a peut-être voulu réfléchir sur la place des femmes dans un ordre politique héroïque, sur leur possibilité d'exister dans l'ordre du pouvoir sans se renier dans l'ordre de la nature. Chimène était un commencement, Camille une victime volontaire. Emilie sera une expérience, celle d'une féminité qui revendique en même temps la passion amoureuse et la passion politique. Cléopâtre et Cornélie, Laodice, Aristie et Viriate, dans cette perspective, seront les héritières d'Emilie. La gloire de Camille était totale dans l'ordre de l'amour et nulle, voire négative, dans l'ordre de l'histoire. L'ambition d'Emilie relève de la grandeur, elle entend s'affirmer dans l'amour de Cinna autant que dans la haine d'Auguste : en ce sens le personnage représente une progression par rapport à Chimène et Camille. Emilie refuse une gloire ou une grandeur amputée. Elle démontre par là que les femmes ont droit de cité à Rome, que l'histoire et la politique ne sont pas seulement l'affaire des descendants d'Horace.

Emilie entre en scène pour venger la mort de son père, pour affirmer la logique meurtrière de la vengeance politique. Elle est une femme du « ressentiment » (v. 3). Mais cet esprit de vengeance n'est pas celui de Chimène. La fille de don Gomès maîtrisait sa douleur. Emilie est impatiente, aveuglée, séduite par sa douleur. La différence est d'autant plus nette que le père de Chimène vient de mourir alors que le père d'Emilie est mort depuis longtemps déjà. Emilie est soumise à sa « triste mémoire » (v. 10), elle « s'abandonne toute » (v. 15) à la passion de vengeance. Emilie est dominée par la haine, elle ne maîtrise pas ses sentiments, elle les subit. Comme Octave, elle est tournée vers le passé. La vengeance de Chimène appelait à la genèse d'un ordre nouveau d'où la vengeance serait bannie. La vengeance d'Emilie est subversive, destructrice d'un ordre politique fondé sur l'oubli de la vengeance. Emilie n'est pas encore une héroïne, au sens cornélien, parce que Octave n'est pas encore Auguste. Emilie dépend de son passé, de sa famille : elle est plus fille que femme. Pourtant cette conspiratrice est amoureuse :

> J'aime encor plus Cinna que je ne hais Auguste.
>
> (I, 1, v. 18.)

Son républicanisme était plus passionnel que doctrinal. Son action politique est limitée par l'amour de Cinna. Emilie apparaît ainsi comme un personnage divisé. Elle le reconnaîtra bientôt devant sa confidente :

> Mon esprit en désordre à soi-même s'oppose,
> Je veux et ne veux pas, je m'emporte et je n'ose,
> Et mon devoir confus, languissant, étonné
> Cède aux rébellions de mon cœur mutiné.
>
> (I, 2, v. 121-124.)

La notion de « désordre » souligne l'ambiguïté de la situation d'Emilie. Son projet politique est fondé sur la préférence d'une vengeance familiale à toute autre considération : sa raison d'Etat républicaine est une raison d'intérêt toute personnelle. Son projet politique repose sur la confusion des ordres dans son origine comme dans ses objectifs : son amour pour Cinna est sans doute réel mais il est intéressé. Cette double contradiction provoque une faille de la volonté : Emilie ne peut ni ne veut se situer dans un système de valeurs clair. La vengeance de Chimène s'inscrivait dans les règles du jeu de la société aristocratique. La vengeance d'Emilie ouvre la voie au tyrannicide. L'amour de Chimène pour Rodrigue était désintéressé. L'amour d'Emilie pour Cinna ne l'est pas. Le tragique de Chimène était un tragique de la contradiction entre les valeurs familiales et les valeurs amoureuses. Le tragique d'Emilie est un tragique de la confusion où les valeurs familiales et les valeurs amoureuses prennent le masque de la politique. Pour Horace, Rome était une fin. Pour Camille, un adversaire. Pour Emilie, un moyen. La politique entre en scène dans le désordre des valeurs, elle est le meilleur symptôme de ce désordre qui est avant tout une confusion des ordres. C'est pourquoi la rhétorique d'Emilie sonne faux : elle met son amour au service de son devoir, elle sacrifie sa passion de femme à sa haine de fille ou plutôt elle utilise son amour pour accomplir sa vengeance. Emilie en effet n'est pas une héroïne du sacrifice mais une technicienne du marchandage. Imagine-t-on Chimène et Camille utilisant leur amour ? Elles accepteraient peut-être — et d'ailleurs elles ne le font pas — de le sacrifier, mais jamais de le mettre au service d'un autre dessein.

Emilie fait ainsi peser sur l'héroïsme la menace la plus grave qui se puisse concevoir, celle de l'utilisation d'autrui comme moyen. Rodrigue et Horace, Chimène et Camille atteignent seuls leur but, ils ne demandent d'aide à personne. Ils sont exemplaires parce qu'ils sont indépendants : telle est la vraie gloire, telle est la voix de la grandeur. Serge Doubrovsky note à ce propos qu'Emilie s'éloigne de la « dialectique du mérite » pour entrer dans « une logique du marchandage »[11]. Emilie abandonne l'héroïsme pour la politique. L'étude du personnage est donc indispensable pour résoudre deux problèmes : quelles sont les conditions d'apparition de la politique sur la scène cornélienne ? comment la politique peut-elle entraîner les héros vers la tragédie ? Nous proposerons ici, au sens cartésien, une interprétation « par provision ». La politique apparaît dès que les valeurs de l'héroïsme se dégradent de fins en moyens. Cette dégradation précipite aussitôt les héros dans l'univers du « change » que Rodrigue et Camille avaient refusé avec indignation et mépris. Cette politique a un nom, le machiavélisme. Cette condamnation du marchandage était liée à la condamnation du machiavélisme[12].

11. Serge Doubrovsky, *op. cit.*, p. 192.
12. Innocent Gentillet, *Anti-Machiavel*, édition de 1576, Genève, Droz, 1968, p. 42-43.

Or la politique d'Emilie a des accents machiavéliens. Là où Chimène disait avec passion à Rodrigue :

> Sors vainqueur d'un combat dont Chimène est le prix,

Emilie dit, à propos de Cinna :

> S'il veut me posséder, Auguste doit périr,
> Sa tête est le seul prix dont il peut m'acquérir.
>
> (I, 2, v. 55-56.)

Chimène s'offrait à Rodrigue pour éviter que son amant ne cherchât volontairement la mort dans le duel avec don Sanche. Emilie se vend sur le marché du tyrannicide. L'offrande de Chimène était une étape dans la genèse de l'héroïsme. Emilie en mettant la tête d'Auguste à prix se dégrade elle-même dans un double mouvement de régression politique et héroïque. Chimène était à prendre. Emilie est à vendre. D'un côté la passion amoureuse. De l'autre le calcul politique. Le temps d'Emilie, « fille d'un proscrit » (v. 72), est l'imparfait :

> Je suis ce que j'étais...
>
> (I, 2, v. 78.)

Emilie n'est donc pas ce qu'elle est ou ce qu'elle veut. Elle appartient au passé. En cela, elle est un personnage tragique et non héroïque. En refusant la politique des bienfaits menée par Auguste, Emilie développe la réflexion de Machiavel sur les libéralités du prince :

> Et des mêmes présents qu'il verse dans mes mains
> J'achète contre lui les esprits des Romains.
>
> (I, 2, v. 79-80.)

Après la vente, l'achat : le marchandage est, si l'on ose dire, à l'honneur. Après l'achat et la vente, l'acceptation de la prostitution politique :

> Je recevrais de lui la place de Livie
> Comme un moyen plus sûr d'attenter à sa vie.
>
> (I, 2, v. 81-82.)

Cinna, dans l'esprit d'Emilie, n'est qu'un intermédiaire. Elle est prête à épouser Auguste pour l'assassiner. La fin justifie les moyens. La vengeance familiale justifie tous les forfaits. Emilie est si emportée par sa passion et sa haine qu'elle refuse de « vendre son sang » en acceptant les bienfaits d'Auguste, meurtrier de son père. Etrange vocabulaire lorsqu'on a encore, présents à l'oreille, les mots d'intransigeance de Camille. Il convient presque de se demander si Corneille, après avoir porté la passion amoureuse au-delà de ses limites, ne choisit pas de faire la même expérience dramatique en portant la passion politique le plus loin possible. Camille reniait le vieil Horace. Emilie est excessivement fidèle à son père. Il n'est pas exclu que Corneille ait voulu représenter deux formes de la démesure féminine, deux espèces d'hybris.

Chez Emilie en effet, la rhétorique de la grandeur se dénature en discours de la démesure :

> La liberté de Rome est l'œuvre d'Emilie.
>
> (I, 2, v. 110.)

Auguste fera éclater la vanité du projet politique des républicains. Le vocabulaire « cornélien » n'est pas réellement convaincant chez Emilie car il masque des intérêts personnels. Est-il certain que la « vertu » et la « gloire » (v. 132) soient liées au meurtre d'Auguste ? Est-il certain que la proclamation :

> Qui méprise sa vie est maître de la sienne.
>
> (I, 2, v. 130.)

soit authentiquement héroïque même si Emilie et Cinna acceptent de mourir après l'échec du complot ? Emilie n'est pas un personnage lâche. Cependant son courage est négatif puisque l'acceptation du sacrifice de sa vie est exclusivement liée au passé. Il est révélateur qu'Emilie craigne pour la vie de son amant, qu'elle supplie Cinna de conserver la vie (v. 274). Emilie n'est pas lâche, elle est en réalité fragile. Dès qu'Auguste appelle Cinna et Maxime, elle prend peur, elle voit déjà le complot découvert et son amant exécuté. Le désordre qui existe dans la raison et la volonté d'Emilie affaiblit son jugement. L'illusion et la confusion lui interdisent de voir les choses telles qu'elles sont. Elle s'inquiète pour Cinna sans raison : c'est une faille de l'intuition amoureuse. Elle s'inquiète pour le complot sans raison : c'est une faille de l'intuition politique.

Auguste n'a pas appelé ses deux conseillers pour les confondre, mais pour les consulter. Le plaidoyer de Cinna pour la monarchie lui donne le sentiment, du moins un instant, de pouvoir obtenir

Emilie sans assassiner Auguste. Mais la fille du proscrit, contrainte par les hésitations de son amant, retrouve la voie de l'autonomie héroïque. Emilie pouvait se vendre elle-même. Elle n'accepte pas d'être donnée à Cinna par Auguste. Emilie apprend à ne compter que sur elle-même, elle cesse peu à peu d'être machiavélienne. Elle qui confondait les ordres, les sépare désormais. Auguste peut à son gré changer l'ordre du monde,

> Mais le cœur d'Emilie est hors de son pouvoir.
>
> (III, 4, v. 943.)

D'un côté la politique. De l'autre l'amour. D'un côté, « l'ordre de tout le monde » (v. 942). De l'autre, le cœur, le sentiment, la personne. Lorsque Auguste donnait Emilie à Cinna (v. 637), il donnait ce qui était « hors de son pouvoir », ce qui ne lui appartenait pas. Il commettait, fût-ce de bonne foi et sans y penser lui-même, un acte tyrannique : la politique matrimoniale, qui exercera plus tard ses ravages, est une méthode d'asservissement des cœurs et des consciences contraire aux exigences de l'héroïsme. L'héroïsme ne contraint pas. Il convertit. La tyrannie politique ouvre sur la tragédie par la confusion des ordres. L'héroïsme politique ouvrira sur la Providence par la communion des cœurs. Emilie résiste à l'offre d'Auguste par une intransigeance subversive : la perfidie devient noblesse, l'ignominie devient gloire (v. 973-974). Cette inversion des valeurs est le signe de la rupture politique entre Emilie et Cinna dont Serge Doubrovsky a souligné l'importance : « Le choc ultime entre les deux amants est de nature essentiellement politique. Emilie apparaît comme l'aristocrate qui s'entête et s'aveugle à ne considérer les problèmes de la Maîtrise que sous l'angle des rapports individuels ; c'est la conscience aristocratique originelle, restée figée dans l'épreuve initiatique, celle où le Maître, ainsi qu'elle le dit elle-même, "fuit plus que la mort la honte d'être esclave" (v. 981). Emilie, en isolant le projet aristocratique de tout contexte plus vaste, de toute fin organique, bref, en le coupant de l'histoire, le fait tourner à vide et... finalement le dégrade en pure recherche machiavélique du succès à tout prix »[13]. Cette analyse n'est pas inexacte. Est-il pour autant indispensable de la situer dans la

13. Serge Doubrovsky, *op. cit.*, p. 200.

perspective hégélienne de la dialectique du Maître et de l'Esclave ? Emilie redoute certes la soumission à Auguste dont Cinna se contenterait fort bien. Elle redoute plus encore de perdre sa gloire qu'elle avait elle-même compromise dans un marchandage politique. Elle découvre avec inquiétude qu'elle avait mis sans le savoir sa féminité aux enchères, que cette féminité, prix d'un complot pour Cinna, pouvait être pour Auguste le prix d'une réconciliation. Emilie conquiert en même temps sa liberté :

> Sans emprunter ta main pour servir ma colère,
> Je saurai bien venger mon pays et mon père.
>
> (III, 4, v. 1017-1018.)

Son projet est identique mais désormais Emilie n'aura aucune dette. En empruntant la main de Cinna, elle s'endettait vis-à-vis de lui et ne pouvait s'acquitter qu'en l'épousant. Emilie comprend que l'intérêt la rendait esclave de l'autre alors qu'elle devait être maîtresse d'elle-même. Emilie découvre, comme bientôt Auguste, la faiblesse de Cinna. Elle révèle sa faiblesse héroïque comme Auguste révélera sa faiblesse politique. Ainsi, loin de se figer dans une conception stérile de la maîtrise, Emilie part à la conquête de la gloire. Elle ne subit pas un mouvement de régression vers l'origine. Elle parcourt un chemin vers la libération du moi héroïque. La première Emilie restait en deçà de l'héroïsme et de la féminité. Désormais elle sait quelle est sa place, elle sait quel est son ordre. Elle se dégage peu à peu de ses entraves, d'une passion intéressée pour Cinna et d'un intérêt passionnel pour la vengeance. Il fallait qu'Emilie accomplît cette révolution en elle-même pour pouvoir, au dénouement, se convertir à l'Empire. Si elle n'avait pas repris la maîtrise d'elle-même, sa conversion ne serait qu'un vulgaire ralliement.

Maxime, qui espère séduire Emilie et remplacer Cinna auprès d'elle, sera la première victime de cette restauration de la féminité.

> Me connais-tu, Maxime, et sais-tu qui je suis ?
>
> (IV, 5, v. 1331.)

Emilie n'est plus une fille de proscrit vivant au passé. Emilie est une femme qui refuse de compromettre ses sentiments. Elle prend elle-même l'initiative de l'attitude héroïque et soupçonne très vite Maxime d'avoir trahi Cinna par intérêt amoureux, par jalousie. Emilie paie ici le prix de son machiavélisme : si elle était à vendre, il y avait des acheteurs. Maxime était de ceux-là. Tel est le danger d'une politique fondée sur la soumission des personnes aux intérêts et la substitution des intérêts aux valeurs

Mais Auguste ne sait pas encore qu'Emilie est l'inspiratrice du complot, du « crime d'Etat » (v. 1584) qu'elle reconnaît et revendique elle-même. Emilie a échoué devant la Providence :

> Le ciel rompt le succès que je m'étais promis.
>
> (V, 2, v. 1580.)

L'ordre providentiel légitime l'Empire dont Emilie contestait l'origine, le principe et la légitimité. Emilie provoque Auguste, lui rappelle qu'il fut l'assassin de son tuteur : de quel droit Auguste condamne-t-il un crime politique semblable à celui qu'il a commis ? Elle parle pour « aigrir » (v. 1618) Auguste et non pour se défendre. Le couple Emilie-Cinna se reconstitue face à l'adversité ou plutôt l'alliance devient pour la première fois un couple. Comme Rodrigue et Chimène, Curiace et Camille, ces « deux âmes romaines » sont inséparables : elles vivront et mourront ensemble.

Toutes les conditions sont réunies pour que puisse s'exercer la clémence d'Auguste. L'empereur s'adressait à Cinna puis à Emilie. Celle-ci répondra la première. Elle « recouvre la vue » après le pardon d'Auguste. Le regard, instrument privilégié de la reconnaissance mutuelle des héros, retrouve sa fonction. Emilie retrouve ce qu'elle avait perdu en se soumettant à la passion politique. Elle vivait dans l'illusion. Elle découvre la vérité. « L'illusion chez Corneille n'est ni une maladie de la condition humaine ni un obstacle métaphysique interdisant d'accéder à la vérité. Elle n'est guère qu'une erreur momentanée suscitée le plus souvent par la "politique" des méchants, et destinée à céder, en un clin d'œil, à la splendeur de la vérité. L'illusion peut fausser la conduite des hommes mais ne compromet pas la notion de réalité »[14]. La réalité en effet ne s'est pas modifiée puisque l'empereur offre à Cinna la main d'Emilie mais la fille de C. Toranius peut désormais accepter ce qu'elle refusait ou devait refuser. La Providence n'est pas absente dans cette conversion. Le ciel change le cœur d'Emilie comme il change l'Etat. Le change n'est plus échange mais transformation de l'intérieur.

14. Jean Starobinski, *op. cit.*, p. 41.

Seul l'ordre providentiel pouvait mettre en œuvre ce changement qui était hors de portée des seuls êtres humains. Il existe toutefois une nuance non négligeable : le ciel change le cœur d'Emilie et « veut changer l'Etat » (v. 1724). Que se passerait-il si la volonté même du ciel subissait un « change », si le ciel un jour ne voulait plus ce qu'il veut aujourd'hui, si la politique du dénouement de *Cinna* changeait, si, en un mot, la Providence cessait de se manifester ? Emilie perçoit admirablement en filigrane l'éclatement de la politique tragique. Auguste inspire confiance parce que le ciel l'inspire. Inspirerait-il autant confiance s'il n'était pas un monarque providentiel ? Telle est la question, essentielle pour l'avenir du théâtre politique de Corneille, qu'Emilie pose avec raison. Emilie ne s'est pas ralliée à l'Empire. Elle a reconnu Auguste : la personne l'emporte sur la fonction. Il suffira, plus tard, que les personnes trahissent leur fonction pour que l'héroïsme se dégrade au profit de la politique.

Le personnage d'Emilie représente aussi un moment décisif dans la construction de la féminité héroïque et politique. Auguste devait cesser d'être Octave. Emilie devait cesser d'être la fille d'un proscrit. L'héroïsme ne s'enracine plus dans le passé. Il se construit dans un avenir providentiel. La féminité a toute sa place dans la cité à condition qu'elle ne se compromette pas dans les jeux du « change » politique. Une héroïne ne doit être ni ambitieuse par amour ni amoureuse par ambition sauf si elle accepte le risque de sa propre déchéance : Cléopâtre et Cornélie, dès *La Mort de Pompée*, le comprendront. Emilie a sauvé sa féminité sans trahir ses convictions. Elle a préservé sa gloire en échappant au pacte étrange de la politique et de la sensualité. Elle a ouvert la voie aux reines et aux princesses qui auront décidé de gouverner leurs sens pour gouverner les hommes et le monde. Elle a aussi montré le chemin à ceux qui utiliseront la féminité comme un moyen de conquérir ou conserver le pouvoir.

Pauline : l'apothéose de la vertu

La féminité vient d'affronter l'épreuve de la nature avec Camille, l'épreuve de la politique avec Emilie. Mais l'apothéose d'Auguste et la conversion d'Emilie appartiennent encore, malgré l'intervention de la Providence, à l'ordre de l'histoire. Que se passerait-il si l'amour naturel, au lieu d'affronter d'autres valeurs temporelles, se trouvait confronté à l'amour surnaturel, si les valeurs de l'amour humain étaient niées par celles de l'amour divin et transfigurées dans un ordre supérieur ? Que se passerait-il si la féminité était contestée, non de l'extérieur, par Rome, par l'histoire, par l'Etat, mais de l'intérieur ? Pauline subira la double crise de la fidélité et de la conversion que Camille et Emilie avaient subie successivement. La sensibilité et la sensualité ne sont chez Pauline ni contrôlées ni exacerbées; elles sont conservées pour être converties. La nature n'est pas niée; elle est reconnue pour être dépassée. Il ne suffit pas d'écrire que « la maîtrise intérieure des sentiments est aussi indispensable à la morale que le contrôle extérieur des actes »[15]. Polyeucte cherche hors de l'histoire les racines du héros. Pauline cherchera au-delà de la nature les racines de la femme.

Dès son entrée en scène, Pauline reconnaît la force de la sensibilité. Cette jeune épouse admet volontiers que Sévère a précédé Polyeucte dans son cœur. La situation dramatique et psychologique est nouvelle. Imagine-t-on que Chimène ait pu aimer avant Rodrigue, que Camille ait pu aimer avant Curiace ? Pauline a une expérience amoureuse : elle n'est plus au premier temps de la « surprise des sens », elle est déjà au moment où l'institution conjugale succède à l'inclination affective. Pauline, épouse de Polyeucte, a été la maîtresse de Sévère : cette évidence est presque un scandale dans l'univers cornélien. Les héros ont un passé : Pauline, Sévère, Polyeucte ont vécu. Le risque tragique, pour eux comme pour Auguste, est celui de ce passé, de leur expérience. Pauline croit d'ailleurs que la féminité reste à l'abri des tentations puisqu'elle a déjà fait ses preuves :

> Une femme d'honneur peut avouer sans honte,
> Ces surprises des sens que la raison surmonte,
> Ce n'est qu'en ces assauts qu'éclate la vertu
> Et l'on doute d'un cœur qui n'a point combattu.
>
> (I, 3, v. 165-168.)

Le recours aux métaphores guerrières et à la rhétorique militaire n'est pas innocent. Pauline se rassure face au péril mais elle se

15. Serge Doubrovsky, *op. cit.*, p. 237.

trompe sur l'origine du péril qui viendra de Polyeucte, non de Sévère ou d'elle-même. L'épreuve constitutive de la féminité héroïque appartient au passé et Pauline se croit installée dans un état de quiétude. Elle ne sait pas encore que l'héroïsme est une initiation de chaque instant : la nature a ses ruses que la raison ne connaît pas. Sévère, « parfait amant » (v. 203), avait le « mérite » sans la « fortune » (v. 185) : Pauline a dû sacrifier les valeurs amoureuses aux valeurs familiales ou, plus exactement, à une interprétation politique des valeurs familiales. Après la mort du comte, Chimène sacrifiait son amour pour Rodrigue à un ordre familial fondé sur le respect de la loi du sang et sur la nécessité de la vengeance. Pauline sacrifie son amour pour Sévère à la carrière politique de son père, haut fonctionnaire romain. Rome même a donc subi, depuis *Horace* et *Cinna*, une dégradation de l'histoire en politique, de la raison d'Etat en raison d'intérêt. C'est Félix qui choisira son gendre pour consolider sa position en Arménie : le mariage de Polyeucte et Pauline est le premier mariage politique du théâtre de Corneille. C'est le même Félix qui exigera de sa fille qu'elle revoie Sévère, aujourd'hui resplendissant de gloire, pour lui ménager sa faveur (v. 337). Pauline est ainsi contrainte, pour des raisons politiques, de sacrifier son amour puis de réprimer, en retrouvant Sévère, « la révolte des sens » (v. 356) — expression beaucoup plus forte que celle de « surprise des sens ». La féminité de Pauline subit les lois de la politique et de l'ambition politicienne. L'amour est un moyen, un levier que l'intérêt politique utilise pour dominer la nature et soumettre les passions. La féminité est devenue un enjeu de pouvoir.

Le vocabulaire politique sert, comme par hasard, à évoquer les conflits de l'amour. La célèbre profession de foi « cornélienne » de Pauline :

> Ma raison, il est vrai, dompte mes sentiments,
> Mais quelque autorité que sur eux elle ait prise,
> Elle n'y règne pas, elle les tyrannise,
> Et quoique le dehors soit sans émotion,
> Le dedans n'est que trouble et que sédition.
>
> (II, 2, v. 500-504.)

relève autant de l'analyse d'un rapport de forces politiques que de la description d'un domptage des passions. Le triomphe de la raison sur les sentiments n'est pas légitime puisqu'il repose non sur une royauté mais sur une tyrannie. Cela explique que la façade n'éclate pas bien que la guerre civile se déchaîne à l'intérieur. La nature et l'amour acceptent mal la domination de la raison politique qui n'est même pas une raison d'Etat. Camille était une victime d'Etat. Pauline est une victime de la politique, du maintien de l'ordre. L'ordre n'est plus à créer, comme dans *Horace* et *Cinna*, il est à conserver. L'ordre cher à Félix est fondé sur la logique de l'intérêt immédiat : sacrifier Sévère et Pauline à sa carrière, donner Pauline à Polyeucte pour sa carrière, utiliser Pauline devant Sévère pour sa carrière. Par un étrange paradoxe — qui n'est pas dépourvu d'ironie (v. 330) —, les calculs de la politique se détruisent les uns les autres : si Félix avait accepté le mariage de sa fille avec le chevalier romain, il serait aujourd'hui le beau-père du favori de l'empereur. Infélicité de Félix ! Infortune de la politique ! Pauline, contrainte de revoir Sévère, est sauvée par sa gloire qui la protège des tentations de la nature, qui place la « vertu invincible » au-dessus de l' « âme trop sensible » (v. 533-534). Pauline ne renie rien et ne cède rien : telle est la gloire de la féminité, tel est l'équilibre héroïque de la nature et de la volonté. Il fallait que Pauline triomphât une seconde fois de Sévère, qu'elle réussît une seconde expérience de la soumission des sentiments à la raison, qu'elle acceptât une seconde initiation pour atteindre la gloire. Ce que Pauline proclamait en paroles est maintenu vrai en actes : l'héroïne a dominé les convulsions d'une nature soumise à la politique. La tragédie peut commencer : les valeurs héroïques sont à leur place.

Le songe de Pauline est en effet toujours présent. Il est le « fidèle miroir de la fatalité » (v. 156). Le songe, par le miroir, a transformé le temps en espace : le temps se reflète dans l'espace du miroir, le songe reflète ce qui est déjà là plus qu'il ne révèle ce qui n'est pas encore là. Le miroir est un objet de mauvais augure : Auguste y voyait une tromperie (v. 388), Pauline y découvre avec horreur la fatalité. Ce mot, propre à la tragédie, est relativement rare chez Corneille. Il implique l'idée d'un avenir nécessaire et négatif. Il suppose un échec du héros : contre la fatalité, les jeux sont faits. La Providence portait l'héroïsme. La fatalité le condamne. Est-il sans importance que le mot soit prononcé par la seule Pauline ? L'héroïne pressent la mort de son mari : la féminité devient prophétique. Pauline a deviné le caractère universel de la tragédie :

> Le sang de Polyeucte a satisfait leurs rages,
> Je ne sais ni comment ni quand ils l'ont tué,
> Mais je sais qu'à sa mort tous ont contribué.
>
> (I, 3, v. 242-244.)

On pense aux évocations de la mort du Christ dont tous les spectateurs ont été, d'une manière ou d'une autre, les acteurs. Le songe de Pauline est une vision (v. 221, 229, 239), la prophétie est une « prévision ». Livie avait déjà ce don. Pauline le possède à un degré extraordinaire : la lucidité est un privilège du héros tragique. Cet épisode du songe permettait au poète de laisser deviner, au-delà de la confrontation entre Pauline et Sévère, qui restait dans l'ordre naturel de l'héroïsme, un affrontement, beaucoup plus violent, entre Polyeucte et l'ensemble des personnages.

Pauline était attachée à son mari par devoir. Quels qu'aient été les actes de Polyeucte, ce devoir demeure :

> Je l'aimai par devoir, ce devoir dure encore.
>
> (III, 2, v. 790.)

Le devoir n'est pas une contrainte mais un recours et un secours contre l'adversité. Le devoir est la valeur qui aidera Pauline à éprouver pour Polyeucte une véritable inclination : telle est l'originalité proprement cornélienne du personnage. Le devoir devient un guide vers la découverte d'une nouvelle sensibilité, en attendant d'être une étape entre l'amour humain et l'amour divin. La troisième scène du quatrième acte fait apparaître ce mouvement du devoir vers la sensibilité. Pauline met d'abord en avant des arguments familiaux et politiques qui sont en réalité extérieurs au couple. La féminité surgit aussitôt derrière cette rhétorique incapable de convaincre Polyeucte. La sensualité avait été dominée tant que Pauline s'adressait à Sévère. Elle peut maintenant se manifester puisqu'elle s'exprime à l'intérieur du mariage. Chimène, Camille, Emilie vivaient la sensualité comme une promesse. Pauline en a fait l'expérience par devoir. Elle puise dans cette expérience et ce devoir le droit d'attaquer Polyeucte :

> C'est donc là le dégoût qu'apporte l'hyménée ?
> Je te suis odieuse après m'être donnée !
>
> (IV, 3, v. 1251-1252.)

Jamais encore une héroïne cornélienne n'avait eu l'audace d'évoquer en ces termes l'amour physique : la féminité est passée de la sensualité à la sexualité. Pauline avait vécu l'expérience du plaisir après avoir subi l'expérience du sacrifice.

La nature du lien entre les deux époux a changé. Pauline aimait par devoir. Elle aime maintenant d'amour. Rodrigue, dans les stances, disait : « ma Chimène » (v. 320). Camille, devant Horace, disait : « mon cher Curiace » (v. 1267), « mon Curiace » (v. 1280). Pauline prononce un vers d'une émotion extrême :

> Mon Polyeucte touche à son heure dernière.
>
> (IV, 5, v. 1336.)

Parce qu'elle éprouve la force de cet amour, Pauline peut demander à Sévère de sauver Polyeucte en intervenant auprès de Félix. La critique cornélienne a insisté sur la beauté du mouvement de purification des sentiments qui sacrifie le plaisir à la vertu. Il convient également de constater la faiblesse de Pauline qui dépend de Sévère. Bien que la finalité soit plus noble, Pauline utilise en réalité les armes de la politique. Félix évoquait « l'absolu pouvoir » de sa fille sur Sévère (v. 336). Pauline rappelle le pouvoir absolu de Sévère sur Félix :

> Mon père est en état de vous accorder tout.
>
> (IV, 5, v. 1350.)

A la réciprocité de la générosité correspond la réversibilité de la politique. Ni Pauline ni Sévère ne se compromettent en essayant d'obtenir la grâce de Polyeucte mais Pauline et Sévère ont besoin de Félix : leur gloire ne suffit pas à atteindre les finalités de leur volonté. Cette faille radicale de l'héroïsme sera masquée par la conversion finale de Pauline et Félix mais elle constitue une menace absolue pour les valeurs héroïques qui n'ont plus la force, déjà, de triompher seules. Rodrigue et Horace, Chimène et Camille étaient seuls. Auguste serait resté Octave sans l'intervention de la Providence. Pauline et Sévère perdent dans l'ordre de l'histoire : ils ne peuvent rien contre la politique de Félix. Cette faiblesse ne diminue en rien leur grandeur, elle souligne que la grandeur ne peut rien contre la force.

Le double échec de Pauline devant Félix et Polyeucte est total :

> Ne pourrai-je fléchir la nature ou l'amour ?
> Et n'obtiendrai-je rien d'un époux ni d'un père ?
>
> (V, 3, v. 1582-1583.)

Les deux ordres de la féminité dont Chimène, Camille et, à un moindre degré, Emilie avaient senti le poids écrasent aujourd'hui Pauline qui se trouve dans une aporie complète. Pauline est l'héritière des femmes les plus irréprochables : fille parfaite, épouse parfaite, elle est victime de sa perfection. La perfection n'est pas une valeur mondaine : ou elle sera transfigurée dans l'ordre surnaturel, ou elle sera détruite dans l'ordre naturel. Pauline découvre que les sacrifices constitutifs de l'héroïsme sont inutiles. Elle a sacrifié le plus profond d'elle-même à son père puis à son mari. En vain. Le premier est atteint d'une surdité politicienne, le second d'un aveuglement surnaturel. Pauline ne comprend ni l'ordre humain ni l'ordre divin. Elle est, à cet égard, en état d'être sauvée : sa vertu appelle la grâce. Il reste que le personnage, malgré la conversion, est essentiellement tragique : Pauline est victime du rôle exclusivement négatif de la politique. Elle avait renoncé à Sévère pour satisfaire l'ambition politique de son père mais son père n'est plus son père. Elle avait épousé Polyeucte pour consolider la position publique de son père mais son époux n'est plus son époux. En sacrifiant la nature et l'amour à la politique, Pauline découvre sa solitude et sa faiblesse. Elle découvre que la politique prend sans jamais donner, qu'elle arrache l'héroïsme à ses sources — la nature et l'amour — pour l'abattre dès qu'il est affaibli. Pauline subit aussi les conséquences de l'imprécation de Camille contre son père et de la manipulation de l'amour par Emilie. Camille avait rejeté la loi du sang. Emilie avait faussé la loi des sens. Pauline qui a respecté l'une et l'autre se trouve condamnée par l'une et par l'autre. L'épreuve de la féminité mondaine s'achève dans un désastre.

Pauline n'est pas sauvée par elle-même mais par Dieu. Elle est sauvée d'elle-même par Dieu qui la libère de ses entraves mondaines. Le premier signe de la conversion est le regard : le christianisme est une apothéose de l'héroïsme :

> Je vois, je sais, je crois, je suis désabusée.
>
> (V, 5, v. 1727.)

Pauline « adhère à l'ordre chrétien non plus fondé sur la loi du sang et de la naissance, mais sur celle de l'Esprit »[16]. Elle est

16. Octave Nadal, *op. cit.*, p. 207.

« saintement rebelle aux lois de la naissance » (v. 1739) : la conversion légitime la rébellion; Serge Doubrovsky devine dans cette conversion « le terme ultime et nécessaire du procesus de libération, selon les lois de la dialectique héroïque »[17]. La conversion montre surtout que l'héroïsme et l'histoire ne peuvent plus coexister, que l'héroïsme, comme le royaume de Dieu, n'est pas de ce monde. Lorsque Corneille choisira, avec *La Mort de Pompée*, de revenir à l'histoire, la première fonction du héros sera d'être assassiné. La conversion sauve Pauline en tant que personne mais elle condamne toute interprétation humaine de l'héroïsme. Encore faut-il savoir si Dieu est au service de l'héroïsme ou l'héroïsme au service de Dieu. La conversion de Félix permet de retrouver, dans l'ordre divin, les règles de l'ordre héroïque. Pauline aime son père et son mari en Dieu. Elle se retrouve fille et femme en Dieu. La féminité amoureuse s'exprime dans le martyre :

> Polyeucte m'appelle à cet heureux trépas.
>
> (V, 5, v. 1733.)

La filiation est une autre forme de bonheur retrouvé :

> Qu'heureusement enfin je retrouve mon père !
> Cet heureux changement rend mon bonheur parfait.
>
> (V, 6, v. 1784-1785.)

La notion de changement, présente au dénouement de *Cinna* et mise en valeur par Emilie, explique la correspondance entre l'ordre mondain et l'ordre chrétien. La Rome des guerres civiles devenait la Rome impériale dans *Cinna*. La Rome païenne devient la Rome chrétienne dans *Polyeucte* : en d'autres termes, le changement est aussi d'ordre politique. Que se passerait-il si l'Etat ne se transformait pas dans le même sens et au même rythme que les héros ?

Rodrigue, Horace, Auguste, Polyeucte ont assumé leur singularité héroïque par un sacrifice qui les rend exemplaires. Rodrigue est un fils, un soldat, un amant irréprochables : il est à sa place dans le système de valeurs qu'il incarne et qu'il défend. Il en est de même pour Horace, héros d'Etat sauvé par la raison d'Etat, pour Auguste qui parvient à sauver Rome des aléas de la

17. Serge Doubrovsky, *op. cit.*, p. 254.

politique pour la confier à la Providence, pour Polyeucte qui meurt en témoin de son Dieu. Il n'est pas certain que les héroïnes aient eu la même « chance ». Elles subissent toutes une amputation de la nature : Chimène est orpheline, Camille est « veuve » avant de mourir, Emilie est orpheline, Pauline est veuve. La féminité paie un lourd tribut à l'héroïsme. Certes Chimène épousera Rodrigue sans trahir la mémoire de son père. Certes Camille est un personnage limite et elle a cherché sa mort plus qu'elle ne l'a subie. Certes Emilie épousera Cinna sans renier la fidélité à son père. Certes Pauline aimera en Dieu Félix et Polyeucte. Dans chaque cas, la féminité aura subi des lois qui lui sont extérieures : l'épanouissement de la sensibilité aura été réprimé même si cette répression correspond à un esprit d'épuration des sentiments. Les héroïnes ont été fille et femme : elles n'ont pas encore l'expérience de la maternité, malgré le souvenir de Médée qui reste en partie atypique. Les héroïnes de Corneille ont reçu la vie, elles ne l'ont pas encore donnée, leur expérience est encore partielle. Elles sont du côté des sens et du sang, elles ont éprouvé la révolte des sens et la rébellion du sang, elles savent la résistance à la nature et le poids de l'histoire. Mais, de même qu'elles ne sont pas encore mères, elles ne sont pas encore reines. Elles n'ont vécu ni l'épreuve de la maternité, ni l'épreuve du pouvoir. La maternité, comme la sensualité, sera bientôt, dans le théâtre cornélien, un enjeu de pouvoir. Malgré la conversion de Pauline, qui reste un salut personnel et qui ne résout pas les contradictions de la nature et de l'amour, les figures de la féminité sont déjà les trames de la tragédie.

3

Les nécessités de l'Etat : la construction historique de l'ordre politique

La genèse du héros et l'affirmation de la sensibilité n'interviennent pas dans un temps et un espace abstraits. L'univers de l'héroïsme et de la féminité est d'abord marqué par une histoire qui s'exprime dans un Etat. L'héroïsme et la grandeur ont partie liée chez Corneille comme dans toute la génération du premier XVIIe siècle. La dignité du genre, des personnages, des sujets tragiques répond aux ambitions propres à l'héroïsme. Les travaux d'André Stegmann ont montré quel était le climat intellectuel en France et en Europe au temps de Corneille, quelle pouvait être l'influence du théâtre jésuite dans le choix des thèmes historiques et politiques, comment et pourquoi le lieu naturel de la tragédie était la cité. Cela ne signifie pas qu'il faille construire l'interprétation des tragédies sur la fidélité de Corneille à un seul courant intellectuel. Cela ne signifie pas non plus qu'il faille limiter cette interprétation à la recherche systématique de correspondances entre l'histoire et le théâtre. Octave Nadal souligne à juste titre la prédisposition du « cornélien » à la politique : « Le plein engagement, la pleine obéissance de l'homme cornélien ne font pas de doute : il accepte la vie de la cité et toutes ses activités, en particulier la politique, pour laquelle il semble né »[1]. Cette sensibilité politique est celle d'une génération qui interdit au héros toute velléité d'indifférence à l'égard du

1. Octave Nadal, *op. cit.*, p. 137.

monde, celle d'un gouvernement qui subit la contestation autant qu'il organise la propagande, celle d'une période de convulsions qui accompagne la naissance de l'Etat moderne. Il semble périlleux de déceler un projet aristocratique dans *Le Cid*, un projet étatiste dans *Horace*, un projet providentiel dans *Cinna*, un projet de monarchie chrétienne dans *Polyeucte*. Il est plus fructueux, à notre avis, d'observer, dans les quatre pièces, la construction patiente d'un ordre historique et politique dont les règles exploseront dès *La Mort de Pompée*. Il ne faut pas situer le héros cornélien, voire le poète lui-même, sur un échiquier politique ou « idéologique », mais se demander si la politique n'est pas toujours identique, quelles que soient ses manifestations, et comment évoluent les rapports qu'elle entretient nécessairement avec le héros puisque celui-ci est, en raison de ses origines, un homme de pouvoir. L'ordre politique et social des tragédies reflète toujours plus ou moins l'ordre naturel dont le héros est issu. Le héros s'enracine dans une nature et s'exprime dans une histoire : sa nature le condamne à exister par et pour l'histoire, à vivre l'expérience politique. Là résident peut-être le principe tragique de la politique et la fatalité d'un héroïsme dont le commencement et la fin ne peuvent qu'être antinomiques.

Don Gomès et le Cid : du guerrier au héros

Quelle est la situation politique du *Cid* ? Elle ressemble, par certains aspects que Georges Couton a soulignés, aux désordres que connaît la France de Louis XIII où l'agitation aristocratique menace l'autorité du roi. Elle est surtout celle d'un pays où le principe même de la monarchie n'est pas encore admis : la contestation féodale est plus puissante que la royauté dont l'origine, comme le rappelle Corneille après Guilhen de Castro, est récente[2]. Corneille met en scène, avec *Le Cid*, un changement de régime : la pièce s'ouvre dans un monde aristocratique dominé par les règles de la féodalité, elle s'achève dans un univers héroïque animé par les lois de la monarchie. Epreuve pour Rodrigue et Chimène, la pièce est aussi une crise de régime.

2. *OC* I, Examen, p. 703.

Les premiers vers du Comte :

> Enfin vous l'emportez et la faveur du Roi
> Vous élève en un rang qui n'était dû qu'à moi.
>
> (I, 3, v. 151-152.)

laissent croire que le roi de Castille organise lui-même la subversion politique. La notion de « faveur » implique celle, ô combien suspecte, de courtisan et le terme « élève » souligne que don Fernand a pris l'initiative, en choisissant don Diègue comme gouverneur de son fils, de bouleverser l'ordre social, la hiérarchie des valeurs. Aux yeux du Comte, la subversion est, à l'évidence, d'origine royale. Don Diègue a beau jeu d'expliquer la justesse et la justice de ce choix par une double référence à sa « famille » et aux « services passés », à la tradition aristocratique et à la loyauté féodale. Don Diègue est un homme du passé, pire un homme au passé. La colère du Comte s'exerce plus, dans un premier temps, contre don Fernand que contre son heureux rival :

> Pour grands que soient les rois, ils sont ce que nous sommes.
>
> (I, 3, v. 157.)

On croit presque reconnaître un texte de Machiavel : « Celui qui parvient à la principauté par la faveur des nobles, s'y maintient avec beaucoup de peine parce qu'il a autour de lui des hommes qui, se croyant encore ses égaux, se soumettent difficilement à son autorité »[3]. Le danger majeur qui guette cette société politique est celui d'un désordre dû à l'absence de critères d'évaluation reconnus par tous. En accusant son roi d'être un facteur de subversion, le Comte devient lui-même un principe de désordre. Don Diègue invoque le « mérite » autant que la « faveur » mais il accepte la décision du « pouvoir absolu » : il est avant tout un sujet loyal. Le Comte dégrade le débat politique : des « services passés » qui méritent « récompense », il passe aux « services présents » qui sont mal payés. Don Diègue s'abritait derrière la dimension historique de sa loyauté. Don Gomès revendique le paiement immédiat de son efficacité. Ce choix du seul présent le condamnera à n'être jamais battu par plus jeune ou plus fort que lui s'il entend survivre. Ce choix relève aussi d'un étrange mercantilisme : faire son devoir, pour un sujet, ne mérite aucun salaire, les exigences du

3. Machiavel, *Le Prince*, *op. cit.*, chap. IX, p. 37.

Comte sont juridiquement et politiquement dénuées de tout fondement. Corneille avait déjà exploré, dans *La Galerie du Palais*, ce jeu sur la récompense des services passés[4].

Don Diègue écarte d'abord toute polémique : le mariage de Rodrigue et Chimène, l'alliance des deux familles sont plus importants que cette querelle. Le spectateur garde alors en mémoire le portrait de Rodrigue par don Gomès : la « vaillance » (v. 45) du jeune homme succède à la « valeur » de son père (v. 33). La valeur doit être une vaillance qui a fait ses preuves et n'a plus à les faire. En réalité l'opposition entre don Diègue et don Gomès se trouve investie d'une signification plus métaphysique que politique qui correspond aux enjeux de la pièce. Don Diègue et don Gomès ne sont pas des héros, ils sont encore des guerriers. Le premier croit, à tort, qu'un passé glorieux suffit, mais il accepte d'intégrer ce passé dans l'ordre naissant de la monarchie. Le second croit, à tort, qu'un présent glorieux suffit et, pour cela, il refuse de reconnaître l'autorité royale. Le Comte accumule les exemples et les preuves de sa vaillance mais celle-ci est déjà sans valeur puisqu'elle est à la merci d'un coup d'épée. Don Diègue se réfère à l'histoire de sa vie et à sa renommée mais celle-ci est déjà sans effet puisqu'elle est à la merci d'un soufflet. Don Gomès croit au présent seul. Don Diègue croit au passé seul. Rodrigue croira en l'avenir : voilà la différence entre le guerrier et le héros. Le guerrier subit l'usure du temps. Le héros entend l'annuler ou la dominer. Don Gomès double cette erreur intellectuelle et psychologique d'une faute politique :

> Mon nom sert de rempart à toute la Castille.
>
> (I, 3, v. 198.)

Il cède au péché de démesure, il se place au-dessus de son roi. Enfin, il a tort : l'histoire le prouvera. Le guerrier est hors d'état d'anticiper. Rodrigue au contraire pourrait prononcer ce vers puisque son nom seul obtiendra la reddition des Mores :

> Ils demandent le chef : je me nomme, ils se rendent.
>
> (IV, 3, v. 1326.)

Pour des raisons différentes, les deux adversaires se trompent sur leur propre système de valeurs. La monarchie ne reconnaît pas

4. *La Galerie du Palais*, III, 1, v. 727-728.

l'égalité des consciences aristocratiques, elle va au-delà d'une identité entre le passé et le présent :

> Votre rare valeur a bien rempli ma place...
> Vous êtes aujourd'hui ce qu'autrefois je fus,
> Vous voyez toutefois qu'en cette concurrence
> Un monarque entre nous met quelque différence.
>
> (I, 3, v. 210-214.)

Ce terme de « place » retrouvera toute sa force dans *Don Sanche*. Le héros cornélien se reconnaîtra davantage dans l'idée de « personne » qui intègre la notion de « place » dans un ordre social mais qui lui ajoute une dimension temporelle ou providentielle. Le conflit des deux hommes reflète celui qui oppose l'aristocratie guerrière à l'aristocratie de cour :

> Vous l'avez eu par brigue, étant vieux courtisan.
>
> (I, 3, v. 219.)

Il est probable que ces vers avaient, devant le public de 1636, une résonance que nous pouvons deviner aujourd'hui mais que nous ne pouvons partager. Cela n'implique pas que don Gomès porte les espérances politiques d'une classe sociale menacée par Richelieu. Corneille ne condamne pas le Comte pour des raisons politiques mais pour des raisons héroïques. Don Gomès est un guerrier noble que son refus de l'ordre, de l'histoire, de l'Etat, condamne à subir tôt ou tard la loi d'un autre guerrier noble et qui condamne ses pairs à l'autodestruction, au suicide collectif résultant de la logique du duel. Le Comte pense en termes de « force » et de « faiblesse » mais ni la force ni la faiblesse ne sont des valeurs : elles sont des instruments de mesure. La force et la faiblesse sont en deçà de la grandeur dont Rodrigue et le roi symbolisent l'avènement.

Après le soufflet infligé à don Diègue, l'univers aristocratique se trouve engagé dans une impasse : le cycle négatif et pervers de l'affront et de la vengeance commence. La logique du « Meurs ou tue » qui seule peut sauver l'honneur de don Diègue est un désastre politique. La loi du sang qui fonde la société aristocratique la détruit en même temps : l'heure de la politique héroïque fondée sur la reconnaissance des valeurs et non sur le rapport des forces n'a pas encore sonné. Le système politique où s'agitent don Diègue et don Gomès est un faux reflet de la nature : il est une société animale plus qu'une société humaine; la raison et la volonté en sont absentes. Le Comte, qui reconnaît l'excès de son geste, pourrait y remédier en se soumettant au roi. Mais il a une conception archaïque et féodale de la monarchie :

> Le Roi peut à son gré disposer de ma vie.
>
> (II, 1, v. 361.)

Il croit à tort que la fonction royale est d'éliminer ses sujets alors qu'elle est de les conserver pour les utiliser. Don Arias développe en vain les arguments monarchiques :

> Quoi qu'on fasse d'illustre et de considérable,
> Jamais à son sujet un roi n'est redevable.
>
> (II, 1, v. 369-370.)

Suréna ne dira pas autre chose à Orode :

> Quand je vous ai servi, j'ai reçu mon salaire
> Seigneur, et n'ai rien fait qu'un sujet n'ait dû faire.
>
> (III, 2, v. 789-790.)

En termes politiques, don Gomès est un rebelle, un factieux. Toute la philosophie politique des XVIe et XVIIe siècles le condamne : il commet la faute irréparable de se préférer à son roi et à son pays alors qu'il doit être à leur service. La faiblesse et le caractère récent de la monarchie expliquent cette situation. Ils ne sauraient en rien la justifier. Don Gomès développe une rhétorique du « bonheur » et de l'« honneur » qui semble avoir des résonances authentiquement cornéliennes mais qui n'est pas de mise en 1636 :

> Et l'on peut me réduire à vivre sans bonheur
> Mais non pas me résoudre à vivre sans honneur.
>
> (II, 1, v. 395-396.)

Il est exact que le bonheur et l'honneur n'appartiennent pas au même ordre de valeurs. Cette maxime de don Gomès n'est pas, à proprement parler, fausse : elle est faussée par le personnage qui l'énonce. L'honneur du Comte n'est pas dans la résistance au roi mais dans la soumission puisque seule la monarchie donne sa finalité à l'ordre féodal. En refusant l'idée même de souveraineté, don Gomès refuse celle de suzeraineté. En prétendant défendre l'ordre aristocratique et féodal, il le détruit. Don Gomès est l'avocat d'un paradoxal égalitarisme entre les nobles qui est aux antipodes de la noblesse. L'honneur est ici une valeur guerrière. Avec Rodrigue, il sera une valeur héroïque. De même le célèbre :

> A vaincre sans péril, on triomphe sans gloire.
>
> (II, 2, v. 434.)

est un vers authentiquement cornélien prononcé par un personnage qui ne l'est pas. Le discours du Comte est héroïque mais son système de valeurs ne l'est pas. Est-ce tout à fait un hasard si don Gomès a une fille et don Diègue un fils, comme si le nom même du Comte était destiné à s'éteindre après sa mort ? Les lois de la nature condamnent le désordre aristocratique. Avant même d'être tué physiquement, le Comte est perdu métaphysiquement : sa mort symbolise l'échec d'un système politique incapable d'affronter l'épreuve du temps et de l'histoire.

Rodrigue peut donc tuer don Gomès non seulement sans mettre l'Etat en péril mais en rendant un service exceptionnel à la monarchie. Rodrigue sauve la royauté du désordre intérieur avant de la sauver, par sa victoire sur les Mores, du désordre extérieur. L'héroïsme de Rodrigue est aussi un héroïsme politique. Sans savoir encore que le Comte est mort, don Fernand entre en scène, met en cause la vanité de don Gomès (v. 557) et ordonne son arrestation. L'honneur aristocratique était une vanité féodale pour laquelle don Sanche plaidera lui aussi en vain. Certes don Sanche parle plus pour Chimène que pour le Comte, mais il défend une politique fondée sur la logique et le cycle du duel. Il confirme ainsi la faiblesse essentielle d'un système qui ne survit que par des épreuves de force. L'heure est venue pour don Fernand d'affirmer la transition monarchique, le passage du désordre aristocratique à l'ordre royal. Sur ce point il est certain que le roi de Castille agit dans le même sens que Louis XIII et Richelieu. La vertu première du monarque est la « prudence » (v. 595). La politique est à l'image de la nature : le roi veille sur ses sujets,

> Comme le chef a soin des membres qui le servent.
>
> (II, 6, v. 598.)

La raison d'Etat apparaît en filigrane sans oser encore se dévoiler tout à fait :

> Ainsi votre raison n'est pas raison pour moi.
>
> (II, 6, v. 599.)

La rupture enfin éclate entre la rhétorique militaire du guerrier et l'action politique du monarque :

> Vous parlez en soldat, je dois agir en roi.
>
> (II, 6, v. 600.

Cette action est d'autant plus nécessaire que l'invasion des Mores est imminente. La dramaturgie cornélienne fait apparaître ici l'intérêt du théâtre politique et le lien de ce théâtre avec la genèse de l'univers héroïque : la politique et l'héroïsme sont inséparables, la politique héroïque de don Fernand implique l'héroïsme politique de Rodrigue. Le premier roi de Castille doit ainsi affronter successivement une rébellion aristocratique et une agression extérieure, un péril intérieur et un péril extérieur : Rodrigue le sauvera des deux. La gloire de don Gomès était solitaire. Celle du Cid brillera dans le service du roi. Mais ce roi est plus un roi de théorie politique qu'un véritable personnage. Il n'intervient pas dans les conditions idéales que Corneille précisera par l'Examen de *Clitandre*.

Ce roi est en effet un roi-juge (v. 647-649-653-679-737). Chimène et don Diègue, après le duel fatal au Comte, lui demandent justice. Le roi est encore un arbitre plus qu'un chef. Don Fernand est plus proche de Tulle que d'Auguste. Ce roi est faible au sens où il n'est pas autonome :

> L'affaire est d'importance et, bien considérée,
> Mérite en plein conseil d'être délibérée.
>
> (II, 8, v. 733-734.)

Corneille, dans l'Examen, explique pourquoi il s'est « cru bien fondé à le faire agir plus mollement qu'on ne ferait en ce temps-ci où l'autorité royale est plus absolue ». Corneille a suivi Guilhen de Castro. Ce roi-juge n'est pas un roi-soldat; de même qu'il a besoin de son conseil pour juger l' « affaire », de même il ne prend pas la tête de ses troupes contre les Mores, contrairement à ce que conseillait Machiavel : « C'est au prince à se mettre à la tête des armées »[5]. Don Fernand est tout, sauf un monarque absolu : sa puissance est relative, en tous les sens du mot, donc limitée.

Don Fernand ne sera ni soldat ni juge puisque la victoire de

5. Machiavel, *Le Prince*, *op. cit.*, chap. XII, p. 46.

Rodrigue sur les Mores, à laquelle il n'a pris aucune part, tiendra lieu de jugement. Le roi est en deçà de la fonction royale : la troupe qui écrase les Mores s'est rassemblée spontanément chez don Diègue (v. 1245) et a choisi Rodrigue pour chef. Don Fernand n'a pas en réalité les moyens de sa politique. Il assure la transition entre la féodalité et la monarchie, mais il n'est ni un féodal ni un roi. A la limite, l'Etat se construit en dehors de ce roi-juge et Rodrigue est sauvé par la seule raison d'Etat :

> J'excuse ta chaleur à venger ton offense
> Et l'Etat défendu me parle en ta défense.
>
> (IV, 3, v. 1253-1254.)

Cette « excuse » est la sanction d'un rapport de force défavorable à la monarchie qui vient de contracter envers Rodrigue une dette impossible à acquitter (v. 1220). Don Fernand le reconnaît volontiers :

> Et j'ai moins de pouvoir que tu n'as de mérite.
>
> (IV, 3, v. 1214.

Toute la politique tragique est inscrite dans ce vers. D'un côté le pouvoir, de l'autre le mérite. D'un côté la politique, de l'autre l'héroïsme. C'est l'exacte situation de *Suréna*. Orode admet, comme don Fernand, qu'il n'a pas les moyens de témoigner sa reconnaissance envers son sujet. Est-ce un hasard si la dernière tragédie reprend une situation du *Cid* ? Rodrigue ne court ici aucun péril d'Etat. Nous vivons cependant la genèse de la tragédie politique. C'est Rodrigue qui donne naissance à l'Etat. En tuant le Comte, en chassant les Mores, donc par son seul mérite, le Cid a donné à don Fernand le pouvoir. La politique vient de contracter envers l'héroïsme une dette qu'elle ne pourra jamais acquitter. Parce qu'elle ne pourra jamais s'en acquitter, elle tentera de la solder en assassinant le créancier. On mesure ici toute la distance entre l'ordre de la nature et l'ordre du pouvoir. Rodrigue, fils de don Diègue, avait une dette envers son père. En tuant le Comte, il s'est acquitté de cette dette, il est devenu libre. La politique, elle, ne sera jamais libre envers l'héroïsme. Pour cette raison, elle dégénérera, elle sera la fille dénaturée de l'héroïsme. Tous les héros de Corneille paieront cher le double service rendu à l'Etat par Rodrigue. Si le machiavélisme est la forme politique du mercantilisme, n'est-ce pas aussi parce que la politique tient sans arrêt les comptes de cette dette ? L'acte de naissance de l'Etat est une reconnaissance de dette, ni plus, ni moins.

On pourrait croire que don Fernand, en essayant d'éviter à Rodrigue un second duel, commence d'acquitter sa dette. Rien n'est plus faux. En protégeant le Cid, don Fernand se protège lui-même :

> J'en dispense Rodrigue, il m'est trop précieux.
>
> (IV, 5, v. 1411.)

Le roi se méfie à juste titre des duels dont l'issue dépend d'un « sort capricieux » (v. 1412). Les caprices du hasard ne sont pas la Providence : don Fernand marquera par son absence sa condamnation du duel. Mais le duel, imposé par don Diègue, aura bien lieu : le roi aura, encore une fois, montré sa faiblesse. Ce second duel est une nécessité dramaturgique et psychologique mais il est aussi une faute politique. Le monarque aura subi l'action tout au long de la pièce. A aucun moment il n'aura maîtrisé le cours des événements. Il n'a ni la *virtù* machiavélienne ni la maîtrise cornélienne. Il est le principe d'un système qu'il ne contrôle pas. La Castille de don Fernand comme la Rome de Tulle sont des Etats en formation qui ne reposent pas sur le pouvoir du prince mais sur le mérite du héros. Cette dichotomie est à l'origine de la tragédie dont le dernier vers du *Cid*, sous une apparence providentielle, porte la marque. Le roi dit en effet au sujet :

> Laisse faire le temps, ta vaillance et ton roi.
>
> (V, 7, v. 1840.)

Rodrigue est-il un homme à laisser faire, donc à subir ? Est-il certain que le temps sera toujours un facteur de rédemption, ce temps qui n'appartient ni au roi ni au sujet ? Est-il certain que la vaillance suffira à écarter tout péril ? Est-il certain enfin que le roi sera toujours ce qu'il est ? Ce dernier vers laisse trop de part à l'indétermination et témoigne d'une confiance excessive dans le temps. L'histoire du théâtre de Corneille prouvera que la vaillance ne pourra rien contre le temps ni le roi.

Le succès du *Cid*, l'échec des adversaires de Corneille montrent assez que le public s'est reconnu dans la pièce. En partie pour des raisons liées à l'histoire immédiate : il ne faut pas oublier que les Espagnols s'étaient emparés de Corbie en 1636, que Paris était menacé, que Richelieu avait ordonné une contre-offensive victorieuse marquée par la reprise de Corbie. Il n'est pas interdit de penser que l'émotion patriotique a joué son rôle dans le succès de la tragi-comédie — qui glorifie la force du sentiment national. Il ne nous semble pas pour autant nécessaire de figer à l'excès l'interprétation du dénouement en y voyant, comme Marie-Odile Sweetser, un modèle dramatique et politique : « Rodrigue et Chimène ont le devoir moral de se réconcilier sans arrière-pensée pour accomplir la volonté du Roi qui est aussi celle de Dieu, pour assurer la grandeur de l'Etat et celle de la chrétienté. Car la victoire de Rodrigue est aussi celle de l'Occident chrétien. Au triomphe de l'amour, s'ajoute donc le triomphe d'un ordre politique, social et religieux. Corneille fait déboucher sa pièce sur une vision implicite et grandiose, reprise de façon plus explicite dans *Cinna* et dans *Polyeucte*. Le schéma de la tragédie à dénouement heureux avec réconciliation se trouve ici établi »[6]. Cela ne suffit pas à expliquer, pour reprendre l'expression de Jean Schlumberger, le triomphe de « l'enthousiasme public » sur « le dénigrement des connaisseurs »[7]. Dans cette perspective, Robert Brasillach cite avec raison un passage d'une lettre de Balzac à Scudéry : « Considérez néanmoins, Monsieur, que toute la France entre en cause avec lui. C'est quelque chose de plus d'avoir satisfait tout un royaume que d'avoir fait une pièce régulière »[8]. Quelques années auparavant, Balzac avait publié un ouvrage qui justifiait la politique de Louis XIII et Richelieu en faisant l'éloge de la « prudence » royale. La pièce est une tragi-comédie en 1636 — Corneille accentuera sa dignité tragique dans l'édition de 1660 — parce qu'elle résout toutes les contradictions : « Tous les périls qui menaçaient l'héroïsme et dont le déroulement de la pièce constitue comme une exposition thématique — détérioration du Moi héroïque par le temps, déchirement par l'amour, extermination réciproque des Mois conduisant à la perte de l'Etat — semblent désormais conjurés »[9].

La critique doit-elle pour autant rester sur un sentiment optimiste ? En d'autres termes, quelles conclusions peut-on proposer après *Le Cid* et dans la perspective de l'ensemble des tragédies ? La première conclusion s'apparente à un constat : genèse d'un

6. Marie-Odile Sweetser, *op. cit.*, p. 114.
7. Jean Schlumberger, *op. cit.*, p. 56.
8. Robert Brasillach, *op. cit.*, p. 109.
9. Serge Doubrovsky, *op. cit.*, p. 131.

héroïsme, épreuve d'une féminité, *Le Cid* est aussi la naissance d'un Etat. Mais ces trois éléments ne sont pas au même stade de leur développement. La tragédie suivante le soulignera : Horace n'est pas un autre Rodrigue, Camille n'est pas une autre Chimène, Tulle est, pour beaucoup, un autre don Fernand. Rodrigue était fils de don Diègue, Horace sera fils de Rome. Chimène acceptait les lois de la famille, Camille les rejettera. La double libération de l'héroïsme et de la féminité emporte les personnages. Tulle au contraire est encore un roi-juge : le problème de la naissance de l'Etat est, pour reprendre l'expression d'Ernest Lavisse, celui de l' « inachèvement de l'Etat ». Ni la Castille ni Rome ne sont d'authentiques Etats parce que leur prince est trop faible. La politique ne parvient pas à se libérer de sa dette. Après *Le Cid*, la question de l'Etat n'est pas résolue alors que toutes les valeurs héroïques sont, sinon mises à l'épreuve, du moins connues. La seconde conclusion porte en elle l'histoire malheureuse du héros en politique, l'affrontement du pouvoir et du mérite. Rodrigue est à l'origine de l'Etat. Le Comte est l' « origine » guerrière dont l'Etat devait se séparer par la violence comme Rome devra détruire Albe. La mort du Comte et la défaite d'Albe sont les deux figures d'un même parricide : alors que le héros se reconnaît dans son origine, le pouvoir se reconnaît à sa volonté d'étouffer cette origine. D'un côté la nature, de l'autre l'histoire. La politique entre en scène comme une anti-nature. En ce sens le crime d'Horace ne sera pas un crime d'Etat pour l'excellente raison qu'il est d'abord un crime contre la nature. *Le Cid* apparaît ainsi comme une mise en place dramatique des éléments constitutifs de l'ordre historique et politique. Le dénouement est certes heureux et le héros n'est pas une « conscience malheureuse ». Elève studieux des jésuites, Corneille commence une construction en sachant déjà les causes de l'écroulement final.

Le héros et l'Etat : la Rome d'Horace et de Tulle

Georges Couton souligne la nécessité d'interpréter *Horace* en tenant compte de la politique contemporaine, de la guerre entre la France et l'Espagne qui est une guerre fratricide entre puissances catholiques, de la situation d'Anne d'Autriche, fille du roi d'Espagne. « Avec *Horace*, Corneille approuve un système de gouvernement : celui qui délègue le pouvoir royal à de "grands serviteurs", en fait à un grand serviteur. A ce système, les contemporains ont donné un nom, le "ministériat". Il approuve une méthode politique : la mise en vacances de la légalité. Il assure le grand serviteur de sa compréhension personnelle, au milieu même de l'incompréhension générale. Il loue une politique de rigueur qui, lorsque la patrie est en danger, lui sacrifie toutes les affections familiales : il propose ainsi une morale familiale et nationale assortie à cette guerre qui a des aspects si particuliers, une éthique pour une guerre plus douloureuse parce que fratricide. On ne peut pas imaginer accord plus complet avec la politique de Richelieu »[10]. Georges Couton appuie cette interprétation par les variantes du vers 1761 dans les éditions de 1656 et 1660. La référence historique et politique, dont il ne faut d'ailleurs pas abuser en particulier pour l'analogie du « ministériat », n'interdit pas à la critique d'analyser la pièce dans la perspective même de l'œuvre pour insister sur les éléments de rupture ou de continuité. Serge Doubrovsky y voit « un élargissement de la lutte solitaire des consciences aux dimensions collectives de l'histoire »[11] et souligne l'entrelacement du drame privé et de la tragédie politique, preuve supplémentaire que la politique n'est jamais un prétexte. Il ne faut pas pour autant assimiler l' « étatisme » au « totalitarisme » moderne ni la lutte fratricide des héros à la lutte des classes : l'Etat de Tulle est plus un Etat anonyme qu'un Etat collectif.

Les doctes, après une lecture de la pièce chez Boisrobert, ont reproché à Corneille d'avoir mis en scène le meurtre de Camille par Horace et, d'une manière générale, blâmé le dénouement. Or le poète n'a pas modifié l'essentiel et s'est justifié dans l'Examen : « L'histoire est trop connue pour retrancher le péril qu'il court d'une mort infâme après l'avoir tuée; et la défense que lui prête son père pour obtenir sa grâce, n'aurait plus de lieu s'il demeurait innocent. » Corneille prend le risque d'une nouvelle « Querelle » après celle du *Cid* parce que l'enjeu est essentiel : il refuse de sacrifier une vérité historique et connue du public au

10. *OC* I, p. 1546.
11. Serge Doubrovsky, *op. cit.*, p. 149.

respect scrupuleux des règles. La tragédie politique n'a de sens que si elle est une tragédie d'histoire.

Le Cid était une crise de régime. *Horace* est une crise de croissance. Dans les deux cas, l'avenir de l'Etat, l'existence de l'Etat sont radicalement menacés. Dans les deux cas, le héros sauvera seul l'Etat du désastre. Rome devra tout à Horace comme la Castille devait tout à Rodrigue. La dette sera plus lourde dans *Horace* que dans *Le Cid* parce que le sacrifice sera plus meurtrier. Rodrigue attendait pour épouser Chimène. Horace n'attendra pas pour assassiner Camille. Le tragique dans *Horace* est immédiatement un tragique d'Etat. La guerre est aux portes de Rome :

> Les deux camps sont rangés au pied de nos murailles.
>
> (I, 1, v. 19.)

L'impérialisme de l'Urbs est déjà à l'œuvre :

> Puisqu'elle va combattre, elle va s'agrandir.
>
> (I, 1, v. 22.)

Le songe de Camille donne à cette confrontation historique une dimension privée (v. 195-198) et il est déjà dit que le vieil Horace préfère l'Etat à sa famille (v. 255). Le thème du duel entre personnes est repris à la dimension des Etats et le dictateur d'Albe est aussi sévère que don Fernand. Aussi sévère mais aussi vain puisque ce duel aura lieu : il sera en même temps un duel de familles et un duel d'Etats. Il est aussi nécessaire à Rome que le duel entre Rodrigue et le Comte était en fait indispensable à la naissance de la monarchie. La proposition du dictateur d'Albe — que Corneille emprunte à Denys d'Halicarnasse[12] :

> Nommons des combattants pour la cause commune.
>
> (I, 3, v. 307.)

trace les limites de la tragédie : trois frères dans un camp, trois frères dans un autre. Les choix d'Albe et de Rome ne sont pas connus tout de suite (v. 327) mais les six combattants sont prédestinés : la nature les a désignés dès leur naissance puisqu'ils sont six et qu'ils sont les meilleurs. Les trois Horaces et les trois Curiaces étaient nés pour ce duel d'Etat fratricide. Rodrigue était moins prédestiné à tuer le Comte et combattre les Mores que les

12. *OC* I, p. 1540.

Horaces et les Curiaces ne le sont à s'entre-tuer. Lorsque les combattants seront face à face et que les deux camps, horrifiés par la brutalité sacrilège (v. 788) de cet affrontement, voudront les séparer, les six guerriers refuseront. Camille elle-même et elle seule comprendra la nature providentielle — et fatale — du choix d'Albe et de Rome (v. 841-846). L'appartenance à une lignée héroïque prédestine les Horaces et les Curiaces à accomplir des actes exceptionnels : la nature prédestine à l'histoire, la loi du sang prédispose le héros au service de l'Etat. Quelle que soit l'issue, elle est un effet de la Providence. Il ne faut pas confondre espérance des hommes et volonté de Dieu :

> Le ciel agit sans nous en ces événements
> Et ne les règle point dessus nos sentiments.
>
> (III, 3, v. 861-862.)

Camille refusera l'ordre de la Providence dont elle pressent et comprend les mécanismes : elle refusera de sacrifier le bonheur privé au bonheur public, l'ordre de la personne à l'ordre de l'Etat. Au contraire, le vieil Horace accepte ce sacrifice et place les valeurs de l'héroïsme au service de Rome; il convertit l'héroïsme à l'histoire :

> La prudence des Dieux autrement en dispose,
> Sur leur ordre éternel mon esprit se repose,
> Il s'arme en ce besoin de générosité
> Et du bonheur public fait sa félicité.
>
> (III, 5, v. 979-982.)

Germain Poirier a souligné la passivité de cette vertu de « prudence » en l'opposant à celle de Valère[13]. L'attitude du vieil Horace n'est guère éloignée de la démission.

Le parallélisme chronologique entre la durée de la pièce et le déroulement du combat met en valeur la fausse nouvelle du triomphe des Curiaces. L'idée que Rome soit battue mais son fils vivant, l'idée qu'un échec de l'Etat soit une victoire de la nature scandalise le vieil Horace :

> Rome n'est point sujette, ou mon fils est sans vie.
>
> (III, 6, v. 1000.)

13. Germain Poirier, *op. cit.*, p. 80.

La logique du « Meurs ou tue » de don Diègue est encore à l'honneur. Le héros d'Etat n'a plus droit en effet à la moindre parcelle de nature :

> Il est de tout son sang comptable à sa patrie.
>
> (III, 6, v. 1027.)

Tel est le paradoxe du héros : il ne naît pas pour vivre, mais pour mourir. Sa nature le prédestine au service de l'Etat, elle ne lui appartient donc pas. Si totalitarisme il y a, il est biologique avant d'être politique au sens où toute la nature doit se sacrifier à toute la patrie. Le vieil Horace va plus loin :

> J'atteste des grands Dieux les suprêmes puissances
> Qu'avant ce jour fini, ces mains, ces propres mains,
> Laveront dans son sang la honte des Romains.
>
> (III, 6, v. 1048-1050.)

En préméditant l'assassinat d'Horace, le vieil Horace justifie par avance le meurtre spontané de Camille : il n'existe aucun moyen d'échapper au parricide. Cela est dû au meurtre d'Albe par Rome. Pourquoi les familles seraient-elles à l'abri d'un « démon » (v. 286) qui frappe les Etats ? Si Rome pardonnait à son fils, comme le suggère Camille, le vieil Horace serait plus romain que Rome : il a intériorisé la morale d'Etat à un point tel qu'il peut et doit aller plus loin que l'Etat, le devoir a totalement dénaturé la nature. Si l'amour paternel a disparu, au nom de l'Etat chez le vieil Horace, à quel titre et de quel droit l'attachement filial subsisterait-il chez Camille ? On voit comment le culte de l'Etat, par ses implications immédiates autant que par ses effets pervers, provoque la subversion des valeurs de la nature. On devine comment la raison d'Etat, par des mécanismes analogues, conduira au renversement de l'ordre héroïque et au désordre politique.

Corneille utilise la double chronologie de la scène et du combat pour rétablir la vérité faussée par Julie. Valère annonce le triomphe de Rome et la mort des Curiaces. La mort du dernier Curiace ressemble étrangement à un sacrifice : le vocabulaire même de Valère en porte témoignage. Le combat fratricide dégénère en mise à mort : le dernier Curiace est sacrifié à Rome, comme un animal. L'histoire a définitivement dégradé la nature. Germain

Poirier propose ici une analyse, à notre avis fructueuse, du personnage d'Horace[14]. Entre l'honneur qui commandait de résister simultanément quitte à perdre le combat donc perdre Rome et la prudence qui invite, conformément aux leçons de l'*Ethique à Nicomaque*, à ce que Pierre Aubenque nomme « l'analyse régressive des moyens par rapport à la fin », au choix du moyen le plus efficace au meilleur moment, Horace choisit la prudence. Agissant ainsi, il s'arrache à l'animalité dans laquelle s'effondrera surtout le dernier Curiace. « La grandeur d'Horace est d'avoir, par son "action", vaincu le monstre séducteur. En lui préférant "l'intérêt suprême", il a fait son salut avec celui de Rome, il est devenu *causa suipsius*, et il a changé l'état du monde »[15]. La progression de Rodrigue à Horace est sensible : Rodrigue était un stratège, Horace est un sage. On voit ici le danger des interprétations qui ont réduit Horace au rôle de fanatique. Le récit de Valère est le portrait d'un homme doué de prudence, non d'un barbare ou d'un monstre. Horace a sacrifié, en fuyant, son honneur immédiat à l'honneur de Rome. Il a ainsi rendu à l'Etat un service allant au-delà du « Qu'il mourût ». La mort ne suffit plus. L'héroïsme n'est pas dans l'acceptation de la mort mais dans l'utilisation de cette acceptation à des fins supérieures. Ce mouvement ascendant de l'héroïsme intègre les valeurs personnelles à celles de l'Etat mais il accroît la dette de l'Etat envers le héros, la dépendance de la politique envers l'héroïsme.

Le vieil Horace exulte de joie. Il a retrouvé la « vertu digne de Rome » et le « sang digne d'Horace »; il a reconnu la « gloire » de sa « race » (v. 1143-1144). Il n'est pas certain qu'il ait pour autant compris la véritable transfiguration de son fils. Il attribue à Rome et au sang un mérite qui n'est dû qu'à Horace. Il a compris le succès d'Horace. Il n'a même pas deviné sa solitude :

> Rome triomphe d'Albe, et c'est assez pour nous.
>
> (IV, 3, v. 1177.)

C'est assez pour le vieil Horace. Ce n'est assez ni pour Camille ni pour Horace. Ce qui est un dénouement heureux pour le père

14. Germain Poirier, *op. cit.*, p. 93 sq.
15. *Ibid.*, p. 98.

est un commencement tragique pour les enfants. Preuve d'une cassure irrémédiable dans l'ordre des valeurs familiales. Lorsque le vieil Horace affirme :

> On pleure injustement des pertes domestiques
> Quand on en voit sortir des victoires publiques.
>
> (IV, 3, v. 1175-1176.)

il se trompe deux fois. En confondant l'ordre de la famille et l'ordre de l'Etat, Sabine pleurera justement ses frères (v. 1186) mais sans provoquer Rome. En ne comprenant pas que la « lâche tristesse » (v. 1191) de Camille est une affaire d'Etat, non une affaire de cœur, le vieil Horace n'a pas décelé que la douleur de Camille est plus qu'une souffrance intérieure de la nature, plus qu'une blessure de la féminité, plus qu'un étouffement de la sensibilité. Il n'a pas décelé que cette tristesse portait en elle, comme une mère porte un enfant — et précisément parce que Camille ne sera jamais mère après la mort de Curiace —, la malédiction et l'imprécation contre Rome (v. 1301-1318). Comme don Diègue n'avait pas compris le sentiment de l'amour en proposant à Rodrigue de choisir une autre maîtresse que Chimène, le vieil Horace méconnaît la nature amoureuse en suggérant à Camille de « réparer » (v. 1180) la perte de Curiace par le choix d'un Romain. Les deux pères sont en deçà de l'héroïsme cornélien. Obsédés par les exigences de la loi du sang, ils n'ont même pas soupçonné que l'amour puisse avoir ses lois : ils ne sont pas insensibles, ils sont aveugles. Leur logique du « change » repose sur une ignorance de la personne. Pour reprendre l'expression de Polyeucte, ils ne savent « pas ce que c'est qu'une femme » (v. 9).

Camille et Horace le savent. « En tuant Camille, Horace immole sa propre sensibilité qui se révolte contre les sacrifices imposés au nom de la patrie. C'est le prix que doit payer le candidat à l'héroïsme : "L'homme, dit Sénèque, ne peut même pas fournir à sa patrie un défenseur ou un champion... s'il a le penchant du plaisir." Dressée contre son père et ses appels à la raison, l'*épithymia* se heurte à la colère du *thymos* dont c'est le rôle, dit Platon, "de prendre les armes en faveur de la raison quand il s'élève une sédition dans l'âme" »[16]. Horace est donc

16. Germain Poirier, *op. cit.*, p. 100.

absous par les philosophes avant de l'être par Rome. Le parricide ne serait un scandale ni intellectuel, ni moral. Le cinquième acte est tout entier consacré au jugement d'Horace. La critique n'apprécia guère ce flot de rhétorique et ce manque d'action. Elle condamna le dénouement comme elle avait condamné le meurtre de Camille. Jacques Scherer cite une lettre de Morvan de Bellegarde : « Il y a un défaut reconnu de tout le monde dans les Horaces de M. Corneille. On peut omettre le cinquième acte sans détruire l'action principale; il renferme lui-même une action à part qui ferait le sujet d'une nouvelle pièce; or cette duplicité est toujours très vicieuse »[17]. Dans l'Examen, Corneille reconnaît l'existence d'une « action double », d'un « double péril » et estime qu'il s'agit d'un « défaut » puisque Horace tombe d'un « péril public » dans un « péril particulier ». La question mérite « examen ». Elle est décisive pour l'analyse de la tragédie politique. Ou bien en effet il faut donner raison en même temps au Corneille critique de l'Examen et aux détracteurs d'*Horace* : il n'y a ni unité d'action ni unité de péril et le cinquième acte est inutile. Ou bien il faut plaider pour le poète malgré lui : le meurtre de Camille est nécessaire pour que la victoire d'Horace soit complète et le jugement d'Horace au cinquième acte est indispensable à la double survie de l'Etat et du héros. La théorie cornélienne de l'unité d'action, telle qu'elle est exposée dans le *Discours de l'utilité et des parties du poème dramatique*, veut que l'action soit achevée lorsque le héros se trouve hors de péril. Horace a tout sacrifié à Rome. Il s'est identifié à Rome. Comment pourrait-il être hors de péril après la malédiction lancée par Camille contre Rome? Camille entend être la « seule cause » (v. 1318) du malheur de Rome. Elle demande le secours du ciel pour renforcer son imprécation. Elle se condamne donc elle-même à mort et elle le pressent. Si Horace laissait sans réaction cette malédiction, il perdrait d'un seul coup tout ce qu'il vient de gagner contre les Curiaces et contre lui-même. Si le meurtre de Camille brise l'unité de péril, ce n'est pas le cinquième acte qu'il faut condamner, ce sont les quatre précédents. Si Horace laisse sans réponse la « haine » (v. 1304) de sa sœur pour Rome, il se condamne au suicide. Camille

> Est un monstre qu'il faut étouffer en naissant.
>
> (IV, 6, v. 1334.)

17. Jacques Scherer, *op. cit.*, p. 99.

Le meurtre de Camille est un acte logique et « légitime » (v. 1332). Tant que Camille ne sera pas réduite au silence, Horace ne sera pas hors de péril. Notre conclusion est donc de préférer la logique politique de la tragédie ou la logique tragique de la politique au sentiment des doctes et de Corneille lui-même.

Les deux Horaces se retrouvent après la mort de Camille. Le jeune Horace se soumet à son père et rappelle qu'il a sacrifié sa sœur à Rome :

> Disposez de mon sang, les lois vous en font maître,
> J'ai cru devoir le sien aux lieux qui m'ont vu naître.
>
> (V, 1, v. 1419-1420.)

Horace sacrifie sa sœur à l'Etat comme il lui avait sacrifié le dernier Curiace (v. 1133). Le lien entre les deux morts est une liaison de nécessité : Horace tombe nécessairement du premier péril dans le second. Il y a bien unité de péril et ce péril est un péril d'Etat couru par Rome et par Horace, héros de Rome.

Tout est prêt pour le jugement d'Horace qui est aussi le choix de Rome. Le sort du héros et la définition de l'Etat sont indissociables. Si Rome condamne Horace, elle donne raison à Camille et se détruit. Si Rome absout Horace, le héros sera exclusivement un héros d'Etat. Les deux grandes scènes du cinquième acte ne relèvent pas d'une rhétorique sans effet : elles engagent à jamais la philosophie du héros et de l'Etat, elles engagent Corneille, sans esprit de retour, sur la voie de la tragédie politique. Valère demande à Tulle « prince légitime » qu'Horace soit jugé : « la justice et la force des lois » (v. 1470) sont placées par le ciel entre les mains des rois. Tulle, parce qu'il est « un demi-dieu » (v. 1478), un homme providentiel, accepte le procès d'Horace. Valère, amant de Camille, est ici beaucoup plus fort que don Sanche, amant de Chimène : il ne s'agit pas d'amour ou de duel, il s'agit de l'Etat. En plaidant contre Horace, Valère plaide pour un certain type d'Etat. Il parle au nom des « gens de bien » (v. 1482), souligne que la « fureur » (v. 1489) d'Horace menace la monarchie, que Rome sera l'esclave de son héros :

> Faisant triompher Rome, il se l'est asservie.
>
> (V, 2, v. 1507.)

rappelle enfin que les dieux n'accepteront pas un parricide v. 1522). Valère diminue le rôle du héros :

> Le bon destin de Rome a plus fait que son bras.
>
> (V, 2, v. 1526.)

Germain Poirier a répertorié les analogies philosophiques du discours de Valère[18] et précisé la force de ses arguments. La réponse d'Horace montre vite que ces arguments sonnent faux. Valère est « amant de la sœur » (v. 1548) : en plaidant contre Horace dont il veut flétrir la gloire (v. 1554) il plaide aussi pour venger Camille, son plaidoyer *pro Roma* est un plaidoyer *pro domo*. Horace se soumettra au jugement de Tulle mais il ne reconnaît pas à Valère le droit de le juger. Valère n'a sacrifié aucune des valeurs qu'Horace a immolées. Il n'est pas habilité à condamner Horace. Valère n'appartient pas à la communauté héroïque. Horace n'a pas à se défendre. Il est plus utile de proclamer l'héroïsme et de s'interroger sur les limites de l'acte héroïque. « La vertu tout entière » d'un « grand cœur » (v. 1556) agit plus ou moins selon les occasions et le héros, s'il s'en tient au jugement du peuple, devient une victime de la répétition :

> L'honneur des premiers faits se perd dans les seconds;
> Et quand la renommée a passé l'ordinaire,
> Si l'on n'en veut déchoir, il faut ne plus rien faire.
>
> (V, 2, v. 1570-1572.)

Le peuple a tort car il est incapable du moindre mouvement d'héroïsme mais il a aussi raison car il devine la menace que le temps fait peser sur l'héroïsme. L'héroïsme d'Horace est encore celui d'un acte, il n'est pas encore un état. En termes philosophiques, il est une qualité plus qu'un attribut. Le héros a besoin qu'une instance suprême lui donne acte de son héroïsme pour toujours. Le héros revendique la durée contre le temps, l'histoire contre la répétition, l'éternité contre l'instant. Le vieil Horace rappelle à son fils les exigences de la grandeur héroïque et politique :

> C'est aux rois, c'est aux grands, c'est aux esprits bien faits,
> A voir la vertu pleine en ses moindres effets,
> C'est d'eux seuls qu'on reçoit la véritable gloire
> Eux seuls des vrais héros assurent la mémoire.
>
> (V, 3, v. 1717-1720.)

18. Germain Poirier, *op. cit.*, p. 154 sq.

L'unité du système politique et du système héroïque s'affirme. « Le gouvernement appartient à une espèce de personnes et à elle seulement : cette aristocratie nouvelle, sociale, intellectuelle met en œuvre la « vertu ». En général, sous le nom de vertu, Corneille entend « la grandeur de courage », la ferme disposition et résolution de l'âme à rester maîtresse d'elle-même. La vertu n'est point la force nue, ni même le courage aveugle, mais la force d'âme, le serment à soi de ne jamais manquer de courage »[19]. « La véritable gloire » est un effet de cette vertu : elle donne au héros ce qu'il cherchait à conquérir en vain par la répétition d'actes héroïques, elle lui ouvre la « mémoire », la victoire sur le temps. Le vieil Horace prouve ainsi que l'héroïsme a besoin de l'histoire pour accéder à la gloire et atteindre l'éternité. Seuls les rois et les grands, par leur vertu, sont capables de conférer à l'héroïsme la gloire éternelle. Sans les rois et les grands, l'acte héroïque est inutile, condamné à la répétition plus ou moins réussie, victime de la moindre « occasion » (v. 1576). Sans l'histoire, sans l'Etat, l'héroïsme est une impasse :

> Si l'on n'en veut déchoir, il faut ne plus rien faire.
>
> (V, 3, v. 1572.)

Grâce à l'histoire, le héros passe de l'impuissance à l'ataraxie. L'héroïsme cornélien, dans ses principes, est bien une valeur politique : la grandeur du héros est une grandeur d'Etat.

Tulle va donner à cette thèse l'autorité royale. En tant que roi, il va donner au héros la gloire et la mémoire. Tulle prend acte que le meurtre de Camille est une « énorme action », une action extérieure aux lois, aux normes, qu'elle « outrage la nature » : la politique est une anti-nature. Cette concession à l'évidence est tout sauf un compromis. Elle devient même un argument. Tulle reconnaît à l'égard d'Horace, comme don Fernand envers Rodrigue, une dette d'Etat (v. 1742-1750). Cela ne règle pas le problème du parricide : celui-ci doit être reconnu parricide d'Etat. Comment ? Par une justice d'exception. Par la dissimulation. La justice d'exception repose sur une interprétation politique de la Providence. La dissimulation est un principe de

19. Octave Nadal, *op. cit.*, p. 296-297.

légitimation du pouvoir par l'obscurcissement de son origine. Le vieil Horace définissait l'héroïsme politique. Tulle définit l'utilisation politique de l'héroïsme :

> De pareils serviteurs sont les forces des rois,
> Et de pareils aussi sont au-dessus des lois.
> Qu'elles se taisent donc, que Rome dissimule
> Ce que dès sa naissance elle vit en Romule :
> Elle peut bien souffrir en son libérateur
> Ce qu'elle a bien souffert en son premier auteur.
>
> (V, 3, v. 1753-1758.)

Qu'est-ce donc que la politique sinon un double choix ? Le choix de refuser l'universalité de l'état de droit : Machiavel blâmait Rome de n'avoir pas condamné Horace en application des lois. Le choix d'accepter le second parricide comme preuve de la volonté de l'Etat d'écraser la nature. Valère s'était trompé : Rome ne voit pas, avec le meurtre de Camille, son premier parricide mais le second. En refusant simultanément l'état de droit et l'état de nature, l'humanité et l'animalité, la politique entre en scène comme une force tragique dont le seul but sera de briser l'unité de la condition humaine. Le vieil Horace avait posé les principes héroïques. Tulle apporte la solution politique. Corneille a jeté les dés.

Tout peut rentrer dans l'ordre. Horace « guerrier trop magnanime » vivra pour servir l'Etat. Le silence des lois a légitimé le crime contre la nature : le héros ne sera pas une victime d'Etat mais un esclave d'Etat. La liberté qu'Horace avait conquise se trouve aliénée à Rome : le libérateur de Rome est maintenant l'esclave de Rome. Dans cette perspective Louis Herland n'a pas tort de voir dans *Horace* « le tragique à l'état pur ».

Ce tragique est celui de la coexistence du héros et de l'Etat. Tulle a organisé le fonctionnement du régime d'exception et du secret d'Etat, du régime qui fera assassiner Suréna. Tulle a montré que la nature est le péché originel de la politique. Est-il certain que le triomphe de l'Etat soit aussi celui d'Horace ? Est-il certain qu'Horace n'a pas quitté la proie de l'héroïsme pour l'ombre de la politique même si cette ombre lui vaut d'être acquitté ? En échange d'un sacrifice total, Horace gagne un esclavage total : est-il certain, en d'autres termes, que la politique soit « un change avantageux » pour l'héroïsme ? Horace est un sujet. Auguste sera un prince. La crise a éclaté entre le héros et l'Etat. Il est temps qu'elle éclate dans l'identité héroïque de l'Etat. Ce sera l'expérience de *Cinna*.

Cinna, Octave et Auguste : des guerres civiles à l'Empire

La pièce fait apparaître une identification de la politique cornélienne à la politique romaine que Jean Schlumberger a soulignée : « On dirait qu'à l'intérieur même de *Cinna*, il évolue avec la destinée de Rome, car la pièce débute dans l'exaltation républicaine puis change peu à peu d'axe. Comme s'il obéissait à une nécessité plus forte que celle de sa tragédie, Corneille trahit ses protagonistes, il les dégrade à mesure qu'il fait grandir Auguste; et quand l'action s'achève, son cœur est tout entier du côté de l'Empereur »[20]. Cette remarque est à notre avis aussi exacte que fondamentale. Il est vrai que la politique se transforme dans *Cinna* : Rome passe des guerres civiles à l'Empire. Il est non moins vrai que ce changement politique d'une part conduit à un héroïsme allant au-delà de l'héroïsme d'Etat d'Horace, d'autre part arrache Rome au risque de la répétition tragique du parricide. La guerre n'est plus entre Albe et Rome, elle est entre Romains eux-mêmes et le meurtre d'Auguste est autant un tyrannicide qu'un parricide. La dramaturgie de *Cinna* est la mise en scène du mouvement qui enlève les personnages de la tragédie pour les conduire vers l'héroïsme. Le lien avec *Horace* semble net : l'origine de la tragédie réside dans le passé que la légitimation d'Octave sous le nom d'Auguste entend, comme le conseillait Tulle, dissimuler. Auguste veut oublier Octave. Emilie vient rappeler Octave. Ce qui était « dissimulation » au dénouement d'*Horace* devient « oubli » au dénouement de *Cinna*. Aussi est-il périlleux de limiter *Cinna* à une apologie du cardinal. L'interprétation de Jacques Maurens sur ce point n'est guère convaincante : « Par quelques maximes machiavéliques laissées sans réfutation, par l'apologie du "bon chef" *Cinna* se présente d'abord comme un témoignage sur un conformisme politique et un culte de la personnalité qui ne devraient pas déplaire au

20. Jean Schlumberger, *op. cit.*, p. 75-76.

cardinal »[21]. Le machiavélisme se trouve en fait doublement discrédité : il n'est pas efficace, il n'est pas héroïque. Il n'est pas efficace puisque la clémence politique ne calmerait pas la rébellion républicaine et que la répression l'encouragerait. Il n'est pas héroïque puisque la raison d'Etat domine Octave alors qu'Auguste domine l'Etat.

D'une manière générale, la tragédie de Corneille s'inscrit dans un climat où la littérature politique connaît une forte influence. Etienne Thuau analyse plusieurs ouvrages dont les thèmes sont fort proches de *Cinna*. Balzac évoque la condition du chef de parti : « Son autorité qui n'a pour fondement que la passion du menu peuple est bâtie sur de la boue : elle dépend de la fantaisie d'un artisan, qui croit avoir droit de lui demander raison de tout ce qu'il fait et de tout ce qu'il ne fait pas »[22]. Auguste utilisera cet argument contre Cinna. Dans *Le Ministre d'Etat*, Silhon s'interroge sur la légitimation de la tyrannie : « Ne se faisant pas d'illusion sur l'origine des empires, il affirme qu'un ordre établi par la violence (et tout pouvoir est fondé sur la violence) doit être respecté. Le péché originel du pouvoir s'efface avec le temps »[23]. En d'autres termes, Auguste légitime Octave. Machiavel lui-même plaidait pour cette théorie : « Il faut donc que l'usurpateur d'un Etat y commette en une seule fois toutes les cruautés que sa sûreté nécessite pour n'avoir pas à y revenir : c'est en ne les renouvelant pas qu'il s'assure ses nouveaux sujets et qu'il se les attache par des bienfaits »[24]. En étant libéral, Auguste s'est comporté en tyran machiavélien : or — le complot d'Emilie le prouve — il a échoué. Le succès de *Cinna* s'explique autant par des allusions politiques au ministériat que par l'excellente connaissance du sujet par un public bon connaisseur de philosophie et d'histoire. La force de conviction de la tragédie et sa force d'émotion reposent sur cette connivence exceptionnelle de Corneille avec les spectateurs.

Quelle est donc la situation politique de *Cinna* ? Le premier empereur de Rome, parvenu au pouvoir après la guerre civile, semble régner dans le calme. Le régime impérial et la personne de

21. Jacques Maurens, *op. cit.*, p. 277.
22. *In* Etienne Thuau, *op. cit.*, p. 256.
23. *Ibid.*, p. 271.
24. Machiavel, *Le Prince*, *op. cit.*, chap. VIII, p. 36.

l'empereur sont toutefois menacés par un complot dont les motivations sont pour le moins équivoques. La tragédie politique n'est pas une menace au début de *Cinna*. Elle est une réalité qui pèse autant sur les institutions que sur les personnages. Ce moment de la tragédie politique coïncide avec un temps d'absence de l'héroïsme.

Horace mettait en scène la raison d'Etat. *Cinna* introduit la raison d'intérêt. Il existe en effet, dès le début, une faille porteuse de faillite dans un complot républicain qui n'est pas au service de Rome. Les conjurés sont tous d'accord avec leurs chefs, Emilie et Cinna, mais ils ne savent pas que les principes de la conspiration sont l'amour et la vengeance. La raison d'Etat chère à Tulle devait dissimuler : Cinna et Emilie ont retenu la leçon. La politique est le masque de l'intérêt. Corneille n'est ici guère éloigné d'une affirmation de Philippe de Béthune dans *Le conseiller d'Etat* : « Raison d'Etat n'est autre que raison d'intérêt »[25]. Cinna sert sa maîtresse (v. 150), Emilie venge son père (v. 152). Pauvre Rome ! Est-ce là le résultat des sacrifices d'Horace, du meurtre de Camille ? La politique a remplacé l'histoire, le temps a fait son œuvre. Horace construisait l'avenir. Cinna s'agite dans un complot tourné vers le passé puisqu'il est d'abord une vengeance. L'Etat a subi le processus de dégénérescence qu'on pouvait craindre. L'histoire dans *Horace* était dynamique, la politique dans *Cinna* est mécanique. La harangue de Cinna aux conjurés fait apparaître les techniques d'utilisation et de dénaturation des valeurs de l'héroïsme politique à des fins partisanes. La vraie politique de la grandeur est fondée sur l'ordre naturel : Auguste le démontrera. La politique de Cinna est une manipulation des ressorts de l'héroïsme : les comploteurs ont des « desseins généreux » (v. 164). La simple affirmation sert de preuve. Il faut donc revendiquer aussitôt le secours de la Providence :

> Le ciel entre nos mains a mis le sort de Rome.
>
> (I, 3, v. 165.)

Cinna suscite un mouvement d'autolégitimation. De quel droit et à quel titre se réclame-t-il de la Providence ? Si en effet, à ce

25. *In* Thuau, *op. cit.*, p. 280.

moment de la pièce, la Providence intervient, elle le fait pour assurer le règne d'Auguste. Si l'Empire ne s'est pas effondré, si l'empereur est en vie, la Providence seule en est responsable. Elle n'a donné aucun signe qui autorise Cinna à ranger le ciel au nombre des comploteurs. Rome et Albe s'étaient déchirées pour conquérir l'univers. Aujourd'hui les Romains se combattent « pour le choix des tyrans » (v. 188). Cinna reprend le plaidoyer de Valère pour les « gens de bien » et stigmatise en même temps la multiplication des parricides en période de guerre civile. En ne condamnant pas Horace, Rome absolvait d'avance tous les parricides commis en son nom. Mais le parricide lui-même est dénaturé puisqu'il est maintenant rémunéré :

> Le fils tout dégouttant du meurtre de son père,
> Et sa tête à la main demandant son salaire.
>
> (I, 3, v. 201-202.)

ne peut guère passer pour un héritier d'Horace. Cinna omet de préciser qu'Emilie — dont Germain Poirier[26] rappelle à juste titre l'origine étymologique : « celle qui séduit » — est elle-même le salaire du complot. L'évolution d'un terme, celui de « demi-dieu », souligne l'effondrement du système des valeurs romaines : dans *Horace*, il qualifiait Tulle, dans *Cinna* il qualifie les proscrits. L'*imago dei* s'est fâcheusement dégradée. Quant à l'issue du complot, elle est le signe du désordre héroïque, de la confusion politique : Auguste sera « prince » ou « usurpateur » (v. 252), Cinna sera « parricide » ou « libérateur » (v. 251). L'échelle des valeurs dépend :

> Du succès qu'on obtient contre la tyrannie,
>
> (I, 3, v. 253.)

puisque ce succès est synonyme de « gloire » ou d' « ignominie ». L'héroïsme de Rodrigue et d'Horace ne se mesurait pas en termes de succès ou d'échec, c'est-à-dire en termes de force. L'héroïsme relevait de la grandeur. La politique dépend de la force. La réalité domine désormais la volonté : tel est l'effet le plus grave de la politique. La protase de *Cinna* fait apparaître une vision de la politique extérieure à l'univers cornélien. Cinna est un personnage intéressé : il défend les « intérêts » d'Emilie avant « la cause

26. Germain Poirier, *op. cit.*, p. 193.

publique ». Il est tout sauf un héros. Avec la politique, le double discours fait son apparition : Cinna, républicain devant les conjurés, sera monarchiste devant Auguste. Dans les deux cas sa politique sera le masque de ses intérêts amoureux.

Les doctes n'ont pas apprécié la première scène du deuxième acte. Les « maximes de la morale et de la politique » sont pourtant nécessaires : sans elles, les poèmes de Corneille seraient « estropiés », comme rappelle le poète dans le premier Discours. L'abbé d'Aubignac estime les délibérations « dangereuses sur le théâtre »[27] et fait à leur propos quatre observations. Le sujet doit être « grand, illustre et extraordinaire » : c'est le cas dans *Cinna* selon lui. Le motif doit être « pressant et nécessaire » : c'est le cas dans *Cinna*. Il faut que les raisonnements soient « produits de force d'esprit et de profonde méditation » : ce n'est pas le cas puisque « Maxime et Cinna s'expliquent par des considérations surprenantes ». Enfin, il ne faut pas que ces délibérations aient lieu « dans la chaleur et l'activité de l'intrigue » : celles de *Cinna* sont bien placées. L'abbé d'Aubignac est, sur ce point, en total accord avec Corneille théoricien : « La seule règle qu'on y peut établir, c'est qu'il les faut placer judicieusement, et surtout les mettre en la bouche de gens qui aient l'esprit sans embarras et qui ne soient point emportés par la chaleur de l'action »[28].

Quel est donc l'enjeu de la délibération politique ? Auguste envisage de renoncer à l'Empire. Quelle est la réponse de Cinna ? Notre intention n'est pas ici de proposer une analyse comparée des systèmes politiques défendus par les deux conjurés. Elle est d'une part d'examiner les liens entre ce débat de philosophie politique et la hiérarchie des valeurs héroïques, d'autre part d'éprouver, au-delà de cette controverse, les enjeux proposés à la politique. La thèse développée par Cinna est conforme aux principes de la raison étatiste et à l'esprit monarchique. Le prince n'a pas le droit de renoncer aux « grandeurs légitimes ». Auguste a changé sans attentat la forme de l'Etat : la république est devenue monarchie sans crime. Octave avait pris le pouvoir par « le droit de la guerre » : la justice de son gouvernement l'a rendu juste lui-même. La Providence — « un plus puissant démon » —

27. Abbé d'Aubignac, *op. cit.*, liv. IV, p. 283.
28. *OC*, *Discours de l'utilité et des parties du poème dramatique*, p. 823.

protège l'empereur de tout complot. Le bien du pays l'emporte sur la liberté : la démocratie provoque tumulte et sédition. Cinna devine les contradictions de la société aristocratique qui apparaissaient dans *Le Cid* :

> Ainsi la liberté ne peut plus être utile
> Qu'à former les fureurs d'une guerre civile,
> Lorsque par un désordre à l'univers fatal,
> L'un ne veut point de maître, et l'autre point d'égal.
>
> (II, 1, v. 585-588.)

Cinna marque ainsi une étape irréversible dans la construction de l'ordre historique et politique. L'Etat est menacé par l'agitation des Grands qui utilisent leur liberté à des fins subversives. Il est temps d'instaurer un système qui transcende les libertés individuelles dans un ordre héréditaire (v. 620). Le paradoxe de cette argumentation est qu'elle est vraie sans être sincère : il existe une rupture entre le texte et le personnage. L'analyse de Cinna est vraie en paroles. Auguste lui donnera d'être vraie en actes.

Maxime est sincère. Disciple de Cicéron, il met en œuvre une « prudence » politique dont Germain Poirier souligne les analogies avec la pensée de l'orateur antique[29]. Quelles sont les thèses de Maxime ? Il ne conteste pas la légitimité d'Auguste mais estime — en authentique « cornélien » — que l'empereur ne doit pas être « esclave des grandeurs » (v. 456). La gloire n'est pas dans la possession mais dans le mépris de l'empire. La vertu est de renoncer à la « grandeur suprême ». Rome est une république, les Romains haïssent la monarchie. Maxime fait même appel à la théorie des climats pour consolider son argumentation. La doctrine politique de Maxime implique un retour au passé, une restauration républicaine, une soumission à l'histoire. La politique de Maxime est fondée sur le principe d'une multiplication des libertés. Celle d'Auguste proposera une synthèse des volontés. Dans la république de Maxime comme dans la société aristocratique de don Gomès, les héros sont condamnés à se détruire mutuellement pour prouver leur héroïsme. L'intérêt de la longue délibération d'Auguste avec ses conseillers offre donc une occasion de lier les perspectives dramaturgiques, héroïques, politiques. Sur le plan dramatique, le complot permet à chaque

29. Germain Poirier, *op. cit.*, p. 207 sq.

protagoniste de s'exprimer avec plus ou moins d'hypocrisie mais aussi d'accroître l'isolement d'Auguste qui est nécessaire au succès de la conversion générale du dénouement. Sur le plan des valeurs héroïques, Corneille met en scène, pour la première fois d'une manière aussi nette, la dénaturation frauduleuse de son système : les mots de « gloire », de « grandeur », de « vertu » n'ont pas le même sens pour les deux conjurés. Sur le plan politique, la conjuration se trouve discréditée : le débat politique n'a aucun fondement héroïque, les valeurs d'Etat n'ont plus la même noblesse que dans *Horace*, la politique s'éloigne de la grandeur en se tournant vers l'intérêt. L'extrémisme de Cinna qui veut assassiner Auguste empereur pour conquérir Emilie s'oppose à la prudence de Maxime qui se satisferait d'une abdication. En réalité, Maxime et Cinna sont aussi faux l'un que l'autre. Le premier utilise la prudence contre la démesure (v. 681) mais il ne sait pas encore que l'histoire est violence. Le second utilise l'héroïsme contre la faiblesse (v. 682) mais il ne sait pas encore que la violence seule n'est pas l'histoire. Le premier est en deçà de la violence. Le second au-delà. Preuve qu'ils ne sont pas des héros. Rodrigue et Horace ne tuaient pas inutilement : leur acte meurtrier était fondateur d'un ordre nouveau. En voulant assassiner Auguste alors que l'empereur est prêt à abdiquer, Cinna envisage, par passion amoureuse, un crime politiquement inutile. En suggérant à Auguste d'abdiquer, Maxime fonde sa république sur une démission, non sur une conquête. Maxime et Cinna ignorent la politique héroïque. Leur conjuration est celle de la confusion des ordres dont Maxime prend conscience avec stupeur :

> Je pense servir Rome, et je sers mon rival.
>
> (III, 1, v. 720.)

Cette affaire d'Etat est maintenant une affaire de cœur. Le mouvement est inverse de celui d'*Horace* : on croyait que l'amour de Camille était une affaire de cœur quand il s'agissait d'une affaire d'Etat; dans *Cinna*, on croit travailler à l'avenir de Rome et on œuvre à précipiter sa maîtresse dans les bras de son rival. Le mouvement d'*Horace* était ascendant. Celui de *Cinna* est descendant, négatif.

L'entrée en scène de l'affranchi Euphorbe est le symptôme de cette dégradation. Auguste sollicitait l'avis de ses conseillers.

Maxime accepte les suggestions d'un ancien esclave : la régression politique devient une régression sociale. Euphorbe introduit une nouvelle « légitimité », celle de la vengeance et de la délation; il introduit aussi l' « artifice », technique de tromperie et de manipulation du temps (v. 782-784). Maxime ne dénoncera pas lui-même les conjurés mais il a déjà laissé trop de liberté à Euphorbe : le mal est fait. Ce mal sera un bien providentiel puisque l'accumulation des trahisons conduira Auguste à l' « oubli magnanime » mais les mauvais conseillers ne quitteront plus la scène. Euphorbe est la conséquence du mercantilisme politique : tout est à vendre dans *Cinna*, à commencer par les chefs de la conjuration. Le désordre des valeurs permet à l'ancien esclave d'avoir une influence sur l'action. Cinna est dominé par l'amour d'Emilie. Maxime soumis à sa passion pour Emilie. Emilie étouffée par la soif de vengeance. Les passions contrôlent les personnages. C'est pourquoi la grandeur est absente, la politique hypocrite, le machiavélisme prospère. La politique est tragique dans *Cinna* car elle s'infiltre dans les failles de l'héroïsme. Le désordre est la première cause du tragique politique. Si les intentions, les discours et les actes d'Emilie, Maxime et Cinna coïncidaient, si leur ambition politique commune était au seul service de Rome, s'ils étaient prêts à sacrifier leur vie pour le triomphe de leurs valeurs, un personnage tel qu'Euphorbe n'aurait plus aucune place sur la scène. Le tragique politique ne vient pas dans *Cinna* d'un abus de raison d'Etat mais d'un excès de raison d'intérêt. En restaurant l'Etat, Auguste supprimera l'intérêt. La présence d'Euphorbe montre comment la faille intérieure au système héroïque suffit à provoquer un désordre universel. La pièce cessera d'être une tragédie quand ce système aura trouvé l'ordre naturel de la grandeur.

Auguste, en apprenant successivement les trois trahisons, va construire cet ordre où les valeurs politiques seront avant tout des valeurs héroïques. Il faut en premier lieu dépasser la querelle sur la nature du régime dont Rome a besoin, démythifier la nostalgie républicaine. Qui sont les conjurés ?

> Un tas d'hommes perdus de dettes et de crimes
> Que pressent de mes lois les ordres légitimes
> Et qui, désespérant de les plus éviter,
> Si tout n'est renversé, ne sauraient subsister.

(V, 1, v. 1493-1496.)

Les héros républicains sont des criminels de droit commun. Quelle est la « politique » (v. 1502) de Cinna ? Si le descendant de Pompée entend remplacer Auguste, il se heurtera aux grandes familles de Rome. En fait Cinna n'est pas un héros parce qu'il est un être dépendant, un personnage sous influence. Cinna est soumis amoureusement à Emilie comme il dépend politiquement d'Auguste qui le lui rappelle sans fard :

> Ma faveur fait ta gloire, et ton pouvoir en vient :
> Elle seule t'élève et seule te soutient.
>
> (V, 1, v. 1527-1528.)

La gloire est une gloire de cour. Plus gravement, l'effet est séparé de la cause alors que, dans l'héroïsme, l'effet et la cause coïncident. Bref, le chef des conjurés est à l'image de ses troupes, inconsistant.

Cinna et Emilie vont faire assaut de machiavélisme devant Auguste, le premier en affirmant que sa mort mettra l'empereur en sûreté (v. 1556), la seconde en déclarant que le « crime d'Etat » est sans excuse (v. 1584). Après la provocation, les chefs du complot choisissent l'ostentation. Maxime enfin avoue la délation d'Euphorbe. Le mouvement de la pièce peut désormais s'inverser et le désordre des valeurs cesser. La passion de Cinna, la vengeance d'Emilie, la jalousie de Maxime : tel était le triptyque de la politique républicaine. Ce constat ne porte pas nécessairement condamnation de la république comme mode de gouvernement. Il fait toutefois apparaître la politique comme alibi et masque de l'intérêt. L'histoire remplace la politique. L'ordre, le désordre. La Providence impériale se substitue à la fatalité des guerres civiles. Le dénouement de *Cinna* défait la tension tragique en instaurant un ordre où les valeurs et les personnes sont à leur place. Marc Fumaroli a souligné la convergence des deux phénomènes : « Le retour à l'ordre ne peut venir que d'une double conversion à la magnanimité. Celle d'Auguste, préparée par l'âge et la sagesse, se manifestera par le signe le plus indubitable : la clémence. Celle qu'il accorde à Emilie et à Cinna est exactement celle que décrit Aristote dans l'*Ethique à Nicomaque* et après lui Sénèque dans *De clementia* : la seule vengeance du Magnanime, c'est le pardon, qui accroît encore sa créance sur ses offenseurs »[30].

30. In *Héroïsme et création littéraire...*, *op. cit.*, p. 71.

De même qu'il existe un lien entre l'ordre et l'héroïsme, de même il existait un lien entre le désordre, l'absence d'héroïsme, la tyrannie de la politique et le tragique. *Cinna* est certes une tragédie à dénouement heureux. Elle est aussi une pièce qui cesse d'être tragique au moment même où la grandeur du héros se retrouve dans celle de l'Etat, où l'avènement de l'héroïsme politique conduit à dominer le pouvoir au lieu de l'exercer.

Avec *Cinna*, l'œuvre de Corneille atteint une apogée en forme d'équilibre. Il est probable que cet équilibre correspondait à celui que souhaitaient Louis XIII et Richelieu peu de temps avant leur mort. Il est probable également que l'intervention de la Providence en faveur d'un régime fondé sur la justice et la clémence reflétait plus ou moins les exigences de l'esprit public. Mais cela ne suffit pas pour donner le sens de l'œuvre ni pour expliquer sa place dans la pensée cornélienne. Quelle est, en d'autres termes, la signification de *Cinna* après *Horace* et suffit-il d'affirmer que l'Etat-héros succédera au héros d'Etat, qu'Auguste arrache le héros de l'impasse où Horace l'avait engagé ? *Cinna* introduit un élément nouveau : le désordre, la confusion. Dans *Le Cid* et *Horace* les enjeux et les risques étaient clairs. Dans *Cinna*, au début de la pièce bien entendu, ils ne le sont pas : Corneille fait l'expérience d'une rhétorique détachée de l'héroïsme et l'essai d'une politique au service des intérêts particuliers. Le temps n'est plus une libération mais une entrave, une usure. Certes Auguste, éclairé par le ciel, triomphe, mais ce triomphe n'est peut-être qu'un succès, au sens où le succès n'est que le contraire d'un échec. Auguste sort vainqueur de l'épreuve tragique du pouvoir : il domine l'Etat au lieu d'y être asservi. Auguste change l'Etat et les cœurs, mais ce qui a subi un changement dans un sens peut subir un changement dans un autre sens. L'oubli d'Auguste est plus grand que la dissimulation de Tulle mais il n'en est aussi qu'une variante. C'est en vain qu'Auguste prospère, la politique est déjà née dans l'Empire. Que se passerait-il si l'empereur n'était pas un héros, si le héros s'identifiait à un système de valeurs défiant l'Etat ? Rodrigue, Horace, Auguste étaient les étapes d'une identification progressive du héros à l'Etat et à l'histoire. *Polyeucte* sera l'épreuve d'une rupture brutale entre un héros au-delà du temps et un Etat en deçà de l'histoire. Comme Horace avait fondé Rome, Auguste fondait l'Empire.

Avec *Polyeucte*, vient la période de Décie et Félix : l'heure n'est plus aux fondateurs mais aux fonctionnaires. L'héroïsme, création continuée, pouvait s'identifier à un mouvement de genèse de l'Etat. Il ne saurait se reconnaître dans la gestion d'une carrière. Après *Horace* et *Cinna*, l'Etat était parvenu à dominer la nature puis l'histoire. Avec *Polyeucte*, il se heurte à la transfiguration de la nature et de l'histoire, au surnaturel : l'Etat n'est plus menacé comme dans *Cinna*, il est nié. Cinna était un factieux sans être un héros. Polyeucte sera un héros sans être un factieux.

Félix : « Je l'abandonne aux lois qu'il faut que je respecte »

Rome n'est plus Rome. Tulle imposait silence aux lois pour sauver Horace de la mort. Félix « abandonne » Polyeucte aux lois qui le condamnent à mort. L'illégalité d'Etat sauvait Horace. La légalité d'Etat tue Polyeucte. Il est révélateur que Georges Couton, dans une étude consacrée à *La pensée politique de Pierre Corneille* passe directement de *Cinna* à *La Mort de Pompée*, comme si *Polyeucte* était rebelle à l'interprétation allégorique, comme si la confrontation du théâtre avec Dieu enlevait son rôle à la réflexion historique ou politique[31]. *Polyeucte*, en effet, représente en même temps une apothéose et une rupture. Une apothéose puisque les valeurs temporelles du « cornélien » se transfigurent dans une perspective surnaturelle. Une rupture puisque, pour la première fois depuis *Le Cid*, le héros et l'Etat ne sont pas dans le même camp.

Il convient de ne pas isoler *Polyeucte* de l'œuvre cornélienne dans son ensemble. André Stegmann insiste sur ce point : « On aperçoit clairement la continuité des lectures de Corneille de 1641 à 1645. C'est l'étape décisive de la genèse de toute l'œuvre future de Corneille. Pour *Polyeucte*, il relit et peut-être découvre l'*Histoire romaine* de Coëffeteau... Il poursuivra ensuite son enquête vers le Bas-Empire et découvrira Baronius, Paul Diacre, Jornandès qui lui fourniront *Héraclius*, *Perthardite*, *Attila* et *Pulchérie* »[32]. La progression de *Cinna* à *Polyeucte* est réelle : Livie prophétisait

31. *Corneille*, *Europe*, *op. cit.*, p. 64-65.
32. André Stegmann, *op. cit.*, t. I, p. 92.

une élévation ultérieure au rang des immortels. Ici, c'est dans la pièce même que Polyeucte atteint le ciel et y entraîne les autres personnages. « Il y a donc perfectionnement et amplification de l'effet et de l'émotion : le sublime monte ici jusqu'à un sentiment de la présence divine »[33]. Cela n'est pas inexact mais il ne faut pas oublier la mort de Polyeucte, preuve que la victoire du héros n'appartient déjà plus au domaine de l'histoire. Jacques Maurens mesure le risque d'amputer la tragédie en limitant son interprétation et souligne la nécessité de proposer « deux niveaux de signification » : « Une vision providentielle du monde subordonne le salut de l'Etat à "l'établissement du règne de Dieu" ; c'est elle qui justifie le geste et l'attitude de Polyeucte. Mais elle est corrigée ou tempérée par une sagesse politique qui, dans une monarchie chrétienne, conseille de sacrifier à l'intérêt de l'Etat et à des raisons d'humanité l'obligation "d'établir le vrai culte de Dieu". Ce compromis était bien dans l'esprit du néo-stoïcisme »[34]. Encore faut-il démontrer que *Polyeucte* est un compromis, que la mort du héros peut être un compromis. La critique n'est pas démunie pour proposer une interprétation de la pièce. Ou bien *Polyeucte* représente une anomalie dans le mouvement de la création chez Corneille et il faut expliquer pourquoi le poète choisit la tragédie chrétienne afin d'échapper à la logique des pièces précédentes. Ou bien *Polyeucte* s'inscrit dans une cohérence générale et il faut expliquer l'irruption de la religion dont la première conséquence est la confrontation du héros avec l'Etat. *Polyeucte* relève-t-elle ou non d'une interprétation susceptible d'analyser en fonction des mêmes critères la tragédie historique, la tragédie politique et la tragédie religieuse ?

Existe-t-il, en d'autres termes, une situation politique de *Polyeucte* même si l'enjeu de la tragédie ne semble pas être d'abord d'ordre politique ? Dès la première scène, le christianisme est présenté comme un « crime d'Etat », s'il est vrai :

> Qu'on croit servir l'Etat quand on nous persécute.
>
> (I, 1, v. 81.)

L'anonymat redoublé (deux « on ») souligne la force de l'illusion politique : Horace, le héros Horace, servait l'Etat, l'héroïsme

33. Marie-Odile Sweetser, *op. cit.*, p. 125.
34. Jacques Maurens, *op. cit.*, p. 294.

politique était l'expression d'une volonté personnelle. Désormais le service de l'Etat ne relève plus de la certitude, mais de la croyance, voire de la crédulité. Dans *Horace*, le héros servait l'Etat. Dans *Polyeucte*, « on » sert l'Etat en persécutant le héros. Stratonice donnera corps à cette intuition de Néarque :

> C'est l'ennemi commun de l'Etat et des Dieux,
> Un méchant, un infâme, un rebelle, un perfide,
> Un traître, un scélérat, un lâche, un parricide,
> Une peste exécrable à tous les gens de bien,
> Un sacrilège impie, en un mot, un chrétien.
>
> (III, 1, v. 780-784.)

L'appel et la référence aux « gens de bien » évoquent le plaidoyer de Valère contre Horace. Les notions de rébellion, de trahison, de parricide soulignent que Polyeucte est d'abord un criminel d'Etat, une victime de la raison d'Etat. La construction du système des valeurs héroïques n'est plus parallèle à la construction des valeurs d'Etat. Rodrigue, en accédant à l'héroïsme, œuvrait pour la Castille. Horace et Auguste étaient au service de Rome. La genèse du héros coïncidait avec la genèse de l'ordre politique. L'Etat prolongeait l'action du héros qui lui-même s'identifiait à l'Etat. L'Etat reconnaissait le héros sacrificiel puisque le sacrifice était un sacrifice d'Etat. Polyeucte est un héros sacrificiel mais l'Etat ne le reconnaît pas puisque Polyeucte ne reconnaît pas l'Etat comme finalité. Polyeucte, héros cornélien et chrétien, reconnaît l'Etat dans l'ordre temporel de l'histoire mais il nie la moindre valeur à l'Etat dans l'ordre surnaturel. Le héros ne peut plus s'identifier ni à l'histoire ni à l'Etat puisque l'histoire et l'Etat sont en deçà de l'héroïsme. La rupture entre l'héroïsme et l'Etat marque en fait une rupture intérieure à l'héroïsme. Le héros croyait à tort que les contradictions de la nature pouvaient se résoudre dans l'histoire, que le temps était un espace de conciliation. Il découvre, avec le christianisme, que seul le dépassement de la nature et de l'histoire permet de résoudre, par une conversion, par un changement d'ordre, les contradictions dont Auguste lui-même était victime. Polyeucte, héros chrétien, apprend que le sens de la nature n'est pas dans la nature, que la signification de l'histoire n'est pas dans l'histoire, que la vérité de l'Etat n'est pas dans l'Etat. *Cinna* était une tragédie de la confusion. *Polyeucte* est une tragédie de la conversion. L'ordre des valeurs héroïques ne s'exprime plus dans l'Etat, mais hors de l'Etat. Les rois-juges, don Fernand et Tulle, sauvaient Rodrigue et Horace des périls du solipsisme héroïque. La Providence sauvait Auguste du solipsisme monarchique. Mais l'héroïsme restait soumis aux limites de l'homme. Avec *Polyeucte*, il dépasse ces limites et, en les dépassant, il se heurte à l'Etat, limite historique de l'homme.

L'Etat lui-même a changé depuis *Horace* et *Cinna*. Il ne s'agit plus de fonder Rome contre Albe, d'instaurer l'Empire contre la République. Il s'agit désormais de gérer : Décie et Félix succèdent à Auguste. Certes le chevalier romain, Sévère, assure la continuité de la grandeur romaine mais il est « le favori de l'empereur Décie » (v. 270). Auguste était héros et prince, Sévère est le héros du prince. Ce n'est pas tout à fait la même chose. Décie est politiquement faible. Il a besoin de son favori comme Félix a besoin de son gendre. L'empereur et son gouverneur détiennent le pouvoir mais ils ne sont pas autonomes. Sévère est plus puissant que son maître :

> Lui seul rétablit l'ordre et gagne la victoire.
>
> (I, 4, v. 310.)

De même Félix qui a choisi Polyeucte pour consolider son autorité a maintenant besoin de Sévère pour conserver la faveur de Décie. Avec Félix, la politique de la médiocrité entre en scène. Félix utilise Pauline, utilise les valeurs amoureuses pour les asservir aux réalités politiques. Lorsqu'il dit à sa fille :

> Ménage en ma faveur l'amour qui le possède,
>
> (I, 4, v. 337.)

il commet la même faute de confusion des ordres qu'Emilie et Cinna. Emilie utilisait l'amour de Cinna à des fins politiques. Félix utilise l'amour de Pauline à des fins personnelles. Une fois encore, la politique intervient comme une anti-nature. Si Pauline refuse d'accéder aux demandes de Félix, elle trahit son père et toute la famille (v. 350). La règle du « change » a triomphé : la politique de Félix repose sur le caractère interchangeable des personnes selon les circonstances. Cette politique est bien entendu au service des intérêts de Félix.

Sévère brise cette logique de l'intérêt. Il a les moyens de contraindre Félix à lui donner Pauline mais il ne succombe pas à la tentation de la confusion des ordres. Félix utilise le pouvoir paternel et politique pour contraindre Pauline. Sévère refuse d'utiliser le pouvoir politique pour séduire Pauline :

> Car je voudrais mourir plutôt que d'abuser
> Des lettres de faveur que j'ai pour l'épouser.
>
> (II, 1, v. 379-380.

Sévère, au dénouement, sera extérieur au mouvement général de conversion comme, pendant la pièce, il est extérieur aux pressions politiques et au risque de confusion des ordres. Sévère, amant de Pauline et héros de Rome, ne peut être sensible à la « politique » de Félix. Sévère préserve, jusqu'à la fin, un système de valeurs qui, sans reconnaître la transcendance de la conversion, refuse les abus de la raison d'Etat.

Rome est en réalité représentée par deux personnages, Sévère et Félix, qui incarnent deux visions du monde et de la politique. Le chevalier romain est l'homme de l'héroïsme politique. Le gouverneur d'Arménie est l'homme du compromis politique. Le premier appartient à l'ordre de la grandeur. Le second ne reconnaît que les rapports de force. Le premier sauverait Polyeucte au nom de la grandeur. Le second le condamnera au titre de la force. Félix ne comprend pas l'héroïsme : il imagine Polyeucte à sa propre image, c'est-à-dire lâche devant la mort. Le héros suscite l'admiration. Le médiocre invoque la ressemblance. Félix emploie un vocabulaire qui ne correspond pas à son système de valeurs : il évoque l'amour paternel alors qu'il est sous l'emprise de l'amour-propre, il affirme que Polyeucte détient sa grâce, qu'il peut l'achever (v. 907-908) sans même deviner l'existence d'une grâce autre que mondaine. Enfin, à court de raisons, il met en avant la raison d'Etat : Polyeucte est un « rebelle » (v. 921). C'est sans doute ici que se produit la rupture tragique dans le mouvement ascendant de l'héroïsme. Lorsque Cinna était rebelle, il n'était pas héroïque. Lorsqu'il devint héroïque, il cessa d'être rebelle. Polyeucte est un héros en même temps qu'il est un rebelle et pour les mêmes raisons. La construction de l'héroïsme ne peut s'achever que si la nature et l'histoire sont simultanément condamnées, en tant que valeurs mondaines : Pauline et Rome doivent être abandonnées par Polyeucte. Le héros n'est pas déloyal pour autant, mais sa loyauté est d'un autre ordre.

Polyeucte refusera d'être idolâtre et chrétien. Félix souligne l'impossibilité du compromis en matière politique :

> Je regarde sa faute et ne vois plus son rang.
> Quand le crime d'Etat se mêle au sacrilège,
> Le sang ni l'amitié n'ont plus de privilège.

(III, 3, v. 924-926.)

La maxime de Félix surprend d'autant plus qu'il a lui-même imposé Polyeucte à Pauline pour des raisons politiques : une politique défait ce qu'avait fait une autre politique. L'ordre naturel et social — le « rang » et l' « amitié » — se trouve bouleversé au nom de l'équilibre politique. La famille elle-même se trouve dévaluée :

> Les Dieux et l'Empereur sont plus que ma famille.

(III, 3, v. 930.)

Horace avait sacrifié sa famille à l'Etat : il avait accompli cet acte exceptionnel par courage. Félix sacrifie sa famille par peur :

> J'ai les Dieux et Décie ensemble à redouter.

(III, 3, v. 932.)

La menace politique que fait peser Félix sur sa famille est un effet de sa peur : la politique cesse d'appartenir à l'ordre de la grandeur quand la peur se substitue au courage, à la force d'âme, à la vertu. Félix pense à sa « charge » et à sa « vie » (v. 1018). Il refuse de dissimuler « un crime domestique » (v. 1026), dans la crainte que la clémence envers Polyeucte n'encourage les chrétiens.

Félix n'est pas encore au sommet de la médiocrité. Il va l'atteindre bientôt. De même qu'il ne comprenait pas le christianisme de Polyeucte, il est rebelle à la vertu de Sévère : il croit que la mort de son gendre rapprochera les anciens amants et il en tire la conclusion d'un nouveau « plan de carrière » personnel. La politique l'avait conduit à choisir Polyeucte pour gendre puis à le condamner. La politique le conduit à refuser Sévère pour gendre puis à le rechercher. La politique est le masque d'Etat de l'intérêt, de l'ambition, de l'amour-propre :

> Te dirai-je un penser indigne, bas et lâche ?
> Je l'étouffe, il renaît; il me flatte et me fâche.
> L'ambition toujours me le vient présenter,
> Et tout ce que je puis, c'est de le détester.

Polyeucte est ici l'appui de ma famille,
Mais si par son trépas l'autre épousait ma fille,
J'acquerrais bien par là de plus puissants appuis,
Qui me mettraient plus haut cent fois que je ne suis.

(III, 5, v. 1049-1056.)

La mesure des valeurs n'est plus la grandeur mais la hauteur. Tout se mesure en termes de succès et de réussite. Sévère est utilisé pour sa fonction, non pour sa personne : il est « l'autre ». On est passé de la grandeur politique à la carrière politique. Les valeurs et les personnes ne comptent plus par elles-mêmes. Elles comptent en fonction de leur emplacement ou des circonstances. Quant à la raison d'Etat, elle s'enfonce dans le secret d'Etat :

Allons, et s'il persiste à demeurer chrétien,
Nous en disposerons sans qu'elle en sache rien.

(III, 5, v. 1079-1080.)

Félix utilise tous les ressorts politiques de la raison d'Etat pour les mettre au service de la raison d'intérêt. Ce qu'Horace et Tulle faisaient pour Rome, Félix l'utilise pour lui-même. Horace avait construit Rome, il vivait pour servir l'Etat. Polyeucte meurt victime de Rome et de la politique romaine.

Corneille ne laisse pas Félix seul. Il met en scène le personnage de Sévère — où Germain Poirier voit, après Valère et Maxime, une troisième figure de la « prudence »[35]. La politique de Sévère est noble parce que l'âme de Sévère est noble. Corneille souligne les deux moments qui animent l'intervention de Sévère. Il reconquiert d'abord toute sa gloire pour être l'égal de Pauline (v. 1391-1394). Il s'interroge ensuite sur l'hostilité de Rome au christianisme (v. 1411-1443) : il s'étonne de la multiplicité métamorphique des dieux païens, il reconnaît la puissance et l'unité du Dieu chrétien, il rappelle que les chrétiens, à la guerre, ne sont jamais « mutins », jamais « rebelles » (v. 1439) :

Nos princes ont-ils eu des soldats plus fidèles ?

(IV, 6, v. 1440.)

Sévère détruit l'argumentation politique de Félix : la raison d'Etat ne peut être invoquée pour condamner les chrétiens qui rendent à César ce qui est à César avant de rendre à Dieu ce qui

35. Germain Poirier, *op. cit.*, p. 265 sq.

est à Dieu. Confondant lui-même les ordres de l'Etat et de l'intérêt, Félix avait aussi confondu les ordres de l'Etat et de la religion en accusant à tort les chrétiens. Sévère veut prouver, en plaidant pour Polyeucte devant Félix, qu'il était digne de Pauline, que « l'ordre des cieux » lui avait été injurieux en la lui refusant. De même « l'ordre des cieux » est injurieux envers les chrétiens : Rome doit faire un effort de grandeur en cessant de les poursuivre comme Sévère faisait un effort de gloire en s'égalant à Pauline. La conversion, comme dans *Cinna*, n'a de sens que si elle est totale. Dans *Polyeucte* aussi, cette conversion change et l'Etat et les cœurs. Cependant, la politique de Sévère va échouer devant la politique de Félix : la grandeur va échouer devant la force. La conversion, dans *Cinna*, avait lieu parce qu'Auguste ne mourait pas et que les conjurés n'étaient pas exécutés. La conversion, dans *Polyeucte*, a lieu parce que Polyeucte meurt. Cinna était le témoin de la grandeur de Rome. Polyeucte sera le martyr de la politique romaine.

Félix, en effet, répond par le machiavélisme à la générosité de Sévère. Le « père rigoureux » (v. 1450) ne reconnaît pas le « rival généreux » (v. 1449). Il croit discerner le « cœur » de la « mine » (v. 1451) mais, son propre cœur étant une mine, il manque cruellement de discernement. Félix n'est pas un « cornélien » parce qu'il ne sait plus voir. Félix soupçonne Sévère d'« artifice » (v. 1458) comme Euphorbe conseillait à Maxime d'y recourir (v. 782). Lorsque les yeux de la nature ne répondent plus, la nature elle-même est muette : elle laisse la place à l'artifice. L'*homo politicus* est un *homo artifex* plus qu'un *homo naturalis*. La dimension historique et temporelle disparaît avec la dimension naturelle. Rodrigue, Horace, Auguste combattaient pour dominer le temps et l'histoire. Polyeucte mourra victime d'un courtisan. La politique ne se déploie plus dans le temps. Elle s'agite dans l'espace d'une cour. La politique remplace l'histoire comme la cour est l'espace de l'Etat. *La Mort de Pompée* mettra en scène, ainsi que Corneille le rappelle dans la Dédicace à Mazarin, « la mauvaise politique de la cour d'Egypte ». Félix est déjà un homme de cour qui connaît son métier :

> Je sais des gens de cour quelle est la politique,
> J'en connais mieux que lui la plus fine pratique.
>
> (V, 1, v. 1459-1460.)

La politique de Sévère est une manifestation de la gloire, une exigence de la vertu, une expression de l'héroïsme. La politique de Félix est un calcul de cour. Un calcul faux : le machiavélisme se condamne lui-même par manque d'efficacité. C'est parce que Félix est incapable du moindre mouvement d'héroïsme que sa politique échouera. Limité à l'agitation d'une cour, son esprit est aveugle aux rayons de la Providence. Il ne reconnaît, il n'authentifie ni la vraie grandeur de Sévère, chevalier romain, parfait amant, rival généreux, ni la vraie grandeur de Rome, de la Rome qui sera chrétienne. La « haute science » de Félix « pour subsister en cour » (v. 1472) ne lui sera d'aucune utilité : la politique est une infirmité mais elle est meurtrière. Polyeucte ne peut se sauver lui-même : il a besion d'un « protecteur » (v. 1477). Ce mot réapparaîtra dans *Othon* (v. 56) pour souligner la faiblesse du héros devant les politiques et les courtisans. Certes le protecteur de Polyeucte est lui-même un personnage héroïque mais Polyeucte n'a pas les moyens de se défendre et de combattre lui-même. En se sacrifiant à l'Etat, le héros cornélien s'est peu à peu désarmé et la grandeur de sa personne ne pourra rien contre la force de l'Etat. Polyeucte a la grandeur sans la force. Félix a la force sans la grandeur. Sévère n'aura la grandeur et la force qu'après la mort de Polyeucte. Tel est le champ de la tragédie politique. Telle est la signification du caractère tragique de la politique.

Albin, confident de Félix, ne manque pas d'insister sur la fâcheuse situation du gouverneur d'Arménie qui se trouve en même temps faible et isolé :

> Tout vous nuit, tout vous perd, tout vous fait de l'ombrage.
>
> (V, 1, v. 1503.)

Champion de la dissimulation, Félix demande à Polyeucte de dissimuler (v. 1545). La politique est la contagion du mensonge. Dans une cour, aucun courtisan ne pense ce qu'il dit, ne dit ce qu'il pense : les valeurs de la vérité se dissolvent dans une parole universellement mensongère dont *Héraclius* mettra en scène les effets meurtriers. Le héros a un visage. La politique a un masque. La raison d'Etat chez Tulle imposait la dissimulation au nom de Rome. Félix conserve le moyen en oubliant la fin : il ment sans servir Rome mais pour se servir lui-même. La dissimulation sauvait Horace. Elle condamnera Polyeucte. Le héros n'a plus sa place dans un monde où le mensonge introduit une corrosion régressive des valeurs, un « sucre empoisonné » (v. 1548). A l'ultime moment, Félix se joindra à Pauline pour tenter de sauver son gendre et semblera sincère mais les jeux seront faits : Polyeucte et le gouverneur d'Arménie ne seront pas dans la même cour. Félix lui-même donne l'ordre aux soldats d'exécuter leur mission. C'est bien la politique qui condamne l'héroïsme.

Corneille a dévalué la politique. Il lui faut désormais sauver Rome. La mort de Polyeucte fonde la Rome chrétienne et Sévère ouvre la transition providentielle. Le système des valeurs cornélien se remet en place : c'est parce qu'il est un « père dénaturé » que Félix est un « malheureux politique » (v. 1747). La politique selon le cœur de Corneille est une politique naturelle : la grandeur du héros et de l'Etat puise son origine dans la nature. Le poète n'a pas souligné sans raison, au dénouement de sa première tragédie chrétienne, le lien entre la nature et la politique. La politique naturelle de Sévère reposait sur le pardon de Félix à son gendre puis sur le pardon de Rome aux chrétiens. Cette politique naturelle a sans doute la préférence de Corneille mais elle a politiquement échoué puisque Polyeucte est mort. Auguste triomphait dans Rome. La gloire de Polyeucte est hors de Rome. Ayant sauvé Rome grâce à Sévère, Corneille entend aussi sauver Félix. Robert Brasillach plaide que le christianisme absolu de la pièce explique cette conversion du gouverneur d'Arménie qui serait une faute de Corneille. « *Polyeucte* est à ce point placé sous l'influence rayonnante de la grâce que nous lui devons la seule faute dramatique de l'ouvrage : la conversion vraiment inattendue du vieux renard Félix »[36]. Cette conversion n'est pas, à notre avis, une faute mais l'effet dramatique d'un changement d'ordre. Jusqu'à la mort de Polyeucte, la grandeur cédait devant la force. Après l'exécution du martyr, la force cède devant la grandeur. Il n'est pas nécessaire que Sévère se convertisse, il est nécessaire que Félix se convertisse pour que la politique change réellement. Il faut que Félix et Décie changent pour

36. Robert Brasillach, *op. cit.*, p. 163.

changer leur politique. Ce changement dans l'ordre de l'histoire est aussi un changement dans l'ordre de la nature dont Pauline se réjouit :

> Qu'heureusement enfin je retrouve mon père !
> Cet heureux changement rend mon bonheur parfait.
>
> (V, 6, v. 1784-1785.)

Félix et sa fille connaissent la félicité grâce à la double conversion. Félix sera le « protecteur » (v. 1801) et non le « persécuteur » (v. 1802) des chrétiens, à la demande même de Sévère. La conversion de Félix n'est pas une faute de Corneille. Elle est indispensable à la genèse du nouvel ordre politique et religieux. Les « tristes dignités » (v. 1750-1767), symboles du pouvoir, se trouvent réhabilitées au nom d'un ordre extérieur aux règles du pouvoir. Sévère le conseille à Félix qui devient un instrument du nouveau régime, la Rome chrétienne :

> Gardez votre pouvoir, reprenez en la marque,
> Servez-bien votre Dieu, servez votre monarque.
>
> (V, 6, v. 1803-1804.)

Si Félix n'était pas chrétien, il ne pourrait servir la nouvelle Rome et le sacrifice de Polyeucte serait inutile. Parallèlement au sens religieux, la conversion de Félix prend donc une signification politique. L'annonce providentielle par Sévère du changement de Décie correspond à la prophétie de Livie. La tragédie du héros chrétien est l'acte fondateur de l'Etat chrétien. Désormais, la raison d'Etat est la « sœur cadette » de la religion pour reprendre une expression de Claude Vaure dans *L'Etat chrétien*[37]. Etienne Thuau insiste sur l'importance de cet argument dans la bataille contre Machiavel. « Ayant opposé l'ordre de la Providence divine aux désordres des Politiques, Vaure rappelle que « la plus grande malédiction qui saurait arriver à un royaume est la guerre intestine de ces deux sœurs, la Religion et la Raison d'Etat »[38]. Selon les politiques chrétiennes, le désordre est un effet de la négation par la raison d'Etat de l'ordre providentiel et de la hiérarchie naturelle des êtres.

Polyeucte achève ainsi la double genèse du héros et de l'Etat. Mais cet achèvement intervient après deux exécutions politiques,

37. *In* Etienne Thuau, *op. cit.*, p. 74.
38. *Ibid.*, p. 115.

celles de Néarque et Polyeucte. Le héros triomphe de la nature et de l'histoire, mais il meurt dans la nature et dans l'histoire. Pour la première fois, Corneille a dramatisé la mise à mort du héros par l'Etat. Que se passerait-il, pour le héros et pour l'Etat, si elle était aussi nécessaire à l'Etat qu'inutile à l'héroïsme ? Le héros, en mourant, rend à l'Etat l'ultime service de le convertir. Horace vivait pour servir l'Etat. Polyeucte meurt pour changer l'Etat. Les valeurs héroïques de Rome prolongeaient les valeurs héroïques d'Horace comme le christianisme prolonge l'héroïsme de Polyeucte. Ce prolongement, signe momentané du succès, est aussi le symptôme profond des menaces qui pèsent sur l'héroïsme. Horace est sauvé par l'Etat qui exécute Polyeucte. Polyeucte est sauvé par un ordre surnaturel qui interdit au héros toute survie dans l'ordre naturel. « Avec *Horace*, *Cinna* et *Polyeucte*, Corneille a épuisé toutes les possibilités d'une "tragédie du héros" »[39]. La tragédie du héros, de Rodrigue à Polyeucte, est d'être sauvé par ce qui le condamnera. La tragédie du héros, ou plutôt la condition tragique du héros, est de se construire puis de s'éprouver au nom d'un système de valeurs qui s'enracine dans la nature et l'histoire tout en niant les limites de la nature et de l'histoire. Seul l'Etat peut sauver le héros de cette impasse. Seul l'Etat fera disparaître le héros qui est son origine. Le héros n'est pas seulement à l'origine de l'Etat, il est l'origine de l'Etat. La recherche de l'absolu, sa tentation de la démesure, sa passion de la gloire le conduisent de plus en plus à tout sacrifier à l'Etat : Polyeucte lui-même se sacrifie, sans le savoir, à la genèse de l'Etat chrétien. L'Etat ne sera lui-même que lorsqu'il aura tué son origine comme Rome avait détruit Albe. C'est pourquoi *La Mort de Pompée* s'ouvrira par une scène exclusivement politique dont le seul ordre du jour sera l'assassinat du héros. Jusqu'à *Polyeucte*, la genèse simultanée du héros et de l'Etat convergeait vers un héroïsme politique de la grandeur sanctionné par la Providence. Désormais, la mort du héros est immédiatement une nécessité d'Etat; le héros, qui a tout sacrifié à l'Etat, est maintenant trop faible pour lui résister. Pompée en fera, le premier, la triste expérience. Le héros a construit l'ordre de l'Etat; il va subir le désordre de la politique.

39. André Stegmann, *op. cit.*, t. II, p. 419.

4

L'héroïsme et les conditions de la tragédie politique

Péguy n'insistait pas sans raison sur la définition des personnages de Corneille comme ceux d'une « famille liée ». Cette unité est aussi celle d'une œuvre qui se développe et s'éprouve dans la mise en scène de situations et de caractères qui se répondent. Cette unité est enfin la marque d'une connivence entre Corneille et son public : qu'il s'agisse de politique, de morale ou de spiritualité, le dramaturge et les spectateurs ont les mêmes sources, les mêmes convictions, les mêmes inquiétudes. Cette connivence est une complicité de sensibilité plus qu'une cohérence de doctrine. La mort presque simultanée de Louis XIII et Richelieu, le long ministériat de Mazarin et la Fronde, l'évolution de la société politique provoqueront, pour diverses raisons, une rupture du climat qui avait porté la renaissance de la tragédie. Il ne faut pas pour autant systématiser à l'excès l'unité des quatre chefs-d'œuvre. A cet égard, la conclusion de Jacques Maurens nous semble exagérer le modèle philosophique au détriment de la création littéraire : « Son effort, du *Cid* à *Polyeucte*, ne va qu'à figurer dramatiquement l'idée néo-stoïcienne de la générosité »[1]. Ainsi Georges Couton trace-t-il les limites d'une critique qui accorderait trop d'importance au contexte historique : « Si cette pensée politique, très accordée avec les préoccupations et l'action de Richelieu, ne se comprend pleinement que dans le climat contemporain, en fait exaltant, elle manifeste un tel souci d'at-

1. Jacques Maurens, *op. cit.*, p. 313.

teindre au fond des problèmes qu'elle supporte d'être dépouillée de toute actualité et qu'elle acquiert une valeur permanente »[2]. Dans le même sens, Serge Doubrovsky note que « le signe de la tragédie véritable est de ne pas porter de date »[3].

Il ne suffit pas de poser comme hypothèse que le héros, la féminité et l'Etat sont les épreuves et les moments fondateurs du monde cornélien. Il ne suffit pas de construire un jeu d'échos entre les personnages et les situations pour expliquer la genèse d'un ordre nouveau. Il faut sans doute également se demander quel peut être le sens ultime de la volonté créatrice qui a guidé Corneille depuis *Le Cid*. Il nous semble possible, après l'examen des quatre premières pièces, de proposer un schéma d'interprétation capable d'intégrer l'ensemble des valeurs que le poète a mises en scène et d'expliquer la naissance, dans un univers héroïque, de la tragédie politique. Corneille a dramatisé deux ordres, celui du héros et celui de l'Etat. Il a défini méthodiquement les exigences et les impasses de l'un et de l'autre. En traçant les contours de l'héroïsme, il a découvert les frontières de la politique. La politique, chez Corneille, au sens que les mathématiciens donnent à ces termes, n'est pas un postulat mais un corollaire. C'est le mouvement propre de l'héroïsme vers la grandeur qui crée l'Etat. En ce sens, si Corneille parvient à une vision tragique du monde par la mise en scène de la construction du héros, cette vision est une certitude élaborée plus qu'une évidence subie. La tragédie politique est une conséquence logique de la croissance de l'héroïsme. Les valeurs constitutives de l'héroïsme, par leur développement dans la nature et dans l'histoire, suscitent la création d'un autre système de valeurs qui paraît prolonger l'héroïsme et qui, en réalité, le menace déjà de mort. « Le héros tragique expose dans le vif et en prenant les risques suprêmes, jusqu'aux conséquences dernières, cette proposition qu'ailleurs nous vérifions de l'extérieur, et dans l'histoire, et à l'aide de l'histoire, de l'histoire publique et de cette histoire privée dont la psychanalyse tente de constituer le spectre, au sens physique du mot : « Toute action entraîne dans le monde des conséquences dont l'agent ne s'était pas douté »[4]. Cette analyse de Jules Mon-

2. Georges Couton, *Corneille*, *op. cit.*, p. 95-96.
3. Serge Doubrovsky, *op. cit.*, p. 30.
4. Jules Monnerot, *Les lois du tragique*, Paris, PUF, 1969, p. 5.

nerot qui fait de l'hétérotélie la caractéristique du personnage tragique offre, à notre sens, l'intérêt de montrer comment le héros peut voir ses actes lui échapper. Si l'Etat est une créature du héros avant d'être une entité qui échappe à son créateur, l'héroïsme devient tragique en se construisant. La tragédie n'est pas donnée chez Corneille : elle est construite à défaut d'être voulue. « L'individu que nous sommes est, à l'état actif, une limitation toujours en train de se limiter. Ce qu'on appelle le plus communément liberté est le choix de la deuxième limitation à l'intérieur de la nécessité de la première »[5]. L'héroïsme devient tragique parce qu'il est paradoxal. Le paradoxe du héros est de vouloir contrôler le temps, la nature et l'histoire sans quitter le temps, la nature ni l'histoire. Polyeucte paiera ce paradoxe de sa vie car le temps, la nature et l'histoire auront construit l'Etat, synthèse humaine des valeurs de l'héroïsme. Avec *Le Cid*, *Horace*, *Cinna*, *Polyeucte*, Corneille met en scène le conflit entre la genèse de l'héroïsme et la naissance de l'Etat, entre la liberté et une nécessité issue de la liberté.

Les valeurs de l'héroïsme

Le héros est une personne avant d'être un personnage. En tant que personne, il s'inscrit dans une nature qui le soumet aux lois du sang et aux lois de l'amour : être de chair et de sang, il est un fils avant d'être un amant, une fille avant d'être une maîtresse. En tant que personnage, il s'implique dans une histoire qui le soumet aux lois du temps : être de pouvoir, il est un prince ou un sujet. La première tâche du héros sera de comprendre que le passé n'est pas nécessairement un passif, qu'être fils de don Diègue ou fille de don Gomès est une chance plus qu'une chaîne, une occasion de liberté plus qu'un risque d'esclavage. La seconde tâche du héros sera de découvrir que la création est une création continuée, que l'avenir est aussi une succession d'instants, que la séduction du pouvoir est plus dangereuse pour sa liberté que ne l'étaient, pour Alidor, les charmes d'Angélique. Ainsi, du *Cid* à *Polyeucte*, la disparition totale du thème de la vengeance témoigne-

5. Jules Monnerot, *op. cit.*, p. 18.

t-elle en faveur d'une authentique libération du héros à l'égard de son passé. Ainsi, du *Cid* à *Polyeucte*, la multiplication des épreuves, plus voulues que subies, prouve-t-elle que la volonté et la raison sont les meilleures armes contre le temps.

La nature, donnée brute que le héros affronte dès le premier jour, est double : elle est un double lien par le sang et par l'amour. A l'intérieur même de la famille, Corneille, pour éprouver le héros, sait opposer « les droits de la naissance » aux « tendresses du sang ». La loi du sang est omniprésente dans *Le Cid*. Chimène,

> Attend l'ordre d'un père à choisir un époux.
>
> (I, 1, v. 20.)

Pauline subira la même contrainte :

> J'attendais un époux de la main de mon père.
>
> (I, 3, v. 194.)

Emilie est d'abord la fille de C. Toranius :

> Je demeure toujours la fille d'un proscrit.
>
> (I, 2, v. 72.)

Sabine revendique la loi du sang contre la passion amoureuse :

> La nature en tout temps garde ses premiers droits.
>
> (III, 4, v. 901.)

Léonor rappelle à l'ordre l'Infante au nom des mêmes valeurs :

> Vous souvient-il encor de qui vous êtes fille ?
>
> (I, 2, v. 90.)

Le déterminisme biologique, antérieur à la naissance de Cinna, explique les conflits politiques :

> Tu fus mon ennemi même avant que de naître.
>
> (V, 1, v. 1441.)

dit Auguste à l'amant d'Emilie. Cette loi du sang devient un critère d'action. Don Diègue retrouve confiance et s'exclame :

> Je reconnais mon sang à ce noble courroux.
>
> (I, 5, v. 264.)

et Chimène semble lui répondre en écho :

> Son sang sur la poussière écrivait mon devoir.
>
> (II, 7, v. 676.)

Le vieil Horace n'oublie pas qu'il est père :

> Camille, je suis père, et j'ai mes droits à part.
>
> (IV, 1, v. 1066.)

mais sa fille aspire à dégénérer « d'un si vertueux père » (v. 1239) tandis qu'Horace, après le parricide, se soumet à des lois qu'il vient de violer en assassinant sa sœur :

> Disposez de mon sang, les lois vous en font maître.
>
> (V, 1, v. 1419.)

La loi du sang est imprescriptible :

> La nature est trop forte et ses aimables traits
> Imprimés dans le sang ne s'effacent jamais
> Un père est toujours père.
>
> (V, 3, v. 1617-1620.)

scande Pauline, tandis que le vieil Horace rappelle en vain à sa fille que la loi de la nature est aussi une loi de la Providence :

> Le ciel vous a tous deux formés d'un même sang.
>
> (IV, 3, v. 1194.)

Lorsque Emilie voit le courage de Cinna fléchir, elle l'accuse d'une double infidélité :

> Oublie et ta naissance et le prix qui t'attend.
>
> (III, 4, v. 1016.)

Les exemples sont donc nombreux qui font apparaître l'importance de cette loi du sang. Lorsque Rodrigue s'écrie :

> Je dois tout à mon père avant qu'à ma maîtresse.
>
> (I, 6, v. 342.)

il est un être de sang plus qu'un être de chair. Si la nature a deux lois, celle du sang et celle de l'amour, la première compte plus pour le héros, du double point de vue chronologique et métaphysique. La première certitude du héros est d'ordre biologique : la nature ne ment pas. *Rodogune* et *Héraclius*, pour cette raison, seront les tragédies d'une obscurité biologique et politique : la voix de la nature ne sera plus entendue.

L'autre voix de la nature est celle de la sensibilité amoureuse. Aux déclarations de Rodrigue :

> Mon juge est mon amour, mon juge est ma Chimène,
>
> (III, 1, v. 753.)

répond l'aveu, longtemps contenu, de sa maîtresse :

Eclate, mon amour, tu n'as plus rien à craindre :
Mon père est satisfait, cesse de te contraindre.

(V, 5, v. 1709-1710.)

Dans les deux cas, les exigences de la loi du sang sont satisfaites avant l'expression de l'amour. La passion est un double effet du mérite et de la sensibilité dont Pauline, évoquant le souvenir puis la présence de Sévère, mesure la force de séduction :

Je l'aimai, Stratonice, il le méritait bien.

(I, 3, v. 184.)

Il est toujours aimable et je suis toujours femme.

(I, 4, v. 346.)

Le jeu entre le passé simple et l'imparfait, entre l'instant et l'état se renforce dans une rhétorique de la répétition qui souligne la constance de l'éblouissement amoureux et la permanence de la nature sensible. « C'est la sensibilité qui, chez Corneille, met l'homme debout, rassemble les activités spirituelles, les bande et les oriente. On ne sait par quelle inattention on a pu, renversant ces données, prendre pour source de l'héroïsme ce qui ne pouvait que le tarir »[6]. L'analyse de la féminité cornélienne nous a déjà conduits à une conclusion analogue. Corneille est d'abord un poète de la nature.

La première apparition du tragique oppose le sang et les sens, l'hérédité et la sensibilité. La formulation d'Octave Nadal se trouve ici particulièrement opportune : le héros cornélien devient ce qu'il est au moment le plus fort de la tension entre la nature et l'amour. Cette tension conduit en même temps à l'impasse et à l'affrontement. A l'impasse, quand le choix, pour le héros, semble libre. A l'affrontement, quand cette illusion de liberté est une forme de nécessité. Le sentiment d'impuissance, pire qu'une sensation de faiblesse, témoigne de la fragilité du héros avant l'épreuve ou du risque de chaos général. Que peut faire Chimène « contre » Rodrigue ?

Pour conserver ma gloire et finir mon ennui,
Le poursuivre, le perdre, et mourir après lui.

(III, 4, v. 847-848.)

6. Octave Nadal, *op. cit.*, p. 22.

Cet absolutisme héroïque condamne le héros à l'absence ou au silence : Chimène en fait l'expérience et découvre que la volonté ne peut rien dans le désordre de la nature et de l'amour :

> Aucun vœu ne m'échappe où j'ose consentir
> Je ne souhaite rien sans un prompt repentir.
>
> (V, 4, v. 1647-1648.)

Camille et Sabine, pour des raisons différentes mais avec la même conséquence, estiment avoir « tout à craindre » et « rien à souhaiter » (v. 894 et 914). Pauline espère fléchir Polyeucte ou Félix, l'amour ou la nature (v. 1582). Antiochus et Seleucus vivront la même contradiction mortelle face à Rodogune et Cléopâtre. Le héros cornélien croit trouver dans l'histoire, c'est-à-dire dans l'Etat, la solution du tragique de la nature et de l'amour. L'hérédité et la sensibilité prennent leur place dans un système de valeurs qui évite les conflits tragiques en donnant à l'affrontement une dimension temporelle.

Cette dramatisation historique interdit d'aspirer au bonheur. Chimène pressent l'impossibilité du bonheur :

> Et dans ce grand bonheur, je crains un grand revers.
>
> (I, 1, v. 56.)

L'Infante croit trouver le sien dans celui des deux amants :

> Dans le bonheur d'autrui, je cherche mon bonheur.
>
> (I, 2, v. 144.)

Le Comte sacrifie sans hésiter le « bonheur » à l' « honneur » (v. 395-396). Le bonheur est reconnu dès qu'il est une valeur d'Etat. Le vieil Horace, pensant à ses deux fils tués, l'associe à une mort glorieuse (v. 1012-1013). Camille refuse de reconnaître « le bonheur public » (v. 1228) qui deviendra, chez Auguste, le « bonheur de l'Etat » (v. 1156). Valère, le prudent Valère, plaidera pour que les Romains puissent « donner quelques pleurs »,

> Dans le bonheur public, à leurs propres malheurs.
>
> (V, 2, v. 1497-1498.)

Lorsque Auguste aspire au bonheur de Sylla (v. 1227-1228), ce bonheur est la réponse à une lassitude, donc une valeur négative. Quant à Polyeucte, il cherche dans le christianisme :

> Un bonheur assuré, sans mesure et sans fin.
>
> (IV, 3, v. 1193.)

qui est une forme de la grandeur voulue par le héros. Le bonheur terrestre est une valeur mondaine qu'il faut abandonner pour connaître la « paix », version chrétienne du « repos » cherché en vain par Auguste (v. 376). Pauline connaîtra le bonheur et Polyeucte la paix :

> Vivez heureuse au monde, et me laissez en paix.
>
> (IV, 3, v. 1290.)

Il faut sans doute mesurer l'importance de ces termes pour comprendre le célèbre appel de Pertharite à se tourner vers le bonheur avant qu'il ne soit trop tard. Le bonheur, dans un monde dominé par les contradictions de la nature et de l'amour, n'est pas une aspiration du héros sauf s'il couronne, dans l'histoire et dans l'Etat, voire en Dieu, la synthèse des valeurs constitutives de l'héroïsme. Plus tard, le personnage cornélien, découvrant l'illusion tragique de la politique, cherchera le bonheur dans les valeurs de la nature et de l'amour.

Les racines de l'héroïsme sont donc celles de l'hérédité et de la sensibilité. Le piège qui menace le héros est celui que la société et l'histoire tendent à la nature lorsqu'elles reconnaissent la notion même d'hérédité. Si le héros refuse l'hérédité, si Rodrigue préfère Chimène, il refuse également l'héroïsme : en refusant d'être un fils, Rodrigue refuserait d'être un père et la société aristocratique s'effondrerait. Si le héros accepte toutes les lois de l'hérédité en refusant la moindre part de sensibilité, il se condamne lui-même sous le prétexte de sauver l'ordre auquel il appartient. Dans les deux cas, le héros n'a aucune espérance d'être un fondateur. C'est la valeur essentielle du mérite qui assure la dialectique de la nature et de l'amour, qui permet à Rodrigue et Chimène d'être des héritiers puis des amants. Le mérite est une valeur fondatrice de reconnaissance. Mais il ne suffit pas que le fils de don Diègue et la fille de don Gomès se reconnaissent, il faut qu'on les reconnaisse, que la société, que l'histoire, que l'Etat prennent acte de leur mérite : la bataille contre les Mores remplira cette fonction. L'expérience, qui est une bataille pour les héros du *Cid*, sera une épreuve solitaire pour Horace. L'origine naturelle du héros est aussi une origine sociale; c'est la nature qui donne au héros sa place dans l'ordre de la société : Rodrigue ne pouvait se dérober devant son père, Horace ne peut se dérober devant Rome. Le paradoxe de la nature est qu'elle exige d'Horace qu'il sacrifie tout à Rome, y compris la nature elle-même. Corneille fonde la politique en nature avant de la développer en raison : la nature d'Etat précède la raison d'Etat. La grandeur d'Horace et de Rome se trouve être d'abord celle d'une nature qui met au monde un héros et un Etat parricides. Avant d'éclater entre la nature et l'histoire, la tragédie éclate à l'intérieur de la nature. C'est ici que le lien de Corneille avec sa génération se manifeste sans doute le plus nettement. L'aristocratie s'estime en droit, par ses origines, d'exercer les charges les plus élevées de l'Etat. Elle perçoit l'Etat comme une expression sociale et historique de la nature. La noblesse a une exigence politique fondée sur l'ordre naturel : « Les gentilshommes pensent avoir le droit de décider avec le roi des affaires de l'Etat qui est d'ailleurs militaire dans sa fondation. En particulier, ils considèrent comme de leur compétence tout ce qui touche à la succession à la Couronne et aux régences car ce sont les nobles qui ont porté la famille d'Hugues Capet à la royauté, ce sont les nobles qui ont fait triompher la "loi salique", c'est la noblesse qui a déféré le royaume à Henri IV. Les gentilshommes devraient d'autre part exercer leurs charges et remplir les fonctions les plus élevées pour le service du roi, car les gentilshommes sont incapables d'actions indignes de leur naissance, et c'est leur sang, versé dans tant de guerres, qui assure l'existence du royaume et la grandeur du roi »[7]. Le héros cornélien et le noble du règne de Louis XIII se ressemblent étrangement : la loi du sang est la loi de l'Etat, la nature anticipe l'histoire.

Corneille a pressenti le conflit entre le héros et l'Etat. Il a compris que ce conflit, s'il n'était pas maîtrisé, ferait disparaître le héros et l'Etat, que la seule solution était donc de transformer l'héroïsme politique en politique héroïque pour que l'ordre de la grandeur triomphe partout. L'Etat sera donc le prolongement du héros. Rodrigue rendait l'Etat possible en maîtrisant les contradictions d'un ordre autodestructeur. Horace servait l'Etat en dominant les troubles de l'origine. Auguste était l'Etat. Polyeucte serait au-delà de l'Etat. Tel est le mouvement ascendant de l'hé-

7. Roland Mousnier, *op. cit.*, t. I, p. 159-160.

roïsme dont les valeurs s'ordonnent dans la genèse d'un Etat qui croit trouver la liberté de l'histoire dans la nécessité de la nature.

Les valeurs de l'Etat

Roland Mousnier souligne le rôle de deux ouvrages, *La République* de Jean Bodin (1576) et le *Traité des seigneuries* de Charles Loyseau (1611) dans la construction et la perception de l'Etat moderne. « L'Etat est un organisme spontané, naturel, produit des besoins inhérents à la nature de l'homme, issu de lois naturelles régissant le développement des sociétés, qui sont des faits nécessaires, indépendants de la volonté humaine. L'Etat se constitue spontanément sans que les hommes y songent. Lorsque les hommes commencent à prendre conscience de l'Etat, il existait depuis longtemps... L'Etat réalise la réduction des volontés individuelles en une volonté unique... L'Etat exprime la durée de la communauté »[8]. L'Etat de Tulle et d'Auguste exprime cette conception. L'Etat de Louis XIII et Richelieu est un effet naturel de la société : il ne se construit pas contre elle mais pour elle et à cause d'elle. Il en est de même pour Rome qui intègre toutes les valeurs de l'héroïsme, puis du christianisme. Est-ce un hasard si Horace, Auguste, Polyeucte figurent la Rome royale, impériale, chrétienne? Est-ce un hasard si, à travers Emilie, Cinna et Maxime, la Rome républicaine semble plus tournée vers le passé que vers l'avenir ? Il existe sans doute une correspondance entre la création littéraire chez Pierre Corneille et la genèse de l'Etat. L'avantage dont le poète dispose sur les philosophes et les légistes réside dans la dramatisation de cette genèse, dans la mise en scène des conflits qui agitent le premier XVIIe siècle en opposant la noblesse à l'Etat. Le théâtre permettait d'introduire ensemble tous les protagonistes sur la même scène en utilisant Rome pour styliser l'histoire de l'Etat.

L'Etat est utile à Rodrigue. Il sera indispensable à Horace. Le héros a de plus en plus besoin de l'Etat pour être et pour durer.

8. Roland Mousnier, *op. cit.*, t. I, p. 500.

Que serait Auguste sans le destin de Rome, sinon un Octave vieilli, un factieux sans intérêt et sans avenir ? Que vaudrait le martyre de Polyeucte, si Rome ne devenait pas chrétienne ? Le héros a besoin de temps, donc de l'histoire, pour éviter la répétition de chaque acte héroïque, pour échapper au risque de la multiplication des épreuves. L'affirmation de Rodrigue et Polyeucte :

> Je le ferais encore si j'avais à le faire

souligne autant le courage du héros que la fragilité de l'héroïsme puisque l'acte n'est jamais une certitude. L'histoire, la mémoire seront cette certitude qui protégera le héros de l'oubli et de la répétition. Mais l'histoire n'est pas une entité creuse, elle vit et se développe dans un Etat qui est une libération avant d'être une aliénation. Horace conquiert l'héroïsme absolu qui est une forme de libération, mais il devient aussitôt le serviteur de l'Etat.

Cet Etat est une expression de la Providence. Don Fernand fait appel à cette Providence pour justifier, devant Chimène, le dénouement :

> Tu vois comme le ciel autrement en dispose.
>
> (V, 6, v. 1769.)

La flamme de Curiace s'oppose au ciel, signe que l'amant de Camille est déjà condamné :

> Elle se prend au ciel et l'ose quereller.
>
> (II, 5, v. 541.)

Le vieil Horace rappelle la nécessité de se soumettre au ciel :

> Faites votre devoir, et laissez faire aux Dieux.
>
> (II, 8, v. 710.)

La cruauté même du meurtre de Camille explique l'intervention de la Providence et sa présence dans toute la tragédie. Le vieil Horace se fie à « la prudence des Dieux » et à « leur ordre éternel » (v. 979-980) : la prudence, l'ordre et l'éternité relèvent de la seule Providence. Camille se révolte contre ces mêmes Dieux :

> La partie est rompue et les dieux la renouent,
>
> (IV, 4, v. 1216.)

mais demande leur aide pour accompagner sa malédiction :

> Que le courroux du ciel allumé par mes vœux
> Fasse pleuvoir sur elle un déluge de feux !
>
> (IV, 5, v. 1313-1314.)

Les cieux pour l'instant restent sourds aux imprécations de Camille. Ils assurent le salut d'Horace : le héros est un être choisi par la Providence pour servir l'Etat; il existe ainsi une « harmonie préétablie » entre l'ordre héroïque, l'ordre politique et l'ordre providentiel. Les maîtres de la cité sont les élus des dieux :

> Et l'art et le pouvoir d'affermir les couronnes
> Sont des dons que le ciel fait à peu de personnes,
>
> (V, 3, v. 1751-1752.)

L'Etat se trouve investi d'une double finalité. Il donne aux valeurs de l'héroïsme la caution de l'histoire. Il reçoit de la Providence la caution de l'éternité. L'Etat apparaît ainsi comme le résultat d'un mouvement de mise en ordre universel. Corneille a mis en scène, avec Horace et Auguste, le héros providentiel. Pompée sera bientôt le héros prédestiné. Au héros choisi de tout temps se substitue le héros condamné depuis toujours. La foi de Polyeucte ne bouleverse pas la scène cornélienne :

> Elle est un don du ciel et non de la raison.
>
> (V, 1, v. 1554.)

Horace et Polyeucte ont reçu, l'un et l'autre, un don du ciel : le poète n'emploie pas sans raison la même expression dans les deux cas.

Cette double mission de l'Etat est également l'origine de la tragédie politique. Que se passe-t-il en effet si l'Etat cesse d'exprimer, en accord avec la Providence, les valeurs du héros ? Corneille pressent que cette interrogation porte en elle la désagrégation du monde héroïque. Si l'Etat a une mission, il est aussi une fonction. Dans l'exercice de cette fonction, l'Etat peut se dégrader : c'est le moment de la politique. Le terme est rarement employé dans une acception positive : Auguste ironisait sur la « politique » de Cinna, Sévère stigmatise la « politique » de Félix. Au lieu de condamner avec mépris certains comportements, Corneille les met en scène, en fait jouer les ressorts, en décèle les mouvements. Alors même que le héros triomphe, Corneille a déjà trouvé deux agents destructeurs de l'héroïsme, le mauvais conseiller et le secret d'Etat. *La Mort de Pompée* n'est plus loin : Euphorbe et Tulle ont laissé deux machines infernales, celle de l'intérêt, celle de la dissimulation. Certes Euphorbe est providentiellement utile puisque la dénonciation du complot mène Auguste sur les voies du triomphe. Certes Tulle agit pour le bien de Rome mais il a trouvé la technique du mensonge d'Etat. L'originalité de Corneille sur ce point est d'avoir intégré les données du machiavélisme dans un système dramatique fondé sur le seul héroïsme. La politique, au sens où elle est une manipulation d'intérêts, un masque de la vérité, a droit de cité dans la Rome héroïque. L'Etat se dédouble : d'un côté l'héroïsme qui le fonde, de l'autre la politique qui le fait durer. L'Etat est en effet, comme toutes les créations humaines, soumis au temps. Rome n'a plus besoin d'Euphorbe dans *Cinna*, elle aura besoin de Martian dans *Othon* : avec le temps, les esclaves deviennent indispensables à l'Etat.

Le Cid, *Horace*, *Cinna* et *Polyeucte* sont bien une « famille liée » de tragédies. Elles semblent refléter un double mouvement : celui de la construction progressive d'un système de valeurs héroïques dont la confrontation assure la genèse d'un ordre nouveau, celui du développement d'un Etat qui prolonge le nom et l'existence du héros dans un univers providentiel. La Providence imprime aux désordres de la nature et de l'histoire une volonté surnaturelle. Dans cette perspective, la grandeur et la gloire sont, pour le héros comme pour l'Etat, les valeurs suprêmes. L'ordre cornélien est clair : il n'existe pas la moindre confusion dans l'esprit et le cœur du héros. Le sacrifice peut être douloureux, la volonté peut être chancelante mais la raison ne se trompe pas; la nature et l'amour, le sang et les sens ne mentent jamais. Le tragique est un tragique de la certitude, de l'évidence : il provient de l'absence totale de doute quand il se manifeste avec la plus grande force. Rodrigue sait qu'il doit tuer le Comte. Horace sait qu'il doit tuer Camille. Le sacrifice est pénible mais le résultat est assuré. Néarque mesure l'ampleur du sacrifice :

> Mais dans ce temple enfin la mort est assurée.
>
> (II, 6, v. 661.)

Polyeucte mesure l'ampleur de la récompense :

> Mais dans le ciel déjà la palme est préparée.
>
> (II, 6, v. 662.)

Le héros est loin d'*Héraclius* et *Rodogune*. La certitude héroïque est aussi une certitude politique : *Le Cid* libère le héros de la famille, *Horace* lui confie la naissance de l'Etat, *Cinna* permet le maintien et le changement de l'Etat, *Polyeucte* apporte au héros et à l'Etat la conquête de l'éternité.

Au dénouement de *Polyeucte*, l'univers cornélien est parfait, trop parfait pour être humain, trop parfait pour durer. Il a « l'éclat du verre », il en a aussi « la fragilité ». Corneille a sans doute trouvé le moment absolu de la gloire mais un moment absolu n'existe qu'en s'arrachant à un temps relatif. Il suffit, pour s'en convaincre, d'évoquer l'exécution nécessaire de Polyeucte et l'assassinat inutile de Pompée. Corneille n'est pas pour rien un élève des jésuites. Il a trouvé l'ordre. Il lui reste à comprendre puis à dramatiser le désordre.

DEUXIÈME PARTIE

De La Mort de Pompée *à* Pertharite *: le désordre*

I

L'épreuve politique

Corneille avait mis en scène, du *Cid* à *Polyeucte*, la genèse simultanée d'un ordre héroïque et d'un ordre politique dans lesquels la nature et l'histoire recevaient la consécration de la Providence. De *La Mort de Pompée* à *Pertharite*, Corneille semble s'attacher à une dramaturgie qui, au-delà de la complexité ou de la monstruosité, reste celle du désordre des valeurs. L'échec de *Pertharite*, qui précède un long silence du poète, souligne l'isolement de Corneille dont l'esthétisme s'éloigne des goûts du public, voire d'une certaine orthodoxie classique. Dans cette perspective, la traduction de l'*Imitation* et la préparation des *Discours* correspondent à la volonté d'approfondir sa réflexion sur les valeurs de son théâtre et les règles de la tragédie. Mais que *La Mort de Pompée* soit une rupture ou *Pertharite* un échec ne suffit pas à expliquer l'évolution de Corneille.

André Stegmann pose le problème sans le résoudre : « L'une des conséquences imprévues de la recherche par Corneille de problèmes politiques de plus en plus complexes est la dégradation rapide d'un héroïsme qui reposait essentiellement sur une échelle de valeurs claires »[1]. Cette constatation est exacte mais il faut répondre à une question préalable : pourquoi Corneille recherche-t-il une complexité plus grande qui n'est pas exclusivement de caractère politique ? Pourquoi la certitude et l'évidence ne sont-elles plus au rendez-vous de l'héroïsme ? André Stegmann plaide

1. André Stegmann, *op. cit.*, t. II, p. 341-342.

pour un éclatement du système cornélien entre *La Mort de Pompée* et *Pertharite* : « Le monde héroïque s'est dissous, ou plutôt les vertus qui le composent, dans une conception psychologique enrichie, se trouvent distribuées également dans l'âme de tous les personnages »[2]. Cette interprétation rend compte d'un certain nombre de nouveautés mais elle ne suffit sans doute pas à expliquer le bouleversement de l'héroïsme, l'invasion de la raison d'Etat, la double crise de la nature et de l'histoire. Georges Couton cherche une première explication de ces changements dans la situation politique de la France : *La Mort de Pompée* serait une condamnation de Richelieu et du ministériat; *Don Sanche* évoquerait les amours d'Anne d'Autriche et Mazarin; *Nicomède*, après l'exil du cardinal, défendrait la gloire militaire et le loyalisme monarchique de Condé; *Pertharite* porterait condamnation de Cromwell. Georges Couton insiste sur cette dégradation des valeurs cornéliennes et sur ses effets : « Une guerre civile complexe, qui a vu s'affronter des tendances nombreuses, a fait apparaître ou laissé entrevoir un grouillement de convoitises et d'intrigues, découvert les procédés bas de la politique, y compris la provocation : le piège tendu par Arsinoé à Nicomède rappelle fort l'affaire des "témoins à brevets", provocation montée par des frondeurs pour ranimer la combativité populaire. La réaction normale, c'est la nausée. Le temps du mépris est arrivé. Les mots "gloire", "honneur", "vertu" avaient défini une éthique. Ils sont galvaudés, dévalués et ne désignent plus qu'une mythologie... Une conséquence est la mort de la tragédie qui, prenant pour valeurs la gloire ou l'honneur, apparaissait à une génération blessée viande creuse. Corneille abandonne le théâtre »[3]. Corneille n'a pu rester insensible à un climat marqué par la crise de l'Etat et la subversion des valeurs. L'interprétation allégorique ferait toutefois du poète, si elle était exclusive, un esclave des événements : les allusions existent certes, mais elles éclairent plus qu'elles n'expliquent. Elles permettent à Corneille de mettre en scène une crise qui est celle de son œuvre avant d'être celle de la France.

Serge Doubrovsky décèle dans *Pertharite* une seconde étape

2. *Ibid.*, p. 420.
3. *Corneille*, *Europe*, *op. cit.*, p. 67.

de la dialectique du héros après le premier moment de *Polyeucte* : « Pertharite, au fond de sa déchéance, comme Nicomède au faîte de la victoire, quel que soit le succès de leur existence, sont sauvés — et avec eux le projet aristocratique tout entier — en tant qu'essences. Par là se trouve de nouveau réalisé le rêve secret qui hante Corneille, et auquel il n'a renoncé, depuis *Polyeucte*, qu'en apparence : soustraire les valeurs héroïques aux vicissitudes du devenir et porter le Moi humain à l'absolu en l'arrachant à la temporalité. Ce que Polyeucte cherchait au-delà de la vie, dans les "saintes douceurs du ciel", est à présent trouvé en deçà, dans une immuable nature. La dialectique du héros s'est acheminée, si l'on veut, du salut platonicien par l'Idée au salut aristotélicien par la substance. La seconde solution est supérieure à la première, dans la mesure où, au lieu de nier le temporel au nom de l'éternel, elle tâche de découvrir l'absolu au cœur du sensible et de l'histoire »[4]. Cette analyse reflète peut-être l'interprétation d'une évolution de l'héroïsme. Elle ne met pas en valeur, à notre avis, la situation tragique du héros confronté à des enjeux politiques de moins en moins simples. Bernard Dort estime avec raison que la notion d'ordre est au centre du bouleversement mais il lie à tort cette évolution de l'ordre à la situation sociale de Corneille : « L'ordre n'est plus une nouvelle naissance; ni l'Etat, cette réalité éblouissante par quoi tout prenait un sens neuf. L'ordre est un compromis; l'Etat est un moyen terme. Corneille, l'officier désenchanté, abandonne sa vision mystique du pouvoir au profit d'une conception juridique (ce sera aussi celle de Montesquieu) de l'Etat fondé sur un pacte entre le héros et le Roi »[5]. Il est exact que l'Etat subit un infléchissement qui l'éloigne de ses origines aristocratiques. Il n'est pas à exclure, pour autant, que Corneille découvre la transformation d'un système de valeurs en un rapport de forces.

L'univers cornélien est en effet soumis à la force alors qu'il s'exprimait dans la seule grandeur. Rodrigue, Horace, Auguste représentaient la grandeur et détenaient la force. Polyeucte déjà, connaissait le sort d'un héros de la grandeur sans la force. De *La Mort de Pompée* à *Pertharite*, Corneille va s'interroger sur les

4. Serge Doubrovsky, *op. cit.*, p. 334.
5. Bernard Dort, *op. cit.*, p. 81.

rapports de la grandeur et de la force, sur toutes les formes possibles de confrontation entre l'héroïsme et l'Etat, entre le créateur et sa créature, entre la nature et l'histoire. Le héros ne domine plus l'Etat, il n'est plus le seul principe des valeurs. Il trouve devant lui un autre ordre, qui a ses lois et ses règles, l'ordre politique. L'impression de désordre provient de la coexistence de deux ordres qui se combattent en s'imitant : le « perfide généreux » d'*Héraclius* (v. 1865) donne la mesure d'une confusion née de la dissimulation. Polyeucte affrontait l'Etat mais son sacrifice restait le signe d'une genèse surnaturelle : Polyeucte était un martyr. Pompée ne sera qu'une victime. Jusqu'à *Polyeucte*, le héros subissait des rites d'initiation : la tragédie était la maîtrise du commencement. Après *La Mort de Pompée*, le héros subit les étapes d'un combat où les rares victoires risquent d'être posthumes. Si la première épreuve du héros est politique, c'est parce que la raison d'Etat a envahi l'espace et le temps cornéliens : il ne suffit plus d'être grand, il faut désormais être fort. C'était la grandeur qui sauvait Auguste de la mort et de la conjuration. C'est la grandeur qui condamne Pompée à mort.

La raison d'Etat :
La Mort de Pompée *réfutation de* Cinna ?

« Avec *Horace*, *Cinna* et *Polyeucte*, Corneille a épuisé toutes les possibilités d'une "tragédie du héros". Le changement d'orientation que marque *La Mort de Pompée* résulte à la fois de l'irruption de la politique et de nécessités techniques »[6]. André Stegmann montre ici la fracture qui intervient dans le mouvement de l'œuvre cornélienne. Le conflit tragique ne divise pas le héros, il l'oppose aux autres. L'origine du tragique n'est plus à chercher dans l'héroïsme mais dans l'Etat, expression anonyme de l'altérité. Le héros était singulier. Il devient, avec Pompée, solitaire. La singularité d'Horace était un arrachement à la nature. La solitude de Pompée est un isolement devant l'histoire. La tragédie est ainsi totalement politique : « *La Mort de Pompée* est une tragédie sans héros qui n'a cessé de déconcerter la critique, habituée à

6. André Stegmann, *op. cit.*, t. II, p. 419.

juger du tragique comme d'un drame qui ne met en cause que l'individu. Là est la grande nouveauté, non seulement de l'œuvre cornélienne, mais de toute la production contemporaine, française du moins. C'est le sort des Etats qui forme ici le nœud tragique. On objectera qu'il est déjà traité dans *Horace*, *Cinna* et *Polyeucte*. Certes, mais il n'est pas le sujet même de la tragédie »[7]. La fracture entre *Polyeucte* et *La Mort de Pompée* ressemble plus à une mise à l'épreuve que Corneille fait subir à son théâtre ou à un approfondissement qu'à un mouvement de régression — comme le croit Louis Herland[8] — vers la tragédie de la déploration. La pièce est beaucoup plus la mise en scène d'une agression politique contre le héros que d'une régression de la tragédie. Jean Schlumberger n'est guère éloigné de Louis Herland lorsqu'il reprend les analyses de Gustave Lanson pour démontrer que *La Mort de Pompée* est « la pièce la plus lyrique de Corneille » : la tragédie serait « une lamentation... mouvementée, un événement qui se passe au début de l'action » et non « une préparation psychologique à une catastrophe finale »[9]. La question reste cependant posée de savoir si le crime d'Etat est, en l'occurrence, un commencement ou une fin. Jean Schlumberger est mieux inspiré lorsqu'il insiste sur le climat de la pièce et sur la rupture avec l'atmosphère des tragédies antérieures. *La Mort de Pompée* est en effet « une pièce excessive et suffocante où l'on passe continuellement de l'enthousiasme au malaise »[10]. L'excès et la suffocation sont les symptômes de la politisation. L'enthousiasme est héroïque, le malaise est politique. Si la critique méconnaît la confrontation entre le héros et l'Etat, elle s'expose au risque d'un contresens total sur la tragédie; ainsi Robert Brasillach a-t-il ignoré l'émotion tragique de la pièce : « *Pompée* qui ne nous déconcerte jamais, qui ne nous trouble jamais, n'est qu'un bon exercice de versification »[11]. Comment ne pas être déconcerté ou troublé par la préparation du premier grand assassinat politique du théâtre de Corneille, par la montée en puissance du machiavélisme, par la

7. *Ibid.*, p. 591.
8. Louis Herland, Les éléments pré-cornéliens dans *La Mort de Pompée*, *RHLF*, vol. 50, nº 1.
9. Jean Schlumberger, *op. cit.*, p. 100.
10. *Ibid.*, p. 97.
11. Robert Brasillach, *op. cit.*, p. 168.

destruction des évidences héroïques ? Comment ne pas déceler l'entrée en scène de la violence politique, de la violence d'Etat ? « Dès *La Mort de Pompée*, le problème majeur de l'histoire et de la politique cornéliennes, c'est de dresser, puisque la violence est la loi d'apparition de l'Homme, une violence légitime face à une violence illégitime, c'est-à-dire une violence qui unifie face à une violence qui divise »[12]. Le héros et l'Etat avaient jusqu'ici affronté le problème de leur origine : ils l'avaient résolu dans le sang puis dans le mensonge. Ils doivent maintenant affronter le problème d'une existence qui a maîtrisé l'origine donc le problème de leur propre légitimité. La guerre civile à Rome, la faiblesse monarchique en Egypte seront le cadre historique d'une interrogation qui va hanter Corneille jusqu'à *Suréna* : qui, du héros ou de l'Etat, a le droit d'être ce qu'il est ?

La Mort de Pompée s'ouvre sur un conseil des ministres. Le roi d'Egypte Ptolomée réunit trois conseillers dont Corneille précise avec minutie les fonctions : Photin est le « chef du conseil d'Egypte », Achillas est le « lieutenant général des armées du roi d'Egypte », Septime est un « tribun romain à la solde du roi d'Egypte ». Le premier est un politique. Le second est un militaire. Le troisième est un traître. Les trois personnages ne sont pas identiques. Ils sont encore moins interchangeables et leur fonction explique souvent leur comportement : Photin œuvre à consolider par tous les moyens le trône d'Egypte, Achillas mesure le rapport des forces militaires en présence et plaide pour le neutralisme, Septime suggère les solutions les plus violentes par intérêt personnel. Les deux premiers sont des réalistes, le troisième est un cynique. Ces éléments sont indispensables à une juste appréciation des enjeux de la pièce dont Corneille démontre les mécanismes dans l'Examen. La mort de Pompée est « la cause unique de tout ce qui s'y passe », Pompée lui-même est « le principal acteur ». Corneille n'insiste pas sans raison sur ces points. D'une part, il entend réfuter les arguments avancés par l'abbé d'Aubignac dans le chapitre de *La pratique du théâtre* consacré aux délibérations. D'Aubignac estime que la première scène de la pièce est une faute : « En celle de Ptolomée pas un des conseillers n'avait intérêt particulier à donner son avis, et il n'y avait pas

12. Serge Doubrovsky, *op. cit.*, p. 275.

plus de raison à Ptolomée de les assembler que d'autres de son conseil; si bien que les spectateurs alors ne se donnent pas la peine d'examiner leurs sentiments et n'y prennent pas beaucoup de plaisir »[13]. Le critique affirme préférer le conseil d'Auguste avec Maxime et Cinna. L'analyse de l'abbé d'Aubignac nous semble fausse et en même temps très utile pour appréhender la construction de la tragédie politique chez Corneille. Cette analyse est fausse pour deux raisons : Ptolomée ne peut réunir d'autres conseillers que Photin, Achillas et Septime dont la fonction dans l'appareil d'Etat égyptien rend la présence nécessaire dans un débat qui engage l'avenir du pays. Ainsi ne faut-il pas oublier — Corneille le rappelle dans l'Examen — que Septime lui-même assassine Pompée. En termes modernes, Photin est un Premier ministre, Achillas, un ministre de la Guerre et Septime un chef de la police ou de la milice. S'ils n'étaient pas tous les trois autour de Ptolomée, il n'y aurait ni discussion ni surtout décision puis exécution. La seconde faute dans la réflexion de l'abbé d'Aubignac est l'omission de l'arrivée prochaine de César dont Corneille rappelle aussi dans l'Examen qu'elle est connue « dès le premier acte ». C'est l'arrivée presque simultanée de Pompée et César en Egypte qui provoque la tragédie. C'est Pharsale qui conduit le vainqueur et le vaincu en Egypte. Ptolomée n'a pas le choix : l'histoire lui enlève toute possibilité d'atermoiement. La longue délibération du roi avec ses conseillers se trouve donc indispensable à la construction dramatique de la tragédie.

Cette tragédie est avant tout politique. Au-delà de la réponse à l'abbé d'Aubignac, Corneille entend expliquer ses choix. Quelle est en effet l'origine de la tragédie sinon l'affrontement entre Pompée et « la cour d'Egypte » qui mène une « mauvaise politique », une « lâche et cruelle politique » ? Jusqu'à *Polyeucte*, la tension tragique se développait dans le mouvement ascensionnel d'adéquation de l'héroïsme et de l'Etat. Désormais le héros est dans un camp, l'Etat dans un autre. Il est essentiel que la décision politique d'assassiner le héros soit mise en délibération dès le début. L'ordre d'exécuter Polyeucte intervenait au vers 1678, à la troisième scène du cinquième acte. L'ordre d'assassiner

13. Abbé d'Aubignac, *op. cit.*, p. 286.

Pompée intervient au vers 206, à la première scène du premier acte. Les premiers mots de la pièce, prononcés par Ptolomée, sont révélateurs :

> Le destin se déclare...
>
> (I, 1, v. 1.)

La tragédie n'est plus un risque ou une possibilité. Elle est une évidence. Le vocabulaire cornélien semble même se modifier : le mot « destin » n'est pas synonyme du mot « ciel », comme si Corneille voulait signifier que le héros est abandonné par la Providence, le terme « se déclare » appartient au registre passionnel de la fatalité donc de l'impuissance, comme si le poète entendait prouver que la volonté n'est plus aussi forte qu'avant. Quelle est la portée de ce changement ? Pourquoi Corneille met-il en scène une pièce défavorable au héros, fondée même, dans sa logique dramaturgique, sur la disparition du héros ? Corneille a d'abord maîtrisé la relation avec l'histoire par un jeu de conservation et de falsification qui lui donne une entière liberté dans la construction du sujet. Il utilise cette liberté pour émettre une hypothèse qui porte sur les rapports du héros et de l'Etat dans une perspective de bouleversements historiques. Rodrigue, Horace, Auguste, Polyeucte connaissaient avec clarté leur but : la finalité de l'héroïsme pouvait être contestée mais elle était claire. *La Mort de Pompée* met en scène une nouvelle donne : que se passe-t-il si la finalité n'est plus perceptible ? Il ne suffit pas en effet que « le destin se déclare », il faut encore tirer les conclusions politiques de Pharsale. L'histoire jusqu'à présent garantissait la vérité et la durée des valeurs héroïques. L'histoire désormais rend ces mêmes valeurs aléatoires : elle place les valeurs à la merci de la force. La tragédie politique éclate dans les failles de l'ordre providentiel :

> Quand les Dieux étonnés semblaient se partager
> Pharsale a décidé ce qu'ils n'osaient juger.
>
> (I, 1, v. 3-4.)

Telle est sans doute la volonté majeure de la pièce : l'histoire est un facteur de désordre qui substitue la domination de la force au règne des valeurs. La politique entre en scène dès que la physique se substitue à la morale. Pompée est

> Ce déplorable chef du parti le meilleur.
>
> (I, 1, v. 15.)

Etre le meilleur ne sert plus à rien. Il faut être le plus fort. La logique de la raison d'Etat se développera dans un monde soumis à la loi du plus fort. On comprend que les néo-stoïciens, partisans de Pompée, n'aient guère eu de sympathie pour le machiavélisme qu'ils assimilent à la tyrannie de la force[14]. Corneille avait construit l'héroïsme dans l'ordre. Il met maintenant l'héroïsme à l'épreuve du désordre.

L'évocation de Pharsale, qui ouvre la tragédie, vérifie la malédiction de Camille. La sœur d'Horace maudissait Rome :

> Qu'elle-même sur soi renverse ses murailles
> Et de ses propres mains déchire ses entrailles.
>
> (IV, 5, v. 1311-1312.)

Ptolomée peint l'affrontement des deux armées romaines comme « le débordement de tant de parricides » (v. 6). L'histoire de Rome ne peut pas être séparée du parricide fondateur de l'*Urbs*.

> Ces montagnes de morts privés d'honneurs suprêmes,
> Que la nature force à se venger eux-mêmes
>
> (I, 1, v. 9-10.)

témoignent pour Camille contre Horace; la nature se venge de l'histoire. Plus gravement, Rome est soumise au « droit de l'épée » (v. 13) qui

> Justifiant César, a condamné Pompée.
>
> (I, 1, v. 14.)

Corneille utilise un vocabulaire juridique pour analyser un rapport de forces. Corneille, sur ce point, n'est guère éloigné de Pascal : « Ne pouvant fortifier la justice on a justifié la force, afin que le juste et le fort fussent ensemble et que la paix fût, qui est le souverain bien »[15]. Rome triomphait d'Albe au nom de l'histoire. César triomphe de Pompée au nom de la force déguisée en justice. Dans les deux cas, le temps aura une fonction de légitimation par la paix. Dans *Horace*, la mort des Curiaces et de Camille laissait le champ libre au héros et à l'Etat : les trois Curiaces et Camille tombaient sous les coups d'un seul être : Horace. La situation est ici toute différente : Pompée est battu par César mais non tué.

14. Voir l'analyse de Jacques Maurens sur la condamnation du machiavélisme par Juste Lipse au nom de la morale, *op. cit.*, p. 107.
15. Pascal, *Œuvres complètes*, *op. cit.*, Papiers classés, V, 81, p. 509.

Horace tuait Camille au nom des valeurs de l'héroïsme. Ptolomée donnera l'ordre de tuer Pompée que César et Pharsale avaient — providentiellement ? — épargné : la politique donne le coup de grâce, elle achève les condamnés à mort de l'histoire. La politique était une action, elle devient une réaction : Ptolomée doit réagir à la présence de Pompée en Egypte. L'action permettait de maîtriser le temps. La réaction est une soumission au temps.

La politique elle-même s'en trouve perturbée. Pompée avait placé sur le trône d'Egypte le père de Ptolomée : il est donc détenteur de la légitimité dont Ptolomée se servira pour l'éliminer :

> S'il couronna le père, il hasarde le fils,
>
> (I, 1, v. 35.)

affirme le roi d'Egypte, preuve que la reconnaissance ne sera jamais une valeur politique, preuve aussi que le recours à la force crée le désordre politique, preuve enfin que tout l'univers est troublé puisque la guerre civile déchire Rome et que l'Egypte connaît une crise dynastique. Ni Rome ni Alexandrie ne vivent une période de légitimité politique. Le choix semble clair : puisque Pompée vogue vers l'Egypte, il faut l'accueillir ou l'assassiner.

> Il faut le recevoir ou hâter son supplice.
>
> (I, 1, v. 37.)

Tel est le champ où s'exprimera la liberté du roi d'Egypte. Il suffit de comparer ce vers aux questions posées par Auguste pour apprécier la dégradation de l'univers cornélien. L'empereur invitait à réfléchir sur l'avenir de Rome et le choix d'une forme de gouvernement. Ptolomée s'interroge sur le choix entre une réception protocolaire et un crime politique. Le symptôme de cette dégradation est l'évolution de la « gloire » qui a pour objet

> D'achever de César ou troubler la victoire.
>
> (I, 1, v. 46.)

Cette gloire n'est plus autonome, elle est une réaction à Pharsale. Ptolomée ne cherche à conquérir la gloire ni pour l'Egypte ni pour lui-même; il place la gloire dans la soumission à Rome. La gloire de Ptolomée c'est d'intervenir dans la gloire de César. Il faut donc ouvrir la délibération du conseil par « un si grand coup d'Etat » (v. 48). La notion de « coup d'Etat » est essentielle dans la pensée politique de l'époque. Analysant les *Considérations politiques sur les coups d'Etat*, parues en 1639, Etienne Thuau souligne l'importance de la question : « En choisissant d'étudier le pouvoir sous l'angle des mesures exceptionnelles et injustes qu'il est souvent amené à prendre, Naudé manifeste la sûreté d'un jugement qui va droit à l'essentiel et s'attaque au problème crucial de la politique. Il montre aussi une indifférence aux valeurs morales et un souci de la technique qui trahissent le machiavéliste »[16]. Naudé distingue les coups d'Etat et les maximes d'Etat. Des premiers relève l'assassinat du maréchal d'Ancre. Des secondes, le procès du comte d'Essex. Qu'est-ce donc qu'un « coup d'Etat » ? Par « coups d'Etat », Naudé, comme son époque, entend, non la prise du pouvoir par des moyens illégaux, mais les ruses, artifices, moyens secrets ou criminels pour gouverner, ce qu'on appelle en latin les *arcana imperii*. Il les définit comme des « excessus juris communis propter bonum commune », ou encore des « actions hardies et extraordinaires, que les Princes sont contraints d'exécuter aux affaires difficiles et comme désespérées, contre le droit commun, sans garder même aucun ordre ni forme de justice, hasardant l'intérêt du particulier pour le bien du public »[17]. La délibération de Ptolomée et de ses conseillers est un cas de figure classique de la pensée étatiste. Naudé a proposé en même temps un tableau des « coups d'Etat » accomplis dans l'histoire et une description des situations dans lesquelles le pouvoir peut les décider. Le théâtre et la dramatisation confèrent à ce débat théorique bien connu des spectateurs de Corneille une force de conviction particulière puisque l'analyse psychologique des mécanismes de décision passe au premier plan.

Notre ambition est ici double : étudier la délibération en elle-même, examiner les contradictions entre l'héroïsme et la raison d'Etat. Photin, chef du conseil d'Egypte, place d'emblée le débat hors de tout cadre juridique :

> Seigneur, quand par le fer les choses sont vidées,
> La justice et le droit sont de vaines idées.
>
> (I, 1, v. 49-50.)

16. Etienne Thuau, *op. cit.*, p. 322.
17. *Ibid.*, p. 324.

La disparition de l'état de droit est le premier signe du machiavélisme. Le Florentin s'était clairement expliqué sur ce point : « Vous devez donc savoir qu'il y a deux manières de combattre, l'une avec les lois, l'autre avec la force. La première est propre aux hommes, l'autre nous est commune avec les bêtes; mais lorsque les lois sont impuissantes, il faut bien recourir à la force; un prince doit savoir combattre à la fois en homme et en bête... Il doit se plier aisément aux différentes circonstances dans lesquelles il peut se trouver. En un mot : il doit savoir persévérer dans le bien, lorsqu'il n'y trouve aucun inconvénient, et s'en détourner lorsque les circonstances l'exigent »[18]. La première qualité d'un « politique » est de céder devant le temps comme devant la force, de tenir compte des « circonstances ». Imagine-t-on Rodrigue ou Polyeucte, Horace ou Auguste tenant compte de ces mêmes circonstances ? L'héroïsme était une ambition de libérer l'homme du temps. La politique est d'abord la constatation de notre dépendance vis-à-vis du temps : le théâtre de Corneille prouvera que ce « réalisme » est surtout une régression, un retour vers le règne brut de la nature, vers cette bestialité, cette animalité dont s'accommode fort bien Machiavel. Photin observe l'échiquier politique, il analyse l'état de fait en oubliant l'état de droit : d'un côté la « force » (v. 53) de Ptolomée, de l'autre « la fortune abattue » et la « valeur trompée » (v. 54) de Pompée. La valeur n'est rien à côté de la force : tel est le défi que la raison d'Etat lance à l'héroïsme.

Le héros avait construit dans le sacrifice une singularité dont il se faisait gloire. Photin retourne l'argument : on ne soutient pas un homme isolé :

> Auteur des maux de tous, il est à tous en butte
> Et fuit le monde entier écrasé sous sa chute.
> Le défendrez-vous seul contre tant d'ennemis ?
>
> (I, 1, v. 65-67.)

Si les valeurs héroïques étaient à l'honneur, la solitude de Pompée ne serait pas négative : elle serait source d'admiration. Mais la raison d'Etat veille : la solitude est un signe de faiblesse plus

18. Machiavel, *Le Prince*, chap. XVIII, *op. cit.*, p. 61-63.

qu'une marque de grandeur. Il faut donc plier : la lâcheté est fille de la lucidité.

L'horrible conseil de Photin :

> Lui seul pouvait pour soi : cédez alors qu'il tombe
>
> (I, 1, v. 69.)

est un scandale après le cri d'orgueil du vieil Horace :

> Qu'il mourût
>
> (III, 6, v. 1021.)

L'héroïsme appelait à la mort. La politique suggère de survivre. La logique d'abandon remplace la contagion héroïque. Après la lâcheté, la trahison : Ptolomée serait imprudent s'il restait fidèle à Pompée (v. 74-78). Machiavel est ici encore tout proche : « Un prince prudent ne peut ni ne doit tenir sa parole, que lorsqu'il le peut sans se faire tort et que les circonstances dans lesquelles il a contracté un engagement subsistent encore »[19]. La source des actions du héros lui était intérieure. Le principe des actes du politique lui est extérieur. De même que la force vide de leur contenu la justice et le droit, les transforme en « vaines idées », de même le temps dénature et détruit les promesses, les serments, les engagements. Le héros était engagé dans l'histoire et pour l'histoire. Le politique sera dégagé de l'histoire par les circonstances. C'est le temps qui défait l'histoire, c'est la force qui défait les valeurs. Jean Starobinski soulignait la nécessité du serment qui évitait de disperser la vie en « une multiplicité de ravissements fugitifs »[20]. La politique atteint donc le principe même et l'unité de l'héroïsme. Le héros était un créateur d'histoire. Le politique sera un rallié de circonstance :

> Rangez-vous du parti du destin et des Dieux
>
> (I, 1, v. 80.)

conseille Photin au roi d'Egypte.

Jusqu'à présent le machiavélisme reste en deçà du crime : Photin a préparé logiquement le raisonnement qui conduira Ptolomée au crime politique, mais il n'a pas encore dévoilé toutes les ruses de la raison d'Etat, il n'a pas encore porté au héros

19. Machiavel, *Le Prince*, chap. XVIII, p. 62.
20. Jean Starobinski, *op. cit.*, p. 38.

lui-même les coups les plus durs. Photin va donc préciser, comme le suggère Naudé, les conditions du recours au coup d'Etat qu'est l'exécution de Pompée[21] :

> J'en veux à sa disgrâce et non à sa personne,
> J'exécute à regret ce que le ciel ordonne,
> Et du même poignard pour César destiné,
> Je perce en soupirant son cœur infortuné.
>
> (I, 1, v. 97-100.)

Naudé ne suggérait pas en vain de commettre des coups d'Etat « à regret et en soupirant ». Mais l'essentiel n'est pas l'hypocrisie. L'essentiel est que la « personne » du héros ne se trouve plus reconnue comme telle. Livie déclarait à Auguste qui la soupçonnait de succomber à « l'amour des honneurs » :

> J'aime votre personne et non votre fortune.
>
> (IV, 3, v. 1262.)

Photin dit très exactement le contraire. Il n'est pas sans rappeler Félix qui, après avoir sacrifié la personne de Sévère au personnage de Polyeucte, sacrifiait volontiers la personne de Polyeucte au personnage de Sévère. Le héros ne compte plus en fonction de ce qu'il est, mais en fonction de la position qu'il occupe dans le temps et dans l'espace. L'essence du héros est sacrifiée à sa situation : nouvelle preuve qu'il a perdu son autonomie et qu'il reçoit sa « légitimité » de l'extérieur, que la raison d'Etat œuvre à détruire l'effort de libération des contingences accompli par l'héroïsme. L'Etat ne supporte plus l'existence d'un héros dont le système de valeurs soit indépendant du cadre temporel et spatial où la politique est condamnée à rester. La « démolition du héros » que traite Paul Bénichou ne réclame ni Pascal ni Racine : elle est avant tout un mot d'ordre du machiavélisme. Dans l'univers de la raison d'Etat, le héros est de trop. Le héros avait tout sacrifié à l'Etat mais la promesse de Tulle à Horace : « Vis pour servir l'Etat » ne sera pas honorée. Conformément aux maximes de Machiavel, l'Etat n'est pas tenu de respecter son engagement puisque les circonstances ont changé. Le mouvement de Corneille vers l'approfondissement de la tragédie

21. Etienne Thuau, *op. cit.*, p. 330.

politique est celui de la rupture des engagements que l'Etat avait pris envers le héros.

Seule la mort du héros sauve l'Etat :

> Vous ne pouvez enfin qu'aux dépens de sa tête
> Mettre à l'abri la vôtre et parer la tempête.
>
> (I, 1, v. 101-102.)

Il faut songer à « la force des couronnes » (v. 106) et à « l'art de régner » (v. 108) plus qu'à « la timide équité » (v. 108) :

> La justice n'est pas une vertu d'Etat.
>
> (I, 1, v. 104.)

L'Etat est une force de modification : la raison et la justice d'Etat s'organisent autour du principe d'infraction universelle à l'état de droit :

> Et qui veut tout pouvoir doit oser tout enfreindre.
>
> (I, 1, v. 110.)

La politique et la démesure ont ici partie liée : Photin ne tolère pas la moindre limite au pouvoir d'Etat. Cela s'appelle la tyrannie. Quant à Ptolomée, la raison d'Etat lui donne un rôle à jouer, celui du supplétif de l'histoire :

> Qui punit le vaincu ne craint point le vainqueur.
>
> (I, 1, v. 116.)

La réponse d'Achillas est moins marquée par le machiavélisme. Le lieutenant général des armées du roi d'Egypte respecte la Providence :

> Je regarde son sang comme un sang précieux,
> Qu'au milieu de Pharsale ont respecté les Dieux.
>
> (I, 1, v. 119-120.)

Il distingue la nécessité du coup d'Etat de sa légitimité et, au-delà de cette distinction, estime que le meurtre de Pompée n'est pas nécessaire :

> Qui n'est point au vaincu ne craint point le vainqueur.
>
> (I, 1, v. 124.)

Achillas conclut que le crime n'est pas indispensable, que la neutralité suffit :

> Ne pas le secourir suffit sans l'opprimer.
>
> (I, 1, v. 131.)

Pompée avait jadis parlé en faveur du père de Ptolomée. Ptolomée parlera en faveur de Pompée. La reconnaissance d'Etat se limite à des « paroles ». L'authentique représentant de la prudence politique est ici Achillas : il a compris que l'Egypte ne gagnerait rien à s'engager dans un conflit qui la dépasse. Il propose donc de sauver Pompée, ou du moins de l'épargner, non pour des raisons morales mais au nom du réalisme politique. Ce militaire a l'habitude de mesurer les forces en présence et il devine que le jeu n'est pas favorable à l'Egypte. Le fait que Ptolomée écarte la solution d'Achillas prouve que l'affrontement entre le héros et l'Etat ne peut désormais être évité.

Septime, qui connaît et qui trahit Rome, se range à l'avis de Photin. Il rappelle les quatre possibilités offertes au roi d'Egypte pour traiter le cas de Pompée :

> Le servir, le chasser, le livrer vif ou mort.
>
> (I, 1, v. 164.)

La première est indigne d'un roi. La seconde, celle d'Achillas, ferait de Pompée un ennemi de Ptolomée, sans aucun bénéfice pour le trône d'Egypte. La troisième permettrait à César d'exercer une « fausse clémence » pour séduire Rome, d'être généreux sans risque. Seule donc la quatrième doit être retenue. Mais Septime sombre dans la démesure en voulant que Ptolomée se substitue à César :

> Il faut le délivrer du péril et du crime...
> Prendre sur vous le crime et lui laisser le fruit.
>
> (I, 1, v. 181-184.)

Septime plaide ainsi directement pour un abaissement de la fonction royale : il parle en Romain plus qu'en Egyptien.

Ptolomée, dont nous examinerons plus loin la faiblesse, suit l'avis de Photin et Septime. Il succombe en même temps au piège de la démesure et voit dans l'assassinat de Pompée un moyen de réduire « l'arrogance de Rome » (v. 193), d'abattre sa « superbe » (v. 195). Il donne l'ordre à Septime et à Achillas d'exécuter Pompée. Mais les choses n'en restent pas là : le roi d'Egypte poursuit la délibération avec le seul Photin. Un second problème apparaît qui est en réalité premier : la mort de Pompée est une affaire interne de la dynastie égyptienne. Le général romain détient le testament du père de Ptolomée et Cléopâtre.

Le coup d'Etat masquait une querelle de légitimité : la raison d'Etat était une raison d'intérêt. L'assassinat de Pompée renforce la position de Ptolomée au détriment de Cléopâtre qui était liée au Romain par une « vieille amitié » (v. 219). Il fallait tuer Pompée pour écarter Cléopâtre du trône. La raison d'Etat commandait de tuer Pompée. Elle commande maintenant que Ptolomée affermisse son autorité contre Cléopâtre, que les liens du sang cèdent à l'exigence monarchique :

Ce n'est pas que je veuille, en vous parlant contre elle,
Rompre les sacrés nœuds d'une amour fraternelle.
Du trône et non du cœur je la veux éloigner,
Car c'est ne régner pas qu'être deux à régner.
Un roi qui s'y résout est mauvais politique,
Il détruit son pouvoir quand il le communique.

(I, 2, v. 229-234.)

Le raisonnement qui valait pour Pompée vaut pour Cléopâtre : d'un côté la « disgrâce » et la « personne », de l'autre le « trône » et le « cœur ». La politique apparaît comme une force de division, elle défait l'unité héroïque de la personne et du personnage, de la nature et de l'histoire. Horace avait déjà accepté cette loi de l'Etat :

Ce droit saint et sacré rompt tout autre lien.
Rome a choisi mon bras, je n'examine rien.

(II, 3, v. 497-498.)

Rome justifiait tout dans *Horace* : la raison d'Etat rompait toute affection familiale. C'est la même logique qui est à l'œuvre dans *La Mort de Pompée* mais l'enjeu est moins grand : il est plus politique qu'historique. La tragédie politique est en fait une tragédie dynastique : Cléopâtre et Ptolomée ont les mêmes droits au trône d'Egypte. *La Mort de Pompée* est surtout, dans cette perspective, la première tragédie du désordre : la légitimité n'existe ni à Rome ni en Egypte et cette absence de légitimité reconnue explique la montée du machiavélisme.

Les machiavéliens sont d'ailleurs surpris : le mécanisme de la raison d'Etat est mis en échec par une crise de la nature — deux enfants ont droit au même trône — qui était un secret d'Etat :

Je n'en sais que penser et mon cœur étonné
D'un secret que jamais il n'aurait soupçonné,
Inconstant et confus dans son incertitude,
Ne se résout à rien qu'avec inquiétude.

(I, 4, v. 339-342.)

Photin est battu par Cléopâtre sur son propre terrain, celui des *arcana imperii*. La faiblesse essentielle du machiavélisme n'est pas morale mais politique : la logique du secret d'Etat n'a pas de fin, elle engendre le désordre au nom de la raison d'Etat. En détruisant les valeurs de l'héroïsme, la politique provoque un bouleversement général qui lui est néfaste puisqu'elle perd le contrôle des événements. Corneille joue sur les avantages que donne le théâtre pour mettre en scène les ressorts contradictoires du machiavélisme. Corneille condamne Machiavel au nom de l'efficacité politique : c'est la plus grave insulte que l'on puisse infliger au Florentin. Mais — nous y reviendrons — Corneille, pour obtenir cette victoire sur Machiavel, est contraint d'engager le héros dans l'arène politique : la résistance à la raison d'Etat sera aussi corruptrice que la raison d'Etat elle-même.

La dramaturgie gagne à cette politisation du monde cornélien. Ptolomée a une raison supplémentaire d'assassiner Pompée : c'est un moyen de se protéger contre l'amour de César et Cléopâtre. Parallèlement, le rôle des conseillers s'accroît (v. 352-354), le camp des politiques s'organise contre le camp des généreux, la tragédie politique s'élargit à tous les personnages qui seront des protagonistes d'Etat, qui défendront un « intérêt d'Etat ». L'irréparable s'accomplit avec l'assassinat de Pompée : le long récit d'Achorée est nécessaire à la compréhension de l'affrontement qui oppose la raison d'Etat à l'héroïsme. Pompée annonce Sertorius et Suréna :

> Ce héros voit la fourbe, et s'en moque dans l'âme...
> Sa vertu tout entière à la mort le conduit.
>
> (II, 2, v. 485-491.)

Pompée est un personnage tragique, une victime prédestinée (v. 515-516). Ce portrait du général romain souligne l'évolution du théâtre de Corneille : le héros est désormais un supplicié politique. L'assassinat de Pompée par Septime est le symptôme du dérèglement de l'univers. Il provoque :

> Un désordre soudain de toute la nature.
>
> (II, 2, v. 554.)

Ce vers est sans doute essentiel pour analyser les relations de la politique avec le système des valeurs cornélien. L'héroïsme politique d'Auguste était l'expression d'un ordre naturel. L'héroïsme d'Etat d'Horace était la conséquence d'un parricide, d'une agression contre la nature. Le héros n'était pas en réalité parvenu à dominer la contradiction entre son enracinement dans la nature et son emportement vers l'histoire. Pompée, condamné par l'histoire, est du côté de la nature. L'accomplissement de son destin, qui est aussi celui de Rome, provoque donc la rupture de l'ordre de la nature. Pompée fait la première expérience de l'échec du héros qui ne peut plus gagner, en même temps, dans l'ordre de l'histoire et dans l'ordre de la nature. La politique étant le moyen mis en œuvre par l'histoire, elle est avant tout une anti-nature. Le meurtre de Camille n'était pas l'exception. Il était la règle. Ce désordre de la nature marque aussi que les Dieux ne se reconnaissent pas dans le meurtre de Pompée : le désordre de la nature est une condamnation de la politique par l'ordre surnaturel. L'héroïsme était l'allié de la Providence. La politique sera la complice du Destin.

Pompée est donc mort. César arrive en Egypte. Mais la mort de Pompée, qui était nécessaire, devient inutile si Cléopâtre et César menacent Ptolomée. Le roi d'Egypte est prêt à tuer sa sœur : il existe une logique du crime comme il existait une contagion de la clémence. Mais Photin, qui conseillait d'assassiner Pompée, suggère d'épargner Cléopâtre (v. 680-714) : l'heure est au compromis, à l'hypocrisie. Il faut feindre quand on ne détient pas la force. Il faut se soumettre à César quitte à subir quelques désagréments de Cléopâtre. Il faut que César revienne à Rome pour « changer à son gré la forme de l'Etat » (v. 696) avec peut-être le secret espoir que les caprices du tyran éveillent la passion d'un Brutus. Ptolomée doit être, pour reprendre la distinction de Machiavel, plus renard que lion. La politique est l'art du temps, l'art de jouer avec et contre le temps : elle dissimule autant qu'elle manipule. Mais cela est encore insuffisant puisque César n'est pas dupe. Il faut donc envisager l'assassinat de César.

Ptolomée réunit ses conseillers dans cette perspective et la réunion de cabinet s'ouvre sur la nouvelle de l'exécution de Septime ordonnée par César. La logique du crime se développe : après Pompée et Cléopâtre, César. *Cinna* était construite dans un mouvement de conversion générale à la personne d'Auguste : *La Mort de Pompée* se construit comme une série programmée de crimes politiques. Corneille est passé d'un Etat garantissant la synthèse des valeurs de l'héroïsme à une raison d'Etat organisant l'assassinat des héros. Photin, qui conseillait, par prudence, de ne pas tuer César, conseille maintenant de l'assassiner. Il tombe ainsi dans le même péché de démesure que Septime puisqu'il croit libérer Rome de deux tyrans. Ici encore la force sera le droit :

> Justifions sur lui la mort de son rival.
>
> (IV, 1, v. 1104.)

Ce vers est la réponse exacte à l'affirmation de Ptolomée :

> ... et le droit de l'épée
> Justifiant César a condamné Pompée
>
> (I, 1, v. 13-14.)

Mais la raison d'Etat n'est pas celle des Dieux. Seul un Romain peut tuer un Romain ou sauver un Romain : Septime tue Pompée, Cornélie sauve César, Brutus tuera César. Le destin de Rome n'est pas tout entier soumis, comme le pense Photin, aux calculs de la cour du roi d'Egypte. La démesure politique de Photin ne pourra rien contre l'avenir providentiel de Rome. La Providence a laissé tuer Pompée, comme elle laissera tuer César, comme elle empêchera de tuer Auguste pour une seule raison : elle seule connaît le futur, elle seule maîtrise le temps. Si le meurtre de César n'a pas lieu, il est préparé avec minutie : la politique est un art, le machiavélisme est une technique. Achillas propose un plan compliqué — trop compliqué puisque Cornélie en apprendra le contenu et dénoncera le complot à César — fondé sur l'utilisation d'un souterrain, d'« une secrète issue » (v. 1146). Symboliquement, Corneille met en scène tous ces détails pour faire apparaître la politique telle qu'elle est : la raison d'Etat ne peut l'emporter qu'en avançant cachée sous la surface de la terre. Imagine-t-on Horace tuant Camille dans une « secrète issue » ? César ne peut être tué que par surprise ou en raison de son manque de prudence (v. 1145-1151). La politique utilise la force contre les faibles et la ruse contre les forts : c'est le contraire même de l'héroïsme. Comment un compromis serait-il possible entre l'Etat et le héros dans de telles conditions ? César ne mourra donc pas. Ptolomée tombera au combat alors que César avait donné l'ordre de l'épargner : le roi d'Egypte se rachète par sa mort en refusant de survivre à son échec politique et à son déshonneur. Cléopâtre sera seule reine légitime. Cornélie poursuivra la guerre civile, César accomplira son destin.

Tout semble donc rentrer dans l'ordre. En fait, l'ordre n'est plus qu'un simulacre. *La Mort de Pompée* est la contre-épreuve de *Cinna* comme *Théodore* sera la contre-épreuve de *Polyeucte*. Avant de se heurter au double problème de la monstruosité et de la complexité qui éclatera dans *Rodogune* et *Héraclius*, avant de mettre en scène la crise absolue de la nature, Corneille entend vérifier deux hypothèses. Que deviendrait *Cinna* si l'Etat n'était qu'une raison d'Etat ? Que deviendrait *Polyeucte*, si la foi était dégradée d'espérance de salut en moyen de pression ? Corneille a pressenti la fragilité du succès historique d'Auguste et du triomphe surnaturel de Polyeucte. Il éprouve la nécessité de « vérifier » ce succès et ce triomphe en modifiant les règles du jeu. *La Mort de Pompée* déplace la scène de Rome vers Alexandrie en même temps qu'elle puise ses sources dans la guerre civile dont *Cinna* marquait l'heureux dénouement. Ce déplacement géographique et cette régression chronologique ne sont pas gratuits : Pompée et César ne sont plus dans Rome et se trouvent à la merci d'une cour plus ou moins soumise à Rome. Rome et Alexandrie affrontent chacune une crise de légitimité. Ce désordre de l'histoire atteint les pôles d'équilibre naturels : les parricides de Pharsale sont la cause première du déséquilibre, de l'obscurcissement des voies de la Providence. Les Dieux eux-mêmes n'avaient pas choisi et Pharsale a choisi pour eux César contre Pompée. L'ordre du ciel étant moins clair, la générosité ne suffisant plus à triompher, la valeur n'étant plus reconnue, les hommes doivent choisir leur voie sans les Dieux : ils doivent organiser l'histoire au lieu de suivre la Providence. Pharsale a rendu les hommes maîtres de leur destin ou du moins leur a permis de le penser, ne fût-ce qu'un instant : le désordre des hommes s'instaure dans le silence des Dieux. L' « obscure clarté » chère à Corneille n'était pas une image vaine : le poète a renversé les conditions de perception de l'ordre providentiel. Dans un monde obscurci, le héros ne peut plus ni éblouir ni être ébloui : telle est la condition tragique de Pompée. On pense au vers célèbre de la poésie latine :

> Ibant obscuri sola sub nocte.

La marche solitaire du héros devient une démarche obscure. Cette solitude vaut condamnation à mort : les généreux s'organiseront donc pour résister et pour survivre. Au camp de Ptolomée, Photin, Achillas et Septime, s'opposera le camp de César, Cléopâtre et Cornélie. Il n'y a plus un héros, mais des héros : la raison d'Etat a fait éclater un système de valeurs unique en plusieurs personnages, tout l'effort de conversion mené dans *Cinna* est inutile. Le mouvement ascendant et rédempteur du théâtre de Corneille se brise : au dénouement de *Cinna*, les adversaires d'Auguste étaient des convertis; au dénouement de *La Mort de Pompée*, les adversaires de César ne seront plus que des cadavres. La logique de l'élimination physique l'a emporté : de même que Ptolomée voulait tuer, pour régner, Pompée, Cléopâtre et César, de même César, pour survivre, est contraint de tuer, même sans le vouloir, tous les politiques de la cour d'Egypte. Dans un monde clair, la conversion était possible. Dans un monde obscur, l'assassinat est nécessaire. Une grandeur ne cesse pas d'être grande en reconnaissant une autre grandeur. Une force cesse d'être forte en admettant une autre force. Telle est l'amère expérience de *La Mort de Pompée*.

Le proxénétisme d'Etat : Théodore, *contre-épreuve de* Polyeucte *?*

Les choses étaient obscures dans *La Mort de Pompée*. Elles ne seront que trop claires dans *Théodore* qui met en scène l'affrontement de la nature et de l'histoire, de la personne et de l'Etat. *Polyeucte* assurait la transcendance chrétienne de l'Etat. *Théodore* détermine l'immanence politique du christianisme. Le martyre autorisait la fondation de l'Etat chrétien. La prostitution permet l'utilisation politique d'une foi enracinée dans la nature. Dans *La Mort de Pompée*, la raison d'Etat s'infiltrait dans les failles de l'histoire. Dans *Théodore*, elle se développe dans les failles de la nature : la féminité de la chrétienne devient un instrument. Polyeucte croyait que rien n'était pire que la mort. Théodore découvre que la mort n'est rien à côté de la prostitution. La grandeur du courage devant la privation de la vie ne suffit plus. Le héros doit exercer sa grandeur de courage pour résister à la dénaturation de la nature par la raison d'Etat. Auguste avait trouvé « l'art d'être maître des cœurs ». Dans *Théodore*, l'Etat cherche le moyen d'être tyran des corps. Sur ce point, comme sur celui des rapports de la justice avec la force, Corneille n'est guère éloigné de Pascal. Qu'est-ce en effet que la tyrannie selon Pascal ? « La tyrannie consiste au désir de domination universel et hors de son ordre... La tyrannie est de vouloir avoir par une voie ce qu'on ne peut avoir par une autre »[22]. Valens dans *Théodore* confond l'ordre de la nature et l'ordre de l'histoire en soumettant le premier au second. L'Etat ne supporte plus l'existence de la moindre parcelle de liberté naturelle : l'Etat tout entier veut dominer, c'est-à-dire asservir la nature tout entière. Comme cette exigence « totalitaire » n'est fondée ni en nature ni en raison, elle ne peut devenir réalité que par l'usage de la force. Dans *Cinna*, l'Etat convertissait. Dans *Polyeucte*, il se convertissait. Dans *Théodore*, il contraint. Ne pouvant obtenir l'impossible par une voie, Valens essaie de l'obtenir par une autre. Ptolomée tuait Pompée. Valens prostituera Théodore. L'histoire causait la mort de Pompée. La nature sera l'instrument de supplice de Théodore. Tout l'art de la raison d'Etat est d'utiliser la nature, valeur constitutive de l'héroïsme, pour détruire le héros. La tragédie politique est ici la mise en scène de la torture du corps. Rodrigue et Chimène revendiquaient leur nature. Théodore paie cruellement le prix de cette revendication. Si le héros appartient à la nature, la nature sera un moyen de l'opprimer. Théodore est victime de la nature comme Pompée est victime de l'histoire. L'apothéose de Polyeucte, comme le succès d'Auguste, était une victoire en trompe-l'œil. Le héros avait tout sacrifié sans rien gagner.

La pièce fut un échec. La critique reste, dans l'ensemble, sévère. « *Théodore* n'ajoute ni à la gloire ni à la connaissance de Corneille... *Théodore* ne marque pas le début d'un déclin. Elle n'est pas non plus une parenthèse ni un accident dans une œuvre où les réussites ne peuvent pas être égales. Il se dégage de l'Examen lucide de 1660 que Corneille s'est arrêté à un mauvais sujet. Le point de départ du martyre le gêne plus qu'il ne le sert. Le thème politique n'y est qu'implicite »[23]. Le réquisitoire d'André Stegmann nous semble excessif en ce qu'il méconnaît l'importance de la

22. Pascal, *Œuvres complètes*, *op. cit.*, Papiers classés, III, 58, p. 506-507.
23. André Stegmann, *op. cit.*, t. II, p. 597.

pièce dans l'évolution de Corneille et dans la progression de sa réflexion. Ainsi l'enjeu politique est-il, à notre avis, explicite. Ainsi le choix du martyre est-il très opportun pour interpréter les limites du salut de Polyeucte. Marie-Odile Sweetser a montré, dans une perspective dramaturgique, le lien entre les deux tragédies chrétiennes : « Des différences essentielles existent entre *Polyeucte* et *Théodore*. Au mouvement ascendant, triomphal de sa première tragédie chrétienne, Corneille substitue un mouvement descendant et destructeur, sans ouverture sur un autre monde, sans conversion, sans transfiguration. A l'admiration et au sublime il substitue la pitié et l'horreur devant les effets dévastateurs de la haine »[24]. *La Mort de Pompée* et *Théodore* se caractérisent en effet par un sentiment de descente aux enfers de l'héroïsme après l'ascension du héros dans *Cinna* et *Polyeucte* : l'inversion du mouvement dramatique figure l'inversion de la réflexion politique, la tragédie ouverte devient une tragédie fermée. Jean Schlumberger reprend les critiques menées par l'abbé d'Aubignac au nom des bienséances : « L'étrange sujet d'une vierge chrétienne soumise au supplice du lupanar eût demandé d'infinies précautions que l'auteur n'a pas prises »[25]. Robert Brasillach, dans le même esprit, est encore plus sévère pour Corneille : « Il n'y a pas beaucoup de maisons closes dans notre théâtre, et celles que nous connaissons sont en général de peu de distinction. On ne peut s'attendre à une réussite lorsqu'on écrit leur épopée en style de récit de Théramène et lorsqu'on veut composer "*Le train de 8 h 47*" de la tragédie »[26]. Corneille avait réfuté à l'avance ces critiques dans l'Examen : « Dans cette disgrâce, j'ai de quoi congratuler à la pureté de notre scène, de voir qu'une histoire qui fait le plus bel ornement du second livre des *Vierges* de saint Ambroise, se trouve trop licencieuse pour y être supportée. Qu'eût-on dit si, comme ce grand docteur de l'Eglise, j'eusse fait voir cette vierge dans le lieu infâme ? si j'eusse décrit les diverses agitations de son âme pendant qu'elle y fut ? si j'eusse peint les troubles qu'elle ressentit au premier moment qu'elle vit entrer Didyme ? C'est là-dessus que ce grand saint fait triompher cette éloquence qui convertit saint Augustin, et c'est pour ce spec-

24. Marie-Odile Sweetser, *op. cit.*, p. 145.
25. Jean Schlumberger, *op. cit.*, p. 135.
26. Robert Brasillach, *op. cit.*, p. 179.

tacle qu'il invite particulièrement les vierges à ouvrir les yeux. Je l'ai dérobé à la vue, et, autant que je l'ai pu, à l'imagination de mes auditeurs ; et, après y avoir consumé toute mon industrie, la modestie de notre théâtre a désavoué ce peu que la nécessité de mon sujet m'a forcé d'en faire connaître »[27]. Loin de prêcher contre les bienséances, Corneille a parfaitement respecté les nécessités du sujet : la critique moralisatrice n'apporte rien à l'interprétation de *Théodore*. Octave Nadal met en cause la cohérence de la pièce : « Développée à la fois selon une optique chrétienne et selon une optique païenne, la tragédie perd son unité. Médiévale et de type cornélien, elle reste sans équilibre et manque de conviction »[28]. *Théodore* est en effet la mise en scène du déséquilibre entre l'ordre politique et l'ordre surnaturel. Mais ce déséquilibre n'est pas celui de l'œuvre elle-même qui trouve son unité dans le risque de déchéance universelle. L'analyse de Serge Doubrovsky nous paraît plus convaincante : elle ne se limite pas à une réhabilitation de *Théodore*, elle insiste sur l'importance de cette tragédie chrétienne par rapport à l'œuvre de Corneille. « La virginité prostituable, c'est le héros devenu, malgré son courage et sa préparation à la mort, radicalement vulnérable, dans la mesure où il est existence physique... Théodore, c'est Polyeucte mis à nu »[29]. *Polyeucte* convertissait la nature et l'histoire à un ordre surnaturel. *Théodore* marque la double dépendance du héros envers le corps et l'Etat, envers la « chair » et le « monde ». Les « honteux attachements » dont Polyeucte se libérait par un effort de volonté et avec l'aide de la grâce sont une double entrave pour Théodore puisque l'histoire utilise la nature pour la déshonorer : « La fuite de Théodore devant le corps appelle l'utilisation de celui-ci par Marcelle »[30]. La raison d'Etat profite des faiblesses de la nature comme elle profiatit des failles de l'histoire. Serge Doubrovsky enfin trace le chemin de la pensée cornélienne tel qu'il s'exprime dans *Théodore* : « La détérioration de la violence en viol, de la domination en prostitution, traduit le même échec, la même incapacité à atteindre la Maîtrise que le "crime d'Etat" prôné par Photin dans *La Mort de Pompée*. Le machiavélisme, c'est la transposition et l'équivalent sur le plan

27. *OC* II, p. 271.
28. Octave Nadal, *op. cit.*, p. 219.
29. Serge Doubrovsky, *op. cit.*, p. 284-285.
30. *Ibid.*, p. 285.

politique du "sadisme" sur le plan existentiel. Il s'agit de deux faces complémentaires de la même dégradation »[31]. Le héros tragique est tout à fait bon : il est une victime. L'Etat est tout à fait méchant : il est un bourreau. Le proxénétisme d'Etat accomplit dans la nature ce que la raison d'Etat avait commencé dans l'histoire : « la démolition du héros ».

Quelles sont donc, dans *Théodore*, les conditions de la tragédie ? Placide, fils de Valens, gouverneur d'Antioche est amoureux de la princesse Théodore mais sa belle-mère, Marcelle, veut qu'il épouse sa fille Flavie. Marcelle utilise son influence pour que Placide soit nommé gouverneur d'Egypte; mais cette nomination politique n'est pas un don. Placide est conscient de ce chantage qui repose sur un trafic d'influence : Marcellin, frère de sa belle-mère, « peut tout sur l'Empereur » (v. 22) et Marcelle utilise ce poids politique pour contraindre Placide à épouser Flavie (v. 18). Marcelle échange le cœur de Placide contre le poste de gouverneur. Avant même que ne se pose le problème de la place des chrétiens dans l'Etat, la prostitution matrimoniale et politique existe. La notion de « change » que réprouvaient Rodrigue et Camille, que Félix appréciait en voulant substituer Sévère à Polyeucte, est maintenant d'usage courant dans l'Etat : la scène politique est un marché où les sentiments s'échangent contre des postes. Corneille n'avait pas insisté en vain sur le goût de Félix pour la carrière : le pouvoir est devenu une monnaie d'échange. Dans ce monde de troc, l'anonymat l'emporte sur la personne : le mot « on » est de plus en plus fréquent (v. 18, 19, 43, 50, 51, 52...) Certes ce « on » désigne Marcelle mais il évoque aussi l'Etat qui utilise sa force pour contraindre les personnes : ici encore le mercantilisme rejoint le machiavélisme. Le conflit tragique apparaît dès que Placide manifeste son refus de céder au chantage politique :

> On perd temps toutefois, ce cœur n'est point à vendre.
>
> (I, 1, v. 19.)

On pense au vers de *Cinna* :

> Mais le cœur d'Emilie est hors de son pouvoir.
>
> (III, 4, v. 943.)

31. *Ibid.*, p. 287.

L'ordre du cœur et l'ordre de la politique sont irréductibles l'un à l'autre. Tant que la distinction des ordres est respectée, la tragédie est écartée. Dès que la confusion des ordres intervient, dans un sens ou dans un autre, la tragédie est fatale. Le chantage politique ne commence pas avec le mariage de Placide. Valens, son père, était un proscrit qui, pour sauver sa tête, accepta d'épouser Marcelle :

> Lui-même il se livra pour rançon de son bien.
> Dès lors on asservit jusques à mon enfance.
>
> (I, 1, v. 42-43.)

Le thème avait été esquissé dans *Cinna*, sous une autre forme (v. 1441). L'enfant est un otage politique. Les termes évoquant le commerce se multiplient : échange, vendre, confisqué, rançon. Placide se trouve prisonnier du passé et désarmé devant l'avenir : il est exactement le contraire d'un héros.

> Le passé sur mon cœur ne peut rien obtenir,
> Et je laisse au hasard le soin de l'avenir.
>
> (I, 1, v. 69-70.)

Imagine-t-on Rodrigue tenant un tel langage ? Le Cid puisait dans sa naissance la grandeur de son ambition et dans l'avenir les moyens de l'assouvir. Placide résiste à sa dépendance envers le passé mais il se livre au hasard, se condamne à l'impuissance. Placide, voulant fuir avec Théodore, aspire au statut de héros :

> Nous ne recevrons plus de loi que de nous-mêmes.
>
> (I, 1, v. 116.)

mais ce désir d'autonomie reste sans effet.

La tragédie naît donc de la contrainte du « change ». Cette contrainte est le reflet d'une confusion des ordres que le dialogue entre Marcelle et Placide restitue avec force :

> — Je l'oublierais, ingrat, si pour tant de puissance
> Je recevais de vous quelque reconnaissance.
> — Et je m'en souviendrais jusqu'aux derniers abois,
> Si vous vous contentiez de ce que je vous dois.
>
> (I, 2, v. 179-182.)

Placide doit à Marcelle le respect dû à sa belle-mère. Il ne lui doit pas d'épouser Flavie. Corneille n'est pas ici très éloigné de la problématique pascalienne du *Second discours sur la condition des Grands*.

Marcelle exige de Placide une reconnaissance qu'elle n'est pas en droit d'exiger et elle utilise le levier du pouvoir politique pour obtenir satisfaction : la confusion des ordres est la première forme de la tyrannie. Le monde cornélien subit le risque du désordre et celui des meurtres en série. Placide, craignant que Marcelle n'attente à la vie de Théodore, n'hésite pas à menacer (v. 225-236) :

> Je vous irais chercher jusqu'au lit de mon père.
>
> (I, 2, v. 232.)

La confusion des ordres mène au parricide. Ce thème apparaît avec celui de la vengeance (v. 246). Marcelle veut contraindre les amants mais elle méconnaît le sentiment de l'amour. Elle a oublié l'exemple de Curiace et Camille (*Horace*, v. 1781-1782) lorsqu'elle affirme :

> L'amour va rarement jusque dans un tombeau
> S'unir au reste affreux de l'objet le plus beau.
>
> (I, 3, v. 261-262.)

Marcelle, dominée par la passion de vengeance, croit que le pouvoir d'Etat est toujours le plus fort. Elle se trompe : l'amour résiste à la raison d'Etat surtout si celle-ci est le masque de la raison d'intérêt. Force d'oppression de l'amour, la politique est aussi une force de destruction des lois du sang. Voyant arriver Valens, Marcelle proclame :

> Je vais forcer le père à me venger du fils.
>
> (I, 3, v. 274.)

La vengeance utilise le rapport de forces politique pour dénaturer la nature : tel est le mouvement tragique de la pièce. La tragédie chrétienne se greffera sur une tragédie politique dont les enjeux sont conformes à la pensée cornélienne. Tous les personnages que Corneille introduit avant l'entrée en scène de Théodore sont des êtres plongés dans le désordre des passions. La politique elle-même s'est dégradée : elle était un enjeu dans *La Mort de Pompée*, elle sera un alibi dans *Théodore*.

Dans ce désordre passionnel, la suspicion est universelle, la politique se fait policière :

> Aussi bien que le fils, le père m'est suspect.
>
> (I, 4, v. 293.)

Valens est soupçonné de ne pas faire suffisamment pression sur son fils. Cette faiblesse du gouverneur d'Antioche conduit Marcelle à exiger la mort de Théodore coupable, non pas d'aimer, mais d'être aimée :

> Ce n'est pas son hymen, c'est sa mort que je veux.
>
> (I, 4, v. 314.)

Puisque Théodore n'aime personne, puisqu'on ne peut lui proposer personne en échange de Placide, on décide de la tuer. Avant d'être une victime de la raison d'Etat, Théodore est une victime de la vengeance privée. L'effort héroïque de maîtrise des passions qui avait dominé le théâtre de Corneille du *Cid* à *Polyeucte* était indispensable : lui seul préservait les personnages de la catastrophe qu'est la soumission de l'être humain à la vengeance ou au désir. Cet effort, qui semblait parfois hors de proportion avec les enjeux immédiats, ne sera jamais assez grand pour obtenir le contrôle des pulsions. L'horreur du héros pour le change était le seul moyen d'éviter cette mise à l'encan des sentiments, cette trahison de la sensibilité, cette utilisation de la sensualité.

La politique va intervenir pour maquiller l'intérêt privé en intérêt d'Etat. C'est parce qu'il n'existe aucune véritable raison de tuer Théodore que la jeune princesse mourra au nom de la raison d'Etat :

> ... Théodore est chrétienne.
> C'est la cause des Dieux, et ce n'est point la mienne.
>
> (I, 4, v. 319-320.)

La raison d'Etat a ses raisons que la raison ne connaît pas. Etienne Thuau cite, sur ce point, une phrase de Saint-Evremond qui s'adapte fort bien à la situation de Théodore : « Les crimes d'Etat sont les crimes ordinaires des innocents qu'on veut opprimer »[32]. Si d'ailleurs on se réfère à la grille établie par Naudé pour apprécier la nécessité de commettre un coup d'Etat, on mesure la distance qui sépare *Théodore* de *La Mort de Pompée*. Naudé rappelle en effet que le procédé doit être mis en œuvre par nécessité d'Etat et non par caprice ou intérêt personnel. Or Marcelle exige de Valens qu'il exécute un coup d'Etat contre Théodore alors que la

32. Etienne Thuau, *op. cit.*, p. 44.

jeune fille ne représente aucun danger pour le pouvoir : l'argumentation de Sévère dans *Polyeucte* (v. 1438-1440) reste exacte. La décision d'assassiner Pompée avait des mobiles d'ordre politique : Photin, en le suggérant à Ptolomée, servait le roi d'Egypte; il ne défendait pas un intérêt personnel ou familial. La décision d'assassiner Théodore n'a aucun mobile d'ordre politique : dans la dégradation universelle qui atteint l'univers cornélien, la raison d'Etat se trouve elle-même dégradée. Marcelle évoque l'influence de son frère sur l'empereur pour contraindre Valens : la politique est désormais au service de la passion, tout l'effort d'Auguste pour arracher l'exercice du pouvoir à la domination des passions est annihilé.

Théodore ne succombe pas à la tentation de confusion des ordres. Elle témoigne de son attachement à l'ordre politique (v. 351-352). Elle distingue l'ordre social de l'ordre des sentiments en avouant son inclination pour Didyme :

> En rendant aux grandeurs un respect légitime,
> J'honorerais Placide et j'aimerais Didyme.
>
> (II, 2, v. 387-388.)

Théodore accède à l'héroïsme, dont elle retrouve l'accent et le vocabulaire :

> Voilà quelle je suis et quelle je veux être.
>
> (II, 2, v. 407.)

Elle comprend la menace et dénonce, comme Placide, le chantage politique : le mot « on » apparaît de nouveau à plusieurs reprises (v. 424-426). Plus le héros est singulier, plus l'Etat est anonyme. Théodore deviendra une ennemie d'Etat par le seul fait qu'elle appartient à la communauté héroïque. Elle se heurte à Marcelle qui tente de la contraindre à l'aveu :

> Ou vous aimez Placide ou vous êtes chrétienne.
>
> (II, 4, v. 564.)

Théodore reconnaîtra et proclamera sa foi non sans avoir compris le piège tendu par Marcelle :

> Ma désobéissance est ce que vous voulez.
>
> (II, 4, v. 562.)

L'intérêt des Dieux sera la gloire de Théodore (v. 574-575). La mort de Théodore assurera un époux à Flavie (v. 570) comme la mort de Polyeucte était un « change avantageux » pour Félix. Corneille construit volontairement une scène qui rappelle certains aspects de *Polyeucte* mais qui s'en éloigne sur un point essentiel : Marcelle n'est pas un personnage faible ou médiocre comme Félix. Il reste que le héros risque désormais de ne triompher qu' « en idée » (v. 580). Cléopâtre laissera aussi à Antiochus un triomphe « en idée » (v. 1395). Le triomphe du héros n'intervient plus dans la nature ou dans l'histoire mais après la mort. La monstruosité triomphe ici-bas. L'héroïsme triomphera dans l'au-delà. Le héros n'a plus droit de cité sur la scène politique.

La victime facilite le rôle du bourreau.

> Puisque je suis chrétienne, il suffit pour mourir.
>
> (II, 5, v. 610.)

déclare Théodore à Valens, et Marcelle semble répondre en écho :

> Qu'elle meure, il suffit.
>
> (II, 6, v. 631.)

Marcelle exige la mort de Théodore, sans plus :

> Otez-nous cet obstacle à nos contentements
> Mais en faveur du sexe épargnez les tourments.
>
> (II, 6, v. 629-630.)

Valens, parce qu'il est un faible, portera l'horreur et la monstruosité plus loin encore que ne le demandait sa femme. Lui qui reprochait à Marcelle d'abuser de sa puissance et d'immoler l'innocence de Théodore (v. 315-316) est maintenant le plus violent (v. 652-654) : la mort ne suffit pas pour triompher de Théodore, il faut recourir à l' « ignominie ». Valens ne comprend pas que cette cruauté déshonore le bourreau autant qu'elle blesse la victime. La prostitution de Théodore, dont Valens donne l'ordre (v. 707), est un supplice couramment pratiqué à Rome contre les chrétiens. En prostituant Théodore, Valens agit donc en bon courtisan de l'empereur, en gouverneur loyal envers l'Etat. En ce sens, le proxénétisme est une figure extrême de la raison d'Etat puisque le supplice de la prostitution des chrétiens « plaît à l'empereur » (v. 665). La prostitution de Théodore a une signification précise dans l'évolution du système cornélien : par la prostitution, Valens retourne l'héroïsme contre lui-même. La « vertu » de Théodore est son « bourreau »

(v. 730). L'héroïsme n'est pas condamné ou menacé de l'extérieur mais de l'intérieur.

Théodore se trouve en effet dans une aporie qui paralyse la volonté :

> Le choix est inutile où les maux sont extrêmes.
>
> (III, I, v. 771.)

Polyeucte refusait d'être idolâtre et chrétien. Théodore refuse de choisir :

> Entre l'idolâtrie et l'impudicité.
>
> (III, I, v. 770.)

Par le refus du choix, Théodore laisse à l'Etat toute la responsabilité de ses actes : il ne saurait y avoir ni dialogue ni compromis entre le bourreau et la victime. Théodore utilisera bientôt l'amour de Placide pour demander au jeune homme de la tuer (v. 890) : la mort était une épreuve initiatique pour l'héroïsme, elle devient une nécessité métaphysique. C'est parce que le dérèglement de la raison d'Etat a permis la prostitution, supplice plus grave que la mort puisqu'il dénature la nature au lieu de supprimer la vie, que le désordre des valeurs s'amplifie : Placide doit tuer Théodore par amour. Cette logique de l'absurde conduit à une logique du mensonge et de la dissimulation. Marcelle accepte de plaider en faveur de Théodore auprès de Valens mais elle demande, en échange, à Placide de manifester, envers Flavie, « une fausse pitié », « une feinte douceur », « une ombre d'amitié » (v. 1061-1062). Placide est atteint par cette contagion d'hypocrisie :

> Qui veut que je la trompe a droit de me tromper.
>
> (IV, I, v. 1122.)

Aucun des protagonistes n'agit plus à visage découvert. Cela explique le salut de Théodore sauvée par un subterfuge de Didyme : la substitution est le seul remède à la prostitution. Il semble que Corneille veuille ici mettre en scène les conséquences les plus lointaines du « change » et de la confusion. Le héros ne peut plus se sauver ni être sauvé dans la clarté. Didyme est à la place de Théodore comme Carlos voudra, dans *Don Sanche*, occuper la place d'un comte. L'une des formes de la tragédie réside dans cette impossibilité pour chacun d'être à sa place : les places deviennent, comme les personnes, interchangeables. La nature elle-même est déroutée puisqu'un homme peut prendre la place d'une femme sans que personne s'en aperçoive. La politique fait voler en éclats la société aristocratique. Dans *Le Cid*, Rodrigue était à sa place en étant ce qu'il était. Dans *Théodore*, l'héroïne n'est pas à sa place, n'a pas son identité, puisqu'elle déguise sa féminité. Imagine-t-on Chimène, Camille et Pauline renonçant, ne fût-ce qu'un instant, à leur féminité ? Il est vrai que Théodore n'a pas le choix : elle renonce, en apparence, à sa féminité pour la sauver en réalité. Didyme ne manque pas de lui rappeler l'enjeu :

> Fuyez sous mon habit, et me laissez de grâce
> Sous le vôtre en ces lieux occuper votre place.
> C'est par ce moyen seul qu'on peut vous garantir,
> Conservez une vierge en faisant un martyr.
>
> (IV, 5, v. 1439-1442.)

Un seul mot, celui de « moyen », mesure l'évolution du système de valeurs héroïque. La vierge et le martyr marquent le double triomphe du christianisme dans la nature et au-delà de la nature. Mais Théodore et Didyme se sauvent l'un par l'autre. Polyeucte se sauvait seul. En contraignant le héros à se dédoubler, la raison d'Etat hypocrite de Valens a souligné la faiblesse du héros. Polyeucte ne s'intéressait qu'aux fins. Théodore et Didyme doivent s'attacher aux moyens. Le héros seul n'est plus assez fort pour résister à la politique : Corneille parvient à la même conclusion que dans *La Mort de Pompée*. Le danger est d'autant plus grand que le « change » ne se limite pas aux habits :

> De sort comme d'habits nous avons su changer.
>
> (V, 5, v. 1629.)

répond Didyme à Théodore qui voulait reprendre sa place :

> Rends-moi, rends-moi ma place, assez et trop gardée.
>
> (V, 5, v. 1619.)

L'héroïsme risque d'être compromis dans cette logique du change puisque les héros eux-mêmes ne sont plus, l'un par rapport à l'autre, à leur vraie place. Théodore et Didyme se retrouveront dans une attitude commune de provocation face à Marcelle : le couple de chrétiens succède à Polyeucte, héros de Dieu. Polyeucte était assez fort pour que son martyre inaugurât un mouvement général de conversion. Théodore et Didyme sont trop faibles pour convertir : ils sont là pour subir la passion de vengeance qui anime Marcelle et mourir avec sainteté. Marcelle :

> Jouit de sa vengeance, et d'un regard avide
> En cherche les douceurs jusqu'au cœur de Placide,
> Et tantôt se repaît de leur dernier soupir...
>
> (V, 5, v. 1819-1821.)

Médée, Cléopâtre et Rodélinde ne sont pas loin. De même que la prostitution allait au-delà de la mort dans la cruauté que l'Etat exerçait contre sa victime, de même le bourreau éprouve de la jouissance à la vue des morts. Le sang de Polyeucte convertissait. Le sang de Théodore et Didyme corrompt. *La Mort de Pompée* mettait en scène l'action de la vraie raison d'Etat : Ptolomée et Photin n'éprouvaient aucune jouissance à tuer Pompée. *Théodore* fait apparaître une raison d'Etat asservie à la passion d'une femme qui détient le pouvoir politique : cette femme prend plaisir à l'assassinat de ses ennemis. Corneille est passé de la logique politique du meurtre à la jouissance passionnelle de la cruauté. Cette cruauté est contagieuse : Placide s'est frappé du poignard arraché au corps de Théodore et vient, couvert de sang, s'effondrer aux pieds de son père. Ce suicide est en fait un parricide déguisé :

> Pour ne point violer les droits de la naissance,
> Il fallait que mon bras s'en mît dans l'impuissance.
> C'est par là seulement qu'il s'est pu retenir,
> Et je me suis puni de peur de te punir.
>
> (V, 9, v. 1867-1870.)

Tel est l'aboutissement du désordre : le fils se tue pour ne point tuer le père. La catastrophe est le seul effet de la confusion.

Il nous semble utile de relier *Théodore* à *Polyeucte*, malgré les réticences de Georges Couton[33] et André Stegmann[34]. *Théodore* ne contredit pas *Polyeucte* comme *La Mort de Pompée*, à notre avis, réfute *Cinna*. Corneille, cependant, fidèle au principe de développer sa réflexion autour d'un certain nombre d'hypothèses, s'interroge sur la destinée d'un chrétien qui est condamné par le pouvoir politique. Le « remplacement » d'Auguste par Pto-

33. Georges Couton, *Corneille*, *op. cit.*, p. 117.
34. André Stegmann, *op. cit.*, t. II, p. 593.

lomée, de Félix par Marcelle, de la mort par la prostitution, est une méthode qui permet au poète d'utiliser la continuité dramaturgique en modifiant, à sa convenance, un certain nombre de données. Quel est, dans cette perspective, l'apport de cette seconde pièce chrétienne à la tragédie politique ? Félix était un faible, Valens également. Marcelle est un monstre. La tragédie éclate toujours lorsque ceux qui détiennent le pouvoir d'Etat abandonnent les valeurs construites par l'héroïsme depuis *Le Cid*. Dès qu'elle cesse d'exprimer l'héroïsme, la politique — au sens d'exercice du pouvoir — devient tragique car elle traduit une soumission aux passions. Ptolomée était dominé par la passion du trône, Marcelle par la vengeance : le premier est le contraire d'Auguste, la seconde est la sœur jumelle de Cléopâtre. Cette domination des passions étouffe la raison naturelle. La raison d'Etat pallie les défaillances de la raison. Avec *Théodore*, Corneille introduit la démesure politique absolue, la déraison d'Etat. Il fallait que l'Etat pût dépasser ses limites historiques et naturelles. Félix était resté en deçà de la cruauté pour que la mort de Polyeucte permît la fondation de la Rome chrétienne. Valens va au-delà de la barbarie parce que l'heure est plus à la dégénérescence de la politique qu'à la genèse de l'histoire. Cette cruauté d'Etat est le symptôme de la confusion des ordres : l'Etat exige de la personne qu'elle compromette la nature. La politique matrimoniale, la manipulation des sentiments et des intérêts ne seront qu'une version moins brutale de la prostitution. Les mariages imposés au nom de la raison d'Etat seront aussi scandaleux, sur le plan des valeurs, que le sacrifice de la virginité est cruel dans *Théodore*. *Théodore*, plus encore que *Polyeucte*, est une tragédie chrétienne et politique, une tragédie de la nature et de l'histoire. Le supplice, pour le héros, n'est plus de mourir mais de vivre. Les personnages cornéliens vivent la nature comme une entrave alors que l'Etat l'utilise comme un moyen. L'affirmation de Didyme,

> Mais j'ai dépouillé l'homme et Dieu m'a secouru.
>
> (V, 3, v. 1586.)

est l'espérance impossible du héros. C'est l'homme, c'est la nature, c'est la chair qui sera l'espace de l'affrontement entre le héros et l'Etat. Avec *Théodore*, Corneille a peut-être composé une tragédie limite qui, pour diverses raisons dont celle des bienséances, risquait d'échouer à la scène mais qui était indispensable à l'évolution de sa pensée. Il fallait que la féminité fût en proie aux pires compromis, que l'Etat fût au-delà de la cruauté, que la nature succombât sous le désordre des passions, que Dieu fût le seul espoir d'un monde sans espoir pour que chacun comprît le dérèglement universel des valeurs. Le Dieu de Polyeucte assurait la synthèse surnaturelle des valeurs : il était héroïque. Le Dieu de *Théodore* est le complice des désordres de la chair et du monde : il est tragique. Dans *Polyeucte*, l'Etat était un adversaire historique, donc provisoire, du héros. Dans *Théodore*, l'Etat est un adversaire naturel, donc irréductible, du héros.

2

L'épreuve de la nature

La raison d'Etat dans *La Mort de Pompée* et l'alibi d'Etat dans *Théodore* constituaient la preuve que le héros cornélien, fils de l'histoire et de la nature, était à la merci des mauvais coups de l'histoire et de la nature. Il n'existait aucun espoir pour le héros d'échapper à la nature par l'histoire, comme Horace, ou d'inventer un ordre surnaturel, comme Polyeucte. L'enracinement dans une nature et le développement dans une histoire, conditions de la naissance du héros, étaient devenus, à travers l'expérience de ces deux pièces, une double condition tragique. Le héros découvre les contraintes de son propre système de valeurs : la gloire pour Pompée, la vertu pour Théodore deviennent des bourreaux. La naissance de la tragédie, dans l'œuvre de Pierre Corneille, coïncide avec ce mouvement de retournement des valeurs contre elles-mêmes. Mais Théodore et Pompée sont des hypothèses que Corneille peut approuver : la nature et l'histoire sont certes sévères voire cruelles avec le héros; toutefois il n'existe aucun doute sur leur identité et leur réalité. Que se passerait-il si la nature cessait d'être transparente et cessait, par là même, de donner la vérité historique ? Pompée tombait victime de la cour d'Egypte; Théodore et Didyme mouraient de la main de Marcelle. Corneille indiquait que la légitimité de Ptolomée n'était pas incontestable et que Valens était un faible. Cependant, le tableau des valeurs restait relativement clair. Avec *Rodogune* et *Héraclius*, Corneille choisit une nouvelle hypothèse. Si la nature est fausse ou faussée, si l'ordre politique lié à l'ordre naturel n'est plus évident, quel peut être le sort des valeurs où se reconnaissait jusqu'à présent l'héroïsme ? Peut-on imaginer d'autre part un personnage qui soit un héros authentique sans symboliser ces mêmes valeurs ? Si l'absence, voulue ou non, de vérité naturelle entraîne l'absence de vérité politique, comment l'univers cornélien, fondé sur le respect de ces deux vérités, pourra-t-il survivre ? Antiochus, Séleucus, Héraclius, parce qu'ils ignorent les conditions de leur naissance, sont impuissants devant leur avenir. Corneille entrelace les désordres de la nature et les troubles de l'histoire dans une même problématique. Voilà pourquoi sa dramaturgie s'enfonce dans la complexité en même temps que sa logique le conduit à reprendre l'hypothèse de la monstruosité. Médée était un monstre, mais la construction était simple. Cléopâtre est « une seconde Médée », mais la construction se complique. Corneille ne s'éloigne pas sans raison des règles du classicisme en cours de fixation et l'Examen de *Cinna* montre que le poète est attentif aux difficultés de représenter des tragédies « implexes » comme *Rodogune* et *Héraclius*. Lorsque la voix de la nature est forte, elle domine les bruits du monde : la complexité est absente puisqu'il suffit d'écouter la nature, la monstruosité n'existe pas puisque la justice est naturelle. Ainsi Horace n'est-il pas un monstre. Ainsi *Horace* n'est-elle pas une pièce implexe. La mort de Camille est un acte de raison qui a pour but de rétablir l'ordre : le parricide est justifié par l'Etat. Ainsi la volonté parricide de Cléopâtre et Phocas est-elle monstrueuse puisqu'elle a pour effet de prolonger le désordre : la restauration de la légitimité est rejetée à plus tard. La complexité et la monstruosité sont liées à la crise d'une nature et d'une histoire qui ne répondent plus. Elles sont aussi liées au problème de l'origine de l'Etat que Tulle voulait dissimuler. Corneille le précise dans l'Examen : « La mort de Séleucus m'a exempté de développer le secret du droit d'aînesse entre les deux frères, qui d'ailleurs n'eût jamais été croyable, ne pouvant être éclairci que par une bouche en qui l'on n'a pas vu assez de sincérité pour prendre aucune assurance sur son témoignage »[1]. Antiochus règne par défaut; Séleucus était peut-être l'aîné : l'avenir est désormais clair, mais l'origine reste obscure. Martian, fils de Phocas, deviendra Léonce, au dénoue-

1. *OC* II, p. 203-204.

ment d'*Héraclius*, afin que soit oubliée son origine tyrannique. La complexité et la monstruosité se répondent dans un univers où la raison ne sait plus distinguer le vrai du faux, le bien du mal. Cet univers souffre d'une absence de légitimité : si la nature ne dit plus la vérité, si l'histoire ne la reflète plus, la politique exprime le désordre des intérêts et des passions qui s'enchevêtrent dans un nœud tragique.

Georges Couton estime que le choix par Corneille de la monstruosité correspond à la période de léthargie qui suit la mort de Richelieu et qu'il marque une sorte de régression intellectuelle : « La tragédie de sang vient combler le vide laissé par la tragédie d'idées »[2]. Il nous semble au contraire que la violence tragique exprime la toute-puissance d'idées et d'hypothèses portées par Corneille à leur paroxysme. André Stegmann insiste sur le dérèglement du système cornélien : « Dans ce long cercle vicieux où les vérités progressivement révélées n'ajoutaient qu'à la suspicion générale et à la perte de tout critère de certitude sur le vrai et le faux, le juste et l'injuste, la générosité et l'intérêt, aucune solution humaine ne pouvait raisonnablement intervenir et seul un hasard providentiel était capable de tirer les héros de l'impasse »[3]. Cette approche permet de placer les deux tragédies de la monstruosité dans une continuité cornélienne indispensable. Marc Fumaroli a souligné ce syncrétisme dans son analyse de *Rodogune* qui en souligne la dimension politique puisque la pièce serait « la restauration de la légitimité monarchique, conforme à l'ordre providentiel, que l'activité usurpatrice de Cléopâtre réussit à retarder, mais non à empêcher »[4]. Marie-Odile Sweetser ne s'éloigne guère de cette perspective : « *Rodogune* est un brillant exemple de la tragédie providentielle, où les lumières naturelles coopèrent avec les intentions célestes pour assurer la punition de la tyrannie et de la démesure d'une part et le triomphe de la dynastie légitime et de la droiture morale d'autre part »[5]. Le même raisonnement vaut pour *Héraclius* : « La division manichéenne est rétablie pour aboutir à un dénouement providentiel

2. *Europe*, *op. cit.*, p. 66.
3. André Stegmann, *op. cit.*, t. II, p. 605.
4. Marc Fumaroli, Tragique païen et tragique chrétien dans *Rodogune*, *Revue des Sciences humaines*, fasc. 152, octobre-décembre 1973, p. 612.
5. Marie-Odile Sweetser, *op. cit.*, p. 71-72.

satisfaisant l'instinct de justice du public. L'usurpateur criminel est puni, l'héritier légitime secouru et couronné. Au rétablissement de l'ordre politique et dynastique vient s'ajouter le bonheur personnel des jeunes premiers unis dans un double mariage »[6]. L'interprétation « providentialiste » ne doit pas faire oublier la monstruosité que Jean Schlumberger souligne en évoquant les personnages de Cléopâtre et Rodogune : « La lutte de ces deux femmes fait penser au monde des insectes où des femelles monstrueuses se jettent l'une contre l'autre et dévorent leurs frêles petits mâles lorsqu'ils ne leur sont plus utiles à rien. Il y a dans cette pièce un extraordinaire renversement des sexes. Respect, amour transi, soumission filiale, toutes ces vertus ou ces faiblesses sont du côté des petits princes »[7]. L'inversion des sexes et l'apparition des jumeaux ne coïncident pas sans raison dans la tragédie qui met en scène le plus total désordre de la nature. Si la loi du sang est muette, les femmes peuvent être plus fortes que les hommes et la masculinité peut se dédoubler tout en s'affaiblissant. Octave Nadal souligne l'importance de *Rodogune* et *Héraclius* : la tragédie n'est plus que « la démonstration d'un système de valeurs »[8]. Le génie du poète s'exprime sans doute avec plus de force dans cet univers où la « maîtrise scénique » est au service d'une « mythologie du courage ». « Ces pièces où l'arbitraire de l'intrigue le dispute à l'arbitraire de la psychologie restent précieuses : on peut y reconnaître à nu et dans leur expression la moins hasardée ce que la pensée et l'art cornéliens ont de plus accusé comme de plus volontaire. Surtout, on peut être tenté d'y surprendre le mécanisme et les arcanes d'un métier et d'une invention de l'homme presque entièrement coupé de ses forces vives »[9]. Le terme « arbitraire » mérite peut-être que l'on y substitue celui d'hypothèse : Corneille met en effet à l'épreuve son propre système de valeurs, mais il ne le fait pas sans ordre. Ainsi Cléopâtre et Phocas sont-ils deux monstres mais la première est une souveraine légitime alors que le second est un usurpateur tyrannique. C'est Cléopâtre qui provoque la crise en posant le problème de sa succession. C'est la nouvelle du retour

6. *Ibid.*, p. 164.
7. Jean Schlumberger, *op. cit.*, p. 132.
8. Octave Nadal, *op. cit.*, p. 217.
9. Octave Nadal, *op. cit.*, p. 218.

d'Héraclius qui contraint Phocas à réagir. Ces deux différences, de caractère politique, ne sont pas indifférentes : Corneille n'a pas mis en scène des abstractions arbitraires mais des hypothèses logiques dont l'évolution de son théâtre peut rendre compte.

Le personnage de Cléopâtre pose d'ailleurs la question de l'unité de l'héroïsme cornélien. Le poète introduit pour la première fois, dans le *Discours de l'utilité des parties du poème dramatique*, la notion d'admiration pour expliquer Cléopâtre[10]. Paul Benichou estime que le personnage est une exception dans l'univers de l'héroïsme puisque, contrairement à Auguste, la reine de Syrie n'est pas exemplaire. En violant les limites de la nature, Cléopâtre s'est exclue de l'héroïsme. Il est exact que le poète retrouve une problématique de la passion qu'il avait esquissée dans *Cinna* : « La leçon que Corneille a incarnée en elle, c'est que la passion de la grandeur se mue en servitude sitôt que la considération de l'objet convoité, si prestigieux soit-il par lui-même, prime le mouvement de l'ambition, sitôt que le moi se fixe à une proie au lieu de demeurer fidèle à lui-même et de chercher, dans le dépassement de toute convoitise, le secret de la vraie grandeur »[11]. Cette vraie grandeur était une expression des valeurs de la nature : en sacrifiant tout à la politique et à l'histoire, au point de bouleverser la causalité naturelle de l'histoire, Cléopâtre s'arrache à ses propres racines et succombe à la tentation des passions. Auguste investissait l'Etat. Cléopâtre sera investie par l'Etat. Elle y acquerra une autre forme de grandeur : Auguste était un modèle; elle sera une exception. Evoquant Cléopâtre et Phocas, Georges Couton diagnostique une politique maligne : « Le goût du pouvoir a envahi toute leur âme comme un cancer se généralise »[12]. Le pouvoir d'Auguste appelait la conversion des personnes. La politique de Cléopâtre conduit à la métastase des valeurs. Ces pièces restent en effet avant tout des pièces politiques : « Les drames cornéliens de la monstruosité restent fondamentalement des drames politiques. Sous les crimes de Marcelle comme sous les forfaits de Cléopâtre, c'est la quête inlassable et désespérée

10. *OC*, p. 826.
11. Paul Bénichou, *op. cit.*, p. 42-43.
12. Georges Couton, *op. cit.*, p. 125.

du monarque qui se poursuit »[13]. Corneille est plus que jamais hanté par le problème de la légitimité. Rodrigue accédait à la légitimité aristocratique par la mort du Comte, Horace gagnait la légitimité historique par le meurtre de Camille, Auguste recevait la légitimité politique du pardon, Polyeucte s'élevait à la légitimité chrétienne par le martyre. Pour Chimène, Camille, Pauline, plus encore bien entendu pour Théodore, la légitimité exprimait la féminité, le double mouvement de la sensualité vers l'identité et vers la reconnaissance par l'autre. Cette recherche de la légitimité recevait sa propre légitimité de la clarté des origines : de Rodrigue à Théodore, il n'existe pas le moindre doute sur ce point. Avec *Rodogune* et *Héraclius*, Corneille pose le problème d'une histoire qui cherche sa légitimité dans le désordre de la nature. Antiochus et Séleucus savent qui est leur mère mais ne savent pas qui est roi. Héraclius et Martian ne savent plus qui est leur père, Phocas ne sait pas qui est son fils donc, négativement, qui est son roi. Il ne nous semble pas opportun de voir dans *Rodogune*, comme le propose Bernard Dort, « une rechute de féodalité »[14]. Certes la pièce coïncide avec la genèse de la Fronde et une crise de l'Etat liée à la minorité d'un prince. Mais c'est Cléopâtre elle-même et elle seule qui provoque la tragédie en dissimulant la vérité naturelle; c'est la passion du trône qui est responsable de tout, ce n'est pas une menace politique sur la monarchie. Cléopâtre seule perd l'Etat comme Auguste seul le sauvait. Ce panorama de la critique montre assez que l'interprétation est difficile. Notre intention, en liant l'analyse des deux pièces, est d'apprécier d'une part l'action de Cléopâtre et de Phocas, d'autre part les réactions à leur politique. La reine et l'usurpateur ont tous les deux la volonté d'accomplir des parricides. Tous les autres personnages organisent contre cette volonté une résistance qui témoigne de la désorganisation des valeurs les plus fortes de l'héroïsme.

13. Serge Doubrovsky, *op. cit.*, p. 300.
14. Bernard Dort, *op. cit.*, p. 70.

La tentation du parricide : Cléopâtre et Phocas

Quelle est la situation politique de *Rodogune* ? La reine de Syrie doit annoncer l'ordre de succession en même temps qu'elle marie son successeur à sa pire ennemie, la princesse des Parthes. La notion de « jour » tragique (v. 7) est aussi forte que dans *La Mort de Pompée* (v. 1). Ce jour tragique est surtout un jour politique : sur le plan intérieur, Cléopâtre règle sa succession; sur le plan extérieur, elle assure la paix puisque son fils, devenu roi, épousera la sœur de son ennemi. Cette équation politique et matrimoniale fait apparaître le désordre des valeurs et des personnes. Antiochus et Séleucus sont considérés par leur mère comme interchangeables puisque l'aîné, quel qu'il soit, épousera Rodogune : le « change » amoureux est une nécessité politique. L'intérêt de l'Etat exige que le roi de Syrie épouse la princesse des Parthes : les personnes s'effacent devant les personnages. La grandeur d'Etat n'est pas de l'ordre du sentiment. Ce « change » est lié à la dissimulation de l'origine : Cléopâtre détient seule le pouvoir et le savoir; elle seule est la reine, elle seule est la mère. Les jumeaux seront moins qu'un seul roi et qu'une seule mère. En se dédoublant, la nature ne saurait se redoubler : elle crée la faille de la monarchie. Corneille met ici en scène la contradiction interne de la monarchie : comment un régime fondé sur l'hérédité suscite deux gouvernants ayant les mêmes droits par le sang ? C'est le temps qui va sauver la nature et l'histoire de l'impasse :

> Et l'avantage seul d'un moment de naissance,
> Dont elle a jusqu'ici caché la connaissance,
> Mettant au plus heureux le sceptre dans la main,
> Va faire l'un sujet et l'autre souverain.
>
> (I, 1, v. 11-14.)

Le temps n'intervient plus, comme dans *Horace*, pour servir le héros après l'épreuve. Le temps se glisse dans la faille naturelle du pouvoir héréditaire. Corneille met ainsi en valeur la fragilité de l'origine et le hasard de la légitimité : Antiochus ou Séleucus tiendra son pouvoir du savoir de Cléopâtre. La reine de Syrie, en corollaire, prolonge son pouvoir en dissimulant son savoir. Le nœud tragique se situe sans doute ici. La vérité du pouvoir était construite dans l'histoire avec *Cinna*. Elle est désormais révélée : le poids du passé augmente. Dans *Polyeucte* et *Théodore*, la révélation était surnaturelle donc infaillible. Dans *Rodogune*, elle est naturelle donc aléatoire. Le long récit par Laonice du conflit entre la Syrie et les Parthes est la figure historique de la complexité qui répond aux obscurités de la nature. Il s'agit donc, non d'une faute technique de Corneille, mais d'une volonté d'élargir à l'histoire le désordre de la nature. Le poète multiplie les allusions à cette confusion par le choix du vocabulaire : « bruit confus, obscurité, cent déguisements... ». Le récit de Laonice a également pour but d'expliquer qu'Antiochus et Séleucus sont les plus précieux « gages » de Cléopâtre (v. 36), que Rodogune est « en otage » (v. 276), qu'elle a failli épouser le père des deux princes avant qu'il ne soit assassiné par la reine de Syrie. L'inceste et le parricide sont déjà présents à l'ouverture de la tragédie dont Laonice, par son évocation, donne le climat. Cléopâtre et Rodogune ont un passé. Rodrigue et Horace n'en avaient pas. Le héros entre en scène alors qu'il a déjà, comme Auguste avait Octave, une histoire. L'hérédité de la nature et la fatalité de l'histoire ont, comme Antiochus et Séleucus, une identité gémellaire.

Cléopâtre semble, dès son entrée en scène, en proie au machiavélisme. Elle renonce aux « serments fallacieux » (v. 395), aux « vains fantômes d'Etat » (v. 398). Elle en appelle à d'autres valeurs, elles aussi politiques, puisqu'elles relèvent de la « digne vertu des Rois », du « noble secret de cour » (v. 405). Il est révélateur que la notion de cour remplace celle d'Etat et on pourrait limiter l'analyse politique à cette évolution : le rapport de forces étant désormais plus favorable à la reine de Syrie qu'au roi des Parthes, Cléopâtre peut reprendre sa parole.

> Le Parthe est éloigné, nous pouvons tout oser,
> Nous n'avons rien à craindre et rien à déguiser.
>
> (II, 1, v. 409-410.)

Corneille n'a pas associé sans raison les notions de crainte et de déguisement. Dans un univers régi par la force plus que par la grandeur, le héros est parfois contraint à la dissimulation. Cléopâtre, en cessant de déguiser et de mentir, accomplit sa virtualité héroïque : elle était machiavélienne, elle devient cornélienne.

Elle se veut exemplaire (v. 407-408). Le « jour » tragique (v. 406) est celui de l'accès à la double liberté héroïque et politique. La démarche rappelle celle d'Auguste mais le système des valeurs a changé. Comme Auguste, Cléopâtre assure la coïncidence de la plénitude politique et de l'accomplissement héroïque. A la différence d'Auguste, elle succombe à la passion du trône, à l'éblouissement de la politique. Le jour de *Cinna* était un jour héroïque, car il soumettait l'Etat au héros. Le jour de *Rodogune* est un jour tragique, car il soumet le héros à l'Etat. *Cinna* était une tragédie de la libération. *Rodogune* est une tragédie de la passion. Auguste régnait pour convertir. Cléopâtre règne pour haïr (v. 411). Seul « l'amour du diadème » (v. 423) explique le comportement de la reine de Syrie. Le pouvoir devient un instrument contre Rodogune, l' « imprudente rivale » (v. 419). La princesse parthe avait été la fiancée de Demetrius Nicanor dont Cléopâtre est la veuve : la raison d'Etat et la raison d'intérêt sont enchevêtrées. Auguste, ainsi que Corneille le rappelle dans l'Examen de *Clitandre*, n'avait « l'esprit agité d'aucune passion particulière ». Cléopâtre est tout entière abandonnée à une seule passion : la jalousie haineuse. L'Etat était l'accomplissement de l'histoire; il devient l'outil des passions. Auguste était un héros de l'oubli. Cléopâtre est une héroïne de la mémoire. Auguste pardonnait. Cléopâtre assassinera. C'est pourquoi, Cléopâtre se trouve, au second degré, machiavélienne : elle a « acheté » la paix (v. 426), elle peut la rompre. Les principes de sa conduite sont passionnels, ce que Machiavel condamnerait. Les effets de sa conduite sont conformes aux exigences du Florentin.

La problématique du personnage de Cléopâtre est l'expression de la réflexion cornélienne sur le pouvoir, sur ses relations avec la nature. Il faut désormais une acuité particulière pour comprendre les choses et Cléopâtre donne à Laonice les clés de cette nouvelle politique :

> Pour un esprit de cour, et nourri chez les grands,
> Tes yeux dans leurs secrets sont bien peu pénétrants.
>
> (II, 2, v. 441-442.)

L'heure n'est plus à l'éclat, à la lumière, à l'éblouissement. L'heure est aux exercices de décryptage. La vérité n'est plus offerte aux regards. Elle est à reconstituer dans les *arcana imperii*. Quel est donc ce secret d'Etat qu'il faut pénétrer et que la reine de Syrie dévoile à sa confidente ?

> Si je cache en quel rang le ciel les a fait naître,
> Vois, vois que tant que l'ordre en demeure douteux,
> Aucun des deux ne règne, et je règne pour eux.
>
> (II, 2, v. 444-446.)

Ces trois vers rassemblent toute la philosophie de Corneille. Cléopâtre dissimule la vérité naturelle qui est celle de la Providence, non la sienne. Elle introduit ainsi un doute sur l'ordre des choses, c'est-à-dire un désordre dont elle profite pour détenir seule le pouvoir politique. Le nœud de la tragédie politique cornélienne est ici résumé. Corneille est déjà très loin d'Auguste. Il est encore très loin de Suréna. Mais il a décelé l'équation tragique de la politique : on n'acquiert ou on ne conserve le pouvoir qu'en dissimulant les vérités de la nature et de la Providence. La crise de la légitimité est un effet nécessaire de la passion politique. Si Cléopâtre se contentait de désigner son vrai successeur, elle perdrait toute autorité, donc tout moyen de se venger : tel est le secret d'Etat. La politique est bien une force de désordre et d'oppression. Avec Cléopâtre, Corneille révèle le secret de la domination. La politique est le masque de la nature avant d'en être la meurtrière. La violation de l'état de nature détruit l'état de droit : Antiochus et Séleucus subissent un « droit incertain » (v. 449). Cléopâtre reste une reine légitime tant qu'elle ne déclare pas qui est le roi légitime. Les enfants de Cléopâtre et Nicanor sont depuis toujours des otages politiques : la reine de Syrie a déjà utilisé leur légitimité contre son second mari avant qu'il ne soit tué par les Parthes : celui-ci dépendait de Cléopâtre et se contentait « du vain titre de roi » (v. 461). Le retour de Nicanor, premier mari de Cléopâtre, bien qu'il fût fiancé à Rodogune, constitua moins une épreuve amoureuse qu'une menace politique (v. 465-466). Plus qu'une femme jalouse, Cléopâtre est une reine jalouse. L'amour du pouvoir, la passion du trône est une valeur subversive qui détruit ou dénature tous les sentiments. Cléopâtre est peut-être une amante ou une mère, mais elle est d'abord une reine, une politique. La « gloire » ou le « crime », la légitimité ou l'infamie, tout sera bon pour conserver le pouvoir qui reste, au sens pascalien de l'expression, la « raison des effets ». La tragédie de *Rodogune* trouve son origine dans le déchaînement d'une passion toute politique qui dénature l'ordre providentiel.

Cette contradiction éclate dans une aporie de la monarchie. Cléopâtre a le droit de nommer son successeur mais elle posera ses conditions; la manipulation de l'hérédité ouvre la voie au chantage :

> On ne montera point au rang dont je dévale,
> Qu'en épousant ma haine au lieu de ma rivale ;
> Ce n'est qu'en me vengeant qu'on me le peut ravir
> Et je ferai régner qui me voudra servir.
>
> (II, 2, v. 499-502.)

Le retour au mot « on » souligne l'effacement de la personne. C'est la subversion de la monarchie absolue au profit d'un pouvoir dépendant. Le successeur de Cléopâtre ne sera pas un roi mais un esclave. Le désordre de la nature devient un désordre de l'Etat. Encore faut-il que Cléopâtre parle aux jumeaux. En s'adressant à eux, la reine de Syrie emploie, pour évoquer le pouvoir, un style qui rappelle celui d'Auguste devant Maxime et Cinna. L'empereur constatait l'ampleur d'un pouvoir qui lui avait « coûté tant de peine et de sang » (v. 360); Cléopâtre remet à ses enfants un bien qui lui a « coûté... tant de soins et de pleurs » (v. 526). Elle s'abrite derrière la raison d'Etat pour expliquer son attitude et sa politique. Elle utilise une argumentation proche de celle de Septime dans *La Mort de Pompée* : le tribun romain suggérait à Ptolomée de prendre sur lui le « crime » et d'en laisser le « fruit » à César (v. 184); Cléopâtre s'est réservé la « peine » de conduire l'Etat pour laisser à ses enfants le « fruit » de son action (v. 580). En un mot, elle légitime par la dynastie tous ses crimes alors que son premier crime est de mettre en cause la loi dynastique. Antiochus ou Séleucus ne deviendra pas roi parce qu'il sera né avant l'autre; Cléopâtre en a décidé autrement :

> Entre deux fils que j'aime avec même tendresse,
> Embrasser ma querelle est le seul droit d'aînesse :
> La mort de Rodogune en nommera l'aîné.
>
> (II, 3, v. 643-645.)

Le meurtre politique est la conséquence du désordre de la nature. L'accès au trône n'est plus un effet de l'hérédité mais la récompense d'un assassinat. La nature n'est pas fausse, mais faussée : la démesure politique est une anti-nature. Cette subversion de la nature est également une subversion de l'amour puisque Rodogune est aimée des deux frères. Les premiers héros de Corneille sacrifiaient volontairement la nature et l'amour à l'histoire et à l'Etat. *Rodogune* est la caricature tragique de leur sacrifice. Cléopâtre, certes, sacrifie l'amour et la nature à la passion politique. Cependant elle sacrifie l'amour et la nature des autres à sa passion politique. Le parricide, chez Horace, est une forme d'amputation. Il est chez Cléopâtre une libération. En tuant Camille, Horace affronte « un autre soi-même ». Cléopâtre n'affronte personne : elle impose sa passion à tous. Elle impose l'imitation :

> Ce n'est qu'en m'imitant que l'on me justifie.
>
> (II, 3, v. 668.)

et la complicité :

> Pour jouir de mon crime, il le faut achever.
>
> (II, 3, v. 674.)

Là se situe la double rupture avec Auguste. L'empereur n'avait aucun besoin d'être justifié puisqu'il était un « exemple aux plus généreux princes » (v. 1774). Dans *Cinna*, l'imitation ouvre sur l'avenir. Dans *Rodogune*, elle est une amnistie du passé. L'empereur provoquait une conversion de tous ses adversaires mais il avait tout accompli seul. Cléopâtre a besoin d'un complice pour achever sa haine et sa vengeance : elle ne se suffit pas à elle-même précisément parce qu'elle reste au stade de la passion et de la jouissance. Les ressorts cornéliens sont présents chez les deux personnages mais ils ne fonctionnent pas de la même manière. Cléopâtre a mis au monde des jumeaux : ce n'est pas un hasard car elle-même se trouve dédoublée entre sa passion et l'objet de sa passion. Plus gravement, l'exigence de Cléopâtre rappelle à Antiochus et Séleucus que seul le meurtre permet d'accéder au pouvoir. Il ne s'agit plus du meurtre de Remus ou de Camille, mais du meurtre de Rodogune. Il ne s'agit plus de tuer le frère ou la sœur mais de tuer la maîtresse. Il s'agit cependant de tuer et seul l'assassinat ouvre le chemin du pouvoir. Antiochus et Séleucus voudront en vain échapper à cette règle : le premier deviendra roi après un parricide et après un suicide.

Corneille a sans doute tracé, dans *Rodogune*, les limites asymptotiques de la tragédie politique en construisant une figure où la passion du pouvoir entraîne une logique générale de subversion. L'analyse du personnage de Cléopâtre et de son évolution montre le développement de cette logique qui intègre la monstruosité de la nature et la complexité de l'histoire. Dans un premier temps, Cléopâtre cache le secret de la naissance pour conserver le trône. Dans un second temps, elle dénature ce secret pour assouvir sa vengeance. Dans un troisième temps, elle détruira l'importance de ce secret en préméditant un double parricide. Cléopâtre se heurte à la résistance d'Antiochus et fait appel, étrange paradoxe, aux lois du sang :

> L'amour étouffe en vous la voix de la nature
> Et je pourrais aimer des fils dénaturés !
>
> (IV, 3, v. 1324-1325.)

La « mère dénaturée » s'étonne d'avoir enfanté des « fils dénaturés » ! Cléopâtre fait appel à ses talents de dissimulatrice et fait semblant de céder à cette voix de la nature : elle fait croire à Antiochus qu'il est l'aîné et qu'il faut épouser Rodogune. Le second monologue de Cléopâtre est celui du véritable isolement qui engendre la monstruosité. La dissimulation avait pour but d'éblouir (v. 1390). Le héros authentique échappe aux dangers de l'éblouissement par le retour sur soi : l'heure n'est ni à l'apparence ni au déguisement. Cléopâtre est seule :

> Je ne veux plus que moi dedans ma confidence.
>
> (IV, 5, v. 1391.)

Auguste se repliait en lui-même pour dominer sa passion. Cléopâtre se réfugie en elle-même pour mieux céder à sa passion. La méthode est identique. Les objectifs sont contraires. Cléopâtre laisse à son fils le royaume des apparences :

> Va, triomphe en idée avec ta Rodogune.
>
> (IV, 5, v. 1395.)

Marcelle ne disait pas autre chose à Théodore (v. 580). Les personnages victimes du pouvoir politique ne l'emportent plus dans la réalité : ils deviennent des héros de l'apparence qui annoncent la fragilité et la faiblesse d'Othon.

Le mouvement dramatique repose tout entier sur la stratégie

du mensonge déployée par Cléopâtre. Après avoir fait croire à Antiochus qu'il serait roi et épouserait Rodogune, elle essaie de faire croire à Séleucus qu'il est l'aîné et que Rodogune lui revient de droit. Cléopâtre croit qu'un mensonge par jumeau lui permettra d'assouvir sa haine et de conserver le pouvoir. Elle introduit la division après avoir provoqué le désordre : elle tente de dresser ses fils l'un contre l'autre, elle est déjà parricide. Parce que Séleucus refuse d'entrer dans la logique passionnelle de sa mère, Cléopâtre est contrainte de passer aux actes. C'est la fonction de ses troisième et quatrième monologues. Cléopâtre avait besoin de complices. Désormais, elle agira seule. Meurtrière de son mari, elle sera meurtrière de ses fils pour, dans les deux cas, se venger de Rodogune :

> J'ai commencé par lui, j'achèverai par eux.
>
> (IV, 7, v. 1490.)

Contrairement aux situations précédentes, Cléopâtre n'a plus besoin de personne pour « achever » son plan criminel. Le célèbre :

> Sors de mon cœur, nature, ou fais qu'ils m'obéissent.
>
> (IV, 7, v. 1491.)

souligne la logique du personnage et sa faiblesse politique. Si Cléopâtre tue les jumeaux, le trône de Syrie sera sans héritier. Si l'un des jumeaux tue Rodogune, il sera l'esclave de sa mère plus qu'un roi. Les impasses, auxquelles Horace et Auguste avaient échappé en dominant les contradictions de la nature et de l'histoire, sont plus que jamais présentes. En chassant la nature, Cléopâtre croit se libérer d'une contrainte alors qu'elle se détruit : le parricide conduit au suicide. Cléopâtre pourra être « heureuse à force de grands crimes » (v. 1496); mais que lui servira-t-il d'être reine si ce pouvoir, dont la vocation naturelle et politique est d'être transmis à un fils, se trouve miné dans ses fondements par l'absence de fils ? En accomplissant sa destinée psychologique, Cléopâtre détruit son destin politique. La tragédie politique éclate dans toute sa force lorsque la raison d'Etat elle-même est sacrifiée à une passion du Prince : Cléopâtre est une héroïne de la vengeance tournée vers le passé, l'avenir du trône de Syrie l'intéresse moins que l'assouvissement de sa haine. L'ambition d'Auguste était de convertir. La passion de Cléopâtre sera de détruire. Elle a fait tuer Séleucus, elle s'apprête à tuer Antiochus et Rodogune prêts à :

> Recevoir l'hyménée et le trône et la mort.
>
> (V, I, v. 1506.)

Antiochus est renié parce que Rodogune serait reine : c'est la jalousie politique qui justifie le parricide. L'annonce de la mort de Séleucus accentue la faiblesse d'Antiochus devant sa mère et sa maîtresse. Le futur roi devra plus son salut à la Providence (v. 1832) qu'à sa propre valeur. Cléopâtre boit le poison destiné aux deux amants et meurt en lançant une malédiction monstrueuse. De même que le dénouement de *Cinna* ouvrait sur un monde heureux, de même la mort de Cléopâtre laisse deviner la catastrophe de l'univers cornélien. La reine de Syrie rappelle à son fils qu'il accède au trône après une suite de crimes qui sont tous, bien qu'il ne les ait pas commis, des parricides :

> Règne : de crime en crime enfin te voilà Roi.
> Je t'ai défait d'un père, et d'un frère et de moi.
>
> (V, 4, v. 1817-1818.)

L'origine du pouvoir est de plus en plus sanglante. Cléopâtre maudit l'union d'Antiochus et Rodogune en espérant que son exemple maléfique sera héréditaire :

> Et pour vous souhaiter tous les malheurs ensemble,
> Puisse naître de vous un fils qui me ressemble.
>
> (V, 4, v. 1823-1824.)

Il y avait un code génétique du héros. Il y aura un code génétique du monstre. La malédiction de Camille, victime d'un parricide, portait sur l'histoire. La malédiction de Cléopâtre, auteur de deux parricides, porte sur la nature. La logique cornélienne est claire.

Cléopâtre est en effet, comme plus tard Attila, un personnage authentiquement cornélien. Corneille ne rappelle pas sans raison, dans l'Examen, toute la « tendresse » qu'il éprouve pour *Rodogune*. Serge Doubrovsky souligne les liens de la tragédie avec l'ensemble de l'œuvre : le parricide était un rite initiatique dans *Horace*, il est un crime dans *Rodogune*; la vengeance était un acte constructif dans *Le Cid*, elle est un acte négatif dans *Rodogune*[15]. Faut-il pour autant déceler, comme le propose Bernard Dort dans son interprétation de *Rodogune*, une perversion de la gloire royale par la gloire individuelle, c'est-à-dire un détournement de l'Etat[16] ? Il nous semble plus opportun de montrer en quoi le personnage de Cléopâtre éclaire la réflexion politique et tragique de Corneille. Cléopâtre s'explique certes par Marcelle et par Rodélinde, mais elle va plus loin qu'elles. Corneille avait fondé la construction de son univers sur l'action d'un héros issu d'une nature transparente et confronté à une histoire non moins transparente. La transparence n'était pas synonyme d'évidence mais il existait une vérité au nom de laquelle s'élaborait le système des valeurs héroïques. Avec *Rodogune*, Corneille met en scène l'hypothèse d'une faille de cette transparence et développe une tragédie implexe autant que monstrueuse. Cléopâtre est une héroïne de la passion, plus qu'une héroïne de la volonté. Sa passion exclusive du pouvoir la conduit à une subversion de toutes les valeurs, y compris des valeurs politiques. Cléopâtre est un héros sous influence : en cela, elle est le contraire d'Auguste, mais elle lui ressemble comme on ressemble à un contraire. Avec *Rodogune*, Corneille découvre que la nature elle-même peut trahir ou être trahie : nous sommes aux antipodes du *Cid*. Dans *Rodogune*, la crise de la légitimité est en réalité secondaire. Dans *Héraclius*, elle sera essentielle. Cléopâtre est légitime. Phocas sera un usurpateur. *Héraclius* pose des problèmes jumeaux de ceux posés dans *Rodogune*. Dans *Héraclius*, la vérité deviendra indispensable : la tragédie politique était fille de la passion dans *Rodogune*, elle est maintenant fille de la confusion. Parallèlement, la complexité de l'intrigue s'accroît. Le héros était la reine, Cléopâtre. Le héros sera le prétendant, Héraclius. Dans les deux cas, le parricide est au rendez-vous de la politique. La nature et l'histoire subissent en même temps le désordre dont se nourrit la tragédie politique.

Quelles sont donc les données politiques d'*Héraclius* ? Corneille les précise dans l'Examen et rappelle son sentiment sur l'utilisation de l'histoire. « Je n'ai conservé ici, pour toute vérité historique, que l'ordre de la succession des empereurs Tibère,

15. Serge Doubrovsky, *op. cit.*, p. 288 sq.
16. Bernard Dort, *op. cit.*, p. 72.

Maurice, Phocas et Héraclius. J'ai falsifié la naissance de ce dernier, pour lui en donner une plus illustre, en le faisant fils de Maurice, bien qu'il ne le fût que d'un préteur d'Afrique qui portait même nom que lui. J'ai prolongé de douze ans la durée de l'Empire de Phocas, et lui ai donné Martian pour fils, quoique l'histoire ne parle que d'une fille nommée Domitia, qu'il maria à Crispe, dont je fais un de mes personnages... La supposition que fait Léontine d'un de ses fils, pour mourir au lieu d'Héraclius, n'est point vraisemblable mais elle est historique et n'a point besoin de vraisemblance, puisqu'elle a l'appui de la vérité, qui la rend croyable, quelque répugnance qu'y veuillent apporter les difficiles »[17]. Corneille falsifie donc l'histoire pour transformer une crise politique en crise dynastique : le fils du préteur devient le fils de l'empereur, héritier légitime du trône; la fille de l'usurpateur devient son fils, preuve que Corneille a choisi volontairement la confusion entre Héraclius et Martian. Toutefois, le poète s'abrite derrière la vérité et Baronius, pour expliquer la substitution d'enfants par Léontine dont le rang social est élevé par conformité avec la « dignité du théâtre » : cette substitution étant l'effet d'un parricide invraisemblable, Corneille utilise l'histoire pour le rendre « croyable ». Ainsi le poète a-t-il emprunté la monstruosité naturelle à la vérité historique tandis qu'il falsifiait l'histoire pour des raisons politiques. Quant à la préférence du vrai au vraisemblable, elle apparaît ici comme un élément essentiel de la tragédie politique. Corneille a choisi la complexité politique alors que l'histoire lui avait seulement donné la mort d'un fils de Léontine au profit d'Héraclius. Si celui-ci était fils d'un préteur d'Afrique, et non fils de Maurice, il ne représenterait aucune menace pour Phocas : la falsification de l'histoire est une condition de la tragédie politique.

Phocas, comme Cléopâtre, entretient avec le pouvoir une relation comparable aux réactions d'Auguste. L'empereur d'Orient évoque l' « éclat », les « faux brillants » de la couronne, se plaint du « poids » de la charge suprême, regrette que les « douceurs » du trône puissent « s'évanouir » et qu'il soit lui-même incapable d'en « jouir » (v. 1-8). Phocas découvre la dialectique du désir, la soumission de la personne à l'objet du désir, la domination du

17. *OC* II, p. 360-361.

moi par la politique. Cette découverte coïncidait chez Auguste avec une réflexion qui conduisait l'empereur à envisager l'abdication. Elle révèle une fragilité absolue chez Phocas : en effet, il détient son pouvoir de la force et de la force seule. Phocas est « d'une obscure naissance », il est monté sur le trône par la « révolte », de « simple soldat » il est devenu empereur, il a acquis et conservé son pouvoir par le crime. Auguste avait légitimé son pouvoir par un exercice non machiavélien de l'autorité politique. Auguste, avant l'ouverture de *Cinna*, répondait à une définition donnée par Machiavel lui-même : « Il faut... que l'usurpateur d'un Etat y commette en une seule fois toutes les cruautés que sa sûreté nécessite, pour n'avoir pas à y revenir : c'est en ne les renouvelant pas qu'il s'assure ses nouveaux sujets, et qu'il se les attache par des bienfaits »[18]. Le complot ourdi par Emilie et Cinna montrera que Machiavel avait tort. Mais si le comportement vertueux d'un usurpateur — qui annonce Grimoald — ne suffit pas à garantir l'ordre et l'équilibre politiques, que se passe-t-il lorsque cet usurpateur est un tyran ? Pour la première fois, Corneille met en scène l'usurpateur tyrannique, c'est-à-dire un personnage que l'ordre de la nature ne prédestinait pas à l'exercice du pouvoir, que la violence de l'histoire a porté au pouvoir et qui ne domine pas ce pouvoir. Phocas gouverne dans le « trouble » et la « terreur » (v. 16). Plus gravement, Corneille enrichit sa réflexion en montrant comment l'usurpateur tyrannique élimine ses rivaux, comment le pouvoir tue le héros :

> Mon trône n'est fondé que sur des morts illustres,
> Et j'ai mis au tombeau, pour régner sans effroi,
> Tout ce que j'en ai vu de plus digne que moi.
>
> (I, 1, v. 18-20.)

Ces vers scandent le développement de la tragédie politique : Phocas a commencé par assassiner Maurice, le souverain légitime, et ses cinq fils; cette subversion de l'ordre naturel a détruit un ordre politique fondé sur les hiérarchies de la nature; la peur s'est installée au sommet de l'Etat car la faiblesse de Phocas est autant psychologique que politique; l'usurpateur doit tuer sans arrêt pour survivre. L'Etat n'admet plus la présence des héros : les

18. Machiavel, *Le Prince*, *op. cit.*, p. 36.

héros sont dangereux, du seul fait de leur existence, dans un monde soumis aux seuls rapports de force politiques. Corneille introduit, avec *Héraclius*, une image de la fatalité meurtrière d'un Etat dans lequel l'histoire n'exprime plus la nature. La tragédie politique tend à l'affrontement entre un Etat illégitime et un héros légitime. Dans ce désordre, le peuple reflète la fragilité du système : le « premier imposteur » séduira un peuple avide de chasser Phocas pour restaurer l'ancienne famille régnante. Le vers :

> Montrer Héraclius au peuple qui l'attend.

n'apparaît pas sans raison trois fois (v. 476, 1182, 1916). La fonction du peuple est ici d'ordre providentiel. Le peuple n'est pas indispensable au héros ou à la restauration politique mais il représente, du début à la fin de la tragédie, une pression hostile au pouvoir : *Nicomède* reprendra la même configuration.

L'usurpateur Phocas ne peut cesser d'être un usurpateur, du moins le pense-t-il, qu'en devenant un fondateur de dynastie : la fille de Maurice épousera son fils. Le conseiller Crispe propose un mariage politique qui doit légitimer le nouveau régime puisque le petit-fils de Phocas sera également un petit-fils de Maurice. Cette légitimation est une confusion des ordres à deux titres : elle confond la légitimité et l'usurpation, elle confond l'amour et la politique. Elle met la légitimité au service de l'usurpation et l'amour au service de la politique. Elle porte enfin le risque d'inceste entre Héraclius et sa sœur Pulchérie. Corneille retrouve toutes les données de la complexité et du désordre avant même d'introduire la possibilité du parricide. Corneille prouve surtout que le chaos de l'Etat et le chaos de la nature s'enchevêtrent logiquement. La confusion des valeurs, n'étant pas un effet de la nature, sera un effet de la force, de la violence, de la tyrannie que Crispe résume en une maxime du plus pur machiavélisme :

> La violence est juste où la douceur est vaine.
>
> (I, 1, v. 89.

Ce recours à la force est parallèle à l'apparition du temps tragique : le temps n'est plus rédempteur, ouvert sous les pas du héros. L'heure n'est plus au « Vis pour servir l'Etat » d'*Horace*. Horace avait le temps pour lui. Phocas a le temps contre lui et il impose peu à peu cette contrainte, qui est d'ordre politique, à tous les personnages. Il exige ainsi de Pulchérie une soumission immédiate :

> Enfin, Madame, il est temps de vous rendre :
> Le besoin de l'Etat défend de plus attendre,
> Il lui faut des Césars, et je me suis promis
> D'en voir naître bientôt de vous et de mon fils.
>
> (I, 2, v. 93-96.)

Etranges propos lorsqu'on sait que Maurice avait cinq fils. La Providence avait donné cinq héritiers au prince légitime. Elle menace de laisser sans descendance le fils de l'usurpateur. L'Etat légitime était fécond. L'Etat usurpateur craint la stérilité. Ce thème reviendra sous d'autres formes chez Corneille. Le mariage est d'autant plus urgent que le pouvoir est illégitime : le temps politique est un temps catalytique, un temps qui accélère les réactions de désintégration. Le temps de l'Etat et le temps du héros ne coïncident plus : la raison d'Etat utilise le temps contre le héros, l'impression d'étouffement qui gagne peu à peu la scène cornélienne correspond à cette dénaturation du temps. Phocas exige de Pulchérie la même « reconnaissance » (v. 97) que Marcelle exigeait de Placide (v. 180) : la tyrannie née de la confusion des ordres est une nouvelle fois en cause. Le bourreau demande à la victime de lui témoigner sa reconnaissance en acceptant un châtiment qui est loin d'être le premier. Phocas n'est guère éloigné de la célèbre maxime : « Oderint dum metuant » lorsqu'il affirme à Pulchérie :

> Qui ne peut être aimé se peut faire obéir.
>
> (I, 2, v. 108.)

Le recours au « pouvoir tyrannique » (v. 113) est une faute politique de Phocas car Pulchérie met aussitôt en avant sa légitimité :

> Je vois bien qu'à mon tour il faut que je m'explique,
> Que je me montre entière à l'injuste fureur,
> Et parle à mon tyran en fille d'empereur.
>
> (I, 2, v. 114-116.)

Le schéma politique se précise : c'est en contraignant Pulchérie à épouser son fils pour des raisons dynastiques que Phocas relance la crise dynastique. C'est la démesure politique de l'usurpateur qui déchaîne et déclare le mouvement tragique. Parce qu'il est un usurpateur, Phocas veut se rendre très vite légitime et, en voulant se rendre légitime, il redonne vie et force à ses adversaires, il prépare l'alliance des deux enfants de Maurice. Corneille prouve ainsi que la politique dérègle tout et se dérègle elle-même dès qu'elle cesse d'être au service des valeurs héroïques. La rébellion de Pulchérie contraint Phocas à ce qu'on appellerait, en termes contemporains, « une radicalisation du régime » :

> Le trône où je me sieds n'est pas un bien de race.
> L'armée a ses raisons pour remplir cette place.
>
> (I, 2, v. 161-162.)

Héraclius annonce *Othon* : le désordre de la force succède à l'ordre de l'hérédité. Rodrigue et Horace n'avaient pas affronté en vain la tragédie de la race : la fondation d'un ordre politique reposant sur la loi du sang était le seul moyen d'éviter la guerre civile. La mise en cause de l'hérédité implique une aggravation de la tension tragique et une régression politique. Machiavel avait décrit les dangers de cette anarchie militaire : « Tels étaient ces empereurs, qui simples particuliers parvenaient à l'Empire en corrompant des soldats. Ceux-ci ne se soutiennent que par la volonté et la fortune de qui les éleva : deux bases également mobiles et peu sûres. Ils ne savent ni ne peuvent conserver ce rang. Ils ne savent : parce qu'à moins d'être un homme de grand génie et de grand courage, quiconque a vécu particulier, ignore naturellement l'art de commander; ils ne peuvent, parce qu'ils n'ont point de troupes sur l'attachement et la fidélité desquelles ils puissent compter »[19]. Machiavel assimile ces régimes à des êtres dont le développement naturel aurait été trop rapide donc fragile, preuve que le temps de la nature est essentiel à la durée de l'Etat. La faiblesse de Phocas s'accroît quand il accepte de « restituer » (v. 190) l'Empire à Pulchérie dont l'arrogance (v. 235) va l'entraîner vers la démesure tyrannique : Phocas réagit plus qu'il n'agit, il s'emporte dès que Pulchérie nomme Héraclius et ne lui laisse plus le choix qu'entre la mort et l'hyménée (v. 262).

Cette tragédie implexe est ainsi avant tout une tragédie logique. Toutes les valeurs, toutes les situations mises en scène auparavant

19. Machiavel, *Le Prince*, *op. cit.*, p. 26.

par Corneille se retrouvent, positivement ou négativement, dans *Héraclius*. Avant même que l'obscure naissance de Phocas soit reléguée au second plan par l'obscurité de la naissance d'Héraclius et Martian, avant même que l'obscurité sociale ne s'efface devant l'obscurité de la nature, toutes les conditions d'un affrontement entre l'Etat et le héros sont réunies. Nous examinerons plus loin les formes de résistance à la déraison d'Etat mais on peut constater dès maintenant qu'une femme relève seule le défi de l'oppression politique. Héraclius et Martian seront aussi vains qu'Antiochus et Séleucus. Seules les valeurs de la nature et de la féminité portent la légitimité politique.

Avant que ne soit envisagée la possibilité d'une substitution d'enfants, *Héraclius* est une tragédie politique. Pourquoi Corneille a-t-il donc développé d'une manière aussi complète le thème de l'obscurité de la naissance ? Le poète s'attache peut-être à mettre en scène une contre-épreuve de *Rodogune* : la question de l'origine était secondaire car Antiochus et Séleucus étaient eux-mêmes secondaires; la question de l'origine est désormais essentielle puisque le désordre sera universel si elle n'est pas résolue. La solution passera par la cruauté : ce sera la fonction de Léontine. La « dame de Constantinople » explique pourquoi elle a sacrifié Léonce en sauvant Martian :

> Je ne l'ai conservé que pour ce parricide.
>
> (II, 3, v. 557.)

Le rôle de Martian sera d'assassiner Phocas. Il est en effet exclu que le fils d'un tyran soit sauvé :

> Dans le fils d'un tyran l'odieuse naissance
> Mérite que l'erreur arrache l'innocence,
> Et que de quelque éclat qu'il se soit revêtu,
> Un crime qu'il ignore en souille la vertu.
>
> (II, 3, v. 573-576.)

L'histoire ne pourra jamais racheter la nature : le déterminisme biologique devient un déterminisme politique, la vertu ne peut rien contre la naissance. Grimoald et Œdipe contrediront cette maxime de Léontine. Phocas était condamné par ses actes. Martian le sera par la seule hérédité. Rodrigue ne devait pas renier don Diègue. Martian ne pourra échapper à Phocas. La nature reste plus forte que l'histoire. Sur le plan politique, cela signifie que la tyrannie et l'usurpation sont le péché originel de l'histoire. C'est pourquoi le compromis devient impossible : la tragédie politique est la relation nécessaire de l'histoire avec la nature dans *Héraclius*. Le compromis ne pourrait d'ailleurs pas intervenir dans un monde trouble : les valeurs étant floues, les vérités incertaines, aucun des protagonistes ne gagnerait à chercher un accord entre des termes mal identifiés. Dans *Horace*, la tragédie était une forme d'identification du héros à l'Etat : Horace connaissait Rome, Rome reconnaissait Horace. Dan *Héraclius*, la tragédie naît de l'impossibilité de toute identification : l'Etat et les héros ne savent plus qui ils sont, le change et le désordre paralysent la volonté. Phocas en mesure la gravité :

> Hélas ! je ne puis voir qui des deux est mon fils,
> Et je vois que tous deux ils sont mes ennemis.
>
> (IV, 3, v. 1361-1362.)

L'indifférenciation naturelle crée l'hostilité politique. Cette plainte de Phocas marque l'évolution du théâtre de Corneille. Imagine-t-on Rodrigue ou Horace incapable de discerner la vérité de la nature ? Phocas est responsable de ses malheurs. En tuant Maurice et ses fils, il a détruit l'ordre de la nature et l'or re de l'Etat. Pourquoi se plaint-il aujourd'hui si le désordre de la nature devient un désordre d'Etat ? La crise politique est une crise de la nature :

> La nature tremblante, incertaine, étonnée,
> D'un nuage confus couvre sa destinée.
>
> (IV, 3, v. 1367-1368.)

L'amour paternel ne sert qu'à confondre Phocas qui ne comprend pas le dessein de la nature dont le « murmure imparfait » (v. 1377) reste rebelle à l'interprétation. Corneille rappelle ainsi que l'usurpation tyrannique du pouvoir détruit toutes les valeurs publiques avant de détruire toutes les valeurs privées. La vue, qui était l'instrument de la reconnaissance mutuelle des héros, est inutile : Phocas voit Héraclius et Martian mais le regard ne lui apporte rien. L'image du « père dénaturé », Félix, de la « mère dénaturée », Cléopâtre, est désormais celle de l' « enfant dénaturé » (v. 1381) : la politique a accompli le cycle de dénaturation des valeurs familiales, les sacrifices d'*Horace* et du *Cid* sont oubliés. Héraclius et Martian revendiquent l'un et l'autre le statut de fils de Maurice : non seulement Phocas a perdu l'espoir d'un petit-fils, mais il perd la réalité d'un fils. L'équation de la nature et de la politique se trouve ici formulée d'une manière évidente : Maurice, souverain légitime, est reconnu par son fils et par le fils du tyran; Phocas, usurpateur tyrannique, n'est reconnu ni par son fils ni par l'héritier légitime du trône.

Ces contradictions mènent Phocas sur le chemin du machiavélisme puisqu'il entend utiliser tous les moyens pour éliminer Héraclius, parvenir à ses fins « par force ou par adresse » (v. 1452), c'est-à-dire en lion ou en renard. Mais Phocas se trompera en croyant que la voix de la nature lui désigne Martian alors qu'il s'agit d'Héraclius (v. 1660). Comme dans *Rodogune*, la nature n'est pas fausse mais faussée : ce n'est pas la nature qui ment à Phocas, c'est Phocas qui est incapable de déceler la vérité de la nature, qui accepte de chérir son erreur (v. 1675). Toutefois l'adoption d'Héraclius par Phocas serait un scandale politique :

> Et ce serait un monstre horrible à vos Etats
> Que le fils de Maurice adopté par Phocas.
>
> (V, 3, v. 1685-1686.)

Corneille passe de la monstruosité naturelle à la monstruosité politique : l'adoption est un compromis impensable tant dans l'ordre naturel que dans l'ordre politique. Polyeucte ne pouvait être « tout ensemble idolâtre et chrétien ». Héraclius ne saurait être fils adoptif de Phocas et fils légitime de Maurice. Héraclius refuse la confusion dont le tyran se contenterait pour éviter de choisir. Si Héraclius acceptait d'être Martian, il épouserait Pulchérie, sa sœur : l'inceste est le seul remède au parricide. La complexité voulue et développée par Corneille, loin d'être gratuite, avait pour fonction de multiplier les apories tant que la coïncidence de l'ordre naturel et de l'ordre politique ne serait pas rétablie. Le vers célèbre de Léontine :

> Devine, si tu peux, et choisis, si tu l'oses.
>
> (IV, 3, v. 1408.)

traduisait la double faille de la raison et de la volonté. L'apostrophe de la gouvernante au tyran signifiait également que même la force avait ses limites. L'assassinat de Phocas par Exupère restaure l'ordre : il évite à Héraclius de commettre un tyrannicide et à Martian d'être parricide. Toutefois la solution de la crise n'est pas venue des héros mais d'un comparse, dont l'attitude avait trompé Héraclius :

> Il ne vous trahissait que pour vous couronner.
>
> (V, 6, v. 1834.)

La légitimité est rétablie grâce à une trahison. La vérité apparaîtra après la mort de Phocas et Héraclius ne pourra que reconnaître l'intervention de « la céleste puissance » (v. 1914). La tragédie s'achève sur une ultime manipulation de la nature puisque Martian sera appelé Léonce. Cette nouvelle dissimulation de la vérité ressemble fort à un exorcisme : Héraclius exorcise jusqu'au nom du fils du tyran, preuve que la restauration n'est pas parfaitement sûre. Le nom du tyran est enfoui dans les sables du mensonge d'Etat. Le dénouement n'est plus la manifestation triomphale et totale de la vérité. Il est la victoire de la vérité sur l'erreur sans que l'erreur disparaisse réellement. Sur le plan dramaturgique, *Héraclius* est certes une tragédie à fin heureuse. Sur le plan politique, la victoire n'est pas un effet de l'action du héros. Sur le plan des valeurs, la confusion et le désordre laisseront des traces : comme *Rodogune*, *Héraclius* est une lésion irréversible dans le système cornélien. Le poète n'aura pas expérimenté sans risque et sans conséquence la complexité et la monstruosité, la complication et la violence. « Dans ce long cercle vicieux où les vérités progressivement révélées n'ajoutaient qu'à la suspicion générale et à la perte de tout critère de certitude sur le vrai et le faux, le juste et l'injuste, la générosité et l'intérêt, aucune solution humaine ne pouvait raisonnablement intervenir et seul un hasard providentiel était capable de tirer le héros de l'impasse »[20]. Les relations entre le héros cornélien et la Providence sont transformées : auparavant l'effort du héros était couronné par la Providence, désormais la Providence sauve du chaos un héros impuissant.

Cléopâtre et Phocas n'appartiennent pas au même ordre cornélien même s'ils sont l'un et l'autre prêts au parricide pour conserver le pouvoir. Corneille a sans doute voulu mettre en scène la politique comme anti-nature. Lorsque l'Etat n'était pas soumis

20. André Stegmann, *op. cit.*, t. II, p. 605.

aux passions du monarque mais aux exigences de l'histoire, le sacrifice de la nature avait un sens : tel était le parricide d'Horace. Lorsque l'Etat est soumis à la tyrannie d'un souverain légitime ou d'un usurpateur victime de la *libido dominandi*, le sacrifice de la nature est un scandale : la mort de Séleucus, la tentation du parricide dans *Héraclius* en sont la preuve. Lorsque l'histoire et la nature expriment l'ordre providentiel, la politique n'est pas tragique car elle n'est ni confusion ni contrainte. Lorsque la nature et l'histoire s'affrontent, la politique devient tragique car elle est confusion des ordres puis contrainte des esprits et des corps. La tyrannie légitime de Cléopâtre et la tyrannie illégitime de Phocas sont aussi fatales au héros l'une que l'autre. La première manipule consciemment la nature, la seconde subit une manipulation de la nature. Ni Antiochus ni Héraclius ne semblent assez forts pour dominer la crise de l'Etat qu'ils viennent de subir : la politique affaiblit les héros. Corneille a mis en scène une liaison incestueuse de la nature et de l'histoire, du parricide et de la raison d'Etat : cette étape de la réflexion du poète aura été une épreuve meurtrière pour le héros.

La réponse au parricide : chantage, dissimulation, confusion

Cléopâtre et Phocas ne sont pas seuls. Leur action suscite la réaction des autres personnages. Dans *La Mort de Pompée*, César, Cornélie et Cléopâtre agissaient ensemble pour s'opposer au machiavélisme. Dans *Rodogune* et *Héraclius* également, plusieurs héros se mobilisent pour résister à la déraison d'Etat. Ainsi la politique contraint-elle les « généreux » à intervenir sur son terrain : les valeurs cornéliennes risquent de se trouver compromises car, pour l'emporter, elles doivent emprunter leurs méthodes à leurs adversaires. Face au désordre, la politique est aussi une force de modification. Georges Couton a remarquablement décrit ce phénomène : « Les personnages vertueux résistent de leur mieux au débordement de la violence et sauvent la part de la tendresse et de l'humanité. Mais la révélation du fauve indomptable qui peut se cacher en l'homme leur inspire une admiration horrifiée proche du tragique grec. Le poète a dépassé le temps de l'optimisme. Il ne croit plus que la lucidité, la raison et le courage soient l'universelle panacée. Dans le cadre étouffant d'une cour, sans échappée sur le reste du monde, dans une atmosphère de huis clos, il vient de rencontrer le démoniaque. Le microcosme cornélien s'est enrichi d'un enfer »[21].

La résistance au pouvoir s'organise plus autour des femmes, Rodogune et Pulchérie, que des hommes, Antiochus et Séleucus, Héraclius et Martian. Lorsque la tragédie est intérieure à la nature, la femme est supérieure à l'homme : les sacrifices de Chimène, Camille et Pauline n'étaient pas inutiles. Rodogune et Pulchérie, outre leur légitimité politique de princesse parthe et de fille de Maurice, sont, en étant seules, plus fortes qu'un « couple » d'hommes. La féminité est solitaire, la masculinité est dédoublée. Antiochus et Séleucus, Héraclius et Martian sont incapables d'œuvrer à leur salut. Rodogune et Pulchérie tentent d'y parvenir seules. Certes le suicide de Cléopâtre et l'assassinat de Phocas seront les vraies causes d'un dénouement heureux mais les jeunes héros n'auront même pas essayé d'agir contre la tyrannie. Corneille leur épargne ainsi le risque du parricide mais il révèle en même temps leur faiblesse héroïque et politique. Corneille a expérimenté, avec Cléopâtre et Phocas, le mouvement de dénaturation de la nature par la passion du pouvoir. Avec Rodogune et Pulchérie, il éprouve la modification des valeurs de l'héroïsme quand elles sont confrontées à cette passion. Avec les jumeaux naturels de *Rodogune* et les jumeaux politiques d'*Héraclius*, le poète mesure l'impuissance des valeurs construites du *Cid* à *Cinna*. Corneille aura ainsi démontré la fonction corruptrice de la politique lorsque la passion du pouvoir domine la scène. Corneille, poète de l'identité héroïque, devient le dramaturge de la modification politique. Le conflit central de son théâtre, la confrontation de la grandeur et de la force, est engagé.

Rodogune, princesse parthe promise à l'héritier du trône de Syrie, entre en scène comme victime de la politique matrimoniale : ni le pouvoir ni le mariage ne lui conviennent :

> Et le trône et l'hymen, tout me devient suspect.
>
> (I, 5, v. 306.)

21. Georges Couton, *Corneille*, *op. cit.*, p. 125.

Le climat est d'emblée celui du soupçon parce que les valeurs ne sont pas claires. Rodogune, fiancée de Nicanor, ancien époux de Cléopâtre, assassiné par elle, n'a pas tort de soupçonner les valeurs politiques et les valeurs amoureuses : quel que soit le futur roi, il sera soumis à sa mère; il ne pourra donc ni aimer Rodogune ni être roi. La faille du mariage politique apparaît tout de suite : il n'est ni un mariage puisque le mari restera un fils ni une politique puisque le roi restera un sujet (v. 349-350). Cléopâtre est jalouse de Rodogune, fiancée de son mari, comme elle sera jalouse de la femme de son fils. Sa jalousie est amoureuse autant que politique. Le plan politique du mariage de Rodogune implique que la princesse soit indifférente aux deux jumeaux alors qu'elle éprouve de l'« aversion » pour Séleucus et une « passion » pour Antiochus : il n'existe aucune « égalité » dans son cœur entre les deux hommes. La raison d'Etat de la réconciliation entre les Parthes et les Syriens impose pourtant cette égalité, valeur si contraire aux exigences de l'héroïsme. Le héros cornélien peut être un rival, il ne saurait être un égal. Rodogune reste silencieuse sur le nom de son amant : la dissimulation amoureuse fait écho à la dissimulation sur l'origine. Le « secret » (v. 372) complète le « soupçon » : ce double signe suffit à marquer la dégradation du système des valeurs. La nature et l'amour, au nom de la politique et de la raison d'Etat, sont maintenant cachés, dérobés au regard. Le tragique du *Cid* était celui d'une nature et d'un amour dont les héros se réclamaient en pleine lumière. Le tragique de *Rodogune* est celui d'une nature et d'un amour dont la reine et la princesse feront, dans le mensonge, un enjeu de pouvoir.

Cet enjeu est très vite meurtrier : le droit d'aînesse n'est plus en effet inscrit dans la nature, il récompensera l'assassin de Rodogune. L'heure est donc au « péril extrême », au « généreux effort » (v. 795-798). Oronte rappelle à la princesse la simplicité du choix, qui est d'une résonance toute cornélienne :

> C'est ici qu'il vous faut ou régner ou périr.
> Le ciel pour vous ailleurs n'a point fait de couronne,
> Et l'on s'en rend indigne alors qu'on l'abandonne.
>
> (III, 2, v. 818-820.)

Une héroïne de sang royal ne renonce jamais à la grandeur d'Etat. Mais elle ne peut recourir à la force : elle n'a pas les moyens de son ambition politique. Elle devra donc utiliser l'amour des jumeaux contre Cléopâtre :

> L'Amour fera lui seul tout ce qu'il vous faut faire.
> Faites-vous un rempart des fils contre la mère
> Ménagez bien leur flamme, ils voudront tout pour vous.
>
> (III, 2, v. 831-833.)

Ce conseil machiavélien d'Oronte a une double signification : le personnage qui incarne les valeurs de l'héroïsme se trouve impuissant à défendre seul ces valeurs et il doit recourir à une aide extérieure dont la logique conduit au parricide, à une dénaturation de la nature; ce personnage se livre à une manipulation du sentiment amoureux à des fins politiques, à une dénaturation de l'amour qui se trouve mis au service de l'intérêt d'Etat. Le chantage de Cléopâtre provoquera le chantage de Rodogune : la contagion de la conversion est remplacée par la contagion de la corruption, *Rodogune* remplace *Cinna.* Auguste triomphait en se distinguant de ses adversaires. Rodogune se heurte à Cléopâtre en lui ressemblant. La princesse parthe n'est plus autonome alors que Cléopâtre, toute soumise à la passion du trône, reste singulière et indépendante. Cléopâtre utilise la nature contre l'amour. Rodogune utilise l'amour contre la nature. La politique a dégradé le système de valeurs.

Le monologue de Rodogune, qui répond à celui de Cléopâtre, souligne ce mouvement de dégradation. La princesse semble refuser le « lâche artifice » et les « molles adresses » et se refuser à conquérir le sceptre « d'un coup d'œil affété » (v. 845). Dans *La Mort de Pompée*, le trône d'Egypte était déjà le prix d'une œillade de Cléopâtre (v. 662). Le regard lui-même est compromis dans ce bouleversement. Il n'est plus le premier signe de reconnaissance des héros, il devient un instrument de pouvoir. Rodogune croit encore que la générosité de ses origines lui permettra d'affronter la reine de Syrie sans se dégrader, que l'amour régnera mais qu'elle régnera sur l'amour. Ce moment de pure générosité, de pur héroïsme est bref. Rodogune retrouve la passion et la vengeance, la mémoire et la haine :

> Sentiments étouffés de colère et de haine,
> Rallumez vos flambeaux à celles de la Reine.
>
> (II, 3, v. 855-856.)

Rodogune imite Cléopâtre, donc, d'une certaine manière, elle la subit : la générosité imite la monstruosité pour essayer d'en triompher, tel est le principe de renversement des valeurs. Comme Cléopâtre (v. 395), Rodogune se libère d'une contrainte (v. 857). Elle refuse de suivre son destin en « victime d'Etat » (v. 874). Elle comprend que l'Etat est avant tout une force esclavagiste :

> Plus la haute naissance approche des couronnes,
> Plus cette grandeur même asservit nos personnes.
>
> (II, 3, v. 867-868.)

Les lois du sang conduisent à la grandeur d'Etat qui détruit les personnes : telle est la contradiction propre du héros pris dans la dialectique de la nature et de l'histoire. La nature le prédestine à l'Etat et l'Etat détruit sa personne, donc sa nature. Les exigences antinomiques de la personne et de la couronne seront de plus en plus fréquentes et elles se développeront presque toujours au détriment du héros. Rodogune refuse de subir davantage les contraintes de l'Etat, de rester un gage de la paix, d'une paix que Cléopâtre avait rompue en assassinant Nicanor :

> Je brise avec honneur mon illustre esclavage,
> J'ose reprendre un cœur pour aimer et haïr.
>
> (II, 3, v. 880-881.)

Rodogune retrouve la singularité du héros en refusant son statut de victime politique : l'accès à l'héroïsme coïncide avec la rébellion contre la raison d'Etat. L'audace de Rodogune (v. 881) répond à celle de Cléopâtre (v. 409). Le plan de la princesse parthe implique la dissimulation de son amour pour Antiochus : l'accès à l'héroïsme n'est plus une invitation à l'éblouissement.

Rodogune va donc séduire Antiochus comme Cléopâtre avait séduit César : la séduction devient un attribut de la féminité pour des raisons politiques. Chimène, Camille, Pauline étaient des amoureuses : les imagine-t-on séduisant leur amant à des fins politiques ? Rodogune est une séductrice parce qu'elle est plus faible que Cléopâtre. La séduction est le contraire de la légitimité amoureuse : elle est à l'amour ce que l'usurpation est à la légitimité, un chemin de traverse. Rodogune prolonge ainsi certains traits de la sœur de Ptolomée : si le pouvoir est à vendre, pourquoi ne pas l'acheter en monnayant ses sentiments ? Cette séduction ouvre sur une argumentation politique : la révélation du droit d'aînesse désignera le roi de Syrie que Rodogune aimera par devoir. La princesse retourne ainsi le piège de Cléopâtre :

> Le choix que vous m'offrez appartient à la Reine.
>
> (III, 4, v. 940.)

Il appartient à la nature seule, et non à l'amour, de proclamer la légitimité. On comprend la « tendresse » de Corneille pour *Rodogune*, l'agencement antithétique du mouvement des passions et des intérêts relance parfaitement l'intérêt dramatique et les enjeux politiques sont de plus en plus insérés dans le développement de la tragédie. A cet égard, *Rodogune* est un modèle de tragédie politique. Cléopâtre avait faussé la nature. Rodogune fausse l'amour. Le désordre des valeurs n'est pas une manifestation de la fatalité mais un effet de l'action humaine et de la passion politique. La princesse parthe souligne la régression de l'héroïsme chez Antiochus dont le sentiment amoureux est un prétexte à la passivité :

> Ce beau feu vous aveugle autant comme il vous brûle
> Et, tâchant d'avancer, son effort vous recule.
>
> (III, 4, v. 979-980.)

Il appartient à Rodogune d'établir la chronologie des actes qui avait jadis fait la force de Rodrigue :

> Ce cœur vous est acquis après le diadème.
>
> (III, 4, v. 995.)

Rodrigue devait venger son père avant d'aimer Chimène et il découvrait seul cette vérité. Antiochus pourra aimer Rodogune après avoir conquis le trône et il apprend cette vérité de sa maîtresse. La politique est une épreuve initiatique de l'amour. Antiochus aime la femme plus que la princesse. Rodogune aime le roi plus que l'homme. Elle revendique avec force la singularité héroïque :

> Il n'est pas bien aisé de m'obtenir de moi.
>
> (III, 4, v. 990.)

Le poids du passé conduit à la révélation tragique. Cléopâtre s'écriait :

> Il est temps et voici notre jour.
>
> (II, 1, v. 406.)

Rodogune affirme :

> Il est temps de me faire connaître.
>
> (III, 4, v. 1011.)

Cet avènement du jour de la tragédie met en lumière le dérèglement des valeurs, les antinomies de la nature et de l'histoire :

> J'aime les fils du Roi, je hais ceux de la Reine.
>
> (III, 4, v. 1024.)

Rodogune aime en Antiochus et Séleucus les fils de Nicanor, son fiancé, mais elle hait les jumeaux enfantés par Cléopâtre. La princesse parthe retrouve dans Antiochus l'image de Nicanor et pour cette raison exigera de lui qu'il assassine Cléopâtre : l'inceste annonce le parricide. Cléopâtre (v. 407) et Rodogune (v. 1021) refusent le statut de sujettes : elles sont et doivent rester des reines. Cette intransigeance politique explique et accompagne le mouvement de leurs passions. Rodogune porte le désordre à l'intérieur des valeurs de la nature que Cléopâtre avait bafouées : Antiochus et Séleucus devront tuer leur mère par fidélité à leur père, par respect de l'hérédité naturelle et de la légitimité politique :

> Ce sang que vous portez, ce trône qu'il vous laisse
> Valent bien que pour lui votre cœur s'intéresse.
>
> (III, 4, v. 1031-1032.)

L'assassinat de Cléopâtre par ses fils n'est donc pas, selon Rodogune, un acte contre nature, mais un acte qui réconcilie la « gloire » et l' « amour » (v. 1033) des jumeaux dans l'ordre supérieur d'une restauration politique et biologique. Cléopâtre disait à ses fils :

> Ce n'est qu'en m'imitant que l'on me justifie.
>
> (II, 3, v. 668.)

Rodogune lui donne raison :

> Vous devez l'imiter si vous la soutenez.
>
> (III, 4, v. 1038.)

La logique de l'imitation est désormais à l'œuvre. La faiblesse des jumeaux apparaît dans la réduction de leur rôle à la seule imitation du parricide. Le parricide commis par Horace était une création. Le parricide commis par les jumeaux serait une imitation. Ce parricide est le point d'équilibre de la vengeance et du chantage :

> Pour gagner Rodogune, il faut venger un père.
> Je me donne à ce prix : osez me mériter.
>
> (III, 4, v. 1044-1045.)

Chimène était le « prix » du duel entre Rodrigue et don Sanche. Rodogune est le « prix » d'un parricide. Le vocabulaire est le même mais la réalité est toute différente. Chimène avait perdu Rodrigue par un duel et elle le regagnait par un duel. Rodogune avait perdu Nicanor par un parricide; elle regagne son fils par un parricide. La logique du meurtre se substitue à la logique de la rivalité. La féminité politique se substitue à la féminité amoureuse : Rodogune aime deux rois, le père puis le fils; Chimène n'aime que Rodrigue. Rodogune est plus amoureuse du trône et d'elle-même que de ses amants.

Mais les valeurs de l'amour résistent au déferlement de la vengeance et de la passion politique. Rodogune est plus faible devant le seul Antiochus, qu'elle aime, que devant les jumeaux. Elle reconnaît ne pas vouloir être la « récompense » (v. 1224) d'un parricide. Elle acceptera donc d'épouser Antiochus ou Séleucus, celui des deux que Cléopâtre aura désigné pour lui succéder :

> C'est tout ce qu'à mes yeux ma gloire peut permettre.
>
> (IV, 1, v. 1235.)

Rodogune est à nouveau une « victime d'Etat » : elle soumet ses sentiments à la raison d'Etat, au traité de paix entre les Parthes et la Syrie. Le parricide est évité mais l'amour est sacrifié à la politique. Antiochus et Rodogune se reconnaissent dans une nouvelle forme de justice qui est un compromis :

> Votre refus est juste autant que ma demande.
>
> (IV, 1, v. 1220.)

Il était donc juste que Rodogune exigeât le parricide et qu'Antiochus s'y refusât. Cette justice pourtant ne résout rien : Antiochus échouera à convaincre sa mère. La première et la troisième scène du quatrième acte sont deux fausses sorties : ni l'amour ni la nature ne sont sauvés. Le principe du double meurtre reste en effet présent jusqu'au dénouement et Rodogune ne manque pas de le rappeler à Cléopâtre :

> Vous demandiez mon sang, j'ai demandé le vôtre.
>
> (V, 5, v. 1755.)

Rodogune sauvera Antiochus de la mort et le suicide de Cléopâtre rétablira la légitimité mais la Providence aura, plus que la princesse parthe, permis le dénouement (v. 1831-1836). Antiochus et Rodogune auront gardé les « mains innocentes » mais la résistance de la princesse à Cléopâtre laissera des traces dans l'univers héroïque. Paul Bénichou souligne, dans l'analyse du personnage même de Rodogune, cette évolution de Corneille : « Le mensonge ou la feinte peuvent se dire héroïques quand ils sont l'appui innocent du moi, non quand ils prennent, pour le servir, la figure du crime »[22]. La force de la passion du trône chez Cléopâtre était telle que la résistance de Rodogune ne pouvait être efficace qu'en se compromettant dans le chantage politique, dans la manipulation des valeurs les plus sacrées de l'héroïsme.

Pulchérie se trouve dans une situation comparable à celle de Rodogune. Phocas, en usant d'un « pouvoir tyrannique » (v. 113), contraint Pulchérie à s'expliquer. Le mouvement dramatique était le même pour Cléopâtre et Rodogune : la réaction héroïque est une réponse à l'abus politique. Pulchérie ne doit rien à Phocas :

> Cette feinte douceur, cette ombre d'amitié,
> Vient de ta politique, et non de ta pitié.
>
> (I, 2, v. 135-136.)

La « libéralité » de Phocas envers Pulchérie était exclusivement politique. La fille de l'empereur Maurice accède à l'héroïsme :

> Voilà quelle je suis, et quelle je veux être.
>
> (I, 2, v. 149.)

par une double volonté de restauration politique et de vengeance familiale. La politique héroïque de Pulchérie vise à rétablir l'ordre de la nature puis l'ordre politique. Le seul moyen dont elle dispose est la mort de Phocas (v. 148). Le tyran voulait imposer à la prin-

22. Paul Bénichou, Formes et significations dans la *Rodogune* de Corneille, *Le Débat*, Paris, Gallimard, n° 31, septembre 1984, p. 100.

cesse un mariage politique fondé sur la confusion des ordres. La première réponse de Pulchérie sera de préserver la distinction des ordres :

> Sépare tes présents et ne m'offre aujourd'hui
> Que ton fils sans le sceptre ou le sceptre sans lui.
>
> (I, 2, v. 227-228.)

La technique de renversement des propositions s'apparente à celle de *Rodogune*. L'alternative politique succède au dilemme héroïque : l'unité de conquête des valeurs héroïques et politiques n'existe plus. La fonction de l'héroïne est même de détruire cette unité qui est imposée par la raison d'Etat. Auguste identifiait sa personne à l'Etat et l'Etat à sa personne. Pulchérie réclame la séparation de la personne et de l'Etat mais sa première exigence est d'ordre politique :

> Tyran, descends du trône et fais place à ton maître.
>
> (I, 2, v. 234.)

Ce combat contre l'usurpateur est aussi un combat contre la confusion des ordres : Pulchérie distingue ce que Phocas confondait. L'héroïsme et la légitimité sont dans le même camp. Pulchérie en donne, à propos du fils de Phocas — qui est en réalité son frère — deux preuves formelles :

> Va, je ne confonds point ses vertus et ton crime...
> J'honore sa valeur, j'estime sa personne.
>
> (I, 2, v. 206-210.)

La notion de personne se trouve réhabilitée : Phocas poussait Pulchérie à l'inceste par intérêt politique, Pulchérie refuse cet inceste au nom de la légitimité politique. Les choses sont donc claires : les protagonistes ne savent pas encore qu'elles sont fausses. Pulchérie appartient certes à la race des généreux mais sa générosité sera vaine dès que les lois de la nature cesseront d'être évidentes. Le bruit du retour d'Héraclius provoquera la crise. Pulchérie est prête, pour des raisons politiques, à reconnaître un faux Héraclius :

> J'irai par mon suffrage affermir cette erreur.
>
> (I, 2, v. 247.)

Rodogune avait besoin des jumeaux pour l'emporter sur Cléopâtre. Pulchérie a besoin d'un imposteur (v. 242) pour abattre

Phocas. Corneille définit ainsi la faiblesse des femmes dans un monde soumis aux règles de la politique, c'est-à-dire aux lois de la force. Telle est désormais la condition paradoxale du héros : il doit recourir à l'erreur pour que la vérité s'impose. La complexité dramatique répond à une nécessité interne de l'héroïsme. La faiblesse des personnages héroïques est d'autant plus sensible que les hommes sont dominés par les femmes. L'inversion des sexes reflète l'inversion des valeurs. L'imposture, comme le parricide dans *Rodogune*, est contagieuse. Pulchérie demande à Phocas de reconnaître l'imposteur et de renoncer au pouvoir :

> Toi, si quelque remords te donne un juste effroi,
> Sors du trône, et te laisse abuser comme moi :
> Prends cette occasion de te faire justice.
>
> (I, 2, v. 251-253.)

Mais Phocas n'est pas Grimoald et Pulchérie n'est pas Rodélinde. Grimoald acceptera de céder son trône au vrai roi. Phocas refuse de l'abandonner à un imposteur. Cette configuration dramatique et politique montre l'unité de la pensée cornélienne qui multiplie les hypothèses et modifie systématiquement certaines variables. Pulchérie entraîne Phocas dans une aporie totale : elle refuse d'épouser le fils du tyran et accepte de mourir. Cette restauration politique fondée sur les valeurs de l'héroïsme est une catastrophe pour Phocas qui peut être contraint de tuer celle qu'il a sauvée pour légitimer son usurpation. Lorsque les calculs de la politique se heurtent à l'héroïsme, ils se détruisent eux-mêmes : Corneille reprend le schéma de *La Mort de Pompée*.

Quelle est donc la situation tragique et politique à la fin du premier acte ? Pulchérie refuse d'épouser Héraclius, cru Martian et, selon sa formule : « digne d'un autre père » (v. 371). Elle aime Martian, cru Léonce, fils d'une dame de Constantinople. Phocas voulait imposer une légitimation de son usurpation par le mariage incestueux d'Héraclius et Pulchérie. La résistance à la tyrannie coïncide avec le refus de l'inceste. Toutes ces évidences relèvent en fait du trompe-l'œil : le dramaturge de *L'illusion comique* est aussi le poète d'*Héraclius*. Dans *Rodogune*, on savait que Cléopâtre mentait, on savait pourquoi elle mentait et la vérité elle-même n'avait pas d'intérêt puisque la reine de Syrie en était seule détentrice et que sa parole n'inspirait pas confiance. Dans *Héraclius*, on ne sait pas la vérité et la vérité est essentielle à la restauration d'un ordre politique qui évite l'inceste et le parricide. Dans *Rodogune*, la tragédie politique naissait de la possibilité offerte au souverain légitime d'organiser elle-même la subversion. Dans *Héraclius*, la tragédie politique naît de l'impossibilité où se trouvent les personnages de mettre fin à la subversion. Dans les deux cas, le caractère extrême des intrigues rend nécessaire, pour résorber le chaos de la nature et de l'histoire, l'intervention de la Providence.

La complexité dramaturgique permet à Corneille de révéler les mécanismes de la confusion. Martian, cru Léonce, apprend de Léontine qu'il est Héraclius. Pulchérie aime Martian et doit cesser de l'aimer puisqu'il est son frère :

> L'amour pensait le dire et le sang le disait
> Et de ma passion la flatteuse imposture,
> S'emparait dans mon cœur des droits de la nature.
>
> (III, I, v. 810-812.)

Mais Pulchérie se trompe puisque Martian, cru Léonce, n'est pas Héraclius : la voix du sang s'est trompée, l'ordre construit par Rodrigue et Horace s'effondre. Les règles de l'héroïsme reposaient sur le respect de la nature : avec la disparition de ce respect, l'univers tout entier éclate. La chaîne logique apparaît mieux désormais : Phocas, en assassinant l'empereur Maurice, était entré dans l'histoire comme un usurpateur tyrannique; Léontine, en substituant son fils à celui de Maurice, promis à la mort, avait commis le pire des crimes contre la nature, le parricide. Le coup d'Etat contre l'histoire avait été accompli par Phocas au nom du droit du plus fort. Le coup de force contre la nature avait été accompli par Léontine au nom du droit de l'hérédité et de la légitimité. Un homme avait trahi l'histoire. Une femme avait trahi la nature. Une autre femme, Pulchérie, doit affronter les conséquences de ces deux actes : son héroïsme s'affirme comme une force de résistance au destin :

> Ce grand coup m'a surprise et ne m'a point troublée,
> Mon âme l'a reçu sans en être accablée,
> Et comme tous mes feux n'avaient rien que de saint,
> L'honneur les alluma, le devoir les éteint.
>
> (III, I, v. 835-838.)

L'héroïsme est un système de valeurs et d'attitudes qui permet à Pulchérie de ne pas succomber là où une âme ordinaire aurait cédé.

Mais cet héroïsme est en porte à faux puisque Martian n'est pas Héraclius : Pulchérie demande à Martian, cru désormais Héraclius, d'assassiner Phocas et de faire du vrai Héraclius son premier sujet, Pulchérie demande donc en fait à Martian d'être parricide autant que tyrannicide. La « solution » de Pulchérie est impossible dans l'ordre de la nature et dans l'ordre de l'histoire puisque le meurtre de Phocas serait un parricide sans effet politique : Martian régnerait sous le nom d'Héraclius qui resterait sujet sous le nom de Martian, le crime contre la nature serait aussi un crime contre la légitimité. Plus gravement ce parricide légitimerait (v. 877) l'union de Pulchérie avec Héraclius, c'est-à-dire l'inceste. Pulchérie invente en fait une solution qui ressemble à celle que Phocas voulait lui imposer : le tyran serait certes mort mais l'ordre nouveau créé par cette mort serait la légitimation d'une illégitimité fondée sur le parricide et l'inceste.

L'arrestation de Martian, cru Héraclius, aggrave le processus de désintégration. Pulchérie se dit prête à épouser toute personne qui assassinerait Phocas :

> L'esclave le plus vil qu'on puisse imaginer
> Sera digne de moi s'il peut t'assassiner.
>
> (III, 3, v. 1049-1050.)

Cette situation rappelle en partie celle d'Emilie dans *Cinna*. La haine, la vengeance et la passion politiques entraînent Pulchérie aux limites de ce qu'il faut bien appeler une forme de prostitution : la féminité, devenue un enjeu de pouvoir, se trouve offerte à l'encan. L'héritière du trône est à prendre, avec le trône, et les esclaves peuvent y prétendre : la nature et l'histoire risquent d'être irrémédiablement souillées. La nature, car Pulchérie n'est pas née pour appartenir à un esclave. L'histoire, car l'empire d'Orient n'est pas né pour tomber aux mains d'un esclave. Après avoir mis en avant deux fausses solutions, l'inceste du mariage avec Héraclius et la prostitution d'une soumission à un esclave, Pulchérie n'est plus en état de reconnaître la vérité. Lorsque le vrai Héraclius est devant elle, elle refuse de l'admettre :

> Et le sang, par un double et secret artifice,
> Parle en vous pour Phocas, comme en lui pour Maurice.
>
> (V, 1, v. 1599-1600.)

La nature torturée ne répond plus : l'évidence du sang n'en est plus une. La nature est trop faible pour se reconnaître elle-même : tel est le résultat du déchaînement de la passion politique. Corneille n'a pas encore épuisé toutes les hypothèses : Martian, cru Héraclius, propose à Pulchérie, qu'il aime et qui n'est pas sa sœur, un mariage blanc :

> Mais, Madame, on peut prendre un vain titre d'époux,
> Abuser du tyran la rage forcenée
> Et vivre en frère et sœur sous un feint hyménée.

(V, 5, v. 1782-1784.)

La stérilité permet d'échapper à l'inceste. Elle est aussi l'ultime réponse du héros à la tyrannie. Tite, Pulchérie et Suréna songeront plus tard, pour des raisons différentes, à cette même stérilité. Pulchérie, dans *Héraclius*, refuse la lâcheté de la feinte (v. 1785) que les deux jeunes gens acceptaient par crainte de l'inceste : il est révélateur que la proposition de mariage blanc ait été faite par l'amant, comme si la nature, horrifiée par le dérèglement de l'univers, refusait la loi fondamentale de la reproduction. L'histoire ne trouverait d'ailleurs pas son compte dans une stérilité naturelle devenant une stérilité politique. Pulchérie souligne elle-même l'impuissance des généreux :

> Toute fourbe est honteuse aux cœurs nés pour l'empire,
> Princes, attendons tout, sans consentir à rien.

(V, 5, v. 1808-1809.)

Corneille préfigure ici la nouvelle morale politique de son héros. Si la résistance à l'oppression entraîne sur les voies de la compromission, le héros, le généreux, doit prendre ses distances et se soumettre au destin sans engager son propre système de valeurs dans une bataille où il ne peut se sauver qu'en détruisant ces mêmes valeurs. Corneille propose une « politique par provision » qui ressemble fort à un aveu d'impuissance. Cet aveu n'est pas sans raison le fait d'une femme : c'est Pulchérie seule qui, dans *Héraclius*, prend les plus grands risques. Elle était prête à tout accepter pour abattre la tyrannie de Phocas. Elle découvre que tous les statagèmes compromettent plus sa générosité qu'ils ne menacent le tyran. Dans ces conditions, il est plus sage de renoncer et d'attendre les coups du sort avec fermeté d'âme.

Avec Pulchérie, Corneille approfondit l'hypothèse construite autour de Rodogune : comment une héroïne peut-elle résister au débordement de la politique sans renoncer ni à sa grandeur, ni à ses sentiments ? Quelle est la « gloire » de la féminité lorsque la passion politique dénature les certitudes et les évidences de la nature ? Pulchérie n'est ni moins active, ni plus résignée que Rodogune. Elle se trouve victime d'un désordre plus grand : elle a moins d'atouts que la princesse parthe. Toutes les généreuses de Corneille, Cléopâtre dans *La Mort de Pompée*, Théodore, Rodogune, Pulchérie, Laodice, sont des princesses légitimes victimes de la politique. L'histoire, dans *Horace*, tuait Camille sans la torturer. La politique, dans *Rodogune* et *Héraclius*, torture les princesses sans les tuer.

Si les princesses sont impuissantes sans être faibles, les hommes, que Corneille a dédoublés dans chaque tragédie, sont impuissants et faibles. Antiochus et Séleucus attendent de connaître « un fâcheux droit d'aînesse » (v. 87) pour monter sur « un trône incertain » (v. 88). Ils aiment l'un et l'autre Rodogune et Antiochus souhaite que Séleucus soit séduit par « la douceur de régner », « l'éclat du trône », pour qu'il lui laisse Rodogune. Mais cette loi de l'échange est logiquement réversible et Séleucus répond à son frère :

> Pour le trône cédé, cédez-moi Rodogune.
>
> (I, 3, v. 123.)

Les jumeaux sont dans une étrange situation puisqu'ils négocient ce qui ne leur appartient pas : ni le trône de Syrie ni l'amour de Rodogune ne sont leur propriété. Le mot « céder » était synonyme de « plier » : il signifie maintenant « échanger ». Cette double cession est une double renonciation fondée sur le dédain de la grandeur d'Etat :

> Et nous mépriserons ce faible droit d'aînesse,
> Vous, satisfait du trône, et moi de la Princesse.
>
> (I, 3, v. 127-128.)

L'abdication politique de Séleucus et l'abdication amoureuse d'Antiochus seraient la réponse au doute sur l'origine. Mais Antiochus retrouve les accents de Rodrigue (*Le Cid*, v. 1063-1064) pour condamner cette proposition :

> Un grand cœur cède un trône et le cède avec gloire :
> Cet effort de vertu couronne sa mémoire.
> Mais lorsqu'un digne objet a pu nous enflammer,
> Qui le cède est un lâche et ne sait pas aimer.
>
> (I, 3, v. 151-154.)

Antiochus emploie ici un langage héroïque mais sa rhétorique ne reflète pas la réalité. La gloire ne consiste pas à s'amputer de l'ambition politique pour satisfaire l'ambition amoureuse. Antiochus utilise le vocabulaire de Rodrigue mais il est exactement le contraire de Rodrigue. Rodrigue refuse de sacrifier Chimène après l'épreuve du duel avec don Gomès. Antiochus accepte de sacrifier le trône avant l'épreuve. La gloire n'est pas une figure de l'amputation mais une forme de la confrontation. Rodrigue méritait Chimène, Antiochus ne méritera pas Rodogune. Antiochus ne comprend pas qu'en renonçant au trône il renonce à Rodogune et qu'il la dévalorise. Antiochus perçoit lui-même ce danger :

> La couronne entre nous flotte encore incertaine,
> Mais sans incertitude elle doit être Reine.
>
> (I, 3, v. 159-160.)

et propose à son frère de souhaiter le trône ensemble pour y « placer » (v. 166) la princesse. Cette solution est en fait catastrophique : l'Etat devient un moyen au service de finalités amoureuses, l'origine héréditaire de la monarchie cède à la passion du futur roi pour Rodogune. Cléopâtre soumet tout à la passion politique. Antiochus veut tout réduire à la passion amoureuse. Il succombe au péché de la confusion des ordres : l'Etat n'appartient pas à l'ordre du sentiment et de la sensibilité. Ce désordre est l'effet d'une double faille. Antiochus et Séleucus sont victimes d' :

> Un droit d'aînesse obscur, sur la foi d'une mère.
>
> (I, 3, v. 183.)

Séleucus montre ici une lucidité dont il fera preuve jusqu'à la mort : il est aussi faible que son frère, mais il est sans doute moins naïf. Il a deviné que la fausseté de la nature et la fausseté de Cléopâtre sont sœurs : ce jumeau a perçu les avantages et les contradictions de la gémellité. Cléopâtre a mis au monde par hasard des jumeaux mais l'exploitation qu'elle fait de ce « hasard » n'est pas hasardeuse.

La faiblesse des deux frères apparaît en pleine lumière lorsqu'ils sont opposés à leur mère. Antiochus se réfugie dans l'apolitisme et la procrastination :

> Nous pouvons sans régner vivre tous deux contents.
> C'est le fruit de vos soins, jouissez en longtemps.
>
> (II, 3, v. 601-602.)

et Séleucus confirme ce refus des responsabilités politiques :

> L'ambition n'est pas notre plus grand désir.
>
> (II, 3, v. 609.)

Aucun des deux frères ne se reconnaît dans la grandeur d'Etat. Ils sont l'un et l'autre nés pour le trône mais aucun n'y aspire : la nature, en se dédoublant, s'est affaiblie avant d'affaiblir l'Etat, comme si Antiochus et Séleucus compensaient par leur passivité la passion politique de leur mère. Cette passivité est mise à l'épreuve par l'exigence meurtrière de Cléopâtre : les jumeaux découvrent la tragédie en même temps qu'ils mesurent leur propre inconsistance. Antiochus s'abrite derrière « les droits de la nature » pour accuser le « sort » (v. 687-688). Il est résigné :

> Mais ma confusion m'impose le silence.
>
> (II, 4, v. 716.)

Antiochus croit à tort que les tendresses du sang pourront fléchir la reine de Syrie. Séleucus, une fois passé le moment de stupeur, entraîne son frère sur la voie de la résistance à la tyrannie : leur révolte sera innocente s'ils s'emparent du trône (v. 745) puisque ce trône leur appartient. Le raisonnement serait vrai si l'héritier légitime n'était pas dédoublé en deux personnes. D'ailleurs cette velléité de rébellion s'efface devant le charme de Rodogune dont Antiochus se sert comme prétexte de son inaction : Rodogune « régnant » sur le cœur des deux princes choisira le roi de Syrie :

> Réglez notre destin, qu'ont mal réglé les Dieux :
> Notre seul droit d'aînesse est de plaire à vos yeux;
> L'ardeur qu'allume en nous une flamme si pure
> Préfère votre choix au choix de la nature,
> Et vient sacrifier à votre élection
> Toute notre espérance et notre ambition.
>
> (III, 4, v. 913-918.)

Antiochus met ainsi en avant une solution désastreuse. Il n'appartient pas à Rodogune de se substituer au destin. Le droit d'aînesse, fondement de la légitimité, ne saurait être à la merci du plaisir. Le choix de la nature préfigure le choix de l'histoire : toute autre configuration est subversive. Antiochus sacrifie l'Etat à sa passion : tel est le nouvel effet du désordre. Cléopâtre manipulait la nature au nom de l'Etat mais sa politique a maintenant pour effet pervers d'affaiblir l'Etat en le séparant de la nature. L'agencement dramatique de *Rodogune* fait apparaître qu'il est interdit de toucher à la moindre pièce de l'édifice héroïque et politique sous peine de provoquer l'éclatement du système. Antiochus, né pour être roi, mettrait sa « gloire » à devenir sujet : l'ordre cornélien est sens dessus dessous. La dépendance politique d'Antiochus est la conséquence de sa dépendance amoureuse : il est aux antipodes de la gloire qui repose sur l'autonomie de raison et de volonté du personnage héroïque.

Antiochus laisse prévoir la crise politique la plus grave qui se puisse imaginer, celle de la division au sommet de l'Etat :

> La couronne est à nous, et sans lui faire injure,
> Sans manquer de respect aux droits de la nature,
> Chacun de nous à l'autre en peut céder sa part,
> Et rendre à votre choix ce qu'il doit au hasard.
>
> (III, 4, v. 963-966.)

Ce « programme » de Séleucus est une extrapolation politique du dédoublement de la nature. Photin aurait condamné avec raison la première affirmation de Séleucus : la couronne ne saurait se dédoubler :

> Car c'est ne régner pas qu'être deux à régner.
>
> (*La Mort de Pompée*, I, 2, v. 232.)

La couronne n'est pas à Antiochus et Séleucus mais à Antiochus ou à Séleucus. Corneille reviendra sur ce thème de l'affaiblissement de l'Etat par dédoublement du pouvoir : Suréna sera victime d'Orode et de Pacorus. La monarchie héréditaire est mise à l'encan :

> Votre inclination vaut bien un droit d'aînesse.
>
> (III, 4, v. 968.)

Les jumeaux pensent à tort que la résistance à la déraison d'Etat doit se manifester par le refus de l'Etat. Ils répondent au défi tragique par la fuite alors qu'ils devraient, comme Rodogune, affronter le problème de l'Etat et tenter de résoudre, en même temps, la crise de l'Etat, la crise de la nature et la crise de l'amour. Antiochus espère que son frère ou lui sera « le plus heureux des rois » (v. 1006). Il ne sait pas encore que le bonheur n'est pas une vertu royale. Le bonheur et le pouvoir sont incompatibles.

Auguste savait déjà que le repos et le pouvoir s'excluaient. Les jumeaux incarnent le tragique de la conciliation des inconciliables.

Lorsqu'ils seront confrontés aux deux exigences meurtrières formulées par Rodogune et Cléopâtre, Séleucus légitimera la rébellion :

> Lorsque l'obéissance a tant d'impiété,
> La révolte devient une nécessité.
>
> (IV, 5, v. 1061-1062.)

Antiochus, au contraire, refuse cette « révolte », cette « témérité » pour prôner une soumission à l'ordre de la Providence. Il reconnaît toutefois leur faiblesse commune :

> Nos malheurs sont plus forts que ces déguisements.
>
> (IV, 5, v. 1070.)

Le destin est trop fort pour deux princes trop faibles qui constatent l'effondrement des valeurs cornéliennes, qui découvrent un monde :

> Où la haine s'apprête à couronner le crime,
> Où la gloire est sans nom, la vertu sans honneur,
> Où sans un parricide il n'est point de bonheur.
>
> (III, 5, v. 1072-1074.)

La haine et la passion politiques ont mis à jour — c'est le moment de la révélation tragique — un univers où toutes les valeurs de l'héroïsme sont renversées ou plutôt inversées. Le héros ne peut plus agir dans un système de références inversé. Seuls peuvent encore agir les personnages dont la volonté impose cette inversion et qui ont contribué au dérèglement du monde. Là où Antiochus et Séleucus sont paralysés, Rodogune et Cléopâtre sont libres puisqu'elles ont créé, pour elles et pour elles seules, une autre hiérarchie des valeurs. Séleucus, qui avait prôné la révolte, reconnaît son impuissance :

> J'éteins enfin ma flamme et mon ambition.
>
> (III, 5, v. 1086.)

Séleucus refuse d'être un amant et d'être un roi. L'abdication amoureuse accompagne l'abdication politique. Corneille révèle ainsi la faiblesse d'un être condamné à disparaître dans l'ordre de l'amour comme dans l'ordre de l'Etat : Rodogune n'aimait pas

Séleucus et Antiochus sera roi. Séleucus subit le sort qu'aurait subi Rodrigue s'il avait hésité. Il est déjà un mort en sursis et sa disparition sera « providentielle » puisqu'elle aura trois conséquences : la mort de Cléopâtre, la montée sur le trône d'Antiochus, son mariage avec Rodogune. Séleucus est aussi le plus lucide des jumeaux : il ne nourrit pas, sur la reine de Syrie et la princesse parthe, les illusions que son frère entretient avec complaisance. Séleucus a trouvé son « bonheur » (v. 1112) dans un double renoncement : il sacrifie l'amour et l'histoire, il ne sera ni l'époux de Rodogune ni le roi de Syrie. Horace sacrifiait la nature à l'histoire et Camille à Rome mais il accédait au statut de héros d'Etat. Séleucus sacrifie tout sans rien obtenir : Horace était un héros, Séleucus est une victime. Victime de la passion du trône de Cléopâtre et de la vengeance de Rodogune, il est virtuellement condamné à disparaître : la Providence éliminera un prince venu au monde par erreur et par hasard.

Antiochus n'a pas la lucidité amère de Séleucus. Il croit que la nature et l'amour seront ses avocats (v. 1130) alors qu'ils sont ses adversaires. Il plaidera en vain la distinction des ordres :

> La nature et l'amour ont leurs droits séparés :
> L'un n'ôte pas à l'autre une âme qu'il possède.
>
> (IV, 3, v. 1326-1327.)

Antiochus tentera en vain de séparer ce que Cléopâtre a volontairement confondu pour des raisons politiques. Séleucus, de son côté, rejettera l'ultime chantage de Cléopâtre : ayant refusé Rodogune et le trône, il ne donne plus prise à la tyrannie (v. 1431-1432). L'impuissance absolue devient paradoxalement le degré le plus élevé de la résistance à la passion politique. Cléopâtre elle-même observe l'étrange résultat de ses menaces. Elle découvre :

> Deux enfants révoltés et deux rivaux unis.
>
> (IV, 7, v. 1478.)

Ce vers seul met en évidence l'ultime effet du dérèglement des valeurs : les abus de la pression politique ont retourné l'ordre de la nature contre lui-même et inversé le principe de la rivalité amoureuse. En provoquant la révolte des jumeaux, Cléopâtre détruit l'ordre politique de l'hérédité qui lui confère sa propre légitimité. En provoquant l'union de ses deux amants, Rodogune s'interdit l'espoir d'aimer et d'être aimée. Telle est la double catastrophe à laquelle conduit l'aveuglement politique.

Séleucus mourra donc mais « la Parque... lui coupe la parole » alors qu'il allait nommer son assassin et la « fatale obscurité » (v. 1657) ne disparaît pas avec sa propre disparition. Le silence providentiel de Séleucus et l'allusion à un crime commis par « une main qui nous fut bien chère » (v. 1643) accusent Cléopâtre ou Rodogune. Corneille développe à l'infini la complexité de la situation dramatique : aux deux jumeaux succèdent deux coupables. Le suicide de Cléopâtre manifestera la vérité mais le dénouement ne sera pas une vraie restauration. Antiochus devra le trône à un parricide et à un suicide : l'origine de l'Etat reste fondée sur le principe du meurtre familial. La politique est meurtrière dès l'origine et le héros achète de plus en plus difficilement l'accession à la grandeur d'Etat. Antiochus reçoit d'ailleurs le pouvoir plus qu'il ne le prend. Le nouveau roi est certes légitime mais il est faible. Il est au sommet de l'Etat mais il ne domine pas l'Etat. La légitimité et l'héroïsme n'ont plus partie liée : Corneille en tirera les conclusions dans *Nicomède* par la mise en scène de l'affrontement entre la légitimité héroïque et la légitimité politique.

Si Antiochus et Séleucus sont des jumeaux naturels, Héraclius et Martian sont des jumeaux politiques : Corneille vérifie dans l'histoire l'hypothèse qu'il vient de mettre en scène dans la nature. *Rodogune* portait sur l'hérédité. *Héraclius* porte sur la légitimité. Les deux notions sont liées mais la première appartient à la nature et la seconde à l'histoire. Les jumeaux naturels avaient l'un et l'autre droit au trône. Un seul des jumeaux politiques a droit à l'Empire. La tragédie politique, dans *Rodogune*, était intérieure à l'ordre de la nature, du moins dans ses origines et ses causes. La tragédie politique, dans *Héraclius*, est intérieure à l'ordre de l'histoire. C'est pourquoi la vérité naturelle a plus d'importance pour Phocas que pour Cléopâtre. Phocas a enfreint les lois de l'histoire par l'usurpation du trône. Cléopâtre n'avait pas besoin d'être une usurpatrice pour être un tyran.

Le premier portrait d'Héraclius, cru Martian, par Pulchérie (v. 206-220) pose le problème de l'existence d'un être vertueux sans naissance et sans trône : c'est la préfiguration de Carlos dans *Don Sanche*. C'est la réponse au désordre de la nature : Pulchérie, héritière légitime de Maurice, reconnaît la possibilité d'un généreux sans racines aristocratiques. Nous avons vu qu'elle se trompe et qu'en réalité ce faux Martian est Héraclius, comme le faux Carlos sera don Sanche. La vérité naturelle reste en fait indispensable à l'ordre cornélien. Héraclius, faux Martian, le rappelle, non sans ironie, à Phocas :

> Ma naissance suffit pour régner après vous.
> J'ai du cœur, et tiendrais l'empire même infâme,
> S'il fallait le tenir de la main d'une femme.
>
> (I, 3, v. 280-282.)

La naissance suffit d'autant plus qu'Héraclius est fils de Maurice et le prince revendique avec raison une indépendance héroïque autant que politique : il ne devra pas sa légitimité à l'amour d'une femme mais à l'hérédité d'une nature. Mais cette filiation, à peine reconnue, est désavouée : si Phocas attente à la vie de Pulchérie, Héraclius le renie :

> Je ne suis plus son fils s'il en veut à vos jours.
>
> (I, 4, v. 335.)

Il deviendrait même parricide pour sauver Pulchérie (v. 366). Mais la « constance » (v. 360) et la magnanimité (v. 369) seront incapables de résister efficacement à la tyrannie. Héraclius décèle les contradictions de la politique de légitimation de l'usurpateur mise en œuvre par Phocas :

> Je suis fils de Maurice, il veut m'en faire gendre.
>
> (II, 2, v. 438.)

Mais l'heure n'est plus où la lucidité ouvrait la voie à l'action. Désormais, la « connaissance » (v. 442) est séparée de la volonté : la fracture entre savoir et pouvoir ébranle le héros. Il suffirait peut-être de montrer Héraclius « au peuple qui l'attend » mais la « gloire » de Léontine (v. 495) s'oppose à cette solution de facilité. Héraclius a certes été sauvé par une substitution d'enfants qui a coûté à Léontine la vie de son fils, mais il a involontairement contracté une dette (v. 495) qu'il doit honorer avant de régner. Héraclius refusait donc en vain de tenir l'Empire d'une femme : il devra son trône à Léontine. La confusion des ordres voulue par Corneille est à son comble : si Héraclius, cru Martian, tue

Phocas, il sera considéré comme parricide alors qu'il aura vengé la mort de son vrai père, Maurice, et il sera réellement tyrannicide. Or Héraclius, comme Antiochus, doit garder les « mains innocentes » pour des raisons providentielles : les futurs souverains n'ont pas le droit d'être des assassins. La complexité dramaturgique est aussi une conséquence de leur nécessaire pureté politique. La gloire d'Horace n'était pas compromise par un parricide que Rome justifiait par avance. La gloire d'Héraclius serait détruite par un tyrannicide. Cette évolution marque le changement intervenu dans les rapports du héros avec l'Etat. Corneille précise lui-même dans le deuxième *Discours* qu'il est « plus à propos » de confier à Exupère la responsabilité du tyrannicide. Eudoxe rappelle d'ailleurs à Héraclius, dont elle est amoureuse, que le meurtre de Phocas ternirait sa gloire : la « vertu » d'Héraclius ne mettrait pas sa « gloire » au-dessus de son « crime ».

La vengeance de Léontine est en effet le principal ressort de l'action tragique, la cause du dérèglement de la nature et de la politique. Il faut que Martian soit cru Héraclius pour que la mort de son fils soit vengée : ou bien le faux Héraclius tuera Phocas, ou bien Phocas tuera le faux Héraclius. Dans les deux cas le crime politique sera un parricide. Léontine entraîne ainsi les deux jeunes gens sur les voies d'une résistance à la tyrannie qui s'éloigne tout à fait des principes de la générosité. Léontine domine Héraclius et Martian en raison de la double substitution d'enfants qui sera connue au dénouement... et qui rappelle le dédoublement des jumeaux dans *Rodogune*. La vengeance de Léontine plonge la tragédie dans l'absurdité politique. Si Héraclius, cru Martian, est proclamé fils de Maurice, il devient l'adversaire naturel et politique de Phocas mais il évite l'inceste puisqu'il est reconnu frère de Pulchérie. Si, au contraire, Martian, cru Léonce, est proclamé fils de Maurice, il se heurte à son père Phocas et le vrai Héraclius, cru Martian, ne peut plus échapper à l'inceste. La solution de Léontine a donc pour effet de contraindre Martian au parricide et Héraclius à l'inceste. Héraclius et Martian sont les victimes d'une crise provoquée par Phocas avant d'être aggravée par Léontine : celle-ci ne se contente pas d'une solution politique, elle veut d'abord se venger. L'ambition de Phocas et la vengeance de Léontine sont un double facteur de confusion : la résistance à la tyrannie prend des voies de plus en plus étranges comme si l'excès de désordre était le seul moyen de restaurer l'ordre dans la nature et dans l'Etat.

Si Martian, cru jadis Léonce, est cru aujourd'hui Héraclius, il doit sacrifier son amour pour Pulchérie puisque celle-ci est sa sœur :

> Je perds une maîtresse en gagnant un Empire.
>
> (II, 5, v. 675.)

L'amour de Martian est incestueux si Martian est Héraclius : la politique détruit l'amour. Mais Martian étant Héraclius devient parricide s'il tue Phocas : la politique détruit la nature. Dans cette confusion Héraclius et Martian tentent en vain de reconquérir leur autonomie de décision (v. 542 et 742) : ils restent des personnages sous influence soumis à un « mouvement brownien » qui les dépasse. Martian accepte de prendre la tête du complot contre Phocas et demande à Pulchérie d'épouser Héraclius :

> Epousez Martian comme un autre moi-même :
> Ne pouvant être à moi, soyez à ce que j'aime.
>
> (III, 1, v. 867-868.)

En devenant parricide, Martian invite Pulchérie à l'inceste. Ici encore, la complexité de l'intrigue n'est pas gratuite, mais logique. Corneille a voulu explorer systématiquement toutes ses hypothèses dans leurs conséquences les plus lointaines. Si la manipulation de la nature et de l'histoire est la pire des menaces pour l'univers héroïque, il faut en apporter la preuve. *Rodogune* et *Héraclius* sont la preuve de la dégénérescence du pouvoir et de la compromission des généreux dans la résistance à ce pouvoir. Corneille découvre la liaison du parricide et de l'inceste, ces grands nœuds criminels de la tragédie grecque, dans un monde où l'héroïsme vacille sous les coups de la passion politique.

Léontine n'avait pas tort : dressé contre Phocas, Martian sera plus Héraclius que le vrai fils de Maurice, preuve qu'une générosité sans naissance peut être confondue avec un héroïsme héréditaire. Lorsque Martian s'écrie que le sang de ses parents réclame la mort des tyrans (v. 941-942), il revendique l'identité du parricide et du tyrannicide mais il ment sans le savoir puisqu'il n'est pas Héraclius. La profession de foi héroïque et politique de Martian, cru Héraclius, est irréprochable du point de vue cornélien :

> Quiconque pour l'Empire eut la gloire de naître
> Renonce à cet honneur s'il peut souffrir un maître :
> Hors le trône ou la mort, il doit tout dédaigner,
> C'est un lâche, s'il n'ose ou se perdre ou régner.
>
> (III, 2, v. 943-946.)

La voix de la vertu est donc plus forte que la voix du sang. Pulchérie d'ailleurs reconnaît Martian comme Héraclius. Le vrai fils de Maurice ne peut donc s'imposer ni devant son tyran ni devant sa sœur : la nature exténuée n'est plus en état de s'affirmer et d'être reconnue. Héraclius mesure ce danger :

> Si l'on ne me découvre, il faut que je m'expose.
>
> (IV, 1, v. 1159.)

Cette phrase aurait été un scandale chez Horace. Elle est une nécessité pour Héraclius. Le problème du héros n'est plus d'accéder à l'héroïsme mais d'accéder à l'être. Phocas et Léontine ont perturbé si gravement l'ordre des valeurs et des réalités que la vérité naturelle et politique n'est plus donnée comme une évidence. Héraclius découvre la condition tragique d'un héros que personne ne reconnaît comme tel. Comment le héros sera-t-il plus tard objet d'admiration ou d'imitation s'il n'est même pas reconnu pour ce qu'il est ? Héraclius demande donc à Phocas de « changer de victime en conservant sa haine » (v. 1272) : il évite ainsi le parricide au tyran mais compromet, par sa propre mort, la restauration de la monarchie héréditaire. Le plan de Léontine avait fait :

> Martian parricide, Héraclius inceste.
>
> (IV, 3, v. 1352.)

Léontine refuse de révéler la vérité car l' « inquiétude » de Phocas est pour elle une forme de jouissance (v. 1416). La solution sera d'ordre providentiel puisque les hommes cachent la vérité : Léontine ne dira rien à Exupère, chef des conjurés, et le contraindra, par son silence, à assassiner Phocas pour prouver sa loyauté envers la famille de Maurice. Le vrai Héraclius finit par ne plus savoir qui il est ni si Phocas l'aime par « instinct de nature » ou par « coutume » de l'aimer (v. 1533-1534). Corneille découvre que la coutume peut être une seconde nature plus forte que la première : la confusion des ordres suscite l'avènement des puissances trompeuses chères à Pascal. Le héros découvre en même temps, dans la solitude des stances, de nouvelles raisons de douter. Confronté à Pulchérie, Héraclius donne l'image d'un héros désespéré par la perte d'identité :

> Je ne sais qui je suis et crains de le savoir,
> Je veux ce que je dois et cherche mon devoir...
> Je crains tout, je fuis tout, et dans cette aventure,
> Des deux côtés en vain j'écoute la nature.
>
> (V, 1, v. 1581-1582, 1591-1592.)

La faille dans l'ordre de la connaissance annonce la faille dans l'ordre de la volonté si la nature reste muette. Les malédictions de Camille et de Cléopâtre commencent à porter leurs « fruits » dans le théâtre. On ne sacrifiait pas, on ne torturait pas impunément la nature au nom de l'histoire et de l'Etat : la nature se venge en abandonnant le héros à sa solitude de personnage historique. Seule la nature peut dire à Héraclius s'il est fils de Phocas ou fils de Maurice. Seule la nature peut rétablir la vérité politique et l'authenticité héroïque. Mais la nature reste silencieuse : elle ne se porte pas au secours du héros. Le héros avait sacrifié la nature à l'histoire : il sera abandonné par la nature avant d'être condamné par l'histoire. Dans cette perspective, *Héraclius* occupe une place essentielle. Plus encore que *Rodogune*, *Héraclius* est la tragédie d'une nature qui se retourne contre le héros. Le fils de Maurice perçoit et éprouve la vanité d'un héros sans nature, projeté dans l'histoire : coupé de la nature, le héros n'a plus aucun moyen de s'opposer à l'Etat. Horace était solitaire. Héraclius est isolé. La condition tragique du héros devant l'Etat s'est transformée : Héraclius subit les effets du parricide d'Horace. La « générosité », la « belle naissance », la « grandeur d'âme » — cette fameuse magnanimité — sont maintenant inutiles puisqu'elles ne sont reconnues ni par la nature ni par l'histoire, ni par Pulchérie ni par Phocas. La générosité devient l'alibi de tous les moyens mis en œuvre contre la tyrannie.

Exupère, le « perfide généreux », cercle carré de la géométrie des valeurs cornéliennes, sera donc l'instrument de la Providence en tuant Phocas mais Héraclius et Martian sont « impuissants » à le récompenser, preuve que la mort du tyran ne renforce pas les héros. L'impuissance appelle la dissimulation : Martian restera Léonce pour que le nom du tyran soit oublié (v. 1906). Mais l'oubli n'a plus le rôle fondateur et rédempteur qu'il avait au dénouement de *Cinna*. Auguste créait une dynastie en oubliant les guerres civiles. Héraclius consolide un régime en faisant oublier le nom de Phocas. Auguste accompagnait la Providence. Héraclius conjure le sort : il espère que chacun oubliera l'usurpation de Phocas qui était aussi un signe de la faiblesse de Maurice. L'oubli, dans *Cinna*, était un effet de la clémence. L'oubli, dans *Héraclius*, est une conséquence de la peur.

Corneille a multiplié les hypothèses sur les formes de résistance à la tyrannie politique, que celle-ci soit tyrannie d'exercice avec Cléopâtre ou tyrannie d'usurpation avec Phocas. L'apparition des monstres a déformé l'héroïsme. *La Mort de Pompée* et *Théodore* opposaient Corneille à Machiavel. *Rodogune* et *Héraclius* sont deux crises essentiellement intérieures à la vision du monde cornélienne : pour la première fois les généreux l'emportent sur les tyrans mais cette victoire ne leur doit rien. La monstruosité du Prince les a compromis dans une résistance qui les dénature avant de les affaiblir et de les isoler. La contagion politique a introduit le chantage et le change au milieu des valeurs les plus sacrées qui sont ravalées au rang de moyens. Corneille vient d'atteindre un premier abîme de son théâtre, grâce au jeu simultané de la monstruosité et de la complexité. Corneille a découvert l'essence de la tragédie dans le désordre de la nature.

La fausse solution : Don Sanche, *comédie héroïque*

Corneille reprend la problématique d'une fracture entre le sang et le rang mais il change de genre dramatique, comme si la fréquentation des monstres réclamait un changement de climat. Le poète s'est longuement expliqué dans la Dédicace sur la définition de la pièce et sur sa nouveauté. Il s'agit d'une comédie, non d'une tragédie, en raison de la nature de l'action. Cette comédie est héroïque « pour satisfaire aucunement à la dignité des personnages ». Pourquoi donc Corneille a-t-il choisi « un poème d'une espèce nouvelle, et qui n'a point d'exemple chez les Anciens » ? *Don Sanche* prolonge les hypothèses de *Rodogune* et d'*Héraclius*, au sens où la comédie héroïque appartient à la trilogie des crises de la nature : le mystère de la naissance et ses conséquences politiques restent le thème central de la pièce. Cela n'interdit pas d'interpréter *Don Sanche* en fonction de l'histoire contemporaine et des premiers soubresauts de la Fronde. Cela tend à expliquer comment Corneille utilise l'actualité sans renoncer à son propre itinéraire. *Rodogune* et *Héraclius* étaient des tragédies à dénouement providentiel. *Don Sanche* est une comédie à dénouement naturel. Cela justifie peut-être le choix d'un genre nouveau, d'une forme dramatique différente, capable de résoudre autrement la crise de la nature et de la légitimité. La critique s'est trop souvent contentée de comparer *Don Sanche* au *Cid* comme si don Carlos remontait le temps pour retrouver Rodrigue, mais l'Espagne n'explique pas tout et le héros cornélien n'est plus le même. L'heure n'est plus à construire l'ordre héroïque et politique. L'heure est à pallier les effets du désordre de la nature sur le système de représentation des valeurs aristocratiques. Serge Doubrovsky prolonge dans cette perspective sa réflexion sur « la dialectique de la maîtrise » : « L'héroïsme n'était possible que sur fond de nature noble. La nature, ennemie mortelle du héros jusqu'alors, devient plus que son alliée : son support indispensable qui le sauve de lui-même. Si, coupés de leur naissance et de leur nom, Héraclius et don Sanche paraissaient être des libertés désemparées et désancrées, ils ne ressentaient pas moins en eux la présence ambiguë et sourde d'une nature. Profitant de cette ambiguïté, le héros, après avoir vainement cherché à se récupérer sur la nature, va tenter à présent de se faire justifier par elle »[23]. Sur ce point, l'analyse de Serge Doubrovsky nous semble assez convaincante puisqu'elle tente de retrouver les ressorts psychologiques et dramatiques de l'héroïsme ainsi que l'évolution des rapports entre le héros et la nature. Serge Doubrovsky cependant porte, à notre avis, trop loin ses conclusions lorsqu'il compromet Corneille dans les avatars de la dialectique de l'aliénation : « La Maîtrise, qui était libre production, dans

23. Serge Doubrovsky, *op. cit.*, p. 319.

l'épreuve, d'une existence aristocratique devient maintenant la manifestation d'une essence nobiliaire. La dégradation de l'existence en essence, qui réifie le projet héroïque et aliène radicalement le héros, est consommée avec *Don Sanche* »[24]. Pourquoi l'existence serait-elle supérieure à l'essence ? Est-il certain que Rodrigue accomplisse « librement » son itinéraire ? En quoi le projet héroïque est-il « réifié » par la reconnaissance de don Sanche ? En quoi « l'aliénation » serait-elle plus radicale ici que dans *Horace* ou *Rodogune* ? L'utilisation d'un système de références philosophiques extérieures et postérieures à Corneille révèle ses limites. *Don Sanche* met avant tout en scène des problèmes qui hantent Corneille : quel est le sort d'un héros vertueux ou glorieux, mais sans naissance, dans un Etat dont l'organisation politique reflète les hiérarchies de la nature ? Comment la monarchie peut-elle gérer les contradictions d'une aristocratie qui ne reconnaît rien hors de la nature et d'un héros qui n'admet plus la dictature des « lois du sang » ? Que peut faire une reine sans roi pour imposer une autorité politique aussi légitime que contestée ? En supprimant le risque mais non l'émotion tragique, Corneille a voulu mettre à l'épreuve les hypothèses issues du désordre sans provoquer fatalement la confrontation entre le héros et l'Etat. Le recours à la comédie héroïque serait alors le moyen de mettre en scène tous les périls sans mettre en péril l'héroïsme lui-même. Seul un changement de genre dramatique pouvait sauver le héros du désastre.

Corneille souligne, dès les premiers vers, deux données essentielles : la famille royale d'Aragon a perdu son trône mais la légitimité monarchique appartient à deux femmes incapables de restaurer seules l'ordre politique. « L'éclatante valeur » de Carlos séduit D. Elvire mais sa mère lui rappelle que le ciel a formé son sang de boue (v. 46). Cléopâtre employait une formule presque identique pour évoquer Photin dans *La Mort de Pompée* (v. 265). Le désordre est tel que les rois peuvent être confondus avec des conseillers plus ou moins machiavéliens : rien n'est pire qu'une nature muette. Plus gravement, Corneille laisse deviner une régression de son système de valeurs. En devenant

24. *Ibid.*, p. 319.

le Cid, Rodrigue cessait d'être guerrier pour devenir un héros. La guerre est au contraire « l'unique élément » de Carlos (v. 76). Le prince légitime n'est donc ni reconnu comme roi ni admis comme héros : il est un soldat, preuve que la force commence à compter plus que la grandeur. Si l'héritière du trône d'Aragon est amoureuse de Carlos et si elle a besoin de lui pour retrouver son royaume, la situation de la reine de Castille est analogue. D. Isabelle se sacrifie « au repos de l'Etat » (v. 96) en choisissant un époux. Cléopâtre n'avait besoin d'aucun mari pour exercer le pouvoir : la solitude la conduisait à la monstruosité. D. Isabelle a besoin d'un homme pour gouverner : la soumission est la seule solution. Après le monstre d'Etat, la victime d'Etat. La féminité politique sera monstrueuse ou impuissante. Corneille songe peut-être déjà à l'ultime hypothèse de la stérilité.

D. Isabelle est contrainte au choix d'un mari qui sera plus prince consort que roi. Rodogune devait épouser l'héritier du trône de Syrie pour des raisons de politique extérieure et d'équilibre diplomatique. D. Isabelle doit épouser un Grand pour éviter une crise de régime à l'intérieur : D. Lope lui rappelle les limites aristocratiques au pouvoir royal. Parce qu'elle est, dans l'ordre de la nature, une femme, et bien qu'elle soit, dans l'ordre de l'histoire, une reine, D. Isabelle assume les contradictions de la prédestination naturelle du héros à l'Etat. En faisant d'elle une femme et une reine, la nature affaiblit l'Etat dont elle devait être le fondement le plus sûr. La reine légitime est impuissante si elle n'a pas recours à la médiation d'un homme pour gouverner. La monstruosité de Cléopâtre était un apanage de sa liberté. En essayant de conserver une liberté d'indifférence, D. Isabelle se trompe elle-même. La féminité, avec Chimène et Pauline, avait conquis sa liberté dans l'ordre de l'histoire. La troisième scène du premier acte révèle les transformations de l'univers cornélien lorsque l'histoire cesse d'être l'expression de la nature. Dans *Le Cid*, chaque personnage occupait une place déterminée par son origine et sa naissance. L'accès à l'héroïsme ne se faisait pas dans l'espace mais dans le temps. Don Fernand n'insistait pas sans raison sur le rôle du temps dans le dernier vers de la pièce. Avec *Don Sanche*, la reconnaissance du héros est un problème d'espace. L'échange célèbre entre Carlos et D. Manrique souligne ce changement. Carlos s'apprête à « occuper une place vide » à côté des comtes : l'indication scénique donnée par Corneille est essentielle. Carlos s'apprête à remplir un vide :

> J'ai vu la place vide, et cru la bien remplir.
>
> (I, 3, v. 192.)

Cette affirmation, qui semble anodine, est en réalité un scandale :

> Un soldat bien remplir une place de comte !
>
> (I, 3, v. 193.)

Le héros sans naissance n'est pas reconnu dans la société aristocratique, mais Carlos se fait « gloire » de ce statut de soldat (v. 209). D. Lope résume les éléments de la crise politique ouverte par le geste de Carlos :

> Mais enfin la valeur, sans l'éclat de la race,
> N'eut jamais aucun droit d'occuper cette place.
>
> (I, 3, v. 245-246.)

Corneille retrouve le cas de Martian mais dans une autre perspective. Martian cru Léonce avait sauvé Héraclius comme Carlos a sauvé D. Lope et D. Manrique : il avait la valeur sans la race, il était lui-même sauvé par un changement d'identité ou plutôt par le maintien d'une identité fausse. Carlos refuse la dissimulation : le héros cornélien n'est plus un héritier, comme Rodrigue, mais un fondateur :

> Ma valeur est ma race, et mon bras est mon père.
>
> (I, 3, v. 253.)

L'ambition de maîtriser le temps ne s'exprime plus dans la fidélité à une race mais dans l'illusion d'un commencement absolu : le passé est dominé en étant nié. Si, en effet, la nature pouvait être torturée, faussée, ou dénaturée, il valait mieux y renoncer. Carlos éprouve la genèse d'une histoire sans nature et cette épreuve constitue un nouveau facteur de confusion.

D. Isabelle reconnaît Carlos par l'anoblissement (v. 255) : c'est la reine, c'est l'Etat qui confère sa légitimité au héros. Cette reconnaissance trouble à son tour l'ordre aristocratique puisque les comtes n'admettent pas l' « honneur légitime » rendu aux « vertus » de Carlos. D. Isabelle se trouve ainsi confrontée à une rébellion aristocratique et elle utilise le nouveau marquis de

Santillane comme arbitre dans le choix du roi : le soldat se trouve porté au sommet de l'Etat. Cette démesure, plus amoureuse que politique, de la reine provoque une régression de l'héroïsme vers le duel : Carlos reste un soldat plus qu'un héros, la force continue de l'emporter sur la grandeur. Tout l'effort du *Cid* est détruit : l'élimination physique de l'autre est à nouveau le seul critère. La problématique des rapports entre le monarque et son sujet est au premier plan, comme dans *Le Cid*. A la thèse aristocratique de D. Lope :

> La Reine qui nous brave, et sans égard au sang,
> Ose souiller ainsi l'éclat de notre rang.
>
> (I, 5, v. 343-344.)

s'oppose la thèse monarchiste de D. Alvar :

> Les rois de leurs faveurs ne sont jamais comptables,
> Ils font comme il leur plaît, et défont nos semblables.
>
> (I, 5, v. 345-346.)

L'autoproclamation d'un héroïsme privé d'une nature et sa reconnaissance politique conduisent Corneille à une régression de sa réflexion, du moins en apparence. On retrouve certes le vocabulaire et le style du *Cid*, mais il ne faut pas oublier que Carlos est en fait le roi d'Aragon. A l'illusion de la régression correspond l'illusion du péril : la tragédie sera une comédie héroïque. La reine perçoit fort bien le risque politique qu'elle a pris en anoblissant Carlos et en lui confiant les responsabilités de choisir un roi :

> Je devais par mon choix étouffer cent querelles,
> Et l'ordre que j'y tiens en forme de nouvelles,
> Et jette entre les grands, amoureux de mon rang,
> Une nécessité de répandre du sang.
>
> (II, 1, v. 441-444.)

D. Isabelle a sacrifié la raison d'Etat à son intérêt et la couronne à sa personne mais elle n'a pas sacrifié sa gloire qui reste la maîtresse de son âme (v. 462). La reine de Castille reconquiert son autonomie personnelle et politique : elle ne mettra pas son pouvoir au service de sa passion, elle n'exigera pas des grands ce qu'elle n'est pas en droit d'exiger. Cessant d'être tyrannisée par sa passion, elle évitera elle-même la tentation de la tyrannie et accomplira un mouvement vers la grandeur comparable à celui d'Auguste.

> Lorsque le déshonneur souille l'obéissance,
> Les rois peuvent douter de leur toute-puissance :
> Qui la hasarde alors n'en sait pas bien user,
> Et qui veut pouvoir tout ne doit pas tout oser.
>
> (II, 1, v. 453-456.)

Ce dernier vers n'est pas sans raison l'exacte réfutation d'un conseil de Photin à Ptolomée :

> Et qui veut tout pouvoir doit oser tout enfreindre.
>
> (I, 1, v. 110.)

La limite entre la monarchie et la tyrannie est d'ordre héroïque avant d'être d'ordre politique. Orode agira exactement comme refuse d'agir D. Isabelle, en exigeant de Suréna une obéissance déshonorante.

D. Isabelle est une reine sans époux. D. Elvire est une reine sans trône et sans époux. Corneille met en scène deux personnages féminins dont la légitimité est absolue mais dont le pouvoir est relatif. Avec D. Elvire, Corneille inaugure des portraits de reines et de princesses que leur féminité condamne à l'impuissance politique :

> Je suis reine sans sceptre, et n'en ai que le titre,
> Le pouvoir m'en est dû, le temps en est l'arbitre.
>
> (III, 1, v. 797-798.)

Carlos était la valeur sans la race, une histoire sans nature. D. Elvire est le titre sans le trône, la nature sans l'histoire. Or ils sont frère et sœur : le premier est un soldat sans légitimité, la seconde une légitimité sans soldat. Cette absurdité politique est d'autant plus grave qu'ils sont guettés l'un et l'autre par le risque de l'inceste, comme Héraclius et Pulchérie, preuve que le désordre atteint en même temps les valeurs de l'amour et celles de l'Etat. Carlos est contraint en effet, par l'amour des deux reines, D. Isabelle et D. Elvire, de sombrer dans l'incohérence :

> Je voudrais toutes deux pouvoir vous satisfaire,
> Vous, sans manquer vers elle, elle, sans vous déplaire.
>
> (II, 4, v. 697-698.)

Carlos n'agit pas ici en héros car il ne choisit pas et il ne choisit pas car la nature est muette : ne sachant qui il est, il ne sait qui il aime. L'amour, comme le pouvoir, est indivisible. La faiblesse de Carlos est aussi celle de D. Alvar à qui D. Elvire rappelle la supériorité de la raison d'Etat sur l'intérêt amoureux :

> Il fallait arracher mon sceptre à mon rebelle,
> Le remettre en ma main pour le recevoir d'elle.
>
> (III, 1, v. 809-810.)

Les héroïnes sont désormais plus grandes et plus fortes que les hommes. *Sophonisbe* et *Sertorius* en apporteront plus tard la preuve éclatante. Les hommes n'ont pas résisté à l'épreuve politique de la nature en crise : Antiochus et Séleucus préfiguraient leur irrémédiable faiblesse. Corneille découvre peu à peu que la grandeur d'Etat sied mieux aux femmes qu'aux hommes : telle est une des conséquences du retournement et de la confusion des valeurs. L'expérience monstrueuse de Marcelle et de Cléopâtre était prémonitoire malgré son caractère exceptionnel. Ni D. Isabelle ni D. Elvire ne sont des monstres mais elles sont plus attentives que leurs amants à la raison d'Etat.

D. Isabelle choisira donc seule le futur roi de Castille. Ce roi ne sera en réalité qu'un « premier sujet » (v. 916) si la reine choisit parmi les Grands. Mais cette solution n'est conforme ni à l'instauration d'un bon ordre politique ni au triomphe des valeurs amoureuses. Il est probable qu'en multipliant les hypothèses politiques et sentimentales qui font la richesse du mouvement dramatique, Corneille souligne aussi la nécessité de retrouver un système de valeurs cohérent. La comédie héroïque assure une relative complexité de l'intrigue en évitant aux personnages les périls de mort. En ce sens, elle risque d'être une fausse solution puisque la gravité des enjeux aura disparu. D. Isabelle, en anoblissant Carlos, avait « suppléé l'obscurité du sang » (v. 896), entraîné la politique au secours d'une nature défaillante. En contrepartie, elle n'obtiendra pas, comme Auguste, la maîtrise des cœurs. D. Manrique et D. Lope le rappellent sans complaisance :

> Nous vous obéirons, mais sans y consentir.
>
> (III, 4, v. 991.)

L'autorité politique de la monarchie se trouve ainsi affaiblie. Lorsque les manipulations de la nature ne conduisent pas à la tyrannie, elles provoquent l'anarchie.

Il est temps que la vérité éclate, que Carlos cesse d'être « quoique brave guerrier... un simple aventurier » (v. 1263-1264). Mais don Sanche n'est pas reconnu réellement par sa mère. Phocas également croyait retrouver Martian alors qu'il s'agissait d'Héraclius. L'expérience de D. Léonor :

> Et le vrai sang des rois, sous le sort abattu,
> Peut cacher sa naissance et non pas sa vertu.
>
> (IV, 3, v. 1315-1316.)

est démentie par Carlos. Le regard n'est plus un instrument de reconnaissance du héros (v. 1560-1561). Le regard était une épreuve de vérité. Il devient un symptôme d'erreur. La restauration de don Sanche sera donc politique avant d'être naturelle, le caractère monarchique de Carlos sera une nécessité de l'Etat avant d'être une évidence de la nature. D. Manrique lance une véritable supplique à la reine. Le même D. Manrique refusait encore quelques instants plus tôt une place de comte à Carlos. Ce texte est essentiel pour mesurer l'ampleur du mouvement de renversement des valeurs héroïques et politiques dans l'univers cornélien :

> Forcez ce grand courage à conserver sa gloire,
> Madame, et l'empêchez lui-même de se croire.
> Nous n'avons pu souffrir qu'un bras qui tant de fois
> A fait trembler le More et triompher nos rois,
> Reçût de sa naissance une tache éternelle :
> Tant de valeurs mérite une source plus belle.
> Aidez ainsi que nous ce peuple à s'abuser,
> Il aime son erreur, daignez l'autoriser :
> A tant de beaux exploits rendez cette justice,
> Et de notre pitié soutenez l'artifice.
>
> (V, 5, v. 1621-1630.)

La gloire n'est plus le couronnement d'une attitude, d'un comportement héroïque, mais la conséquence d'une pression, d'une influence, d'une force extérieure au héros. Il faut empêcher Carlos de s'écouter et de se convaincre, il faut détruire la vérité intérieure au personnage. La communauté aristocratique, qui avait perçu le courage de Carlos comme un scandale, y découvre maintenant avec horreur les signes de sa propre fragilité : un héros d'Etat ne saurait être un fils de pêcheur, sinon l'Etat lui-même ne serait plus aux mains des aristocrates mais des pêcheurs. La naissance, qui était une chance, un atout, devient une tache voire une tare. Le lien entre la loi du sang et l'éternité, la nécessité d'une domination du temps et de l'histoire par la nature se trouvent une nouvelle fois légitimés. Carlos ne peut être, comme il le proclamait, sa propre source : Carlos est un héritier, non un fondateur. S'il est un héritier, il rentre dans l'ordre, fût-il, par la naissance, au sommet de cet ordre, donc au-dessus de D. Manrique. S'il est un fondateur, il détruit l'ordre, il chasse dans les ténèbres de l'oubli D. Manrique et les comtes. Le peuple même est appelé au secours de l'imposture : D. Manrique dit exactement le contraire du vieil Horace (*Horace*, V, 3, v. 1711-1720) : l'univers cornélien est sens dessus dessous puisque la caution politique du peuple devient nécessaire. Les nobles doivent maintenant flatter les erreurs populaires et la reine doit engager son autorité dans cette supercherie fondée sur la peur. Si en effet Carlos est un fils de pêcheur, alors que le peuple voit en lui un roi, il faut détruire toute possibilité d'alliance entre Carlos et le peuple : la meilleure tactique est alors d'encourager le peuple à cultiver son erreur, à vivre dans l'illusion. D. Isabelle est donc priée de justifier, de rendre juste l'imposture, de compromettre la monarchie dans un artifice politique qui désavoue la nature au nom de l'histoire. Tel est le bouleversement que D. Manrique introduit dans les valeurs cornéliennes pour éviter la subversion de l'Etat et de la société aristocratique. L'absence de tension tragique donne sans doute ici plus de relief et de capacité de conviction à l'argumentation politique : au-delà des personnes, qui sont seulement des personnages, Corneille met en scène la crise des valeurs et des institutions.

Carlos toutefois ne cède pas et revendique la Providence pour rappeler ses origines. Après D. Manrique, qui avait développé le raisonnement historique, D. Lope intervient pour plaider la thèse providentielle, contre Carlos :

> Je le soutiens, Carlos, vous n'êtes point son fils :
> La justice du ciel ne peut l'avoir permis.
> Les tendresses du sang vous font une imposture,
> Et je démens pour vous la voix de la nature.
>
> (V, 5, v. 1663-1666.)

Si Carlos est un fils de pêcheur, le scandale n'est plus politique, il est surnaturel, la trahison n'est plus naturelle, elle est un effet de la Providence. Or la Providence, par nature, ne trahit jamais. Carlos n'est donc pas un fils de pêcheur. Ce comte castillan manie fort bien le syllogisme. Carlos est soupçonné de maintenir une imposture biologique et, de même que D. Isabelle devait forcer sa gloire, D. Lope dément sa nature. Le héros est dépouillé de tout : sa gloire lui est imposée de l'extérieur tandis que sa nature lui est arrachée de l'intérieur. La manipulation de la gloire et de la nature fait plus que jamais de Carlos un être sous influence. Carlos est donc Sanche, fils de pêcheur, et D. Isabelle reconnaît en lui un :

> Miraculeux héros dont la gloire refuse
> L'avantageuse erreur d'un peuple qui s'abuse.
>
> (V, 5, v. 1685-1686.)

La reine de Castille ne s'engage pas sur la voie tracée par les comtes. Elle ne trahit ainsi ni l'ordre de la nature en imposant à Sanche une autre origine que la sienne ni l'ordre de l'histoire en compromettant la monarchie dans une imposture politique. Corneille préserve la dignité royale. Dans *Rodogune* et *Héraclius*, la restauration n'avait pas été l'effet d'un parricide. Dans *Don Sanche*, elle ne sera pas l'effet d'une supercherie. La tragédie et la comédie héroïque ne jouent pas sur les mêmes ressorts mais, dans les deux cas, il est indispensable de ne pas affaiblir le trône.

Le genre de la comédie héroïque permet à Corneille d'exploiter tous les avantages dramaturgiques et scéniques de la reconnaissance. La lecture du billet de don Fernand d'Aragon apporte l'ultime preuve mais cette preuve n'a pu triompher que dans la tromperie et la feinte. La légitimité est sauvée, comme dans *Héraclius*, par une substitution d'enfants et les héros doivent recourir au mensonge, comme dans *Héraclius*, pour vaincre la tyrannie. Le dénouement rétablit simultanément la vérité naturelle et la vérité politique. Le scandale est donc un « miracle » (v. 1826) qu'il faut expliquer en « audience publique » : le recours au vocabulaire théologique et l'appel au rassemblement des fidèles ne sont pas innocents. Le système des valeurs a connu en effet des soubresauts irrémédiables. Don Sanche justifie certes le sentiment qu'il portait à la sœur et à la reine mais la tentation de l'inceste est plus expliquée qu'abolie :

> Dans les obscurités d'une telle aventure,
> L'amour se confondait avecque la nature.
>
> (V, 7, v. 1809-1810.)

La confusion est évoquée à l'imparfait au dénouement de cette comédie héroïque mais elle revivra au présent dans la tragédie *Œdipe*. Le héros croit à tort que le recours à l'imparfait suffit à conjurer le mauvais sort. Don Sanche sera montré à l'Aragon et aux députés « impatients d'entrer » comme Héraclius se montrait « au peuple qui l'attend ». La reconnaissance populaire couronne la restauration : *Othon* prouvera que cet avantage constitue aussi la pire des menaces pour l'héroïsme politique. Corneille a sauvé ses créatures mais il les a sauvées en les arrachant, le temps d'une comédie héroïque, à leur destin.

Jusqu'à *Théodore*, Corneille avait situé la tragédie dans un univers de clarté et le tragique lui-même naissait de l'évidence des enjeux. Avec *Rodogune*, *Héraclius* et *Don Sanche*, le poète met en scène les désordres et les obscurités de la nature : les enjeux cessent d'être évidents et la confusion se substitue à l'éblouissement. Cette proposition d'interprétation n'est pas pour autant une dérogation à la règle chronologique d'étude des pièces. Georges Couton, dans l'édition des *Œuvres complètes* en cours de publication, précise l'ordre de succession des pièces : *Rodogune* (saison 1644-1645), *Théodore* (saison 1645-1646), *Héraclius* (saison 1646-1647). Georges Couton rappelle également qu'il renonce ainsi à la chronologie qu'il avait lui-même suggérée dans son *Corneille*, paru dans la collection « Connaissance des Lettres » (p. 112)[25]. La critique s'est partagée dans l'ordre d'étude des pièces : Serge Doubrovsky examine *Théodore* avant *Rodogune*, André Stegmann et Marie-Odile Sweetser également. Mais Georges Couton plaçait déjà *Théodore* entre *Rodogune* et *Héraclius* comme un second moment dans la trilogie des monstres. Notre intention, en rapprochant *Théodore* de *La Mort de Pompée*, était principalement d'étudier la réflexion de Corneille à partir d'hypothèses contraires aux prémisses de *Polyeucte* et *Cinna* mais dans

25. *OC* II, p. 1268.

le cadre d'un monde de clarté. Il nous semble, dans le même esprit, fructueux de rapprocher les trois pièces de l'obscurité même si cela conduit à séparer momentanément *Don Sanche* de la trilogie de la Fronde dont Georges Couton a souligné, non sans raison, la cohérence d'inspiration et de sensibilité.

Avec *Rodogune*, *Héraclius* et *Don Sanche*, les personnages de Corneille découvrent un monde étrange. La voix de la nature et la loi du sang, certitudes chèrement acquises des premières tragédies, ne sont plus des certitudes. La singularité du héros peut se développer dans la manipulation de la nature : Cléopâtre ne cesse pas d'être « cornélienne » en étant dissimulatrice puis parricide. L'amour n'est plus un sentiment inaltérable mais une valeur mise à l'encan : Rodogune et, à un moindre degré, Pulchérie en font, sans aucun scrupule, l'expérience. Les personnages masculins se dédoublent et s'affaiblissent sans pouvoir imposer leurs valeurs dans un monde troublé. Bref, le désordre est universel. La cause de ce désordre est partout la même : la manipulation de la nature a une origine ou une finalité politique. Le héros avait sacrifié la nature à l'Etat. L'Etat désormais utilise la nature contre le héros qui découvre, mais trop tard, la vanité de son sacrifice. Cléopâtre cache l'ordre de naissance des jumeaux pour conserver et accroître son pouvoir. Léontine cache la chronologie de substitution des enfants pour se venger du tyran. Don Fernand d'Aragon cache la naissance de son fils pour préserver la dynastie des menaces de la tyrannie. La tragédie politique ne porte plus sur les enjeux de l'avenir mais sur les périls d'un passé que l'on dissimule comme à plaisir. Cette dissimulation politique des vérités de la nature introduit un désordre et une confusion qui s'étendent à l'ensemble du système des valeurs héroïques. La piété filiale, l'amour maternel ou paternel, la sensibilité amoureuse, la fidélité à la parole donnée, tout s'effondre dans l'obscurcissement de la nature. Seule la Providence peut restaurer l'ordre des vérités et des valeurs mais cette restauration naturelle et politique se fait à un prix très élevé : la monstruosité, le parricide, la folie meurtrière ont maintenant droit de cité sur la scène cornélienne. La nature prédestinait le héros à l'Etat mais la puissance anonyme de l'Etat, dont *La Mort de Pompée* et *Théodore* ont souligné la tentation machiavélienne, ne se reconnaît pas dans les valeurs naturelles de l'héroïsme et la nature devient un enjeu du pouvoir. Les politiques et les généreux, la force et la grandeur s'affrontent désormais dans un duel sans merci. *Nicomède* et *Pertharite* vont laisser croire qu'un armistice peut être signé, mais Corneille a franchi une étape irréversible de sa réflexion : si le héros et l'Etat n'appartiennent plus au même ordre, si la nature ne s'exprime plus et ne se reflète plus dans l'histoire, si la représentation de la grandeur n'est pas la même pour le héros et pour l'Etat, il faut nécessairement que l'un des deux l'emporte à jamais, que le héros domine l'Etat comme dans *Cinna* ou que l'Etat étouffe le héros, comme dans *Suréna*.

3

Politique et générosité : l'espoir d'un armistice

Don Sanche marquait la réconciliation du héros avec l'Etat, mais le retour à l'héroïsme politique intervenait hors du genre tragique. Corneille doit mettre à l'épreuve cette nouvelle hypothèse dans le champ de la tragédie. Il le fait dans une double perspective : *Nicomède* met en scène un héros, héritier d'un trône, qui se trouve opposé à son père, roi faible, et à une puissance étrangère dont la politique est contraire aux intérêts de son pays, *Pertharite* propose le mouvement d'un tyran vers la vertu et la restauration d'une dynastie légitime qui ne semble avoir ni la force ni la volonté d'exercer le pouvoir. Nicomède est aussi légitime que généreux, Grimoald est un usurpateur autant qu'un vertueux. Avec *Nicomède*, la générosité est en position de gouverner mais elle ne gouverne pas encore : ce délai même est une des formes de la tension tragique. Avec *Pertharite*, la vertu s'accomplit dans le renoncement au pouvoir en faveur de la légitimité. Dans les deux cas, l'héroïsme s'exprime dans la distance qui sépare du pouvoir : le triomphe de la générosité et le triomphe de la vertu s'opèrent hors du pouvoir. Nicomède n'est pas encore roi. Grimoald n'est déjà plus un tyran. Auguste triomphait avec et pour l'Etat. Cléopâtre assouvissait sa passion du trône dans un exercice monstrueux du pouvoir. L'un et l'autre n'imaginaient rien hors de l'Etat. Nicomède triomphe sans être roi. Symboliquement, la géopolitique souligne le changement de perspective : Horace gagnait dans Rome et pour Rome, Nicomède l'emporte hors de Rome et contre Rome. L'héroïsme consistait à triompher dans l'Etat, il consiste maintenant à triompher de la politique. L'héroïsme se construisait dans l'identification à l'Etat. Il se révèle désormais dans l'éloignement de l'Etat. *Nicomède* et *Pertharite* ne sont pas impunément les tragédies de la Fronde : Corneille met en scène la séparation du héros et de l'Etat. Certes Nicomède sera un roi généreux, certes Pertharite sera un roi de qualité. Mais l'ironie interdira toute identification du premier à sa fonction et le bonheur empêchera toute adhésion du second à son trône. Tel est le prix de la crise de la nature qui a révélé la vanité des sacrifices politiques. Nicomède et Pertharite savent que leur naissance et leur grandeur les prédestinent à régner mais ils savent aussi que le règne n'est pas tout. La fracture existe : plus jamais l'héroïsme ne sera totalement politique comme dans *Horace*, plus jamais la politique ne sera totalement héroïque comme dans *Cinna*.

L'admiration et l'ironie : Nicomède

Corneille utilise l'histoire romaine et en particulier Scipion Dupleix dont l'ouvrage majeur était paru en 1637. Il n'ignore pas pour autant ses contemporains : *La Mort de Mithridate* de La Calprenède datait de 1636 et *Cosroès* de Rotrou de 1648. Georges Couton note, sur plusieurs points, les analogies et les allusions, mais rappelle qu'il ne faut pas s'en contenter : « L'abîme entre le personnage historique et celui de la tragédie est tel qu'il dépasse les libertés ordinaires de la création littéraire. Cela pose un problème : quelles étaient les intentions de Corneille quand il écrivait *Nicomède* ? Il fallait qu'il eût grandement besoin d'un personnage de "généreux" pour faire à l'histoire une telle violence »[1]. La véritable question serait celle de l'ingratitude politique que Machiavel avait traitée dans le *Discours sur la première décade de Tite-Live* : « Comment faire coexister le grand serviteur avec le roi qui peut bien n'être, quoique roi, qu'un faible, un jaloux, un soupçonneux, ou encore comment faire survivre le héros dans le monde du réalisme politique, trop de grandeur étant une présomption de culpabilité »[2]. Mais Scipion Dupleix et Machiavel

1. *OC* II, p. 1461.
2. *Ibid.*, p. 1470-1471.

n'expliquent pas pourquoi Corneille a choisi le sujet lui-même. Georges Couton analyse ici la situation politique de la France en 1650 : le prince de Condé est emprisonné depuis le mois de janvier et la duchesse de Longueville, qui reste libre, multiplie les initiatives et les publications pour défendre son frère. La triple perspective tracée par Georges Couton est tout à fait convaincante : elle éclaire *Nicomède* et renseigne fort utilement sur les processus de création du génie cornélien.

Cette attention aux sources et au climat donne des résultats que la critique ne contredit pas en examinant le rôle de *Nicomède* dans l'évolution de Corneille. Marc Fumaroli retrouve les signes de l'influence du P. Galluzzi : « Quant à l'ironie héroïque dont on a souvent accusé Nicomède, le P. Galluzzi nous aide à comprendre sa nature de masque destiné aux ennemis de la cause sacrée à laquelle il s'est donné : la liberté royale. La supériorité du haut de laquelle Nicomède regarde s'agiter les passions autour du lâche Prusias n'est pas orgueil, vaine superbe, mais intimidation vis-à-vis de ses adversaires, tactique prestigieuse destinée à les désarçonner si possible sans faire usage de la force. Derrière ce jeu d'acteur héroïque, se dissimule, connu de la seule Laodice, le secret de sa *devotio*, le sacrifice entier de sa vie et de ses forces à la cause pour laquelle Annibal est mort en martyr. Sa magnanimité héroïque est donc pour lui, comme pour Horace, l'envers d'une humilité, un don total de soi à une cause supérieure. On peut même dire que Nicomède va plus loin qu'Horace dans la mesure où la grande œuvre pour laquelle il est prêt à mourir compte plus pour lui que sa gloire, dont il est peu question dans cette tragédie »[3]. L'ironie est un outil de la grandeur contre la force, de l'héroïsme contre la politique. Marie-Odile Sweetser rapproche la structure dramaturgique de *Nicomède* des tragédies familiales et politiques à dénouement heureux qui avaient marqué le théâtre de Corneille du *Cid* à *La Mort de Pompée*[4]. Elle estime également que *Nicomède* inaugure une nouvelle forme de tragique, « celui de l'homme aux prises avec l'histoire »[5]. Qu'étaient donc *Horace* et *Cinna* sinon des affrontements entre le héros et l'histoire ?

3. Marc Fumaroli, L'héroïsme cornélien et l'idéal de la magnanimité, *Héroïsme et création littéraire sous les règnes d'Henri IV et de Louis XIII*, *op. cit.*, p. 69.
4. Marie-Odile Sweetser, *op. cit.*, p. 175.
5. Marie-Odile Sweetser, *op. cit.*, p. 178.

Il nous semble plutôt que Corneille a transformé et déplacé les conditions de cette confrontation : Rome n'est plus le seul espace de la tragédie, Rome n'est plus l'apanage du héros. Robert Brasillach estime que cette tragédie serait plutôt « un drame tout en intentions »[6] : le drame lui-même est en effet évité mais à aucun moment l'enjeu de la tragédie politique n'aura été esquivé. Octave Nadal n'est pas très éloigné de cette remarque lorsqu'il interprète *Nicomède* comme une sorte de tragédie limite : « On saisit l'originalité et les limites d'une tentative qui prétend dissocier sur la scène les éléments psychologiques des périls et des malheurs, le héros de la fatalité. L'art cornélien est en train d'exténuer le tragique : il aboutit à l'illustration d'un parti pris sur la volonté et sur l'héroïsme; au-delà cesserait toute vérité humaine, sinon peut-être toute vérité d'art »[7]. Corneille exténue-t-il le tragique ou trouve-t-il une nouvelle forme de relation entre le héros et la politique, relation exceptionnelle et privilégiée qui écarte momentanément le tragique ? Il ne faut pas en effet minimiser les périls dans *Nicomède*. Serge Doubrovsky retrouve cette unité de péril dans une étape différente de la dialectique de la maîtrise : « La contradiction fatale de l'univers héroïque, héritée en droite ligne de *La Mort de Pompée* et, par-delà, des grandes tragédies, reste donc inchangée, sous son double aspect : opposition mortelle de deux races de Maîtres, les Romains et les Rois; et, à l'intérieur du camp royal, désunion du Roi et du Héros, du pouvoir et de la puissance, avec, chez le héros, la tentation, franchement exprimée par Nicomède, de la révolte, et, du côté du sceptre, la tentation, non moins présente, du machiavélisme. A la menace de subversion violente de l'Etat de la part de Nicomède, correspond la menace de sa corruption interne par les "mauvais conseils" d'Araspe, qui reprennent ceux de Photin »[8]. Cependant, il ne suffit pas de constater que Corneille prolonge sa réflexion sur l'univers héroïque. Il faut poser d'autres questions. Pourquoi le héros semble-t-il avoir changé ? Est-ce pour répondre à une nécessité interne de son système de valeurs, aux conséquences de la crise de la nature et de la monstruosité ?

6. Robert Brasillach, *op. cit.*, p. 198.
7. Octave Nadal, *op. cit.*, p. 221.
8. Serge Doubrovsky, *op. cit.*, p. 323.

Pourquoi l'ironie et l'admiration ont-elles partie liée dans *Nicomède* ? Pourquoi Rome commence-t-elle d'apparaître comme une force d'oppression ? Quel est l'enjeu tragique de la pièce ? Le pouvoir de Prusias est fondé originellement en nature puisqu'il est le souverain légitime, mais il est aux antipodes de l'héroïsme : Ptolomée était soumis à ses conseillers, Valens à sa femme, Prusias est sous la double influence d'Araspe et d'Arsinoé. Il conviendra de s'interroger sur les raisons de cette dégradation de la monarchie, de ce « gâtisme royal »[9]. Pourquoi le pouvoir légitime dégénère-t-il de mission triomphale en fonction mal assurée ? Le recours et le retour au machiavélisme sont-ils le signe que le pouvoir s'affaiblit comme valeur et se renforce comme institution ? Pourquoi la cour devient-elle de plus en plus importante et menaçante ? Tels sont, parmi d'autres, les problèmes d'interprétation que pose *Nicomède*.

Corneille lui-même a donné les principaux éléments de réponse dans l'Avis au lecteur et l'Examen. *Nicomède* est d'abord la mise en scène d'un affrontement entre la « grandeur du courage » et la « politique ». « La tendresse et les passions qui doivent être l'âme des tragédies n'ont aucune part en celle-ci; la grandeur du courage y règne seule et regarde son malheur d'un air si dédaigneux qu'il n'en saurait arracher une plainte. Elle y est combattue par la politique, et n'oppose à ses artifices qu'une prudence généreuse, qui marche à visage découvert, qui prévoit le péril sans s'émouvoir, et ne veut point d'autre appui que celui de sa vertu, et de l'amour qu'elle imprime dans le cœur de tous les peuples »[10]. Ce texte mérite à notre sens, outre son intérêt sur le plan théorique, une attention particulière. La notion de royauté est liée à celle de grandeur du courage. Prusias est certes roi, mais « la grandeur du courage y règne seule ». Prusias est le monarque politique, Nicomède est le souverain héroïque. D'un côté le pouvoir, de l'autre la magnanimité. Le pouvoir en effet est évoqué ici comme un agresseur : ce n'est pas Nicomède qui a ouvert les hostilités, ce n'est pas le héros cornélien qui attaque l'Etat, c'est l'Etat, c'est la politique qui entrent en guerre contre la grandeur du courage. La responsabilité initiale

9. Robert Brasillach, *op. cit.*, p. 202.
10. *OC* II, p. 641-642.

de la confrontation est essentielle : le héros n'est pas un comploteur mais une victime. Cette politique est aussi dépréciée que dans la Dédicace de *La Mort de Pompée*. Elle est en effet une anti-nature : le héros est du côté de *natura*, la politique est une forme de l'*ars*. D'un côté la φύσις, de l'autre la τέχνη. D'un côté Corneille, de l'autre Machiavel. La nature est « à visage découvert », la politique avance masquée. On devine ici l'influence de *Rodogune* et d'*Héraclius* : la politique est définitivement compromise avec le mensonge et la dissimulation. Quant à la prudence, dont Germain Poirier avait souligné le rôle dans *Horace*, *Cinna*, *Polyeucte*, il semble qu'elle ait abandonné Rome pour rallier le camp de la générosité. Encore faut-il que le héros puisse triompher : c'est la fonction de la vertu qui suscite « l'amour... dans le cœur de tous les peuples ». L'admiration remplace l'éblouissement : on admire la vertu du héros. Cinna était ébloui par Auguste. Attale admire Nicomède. L'évolution du rapport de forces politique conduit à une nouvelle forme de relation avec le héros puis à une nouvelle possibilité dramatique qui prolonge les structures les plus anciennes du théâtre cornélien : Attale est converti à la vertu de Nicomède, comme Cinna était converti à la gloire d'Auguste; Attale est aussi sauvé par la voix de la nature. Les valeurs chères à Corneille évoluent sans se renier : les hypothèses politiques se déploient sans faire éclater l'unité du système et de sa représentation. Ainsi Corneille explique-t-il pourquoi ni Prusias ni Nicomède n'ont le « dessein de parricide ». Cela est conforme aux thèses monarchistes. Cela constitue aussi une progression par rapport à *Rodogune* : la solution n'est pas dans le meurtre du souverain légitime ou de son héritier. *Perthérite* sera une progression analogue par rapport à *Héraclius* : Héraclius n'était pas tyrannicide, Grimoald ne sera pas régicide. Nicomède et Prusias n'évoquent même pas le parricide car ils savent ce que représente la mise à mort de la nature : la monstruosité était logique et nécessaire, elle n'était pas inutile. Le meurtre familial et politique se trouve banni de la scène cornélienne, du moins pour l'instant. Quant au dénouement, Corneille le place sous le signe de la générosité qui gagne peu à peu tous les protagonistes : « Et pour la fin, je l'ai réduite en sorte que tous mes personnages y agissent avec générosité, et que les uns rendant ce qu'ils doivent à la vertu, et les autres demeurant dans la fermeté de leur devoir, laissent un exemple assez illustre et une conclusion assez agréable »[11]. Le schéma rappelle celui de *Cinna*. Les politiques reconnaissent le triomphe de la vertu. Les généreux ne cèdent pas à la tentation d'une exploitation démesurée de leur victoire. L'équilibre politique est restauré dans la contagion de la vertu. L'amour qu'on éprouve pour la vertu de Nicomède suscite selon Corneille l'admiration et aussi « la haine pour le vice contraire » : la fonction cathartique de l'admiration est donc en même temps morale, politique et dramaturgique.

Nous nous proposons, dans l'analyse de *Nicomède*, de suivre la réflexion de Corneille, c'est-à-dire d'étudier successivement la « grandeur du courage » et la « politique » afin de retrouver, dans le mouvement des personnages, l'authenticité d'une tragédie dans laquelle le héros résiste et répond aux attaques du pouvoir. Nicomède, en abandonnant son armée pour regagner la capitale de Bithynie (v. 31), a commis une faute politique. Laodice pressent que cette faute passera pour « crime » (v. 79) et Prusias lui donnera raison (v. 475). Mais cette faute s'explique : Annibal a été contraint au suicide et Laodice est menacée; son maître est mort, sa maîtresse est en danger. Le héros se trouve ainsi nécessairement en situation d'être coupable, criminel d'Etat. Le héros commet un acte de rebelle sans être un rebelle mais, s'il ne commettait pas cet acte, il ne serait plus un héros. Nicomède ne respecterait plus Annibal et n'aimerait plus Laodice s'il restait indifférent. Arsinoé a compris cette problématique lorsqu'elle tend le piège qui précipite le retour, donc la faute, de Nicomède. Les choses ont en effet changé sur la scène cornélienne : les héros redoutent la « violence » des autres. La menace qui pèse sur les héros n'est plus interne, mais externe : la force du héros ne peut rien contre la violence de ses adversaires. Telle est l'inquiétude dont Nicomède fait part à Laodice :

> Je crains la violence, et non votre faiblesse.
>
> (I, 1, v. 55.)

La reine d'Arménie avait tort de croire que sa gloire et son amour la plaçaient à l'abri des périls (v. 45). Elle rappelle avec fermeté que son père la destinait au futur roi de Bithynie, que Prusias

11. *OC* II, p. 640.

est seulement le « dépositaire » de ses jeunes années (v. 59), que l'ordre de son mariage est établi de longue date. Corneille a voulu que ce mariage politique, décidé jadis sans l'aveu des intéressés, soit également un mariage d'amour : la politique matrimoniale est ici une force de rassemblement et non un facteur de division des héros. Arsinoé et Flaminius voudront détruire cet accord des sentiments et des intérêts pour lui substituer une alliance des intérêts contre les sentiments. Laodice est plus lucide que Nicomède, elle sait déjà que la grandeur n'est rien contre la force :

> Parlez la force en main, et hors de leur atteinte.
>
> (I, 1, v. 87.)

conseille-t-elle à son amant. Pour triompher, le héros doit prendre ses distances d'avec le pouvoir, apprendre à utiliser l'espace contre ses adversaires au lieu de faire confiance au temps. Le pouvoir en effet use et abuse de la force et la force nivelle les protagonistes : elle est anti-héroïque parce qu'elle est égalitaire. Laodice le rappelle encore à Nicomède :

> Vous n'avez, en ces lieux que deux bras comme un autre.
>
> (I, 1, v. 92.)

Le héros est « comme un autre ». Tel est le résultat du réalisme politique et du machiavélisme : l'Etat ne supporte plus la différence héroïque. La « cour » de Prusias ne doit connaître Nicomède que par sa « renommée » (v. 96), non par sa présence. L'héroïsme triomphait dans la manifestation et l'éblouissement d'une présence : imagine-t-on Horace loin de Rome ? Il s'accomplit désormais dans l'absence, dans le recours à la force, dans la crainte qu'il inspire. L'héroïsme ne survit qu'en prenant les armes et le masque de ses adversaires : on ne combat pas la politique avec des armes autres que celles de la politique. Dans un univers dominé par la politique, le héros cornélien existe parce qu'il fait peur. La hiérarchie des valeurs est inversée par la politique qui est avant tout une physique, c'est-à-dire une science des rapports de forces, alors que l'héroïsme repose sur la reconnaissance mutuelle des grandeurs. Nicomède met aussitôt en œuvre le conseil de Laodice : il ne se fait pas reconnaître d'Attale, le héros est un héros caché.

L'héroïsme caché de Nicomède succède à la nature cachée de don Sanche. Cette obscurité devient vite une supériorité :

> Je sais à qui je parle, et c'est mon avantage
> Que n'étant point connu, Prince, vous ne savez
> Si je vous dois respect, ou si vous m'en devez.
>
> (I, 2, v. 236-238.)

déclare Nicomède à Attale. Le héros tirait sa force de son nom. Il la tire désormais de la dissimulation de son nom, donc de l'embarras de son protagoniste. Une fois reconnu, Nicomède reviendra à la règle du jeu héroïque : qu'Attale combatte aussi à visage découvert et seul, sans Rome ni Prusias ! Le disciple d'Annibal essaie de convaincre l'élève de Flaminius que l'héroïsme est une forme de l'indépendance, tant sur le plan des valeurs que sur le plan politique.

Ce dernier est plus un effet du machiavélisme que de l'héroïsme : Nicomède est mis en accusation par Prusias. Le roi de Bithynie rappelle à son fils les règles de l'obéissance et de la soumission à la monarchie. Nicomède n'accepte pas sans conditions :

> J'obéirai, Seigneur, et plus tôt qu'on ne pense,
> Mais je demande un prix à mon obéissance.
>
> (II, 2, v. 515-516.)

Ce « prix » est « l'honneur » de conduire Laodice dans ses Etats. Nicomède commet ici une seconde faute politique que Suréna saura éviter :

> Quand je vous ai servi, j'ai reçu mon salaire,
> Seigneur, et n'ai rien fait qu'un sujet n'eut dû faire :
> La gloire m'en demeure, et c'est l'unique prix
> Que s'en est proposé le soin que j'en ai pris.
>
> (*Suréna*, III, 2, v. 789-792.)

Nicomède est acculé à cette faute par les menaces dont est victime Laodice : le héros n'est pas en situation d'agression, mais en position de résistance. C'était la thèse de Corneille dans l'Avis au lecteur. De même qu'il résistait à son père, Nicomède va résister à Flaminius : le héros est un obstacle aux ambitions de la politique. Il rappelle les principes de l'autonomie qui valent autant pour la monarchie que pour l'héroïsme : l'accès d'Attale à la dignité royale dépend, non de Flaminius, mais du seul Prusias. Les pressions de Rome sont en fait contraires aux lois de succession, nouvelle preuve que la politique est une anti-nature :

> Vivez, régnez, Seigneur, jusqu'à la sépulture,
> Et laissez faire après, ou Rome, ou la nature.
>
> (II, 3, v. 559-560.)

La politique devient tragique lorsqu'elle cesse d'exprimer l'ordre de la nature : *Nicomède* confirme toutes les hypothèses de Corneille. Nicomède suggérait à Attale d'épouser la fille d'un tribun ou d'un prêteur (v. 174). Il conseille maintenant à Flaminius de réserver le fils d'Arsinoé pour le consulat ou la dictature (v. 572). L'ironie politique devient une forme de la confrontation : si Rome est parfaite, pourquoi donc ne pas laisser Attale à Rome ? Cette ironie est fondée sur une stratégie, celle d'Annibal : il faut estimer Rome, il ne faut pas la craindre. Nicomède annonce Sophonisbe. Il incarne une conception du droit international qui est l'extension, à l'échelle des Etats, de la notion de communauté héroïque. Lorsque les personnes cessent de s'estimer pour commencer à se craindre, c'est le début de la guerre civile. Il en est de même pour les Etats. Nicomède propose donc de fonder les règles de la communauté internationale sur les principes de l'héroïsme, non sur les calculs du machiavélisme. L'héroïsme implique la conversion à la grandeur. La politique réclame la division par la force. Avec *Nicomède*, Corneille expérimente le passage de l'ordre interpersonnel à l'ordre interétatique.

Ce changement de perspective s'explique par l'adéquation entre l'ambition de Rome en tant qu'Etat et le plan romain en tant que facteur de division des personnes. Attale est une vertu « imaginaire », « sans effets » (v. 640-641). Prusias peut cependant passer outre à l'ordre des valeurs et à l'ordre de la nature en nommant Attale roi. Mais il n'aura pas le « consentement » de Nicomède (v. 662) : ni son fils aîné ni le disciple d'Annibal ne peuvent accepter cette subversion favorable à Rome. Le plan de Flaminius suppose que Laodice épouse Attale sous la contrainte, il porte atteinte « en elle aux droits du diadème » (v. 715). Nicomède s'y opposera donc par la force. Ainsi sera-t-il l'ennemi de Rome sans être rebelle à Prusias. Ainsi contribuera-t-il également à la restauration des valeurs amoureuses et de la légitimité politique. La résistance à l'oppression guide l'action de Nicomède. Prusias et Flaminius mettent en œuvre une politique qui détruit l'ordre de la nature et l'ordre de l'amour. Pour cette double raison, Nicomède s'y oppose. La tragédie politique est bien le choc entre un héros et une politique de désordre, de démesure. Laodice adopte, devant le roi de Bithynie et l'ambassadeur de Rome, une attitude comparable à celle de Nicomède mais elle parle en reine d'Arménie : son autonomie est autant politique qu'héroïque. Le terme même de politique relève d'un traitement ironique (v. 563 et 752). Laodice justifie, au nom de l'indépendance du trône, le prix de son obéissance que Nicomède demandait à Prusias (v. 765 sqq.). Elle aspire :

> A vivre indépendante, et n'avoir en tous lieux
> Pour souverain que moi, la raison et les Dieux.
>
> (III, 1, v. 773-774.)

Les reines détiennent et expriment, mieux que les hommes, la légitimité politique. Corneille exacerbe en même temps les contradictions du couple héroïque. Nicomède est fort loin de sa capitale tandis que Laodice est forte seulement en Arménie; or le premier est à Nicomédie, tandis que la seconde n'est pas dans son pays. Le problème de la place du héros, qui est apparu avec *Don Sanche* et qui sera essentiel dans *Sertorius*, se pose en termes politiques. En souhaitant répondre à Rome du haut de son trône, Laodice réfute déjà l'illusion célèbre de Sertorius. Seule la coïncidence absolue du héros et du pouvoir en un même lieu peut éviter la confrontation. Nicomède et Laodice sont en réalité des otages de la cour de Bithynie. La faiblesse politique réelle de Laodice amplifie les exigences de sa rhétorique de la grandeur royale : elle peut être l' « esclave » mais non la « sujette » de Rome qui peut attenter à sa « vie », mais non menacer sa « dignité » (v. 788-789). Cette rhétorique est un moyen de dissuasion contre Flaminius et Laodice prépare fort habilement la possibilité d'un soulèvement contre Prusias et Rome. Il existe en effet des soutiens politiques, en Bithynie même, à la cause de Nicomède :

> La vertu trouve appui contre la tyrannie.
>
> (III, 2, v. 848.)

Laodice sait que les « maximes d'Etat » nuisent au « bien public » (v. 850) : elle saura exploiter le mécontentement populaire contre le machiavélisme mais, ce qui serait acte de rébellion chez Nicomède, est chez elle acte de guerre puisqu'elle n'est pas sujette de Prusias. Corneille approfondit sa réflexion sur la confrontation du héros et de l'Etat en élargissant sa dramaturgie et sa problématique à une véritable théorie des alliances. Cette ouverture lui donne de nouvelles perspectives : la crise violente peut éclater sans que soit engagée la responsabilité de Nicomède, l'Etat et le héros ne sont pas capables de triompher l'un de l'autre s'ils restent seuls face à face, les intrigues familiales et les querelles de succession s'interprètent sur fond de géopolitique. Lorsque, dans *Suréna*, cet élargissement de la scène tragique aura disparu, que l'Etat et le héros seront seuls face à face, que les alliances ne seront ni possibles ni recherchées, la catastrophe sera inévitable. Mais, dans *Nicomède*, Corneille utilise l'espace pour esquiver le temps tragique : la pièce est tout sauf un champ clos et l'internationalisation de la querelle dynastique évite la mort du héros. En refusant d'épouser Attale et d'en faire le roi d'Arménie, Laodice reste fidèle aux désirs de son père : elle est aussi fidèle à une conception de la monarchie et de la grandeur qui place les trônes à l'abri des compromissions politiques. Laodice, femme d'Attale, vivrait les incohérences de D. Isabelle dans *Don Sanche* : une reine ne saurait épouser un sujet. Son mariage avec Nicomède est donc la seule solution conforme aux intérêts de la vraie politique royale :

> Je ne veux point de Rois qui sachent obéir.
>
> (III, 2, v. 898.)

Laodice emploie spontanément le vocabulaire du *Cid* pour menacer Flaminius : les « coups d'essai » de Nicomède laissent présager un « coup de maître » dont Rome pâtirait bientôt (v. 919-920).

La rhétorique n'empêche pas la progression du machiavélisme. Nicomède, devant Prusias et Arsinoé, rappelle qu'il a les moyens d'organiser une action militaire contre ses adversaires, que sa « gloire » se sauverait ainsi « à l'ombre du pouvoir » (v. 1246); que la légitimité ne survit que par sa propre loyauté. Le garant de l'Etat n'est plus le roi, mais le sujet. C'est la loyauté de Nicomède, non la grandeur de Prusias qui met en sûreté le trône de Bithynie. Prusias est aussi indécis et irrésolu que Ptolomée et

Nicomède lui donne le même conseil que Cléopâtre à son frère : recouvrer la dignité royale.

> Un véritable roi n'est ni mari ni père,
> Il regarde son trône, et rien de plus : régnez.
>
> (IV, 3, v. 1320-1321.)

L'une des causes de la tragédie est la faiblesse de Prusias qui subit au lieu de vouloir, qui réagit au lieu d'agir. L'un des moyens de résorber la tension tragique est donc de restaurer le trône. Prusias est trop lâche pour accepter cet effort : Nicomède doit lui rappeler les exigences du droit d'aînesse et évoquer la possibilité d'une rébellion populaire qui se porterait au secours de la légitimité contre l'usurpation d'Attale. Le discours cependant ne peut rien contre la force : Flaminius emmènera Nicomède à Rome. Le fils de Prusias parle déjà comme Sertorius :

> Et j'y serais plus roi que vous n'êtes ici.
>
> (IV, 4, v. 1386.)

Corneille vient de mettre en scène la déportation ou la relégation politique, seul moyen d'éviter l'assassinat du héros. Nicomède est sauvé par un changement de lieu, il remplace en fait Attale comme otage de Rome. Il n'a pas perdu dans l'ordre de l'héroïsme, mais il a perdu dans l'ordre de la politique : Sertorius et Sophonisbe paieront ce même échec de leur vie. Corneille n'est pas encore parvenu au moment de sa réflexion où le héros n'a plus aucune chance d'échapper aux maléfices et aux sacrifices du pouvoir.

Le dénouement toutefois ne peut être romain. La crise politique doit être résolue à Nicomédie. Laodice et Attale sont à l'origine de la solution, la première en organisant un soulèvement populaire, le second en se ralliant à Nicomède. Les règles du droit de la guerre et la contagion de la vertu évitent l'issue tragique. La reine d'Arménie explique son action avec un extrême souci de ne pas se compromettre dans un crime de lèse-majesté :

> Et ne m'imputez point ce grand désordre à crime :
> Votre peuple est coupable, et dans tous vos sujets
> Ces cris séditieux sont autant de forfaits,
> Mais pour moi qui suis Reine, et qui dans nos querelles,
> Pour triompher de vous, vous ai fait ces rebelles,
> Par le droit de la guerre il fut toujours permis
> D'allumer la révolte entre ses ennemis.
>
> (V, 6, v. 1692-1698.)

Corneille stigmatise sans ambiguïté toute alliance contre nature entre l'aristocratie et le peuple contre la monarchie. Cette rigueur politique est aussi une habileté dramatique : Laodice, attaquée par Arsinoé sur le terrain de la politique intérieure, déplace le débat vers la politique extérieure. Mais la reine d'Arménie, qui faisait preuve d'un généreux oubli (v. 1664-1665), ne savait pas encore que Nicomède était emmené à Rome par Flaminius. Dès qu'elle l'apprendra, elle subira la contagion du machiavélisme, prendra Arsinoé en otage et renoncera à la générosité. Cette évolution du comportement de Laodice est la preuve que la politique est une force de modification qui inverse les principes de l'admiration et de l'éblouissement héroïque. Le héros ne peut vaincre qu'en imitant ses adversaires. La conversion devient une perversion : Auguste convertissait Cinna à l'héroïsme, Laodice est pervertie par Arsinoé dans le machiavélisme. La bataille entre le héros et l'Etat, entre la générosité et la politique reste indécise mais, s'il veut gagner, le héros doit recourir aux artifices de la politique.

Dès que la victoire est assurée, la magnanimité s'affirme : la compromission n'était que momentanée. Nicomède, sauvé par Attale, refuse le nom de rebelle. Il plaide pour une restauration générale des valeurs et de leur ordre. Il s'affirme tout d'abord « bon sujet » (v. 1785) : le paradoxe de cette restauration est qu'elle doit plus au sujet qu'au roi. Il évite toute mise en accusation de Rome :

> Du grand art de régner elle suit la maxime,
> Et son ambassadeur ne fait que son devoir,
> Quand il veut entre nous partager le pouvoir.
>
> (V, 9, v. 1788-1790.)

Sans accuser Rome, on peut s'opposer à elle et s'y opposer d'autant mieux que la Bithynie reposera sur une légitimité naturelle. La générosité de Nicomède s'exprime « à découvert » (v. 1839) : le dénouement doit arracher les masques, écarter le mensonge et la dissimulation. Flaminius reconnaîtra aussitôt cette générosité et cette magnanimité. Dès que les valeurs s'expriment dans la clarté, elles sont reconnues. *Sophonisbe* montrera plus tard que la clarté ne suffit plus si elle ne se fonde pas sur un rapport de forces favorable. Flaminius n'est pas dupe, il est réaliste : l'intérêt de Rome n'est pas, pour l'instant, de combattre Nicomède mais le fils du vaincu de Trasimène ne peut pas oublier que l'héritier du trône de Bithynie est aussi le disciple d'Annibal. Les généreux triomphent donc sans que l'ordre politique légitime ait été bouleversé. La faille se situe dans le fait que Laodice ne pouvait triompher seule, que Nicomède ne pouvait triompher seul, que les deux réunis ne pouvaient l'emporter sans le ralliement d'Attale. Le temps n'est plus où l'héroïsme était solitaire dans le sacrifice comme dans la victoire ou dans la mort. Rodrigue et Chimène accédaient à l'héroïsme l'un par l'autre. Nicomède et Laodice résistent à la politique l'un avec l'autre. Les premiers n'étaient pas encore héroïques : l'initiation était solitaire. Les seconds sont déjà héroïques : la résistance est solidaire. L'héroïsme est passé de la conquête à la complicité. Quelle en est la conséquence ? Le temps ne joue plus le même rôle : de rédempteur, il devient menaçant.

Cette modification est due à la présence de plus en plus obsédante de la politique dont *Nicomède* met en scène les mécanismes de compromission et de dégradation. Corneille avait lui-même souligné les « artifices » de cette politique et il leur a porté, dans la construction de la pièce, une attention particulière. *Nicomède* nous semble très révélatrice du fonctionnement de la machine politique et du caractère tragique de cette machine. Corneille explore les voies ouvertes par *La Mort de Pompée* et s'attache à une réfutation systématique du machiavélisme. Le premier symptôme de la politisation est l'importance de la cour, « séjour dangereux » pour le héros (v. 10). Nicomède, pas plus que Pompée, n'est un personnage de cour. Cette cour est d'autant plus néfaste qu'elle reflète les querelles de famille : comme Placide dans *Théodore*, Nicomède doit subir la présence de sa belle-mère; Prusias, comme Valens, est dominé par sa femme. Cette cour est enfin un marché politique : le machiavélisme est un mercantilisme, Flaminius « marchandait Annibal » (v. 22) contre la détention d'Attale à Rome. La fidélité à la parole donnée est aussi aléatoire que les droits de l'hospitalité : Laodice peut être victime du même marchandage qu'Annibal. Cette politique est fondée sur le crime, mais l'ambition que forme Arsinoé de porter Attale au trône serait légitimée par le succès même de l'entreprise (v. 292). Si la femme de Prusias est guidée par l'intérêt, l'ambassadeur de Rome entend se venger du disciple d'Annibal. La politique exprime plus les passions personnelles que les intérêts des Etats. Elle devient un moyen au service de tel ou tel. Ainsi le plan d'Arsinoé est-il de s'assurer le trône de Bithynie et de contraindre Laodice puis Nicomède à la rébellion. La femme de Prusias utilise l'histoire et la politique à des fins personnelles : en ce sens, elle ressemble fort à Marcelle.

Arsinoé obtient un premier résultat en contraignant Nicomède à revenir dans la capitale sans autorisation. Araspe emploie le terme de « défiance » (v. 371) pour qualifier ce comportement du prince héritier. Balzac, dans *Le Prince*, avait recours au même mot pour justifier la liberté d'action du pouvoir : « Sur un simple soupçon, sur une légère défiance, sur un songe qu'aura fait le Prince, pourquoi ne lui sera-t-il pas permis de s'assurer de ses sujets factieux, et de se soulager l'esprit, en leur donnant pour peine leur propre repos ? »[12]. Avant que ne s'engage ce qu'il faut bien appeler le procès politique du héros, Corneille prend garde de tracer les limites de la crise.

> Le Prince est vertueux, et vous êtes bon père.
>
> (II, 1, v. 400.)

rappelle Araspe au roi de Bithynie. La vertu protège de la rébellion et la nature évite la tyrannie. Encore faut-il que cette nature soit forte, que l'amour conjugal n'étouffe pas l'amour paternel au détriment de Nicomède (v. 1061-1062). Le prince héritier ne mérite donc pas qu'on lui applique :

> La règle de la vraie et saine politique.
>
> (II, 1, v. 432.)

Cela n'interdit pas d'exposer les thèses de la pensée étatiste en la matière :

> Aussitôt qu'un sujet s'est rendu trop puissant,
> Encor qu'il soit sans crime, il n'est pas innocent.
> On n'attend point alors qu'il ose tout permettre,
> C'est un crime d'Etat que d'en pouvoir commettre,
> Et qui sait bien régner l'empêche prudemment
> De mériter un juste et plus grand châtiment,
> Et prévient, par un ordre à tous deux salutaire,
> Ou les maux qu'il prépare, ou ceux qu'il pourra faire.
>
> (II, 1, v. 433-440.)

12. Cité par Etienne Thuau, *op. cit.*, p. 260.

Ces maximes politiques ont un double intérêt. Elles prouvent combien Corneille connaît et maîtrise la pensée politique de son temps. Elles montrent pourquoi le héros est virtuellement condamné par l'Etat, du seul fait qu'il est ce qu'il est, un héros. L'Etat ne tolère pas qu'un sujet devienne trop influent. Béthune rappelle, dans *Le conseiller d'Etat*, que le Prince peut « rogner les ailes, et raccourcir les moyens de quelqu'un qui s'élève et se fortifie trop en l'Etat, et se rend redoutable, avant qu'il ait commodité d'entreprendre »[13]. Or sa dernière victoire, la conquête de la Cappadoce, place Nicomède dans cette situation. Le héros se trouve donc quelque part entre l'innocence et la culpabilité. La raison d'Etat détruit l'état de droit pour créer un espace judiciaire qui est précisément celui du crime d'Etat : la justice d'Etat n'est pas la justice ordinaire. Richelieu avait minutieusement décrit cette distinction : « Au cours des affaires ordinaires, la justice requiert une clarté et évidence de preuve. Mais ce n'est pas de même aux affaires d'Etat où il s'agit de *summa rerum*. Car souvent les conjectures doivent tenir lieu de preuve, vu que les grands desseins et les notables entreprises ne se vérifient jamais autrement que par le succès ou événement d'icelles qui ne reçoit plus de remèdes »[14]. La politique rend la preuve inutile. Le seul fait d'être en situation de commettre un crime d'Etat rend criminel d'Etat : tous les Grands sont donc, par nature, criminels d'Etat. « Il y a des crimes où il faut punir et puis informer », dit encore Richelieu, qui défend la justice préventive. La nature et l'histoire créent le crime, elles sont elles-mêmes le double chef d'inculpation. Nicomède est fils de Prusias : la nature le prédestine en même temps à la grandeur d'Etat et au crime d'Etat. Nicomède commande les armées de Prusias : l'histoire lui offre la gloire d'Etat donc également la possibilité d'être un criminel d'Etat. Le héros se trouve ici confronté à la forme la plus totale du tragique politique. La gloire, dans l'ordre héroïque, s'appelle crime d'Etat, dans l'ordre politique : Suréna le confirmera avant d'être assassiné. Voilà le pivot de la tragédie politique cornélienne : le héros n'est pas condamné par l'Etat à cause de ce qu'il fait, mais à cause de ce qu'il est. La situation essentielle

13. Cité par Etienne Thuau, *op. cit.*, p. 280.
14. Cité par Etienne Thuau, *op. cit.*, p. 353.

du héros est tragique dans un monde soumis à l'Etat. La condition tragique d'Horace s'exprimait dans le mouvement d'identification à un Etat qui transcendait toutes les valeurs de l'héroïsme. La condition tragique de Nicomède s'exprime dans la condamnation par un Etat qui refuse toutes les valeurs du héros et l'idée même de son existence.

Cette inversion de perspective se traduit par le passage de la lumière à l'obscurité :

> Les mystères de cour souvent sont si cachés
> Que les plus clairvoyants y sont bien empêchés.
>
> (III, 4, v. 977-978.)

Lorsque la vraie justice est à l'œuvre, l'accusation doit présenter publiquement des preuves éclatantes. Lorsque la justice d'Etat entre en scène, la cour remplace le tribunal et l'absence de preuves devient la règle. L'obscurité et la confusion avaient atteint l'ordre de la nature. Elles appartiennent aussi désormais à l'ordre politique. Le paradoxe ironique de cette cour reste que les courtisans ne sont pas toujours les plus clairvoyants. Le regard du héros n'était jamais pris en défaut. La perspicacité du courtisan sera souvent impuissante : Félix n'était, dans ce domaine, que le premier échec. Les actes en effet ne sont plus simples mais doubles voire dédoublés. Dans *La Mort de Pompée*, Septime conseillait à Ptolomée de prendre sur lui le « crime » et de laisser le « fruit » à César. Arsinoé a le « déplaisir » des mensonges de Zénon et Métrobate, tandis que Nicomède en conserve la « honte » (v. 1052). Comment la raison d'Etat jugerait-elle sur les actes si ceux-ci importent moins que les intentions ou les effets ? C'est toute la justice qui se trouve bouleversée. Ainsi, lorsque Attale déclare à Arsinoé :

> Votre vertu, Madame, est au-dessus du crime.
>
> (III, 8, v. 1099.)

on pense au vers célèbre de Tulle à Horace :

> Ta vertu met ta gloire au-dessus de ton crime.
>
> (V, 3, v. 1760.)

La remarque d'Attale est involontairement ironique. Il reste que la justice n'est plus la même : la justice d'Etat sauvait Horace, une autre justice d'Etat condamne Nicomède. L'analyse du personnage de Prusias montrera que l'Etat a changé, que l'affaiblissement de l'Etat est la cause majeure du bouleversement. Si Nicomède est un criminel d'Etat, il est aussi victime des entreprises politiques de sa marâtre Arsinoé. Celle-ci proposera un « stratagème » (v. 1632) pour tromper le peuple et faciliter la fuite de Flaminius. La « porte secrète » (v. 1619) rappelle la « secrète issue » (v. 1146) de *La Mort de Pompée* : le choix de la justice préventive, les intrigues de cour ne suffisaient pas, il fallait recourir à des moyens dérobés pour essayer de l'emporter. Le secret est la meilleure arme contre le héros.

Si tel est le climat politique de la tragédie, quels sont donc les adversaires de Nicomède ? L'originalité du héros est ici qu'il doit combattre contre une faiblesse, celle de Prusias, et une force, celle de Rome. L'originalité de la tragédie politique vient de cette double confrontation. Prusias fait songer au don Fernand du *Cid* : il croit que Nicomède est un autre don Gomès, que la gloire militaire dispense le sujet d'obéir à son roi. Il le croit parce qu'il est lui-même un faible et qu'il commet la même erreur que don Fernand en ne prenant pas la tête de ses armées. Machiavel précisait pourtant que le Prince devait commander en personne ses troupes[15]. C'est la faiblesse de Prusias qui fait la force, puis la « culpabilité » de Nicomède. Le réalisme de Machiavel exprimait autant une physique qu'une politique : la nature politique, comme la nature physique, a horreur du vide. Don Sanche occupait spontanément une place de comte qui était vide. Nicomède porte atteinte au prestige de la monarchie parce que celle-ci est inconsistante. La légitimité de Prusias est absolue, mais aussi absolument creuse : c'est lorsque le pouvoir est une coquille vide que son exercice devient tragique puisque le Prince confirme ses propres défaillances par la tentation de la tyrannie.

Prusias imagine l'univers à son exemple :

> Il n'est rien qui ne cède à l'ardeur de régner.
> Et depuis qu'une fois elle nous inquiète,
> La nature est aveugle, et la vertu muette.
>
> (II, 1, v. 410-412.)

Il ne fallait donc pas croire trop vite les propos d'Araspe (v. 400). Cléopâtre a montré que la passion du trône est une force capable

15. Machiavel, *Le Prince*, *op. cit.*, chap. XII, p. 46.

de dénaturer la nature dans le parricide. Nicomède pourrait montrer que la vertu ne peut rien contre la démesure de l'ambition politique. Prusias devine que le régicide et le parricide ont la même cause :

> Qui se lasse d'un roi peut se lasser d'un père.
>
> (II, 1, v. 408.)

Prusias n'a pas compris que Nicomède, loin de se lasser d'un roi ou d'un père, lui demande au contraire d'être roi plus que père ou mari (v. 1320). Prusias n'est à la hauteur ni de sa mission ni même de sa fonction : héritier de Ptolomée, de Valens, de Félix également, il est en deçà de son personnage; comme ses prédécesseurs, il sera tyrannique par lâcheté et par faiblesse. Prusias annonce Orode lorsqu'il affirme :

> Et sa seule présence est un secret reproche.
>
> (II, 1, v. 420.)

Corneille annonce ici tout le mécanisme qui inverse la hiérarchie des valeurs héroïques et politiques. Le héros a accompli les sacrifices les plus cruels pour s'arracher aux contraintes de la nature et triompher de l'Etat. Le héros s'est placé ainsi au-dessus de l'Etat ou du représentant de l'Etat : Horace est supérieur à Tulle comme Nicomède est supérieur à Prusias. Mais la Bithynie n'est pas Rome. Le héros découvre maintenant une solitude et une supériorité que l'Etat lui reproche en secret. La raison d'Etat a partie liée avec le secret d'Etat. Comment imaginer en effet que l'Etat accepte de reconnaître publiquement son infériorité, sa faiblesse ? L'Etat s'est agrandi des sacrifices et des victoires du héros mais il n'a pris lui-même aucun risque. Seul Auguste avait pris des risques. Seul l'Etat d'Auguste était héroïque. Si la seule présence du héros est un secret reproche pour l'Etat, c'est que l'Etat prend conscience de sa faiblesse à la seule vue du héros, qu'il mesure et intériorise son infériorité. Voilà pourquoi l'Etat désormais cherchera, par tous les moyens, à écarter le héros de sa vue. Etre pour le héros, c'est être de trop. Etre vu pour le héros, c'est être de trop dans l'Etat. Le héros est condamné pour sa seule présence. Comme l'accusation manque de preuves, et pour cause, la justice d'Etat sera préventive : l'élimination du héros sera secrète. Tel est le destin tragique du héros politique. Sa nature le prédestine à servir l'Etat. L'Etat le remercie en le chassant ou en le tuant. En isolant Horace, Tulle était pervers : il affaiblissait le héros sous prétexte de le sauver. Horace avait bénéficié d'une justice d'Etat qui l'absolvait : Corneille et Machiavel n'étaient pas sur ce point du même avis. Si la justice d'Etat a joué dans un sens, pourquoi ne jouerait-elle pas dans un autre sens ? Tout ce que le héros avait fait pour lui et pour l'Etat, il l'avait fait en réalité exclusivement contre lui. L'ingratitude politique est la réponse de l'Etat au héros. *Nicomède*, à cet égard, est le point d'équilibre de tout le théâtre cornélien, le moment où l'Etat prend conscience de la nécessité d'éliminer le héros.

Le phénomène est d'autant plus important que, sur le strict plan politique, Prusias doit plus à Nicomède que Nicomède à Prusias : la politique peut plus que la nature. Prusias doit à Nicomède trois couronnes : il doit plus à son fils que son fils ne lui devra. L'infériorité devant le héros est aussi une infériorité politique que Prusias ne peut tolérer. Cette situation conduit le roi de Bithynie sur les chemins du parjure et de la tyrannie. Du parjure, puisque Prusias doit exécuter les ordres du père de Laodice en mariant la reine d'Arménie à l'héritier de son trône. De la tyrannie, puisqu'il invoque la raison d'Etat pour justifier ce parjure. Prusias n'a d'ailleurs aucun pouvoir sur Laodice, il est seulement un exécuteur testamentaire. Il veut que Laodice fasse Attale roi (v. 806). Quel que soit le moyen mis en œuvre pour couronner Attale, il détruit la nature ou l'amour. Il détruit la nature, si Prusias écarte de sa succession son fils aîné. Il détruit l'amour, si Laodice est contrainte d'épouser un homme qu'elle n'aime pas. Corneille ne manque jamais une occasion de souligner que la politique cesse d'être héroïque dès qu'elle se sépare des valeurs naturelles. C'est à tort que Prusias affirme vouloir « mettre d'accord l'amour et la nature » (v. 1315) : sa « passion » pour Arsinoé et sa « tendresse » pour Nicomède constituent une preuve supplémentaire de son impuissance. Prusias a les mêmes illusions qu'Antiochus dans *Rodogune* (v. 1130). Plus gravement, le manque d'autorité mène à l'autoritarisme, à la tyrannie, au sens pascalien du terme. Prusias exige de Nicomède qu'il choisisse Laodice ou ses quatre couronnes. Mais il n'est pas le roi de Laodice : sa demande est donc aussi vaine qu'illégitime. Le héros subit des contraintes politiques de plus en plus écrasantes mais l'Etat n'a aucun droit à les exercer. L'Etat s'attribue des pouvoirs qui ne sont pas les siens pour combattre le héros. La violence est la conséquence logique de ce processus. Le roi de Bithynie semble décidé à commettre un parricide (v. 1588). Le roi ne peut plus admettre la présence du héros. Le père ne peut plus supporter la présence du fils. Tel est le risque. Corneille avait montré dans *Rodogune* la capacité d'oppression d'une mère, d'une reine soumise à la passion du trône. Il découvre dans *Nicomède* la capacité d'étouffement d'un père, d'un roi qui reste inférieur à cette double fonction de la nature et de l'histoire. Dans les deux cas, la situation tragique est un effet de déséquilibre politique. La coïncidence n'est sans doute pas le fruit du hasard : Corneille poursuit son travail d'expérimentation en multipliant les hypothèses.

Cette méthode est d'autant plus opportune que Nicomède se heurte à Rome, à la menace d'un Etat extérieur. Corneille avait décrit le péril dans l'Avis au lecteur : « Mon principal but a été de peindre la politique des Romains au dehors, et comme ils agissaient impérieusement avec les rois leurs alliés, leurs maximes pour les empêcher de s'accroître, et les soins qu'ils prenaient de traverser leur grandeur, quand elle commençait à leur devenir suspecte à force de s'augmenter et de se rendre considérable par de nouvelles conquêtes »[16]. Un texte de Machiavel montre en quoi le combat contre Rome est le même que le combat contre la politique de Prusias. Attale indiquera que s'opposer à Rome est un « crime d'Etat » (v. 1518). Le même terme désigne l'opposition à Rome et l'opposition à Prusias. Les mêmes méthodes doivent être utilisées, comme le souligne Machiavel, pour y remédier : « Les Romains, dans les provinces dont ils s'emparaient, mirent soigneusement ces moyens en pratique : ils envoyèrent des colonies, ils protégèrent les moins puissants sans accroître leurs forces, ils diminuèrent celle des grands qu'ils pouvaient redouter, et ils ne permirent à aucun étranger, qu'ils eussent pu craindre, d'y acquérir de l'influence... Les Romains, dans cette occasion, firent ce que doit faire tout prince sage qui, non seulement doit remédier aux maux présents, mais encore prévenir les maux futurs. En les prévoyant de loin, on y remédie aisément; mais, si l'on attend qu'ils vous aient atteint, il n'est plus temps, et la maladie est devenue

16. *OC* II, p. 641.

incurable... Même chose arrive dans les affaires d'Etat; si l'on démasque aussitôt, ce qui n'appartient qu'à un homme habile, les maux qui se préparent, on les guérit vite; si on les laisse croître au point que tout le monde les aperçoit, il n'y a plus de remède »[17]. La dimension internationale ne modifie pas la problématique des rapports entre le héros et l'Etat : elle l'approfondit et l'élargit. Nicomède représente, pour Rome et pour Prusias, un danger de même nature.

Flaminius commet les mêmes fautes politiques de confusion des ordres que Prusias. Lorsqu'il demande à celui-ci, au nom de Rome, d'ordonner qu'Attale règne (v. 540), il méconnaît les principes de la monarchie héréditaire et développe une diplomatie fondée sur la subversion de la royauté : Rome dénature l'ordre de succession. La politique romaine est en tout point machiavélienne; les circonstances comptent plus que tout (v. 818), la « prudence » est indispensable (v. 816), comme chez le Florentin[18], la « grandeur de courage », sans cette prudence, ressemble à un « faux jour d'honneur » (v. 819-821). Dans cette leçon de réalisme politique, Flaminius ne manque pas de rappeler la fatalité historique de Rome, de souligner :

> Qu'être allié de Rome, et s'en faire un appui,
> C'est l'unique moyen de régner aujourd'hui.
>
> (III, 3, v. 877-878.)

Attale fera vite l'expérience de ce machiavélisme. Flaminius pratique en effet, pour Rome, la politique du change. Il avait des ordres pour le prince Attale,

> Mais pour le roi de Pont, il faut ordre nouveau.
>
> (IV, 5, v. 1430.)

Rodrigue avait raison de s'émouvoir à la seule idée du change qui contenait en filigrane le principe du marchandage. Rome œuvrait à faire de son otage Attale un roi. Cela est fait : Attale est roi. Si Rome laisse désormais Attale épouser Laodice, elle accepte ce qu'elle avait refusé à Nicomède. Elle doit donc s'y opposer :

> Cet hymen jetterait une ombre sur sa gloire.
>
> (IV, 5, v. 1451.)

17. Machiavel, *Le Prince*, *op. cit.*, chap. III, p. 14-15.
18. *Ibid.*, chap. XXI, p. 78.

La gloire d'Etat est en jeu. La raison d'Etat explique l'« inégalité » de Rome (v. 1436) dont se plaint Attale. Le frère de Nicomède décrit au début de la pièce comme un « esclave » (v. 50) et un « sujet » (v. 66) découvre la fonction de la politique qui est avant tout un principe de désordre : les valeurs de la personne ne sont plus respectées, seule compte la place du personnage dans le jeu diplomatique. Attale découvre les Romains et comprend :

> Que leur vaine amitié cède à leur politique.
>
> (IV, 6, v. 1476.)

La politique ne connaît ni l'amitié, ni l'amour, ni la nature : elle est une anti-valeur par excellence. Le mouvement d'Attale vers la grandeur et la magnanimité se trouve naturellement marqué du sceau de la Providence (v. 1471). Mais la logique du change est double : Flaminius enlève Nicomède à son père :

> C'est l'otage de Rome et non plus votre fils.
>
> (V, 5, v. 1602.)

Nicomède remplace Attale dans la stratégie de Rome et la politique reste une anti-nature puisque les droits du père sur son fils ne sont plus reconnus. On pense au vers d'Horace à Curiace :

> Albe vous a nommé, je ne vous connais plus.
>
> (*Horace*, II, 3, v. 502.)

Rome pratique une diplomatie fondée sur l'échange d'otages, donc sur le mépris des personnes. Le héros travaillait depuis toujours à la reconnaissance de sa singularité, de son unicité, de son authenticité. Laodice demandait à Nicomède de ne pas oublier qu'il était à la cour « comme un autre ». Flaminius veut que Rome détienne en otage un fils de Prusias, quel qu'il soit. La politique a dévalorisé le héros de personne en personnage. La politique a gommé le caractère irremplaçable du héros. Léonce avait été tué à la place d'Héraclius, Héraclius était à la place de Martian et Martian à la place de Léonce. Carlos s'asseyait à la place d'un comte. Nicomède est otage à la place d'Attale. Le héros est un être né pour le temps, pour dominer le temps. Il est maintenant un personnage qu'on déplace. Tel est l'effet de la politisation du monde cornélien.

Nicomède inaugure une nouvelle forme de tragédie politique qui évite la catastrophe en créant une distance entre le héros et ses adversaires. L'instrument de cette distance est l'ironie dont l'abbé d'Aubignac marque l'utilité : « L'ironie est une figure du poème dramaturgique et de sa nature, elle est théâtrale; car en disant par moquerie le contraire de ce qu'elle veut faire entendre sérieusement, elle porte avec soi un déguisement et fait un jeu qui n'est pas désagréable »[19]. Serge Doubrovsky affirme que Nicomède « nargue » plus qu'il ne « brave » Flaminius et qu'en réalité il ne risque rien[20]. Il nous semble au contraire que le héros mesure assez bien le danger et qu'il l'esquive. L'ironie devient une arme politique dans les mains du héros parce que les autres armes lui font défaut. Nicomède est prisonnier de sa grandeur, de sa gloire, de sa loyauté : telle est sa condition héroïque, sa condition tragique de héros. Ne pouvant se révolter, il ironise, il combat la politique par la rhétorique. Ce héros de l'ironie ne suscite plus crainte ou pitié mais admiration : l'admiration est ici une seconde figure de la distance. Est-elle pour autant synonyme d'imitation ? Auguste était sans nul doute un modèle, un exemple. Il n'est pas certain que Nicomède en soit un. L'imitation était une force de conversion. L'admiration est une valeur de solitude. Attale, certes, rejoint Laodice et Nicomède. Arsinoé elle-même semble gagnée par la vertu du prince (v. 1810-1811). Mais l'impression du couronnement, sensible au dénouement de *Cinna*, fait place à une sensation de coup de chance à l'issue de *Nicomède*. Attale n'est pas, comme Exupère, un « perfide généreux », mais il n'a pu agir « à visage découvert ». Avec *Nicomède*, Corneille découvre, dans le cadre d'une monarchie légitime opposée au destin de Rome, le point d'équilibre de la tragédie politique. L'heure n'est plus au coup d'Etat, comme dans *La Mort de Pompée*, ou au parricide, comme dans *Rodogune*. L'heure est à la froide raison d'Etat dont Araspe et Flaminius, chacun dans son ordre, utilisent les mécanismes. L'heure n'est plus à la complexité mais à l'évidence. *Nicomède* révèle les contradictions constitutives de l'héroïsme politique et la nature tragique d'un héros destiné à l'histoire. Le procès du héros vient de commencer. Il s'achèvera avec l'exécution de Suréna. Les conclusions de *Nicomède* valent dans un univers de légitimité. Que se passerait-il si l'usurpateur était au pouvoir ?

19. Abbé d'Aubignac, *Pratique du théâtre*, *op. cit.*, Livre Quatrième, chap. VII, p. 318.
20. Serge Doubrovsky, *op. cit.*, p. 327.

Grimoald, usurpateur vertueux, succède à Phocas, usurpateur tyrannique. Quant au prince, il paie le prix de la distance au pouvoir et se laisse charmer par un goût nouveau, celui du bonheur. *Nicomède* était un compromis entre la nature du roi et la vertu du sujet. *Pertharite* sera un compromis entre la vertu de l'usurpateur et le bonheur du roi.

La « vertu » de Grimoald et le « bonheur » de Pertharite

Nicomède avait été un succès. *Pertharite* est un échec que Corneille reconnaît lui-même. Georges Couton l'analyse par les conditions politiques immédiatement contemporaines en France et en Angleterre[21]. Cromwell est au pouvoir en Angleterre et Charles Ier a été décapité le 27 janvier 1648 : le régicide accompagnait l'usurpation. Condé organise peu après le soulèvement contre la monarchie. *Pertharite* représente, dans cette période révolutionnaire, un double plaidoyer en faveur de la générosité et de la légitimité : il est certain que l'air du temps ne se prêtait guère aux appels à la raison et que Corneille risquait plus de décevoir que de convaincre. La vérité de l'analyse historique n'exclut pas que le théâtre cornélien atteigne, avec *Pertharite*, un moment d'équilibre politique plus fragile que celui de *Nicomède*. L'usurpation complique la réflexion sur les valeurs mises en scène depuis les premières tragédies : elle introduit la dimension nouvelle des tentations de l'apolitisme. Les certitudes les plus fortes de l'héroïsme s'effritent au contact de la politique : le héros cesse de croire que le sacrifice à l'Etat est une nécessité existentielle. Cet apolitisme provoque l'abdication sans regret de Grimoald et la restauration sans enthousiasme de Pertharite. Le service de l'Etat était la mission providentielle du héros. Il est réduit à une simple fonction. Mais si le héros cesse de s'intéresser à la politique, la politique ne cesse pas de s'intéresser au héros. L'apolitisme du héros est parallèle à la politisation de l'univers cornélien.

André Stegmann propose une interprétation de *Pertharite* comme tragédie limite : « Pertharite pose en clair le problème de

21. *OC* II, p. 1505.

l'usurpateur et du machiavélisme fatal qui en découle. Par là, la pièce se rattache surtout à *La Mort de Pompée*, dans laquelle la politique machiavélique était surtout l'œuvre de conseillers royaux. Il n'est donc pas surprenant que Garibalde, ministre de Grimoald, soit une réplique enrichie de Photin. Mais Corneille, en plaçant au pouvoir un usurpateur qui gouverne bien et un roi légitime qui a abdiqué tout désir de récupérer son trône et ne conserve au roi que son indélébile caractère sacré, propose un cas limite, où le machiavélisme rencontre de son côté toutes les chances de réussite. Jamais Corneille n'a défini si clairement le mécanisme de la tyrannie en train de se légitimer. Les chances de réussite sont telles que Rodélinde est contrainte, pour démasquer le danger, de faire l'offre héroïque la plus inhumaine du théâtre de Corneille, pire que l'infanticide de Médée, celui de Léontine ou de Cléopâtre, l'offre délibérée du meurtre du seul prince légitime vivant, son propre fils. Elle n'y sera pas contrainte, mais intention vaut fait. A cet égard, *Pertharite* est un point culminant dans la logique amorale du sacrifice héroïque »[22]. Cette analyse mérite à notre avis d'être complétée par plusieurs questions. Garibalde est-il un nouveau Photin ou un nouveau type de conseiller chez qui l'intérêt et l'amour-propre comptent plus que la raison d'Etat ? Pourquoi les valeurs héroïques et politiques de la monarchie s'effondrent-elles devant l'espérance du « bonheur » ? Pourquoi le risque de monstruosité ou de parricide exprime-t-il en même temps le désordre absolu de la nature et l'impasse absolue d'une légitimité qui s'affirme dans le suicide politique ? S'agit-il d'une « logique amorale » ou d'une « logique politique » ? Jean Schlumberger devine dans la rigueur même de *Pertharite* une cause de son échec : « C'est pour avoir individualisé trop peu ses personnes royales, pour avoir réduit à une sorte d'algèbre abstraite le problème de la légitimité dynastique, que Corneille a subi le grand échec de *Pertharite* »[23]. Lorsque la volonté de démonstration politique l'emporte sur les nécessités de la dramaturgie, Corneille est plus proche de l'équation résolue que de la tragédie réussie. *Pertharite* marquerait ainsi des découvertes d'ordre politique que la scène ne pouvait pas encore intégrer et

22. André Stegmann, *op. cit.*, t. II, p. 615.
23. Jean Schlumberger, *op. cit.*, p. 167.

les limites d'un genre. L'échec théâtral coïnciderait avec le succès de l'analyse politique. Serge Doubrovsky s'attache à recenser les solutions que *Pertharite* apporte à la dialectique de la maîtrise et à ses contradictions. « *Don Sanche* posait l'angoissant problème du "héros parvenu" et de la générosité sans la naissance; *Pertharite* va poser le problème parallèle de l' "usurpateur vertueux" et de la magnanimité sans le droit... En offrant à Rodélinde de la remettre, elle et son fils, sur le trône, à condition qu'elle l'épouse, Grimoald veut sceller l'alliance de la vertu et du sang, c'est-à-dire réconcilier le pouvoir et la nature »[24]. Cette thèse suppose en effet que *Pertharite*, après *Don Sanche* et *Nicomède*, repose sur l' « optimisme de réconciliation »[25]. Mais il n'est pas évident qu'un dénouement heureux soit une preuve d'optimisme. Il nous semble, au contraire, essentiel de constater que la réconciliation s'accomplit dans la dévaluation générale des valeurs et dans l'affaissement des fondations de l'héroïsme. La vertu et le bonheur s'affirment dans le renoncement du héros aux nécessités de l'histoire. *Pertharite* reprend également toute une série de situations des pièces précédentes : la figure du roi trop faible pour être reconnu, la figure de la reine détentrice de la puissance et de la légitimité, le mouvement de légitimation de la tyrannie, la présence et l'influence du conseiller machiavélien, les duels de femmes inaugurés par Cornélie et Cléopâtre, le désordre concomitant de la nature et de l'histoire. Le dénouement témoigne certes d'une remise en ordre générale mais ce retour à l'ordre est plus le fruit d'une suite de hasards heureux que le résultat nécessaire d'une volonté. L'ordre est rétabli mais s'agit-il du même ordre ? La faiblesse a marqué Pertharite, la monstruosité a marqué Rodélinde, l'usurpation a marqué Grimoald. Corneille a peut-être voulu sauver les personnages de la tragédie mais ce salut n'a pu intervenir que dans la chute des institutions. La monarchie, la féminité, la politique ne sont plus les mêmes. Corneille a sauvé des héros en sacrifiant l'héroïsme. Cela expliquerait aussi l'échec et le silence. L'échec parce que le public ne retrouve plus le système de valeurs cher à Corneille. Le silence parce que le poète médite sur les apories du compromis politique. *Pertharite* est en ce sens la tragédie politique de la modification du

24. Serge Doubrovsky, *op. cit.*, p. 329-330.
25. *Ibid.*, p. 334.

héros condamné à changer pour survivre. La légitimité héroïque s'efface derrière la légitimité politique.

La notion de légitimité est au centre de la pièce et Corneille ne manque pas de rappeler qu'une faute a été commise par la dynastie légitime. Le royaume de Lombardie a connu deux rois en même temps :

> Pertharite à Milan, Gundebert à Pavie.
>
> (I, 1, v. 32.)

Photin avait déjà stigmatisé cette erreur dans *La Mort de Pompée* :

> Car c'est ne régner pas qu'être deux à régner.
> Un roi qui s'y résout est mauvais politique.
>
> (I, 2, v. 232-233.)

La monarchie lombarde et la royauté égyptienne souffrent du même mal et en souffrent par leur faute. Pertharite était le cadet, non l'aîné. Il avait donc abusivement occupé le trône. En insistant sur ce point, Corneille plaide déjà en faveur de l'usurpateur : Pertharite n'a pas usurpé le trône autant que Grimoald mais il a contribué à la division de l'Etat. Corneille reste sensible au thème du dédoublement de la légitimité : Ptolomée et Cléopâtre, Antiochus et Séleucus, Nicomède et Attale, Pertharite et Gundebert sont des variations indispensables à la démonstration cornélienne. Rodélinde accuse le père de son mari et développe un argument plus familial que politique :

> Ce n'est pas attenter aux droits d'une couronne
> Qu'en conserver la part qu'un père nous en donne.
>
> (I, 1, v. 43-44.)

Séleucus revendiquait également ce droit d'hériter d'une part de pouvoir :

> La couronne est à nous, et sans lui faire injure,
> Sans manquer de respect aux droits de la nature,
> Chacun de nous à l'autre en peut céder sa part.
>
> (*Rodogune*, III, 4, v. 963-965.)

Les « droits d'une couronne » et les « droits de la nature » sont, dans un cas comme dans l'autre, les alibis de l'anarchie. Rodélinde et Séleucus commettent la pire des fautes politiques, l'atteinte au caractère indivisible de la monarchie héréditaire. En faisant deux rois, le père de Pertharite et Gundebert avait cru trouver un compromis alors qu'il venait de provoquer une catastrophe. Unulphe résume la thèse monarchique qui semble refléter les opinions de Corneille et qui explique toutes les pièces depuis *La Mort de Pompée* :

> Ce mauvais politique avait dû reconnaître
> Que le plus grand Etat ne peut souffrir qu'un maître,
> Que leurs enfants entre eux n'ont point d'égalité,
> Que les rois n'ont qu'un trône et qu'une majesté
> Et qu'enfin la naissance a son ordre infaillible
> Qui fait de leur couronne un point indivisible.
>
> (I, 1, v. 51-56.)

L'ordre politique doit exprimer l'ordre naturel. Aripert, en partageant sa couronne, a failli aux principes de la politique naturelle et provoqué le dérèglement, source de la tragédie. Rodélinde croit à tort que le ciel légitime la décision d'Aripert car le ciel légitimera également la victoire de Grimoald qui régnera à la place des deux frères. Rodélinde et Pertharite changent de sort en changeant d'ennemi : leur adversaire n'est plus le roi Gundebert mais l'usurpateur Grimoald. Imagine-t-on Horace ou Auguste changeant ainsi de sort ? Grimoald incarne une force de modification des valeurs de l'héroïsme puisqu'il transforme le sort des souverains légitimes.

Grimoald est excusé une seconde fois : il s'est allié à Gundebert par amour pour Edüige, sœur des deux rois. L'usurpateur est plus un amoureux qu'un tyran. L'ambition politique n'est pas le ressort qui fait agir Grimoald. L'annonce de la mort de Pertharite révèle que Grimoald aime désormais non Edüige mais Rodélinde. La veuve de Pertharite en vient à justifier l'usurpateur devant sa rivale. Une fois encore, le thème de la modification se trouve au premier plan : la fonction fait l'homme.

> Et comme un nouveau rang forme une âme nouvelle,
> D'un comte déloyal, il fait un roi fidèle.
>
> (I, 2, v. 143-144.)

Grimoald serait ainsi plus proche de Martian que de Carlos. Corneille confirme que l'exercice vertueux du pouvoir est indépendant de la nature et de la légitimité. Celles-ci ne sont plus les références ultimes puisque Cléopâtre les avait compromises dans la monstruosité et que Prusias les avait discréditées dans l'impuissance. Le désordre peut être fructueux : telle est la scandaleuse confirmation que Grimoald apporte sur la scène cornélienne. La représentation de l'univers politique se trouve en effet strictement inversée : le rang n'est plus l'expression du sang, le rang a même plus d'importance que le sang, l'histoire a triomphé de la nature.

> Mais un sceptre vaut mieux que les titres du sang
> Et la nature cède à la splendeur du rang.
>
> (I, 2, v. 157-158.)

La nature paie ici le prix des parricides qu'elle a multipliés pour conserver le pouvoir. En se sacrifiant à la passion du trône, la nature, dans *Rodogune*, avait implicitement reconnu la supériorité de la politique. Les rapports de force sont désormais essentiels et Rodélinde préfère un pouvoir injuste à une nature juste. Les parricides d'Horace et de Cléopâtre légitimaient par anticipation le triomphe de l'ordre politique au détriment de l'ordre naturel. Si le héros lui-même fait céder la nature, de quel droit et à quel titre exigera-t-il que la politique, que l'histoire, que l'Etat cèdent à la nature ? La mort de Camille et de Séleucus reste le meilleur alibi de l'Etat pour assassiner le héros. La légitimité devient tragique lorsque l'histoire cesse de refléter la nature. La nature ne prédestine plus au statut de héros d'Etat mais au rôle de victime d'Etat : Pertharite remplace Horace.

La politique subit également des modifications. Elle devient l'instrument des passions personnelles, ou du moins elle est perçue comme telle :

> Qui ravit un Etat peut ravir une femme,
> L'adultère et le rapt sont du droit des tyrans.
>
> (I, 4, v. 280-281.)

déclare avec jalousie Edüige à Grimoald. Ce « droit des tyrans » est l'exemple de la confusion des ordres mais de telles pratiques sont condamnées par Machiavel : « Rien, à mon avis, ne rend un prince odieux, autant que la violation du droit de propriété, et le peu de respect pour les femmes de ses sujets »[26]. La raison d'Etat est le masque de la raison d'intérêt, comme le rappelait Philippe de Béthune dans *Le conseiller d'Etat*. La situation a sensiblement évolué depuis *La Mort de Pompée* : le service de l'Etat disparaît au profit du service des intérêts privés. Plus que jamais le pouvoir politique est un moyen d'assouvir ses passions, d'obtenir par une voie ce qu'on ne pouvait obtenir par une autre. Certes Edüige

26. Machiavel, *Le Prince*, *op. cit.*, chap. XIX, p. 64.

accuse Grimoald à tort puisque l'usurpateur n'est pas un tyran. Mais les jeux sont faits : *Othon* montrera que la politique n'est plus au service de l'Etat. L'amour-propre et la passion du trône comptent plus que le sentiment amoureux. Le monologue de Garibalde confirme le changement des valeurs de référence.

> Je t'aime, mais enfin je m'aime plus que toi...
> Je t'aime et puissamment, mais moins que la couronne.
>
> (II, 2, v. 505, 512.)

L'ambition d'Horace était pour Rome, non pour lui. La tension tragique était l'expression du mouvement d'identification du héros à l'Etat. L'ambition de Garibalde est exclusivement pour lui : il est tout entier soumis à la *libido dominandi* qui restait étrangère à Horace. Horace combattait contre « un autre soi-même ». Garibalde combat pour lui-même. Horace acceptait de se sacrifier pour Rome. Garibalde sacrifiera tout à son ambition, tout sauf lui bien entendu. Ce dérèglement conduira Garibalde à entraîner Grimoald dans la tyrannie et à l'éloigner ainsi du pouvoir. La femme n'est plus aimée ou estimée pour elle, elle est dégradée en étape politique, en échelon d'une carrière :

> Je t'épouserai, lors, mais pour me faire Roi.
>
> (II, 2, v. 522.)

La faute contre l'amour est également une faute contre la légitimité. La passion politique dénature le sentiment amoureux et substitue à l'ordre monarchique l'autoproclamation du factieux. Edüige avait utilisé Grimoald contre Pertharite. Garibalde utilise Edüige contre Grimoald. Le marchandage politique se généralise. La politique est une figure de l'amour-propre : telle est la vérité essentielle que Garibalde révèle. Auguste ne succombait ni à l'amour-propre ni à la passion du trône. Garibalde est victime en même temps de ces deux passions. Mais Garibalde devrait savoir qu'on est roi, mais qu'on ne se fait pas roi.

Quelle est donc cette nouvelle politique qui substitue la raison d'intérêt à la raison d'Etat ? Elle se caractérise par la tyrannie de la confusion des ordres :

> Que sert ce grand pouvoir qui suit le diadème,
> Si l'amant couronné n'en use pour soi-même ?
> Un Roi n'est pas moins roi pour se laisser charmer
> Et doit faire obéir qui ne veut pas aimer.
>
> (II, 3, v. 559-562.)

Le pouvoir n'est plus une finalité qui couronne l'Etat et dans la personne du prince les valeurs de l'héroïsme. Le pouvoir est un moyen, une force que le prince utilise pour obtenir de ses sujets plus que ce qu'ils lui doivent : l'obéissance et l'amour ne relèvent pas du même ordre. La tragédie politique, dans *Horace* et dans *Cinna*, était due à la tension entre le héros et l'Etat. La tragédie politique, dans *Pertharite*, est due à l'utilisation de l'Etat par un non-héros. *Horace* et *Cinna* reposaient sur une vision providentielle de l'histoire romaine. *Pertharite* semble dépourvue de toute ambition historique : les agitations de l'espace politique se substituent aux enjeux du temps historique. Le politique est une force de corruption universelle : Garibalde conseille à Grimoald de « forcer » (v. 571). Cette corruption est synonyme, pour le prince, de perte d'indépendance : il suffit que Grimoald laisse agir ses mauvais conseillers, quitte à les désavouer plus tard (v. 576-582). La politique est la science des moyens, l'art des intermédiaires. Imagine-t-on Horace ou Auguste confiant ses responsabilités à tel ou tel personnage ? Garibalde va plus loin encore que Photin. Le conseiller égyptien n'aurait pas agi sans l'aveu et l'aval de son Roi, parce qu'il servait réellement son pays. Garibalde doit agir sans l'accord explicite de l'usurpateur, parce qu'il travaille à défendre des intérêts personnels contraires à ceux de Grimoald. Le héros cornélien ne menait pas une vaine bataille lorsqu'il luttait contre la dissimulation, le parjure, le marchandage. Il pressentait que la désorganisation des valeurs, des réalités, des sentiments perturbait l'univers transparent de l'héroïsme. Désormais, les rapports de forces l'ont emporté sur la relation entre grandeurs : le seul critère est la réussite.

Cette réussite implique la mise en œuvre de méthodes monstrueuses : Garibalde conseille à Rodélinde d'épouser l'usurpateur pour éviter la mort de son fils. Mais les calculs pervers de Garibalde ne résistent pas à la restauration de l'ordre. Si Pertharite n'est pas mort, il retrouvera Rodélinde. Grimoald reviendra alors vers Edüige. Garibalde aura perdu le trône et sa maîtresse : le trône sera revenu à son légitime propriétaire, Pertharite, la maîtresse sera à son légitime amant, Grimoald. La confusion des ordres suscitait la tyrannie politique. Le retour à la légitimité s'exprime dans tous les domaines et supprime le désordre : les valeurs politiques et les valeurs amoureuses sont derechef à leur place. Garibalde n'accepte pas immédiatement son échec : il espère contraindre Grimoald « par maxime d'Etat » (v. 1113) à ne pas reconnaître Pertharite, à n'y voir qu'un imposteur. La politique, plus qu'une anti-nature, plus qu'une anti-valeur, est une anti-vérité. Le calcul politique de Garibalde ne peut réussir que si la vérité reste cachée. Cléopâtre, dans *Rodogune*, avait déjà eu recours à ce procédé : la tragédie politique consiste à empêcher la manifestation de la vérité. Les « conseils tyranniques » (v. 1116) se développent à l'abri des « terreurs chimériques » (v. 1115). Pour conquérir Edüige, Garibalde est prêt à conduire Grimoald sur les chemins du régicide. Si en effet l'usurpateur fait assassiner le souverain légitime, il deviendra odieux à la sœur de la victime. Le régicide est aussi nécessaire que le parricide au succès de Garibalde. La passion du trône justifie les actes les plus criminels. Rome autorisait le meurtre de Camille. L'ambition politique autorise le régicide. Garibalde désire en fait ce qui lassait Auguste, l'exercice solitaire du pouvoir. La légitimité est un obstacle à la tyrannie et au machiavélisme. *Pertharite* confirme ainsi que le bouleversement a pour cause la rupture de l'ordre naturel. Le temps n'est pas encore venu où Corneille découvrira que la légitimité est la seule source de tyrannie[27]. Il existe encore un espoir puisqu'il suffit de restaurer la monarchie pour éviter la tragédie : Grimoald renoncera à « l'insolente manie » de sa tyrannie (v. 1780).

Le climat politique de *Pertharite* semble révélateur d'une progression décisive de la réflexion de Corneille sur le pouvoir. Il est clair désormais que l'amour de soi et l'amour du pouvoir sont les deux formes d'une même passion prête à tout sacrifier au succès de ses ambitions. Garibalde annonce le Martian d'*Othon*. Le pouvoir séduit, et certains ne peuvent résister à cette séduction. Le personnage de Garibalde était indispensable face à Pertharite et Grimoald, au souverain et à l'usurpateur. Le duc de Turin incarne le plus bas degré de la politique, celle qui compte de plus en plus et qui menace l'univers des généreux. Garibalde n'est d'ailleurs pas un machiavélien de pure obédience, même s'il en a quelques traits. Photin et Araspe étaient désintéressés. Garibalde est intéressé : la raison d'Etat est un moyen d'assouvir

27. Ce sera l'hypothèse de *Suréna*.

ses passions. Lorsque l'Etat devient un mécanisme impuissant à susciter l'enthousiasme du héros, il tombe aux mains des Garibalde. Pertharite et Grimoald sont capables de se détacher du pouvoir. Garibalde adhère totalement à une représentation du pouvoir qui lui enlève sa liberté et son jugement.

Le duc de Turin illustre une dégradation de la politique dont Grimoald et Pertharite doivent restaurer la dignité, le premier par la vertu, le second par la légitimité. Corneille met ici en scène un dédoublement de l'héroïsme et de la générosité. *Pertharite* représente, en ce sens, un effort pour échapper au désordre politique par la création d'un nouveau système de valeurs qui n'est pas celui des premiers héros cornéliens. L'usurpateur ne sera pas un tyran, et le prince déchu régnera, mais la lassitude et la fatigue ont gagné les deux personnages. La renonciation et la résignation appartiennent au registre tragique. Comment s'organise donc, dans *Pertharite*, la tragédie politique et quels en sont les enjeux ? Le trône de Lombardie est occupé par un usurpateur qui refuse d'être un tyran et qui entend légitimer son usurpation en épousant la « veuve » du roi légitime. La situation est des plus classiques : elle ressemble, sur certains points, à celle d'*Héraclius*. Mais Grimoald est un usurpateur vertueux (v. 19-23), alors que Phocas était un tyran, et son amour pour Rodélinde est rendu « légitime » par la mort de Pertharite (v. 119) : la légitimité amoureuse pallie le manque de légitimité politique. Corneille approfondit la situation créée par Carlos et la développe dans un cadre politique différent. Grimoald gouverne au nom de quatre principes qu'un cornélien ne saurait récuser : la valeur, la bonté, la prudence, la justice (v. 166-169). Telle est la conséquence de la confusion : l'usurpateur n'est pas un tyran, l'absence de droit naturel au trône n'empêche pas de gouverner comme un prince héroïque. Le cas est plus grave que celui de Carlos, puisque le fils de pêcheur était en réalité le Roi. Dans *Don Sanche*, la nature était masquée. Dans *Pertharite*, elle est trahie. L'exercice héroïque du pouvoir est radicalement séparé de la nature.

Si Grimoald est accusé de tyrannie, ce n'est pas pour des raisons politiques, mais à cause d'une déception amoureuse d'Edüige (v. 282-298). Grimoald n'est pas dupe : il rappelle à la sœur de Pertharite qu'elle acceptait fort bien la vraie tyrannie lorsqu'il était amoureux d'elle et qu'elle condamne son gouvernement vertueux depuis qu'il s'est épris de Rodélinde. L'usurpateur apprécie avec rigueur le danger d'un ordre politique qui ne serait plus fondé sur la valeur ou la naissance mais sur l'amour d'une femme. Si la *libido dominandi* n'est plus qu'un effet de la *libido sentiendi*, si le pouvoir est un effet du désir, l'Etat se trouve sens dessus dessous : Grimoald refuse cette anarchie. Cependant Edüige détient la légitimité politique et Grimoald ne règne à Milan que sous le nom d'une femme : l'usurpateur gouverne par procuration sentimentale. Edüige se trompe : elle est reine à Pavie puisqu'en mourant, son frère Gundebert lui a laissé le trône, mais elle n'est pas reine à Milan, l'Etat conquis par Grimoald. Comme pour Laodice, le problème de la place et de la force des reines devient crucial. Grimoald est fidèle aux conseils de Machiavel : il habite l'Etat qu'il a conquis[28]. Il gouverne avec l'appui du peuple et grâce à sa valeur : l'amour d'Edüige ne légitime en rien son autorité. En aimant Rodélinde, Grimoald se libère d'une passion ambiguë où triomphe le marchandage amoureux et politique :

> Si vous m'aviez aimé, vous n'auriez pas eu honte
> D'attacher votre sort à la valeur d'un comte.
> Jusqu'à ce qu'il fût Roi vous plaire à le gêner,
> C'était vouloir vous vendre, et non pas vous donner.
> Je me suis donc fait Roi pour plaire à votre envie,
> J'ai conquis votre cœur au péril de ma vie,
> Mais alors qu'il m'est dû, je suis en liberté
> De vous laisser un bien que j'ai trop acheté.
> Et votre ambition est justement punie
> Quand j'affranchis un roi de votre tyrannie.
>
> (I, 4, v. 327-336.)

Grimoald est un amoureux avant d'être un politique. Garibalde était un politique avant d'être un amoureux. Cette distinction explique que le premier soit vertueux et que le second soit machiavélique. Cette analyse de Grimoald est lucide mais désastreuse. Lucide, car l'usurpateur conquiert peu à peu son indépendance. Désastreuse, car le pouvoir est soumis aux valeurs changeantes de l'amour. L'équilibre des valeurs est de plus en plus instable dans un monde où le change est le principe de toutes choses : la tragédie politique est un effet de l'instabilité des valeurs, du désordre

28. Machiavel, *Le Prince*, *op. cit.*, chap. III, p. 12 et chap. VI, p. 23.

qui atteint aussi bien l'exercice du pouvoir que les sentiments. *Horace*, *Cinna*, *Polyeucte* étaient les tragédies, voire la tragédie, d'un ordre héroïque et d'un ordre politique dont l'identification progressive exigeait la stabilité absolue des valeurs : ni le pouvoir ni l'amour n'étaient à vendre ou du moins les personnages qui auraient souhaité un tel marchandage ne gagnaient pas la partie. *Pertharite* est la tragédie du désordre : il n'y a plus de point fixe dans l'univers cornélien. Ni l'amour, ni le trône, ni la maternité, ni la féminité ne sont des valeurs de référence. *Pertharite* est le premier champ de ruines du théâtre de Pierre Corneille. La confusion des ordres s'exprime par le dédoublement du vocabulaire : la tyrannie amoureuse et la tyrannie politique ont partie liée comme plus tard la restauration sera sentimentale autant que monarchique. L'instabilité conduit nécessairement au tragique sauf si la vertu et le bonheur permettent aux héros de construire, parallèlement à l'ordre politique, un second ordre des valeurs. Le salut du héros s'accomplissait dans l'identification à l'Etat. Il se cherche maintenant dans la rupture avec la politique. Cette distance prenait chez Nicomède la forme de l'ironie. La vertu de Grimoald et le bonheur de Pertharite ont le même but : ne plus compromettre l'héroïsme dans les mécanismes de l'ambition de l'Etat.

Grimoald rejette en effet les tentations de la tyrannie. Il refuse les « damnables maximes » (v. 563) de Garibalde. Corneille se trouve ici assez proche des condamnations chrétiennes du machiavélisme : les conseils du Florentin mènent tout droit à la damnation et le prince chrétien doit s'en abstenir car la raison d'Etat n'est autre que la raison d'enfer :

> Je hais l'art de régner qui se permet des crimes.
>
> (II, 3, v. 564.)

Cette maxime souligne l'originalité de Grimoald face à Ptolomée ou Phocas, Marcelle ou Cléopâtre. Mais cette position est héroïque avant d'être politique : comment le prince serait-il un « exemple » (v. 565) s'il punissait en autrui ce qu'il autoriserait en lui-même ? L'authenticité monarchique et l'authenticité amoureuse doivent être reconnues indépendamment l'une de l'autre. C'est la conscience du Prince qui doit éviter la confusion des ordres et l'abus de pouvoir. Auguste voulait être reconnu comme héros et comme empereur. Grimoald entend être un amant et un roi, non un amant qui utilise la royauté ou un roi qui utilise l'amour.

> Le pouvoir absolu n'a rien de redoutable
> Dont à sa conscience un Roi ne soit comptable.
> L'amour l'excuse mal, s'il règne injustement
> Et l'amant couronné doit n'agir qu'en amant.
>
> (II, 3, v. 567-570.)

La conscience du Prince est le seul critère : l'heure n'est plus à la raison d'Etat. Faut-il émettre ici l'hypothèse d'une individualisation des personnages au détriment des valeurs collectives de l'héroïsme ? En ce sens la « conscience » de Grimoald répondrait à l' « amour-propre » de Garibalde. Lorsque les valeurs de l'ordre héroïque et politique étaient universellement admises, la conscience et l'amour-propre n'avaient pas droit de cité. Le duel avec don Gomès n'était pas un cas de conscience pour Rodrigue : il ne s'agissait pas, pour le héros, d'apprécier la situation en fonction de sa conscience, mais d'agir, en fonction de sa nature. Le désordre de la nature, dont *Rodogune* et *Héraclius* ont mis en évidence les effets catastrophiques, a détruit les certitudes du sang. Le généreux doit chercher ailleurs les principes de son action et il les découvre dans sa « conscience », dans le retour sur soi. Le politique les découvre, au contraire, dans l'amour-propre, dans l'amour de soi. Les valeurs cornéliennes s'exprimaient dans un champ délimité par la nature et l'histoire. Elles existent désormais au gré de la conscience des uns et de l'amour-propre des autres. L'individualisation et la politisation du théâtre sont simultanées : le héros n'incarne plus l'universalité, l'Etat n'incarne plus l'universalité, l'Etat n'incarne plus l'histoire ou la Providence, mais les intérêts de tel ou tel. La tragédie politique était la conséquence de la double appartenance du héros à la nature et à l'histoire. Elle est, dans *Pertharite*, le corollaire d'un effacement du héros au profit d'une échelle des valeurs en proie au change. Grimoald accède à l'héroïsme en refusant l'instabilité et la confusion des ordres : l'usurpateur est vertueux car il refuse les moyens de la politique.

Rodélinde marque ce mouvement d'individualisation des valeurs et de leur évaluation :

> Je dis que la vertu règne dans ta personne.
>
> (II, 5, v. 636.)

L'épouse de Pertharite estime même que la « gloire » de Grimoald est supérieure à celle d'Auguste (v. 649). Mais cette gloire est faussée sans être fausse puisque seul l'amour de Rodélinde préserve Grimoald de la tyrannie. L'usurpateur revendique au titre de sa « gloire » la « honte » de son amour pour Rodélinde (v. 675). La passion amoureuse devient le principe de l'action politique : Grimoald n'est pas vertueux par vertu, il est vertueux par amour. On retrouve ici le phénomène, déjà étudié, de la rupture entre la motivation et la finalité d'une conduite. Ce n'est pas sa propre vertu qui placerait Grimoald au-dessus d'Auguste, mais son amour, preuve supplémentaire du désordre et de l'instabilité. L'usurpateur, en effet, peut être victime de sa passion amoureuse si celle-ci n'est pas récompensée et la déception sentimentale peut conduire à la tyrannie :

> Je deviendrai tyran de qui me tyrannise
>
> (II, 5, v. 728.)

Rodélinde répondra sur le même ton à cette menace d'amant déçu :

> Deviens le vrai tyran de qui te tyrannise
>
> (III, 3, v. 920.)

Les causes de la tyrannie ne sont pas d'ordre politique. Les causes de l'usurpation n'étaient pas non plus d'ordre politique. Cependant les effets de l'une et de l'autre seront politiques. De même qu'il existe une rupture entre la cause et l'effet, de même la tyrannie politique s'exercera non sur Rodélinde, mais sur son fils, « en quelque autre personne » (v. 740). Grimoald menace ainsi la reine et la mère en préservant la femme, dont il est épris. Lorsque la politique est amoureuse, elle sauve la féminité au détriment de la légitimité et de la maternité. La langue tragique s'affirme dans le recours à un faux anonymat plus brutal encore que la désignation directe de la victime.

Grimoald accepte donc de partager la gloire du parricide avec Rodélinde, nouvelle « mère dénaturée » (v. 944) après Médée et Cléopâtre. L'épouse de Pertharite est professeur de monstruosité comme elle est professeur de tyrannie : la politique est une anti-nature. La notion d'exemplarité se trouve dévoyée au profit de la monstruosité : le crime contre la légitimité commis par Grimoald et le crime contre la maternité commis par Rodélinde seront un seul et même crime commis contre l'histoire et contre la nature. Ce crime sera exemplaire car il sera sans exemple : il sera fondateur d'une monstruosité tyrannique et d'une tyrannie monstrueuse. Il fallait imiter Cléopâtre pour la justifier. Grimoald et Rodélinde se justifieront mutuellement. *Pertharite* confirme que le ressort cornélien de l'imitation est au-delà du bien et du mal. Le retour de Pertharite bouleverse tous ces calculs et contraint Grimoald à un changement de stratégie. L'usurpateur refuse de reconnaître le souverain légitime qualifié de « fantôme insolent » (v. 1011). Grimoald est aussi troublé que Phocas, et Pertharite jouit de cette perplexité (v. 1077). Cette situation nouvelle ne résout rien : l'usurpateur est confronté au risque de régicide après celui du parricide ou de complicité de parricide. Unulphe et Edüige agiront pour protéger Grimoald de la tentation tyrannique mais la Providence est la meilleure conseillère :

> Mais que plutôt le ciel me foudroie à vos yeux
> Que je songe à répandre un sang si précieux.
>
> (V, 2, v. 1581-1582.)

Cette lucidité providentielle révèle aussi l'impasse politique de l'usurpation : si Grimoald laisse Pertharite en prison, il n'arrêtera pas pour autant la rébellion populaire en faveur du roi légitime; s'il libère Pertharite, il donne un chef naturel à cette rébellion. Grimoald découvre ici que la vertu ne peut rien contre la légitimité, contre la nature, et qu'elle ne suffit pas à sauver l'usurpation de la tyrannie :

> Un roi, quoique vaincu, garde son caractère.
>
> (V, 2, v. 1591.)

La situation n'est plus celle d'*Héraclius* : l'heure n'est pas à la confusion, mais à la reconnaissance. Le « mouvement secret » (v. 1596) du peuple vers son roi est celui d'un enfant vers son père. Le dénouement affirmera la convergence puis la coïncidence de l'ordre naturel et de l'ordre politique. La tragédie politique disparaîtra lorsque les deux ordres seront exactement superposés.

Cependant la « vertu chancelante » (v. 1644) et l' « aveuglement » (v. 1625) de Grimoald ne permettent pas encore à l'usurpateur de triompher seul. Il demande à Edüige de résoudre la crise :

> Et faites le destin d'un frère et d'un amant.
>
> (V, 2, v. 1626.)

Grimoald est fort éloigné d'Auguste : il dépend d'une femme, il n'a aucune autonomie ni héroïque ni politique.

La dernière scène de la pièce est un réel dénouement mais une solution fragile. Pertharite est sauvé parce que Grimoald n'a pas appliqué les règles de la raison d'Etat : Pertharite est une exception qui confirme la règle du machiavélisme. Grimoald le rappelle avec force :

> Des maximes d'Etat j'ai voulu t'affranchir.
>
> (V, 5, v. 1786.)

Le problème décisif que pose *Pertharite* pour la monarchie est celui que posera *Suréna* pour l'héroïsme : que faire du roi ou du héros dans un Etat qui n'accepte ni la présence du roi ni l'existence du héros :

> Car enfin que veux-tu que je fasse de toi ?
> Puis-je porter ton sceptre et te traiter de Roi ?
>
> (V, 5, v. 1801-1802.)

La légitimité n'a plus de place naturelle dans un monde dominé par le désordre politique. C'est la vertu de Grimoald et non la légitimité de Pertharite qui restaure l'ordre et la vérité. Si Grimoald ne cédait pas son trône, Pertharite serait tué. La coexistence entre l'usurpateur et le roi est impossible mais le roi n'est plus en état de chasser l'usurpateur : il faut que l'usurpateur soit en état de s'effacer devant le Roi. Dans *Suréna*, le pouvoir et l'héroïsme seront en situation de non-coexistence mais Orode ne sera pas un autre Grimoald : il n'aura pas affranchi le général parthe des maximes d'Etat. Le dénouement de *Pertharite* n'est pas celui d'une tragédie car le rétablissement de la légitimité est une exception à la raison d'Etat. Le dénouement de *Suréna* sera celui d'une tragédie car la mort du héros sera une application de la raison d'Etat.

> Cette vertu triomphe, et tu t'en vas régner.
>
> (V, 5, v. 1822.)

L'ordre des termes reflète la causalité : la restauration politique est une conséquence de la vertu. En ce sens, le rapprochement avec *Cinna* n'est pas à exclure : Auguste triomphait de lui-même avant de triompher dans Rome, Grimoald domine la tentation tyrannique avant de rétablir l'ordre monarchique. Cependant, l'évolution du théâtre cornélien est considérable : Auguste triomphait de lui-même et pour lui-même, Grimoald triomphe de lui-même pour Pertharite. La restauration héroïque précède toujours la restauration politique mais le bénéficiaire de l'effort n'en est plus l'auteur. Auguste triomphait de lui-même et dans l'Etat, Grimoald triomphe de lui-même et hors de l'Etat. Grimoald épousera Edüige et régnera dans Pavie, annulant ainsi l'erreur politique commise jadis par Aripert. Grimoald est sauvé par l'espace et par Edüige : il existait un autre trône et une autre femme pour récompenser sa générosité. Grimoald est sauvé, comme roi et comme personne, parce qu'il méritait d'être sauvé. Son salut pourtant est aussi réel qu'artificiel : la corrosion politique ne cesse pas d'agir pour autant sur la scène cornélienne.

Si en effet *Pertharite* est une exception à la règle du machiavélisme, cela s'explique sans doute par la faiblesse du prince légitime. Grimoald n'est pas un vrai tyran. Pertharite n'est pas un vrai roi. Horace était au-delà de l'héroïsme, Auguste était au-delà de l'Etat. Grimoald est en deçà de sa fonction, Pertharite en deçà de sa mission. Le centre de gravité de la tragédie politique s'est déplacé. De même que Grimoald n'était pas tout à fait coupable sur le plan politique, de même Pertharite n'est pas tout à fait innocent : Unulphe ne manque pas de rappeler à Rodélinde qu'il n'aurait pas dû accepter le trône de Milan qui revenait de droit à son aîné Gundebert. Pertharite avait certes obéi à son père mais il violait ainsi les lois héréditaires de la monarchie. Cette faute initiale explique sans doute la faiblesse politique du roi des Lombards. Pertharite admet en effet que la Providence légitime l'usurpation de Grimoald et que le sort a trahi les droits de la naissance. Pertharite reconnaît l'usurpation politique du tyran pour revendiquer sa propre légitimité amoureuse et exiger la distinction des ordres :

> Rodélinde n'est pas du droit de ta conquête.
>
> (III, 4, v. 1035.)

Le souverain légitime croit pouvoir retrouver son épouse sans reconquérir son trône comme s'il était possible de contourner les exigences de la politique pour satisfaire les exigences de la personne. Mais Pertharite n'est même pas reconnu pour ce qu'il est : tel est le résultat de l'obscurité et du désordre. Le roi n'est plus assez éblouissant pour s'imposer par sa seule présence : Pertharite prolonge et aggrave l'hypothèse pessimiste d'*Héraclius*. Quelle sera l'utilité de la nature et de la légitimité si personne ne les reconnaît ? On mesure ici le bouleversement des valeurs cornéliennes. Le roi passe pour « un homme attitré » (v. 1053), pour une nouvelle figure d'imposteur après Héraclius et Carlos. Corneille cependant développe plus avant sa réflexion. Héraclius et Carlos étaient finalement reconnus par un stratagème et il existait un doute réel sur leur identité. Dans *Pertharite*, le doute a disparu mais Grimoald a intérêt à ne pas reconnaître le souverain pour éviter d'être confronté à un dilemme politique insurmontable : l'obscurité est un avantage politique pour l'usurpation. Dans *Héraclius*, la dissimulation avait permis de sauver la vie de l'héritier du trône et de préserver les chances d'une restauration. Dans *Pertharite*, l'obscurité est un obstacle majeur à cette restauration. Pertharite avait lui-même rappelé à l'usurpateur que la feinte était inutile là où régnait la force, il avait intériorisé les maximes du machiavélisme :

> Il est honteux de feindre où l'on peut toutes choses.
>
> (III, 4, v. 1019.)

La feinte ici n'est plus un moyen de gouvernement mais un outil que Grimoald met en avant pour éviter le régicide. La feinte masque l'épreuve providentielle, la mise à l'épreuve de la vertu du tyran. Pertharite le confirme à l'usurpateur :

> Le ciel te livre exprès une grande victime,
> Pour voir si tu peux être et juste et magnanime,
> Mais il ne t'abandonne après tout que son sang :
> Tu ne peux lui ôter ni son nom, ni son rang.
>
> (IV, 4, v. 1351-1354.)

Ces quelques vers sont l'amorce de la restauration d'un ordre des valeurs « cornélien ». Le retour de Pertharite, comme le complot d'Emilie et Cinna pour Auguste, est voulu par la Providence pour éprouver la vertu du Prince, sa justice et sa grandeur d'âme. Cela n'interdit pas la menace politique indirecte : le régicide n'est pas la solution puisqu'il laisse intacts le nom et le rang. Corneille entend sans doute, parallèlement aux exemples de Cromwell, démontrer que l'assassinat du Prince ne résout rien. En effet Ptolomée, Marcelle, Cléopâtre, Phocas avaient eu recours au meurtre politique et cela ne les avait empêchés ni d'échouer eux-mêmes ni de disparaître. Les tragédies précédentes ayant souligné l'impasse de la violence politique, Corneille envisage les possibilités du compromis.

Encore faut-il que l'ordre des valeurs soit le même qu'auparavant, que le roi soit roi avant tout. Tel n'est pas le cas : Pertharite est roi devant Grimoald mais il est homme devant Rodélinde. Si le compromis intervient, il sera un effet de l'usure des valeurs. Le temps rédempteur du *Cid* fait place à un temps corrupteur : le héros a perdu la maîtrise du temps. L'effort de Rodrigue, le parricide d'Horace, la clémence d'Auguste, le martyre de Polyeucte, tout est réduit à néant : les valeurs héroïques ne sont plus à l'abri du temps. Cette inversion des valeurs à cause du temps, cette transition de l'honneur vers le bonheur apparaît avec force dans l'aveu de Pertharite à Rodélinde :

> Vous avez assez fait pour moi, pour votre honneur.
> Il est temps de tourner du côté du bonheur.
>
> (IV, 5, v. 1421-1422.)

Le temps du renoncement est venu : le roi renonce au trône et l'homme renonce à l'amour. Il était vain de séparer les deux. Pertharite éprouve le vieillissement des valeurs et l'inutilité des sacrifices. Il découvre l'utilité de sa propre disparition :

> Il est temps que ma mort vous serve à quelque chose.
>
> (IV, 5, v. 1452.)

Seule la mort de Pertharite permettra à Rodélinde de « changer avec gloire » (v. 1449). La gloire n'est plus, comme chez Rodrigue ou Camille, dans le refus du change. Elle est dans l'acceptation d'un change fondé sur la mort du Prince, sur la disparition de l'ordre légitime. Horace vivait pour servir l'Etat. Pertharite meurt pour servir Rodélinde : après l'impasse du régicide, Corneille met en scène l'aporie du suicide. Pertharite organise lui-même le désordre politique et le dérèglement amoureux : il est, au sens fort du mot, plus subversif que l'usurpateur.

> Ma mort pour Grimoald ne peut avoir de crime :
> Le soin de s'affermir lui rend tout légitime.
> Quand j'aurai dans ses fers cessé de respirer,
> Donnez-lui votre main sans rien considérer,
> Epargnez les efforts d'une impuissante haine,
> Et permettez au ciel de vous faire encor Reine.
>
> (IV, 4, v. 1479-1484.)

Pertharite adopte ici une thèse authentiquement machiavélienne : il légitime la disparition de la légitimité et reprend l'argumentation de Livie dans *Cinna* (v. 1609-1612). La légitimation de l'adultère suit celle de l'usurpation. Le ciel enfin autorise cette double subversion des valeurs politiques et amoureuses. Corneille révèle ainsi l'impasse absolue du théâtre politique de l'héroïsme. Quel sens a l'existence du héros politique s'il renonce lui-même à l'héroïsme politique ? Quel sens ont l'ordre de la nature et l'ordre de l'amour s'ils doivent s'effacer devant le désordre d'une usurpation politique et sentimentale ? Que se passe-t-il si la grandeur se résigne à ne plus exister qu'en idée et si elle laisse la force triompher dans la nature et dans l'histoire ? Qu'arrive-t-il en un mot si le héros n'est plus un héros ?

Pertharite, après la manifestation de la vertu de Grimoald, reste plus attaché au bonheur qu'à l'honneur, à l'amour qu'à l'Etat :

> Rendez-moi Rodélinde, et gardez ma couronne.
>
> (V, 5, v. 1827.)

Antiochus et Séleucus avaient déjà la même tentation : ils préféraient Rodogune au trône de Syrie. La restauration générale des valeurs aura cependant lieu pour montrer :

> Que des hautes vertus la gloire est le seul prix.
>
> (V, 5, v. 1854.)

La gloire couronne les vertus, l'ordre des héros plus que l'ordre de l'Etat. Les valeurs cornéliennes s'ordonnent désormais dans un ordre qui n'est plus historique et politique. L'oubli et la clémence d'Auguste ouvraient sur l'avenir providentiel de Rome. Le dénouement de *Pertharite* montre davantage que l'univers cornélien vient d'échapper à une catastrophe sans que l'avenir soit pour autant éclairci. Les vertus ont évité la catastrophe. La gloire de chacun est mise à sa place. Mais que se passerait-il si ces vertus n'avaient plus assez de force pour triompher ? Le dénouement de *Cinna* était une espérance. Celui de *Pertharite* est un soulagement.

Si, en effet, Grimoald et Pertharite se réconcilient, ils n'ont pas été eux-mêmes les maîtres de leur conduite. Les personnages masculins ne sont pas les plus forts : Rodélinde et Edüige comptent davantage. L'épouse de Pertharite affirme très vite sa volonté héroïque :

> Voilà quelle je suis, et quelle je veux être.
>
> (I, 1, v. 7.)

Elle « hait » Grimoald usurpateur, elle le « déteste » amant (v. 6) : la répulsion affective est plus forte que la rébellion politique. La haine qu'elle éprouve pour le tyran est codifiée en une rhétorique politique sans faille :

> Je hais dans sa valeur l'effort qui le couronne,
> Je hais dans sa bonté les cœurs qu'elle lui donne,
> Je hais dans sa prudence un grand peuple charmé,
> Je hais dans sa justice un tyran trop aimé.
>
> (I, 2, v. 167-170.)

Le paradoxe de Rodélinde est qu'elle hait en Grimoald tout ce par quoi il n'est pas lui-même haïssable, mais aimable. La reine des Lombards devine l'ampleur de la crise politique si l'usurpation recueille plus de suffrages que la légitimité. C'est pourquoi, tandis que Pertharite voulait la main de Rodélinde sans le trône, l'héroïne veut exactement le contraire :

> Je veux bien sa couronne et ne veux point sa main.
>
> (I, 2, v. 202.)

L'exigence politique est première chez Rodélinde : la passion du trône devient un apanage féminin. Pertharite était l'héritier de Ptolomée, d'Antiochus et de Séleucus, d'Héraclius. Rodélinde est l'héritière de la sœur de Ptolomée, de Cléopâtre et de Rodogune, de Pulchérie. Rodélinde est ainsi plus la rivale politique que la rivale amoureuse d'Edüige. Croyant Pertharite mort, elle est fidèle à cet amour sans renoncer à l'ambition politique. Rodélinde rappelle ces principes au tyran :

> Je te dois estimer, mais je te dois haïr,
> Je dois agir en veuve autant qu'en magnanime,
> Et porter cette haine aussi loin que l'estime.
>
> (II, 5, v. 702-704.)

Elle ne peut accepter l'amour de Grimoald, meurtrier de Pertharite. Elle refuse la confusion des ordres. Elle sépare l'estime pour le prince vertueux de la haine pour l'usurpateur régicide. Mais cette lucidité conduit à une impasse puisque Grimoald est un usurpateur vertueux. Rodélinde préservera sa gloire et Grimoald conservera sa conquête (v. 719).

Cette rigueur ne se manifeste pas longtemps et l'ambition politique prend vite le dessus :

> Pour remonter au trône, on peut tout hasarder.
>
> (III, 2, v. 842.)

La passion du trône mobilise toute l'énergie de Rodélinde. Puisque l'obstacle était celui d'un usurpateur vertueux et que le vertueux ne peut cesser d'être un usurpateur, il faut que l'usurpateur cesse d'être vertueux. Rodélinde propose donc à Grimoald un crime exceptionnel, « sans exemple » (v. 882), un parricide qui est aussi un régicide :

> Je veux donc d'un tyran un acte tyrannique :
> Puisqu'il en veut le nom, qu'il le soit tout à fait,
> Que toute sa vertu meure en un grand forfait,
> Qu'il renonce à jamais aux glorieuses marques,
> Qui le mettaient au rang des plus dignes monarques,
> Et pour le voir méchant, lâche, impie, inhumain,
> Je veux voir ce fils même immolé de sa main.
>
> (III, 3, v. 892-898.)

La monstruosité est la réponse extrême au scandale politique et héroïque d'un usurpateur vertueux. La « cornélienne » Rodélinde ne peut pas accepter la vertu de Grimoald. N'ayant pas la force de répondre par le tyrannicide, elle entraîne le tyran au régicide et se compromet elle-même dans le parricide. Corneille a multiplié les hypothèses limites pour mettre en valeur tous les périls du désordre politique et naturel. Incapable d'assurer seule son propre salut, Rodélinde compromet sa fidélité en épousant

Grimoald, sa maternité en réclamant le sacrifice de son fils, sa légitimité en faisant disparaître l'héritier du trône. Le résultat souhaité, la déchéance de Grimoald, serait certes atteint mais au prix du suicide de toutes les valeurs de l'héroïsme. Le scandale d'un usurpateur vertueux aurait certes disparu mais au prix de l'apparition d'un scandale plus grave, celui de la dévaluation définitive de l'héroïsme. La monstruosité de Rodélinde prouve en réalité la faiblesse du héros dans un monde sans critère. Le parricide de Rodélinde n'est plus celui d'Horace pour deux raisons. Rodélinde contraint Grimoald à commettre le meurtre d'un enfant alors qu'Horace seul tuait Camille, une adulte. Rodélinde utilise le parricide pour souiller sa propre gloire et celle de Grimoald; Horace commet un parricide pour sauver sa gloire puis celle de Rome. Le parricide était libérateur dans *Horace*. Il est destructeur dans *Pertharite*. Horace était un héros plus qu'un monstre, un héros avant d'être un monstre, en admettant même qu'il fût un monstre. Rodélinde accède à la singularité du héros par la monstruosité, elle est un monstre avant d'être un héros, en admettant même qu'elle soit un héros. Rodélinde n'est pas non plus une seconde Cléopâtre. Le parricide dans *Rodogune* était un redoublement de légitimité : la légitimité de la reine détruisait la légitimité des jumeaux pour préserver sa propre légitimité. Le parricide dans *Pertharite* sacrifie la légitimité à l'usurpation : la veuve du souverain légitime organise un régicide pour légitimer l'usurpateur politiquement après l'avoir dévalué « moralement ». Toutefois, le mouvement dramatique de *Pertharite* rappelle celui de *Rodogune*. Grimoald manifeste les mêmes réactions physiologiques que les jumeaux en apprenant les exigences de leur mère puis de leur maîtresse. Lorsque les femmes proposent un parricide, les hommes tremblent et pâlissent (*Rodogune* : v. 646, 1039; *Pertharite* : v. 903). Les femmes agissent, les hommes réagissent. Rodélinde, comme Rodogune, entraîne l'héroïsme dans le marchandage. La princesse des Parthes déclarait :

> Je me donne à ce prix : osez me mériter.
>
> (*Rodogune*, III, 4, v. 1045.)

Rodélinde ne dit pas autre chose :

> A ce prix je me donne, à ce prix je me rends,
> Ou si tu l'aimes mieux, à ce prix je me vends.
>
> (III, 3, v. 921-922.)

Théodore n'avait pas inauguré en vain un cycle de prostitution politique : les héroïnes de Corneille sont désormais à vendre, il suffit de payer le prix élevé du parricide et du régicide. Tout l'effort de Chimène, de Camille, de Pauline pour placer la féminité à l'abri des compromissions est réduit à néant par l'ambition politique dont les reines portent la démesure jusqu'aux crimes les plus monstrueux. La condition tragique de Camille exprimait le refus de sacrifier la féminité à l'Etat. La condition tragique de Rodélinde implique la volonté de sacrifier la féminité et la maternité à un Etat illégitime. La gloire est entraînée dans ce mouvement général de corruption : la complicité des monstres succède à la reconnaissance mutuelle des généreux. Horace et Camille étaient engagés dans un concours de gloire. Rodélinde et Grimoald sont entraînés dans un flot de déshonneur. L'usurpateur vertueux ne se laissera pas emporter dans ce désordre des passions qui est, au sens propre, un dérèglement des valeurs (v. 939). La mort du fils de Pertharite interviendrait tôt ou tard et Rodélinde épouserait Grimoald puisque le tyran préférerait son fils à celui du souverain légitime : le parricide n'est donc qu'une anticipation politique susceptible de faire haïr Grimoald. Il s'agit donc bien d'un marchandage :

> A ces conditions, prends ma main si tu l'oses.
>
> (III, 3, v. 1000.)

On pense à la menace de Léontine dans *Héraclius* :

> Devine, si tu peux, et choisis, si tu l'oses.
>
> (IV, 4, v. 1408.)

Le retour de Pertharite a pour effet de dissiper la monstruosité et le marchandage. Rodélinde ne trahira ni son bonheur, ni sa naissance, ni son sang en épousant Grimoald aux yeux de Pertharite (v. 1469). La reine intègre ainsi dans la même perspective l'ordre de l'amour, l'ordre de la nature et l'ordre de l'histoire : la convergence des ordres succède à la confusion des ordres. Lorsque la légitimité est à l'œuvre, la politique cesse de trahir la nature, elle l'accomplit. Mais la logique de la monstruosité était contagieuse : Rodélinde acceptait d'épouser Grimoald, meurtrier de son fils, Edüige pourrait épouser Grimoald, meurtrier de son frère. Le péril reste implicitement présent jusqu'au dénouement. Tout n'était en fait qu'« apparence » (v. 1843) : si Grimoald était un tyran en apparence, Rodélinde était un monstre en apparence. Le thème sera repris dans *Othon*, au détriment du héros. L'apparence est le corollaire de l'usurpation vertueuse. Elle est aussi un piège redoutable puisqu'elle affaiblit la capacité de discernement des personnages et qu'elle souligne la fragilité de l'authenticité. L'apparence conduit au doute rationnel (v. 1850) : on ne saura désormais qui, de Grimoald ou de Pertharite, est le vrai souverain. Rodélinde admet que l'apparence est aussi convaincante — ou séduisante — que la réalité. Faut-il s'étonner qu'*Œdipe*, huit ans plus tard, reprenne une thématique analogue ?

Rodélinde n'est pas seule responsable de ce désordre. Edüige y a largement contribué. La sœur de Pertharite se présente d'entrée de jeu comme le salaire du tyrannicide et elle provoque Garibalde :

> Pour gagner mon amour, il faut servir ma haine :
> A ce prix est le sceptre, à ce prix une Reine,
> Et Grimoald puni rendra digne de moi
> Quiconque ose m'aimer, ou se veut faire Roi.
>
> (II, 1, v. 395-398.)

Edüige rappelle la promesse d'Emilie à Cinna (v. 276), celle de Rodogune à Antiochus (v. 995) mais surtout l'offre de Pulchérie (v. 1049-1050). La féminité et la légitimité sont mises à l'encan pour abattre la tyrannie : le terme « quiconque » en est la preuve. Edüige, en fait, a été trahie par Grimoald : sa vengeance est plus amoureuse que politique. C'est pourquoi elle refusera le piège tendu par Garibalde : si l'heure est au marchandage, elle est aussi au paiement comptant :

> Il vous faut vous donner et non pas vous promettre.
>
> (II, 1, v. 420.)

Edüige refuse, mais elle refuse en allant plus loin que Garibalde — comme Rodélinde allait plus loin que Grimoald. La veuve de Pertharite ajoutait le parricide à l'usurpation. La sœur de Pertharite ajoute le « sadisme » à la prostitution :

> Je veux même à mon tour vous aimer à ses yeux.
>
> (II, 1, v. 466.)

Rodélinde était une ambitieuse. Edüige est une jalouse trompée. Mais, comme Rodélinde, Edüige n'est pas réellement prête à assumer la logique de ses propos. Elle promet de se compromettre sans se compromettre :

> Le véritable amour n'est jamais mercenaire.
>
> (II, 1, v. 483.)

La jalouse est devenue précieuse. Elle entend que Garibalde sacrifie son amour-propre à l'amour. Edüige et Grimoald mettent à nu la nature de Garibalde tout entier soumis à l'amour de soi et à l'amour du pouvoir. Edüige prouve qu'il s'aime plus qu'il ne l'aime. Grimoald démontre qu'il aime le pouvoir plus qu'il ne le sert. La monstruosité de Rodélinde révélait la vertu de Grimoald. En s'offrant à Garibalde, Edüige révélait la médiocrité du personnage. En refusant par la suite d'être le salaire du tyrannicide, Edüige révèle la vanité de Garibalde. Cependant, comme la femme de Pertharite, sa sœur, qui est dans le camp de la légitimité, se trouve contrainte de recourir à d'étranges procédés pour restaurer l'ordre. Edüige est attachée à la personne, non à la fonction de Grimoald :

> J'aime en lui sa vertu plus que son diadème.
>
> (V, 3, v. 1680.)

Edüige était une amoureuse trahie plus qu'une ambitieuse déçue. L'analyse de son personnage confirme celles de Grimoald, de Pertharite et de Rodélinde : l'ordre authentique des valeurs et des sentiments se trouve rétabli mais ce rétablissement ne s'est pas fait sans compromis.

Avec *Pertharite*, Corneille met en scène une nouvelle forme de tragique, celle de la distance entre la personne et le personnage. Les quatre principaux protagonistes de la pièce ne sont pas à leur vraie place : Grimoald est un tyran non tyrannique, Pertharite est un roi non monarchique, Rodélinde une apparence de monstre, Edüige une précieuse plus qu'une jalouse. *Pertharite* est également un échec qui éloigne Corneille de la scène pour plusieurs années. Parallèlement aux explications politiques de cet échec avancées à juste titre par Georges Couton, il semble que Corneille paie le prix de la complexité croissante de sa dramaturgie. Les troubles de la nature et le désordre des valeurs, dont nous avons voulu analyser les multiples variations, contraignent le poète à mettre en scène simultanément des hypothèses de plus en plus compliquées dont la solution n'est pas évidente dans le temps d'une représentation théâtrale. Peut-on émettre l'idée que *Pertharite* est un échec parce que la pièce est un compromis qui reste en deçà de la tragédie politique ? *Pertharite* est aussi le dernier compromis, la dernière illusion : plus jamais, d'*Œdipe* à *Suréna*, l'héroïsme politique ne triomphera. *Pertharite* est une réconciliation fondée sur la vertu. Il suffira que la nature soit moins clémente ou le ciel plus cruel pour que la vertu devienne inutile : *Œdipe* succède à *Pertharite*. Polyeucte était le héros de la divinisation de l'Etat. Grimoald et Pertharite sont les héros de la séparation d'avec l'Etat. La gloire de Polyeucte fondait l'Etat au-delà de l'Etat. La vertu de Grimoald et le bonheur de Pertharite subissent l'Etat en deçà de l'Etat. La tragédie du héros est maintenant la tragédie du héros dans l'Etat.

4

Les avatars de l'héroïsme politique : un chaos mal maîtrisé

La politique tragique ou l'anti-nature : l'épreuve de la monstruosité, la crise de la légitimité, les compromis de la féminité

Trois symptômes marquent l'évolution de la politique et de sa représentation dans la tragédie. Ils témoignent tous d'un affaiblissement ou d'un obscurcissement de la nature. Il s'agit de l'apparition des monstres, des doutes sur la légitimité, de la dégradation de la féminité. Ces trois phénomènes interviennent, d'une manière ou d'une autre, dans toutes les pièces de *La Mort de Pompée* à *Pertharite*. Ils correspondent à une politisation constante et croissante de l'univers cornélien et à une contestation des valeurs de la nature. L'épreuve de la monstruosité souligne les limites des « tendresses du sang ». La crise de la légitimité élargit les failles de l'hérédité. Les compromis de la féminité révèlent la fragilité du sentiment amoureux. Dans les trois cas, le pouvoir politique est à l'origine du désordre de la nature.

La Mort de Pompée est, pour le camp romain, une affaire de famille autant qu'une guerre civile. La bataille politique oppose le gendre à son beau-père et Pharsale reste l'affrontement entre citoyens d'un même Etat mais aussi « le débordement de tant de parricides » (v. 6). A la cour d'Egypte, le débat politique est également une affaire de famille et Photin, sans vouloir :

> Rompre les sacrés nœuds d'une amour fraternelle.
>
> (I, 2, v. 230.)

ne cherchera jamais à rapprocher Ptolomée de Cléopâtre. Le roi d'Egypte dira plus tard à son conseiller que Cléopâtre est sa sœur « après tout » (v. 271), preuve que la raison d'Etat et l'intérêt politique passent avant la consanguinité. La sœur de Ptolomée assimile Achillas, Septime et Photin aux « monstres de l'Egypte » (v. 582) tandis qu'Achorée voyait dans l'assassinat de Pompée

> Un désordre soudain de toute la nature.
>
> (II, 2, v. 554.)

Ptolomée, refusant que son sceptre soit le prix d'une « œillade » de Cléopâtre (v. 662), envisage sans hésiter son assassinat. La guerre civile à Rome et la querelle dynastique à Alexandrie ont les mêmes effets : l'ambition politique conduit à la monstruosité, au parricide, à toutes les formes de crimes contre la nature.

Théodore confirme cette tendance. Placide n'hésiterait pas à tuer Marcelle jusqu'au lit de son père (v. 232) si la princesse chrétienne était victime d'un attentat : la seule réponse possible à la tyrannie semble le parricide. Marcelle, de son côté, décide de corrompre l'amour paternel de Valens :

> Je vais forcer le père à me venger du fils.
>
> (I, 3, v. 274.)

Le rapport entre Marcelle, Valens et Placide préfigure la relation entre Arsinoé, Prusias et Nicomède. Le gouverneur d'Antioche vérifiera le projet diabolique de sa femme en rappelant que la condamnation à mort de Théodore revient à assassiner son fils de sa propre main (v. 1744) : il préférera, comme le rappellera Placide au dénouement, sa « dignité » à son fils (v. 1863). Placide lui-même est conduit au suicide pour éviter le parricide

> Pour ne point violer les droits de la naissance.
>
> (V, 9, v. 1867.)

Le parricide n'est pas une nouveauté dans la tragédie mais il s'explique uniquement par des motifs d'ordre politique.

Là se situe sans doute l'originalité de *Rodogune*. Corneille avait mis en scène, dans *Théodore*, la torture de la virginité et l'utilisation de la vertu comme bourreau. Il applique le même principe dans *Rodogune* : la nature est retournée contre elle-même, elle devient son propre bourreau. L'absence de vérité naturelle entraîne l'absence de vérité politique puis l'absence de vérité amoureuse, mais cette désertion de la vérité est l'effet d'une causalité toute politique, la passion du trône qui hante Cléopâtre. Les victimes ne sont plus innocentes et Laodice évoque la « barbarie » de Nicanor envers la reine de Syrie (v. 247). La monstruosité est contagieuse : l'imitation légitime le crime. Séleucus précise le caractère de cette monstruosité quand il analyse le dessein de sa mère :

> De deux princes, ses fils, elle fait ses bourreaux.
>
> (II, 4, v. 710.)

Aussi le plan d'Antiochus sera-t-il de vaincre par la restauration de la nature, de renverser la hiérarchie entre la nature et la politique établie par Cléopâtre : son échec sera donc l'échec de la nature devant la politique. Le même Antiochus envisage, devant Rodogune, son propre suicide ou celui de son frère pour éviter le parricide : son échec sera donc celui de l'amour devant la politique. Ce désordre absolu de la nature est en réalité une dénaturation de la nature : la « mère dénaturée » accuse des « fils dénaturés » (v. 1325) et accepte, comme un triomphe, l'idée d'un double parricide (v. 1337). Antiochus en sera réduit à proposer son propre suicide à sa mère, comme il l'avait proposé à sa maîtresse. Il existait, depuis le début de la tragédie, une nécessité de meurtre politique que Rodogune revendique devant Cléopâtre :

> Vous demandiez mon sang, j'ai demandé le vôtre.
>
> (V, 4, v. 1755.)

La générosité répondait jadis à la générosité. Désormais le meurtre répond au meurtre parce qu'il ne peut y avoir deux reines pour un seul trône : l'une des deux doit disparaître. *Cinna* était une dialectique de la conversion. *Rodogune* est une dialectique de l'élimination. Rome se convertissait à la politique augustéenne. Séleucie se rallie à l'assassinat politique.

Héraclius développe la réflexion de Corneille sur les troubles de la nature et complète l'analyse de leurs enjeux politiques. La tyrannie de Phocas provoque une double manipulation de la nature : l'amour incestueux d'Héraclius pour sa sœur Pulchérie, la transformation d'un fils en gendre (v. 438). Héraclius, cru

Martian, verra dans son « père » Phocas, un « barbare » (v. 330) : Pulchérie ne pourra en effet éviter l'inceste que par la mort. La barbarie préfigure la monstruosité de Léontine :

> Je ne l'ai conservé que pour ce parricide.
>
> (II, 3, v. 557.)

Le tyrannicide doit être également un parricide : le crime politique annonçant la restauration de la dynastie sera donc un crime contre nature autant qu'un crime d'Etat. Mais Léontine avait elle-même tué son fils par fidélité politique à Maurice : à défaut de détruire la nature, elle l'avait domptée pour commettre ce parricide nécessaire au triomphe de l'ordre politique légitime (v. 620). Le parricide devient ainsi l'étape indispensable pour accéder au pouvoir, tant pour l'usurpateur que pour le souverain légitime. Corneille a multiplié les variations autour du parricide et de l'inceste pour mettre à l'épreuve l'impuissance d'une politique sans nature. Il a, ce faisant, démontré que toutes les hypothèses politiques, sauf une, se trouvaient confrontées à la nature. La conséquence la plus grave est sans doute la découverte, dans la monstruosité, dans la possibilité du parricide, d'une authentique jouissance (v. 1416). Le héros est un être qui ignore la jouissance car celle-ci signifie la soumission au désir et à l'objet du désir, donc la dépendance de la raison et de la volonté. Il ne reste plus au héros que le doute et la nécessité de haïr (v. 1635), c'est-à-dire un sentiment séparé de ses causes. La haine du héros prolonge la jouissance du monstre : tel est le résultat de la politisation de la nature.

Rodogune et *Héraclius* prouvaient que le parricide était une nécessité politique. *Nicomède* et *Pertharite* montrent que seule la vertu peut l'éviter. Le thème, pourtant, reviendra dans *Œdipe*, preuve que la tragédie politique s'en écarterait difficilement. Quelle était donc l'intention de Corneille en insistant sur la monstruosité politique ? Elle était sans doute de faire apparaître que les lois de l'héroïsme pouvaient, à un moment ou à un autre, s'affranchir des lois de la nature mais que cette exception ne devait à aucun prix être une règle. Horace n'avait peut-être pas mesuré le risque qu'il prenait en assassinant Camille : la raison d'Etat avait légitimé un parricide exceptionnel. Pourquoi ne pas lui demander d'en justifier d'autres, de justifier tous les autres ? Corneille, d'ailleurs, prend soin de situer tous les parricides prémédités hors de Rome. Que signifie, sur le plan de la tragédie politique, la monstruosité du parricide sinon qu'une logique de l'élimination se substitue à une logique de la conversion ? L'Etat n'accepte pas que la nature lui impose la présence de l'autre, d'un autre qui peut être un frère, une sœur, un père, une mère, un fils. L'Etat refuse la présence de la nature, terre d'origine du héros. Le parricide d'Horace était héroïque avant d'être légitimé politiquement. Tous les autres parricides sont politiques. Le crime contre la nature est devenu une nécessité d'Etat. Le crime contre la nature et la monstruosité du parricide sont des crimes d'Etat que justifie la raison d'Etat.

La monstruosité était le premier symptôme permettant de définir la politique comme une anti-nature. La faillite de la légitimité est le second. La crise politique dans *La Mort de Pompée* est une crise dynastique. Le père de Ptolomée et Cléopâtre avait été rétabli sur le trône d'Egypte grâce aux interventions politiques et financières de Pompée et César. Mais le testament de l'ancien roi n'était pas clair. L'ordre de succession n'était pas évident. L'arrivée de César suffit à tout bouleverser :

> Cléopâtre a de quoi vous mettre tous en poudre,
> César vient, elle est reine, et Pompée est vengé,
> La tyrannie est bas et le sort a changé.
>
> (II, 2, v. 570-572.)

L'ancien roi avait partagé la « dignité royale » (v. 314) entre ses deux enfants, préfigurant l'erreur d'Aripert dans *Pertharite*. Il avait ainsi commis une faute contre la nature et une faute contre l'Etat : seule la certitude de l'hérédité garantit l'indivisibilité de la monarchie. L'origine du pouvoir royal est naturelle. Toute manipulation de l'ordre naturel provoque donc un désordre politique fatal à l'héroïsme puisque la nature cesse d'être le critère d'appréciation de la vérité et de la valeur. Lorsque la politique rejette la tutelle de la nature, elle s'expose à l'anarchie. Le machiavélisme de Ptolomée et la séduction de Cléopâtre sont les effets logiques du désordre de l'hérédité. La tragédie politique se développe quand l'exercice du pouvoir est séparé de son principe naturel.

Valens et Placide ne doivent pas leur pouvoir à leur origine mais aux intrigues de Marcelle : leur légitimité politique est nulle : elle est de l'ordre de l' « artifice » ou de la « faveur » (v. 196-197). Les « vertus » et le « sang » de Valens (v. 194) n'auraient rien pu contre les proscriptions politiques. Faut-il s'étonner dans ces conditions que la nature royale de Théodore ne soit pas une protection contre la déraison d'Etat ? Paulin le rappelle à la princesse chrétienne :

> Ne vous figurez point qu'en un tel sacrilège
> Le sang d'Antiochus ait quelque privilège.
>
> (III, 1, v. 747-748.)

La politique ne reconnaît pas les privilèges du sang : Polyeucte jadis n'avait pas été sauvé par son appartenance à la famille princière. La politique ignore les droits de la naissance lorsque l'intérêt de l'Etat l'exige. Elle dénature l'origine avant d'être une force de nivellement social. Sa logique est simple : si le parricide est une nécessité d'Etat, à quel titre et de quel droit un héros, un noble serait-il sauvé au nom de ses origines ? La politique refuse la prédestination de la nature et, pour cette raison, elle n'hésite pas à s'infiltrer dans les failles de la légitimité. Son objectif est toujours le même : briser le lien entre le héros et la nature.

Tragédie politique, *Rodogune* est aussi une tragédie dynastique. Cléopâtre avait failli être dépossédée de son trône au profit de la princesse des Parthes et le retour de Nicanor aurait provoqué une rupture de légitimité :

> Il vient déshériter ses fils par son retour.
>
> (I, 4, v. 250.)

Cléopâtre et Nicanor avaient en effet deux jumeaux, Antiochus et Séleucus. Croyant Nicanor disparu, Cléopâtre épousera son frère pour écarter Tryphon mais son second mari devient rapidement un tyran et un usurpateur (v. 550) avant d'être lui-même tué. La reine de Syrie se trouve donc politiquement diminuée parce qu'elle est une femme : elle a besoin qu'on vienne en aide à sa faiblesse (v. 496). La nature féminine lui enlève la force politique et elle utilise sa faiblesse naturelle comme un moyen de pression politique. Dans ces conditions, le trône doit être « racheté » (v. 576) : le vocabulaire du marchandage intervient pour signifier que l'échec des solutions naturelles ouvre sur les manœuvres politiques. La nature avait dévalué la politique. La politique répond en dévaluant la nature. Cléopâtre affirme aux jumeaux :

> Embrasser ma querelle est le seul droit d'aînesse.
>
> (II, 3, v. 644.)

Antiochus légitime ce désordre politique en avouant à Rodogune :

> Notre seul droit d'aînesse est de plaire à vos yeux.
>
> (III, 4, v. 914.)

Nous avons déjà mesuré les enjeux et les risques de cette subversion des lois de la nature dans l'ordre du sang. Ils sont encore plus graves dans l'ordre de l'Etat. La légitimité est l'expression de l'hérédité si les ordres ne sont pas confondus. En quoi la situation devient-elle tragique si l'ordre politique cesse de prolonger l'ordre de la nature ? *Rodogune* prouve ici que le compromis est aussi inutile que le sacrifice : l'authenticité tragique émerge dans l'absence de solutions. Les deux déclarations de Cléopâtre et d'Antiochus montrent que la reine et le futur roi ont sacrifié la loi de l'hérédité. Si le monarque ne croit plus à la monarchie, que peut-il arriver sinon l'anarchie générale ? Camille sacrifiait sa nature à l'Etat en refusant toute compromission avec le destin de Rome. Cléopâtre sacrifie la nature, la loi de la nature, à sa passion de l'Etat en acceptant tous les compromis de l'ambition. Corneille devine la distinction entre l'homme et la femme lorsqu'ils sont confrontés à l'Etat. La nature prédestine l'homme à l'Etat avant que l'Etat n'élimine cet homme. La nature peut aussi prédestiner la femme à l'Etat mais elle ne lui donne pas les moyens d'exercer le pouvoir : Cléopâtre et Rodogune sont faibles dans l'ordre de la nature, donc dans l'ordre de l'Etat. Elles sont conscientes de cette double faiblesse et, sachant qu'elles seront toujours impuissantes à corriger la nature, elles s'essaient à corriger l'Etat en jouant de leur féminité par la séduction maternelle ou la séduction amoureuse. Camille n'avait pas séduit Curiace, elle n'avait aucune raison de séduire Horace ou Rome. Cléopâtre et Rodogune sont contraintes de séduire pour rester et devenir reines. La féminité devient séductrice dès qu'elle est politique. La légitimité abandonne l'ordre de la nature pour celui de la séduction.

Héraclius approfondit l'analyse de Corneille sur la dégénérescence de la légitimité. Le trône, conséquence logique de *Rodogune*, n'est plus « un bien de race » (v. 161). La naissance d'Antiochus et Séleucus était obscurcie. Celle de Phocas est « obscure » (v. 9). La monstruosité accompagne la fin de la légitimité : Phocas décrit la mort d'Héraclius comme un « prodige affreux » (v. 41). La nature et les Dieux se révoltent contre le régicide de l'usurpateur mais ils ne peuvent pas l'empêcher : la Providence se trouve ainsi involontairement complice de la tyrannie. Pertharite développera plus tard une thèse analogue. Le trône risque de se trouver fort vite en déshérence : Pulchérie admet que le faux Martian en serait digne et ce même faux Martian dépend de Léontine. Le « nom » et la « naissance » (v. 940) sont désormais les alibis du désordre. Maurice est investi d'une légitimité surdéterminée puisqu'il reçoit la reconnaissance d'un héritier par le sang, Héraclius, et d'un héritier par la vertu, Martian, tandis que Phocas n'est reconnu par personne. La nature et l'usurpation se rejoignent pourtant dans l'impuissance : l'excès de l'une et le manque de l'autre sont sans effet. Héraclius souligne lui-même l'incohérence de la situation; une nouvelle fois, la monstruosité s'affirme :

Et ce serait un monstre horrible à vos Etats
Que le fils de Maurice adopté par Phocas.

(V, 3, v. 1685-1686.)

Pulchérie définit bien l'aporie tragique et politique lorsqu'elle déclare qu'il faut tout attendre sans consentir à rien (v. 1809). Héraclius, à l'instant même de la restauration et du dénouement, évoque l'impuissance des deux princes (v. 1866). Le thème réapparaîtra dans *Agésilas* et *Attila* : dédoublement rime avec effacement. L'heure n'est plus à la conquête de la singularité héroïque.

Corneille retrouve la problématique du dédoublement dans *Don Sanche* mais il s'agit maintenant de deux reines dont la légitimité est évidente, aussi évidente que leur faiblesse politique.

Le trouble règne encore où vous devez régner.

(I, 1, v. 15.)

rappelle la reine d'Aragon à sa fille. D. Elvire, toutefois, a besoin d'un « mari valeureux » (v. 19) pour reconquérir ses Etats. Lorsqu'elle est féminine, la légitimité est une condition nécessaire, non une condition suffisante. La nature seule ne permet pas d'atteindre le trône auquel elle destine D. Elvire. D. Isabelle assume les mêmes contradictions. Il n'existe que deux voies pour conserver le pouvoir ou y accéder : la monstruosité ou le mariage. Après l'hypothèse de la barbarie, Corneille met en scène la solution conjugale. D. Elvire est une reine sans Etat, D. Isabelle une reine sans roi. La féminité semble rester extérieure au pouvoir dont elle est séparée par le temps et l'espace :

> Je suis reine sans sceptre, et n'en ai que le titre,
> Le pouvoir m'en est dû, le temps en est l'arbitre.
>
> (III, I, v. 797-798.)

Aussi le vrai prince refuse-t-il d'être un « roi de comédie » (v. 1230). L'ordre politique cornélien est menacé dans ses principes les plus sacrés : ni les reines ni les rois ne peuvent régner. Le désordre de la nature conduit à l'impuissance politique. Les héros, ne sachant plus qui ils sont, ne savent plus comment se situer dans l'Etat : ils ont perdu toute indépendance. Jadis, la tragédie politique naissait de l'excès de certitude : Horace et Camille étaient au-delà de leur propre vérité. Désormais, elle apparaît dans l'excès d'incertitude pour les hommes et dans l'inutilité de la certitude pour les femmes.

Pertharite achève le cycle des réflexions de Corneille sans résoudre tous les problèmes passés : *Œdipe* ne sera pas sans raison une tragédie de la nature et de la légitimité. La crise de la nature est si profonde que les vertus « réparent » les failles de la naissance (v. 640) chez Grimoald : l'univers cornélien n'est plus le monde originel de la création, il est réparé. La monstruosité était un effet de la nature que la vertu doit faire oublier. Corneille porte à leur paroxysme toutes les contradictions mises en scène depuis *La Mort de Pompée* : l'identification absolue du parricide au régicide montre le caractère irrémédiablement tragique de toute politique qui ne serait pas l'expression de la seule nature. Œdipe, plus tard, sera plus régicide que parricide : la mort du roi sera plus importante que la mort du père. Œdipe approfondira le schéma de *Pertharite* : Grimoald ne reconnaît pas le souverain légitime car les yeux de l'usurpateur sont aussi rebelles à l'évidence naturelle qu'à l'évidence politique; Œdipe ne reconnaîtra ni son roi ni son père, car ses yeux seront prédestinés à l'aveuglement qui est symbolique avant d'être physique. Horace accédait au statut de héros, puis de héros d'Etat en niant la nature. Grimoald parvient à la vertu parfaite en reconnaissant que l'ordre politique est l'ordre de la nature. La politique a modifié les relations entre le héros et la nature.

Cette fonction modificatrice de la politique atteint enfin le sentiment amoureux lui-même. Or l'émerveillement et l'éblouissement amoureux des premiers personnages cornéliens s'exprimaient dans la complicité du regard. Désormais, l'amour est le masque de l'ambition : Corneille rappelle, dans l'Examen de *La Mort de Pompée*, qu'il ne fait Cléopâtre « amoureuse que par ambition ». Dès les comédies, l'amour reflétait ou dévoilait la reconnaissance de deux natures. Chimène, Camille et Pauline incarnaient cette féminité refusant les pièges de la séduction : la transparence de l'amour était totale. Avec le personnage de Cléopâtre, dont l'entrée en scène succède à un conseil des ministres, la transparence fait place à la séduction. Sévère et Polyeucte avaient aimé Pauline. Cléopâtre plaît à Pompée et à César. Ici encore le texte de l'Examen est précieux : « Par politique, elle se servait des avantages de sa beauté pour affermir sa fortune. » L'aveu de la princesse égyptienne à César montre comment la politique précède l'amour :

> Vous daignâtes m'aimer dès mes plus jeunes ans,
> Le sceptre que je porte est un de vos présents,
> Vous m'avez par deux fois rendu le diadème.
> J'avoue, *après cela*, Seigneur, que je vous aime.
>
> (IV, 3, v. 1287-1290.)

La dépendance politique de Cléopâtre envers César est postérieure à la dépendance amoureuse de César envers Cléopâtre. L'amour du pouvoir, dont Garibalde révélera qu'il est une forme de l'amour-propre, explique les mouvements de l'amour. L'amour authentique s'interdisait le change. La politique, champ privilégié des rapports de forces, ne peut pas exister sans le change. L'amour s'attache aux personnes. La politique s'intéresse aux personnages. Eurydice et Suréna seront des personnes. Orode et Pacorus voudront en vain les réduire à des personnages.

Cette dévalorisation de la personne annonce la prostitution

de *Théodore*. Le dessein de Marcelle repose sur un marchandage permanent de l'amour. Les termes du vocabulaire marchand sont en effet omniprésents : un être peut en remplacer un autre, Placide peut épouser Flavie à la place de Théodore. La prostitution est le corollaire de la substitution : tout l'effort accompli par le héros cornélien du *Cid* à *Polyeucte* se trouve anéanti. Le pouvoir est la monnaie d'échange de l'amour, et inversement : l'histoire compte désormais plus que la nature. Si le héros résiste à cette évolution politique, il le fait en revendiquant l'authenticité et la singularité de l'amour. Marcelle utilisera de son côté la force politique pour étouffer et torturer la nature. Nous avons souvent insisté sur la méthode cornélienne qui fait apparaître en même temps la crise de la nature et la crise de l'amour. Cette simultanéité nous semble vérifier l'hypothèse générale des causes de la tragédie politique. L'essence de l'héroïsme n'est pas une création artificielle mais une genèse naturelle. Né dans la nature, le héros est aussi né pour l'amour : Rodrigue éprouve le premier la nécessité d'affirmer l'ordre naturel avant l'ordre amoureux, et il accepte un sacrifice momentané. Ce héros est destiné, par nature, à l'Etat : il sacrifie donc sa nature puis son amour à l'Etat; Horace précède Polyeucte. L'Etat ne supporte plus la présence du héros, fût-il un héros d'Etat : il décide donc l'élimination du héros qui ne peut intervenir que si celui-ci est coupé de la nature et de l'amour. La politique doit donc corrompre en même temps la nature et l'amour afin d'isoler le héros. Si Rodrigue ne sait plus qui est don Diègue, si Rodrigue ne sait plus que Chimène l'aime, il n'est plus Rodrigue. Si don Diègue ne reconnaît pas Rodrigue (c'est l'hypothèse de *Rodogune*), si Chimène séduit un autre que Rodrigue, l'héroïsme est lettre morte. *Théodore*, en poussant la logique du change jusque dans ses conséquences les plus extrêmes, souligne les faiblesses de l'héroïsme et de la féminité.

Si Cléopâtre figure la dénaturation de la nature dans la monstruosité, Rodogune incarne la dévaluation de l'amour dans le marchandage. La reine de Syrie et la princesse parthe agissent exclusivement par ambition politique même si la première est plus cruelle que la seconde. Rodogune en effet aime Antiochus, mais elle lui préfère le trône. Il existe maintenant une hiérarchie nouvelle des valeurs qui place l'intérêt politique avant le sentiment amoureux. *Rodogune* et *Héraclius* répondent à une logique de la substitution : la princesse parthe épousera Antiochus ou Séleucus, Pulchérie est prête à épouser « l'esclave le plus vil » s'il assassine Phocas. L'attitude d'Emilie n'était pas sans suites : la possession d'une femme devient le résultat d'un acte politique, le régicide-parricide dans *Rodogune*, le tyrannicide-parricide dans *Héraclius*. La prostitution amoureuse couronne le désordre de la nature : voilà l'effet de la politisation. Sur ce point, l'évolution de Corneille est considérable. Pauline déclare à Polyeucte :

> Je te suis odieuse *après* m'être donnée.
>
> (IV, 3, v. 1252.)

Rodogune dit aux jumeaux :

> Pour gagner Rodogune, il faut venger un père.
>
> (III, 4, v. 1044.)

et Pulchérie menace ainsi Phocas :

> ... Je serai la conquête
> De quiconque à mes pieds apportera ta tête.
>
> (III, 3, v. 1047-1048.)

Pauline souffrait après l'acte charnel. Rodogune et Pulchérie offrent l'acte charnel comme prix de l'acte politique. Une fois encore, les valeurs cornéliennes subissent la plus parfaite des subversions.

D. Isabelle s'indignera, dans *Don Sanche*, qu'amour soit synonyme d' « ardeur de régner » (v. 104). La reine de Castille et la princesse d'Aragon sont victimes de l'attitude de Rodogune et Pulchérie. Si en effet les femmes elles-mêmes se vendent par ambition politique, pourquoi les hommes ne les achèteraient-ils pas eux aussi par ambition politique ? La corruption s'étend d'un sexe à l'autre. Elle porte aussi sur le prix des termes de l'échange.

> Votre sceptre, Madame, est trop cher à ce prix.
>
> (III, 4, v. 924.)

rappelle D. Manrique à D. Isabelle. Une valeur n'est jamais assez haute. Un prix est toujours trop élevé. Les valeurs de l'héroïsme emportaient vers le haut. Les prix de la politique entraînent vers le bas. La monarchie s'en trouve discréditée et dévaluée. La politique, soumise à la loi de l'offre et de la demande, donc aux règles du marché, se représente l'amour à son image :

> Comme elle a de l'amour, elle aura du caprice,
>
> (II, 4, v. 735.)

estime Flaminius à propos de Laodice avant que la reine d'Arménie ne lui démontre son erreur :

> Pour moi, que vous croyez au bord du précipice,
> Bien loin de mépriser Attale par caprice,
> J'évite les mépris qu'il recevrait de moi,
> S'il tenait de ma main la qualité de Roi.
>
> (III, 2, v. 855-858.)

La politique se trompe autant qu'elle trompe. Dès que les héros ont la force d'affirmer leur générosité contre les tentations du change et la séduction de l'échange, la politique est mise en échec. Est-ce un hasard si Arsinoé formule à la perfection, devant Attale, les règles de l'amour politique ?

> Son trône, et non ses yeux, avait dû te charmer :
> Tu vas régner sans elle, à quel propos l'aimer ?
>
> (V, 1, v. 1489-1490.)

Arsinoé commet pourtant la même erreur que l'ambassadeur romain : les yeux peuvent compter plus que le trône. La dialectique du mensonge se retourne contre elle-même en devenant incapable de penser l'existence de la sincérité. La dialectique de la politique se retourne contre elle-même en étant impuissante à imaginer la réalité de l'héroïsme. Arsinoé et Flaminius se trouvent dans l'étrange situation de marchands n'ayant plus rien à vendre ni à acheter : le machiavélisme s'effondre dans la pénurie du mercantilisme. L'amour d'Attale pour Laodice n'était pas politique mais authentique : cette seule différence fera échouer le machiavélisme. Quand les héros retrouvent la nature et l'amour, ils cessent d'être les jouets de l'intérêt politique. Mais Laodice triomphe parce que Nicomède et Attale sont des généreux. Sophonisbe échouera car Syphax et Massinisse seront des faibles aussi incapables de dignité naturelle que de fidélité amoureuse. La fidélité est dans l'ordre de l'amour ce que la légitimité doit être dans l'ordre de l'Etat. La politique machiavélienne plaide pour la possibilité de l'inconstance. La politique cornélienne plaide pour la nécessité de la fidélité.

La politique tragique ou l'anti-valeur : les vertus du mensonge

L'ordre des valeurs cornélien, tel qu'il s'était constitué du *Cid* à *Polyeucte*, était fondé sur l'impossibilité du mensonge. La construction de l'héroïsme impliquait la transparence des paroles et des pensées. Dès *La Mort de Pompée*, la politique se fait mensongère : la raison d'Etat et la raison d'intérêt modifient le contenu des valeurs héroïques, la force prend le masque de la grandeur. Ainsi Ptolomée revendique la gloire :

> D'achever de César ou troubler la victoire.
>
> (I, 1, v. 46.)

La gloire a perdu toute indépendance, elle est au service d'un autre projet que le sien. La gloire a perdu toute signification créatrice, elle est un prolongement de l'action d'autrui. Le mot n'a pas changé, mais il est investi d'un sens tout différent. La faiblesse politique du roi d'Egypte est une conséquence de son insuffisance héroïque. Cette détérioration de la gloire, signe extérieur de la grandeur, apparaît au moment où l'univers cornélien subit les lois de la physique politique : le verbe « céder » est de plus en plus fréquent (v. 69, 190), le rapport de forces devient la seule relation possible entre les personnages. Dans ce monde nouveau, les généreux eux-mèmes doivent s'organiser pour survivre. La « vertu » de Cléopâtre agit dans l' « intérêt » de la princesse égyptienne (v. 280). César, découvrant la tête de Pompée,

> Se montre généreux par un trait de faiblesse.
>
> (III, 1, v. 786.)

César aura dû « forcer » sa vertu « d'être encor la maîtresse » (v. 785). La vertu n'est plus un mouvement spontané de l'héroïsme, elle est un rôle de composition. César est secrètement ravi que son rival soit mort : il en éprouve une « maligne joie » (v. 775) car l'intérêt politique est plus fort que la vertu héroïque. César doit dissimuler cette satisfaction malsaine : Cléopâtre la portera au grand jour. Les sentiments expriment désormais les intérêts :

> Comme nos intérêts, nos sentiments diffèrent.
>
> (V, 2, v. 1574.)

rappelle Cornélie, Romaine et républicaine, à Cléopâtre, Egyptienne et princesse. L'alliance des généreux est tactique, momentanée : elle ne survivra pas à une divergence d'intérêts. C'est pourquoi *La Mort de Pompée* ne s'achève pas sur une réconciliation. Cornélie reconnaît que l'intérêt et la gloire ont partie liée (v. 1541-1542). Si le héros entend survivre dans un monde où les rapports de forces politiques sont une contrainte de chaque instant, il doit négocier avec ses adversaires. La politique, en assurant le triomphe de la force sur la grandeur, oblige l'héroïsme à venir sur son terrain. Auguste entraînait Cinna et Emilie vers la gloire. La cour d'Egypte entraîne les généreux dans la logique des « coups d'Etat ». Avec *La Mort de Pompée*, le théâtre de Pierre Corneille se trouve déséquilibré au détriment de l'héroïsme et à l'avantage de la politique. *Cinna* avait déjà montré, dans la personne d'Auguste, la contradiction entre la mission héroïque et la fonction politique. Cette contradiction persiste dans *La Mort de Pompée* mais il existe désormais deux camps qui s'affrontent sans merci. La fonction politique intègre dans sa stratégie la dissimulation et le mensonge, afin, conformément aux principes du machiavélisme, de ne pas user sa force inutilement, d'être plus proche du renard que du lion. La mission héroïque est condamnée d'avance, comme le prouve l'exécution de Pompée, si elle ressemble plus au lion qu'au renard : la ruse est une condition de la survie du héros. La médiation politique est devenue indispensable à l'héroïsme.

Théodore aggrave les risques de cette médiation. La prostitution de la princesse chrétienne répond à un objectif très précis que Valens n'hésite pas à revendiquer :

> Théodore est chrétienne, et ce honteux supplice
> Vient moins de ma rigueur que de mon artifice :
> Cette haute infamie où je veux la plonger
> Est moins pour la punir que pour la voir changer.
>
> (II, 7, v. 683-686.)

Comme elle poursuivait la dénaturation de la nature, la politique ambitionne la dévaluation des valeurs. Le gouverneur d'Antioche admet, non sans cynisme, le caractère immoral de sa décision et il souligne que sa politique relève d'un « artifice » : il ne s'agit pas de punir Théodore en raison d'un acte qu'elle aurait commis, il s'agit de la « changer » pour qu'elle ne soit plus ce qu'elle est. Le héros est un scandale dans un monde de change et de mensonge : il faut donc le contraindre à changer et à mentir, à se renier lui-même. Valens est si assuré de l'efficacité de sa méthode que selon lui l'hyménée remplacera l'ignominie : la peur aura changé Théodore (v. 715-716). Valens veut contraindre Théodore à mentir pour survivre : Félix avait la même attitude devant Polyeucte. Mais Théodore n'a rien à donner, elle n'entre pas dans le cycle du change et du mensonge où la politique veut la précipiter. La tragédie politique, dans *Théodore*, est le mouvement par lequel la fonction politique, pour des raisons qui ne sont pas toutes celles de la raison d'Etat, tente de contraindre et de compromettre les valeurs naturelles de l'héroïsme. César devait agir comme les machiavéliens pour ne pas subir le sort de Pompée. Théodore est sauvée de la prostitution par la dissimulation, par l' « échange » (v. 1447), preuve que Valens avait choisi le point faible de l'héroïsme. Placide est soumis par Marcelle à la même logique de feinte et de chantage. Le mensonge est contagieux : comment les valeurs seront-elles discernées si chacun ment ?

> Elle feignait peut-être en me priant de feindre.
>
> (IV, 1, v. 1120.)

Les mots « déguiser », « abuser » se multiplient (v. 1325-1326). Cléobule en vient à prononcer un vers étonnant dans le théâtre cornélien :

> Si ses yeux l'ont trompé, l'erreur est légitime.
>
> (IV, 4, v. 1328.)

Paulin, le confident de Valens, n'a pas reconnu Théodore sous les habits de Didyme : il n'a pas deviné la substitution. Phocas, dans *Héraclius*, ne verra pas non plus les substitutions d'enfants. Le politique est incapable de percevoir la vérité : ce n'est plus le vrai, c'est le faux qui est « légitime », l'usurpation du regard est une forme de l'usurpation politique. Le paradoxe de la politique est ainsi qu'elle ne voit même pas ce qu'elle provoque : Valens entendait contraindre Théodore à changer et lorsque Théodore est changée en Didyme, Paulin ne s'en aperçoit même pas. La politique se trompe autant qu'elle trompe. Cette logique de la dissimulation implique aussi que le héros utilise l'espace contre le temps, la réalité de la substitution contre le risque de la prostitution. Didyme prend la place de Théodore dans le lieu même du supplice : Valens ne laissait aucun espoir à Théodore et le temps jouait contre la jeune chrétienne, le salut ne pouvait donc venir que de l'espace. En ce sens, Théodore échappe artificiellement, et non héroïquement, au péril. En ce sens, malgré l'avis de Corneille dans l'Examen, il n'y a pas « duplicité de péril » : Théodore ne serait pas un personnage héroïque si elle acceptait de fuir, donnant ainsi raison à Valens. Les deux chrétiens meurent, mais sans être changés : la politique a échoué. Le choix du sujet de *Théodore* était essentiel pour interpréter l'évolution de Corneille : le poète a sans doute voulu faire jouer jusqu'au bout le projet politique de modification des valeurs héroïques pour que la fragilité naturelle du héros devant l'Etat soit mieux perçue et que la mort apparaisse toujours comme la seule issue.

Avec *Rodogune*, le marchandage succède à la prostitution : le mercantilisme et la dissimulation restent l'apanage d'une politique qui poursuit son entreprise de dévaluation de l'héroïsme. Antiochus et Séleucus sont si faibles qu'ils doivent consolider leurs « nobles sentiments » par « le secours des serments » (v. 205-206). Les deux princes prennent des gages sur l'avenir : le serment prouve leur insignifiance plus que leur fidélité. Ils craignent tellement de se renier qu'ils s'asservissent à leur parole et compromettent leur liberté sous prétexte de sauver leur volonté. La peur d'Antiochus et Séleucus se trouve justifiée par l'attitude de Cléopâtre et Rodogune, même si leurs serments restent inutiles. L'infamie et la légitimité, la gloire et le crime sont en effet interchangeables (v. 471-472) : la passion politique transforme les valeurs de l'intérieur. La menace n'est plus extérieure, elle est intérieure. Si l'ambition de Cléopâtre détruit l'ordre des valeurs, Laonice doit trahir un serment pour aider Rodogune : la résistance à la politique exige le recours aux conseils du Florentin. Cléopâtre, pour triompher des jumeaux, doit leur mentir. La reine de Syrie entend que les autres changent à condition qu'elle-même ne change pas (v. 1402-1403), preuve qu'elle est dépositaire d'une réelle authenticité héroïque. Cléopâtre ne change pas, elle est toute soumise à la passion du trône : son ambition politique constitue paradoxalement un principe d'ordre dans un monde qu'elle contribue à désordonner. Seule la force de la volonté permet de s'orienter dans un monde désorienté : la monstruosité peut être une boussole, signe de la détérioration absolue des valeurs. Si le mensonge est la règle du jeu, tout devient obscur. Mais si la monstruosité est la seule exception à cette règle, tout devient clair... et monstrueux. C'est pourquoi le duel entre Cléopâtre et Rodogune éclaire toute la pièce. *Théodore* avait montré que la politique de la prostitution était contagieuse. *Rodogune* rappelle que la politique de la monstruosité l'est également. Dans les deux cas, le pouvoir utilise le mensonge et la dissimulation pour jeter le trouble dans l'ordre des valeurs.

La feinte constitue un véritable filigrane. Ainsi Pulchérie reconnaît-elle dans l'attitude de Phocas à son égard :

> Cette feinte douceur, cette ombre d'amitié.
>
> (I, 2, v. 135.)

Marcelle ne demandait à Placide :

> Qu'une feinte douceur, qu'une ombre d'amitié.
>
> (III, 5, v. 1062.)

envers sa fille Flavie. Cette identité de termes ne saurait être un effet du hasard : Corneille explore les effets de la politique sur le comportement des personnages. Pulchérie ne se contente pas de déceler la dissimulation chez l'usurpateur. Elle revendique le droit d'utiliser l'imposture contre la tyrannie. L'intérêt politique de la légitimité justifie l'imposture. *Héraclius* développe et complète les hypothèses de *Rodogune*. Les jumeaux n'avaient ni la volonté ni la force de mentir à leur mère, reine légitime. La fille de Maurice a la volonté et la force de mentir au tyran pour restaurer la dynastie légitime. Antiochus et Séleucus n'auraient rien gagné à mentir puisqu'ils étaient eux-mêmes les victimes d'un mensonge. Pulchérie gagne tout à mentir puisqu'elle sera la bénéficiaire de tout mensonge qui chasserait Phocas. Pulchérie va d'ailleurs plus loin que Rodogune. La princesse parthe acceptait d'épouser Antiochus ou Séleucus donc, de toute façon, un roi. La fille de Maurice accepte d'épouser toute personne, quelle qu'elle soit, qui assassinera Phocas et recevrait d'elle sa légitimité politique. Le mensonge de Pulchérie est « légitimiste » : le combat pour la légitimité légitime toutes les entorses à l'héroïsme que pourrait commettre l'héroïne. Le mensonge était une possibilité parmi d'autres. Il est maintenant une nécessité héroïque et politique car Pulchérie ne sera réellement un héros que si elle rétablit la vérité politique. Cette vérité se satisferait très bien d'un mensonge puisque Pulchérie est le seul enfant incontestable de Maurice. La féminité se trouve compromise dans la nécessité du mensonge politique. Héraclius et Martian subissent le mensonge. Pulchérie le crée. Les premiers sont aussi impuissants dans l'ordre héroïque que dans l'ordre politique. La seconde est aussi forte dans l'un que dans l'autre : le mensonge est pour elle le seul moyen de créer une vraie menace contre Phocas. Héraclius et Martian réagissent au mensonge politique. Pulchérie agit en mentant. De même que la monstruosité chez Cléopâtre, la dissimulation est un principe de l'action héroïque chez Pulchérie.

Ce jeu perpétuel sur le vrai et le faux risque d'entraîner l'héroïsme vers le plus bas degré de la liberté, la liberté d'indifférence, voire la liberté d'impuissance. Si le vrai a l'apparence du faux, si le faux a l'apparence du vrai, s'il est juste que le vrai soit faux ou que le faux soit vrai, la réflexion de la reine de Castille prend, dans *Don Sanche*, une force inquiétante :

> Je veux, en le faisant, pouvoir ne le pas faire.
>
> (I, 3, v. 142.)

Imagine-t-on Auguste déclarant qu'il voudrait, en même temps, absoudre et pouvoir condamner Cinna ? Imagine-t-on Horace affirmant qu'il voudrait, en même temps, assassiner et pouvoir épargner Camille ? La liberté qui n'est plus éclairée par la raison est illusoire. L'illusion de la toute-puissance est une forme d'impuissance. D. Isabelle paie le prix des audaces de Pulchérie. La condition tragique de la reine de Castille n'est pas dans la nécessité d'un choix unique mais dans l'illusion de la possibilité de choix multiples. Rodrigue n'avait pas le choix, dans un monde éclairé par la vérité. D. Isabelle croit avoir le choix, dans un monde obscurci par le mensonge. La pièce prouvera que le choix impossible, celui de Carlos, était le choix nécessaire, celui de don Sanche, mais D. Isabelle n'aura guère contribué à la manifestation de la vérité. D. Elvire est d'ailleurs persuadée que l'authenticité des valeurs est définitivement compromise par l'intérêt politique et elle légitime l'infidélité de D. Alvar :

> L'avantage du change en ôte l'infamie.
>
> (III, 1, v. 778.)

Cet aveu est la réponse exacte au vers de Polyeucte à Félix :

> Ma perte n'est pour vous qu'un change avantageux.
>
> (V, 2, v. 1561.)

L'intérêt de D. Alvar est d'être roi de Castille : il abandonne donc D. Elvire pour D. Isabelle, la femme qu'il aime pour celle qu'il n'aime pas. Cet abandon est d'autant plus scandaleux que D. Alvar serait un faux roi, un roi par procuration. D. Alvar n'est pas assez lucide pour refuser une fausse couronne : il accepte de sacrifier l'illusion politique à la réalité amoureuse. *Othon* portera à leur paroxysme ces jeux étranges de l'amour et du pouvoir.

Nicomède et *Pertharite* portent condamnation du mensonge et de la dissimulation politiques. Seul Prusias ose prononcer, à propos d'Arsinoé, ce vers « anti-cornélien » :

> La gloire est plus solide après la calomnie.
>
> (IV, 1, v. 1147.)

La médiocrité de Prusias donne à cet apophtegme le sens et la valeur qu'il mérite. Seul un Prusias peut croire que, chronologiquement, la calomnie est utile à la gloire. Seule Arsinoé utilise les armes du mensonge. Corneille œuvre à la restauration des valeurs en même temps qu'il renonce à mettre en scène des tragédies de l'obscurité politique. Il renoue avec la tradition des pièces lumineuses et ouvertes. Faut-il pour autant oublier la question de Nicomède à Attale ?

> Mais pourquoi vous cacher en sauvant tout l'Etat ?
>
> (V, 9, v. 1829.)

> Pour voir votre vertu dans son plus haut éclat,
>
> (V, 9, v. 1830.)

répond le fils d'Arsinoé. Il reste que le généreux combattant à visage découvert aurait perdu et que le demi-frère de Nicomède devait agir masqué pour l'emporter. Condamnée chez Arsinoé, la dissimulation se trouve glorifiée chez Attale. *Pertharite* commencera dans la confusion pour se dénouer dans la clarté. Rodélinde semble retrouver les accents de Pulchérie lorsqu'elle accepte de reconnaître un « fantôme » (v. 205) pour le vrai roi. Edüige ne refuse pas, de son côté, la logique de la dissimulation. Mais l'heure n'est plus au triomphe du désordre. Exténué par les monstruosités et les mensonges de la nature, l'héroïsme cornélien cherche dans le mouvement singulier d'une vertu la possibilité d'une vérité nouvelle. Grimoald ne ment pas aux autres et il ne se ment pas longtemps à lui-même : il ne se complaît pas dans l'erreur. Il est, en ce sens, plus fort que Pertharite qui se contente d'une partie de la vérité et qui se satisfait du bonheur sans réclamer le pouvoir. *Rodogune* et *Héraclius* avaient engagé le théâtre sur les voies de la tyrannie et de l'usurpation. *Pertharite* conduit l'héroïsme loin de la tyrannie et de l'usurpation. Grimoald est certes aidé par la Providence qui le contraint à un sursaut de vertu, mais il a reconquis sa liberté en accédant à l'indépendance du généreux. Grimoald doit échapper à la tentation de la facilité qui est celle de la reconnaissance d'un imposteur politique en lieu et place d'un souverain légitime. Donner plus longtemps vie à l'erreur prolonge la tragédie et la tyrannie. La vérité est à nouveau indispensable et universelle. Le mensonge politique est un obstacle à la double restauration de l'Etat et du héros. Cependant, même si *Pertharite* condamne la dénaturation et la dissimulation, la crise de la nature et la crise de la vérité ne resteront pas sans effets : *Œdipe* ne reprendra pas sans raison une problématique que *Pertharite* avait mal exorcisée.

La politique tragique et l'histoire providentielle

Le Cid, *Horace*, *Cinna*, *Polyeucte* contribuaient à créer un ordre héroïque et politique qui semblait refléter une vision providentielle de l'histoire. Rodrigue maîtrisait les contradictions de l'aristocratie guerrière. Horace dominait les risques d'une soumission de l'Etat aux intérêts privés. Auguste conjurait le péril d'une régression dans la guerre civile. Polyeucte prolongeait dans l'éternité les principes de la Rome impériale. L'ambition historique ou intemporelle de l'Etat était plus forte que les calculs de la politique, toujours perçue comme la négation de l'histoire. De *La Mort de Pompée* à *Pertharite*, l'intérêt politique prend le pas sur l'ambition historique. La condition du héros n'est plus d'adhérer à une histoire mais de résister à un pouvoir : l'acteur devient victime. Rodrigue, Horace, Auguste, Polyeucte connaissaient ou devinaient les intentions de la Providence et leur effort tendait à s'y conformer. La Providence était ainsi monarchique, romaine, impériale, chrétienne et le héros n'éprouvait pas le moindre doute sur les voies célestes : sa volonté était forte parce que sa raison était claire. La condition tragique du héros puisait ses origines dans l'adaptation des valeurs du héros aux valeurs de l'Etat. La situation se renverse dès *La Mort de Pompée* pour deux raisons : la Providence n'est plus assez claire pour être interprétée sans faute, le héros n'est plus assez fort pour pallier l'obscurcissement des signes célestes. Si la loi du sang et l'ordre des valeurs ne sont plus les premières évidences, cela n'est pas dû au hasard : l'ordre divin lui-même semble mettre en œuvre la devise « ad augusta per angusta », comme si l'Etat providentiel perdait foi dans sa mission. Cela ne signifie nullement qu'il faille songer à un quelconque sens de l'histoire dans le théâtre de Corneille, à un mouvement nécessaire vers une certaine forme d'Etat. Si une évolution existait, elle porterait le théâtre du règne de la grandeur vers la tyrannie de la force : l'histoire relevait de la grandeur, la politique relève de la force. Corneille passe d'une histoire en idées, qui est une histoire héroïque ou l'histoire du héros, à une histoire en actes, qui est une histoire politique ou l'histoire de l'Etat. Le héros découvre que l'autre figure de la Providence est la prédestination : il suffit de jouer sur le temps pour que l'histoire à faire devienne une politique déjà faite. Corneille met en scène *La Mort de Pompée* après *Cinna*, mais, dans la chronologie romaine, la clémence d'Auguste était postérieure à l'assassinat de Pompée. Il suffit de déplacer la perspective pour modifier les règles du jeu.

Cette modification intervient, comme nous l'avons déjà indiqué, au premier vers de *La Mort de Pompée* :

> Le destin se déclare...
>
> (I, 1, v. 1.)

Pompée vient d'être abandonné par « sa fortune lasse » (v. 16) : le premier signe de l'intrusion de la politique est la fatigue des cieux. Lorsque Auguste était encore Octave, il était las du pouvoir car l'Empire symbolisait le poids du passé. Lorsque l'oubli apparaissait, le pouvoir cessait d'être un fardeau. Photin et Achillas insistent l'un et l'autre (v. 54 et 118) sur le fait que

Pompée a été abandonné par sa fortune et par sa valeur, preuve qu'une faille dans l'ordre de la Providence entraîne aussitôt une faille dans l'ordre de l'héroïsme. Cette défaillance de la fortune n'autorise pourtant pas Ptolomée à s'ériger, comme il le fait, en supplétif du destin : la politique de la cour d'Egypte entend seconder le destin en accablant Rome (v. 199), en combattant « l'arrogance de Rome » (v. 193). Si la Providence trahit Pompée, le fait-elle pour que César triomphe ou pour que Ptolomée en profite ? Telle est la question que le roi d'Egypte ne se pose même pas, tant il est soumis à l'illusion politique de sa propre importance. En réalité, tout est dû au rôle du temps qui, d'axiome héroïque, se dégrade en variable politique.

> Le temps de chaque chose ordonne et fait le prix.
>
> (I, 3, v. 256 ; II, 3, v. 636.)

affirment successivement Ptolomée et Cléopâtre. Ce vers seul témoigne du bouleversement apparu sur la scène cornélienne : le temps n'est plus immuable et rédempteur, il est désormais mobile et corrupteur. L'ordre peut devenir désordre et la valeur perdre sa valeur. La place et le prix des choses appartiennent au temps : l'indéterminisme politique fait disparaître le déterminisme héroïque. C'est pourquoi le ciel est utilisé à des fins partisanes :

> J'ai fait ce que les Dieux m'ont inspiré de faire,
> Et que pour mon Etat j'ai jugé nécessaire.
>
> (I, 3, v. 261-262.)

La nécessité politique s'abrite derrière l'interprétation de la Providence. Cléopâtre ne manque pas de réfuter cette argumentation en rappelant que le ciel forma « de boue » les âmes des mauvais conseillers, et que ce même ciel garantit la dignité naturelle de la royauté. La sœur de Ptolomée ne cède pas à la tentation de l'illusion : elle laisse au hasard le soin de lui conférer la gloire d'épouser César, manière indirecte de reconnaître qu'elle ne détient ni le contrôle des événements ni la maîtrise du temps et que la politique triomphe dans l'ordre de l'aléatoire. C'est lorsque le héros commence à confier son sort au hasard, que la nécessité politique fait loi. Si la gloire est un effet du hasard (v. 427-429), l'ordre de l'histoire n'a plus aucun sens. Il n'y a pas un sens de l'histoire chez Corneille, mais un ordre de l'histoire.

Cornélie trouve dans le stoïcisme et la référence à Caton les outils d'une résistance authentiquement héroïque à cette invasion du hasard et du désordre. Photin au contraire rappelle :

> Que les événements régleront l'avenir.
>
> (II, 4, v. 700.)

la règle n'est plus dans les personnes mais dans les choses. Le réalisme du machiavélien n'est pas un fatalisme, mais il est le contraire de l'héroïsme. Le héros croyait dominer le temps par sa valeur. Le machiavélien espère utiliser le temps par sa patience. Le héros devait agir avec l'histoire. Le machiavélien doit réagir par la politique. Photin est, en ce sens, plus prudent que son roi qui cède au péché de démesure en croyant réussir là où les Dieux, à Pharsale, auraient échoué. Ptolomée entend se substituer aux Dieux. Photin se contente d'exploiter les événements. Le premier n'est ni un héros ni un politique. Le second est un politique. Ptolomée n'a pas compris que la Providence avait été fatale à Pompée, non à Rome. La faiblesse de sa raison ne lui a pas permis d'interpréter avec justesse la bataille de Pharsale. La démesure politique de Ptolomée se heurtera à l'avenir providentiel de Rome : il n'appartient pas au roi d'Egypte de faire ou défaire la fortune de César ni celle de Rome. Aussi la mort de Ptolomée sera-t-elle, aux yeux de Cornélie, une exigence de la Providence : le ciel devait laver la souillure de l'assassinat de Pompée et venger Rome. *La Mort de Pompée* dessine un affrontement entre deux ordres : d'un côté Rome, la Providence, l'histoire, le temps; de l'autre, Alexandrie, le Destin, la politique, l'espace de la cour. *Nicomède* reprendra, en la rééquilibrant et la modifiant, cette thématique. Corneille a sans doute voulu opposer l'histoire romaine à la politique égyptienne. Les enjeux de la première sont de savoir qui, à Rome, gouvernera le monde et quelle sera, pour plusieurs siècles, la forme de l'Etat. Les calculs de la seconde sont de chercher qui dominera la cour et qui, de la sœur et du frère, détiendra le pouvoir pour quelques années. Ptolomée n'est certes pas le bourreau que méritait Pompée mais il est l'occasion d'affirmer, ne fût-ce qu'un instant, la capacité tragique de la raison d'Etat. Le duel oratoire et politique entre César et Cornélie préfigure indirectement *Sertorius* : la guerre civile n'exclut pas la coexistence des généreux. Le climat étouffant des conseils de cabinet annonce *Suréna* : la raison d'Etat impose la disparition des généreux. Avec *La Mort de Pompée*, Corneille découvre que la politique sait profiter des failles de l'histoire, que la fragmentation aléatoire du temps devient le plus grand péril pour l'héroïsme, que la Providence peut ne plus être l'alliée du héros. Corneille découvre que Destin reste le meilleur synonyme de Providence.

Théodore, pièce chrétienne, ne peut rester étrangère à la réflexion du poète sur l'histoire et le temps providentiels. La jeune princesse mesure fort bien les risques : « Rome et le temps » lui ont enlevé la puissance royale mais elle conserve encore « le courage et le sang » (v. 505-506). Théodore était une victime de l'histoire, elle n'était pas encore une victime de la politique. Marcelle et Valens iront plus loin que Rome et le temps, plus loin que l'histoire en assassinant et en prostituant Théodore. L'histoire agissait sur les personnages. La politique agira contre les personnes. La Providence laissait au héros vaincu sa dignité et sa grandeur. La politique entend arracher à la victime d'Etat cette dignité et cette grandeur. La Providence toutefois veille. Théodore rappelle à Placide qu'il ne sera pas l'instrument de Dieu et qu'il n'est pas choisi par le ciel pour la sauver (v. 946-947). Cette intervention de la Providence n'est pas aléatoire : elle ne sauve pas la chrétienne de la mort, mais du déshonneur; elle ne la fait pas échapper au martyre, mais à la prostitution. Corneille s'éloigne ici de saint Ambroise autant pour des raisons de bienséances que pour ne pas rendre la Providence complice d'une ignominie politique :

> Je ne souffrirai point, quoi que Valens ordonne,
> Qu'en me rendant ma gloire, on m'ôte ma couronne,
> J'en appelle à Marcelle et, sans plus t'abuser,
> Vois comme ce grand Dieu lui-même en vient d'user,
> De cette même honte, il sauve Agnès dans Rome
> Il daigne s'y servir d'un ange au lieu d'un homme,
> Mais si dans l'infamie, il vient la secourir,
> Sitôt qu'on veut son sang, il la laisse mourir.
>
> (V, 5, v. 1635-1642.)

La tragédie politique n'est donc pas en deçà mais au-delà de l'histoire. L'histoire providentielle ne tolère pas ce que réclame la politique, preuve que les cieux ne restent pas indifférents à la confusion des ordres.

Plus en effet le désordre s'accroît, plus la présence de la Providence est nécessaire puisque les héros seuls seraient hors d'état de triompher. Ce désordre n'est pas innocent : il est un effet de « l'ordre barbare » du destin (v. 199) et Séleucus devine la prédestination des signes :

> Ces deux sièges fameux de Thèbes et de Troie,
> Qui mirent l'une en sang, l'autre aux flammes en proie,
> N'eurent pour fondements à leurs maux infinis
> Que ceux que contre nous le sort a réunis.
>
> (I, 3, v. 171-174.)

Il existe des situations prédestinées comme il existe des missions providentielles. La naissance du climat tragique chez Corneille coïncide avec l'apparition du Panthéon antique de la tragédie. Les signes du destin comptent plus que la volonté des héros. Cette prédestination est d'autant plus sensible que le tragique lui-même est dû au hasard de la nature (v. 966). Lorsque Antiochus et Séleucus préfèrent le choix de Rodogune à l'ordre de l'hérédité, ils plaident contre l'indéterminisme de la nature et ses corollaires politiques. Avec *La Mort de Pompée*, le tragique politique s'insinuait dans les failles de l'histoire. Avec *Rodogune*, il s'insère dans les fissures de la nature. Si l'histoire et la nature étaient infaillibles, la tragédie politique serait impossible. La réponse ne doit pas être la révolte et Séleucus a tort d'ajouter un désordre à un autre. Antiochus est plus fondé à invoquer l'amour, la nature, et les Dieux, pour restaurer la situation : les Dieux seuls pourront intervenir car Rodogune et Cléopâtre, car l'amour et la nature sont compromis. La nature se trouve plus compromise encore que l'amour : la malédiction que Cléopâtre lance contre l'enfant d'Antiochus et Rodogune confirme l'existence d'une prédestination biologique à la monstruosité, d'un code génétique de la monstruosité. La fille de Minos et de Pasiphaé n'est plus très éloignée. Le Destin était l'autre face de la Providence dans *La Mort de Pompée*. La monstruosité est l'autre face de l'hérédité dans *Rodogune*. Antiochus, comme pour échapper à la malédiction de sa mère, achève la pièce par un appel à la bienveillance des Dieux. César se tournait vers le ciel pour se protéger des mânes de Pompée (v. 1810). Antiochus se tourne vers les Dieux pour se protéger de la vengeance de Cléopâtre.

L'histoire et la nature sont plus que jamais les instruments du Destin.

Avec *Héraclius*, Corneille imagine que la Providence puisse donner l'apparence de se porter au secours d'une nature défaillante alors qu'en réalité le ciel vient en aide à la nature. Phocas doute qu'on puisse voir « sous le ciel » un « prince plus accompli » (v. 204) que le faux Martian qui est le véritable Héraclius. Le vice rend involontairement hommage à la vertu quand il revendique les faveurs de la Providence : Phocas reconnaît implicitement la supériorité providentielle du fils de Maurice. Le ciel est d'ailleurs de plus en plus actif et son intervention se fait à chaque instant plus sensible :

> Le ciel me rend un frère à ta rage échappé.
>
> (I, 2, v. 232.)

rappelle Pulchérie à Phocas. Le bruit du retour d'Héraclius est un signe politique de la Providence, donc une arme contre la tyrannie. Le retour d'Héraclius signifie que les cieux et les Dieux ne sont pas les garants du régime de Phocas. Le retour de Pertharite n'aura pas la même signification : il constituera une épreuve et une chance pour la vertu de Grimoald. L'assassinat d'Héraclius, régicide condamné par les Dieux, provoquerait un « désordre achevé » (v. 288). Cela signifie que le désordre n'est pas encore total puisque le prince légitime est vivant. La problématique ressemble à celle de *Théodore* : Phocas et Valens commettent la même faute, la même erreur en voulant accroître leur domination. La Providence les punira l'un et l'autre de leur démesure politique. Si le régicide est condamné par l'ordre céleste, Léontine estime que le tyrannicide exprime « le courroux du ciel » (v. 561). Tel n'est pas le sentiment de Corneille qui protégera Héraclius du tyrannicide pour ne pas compromettre la restauration héroïque et politique. Antiochus et Séleucus n'étaient ni régicides ni parricides. Héraclius n'est même pas tyrannicide. Il constate, après Pulchérie, que le salut ne saurait venir des moyens humains (v. 1034-1130). La solution de la crise échappe aux personnages : Corneille approfondit les périls de la tragédie politique en donnant aux Dieux les moyens qu'il enlève aux hommes. Les hommes sont impuissants parce que le temps s'est dissous dans l'espace. Héraclius le déclare à Eudoxe, non sans amertume :

> Il n'est plus temps, Madame : un autre a pris ma place.
>
> (IV, 1, v. 1183.)

Privé de toute possibilité d'agir dans le temps, c'est-à-dire dans l'histoire, le cornélien constate sa faiblesse au moment même où il abandonne sa place, sa présence dans un espace. Carlos prendra la place d'un comte. Héraclius se fait prendre sa place de souverain. Les agitations du héros dans l'espace succèdent à l'intention héroïque de domination du temps. D'un côté, le héros, l'histoire, le temps. De l'autre l'Etat, la politique, l'espace. Ainsi la « destinée » (v. 1815) du fils de Phocas est-elle d'être dans la même journée Héraclius, Léonce et Martian. Seule « la céleste puissance » (v. 1914) pourra sauver « deux princes impuissants » (v. 1866). Le paradoxe de la politique est que la proximité du pouvoir rend impuissant. Les héros aspiraient à la puissance. Les politiques se contentent du pouvoir. L'exercice du pouvoir se substitue à la maîtrise de la puissance quand l'univers cornélien perd sa dimension temporelle et historique. La tragédie devient politique lorsque l'enjeu n'est plus l'histoire mais le pouvoir.

Le passage d'*Héraclius* à *Don Sanche*, de la tragédie à la comédie héroïque, ne modifie pas la problématique : les calculs de la politique l'emportent sur les exigences de l'histoire et l'intervention de la Providence reste le seul moyen de restaurer la vérité historique puis la légitimité politique. Sans l'inspiration du ciel, D. Isabelle est aussi incapable d'agir que de parler (v. 125-126). Sans la connivence du ciel, le scandale d'un mérite sans naissance ne pourrait accéder au statut héroïque. Les comtes, pour cette raison, refusent le scandale et reconnaissent le miracle :

> Ou le ciel pour jamais a repris ce héros,
> Ou cet illustre prince est le vaillant Carlos
> Nous le dirons tous deux, quoique suspects d'envie,
> C'est un miracle pur que le cours de sa vie.
>
> (IV, 1, v. 1163-1166.)

Le désordre politique est accepté s'il reflète l'ordre providentiel. Les comtes admettent que la nature soit cachée si la Providence est secrète, preuve que la loi du sang et la voix du ciel n'étaient pas fausses, mais faussées. Le peuple lui-même semble inspiré puisqu'il pressent la légitimité de Carlos. Il appartiendra enfin à la reine de Castille d'expliquer ce « miracle » (v. 1826), d'expliquer que le miracle n'était pas miraculeux, que la Providence était une évidence. Encore fallait-il être clairvoyant (v. 1178) : *oculos habent* et *non videbunt*. Le père de don Sanche avait été contraint de dissimuler l'héritier du trône d'Aragon pour combattre l'usurpateur : c'est la résistance au tyran, c'est le désordre politique qui rend nécessaire l'obscurcissement simultané de la nature et de la Providence. Jadis les rayons de la Providence atteignaient les yeux du héros. Désormais, la politique étend sur l'histoire un brouillard porteur de confusion et de désordre. La lumière céleste et le regard héroïque ne sont plus les pôles de l'univers cornélien. Le dédoublement de Carlos-don Sanche rappelle l'unité de cet univers. Grimoald ne pourra pas compter sur l'aide de la nature et devra mériter par sa seule vertu l'aide de la Providence. Si Grimoald n'était pas un vertueux, l'impuissance de Pertharite dénoncerait l'impuissance de la Providence.

Celle-ci justifie en effet l'usurpation vertueuse de Grimoald. Le temps politique se substitue à la durée héroïque. Plus Grimoald reste roi, plus le ciel légitime l'usurpation du trône des Lombards : la thèse machiavélienne de la justification du pouvoir par le temps était conforme à la Providence. L'ordre humain doit en effet subsister et il peut accéder à une forme de légitimité par l'exercice vertueux du pouvoir. Carlos était un miracle. Grimoald est une nécessité. Si Grimoald est assassiné, le trône des Lombards ne reviendra pas à Pertharite mais à Garibalde. La justification providentielle de l'usurpation est une politique du moindre mal. *Pertharite* fait ainsi apparaître l'existence de trois ordres cornéliens du pouvoir : l'ordre légitime et vertueux, l'ordre illégitime et vertueux, l'ordre illégitime et non vertueux. Le mouvement de la pièce consiste à éviter d'aller du second au troisième pour restaurer le premier. *Cinna* était une tragédie historique de l'ordre, *Pertharite* est une tragédie politique du désordre. Ce désordre a pour corollaire la précipitation, car le temps ne joue pas en faveur de l'ordre légitime et vertueux. Garibalde le rappelle, non sans cruauté, à Rodélinde :

> Pour en délibérer, vous n'avez qu'un moment.
> J'en ai l'ordre pressant, et sans retardement,
> Madame, il faut résoudre et s'expliquer sur l'heure.
>
> (III, 1, v. 765-767.)

Paulin s'adressait à Théodore en termes analogues :

> On vous donne de grâce une heure à vous résoudre
> Vous savez votre arrêt, vous avez à choisir,
> Usez utilement de ce peu de loisir.
>
> (III, 1, v. 764-766.)

Le temps n'est plus aux stances, à l'organisation rhétorique de la décision héroïque. Le temps est à la précipitation, au chantage, à l'ultimatum. Cela s'explique par la division du monde en deux camps : les héros ont la grandeur, les politiques ont la force. La politique doit utiliser rapidement la force pour empêcher le héros de manifester sa grandeur. Il ne faut pas laisser au héros le temps d'éblouir, à Nicomède le temps de convertir Attale. Le paradoxe du temps politique est qu'il n'a pas le temps. La grandeur de la durée héroïque était qu'elle avait tout son temps : Auguste autorisait de longues dissertations sur la forme de l'Etat car il s'agissait de l'avenir de Rome. Garibalde ne peut tolérer le moindre délai car il s'agit de ses propres intérêts. Auguste était le pouvoir. Garibalde aspire à exercer le pouvoir. Lorsque la politique n'est plus une mission, mais une fonction, le temps, ouvert sur l'histoire, cède à l'espace, fermé sur le pouvoir. Corneille révèle ici une nouvelle faille du machiavélisme, l'illusion de la maîtrise du temps : le héros dominait le temps, le politique utilise les circonstances. Dans un tel désordre, la Providence récompense au-delà des espérances. Evoquant le retour de son frère, Edüige avoue :

> Le ciel m'a plus rendu que je n'osais attendre.
>
> (IV, 2, v. 1292).

La manifestation de la Providence est exceptionnelle : Pertharite le rappelle à Grimoald :

> Le ciel te livre exprès une grande victime,
> Pour voir si tu peux être et juste et magnanime.
>
> (IV, 4, v. 1351-1352).

L'emploi du mot « voir » n'est pas dû au hasard. Le ciel lui-même, dans un univers où la monstruosité et la tyrannie ont fait leur œuvre, a besoin d'une certitude et celle-ci ne saurait être que d'ordre visuel. Le premier mouvement de la conversion de Pauline[1] est le seul moyen de restaurer la vérité. La Providence, comme Pauline, voit avant de croire. Mais l'ambition n'est plus la même : Pauline voyait Dieu, la Providence voit Grimoald. Cette intervention de la Providence est si exceptionnelle qu'il faut, comme au dénouement de *Don Sanche*, l'expliquer au peuple (v. 1851-1854) et utiliser le ressort de l'admiration. La restauration de l'ordre de l'histoire montre une progression par rapport à *Héraclius*. Le vertueux Martian restait Léonce pour que disparût le nom même du tyran Phocas. Le vertueux Grimoald reste roi pour que la vertu ait sa place aux côtés de la nature. La double royauté de Pertharite et Grimoald justifie également le choix d'Aripert mais elle est un signe de division irrémédiable : Œdipe sera « fils » du roi de Corinthe et roi de Thèbes. *Pertharite* est un compromis. *Pertharite* n'est pas une solution.

Si Pierre Corneille avait œuvré du *Cid* à *Polyeucte* à la construction d'un ordre dans lequel la condition tragique du héros s'exprimait par son effort d'identification à l'Etat, il semble que, de *La Mort de Pompée* à *Pertharite*, le poète ait mis en scène toutes les hypothèses susceptibles de provoquer un désordre propice à la confrontation entre un héros en proie à l'inquiétude et un Etat soumis à l'incertitude. André Stegmann s'interroge sur les raisons d'une telle évolution : « L'une des conséquences imprévues de la recherche par Corneille de problèmes politiques de plus en plus complexes est la dégradation rapide d'un héroïsme qui reposait essentiellement sur une échelle de valeurs claire »[2]. Cela est exact mais les conséquences notées à juste titre par André Stegmann, loin d'être « imprévues », sont nécessaires et fatales. La nature prédestinait le héros à l'histoire et à l'Etat : la mission historique du héros avait des origines naturelles, Rodrigue, Horace, Auguste et Polyeucte en étaient les preuves successives. La mission du héros était de fonder l'Etat, prolongement historique nécessaire des valeurs de la nature. Après *La Mort de Pompée*, Corneille ne réflé-

1. Je vois, je sais, je crois, je suis désabusée.
(*Polyeucte*, V, 5, v. 1727.)

2. André Stegmann, *op. cit.*, t. II, p. 341-342.

chit plus à la fondation mais au fonctionnement de l'Etat : la politique devient tragique lorsqu'elle cesse d'être héroïque pour devenir fonctionnelle. L'Etat, créature du héros, échappe à son créateur, le héros : c'est la loi non écrite de toute création. L'Etat essaie de se libérer des conditions de la création : le tragique politique consiste, pour l'Etat, à refuser sa condition de créature. Le héros, de son côté, est d'abord, comme Pompée, une victime absente de la scène cornélienne : Auguste délibérait avec Cinna, Pompée est assassiné sans avoir pu apparaître. Le changement est significatif : l'anonymat de la raison d'Etat est rebelle à la singularité de la personne. Par la suite, le héros résiste par tous les moyens, les pires, ceux de Cléopâtre, et les meilleurs, ceux de Nicomède. Tout est bon pour éviter la démesure de l'Etat, y compris la soumission à cette démesure au nom de l'héroïsme. La nature, l'amour, l'honneur, la générosité, la vérité, tout est mis sens dessus dessous. L'Etat détruit les principes de l'héroïsme, parfois même avec la complicité du héros qui engage le combat sur le terrain de la politique et non sur son propre terrain. Il existe ainsi une logique dans l'évolution de la création cornélienne : le héros est naturellement un héros d'Etat mais l'Etat est naturellement rebelle au héros. De *La Mort de Pompée* à *Pertharite*, Corneille a multiplié, autour de cet axe, les hypothèses mais il n'a pas encore exploré toutes les solutions. La complexité de certaines hypothèses exige la manifestation de la Providence pour que le héros et l'Etat soient sauvés. L'heure n'est pas encore venue d'abattre le héros, il peut disparaître et il mérite d'être sauvé. Dans *Suréna*, il devra disparaître sans pouvoir être sauvé : la Providence sera aussi lointaine que le héros sera grand, mais seul le pouvoir sera fort.

Entre *La Mort de Pompée* et *Pertharite*, Corneille met en scène l'inquiétude du héros et l'incertitude de l'Etat. Le héros est inquiet, au sens étymologique du mot, car ses propres valeurs ne sont plus à leur place. L'Etat est incertain, au sens intellectuel du mot, car ses propres valeurs ne sont pas encore à leur place. Jusqu'à *Polyeucte*, l'identité du héros et de l'Etat garantissait l'unité du monde. Après *Œdipe*, la rupture absolue entre le héros et l'Etat expliquera la division du monde. Entre les deux, de la tragédie chrétienne à la tragédie grecque, ni le héros ni l'Etat ne remplissent leur fonction ou leur mission : ils mentent et ils se mentent car ils ne savent ni qui ils sont, ni d'où ils viennent, ni ce qu'ils font, ni où ils vont. Le mensonge est le signe d'une irrationalité universelle que la Providence doit contenir ici et là pour éviter la catastrophe. Sur certaines questions politiques essentielles, Corneille évolue avec les nécessités de son théâtre : *Rodogune* condamnait le régicide, *Héraclius* et *Pertharite* condamneront aussi le tyrannicide, signe que la politique obtient des compromis de plus en plus favorables.

Octave Nadal décèle dans cette omniprésence de la politique un signe du lien de Corneille avec la préciosité et cite un texte de Chapelain issu du *Dialogue avec la Gloire*, paru sans doute en 1652, peu de temps après *Pertharite* : « Toute tromperie fait injure à la nature et blesse la morale qui veut que l'on procède en tout avec candeur et sincérité. Mais celle-ci ne blesse ni ne choque la Politique, qui est la science architectonique à laquelle toutes les autres doivent soumettre leur devis pour les accommoder aux besoins des hommes. C'est tromper il est vrai, mais c'est tromper vertueusement que de ne tromper que pour faire mieux parvenir à la vertu »[3]. Le compromis entre la politique et la générosité qui domine *Pertharite* serait l'apanage de la préciosité. La préciosité serait donc la dernière issue avant l'échec du héros face à l'Etat. Cette hypothèse explique sans doute que le monde cornélien n'échappe à la catastrophe tragique que lorsqu'il maintient une distance entre l'Etat et lui. L'ironie de Nicomède, la vertu de Grimoald et le bonheur de Pertharite répondraient donc au même principe : ne pas s'identifier à l'Etat. Auguste avait pressenti le péril en refusant de se limiter au seul exercice du pouvoir : la jouissance politique d'Octave interdisait tout repos. De même que la dialectique du désir et du plaisir interdit tout apaisement des sens, de même la dialectique de l'ambition et du pouvoir interdit toute vraie souveraineté. Si la préciosité consiste à maintenir toujours une distance entre le sujet et l'objet, elle est en effet le seul moyen de préserver les chances d'une politique héroïque. L'échec de *Pertharite* n'est pas celui de Corneille, mais celui d'un compromis qui ne sauve ni le héros ni l'Etat. Peut-être Corneille devait-il abandonner la scène pour satisfaire à la logique de son œuvre et méditer, hors des nécessités du théâtre, sur les vraies conséquences de l'affrontement entre le héros et l'Etat.

3. Octave Nadal, *op. cit.*, p. 52-53.

TROISIÈME PARTIE

D'Œdipe à Suréna :
le tragique

Pierre Corneille est absent du théâtre pendant sept ans. Le privilège de *Pertharite* est du 24 décembre 1651, le privilège d'*Œdipe* du 10 février 1659. « De sa longue retraite, il a peut-être surtout appris le recueillement avant l'action », note Robert Brasillach[1]. Le passage de *Pertharite* à *Œdipe* marque en effet le mouvement de la nécessité du compromis à l'impossibilité du compromis. « Le recueillement avant l'action » donne toute sa densité à la tragédie, toute sa force à l'ultime confrontation entre le héros et l'Etat. Le recueillement exprimait la réflexion sur les impasses du compromis, sur la double mais fausse victoire du héros et de l'Etat. L'action reflète le danger de placer l'héroïsme à l'abri des enjeux de l'histoire. La publication de l'*Imitation* et la préparation des *Discours* correspondent à cette période de recueillement. Mais, pas plus que son héros, Corneille ne peut conserver le silence : il doit entrer une nouvelle fois en scène pour parler et pour agir. Il le doit d'autant plus, remarque Bernard Dort[2], que son héros est en rupture avec les temps nouveaux : le pacte historique entre l'Etat et le héros serait désormais nul et non avenu. Il n'est pas exclu que les circonstances politiques aient pesé sur l'évolution de Corneille. Elles ne suffisent pas à expliquer que le retour à la scène se fasse par *Œdipe*.

Pertharite était un compromis, pour le héros comme pour

1. Robert Brasillach, *op. cit.*, p. 251.
2. Bernard Dort, *op. cit.*, p. 97-98.

l'Etat : la légitimité du roi était aussi bien récompensée que l'usurpation du vertueux. Corneille n'avait pas résolu la crise, il avait dédoublé la solution : Pertharite règne à Milan et Grimoald à Pavie. Corneille était conscient des limites de ce compromis. C'est pourquoi toutes les pièces d'*Œdipe* à *Suréna* mettront à l'épreuve des faits la solution de *Pertharite*. Si la tragédie cornélienne s'interprète comme la mise en scène de la confrontation du héros et de l'Etat, il n'existe, à notre sens, que trois hypothèses pour le dramaturge. La faiblesse de Pertharite conduisait naturellement Corneille à privilégier la tragédie de la condamnation du héros. *Œdipe*, *Sertorius* et *Sophonisbe* illustrent cette première hypothèse. Œdipe est condamné comme parricide et comme régicide, comme meurtrier dans l'ordre de la nature et comme meurtrier dans l'ordre de l'histoire : la Providence héroïque se dénature en fatalité politique. Sertorius est condamné comme héros sans Etat; il est un général républicain au service d'un Etat qui n'est plus républicain : l'héroïsme au passé n'est plus inutile mais nuisible. Sophonisbe est condamnée comme reine sans trône et comme femme sans époux : la séparation de la royauté de la masculinité est, ainsi que l'annonçait *Rodogune*, un signe irrémédiable de faiblesse. La condamnation du héros ne sauve pas la politique de l'impasse, la mort du héros ne suffit pas à consolider l'Etat : *Othon*, mise en scène des intrigues de cour, trace les limites de l'amour politique; *Agésilas*, mise en scène des intrigues de cœur, dessine les frontières de la politique amoureuse; *Attila* reste une parodie de monstre qui sacrifie l'Etat aux intérêts plus qu'aux valeurs du héros; *Tite et Bérénice* puis *Pulchérie* soulignent la double impuissance du héros et de l'Etat, puisque seule une politique de la stérilité peut répondre à la stérilité de la politique. Enfin, *Suréna* introduit à la catastrophe logique où des héros sans pouvoir tombent sous les coups d'un pouvoir sans héros : la solution est impossible car elle est, au sens philosophique, impensable. Ni le temps ni l'espace ne permettent la coexistence du héros et de l'Etat. La mort du héros signifie la mort d'une certaine conception de l'Etat au profit d'une autre : la tautologie de l'Etat étatique succède à la tragédie de l'Etat héroïque.

I

La condamnation du héros

Œdipe, régicide et parricide : Providence et Fatalité

« La mauvaise fortune de *Pertharite* m'avait assez dégoûté du théâtre pour m'obliger à faire retraite, et à m'imposer un silence que je garderais encore, si M. le procureur général Fouquet me l'eût permis »[1]. Cette première phrase de l'Examen que Corneille maintiendra, comme le rappelle André Stegmann[2], dans l'édition de 1664 « trois ans après l'arrestation du surintendant et au moment où va s'ouvrir son retentissant procès », explique et justifie le retour au théâtre du poète. La critique a porté sur la pièce les jugements les plus contradictoires. André Stegmann est particulièrement sévère : « Malgré un succès d'estime, qui évite une retraite peut-être définitive de Corneille, *Œdipe* est une pièce manquée »[3]. Jean Schlumberger, auparavant, avait cédé à la tentation, au piège de la comparaison avec Sophocle et sa condamnation de Corneille est sans appel : « Aussi ne reste-t-il de cette sombre aventure qu'une intrigue de palais, où l'on se chamaille pour des raisons d'étiquette et de légitimité. Comme si les rapports de parenté, dans cette famille thébaine, n'étaient pas déjà suffisamment compliqués, Corneille y ajoute une fille de Jocaste et de Laïus; et vous imaginez s'il se complaît dans un imbroglio

1. *OC*, p. 567.
2. *Ibid.*, p. 567, n. 5.
3. André Stegmann, *op. cit.*, p. 619.

où personne ne sait plus ni qui il est lui-même ni qui sont les autres »[4]. Or Corneille avait précisé dans l'Avis au lecteur qu'il faisait de Dircé la « fille de Laïus, et seule héritière de sa couronne ». Avant d'accuser le poète de compliquer la tragédie grecque, Jean Schlumberger aurait dû s'interroger sur les raisons de cette nouvelle complexité : si Corneille introduit le personnage de Dircé, il le fait pour des raisons politiques, pour aggraver la culpabilité politique de l'usurpateur Œdipe au détriment de sa culpabilité existentielle. Bernard Dort appartient, pour des raisons différentes, à la même tradition critique : « Corneille agit prudemment. Sa pièce de rentrée, guindée, étroite, calquée sur l'antique, est volontairement restreinte à la question du héros : *Œdipe* »[5]. Or la tragédie cornélienne n'est en rien calquée sur celles de Sophocle et de Sénèque : le plaidoyer de Thésée peut aussi être interprété comme un plaidoyer du poète en faveur de la liberté de création. Le thème d'Œdipe, tel qu'il a été fixé par l'Antiquité, est utilisé par Corneille comme référence et comme preuve. Comme référence, pour témoigner de l'originalité de sa tragédie. Comme preuve, pour vérifier la cohérence de sa dramaturgie. En ce sens, la réflexion d'Octave Nadal : « Corneille ne détruit pas le mythe ancien; il le juge »[6], nous semble tout à fait opportune. *Œdipe* porte moins sur la nature du tragique que sur ses origines. Corneille entend privilégier la culpabilité politique d'Œdipe, usurpateur, tyran, régicide. Corneille ne met pas en scène l'affrontement d'un héros avec la Fatalité mais la punition d'un personnage victime de sa démesure politique. Chez Corneille, la culpabilité d'Œdipe est intérieure à l'ordre politique : l'origine de la tragédie est politique, non surnaturelle. Plus encore que la proclamation de Thésée, c'est la modification du personnage d'Œdipe qui relie la pièce à toute la pensée cornélienne. Thésée revendique la liberté quand Œdipe assume la responsabilité : la première ne saurait exister sans la seconde. C'est pourquoi Œdipe est plus coupable dans l'ordre de l'histoire, où règne la Providence, que dans l'ordre de la nature, où domine la Fatalité. Il aurait pu et dû reconnaître, voir, Laïus, roi de Thèbes. Il ne pouvait pas ne pas être le fils de

4. Jean Schlumberger, *op. cit.*, p. 192.
5. Bernard Dort, *op. cit.*, p. 96.
6. Octave Nadal, *op. cit.*, p. 236.

Laïus. Avec *Œdipe*, Corneille découvre que l'histoire ne peut plus sauver la nature dès que la *libido dominandi* l'emporte sur l'héroïsme : *Œdipe* est donc bien la réponse à *Pertharite*. Serge Doubrovsky en déduit que « la tragédie grecque par excellence échappe totalement à Corneille »[7]. Il est d'ailleurs conscient que cette déduction est inexacte puisqu'il poursuit ainsi son raisonnement : « En vérité, il serait plus exact de dire, non pas que Corneille était fermé à la tragédie œdipienne, mais qu'il la comprenait trop bien. Le sujet offre en effet un raccourci, ou plutôt, un concentré de tous les thèmes que nous avons rencontrés successivement : le projet héroïque miné, en dessous, par la présence d'une nature; l'impossibilité, pour la conscience royale, de se débarrasser de son hérédité ontologique, de s'accomplir contre l'origine, au moment même où elle s'y accouple; le parricide rendu inutile d'avance par l'inceste; l'action future récupérée par le passé et l'homme, coupé de lui-même, par le secret de sa naissance »[8]. Le mérite de cette interprétation est d'affronter la difficulté : la critique ne saurait se contenter d'exclure *Œdipe* en jouant Sophocle contre Corneille. Le danger de cette interprétation est de contourner l'analyse politique de la tragédie : la question de la légitimité ne continue pas sans raison de hanter Corneille. Elle se pose autant pour le héros que pour l'Etat : c'est la conséquence du compromis de *Pertharite*. Corneille revient en effet au problème de l'origine : tout Etat, quel qu'il soit, doit sa naissance à un crime contre la nature, à un parricide. Chez Horace, comme chez Romulus, ce parricide était conscient. Chez Œdipe, il est inconscient. Pourquoi ? Parce que l'Etat a changé de nature : Horace construisait l'histoire et l'avenir de Rome, Œdipe accomplissait la malédiction du passé; Horace était le héros providentiel de l'histoire, Œdipe était la victime politique de la nature. Le rite sacrificiel et fondateur de l'Etat qu'est le parricide s'accomplit dans le silence de l'ignorance et non dans la rhétorique d'une volonté éclairée par la raison. Tulle, au dénouement d'*Horace*, avait dissimulé le parricide. L'histoire de Rome exigeait la dissimulation du crime contre la nature. Avec *Œdipe*, la nature se venge en refusant de dissimuler le crime contre l'histoire : le héros sera condamné comme régicide. A cet égard

7. Serge Doubrovsky, *op. cit.*, p. 337.
8. Serge Doubrosky, *op. cit.*, p. 338.

Serge Doubrovsky n'a pas tort d'affirmer : « La nature est à la fois ce qui sauve et ce qui perd le héros »[9].

Œdipe est une tragédie cornélienne parce qu'elle est une tragédie politique. Corneille ne manque aucune occasion, tout au long de la pièce, de le mettre en évidence. Le pouvoir est immédiatement évoqué comme un poison :

> Ce palais par la peste est-il plus respecté
> Et l'air auprès du trône est-il moins infecté ?
>
> (I, 1, v. 19-20.)

Cet « air infecté » est celui de l'usurpation que combat Dircé :

> Le Roi, tout roi qu'il est, Seigneur, n'est pas mon maître.
>
> (I, 1, v. 105.)

Œdipe est ainsi d'abord décrit, par l'héritière légitime de Laïus, comme un usurpateur qui a bénéficié d'une double complicité, celle du peuple et celle de Jocaste (v. 109-110). Œdipe est dans la situation politique d'un Grimoald qui aurait épousé Rodélinde sans heurter les sentiments de ses sujets. La « politisation » de Dircé renvoie à l' « apolitisme » de Thésée : le prince d'Athènes revendique la distinction des ordres au détriment de l'action politique :

> Je dirai seulement qu'auprès de ma princesse
> Aux seuls devoirs d'amant un héros s'intéresse,
> Et que de l'univers fût-il le seul appui,
> Aimant un tel objet, il ne doit rien qu'à lui.
>
> (I, 1, v. 93-96.)

Thésée, au-delà des signes de préciosité, rappelle ainsi Pertharite et le triomphe de l'intérêt d'amour sur l'intérêt d'Etat. L'héroïsme s'affirme dans la fuite devant la politique, dans la distance avec le pouvoir.

Le paradoxe politique des relations entre Œdipe et Thésée apparaît dans leur conception de la fidélité à la parole donnée. L'usurpateur Œdipe refuse toute concession au machiavélisme :

> La parole des rois doit être inviolable.
>
> (I, 2, v. 185.)

9. Serge Doubrovsky, *op. cit.*, p. 343.

tandis que Thésée, par intérêt amoureux, revendique un droit au parjure qu'il déguise sous les artifices de l'intérêt d'Etat (v. 186-192). Ce paradoxe dans l'ordre politique appelle un second paradoxe dans l'ordre naturel : Jocaste accuse sa fille d'être une « fille dénaturée » (v. 294) alors qu'elle est elle-même une mère incestueuse. Dircé est « fille dénaturée » car, à l'exemple d'Œdipe, elle estime :

> Que le trône est plus doux que le sein d'une mère.
>
> (I, 4, v. 302.)

C'est l'ambition politique de Dircé qui dénature sa nature. Mais l'exemple d'Œdipe reste, selon la crainte d'Auguste dans *Cinna*, un « miroir trompeur » : Dircé est consciente de ses actes et de ses désirs alors qu'Œdipe ne connaît ni les conséquences des premiers ni les origines des seconds. Œdipe ne saurait être exemplaire, au sens cornélien du terme, puisqu'il a subi plus que voulu, du moins jusqu'à ce moment de son histoire. Jocaste reconnaît d'ailleurs à Dircé une autonomie politique et refuse, en reine, de la condamner :

> Je suis Reine, Seigneur, mais je suis mère aussi :
> Aux miens, comme à l'Etat, je dois quelque souci.
> Je sépare Dircé de la cause publique,
> Je vois qu'ainsi que vous elle a sa politique.
>
> (I, 4, v. 319-322.)

Après Thésée, Jocaste plaide pour la distinction des ordres qu'Œdipe a inconsciemment confondus. Mais Jocaste va plus loin que Thésée. Elle comprend la force et la logique de l'amour-propre :

> Parlons-en comme il faut : nous nous aimons plus qu'elle;
> Et c'est trop nous aimer que voir d'un œil jaloux
> Qu'elle nous rend le change et s'aime plus que nous.
>
> (I, 4, v. 330-332.)

Jocaste confirme l'aveu de Garibalde (*PerthParite*, II, 2, v. 505) : la politique est le masque de l'amour-propre. La politique de Dircé consiste à se préférer aux autres. La politique n'est plus l'amour de l'Etat mais l'amour de soi. Le héros évolue en même temps que l'Etat. Dircé a vu comment Œdipe utilisait l'Etat, en étant un usurpateur. Pourquoi elle-même, héritière légitime du trône, n'agirait-elle pas de la même manière ? Son ambition politique reflète son ambition amoureuse : elle refuse de céder à Œdipe et d'épouser Æmon autant parce qu'elle aime Thésée que parce qu'Æmon n'est pas roi. Chez Dircé, l'intérêt et l'amour coïncident : il n'est pas certain que cette coïncidence soit synonyme de progrès dans l'échelle cornélienne des valeurs. La princesse thébaine évite la confusion des ordres par leur superposition : elle retrouve les principes de l'héroïsme en dehors de tout compromis avec le monde extérieur :

> Je me suis à ce choix moi-même autorisée.
>
> (II, 1, v. 426.)

C'est l'indépendance héroïque qui crée sa double légitimité amoureuse et politique. Sertorius éprouvera le caractère illusoire de cette liberté du héros hors de l'Etat. Ce que Dircé refuse, c'est l'hérédité du marchandage politique. Le peuple de Thèbes, par peur, s'était vendu aux vainqueurs du Sphinx et avait vendu la reine, mais il ne pouvait pas vendre aussi la fille de Laïus :

> En se donnant à vous, eut-il droit de me vendre ?
>
> (II, 1, v. 457.)

La prostitution politique n'est pas héréditaire, tel est le message que Dircé lance à Œdipe : l'histoire peut moins que la nature. Œdipe lui-même en aura bientôt la tragique révélation. Dircé reconnaît le pouvoir de l'usurpateur et sa légitimation par la Providence à condition qu'Œdipe ne prenne pas sur elle « quelque pouvoir de maître » (v. 473) : c'est en contraignant Dircé à épouser Æmon qu'Œdipe provoque la crise politique. Si l'usurpateur n'est pas tyrannique, il peut conserver le pouvoir : *Œdipe* prolonge ici la conclusion politique de *Pertharite*. Mais le droit à la résistance commence pour le héros avec le commencement de la tyrannie pour l'usurpateur. Dircé doit être reine, à Thèbes ou ailleurs. Œdipe, en l'empêchant d'être épouse de Thésée, donc reine d'Athènes, est responsable de la crise dynastique : son intérêt n'est pas de ramener Dircé à Thèbes mais de l'en éloigner. Dircé, soumise aux pressions d'Œdipe, lui répond par un double défi héroïque et politique :

> Qui ne craint point la mort ne craint point les tyrans.
>
> (II, 1, v. 500.)

Ainsi, la tragédie prend-elle, grâce au personnage de Dircé, une signification dynastique qui souligne la continuité avec les pièces précédentes.

En agissant contre Dircé, Œdipe agit également contre la Providence puisqu'il empêche le ciel de réparer son injustice envers la princesse thébaine (v. 510-516). Œdipe, en effet, ne se contente pas de tyranniser la fille de Laïus,

> Il faut qu'il soit tyran de toute la famille,
> Qu'il porte sa fureur jusqu'aux âmes sans corps.
>
> (II, 2, v. 554-555.)

Valens torturait les corps. Œdipe torture les âmes des morts. Cette démesure est toute politique. « Politique nouvelle » (v. 530), « Politique partout » (v. 532) répond Dircé à tous les arguments qu'avance sa confidente pour expliquer, voire justifier l'attitude d'Œdipe. Dircé retrouve la lucidité de Pulchérie devant Phocas pour mettre à nu la déformation politique :

> S'il a cru m'éblouir par de fausses caresses,
> J'ai vu sa politique en former les tendresses.
>
> (II, 2, v. 525-526.)

La fonction de Dircé est de révéler la politique d'Œdipe. Elle répond ainsi au dessein que Corneille avait précisé dans l'Avis au lecteur. Dircé fait apparaître l'Œdipe usurpateur et tyrannique privilégié par Corneille au détriment de la tradition sophocléenne. Elle met en avant les erreurs dont Œdipe doit assumer la responsabilité. Elle ignore les fautes, le parricide et l'inceste, auxquelles il était prédestiné. Elle limite ainsi la culpabilité de l'Œdipe cornélien à l'ordre politique. En évoquant la mort de Laïus et sans connaître le meurtrier, elle insiste sur la gravité du régicide : l'assassin d'un roi ne peut en aucun cas être lavé de son crime :

> Un sang si précieux ne saurait se répandre
> Qu'à l'innocente cause on n'ait droit de s'en prendre,
> Et de quelque façon que finisse leur sort,
> On n'est point innocent quand on cause leur mort.
>
> (II, 3, v. 659-662.)

Œdipe parricide est une victime. Œdipe régicide est un coupable. Dans le désordre politique, Corneille établit la première des certitudes : il est interdit de porter la main sur un roi, quelles que soient les circonstances. *Œdipe*, après *Pertharite*, confirme la condamnation sans appel de Cromwell et l'avertissement aux Grands.

La politique de Dircé s'organise donc autour d'une double restauration de l'héroïsme et de la légitimité. Mais sa condition de femme limite cette restauration à la rhétorique du sacrifice. Dircé, à la différence de Thésée, ne dispose pas de la force : elle sauvera son peuple, non en combattant pour lui, mais en s'immolant à l'Etat. Cette politique vaut pour la seule Dircé : Thésée au contraire doit vivre pour l'Etat puisqu'il a la force.

> Votre bras de la Grèce est le plus ferme appui :
> Vivez pour le public, comme je meurs pour lui.
>
> (II, 4, v. 729-730.)

Le même héroïsme d'Etat conduit Dircé à la mort, Thésée à la vie. Corneille pousse à leurs limites les contradictions de l'héroïsme politique : Dircé meurt pour servir l'Etat, Thésée vit pour servir l'Etat. Etrange Etat qui demande la mort de l'une et la vie de l'autre. Corneille entend ainsi souligner les apories de la politique héroïque dans un univers soumis aux règles de l'usurpation. Cet Etat thébain est étrange parce que le maître du pouvoir est lui-même étrange, voire étranger à l'Etat. La tragédie politique coïncide avec le mouvement vers un Etat transparent. Cela implique que Dircé ne soit pas sacrifiée comme victime d'Etat : le peuple et Œdipe refusent un sacrifice en forme de régicide. Le sang de Dircé éclabousserait Thèbes sans éclairer le mystère : il serait, contrairement à ce que croit la sœur d'Œdipe, inutile de le répandre. Corneille prend soin de rendre ce sacrifice suspect puisque Dircé déclare à Jocaste :

> ... Et je meurs plus pour moi
> Que pour ces malheureux qui se sont fait un Roi.
>
> (III, 2, v. 903-904.)

La mort de Dircé est l'ultime manifestation d'une gloire aux couleurs de l'amour-propre : Dircé ne se sacrifiait pas à Thèbes, mais à elle-même et à l'idée d'elle-même. Elle revendique l'autonomie de l'ordre politique contre l'ordre de la nature :

> Le trône a d'autres droits que ceux de la nature,
>
> (III, 2, v. 926.)

mais elle affaiblit le trône en le séparant de la nature. L'héroïsme de Dircé est aussi authentique qu'impuissant car il est fondé sur le principe d'un ordre politique construit sans l'ordre naturel. Ce principe répond au désordre de la nature qu'il essaie de pallier par une nouvelle genèse des valeurs du héros mais il a toutes chances de rester sans effet. Il suffit que s'enfle le bruit du retour d'Œdipe pour que la confusion se répande partout et jette à bas les échafaudages politiques construits sans l'aveu de la nature.

Corneille retrouve la situation d'*Héraclius* ou de *Pertharite*. Dans l'hypothèse où Thésée serait Œdipe, son amour pour Dircé est incestueux : c'est le cas de figure de Martian cru Héraclius. L'obscurité de la nature provoque un désordre amoureux autant qu'un désordre politique. Thésée est aussi l'héritier de Pertharite : à l'impossibilité de son amour pour Dircé s'ajoute l'impuissance de sa politique. Thésée le confirme à Jocaste :

> Mais ne permettez pas que le Roi me soupçonne,
> Comme si ma naissance ébranlait sa couronne,
> Quelque honneur, quelques droits qu'elle ait pu m'acquérir,
> Je ne viens disputer que celui de mourir.
>
> (III, 5, v. 1093-1096.)

Le vrai Pertharite ne se battait pas pour sa couronne. Le faux Œdipe se bat encore moins : Thésée n'est plus ni héros ni amant. Ayant voulu tout séparer, il risque de tout perdre. Avec Dircé et Thésée, Corneille découvre les dangers d'un héroïsme tout en « teinture » (v. 925 et 1114) : Dircé a une teinture royale, Thésée une teinture amoureuse. Si Thésée est Œdipe, il est également inceste et parricide. C'est ici que le prince d'Athènes prononce son célèbre plaidoyer pour le libre arbitre. C'est ici qu'apparaît, à notre avis, la distinction entre la Providence et la Fatalité : le ciel de Thésée n'est pas le ciel de Jocaste. Thésée plaide pour un ciel qui amplifie les actions et les valeurs humaines :

> Le ciel, juste à punir, juste à récompenser,
> Pour rendre aux actions leur peine ou leur salaire,
> Doit nous offrir son aide et puis nous laisser faire.
>
> (III, 5, v. 1168-1170.)

L'ordre du héros et l'ordre de la Providence ont partie liée : le premier anime, dans le monde, les impulsions du second. Le héros reste responsable de ses actes : son innocence ou sa culpabilité lui appartient. Le postulat héroïque et le postulat providentiel se rejoignent dans le refus de la prédestination naturelle et du déterminisme historique : les jeux ne sont pas faits à l'entrée en scène du héros. Au contraire, dans la conception de Jocaste et pour reprendre le titre d'une pièce de Sartre, « les jeux sont faits » :

> C'était là de mon fils la noire destinée :
> Sa vie à ces forfaits par le ciel condamnée
> N'a pu se dégager de cet astre ennemi,
> Ni de son ascendant s'échapper à demi.
> Si ce fils vit encore, il a tué son père :
> C'en est l'indubitable et le seul caractère;
> Et le ciel, qui prit soin de nous en avertir,
> L'a dit trop hautement pour se voir démentir.
>
> (III, 5, v. 1133-1140.)

Thésée parle du ciel au présent. Jocaste parle de la destinée à l'imparfait. Œdipe est un héros entravé à la naissance et par la naissance : il ne peut échapper au moindre élément de sa prédestination. Dans un monde troublé, le parricide reste le seul signe de reconnaissance : le pire des crimes contre la nature est le seul moyen de reconnaître la nature. Mais la Fatalité n'était pas muette : elle avait averti Laïus et Jocaste. Il aurait fallu tuer Œdipe au lieu de l'exposer sur le mont Cythéron : les vrais coupables du parricide et de l'inceste sont Laïus et Jocaste, plus qu'Œdipe. Les victimes sont les premiers coupables. Or Laïus et Jocaste avaient confié Œdipe à Phorbas qui remit l'enfant à Iphicrate par « compassion » (v. 1724). Le roi et la reine de Thèbes sont les vrais coupables : Corneille innocente Œdipe des crimes de parricide et d'inceste, c'est-à-dire des crimes de la prédestination. La culpabilité d'Œdipe ne sera pas métaphysique mais politique.

En effet, Thésée, qui a plaidé pour le libre arbitre, plaide bientôt contre le régicide. Absous dans l'ordre de la Fatalité, Œdipe est condamné dans l'ordre de la Providence : il n'a pas reconnu la majesté et la dignité royales de Laïus, il est donc coupable. Œdipe a été trahi par la faiblesse de son regard et par la dissimulation de Laïus « sous un habit champêtre » (v. 1349). Au-delà de la condamnation politique d'Œdipe, Corneille lui-même dénonce le désordre et le mensonge dont les hommes sont plus responsables que les Dieux. Le poète n'a pas mis en valeur sans raison un climat de doute, d'obscurité, de perplexité : *Œdipe* est la dernière tragédie de la nature cachée et du pouvoir masqué. Plus jamais chez Corneille, le moindre doute ne sera permis sur la vérité de la nature. Plus jamais la nature ne sera coupable d'une faute politique. Telle est peut-être une explication du choix de ce sujet par Corneille. En revenant à la scène après plusieurs années de silence, le poète devait vérifier, par une ultime tragédie, la rigueur et la cohérence de ses hypothèses. Corneille devait sauver la nature au détriment de l'histoire : Œdipe n'est pas coupable comme fils de Laïus et Jocaste mais comme usurpateur. Grimoald n'était pas né roi mais il était sauvé du péché d'usurpation par sa vertu. Œdipe est né roi mais il est condamné à l'usurpation pour avoir cédé à la *libido dominandi*. Après *Pertharite*, *Œdipe* est la tragédie politique de l'usurpation. Après *Œdipe*, l'Etat n'aura même plus l'excuse de l'usurpation, qu'elle soit historique comme celle de Grimoald, ou naturelle comme celle du roi de Thèbes. Corneille devait régler cette double crise de l'usurpation avant de parvenir à la confrontation entre la légitimité héroïque et la légitimité politique, entre la gloire et la tyrannie. Grimoald sauvé dans l'ordre de l'histoire annonçait Œdipe sauvé dans l'ordre de la nature. Encore fallait-il mettre en scène le destin d'Œdipe après avoir mis en valeur la vertu de Grimoald.

Œdipe est présenté comme un souverain très politique mais non comme un machiavélien. Nous avons vu comme il refuse de retirer sa parole en enlevant Dircé à Æmon. L'usurpateur n'est pas un tyran : Dircé le reconnaîtra volontiers en admettant que le seul acte tyrannique d'Œdipe était de ne pas lui donner Thésée. Œdipe cherche une reconnaissance politique lorsqu'il déclare à Dircé :

> Je pense être ici Roi.
>
> (II, I, v. 421.)

Lorsque la fille de Laïus répond :

> Je sais ce que vous êtes,

elle admet le pouvoir d'Œdipe mais elle ne reconnaît en fait ni l'authenticité du roi ni l'identité du frère dans la personne de l'usurpateur. Œdipe a d'ailleurs pris soin de rappeler les origines de son pouvoir à Thèbes. Il a percé l'énigme du Sphinx, libéré le royaume du monstre et perçu le prix de son courage : Œdipe insiste sur les conditions qui lui ont permis de conquérir le pouvoir. Les Thébains étaient terrorisés par le monstre : ils avaient vendu le trône et la reine à celui qui les en débarrasserait :

> Mais comme aux grands périls le salaire enhardit,
> Le peuple offre le sceptre, et la Reine son lit.
>
> (I, 3, v. 243-244.)

La peur, le marchandage et la prostitution sont les règles de la politique : la légitimité et la féminité sont sacrifiées à la raison d'Etat. Parvenu au trône par l'usurpation, Œdipe entend légitimer sa domination : le mariage d'Æmon avec Dircé effacerait l'usurpation, le mariage de Dircé avec Thésée constituerait au contraire une menace politique pour Œdipe. Pourtant le caractère non tyrannique d'Œdipe explique qu'il soit prêt à renoncer au trône de Thèbes pour retrouver celui de Corinthe auquel il pense avoir droit. Corneille reprend ici l'hypothèse de *Pertharite*, celle d'un dédoublement du trône : Thèbes et Corinthe succèdent à Milan et Pavie, l'espace politique est assez grand pour qu'Œdipe règne sur Corinthe et Thésée, avec Dircé, sur Thèbes. Mais que se passe-t-il si l'espace politique se réduit au point de ne laisser qu'un seul trône, celui de Thèbes ? L'appartenance d'Œdipe à deux Etats souligne la condition tragique du héros politique : Œdipe est usurpateur à Thèbes où il est du sang des rois, Œdipe est légitime à Corinthe où il n'est pas du sang des rois. L'impasse est donc totale bien qu'elle soit encore cachée.

Thèbes en effet est victime de la peste. Les Dieux « muets et sourds » (v. 359) ne viennent pas en aide aux hommes. Œdipe et Jocaste ne donnent pas la même explication à cette peste. Le roi y voit une « juste vengeance » des Dieux dont les augures ont été démentis par la mort de l'enfant Œdipe. La reine y voit une conséquence de la mort de Laïus. Cette seconde hypothèse ne saurait mettre en cause l'actuel souverain de Thèbes puisque « Œdipe, loin de se croire l'auteur de la mort du roi son prédécesseur, s'imagine l'avoir vengée sur trois brigands, à qui le bruit commun l'attribue »[10]. Œdipe refuse le régicide conscient. Cela

10. Examen, *OC*, p. 567.

explique que, malgré les propos prononcés par l'ombre de Laïus pendant le sacrifice de Tirésie, Œdipe écarte le sacrifice de Dircé :

> Il s'agit de répandre un sang si précieux
> Qu'il faut un second ordre et plus exprès des Dieux.
>
> (III, 3, v. 951-952.)

Or le régicide serait aussi un parricide, puisque Dircé est la sœur d'Œdipe. Celui-ci refuse donc consciemment le régicide et inconsciemment le parricide alors qu'il a jadis commis un régicide et un parricide inconscients. L'analyse du personnage d'Œdipe est ici décisive. Lorsque la nature est cachée, le parricide n'est pas imputable au héros mais au destin. Lorsque la nature royale est visible, Œdipe n'est pas régicide. La véritable culpabilité d'Œdipe est le manque de clairvoyance. Cela expliquera le supplice final. *Œdipe* rejoint la thématique cornélienne du regard, *Œdipe* est la tragédie du regard trahi, des yeux inutiles. On ne joue pas impunément ni avec l'ordre du ciel ni avec l'ordre de la nature : Laïus et Jocaste, en voulant éviter le parricide, commis consciemment par Cléopâtre et Léontine, ont commis une faute encore plus grave : en voulant éviter le meurtre d'Œdipe, ils ont provoqué un parricide, un régicide et un inceste. Cependant, ni Cléopâtre ni Léontine n'assumaient une malédiction : elles obéissaient à des motivations exclusivement politiques. Le parricide de Léontine avait même reçu une forme de légitimation providentielle.

Toutefois, la reine de Syrie et la dame de Constantinople, en commettant, sans subir la moindre « noire destinée », des parricides, ont justifié toutes les malédictions. Cléopâtre n'avait pas sans effet maudit la descendance d'Antiochus et Rodogune : la véritable origine de la malédiction n'est donc pas divine mais, humaine. Œdipe est, dans l'histoire du théâtre de Corneille, métaphoriquement et symboliquement, le fils d'Antiochus et Rodogune, la première victime de la malédiction de Cléopâtre. Œdipe est autant le fils naturel de Laïus et Jocaste que le fils symbolique d'Antiochus et Rodogune. Il ne suffit pas de dire que la malédiction est à l'origine de la tragédie. Il faut dire également qui est à l'origine de la malédiction. Corneille reste fidèle à lui-même : si la prédestination existe, dans la nature ou dans l'histoire, elle est due aux hommes, non aux Dieux. Sertorius subira la malédiction de Camille contre Rome comme Pompée l'avait subie, dans l'ordre de l'histoire. Œdipe subit la malédiction de Cléopâtre dans l'ordre de la nature. Or la malédiction de Camille et de Cléopâtre exprimait, pour la première, le refus de l'Etat, pour la seconde, l'effet de la passion du trône. Camille, qui ne serait jamais mère, maudissait l'histoire de Rome. Cléopâtre, qui était déjà mère, maudissait sa propre descendance. Le refus de la démesure politique chez Camille et l'acceptation de la démesure politique chez Cléopâtre conduisaient à une double malédiction qui, portant sur la nature et sur l'histoire, enlevait au héros toute espérance de salut. Condamné dans l'ordre de la nature par la malédiction, Œdipe ne sera pas sauvé dans l'ordre de l'histoire : innocent d'un parricide voulu par les Dieux, il sera coupable d'un régicide condamné par les hommes. Telle est, à notre sens, l'originalité de l'Œdipe cornélien.

Dans la chronologie de la découverte de la vérité, Œdipe apprend d'abord qu'il est meurtrier de Laïus. Cette chronologie autorise une séparation totale du personnage et des responsabilités. Œdipe sera régicide et Thésée, cru fils de Laïus et Jocaste, aura failli être inceste en voulant épouser Dircé. Le roi de Thèbes prend acte avec douleur de cette première révélation :

> O partage inégal de ce courroux céleste !
> Je suis le parricide, et ce fils est l'inceste.
> Mais mon crime est entier, et le sien imparfait,
> Le sien n'est qu'en désirs et le mien en effet.
>
> (IV, 5, v. 1545-1548.)

Œdipe croit encore qu'il est fils du roi de Corinthe : ce régicide ne sait pas encore qu'il est également parricide et inceste. La colère des Dieux ne se divise ni ne se limite. L'habileté d'une révélation de la vérité en deux temps permet à Jocaste d'innocenter Œdipe :

> Œdipe est innocent, je me fais criminelle.
>
> (IV, 5, v. 1574.)

Œdipe, meurtrier de Laïus, reste en effet un personnage magnanime digne d'admiration (v. 1558), preuve que le régicide n'efface pas les valeurs héroïques. Œdipe, sans pressentir son identité, s'interroge sur le « bizarre éclat » du « discernement » (v. 1583) des cieux qui :

> Sépare le forfait d'avec le châtiment.
>
> (IV, 5, v. 1584.)

Thésée, s'il était issu du sang de Laïus, serait puni pour un crime commis par Œdipe. Celui-ci continue de faire confiance à la Providence, accepte de quitter Thèbes pour Corinthe mais refuse au peuple le droit de le chasser.

Œdipe doit apprendre la seconde partie de son destin sans espérer fuir loin de Thèbes.

> Seigneur, il faut ici faire tête à l'orage,
> Il faut faire ici ferme et montrer du courage,
>
> (V, 2, v. 1685-1686.)

lui rappelle Iphicrate, chef du conseil de Corinthe. Grimoald était sauvé par un autre trône que le sien parce qu'il n'était pas roi. Œdipe, qui est réellement fils de roi, ne peut être sauvé par un trône qui ne serait pas le sien. Œdipe ne saurait être sauvé de la tragédie par la politique puisque son ambition politique a causé sa chute dans la tragédie. Œdipe est prisonnier de la nature car il est déjà condamné par l'histoire. L'emploi répété du mot « ici » souligne la fermeture de l'espace tragique dans le lieu prédestiné de Thèbes. Œdipe apprend qu'il a été substitué au fils mort du roi de Corinthe, qu'il fut :

> Un enfant exposé, dont le mérite éclate.
>
> (V, 2, v. 1702.)

Il espère donc, comme Grimoald, se racheter par son seul mérite et pallier ce qu'il croit être un manque de la nature par sa propre valeur :

> Ce revers serait dur pour quelque âme commune,
> Mais je me fis toujours maître de ma fortune,
> Et puisqu'elle a repris l'avantage du sang,
> Je ne dois plus qu'à moi tout ce que j'eus de rang.
>
> (V, 2, v. 1717-1720.)

Œdipe essaie de se sauver comme peut se sauver, après Martian et surtout Grimoald, un généreux sans naissance. Mais Œdipe ne peut être sauvé ainsi puisque sa nature ne l'a pas trahi. La nature sauvait don Sanche, elle accuse Œdipe. *Œdipe* répond aux deux hypothèses d'un salut par la vertu et d'un salut par le mérite en condamnant l'une et l'autre. Le héros prend alors la mesure de son destin : Iphicrate lui annonce qu'il fut exposé sur le mont Cythéron. La révélation tragique prend la forme de la découverte d'un complot universel, d'une conspiration :

> Le temps, le lieu, l'oracle et l'âge de la Reine,
> Tout semble concerté pour me mettre à la gêne.
>
> (V, 2, v. 1741-1742.)

Seule la mort d'Œdipe pouvait éviter le parricide, le régicide, l'inceste; Il fallait tuer Œdipe dès sa naissance. Le héros est désormais de trop avant même d'être né : telle est la principale découverte de Corneille dans *Œdipe*. Les « exploits généreux » du héros ne sont rien contre la décision du destin : le malheureux succède au généreux.

> Quel crime avez-vous fait que d'être malheureux ?
>
> (V, 5, v. 1819.)

demande Dircé à son frère. Le héros est malheureux au sens où la Providence n'est plus avec lui mais il n'est pas réduit à ses seuls actes : l'être vaut plus que le faire. Œdipe réfute Thésée :

> Aux crimes malgré moi l'ordre du ciel m'attache.
>
> (V, 5, v. 1825.)

On pense à la définition que Jean Giraudoux donnera de la tragédie dans *Littérature* : « Qu'est-ce que la tragédie ? C'est l'affirmation d'un lien horrible entre le destin humain et un destin plus grand que le destin humain; c'est l'homme arraché à sa position horizontale de quadrupède par une laisse qui le retient debout, mais dont il sait toute la tyrannie, et dont il ignore la volonté »[11]. Par son vocabulaire, par sa psychologie, par sa volonté d'être égal à un destin contraire, Œdipe est peut-être le premier héros totalement tragique de Corneille. Mais, si Œdipe n'est pas responsable de tous ses actes, il paie le prix des crimes, des fautes, des erreurs, des mensonges commis par

11. Jean Giraudoux, *Littérature*, Paris, Gallimard, 1967, p. 228.

les autres personnages de Corneille. Le personnage d'Œdipe ne mérite pas son sort. Le personnage cornélien subit les conséquences logiques de ses actes. C'est pourquoi nous ne nous reconnaissons pas dans l'analyse que Serge Doubrovsky propose du dénouement : « En substituant le crime de lèse-majesté au péché originel, l'héroïsme cornélien récupère à son profit le tragique grec dans *Œdipe*, comme auparavant le tragique chrétien dans *Polyeucte*. Le monarque sera sauvé de la nature humaine par la nature royale, l'inceste et le parricide surmontés par le suicide, le trône à jamais affermi, contre les Dieux et contre les hommes, par l'union sacrée des héros et des rois »[12]. Il nous semble au contraire qu'*Œdipe* répond à *Pertharite*, comme *La Mort de Pompée* répondait à *Polyeucte*. L'assassinat politique avec préméditation soulignait l'illusion de la possibilité d'un Etat chrétien, voire l'inutilité du martyre. La possibilité d'une prédestination souligne maintenant l'impossibilité d'un Etat qui chercherait tantôt dans la nature, tantôt dans l'histoire, un compromis avec le héros. Œdipe, d'ailleurs ne se tue pas, il se crève les yeux : l'aveuglement volontaire se substitue à la cécité subie. Œdipe s'impose dans l'ordre de la chair une mutilation que les Dieux lui avaient imposée dans l'ordre des sens. Il n'existe pas deux natures chez Œdipe mais une seule et même nature héroïque et royale. La vertu d'Œdipe n'avait vu en Laïus ni le roi ni le père (v. 1850). L'analyse de Serge Doubrovsky porte en elle ses propres contradictions : puisque Corneille a supprimé l'hypothèse du péché originel, Œdipe n'a même pas l'espoir de la rédemption; puisque Œdipe est condamné dans l'ordre de l'histoire comme régicide puis dans la nature comme inceste et parricide, il ne peut être sauvé ni par l'un ni par l'autre. Avec *Œdipe*, Corneille découvre un tragique dont il n'avait pas encore imaginé la force : la révélation du tragique est peut-être aussi forte chez le personnage que chez le poète. En rencontrant Sophocle, Corneille a trouvé un climat autant qu'un thème. Ni le héros ni l'Etat ne sont sauvés : c'est exactement le contraire de *Pertharite*.

Le suicide de Phorbas et de Jocaste marque la disparition des agents de la Fatalité. L'automutilation d'Œdipe porte plus sur l'avenir que sur le passé. Phorbas et Jocaste achèvent, par leur

12. Serge Doubrovsky, *op. cit.*, p. 343.

mort, un cycle du destin où leur culpabilité était engagée. Œdipe, s'il se tuait, ressemblerait à Jocaste mais il n'est pas Jocaste. La mort de Jocaste n'avait pas arrêté la peste. Le sacrifice d'Œdipe l'arrête immédiatement. La différence est essentielle. Que signifie le geste d'Œdipe ? Qu'apporte-t-il à l'univers cornélien, au héros, à l'Etat ? Il signifie d'abord que la découverte la plus importante des premières comédies, le regard, la vérité, l'authenticité du regard était une illusion. En s'arrachant les yeux, le héros achève l'œuvre du ciel : là nature est inutile puisqu'elle peut mentir et qu'on peut lui mentir. Corneille n'exténuera plus l'héroïsme dans un combat sans espoir où la nature est une alliée puis une ennemie sans qu'il soit possible de percevoir son changement. Il n'y aura plus jamais de conversion chez Corneille. Plus jamais un personnage ne sera transformé, comme Pauline, par la vue de la vérité. L'histoire devient d'autre part aussi inutile que la nature : ni la générosité ni la vertu ne constituent désormais des remparts pour l'héroïsme. Coupé de ses origines, le héros cornélien découvre également qu'il est coupé de son avenir. La nature est inutile. L'histoire est impuissante. C'est pourquoi la royauté est aussi inutile qu'impuissante. Authentique héritier mais véritable usurpateur à Thèbes, faux héritier mais vrai successeur à Corinthe, Œdipe découvre que la légitimité, vraie ou fausse, ne mène nulle part. Si elle est vraie, elle précipite le parricide. Si elle est fausse, elle plonge à jamais dans le néant. Etre le vrai fils de Laïus conduit à assassiner son père. Etre le faux fils de Polybe conduit à être renié par son père. L'absence de solution naturelle entraîne l'absence de solution politique. De même que la prostitution était pire que la mort pour Théodore, de même l'aveuglement est pire que la mort pour Œdipe. Mais Théodore était sauvée par Didyme de la prostitution alors qu'Œdipe s'arrache lui-même les yeux. Œdipe sait que son existence héroïque était compromise dès la naissance. Il sauve donc son essence héroïque. Il devient le témoin d'une Providence qui s'est dénaturée en Fatalité. Œdipe est victime d'une démesure qui n'est pas la sienne et il expie les crimes qui ne sont pas les siens. Le sang de Laïus, Etéocle et Polynice, Antigone et Ismène, portera, après lui, la malédiction des Labdacides mais l'Œdipe cornélien paie surtout les fautes des héros cornéliens. Il découvre un monde forgé par le héros mais où le héros ne peut plus exister. Ni Thèbes ni Corinthe ne peuvent, ne pouvaient, accueillir Œdipe. Avant *Sertorius* et *Sophonisbe*, avant les déceptions du général romain et de la reine de Numidie, Corneille préserve l'héroïsme des vicissitudes de la politique quitte à sacrifier la personne du héros. Œdipe est plus un héros tragique que la pièce n'est une tragédie. Corneille n'a pas encore atteint le moment de *Suréna*. Œdipe a commis la faute du régicide que le général parthe ne commettra pas : la culpabilité politique du fils de Laïus interdit à Corneille de le sauver. Mais la confrontation entre l'Etat et le héros se trouvait faussée par le destin, par une nature trop forte pour une histoire trop faible. Que se passerait-il si l'ordre de l'histoire l'emportait sur l'ordre de la nature, si la tragédie n'était pas due à une faille de la nature mais à une faille de l'histoire, si la guerre civile se substituait au parricide, si Sertorius, dressé contre Rome, portait la main sur l'Etat, si Sertorius avait raison de tuer l'Etat comme Œdipe avait eu tort de tuer Laïus ?

Sertorius, général républicain : l'héroïsme au passé

« La politique... fait l'âme de toute cette tragédie » : cette précision de Corneille dans l'Avis au lecteur rappelle *La Mort de Pompée* et *Nicomède*. Comme dans *La Mort de Pompée*, Corneille a falsifié l'histoire dans le sens d'une concentration de l'action tragique. Sylla était mort six ans avant Sertorius, mais il était nécessaire que le dictateur fût encore vivant dans la pièce pour que la tyrannie lui fût imputée sans compromettre Pompée. Sertorius et Pompée éprouvent en effet « une confiance de généreux à généreux » contraire aux recommandations machiavéliennes sur « la prudence d'un général d'armée ». Sylla, du seul fait qu'il est en vie, porte la responsabilité politique de la dictature : les deux héros romains restent ainsi à l'écart du péché de la tyrannie. La falsification de l'histoire était nécessaire à l'analyse politique. Celle-ci correspond-elle à la situation de la France au début du règne personnel de Louis XIV ? Georges Couton insiste sur le parallèle entre Sertorius et Condé : « Au moment où vient d'être signée la paix des Pyrénées, liquidant une interminable guerre extérieure, mettant le point final à la guerre civile par le retour de Condé, Corneille fait jouer *Sertorius*. C'est une méditation sur l'engagement et sur la fidélité. En temps de guerre civile, on ne choisit pas véritablement son parti : on ne "s'engage pas", on est "engagé" : par ses amitiés, ses obligations, par le hasard aussi. L'honnête homme se reconnaît donc, non à son choix, mais à sa fidélité »[13]. Que Sertorius soit Condé semble probable. Il ne faut pas en déduire tout un système allégorique où Pompée serait Mazarin, Sylla, Louis XIV, Viriate Mme de Longueville ou Mme de Chevreuse. Il faut plutôt songer à *Nicomède* et constater que l'identification du héros cornélien au « rebelle » Condé coïncide avec des tragédies politiques où le salut passe par l'éloignement : le héros l'emporte sur la politique. Dans *Horace*, être fidèle à soi-même, pour le héros, c'était s'engager pour Rome et tout sacrifier à Rome. L'amour de Sertorius pour Viriate, l'amour de Pompée pour Aristie, l'idée que la vérité d'Etat est douteuse, tout contribue à dissuader le héros de s'identifier à Rome. C'est à Louis XIV, non à Condé, de s'identifier à la France.

Avec *Œdipe*, Corneille s'intéressait encore au problème de l'usurpation. Avec *Sertorius*, il s'attache à l'analyse des fondements de l'autorité politique hors de la monarchie. L'absence de monarchie à Rome interdit de chercher dans l'ordre de la nature la légitimité politique. Il faut donc la trouver exclusivement dans l'ordre de l'histoire. La tragédie politique met en scène la recherche d'un ordre reconnu à défaut d'être juste et s'interroge sur la place laissée au héros dans un ordre qui n'est fait ni par lui ni pour lui. Il n'est d'ailleurs pas certain que la mort de Sertorius facilite réellement la naissance d'une nouvelle Rome. Le fait que *Sertorius* soit antérieur à *La Mort de Pompée* dans la chronologie romaine mais postérieure dans la chronologie cornélienne laisse un doute sur la qualité politique du dénouement : certes, Pompée est un généreux, mais il reste un général de guerre civile et il tombera hors de Rome sous les coups d'un complot. En d'autres termes, la politique ne gagne pas nécessairement à la disparition du héros même si elle y a, peu ou prou, contribué. Le cas de figure se retrouve en partie dans *Sophonisbe*. Robert Brasillach a, dans ce sens, raison de souligner la lassitude de Sertorius : « Il est condamné d'avance, pris dans l'intrigue politique et amoureuse

13. Georges Couton, La pensée politique de Pierre Corneille, *Corneille*, Paris, *Europe*, n° 540-541, avril-mai 1974, p. 68.

et, dès les premières scènes, étrangement las »[14]. Cette fatigue du général romain s'explique autant par l'âge que par l'abus de la politique. Le péril qui menaçait Auguste vient d'atteindre Sertorius : le pouvoir use, le combat politique use plus encore que l'exercice du pouvoir. Robert Brasillach nous semble toutefois manquer totalement d'objectivité critique lorsqu'il voit dans Sertorius « le chef de la brigade antifasciste... qui combat pour la liberté avec une dignité admirable de vieux syndicaliste »[15]. L'évolution politique de Corneille ne se résume pas à la transformation du « jeune nazi » Horace en vieil antifasciste : la passion mal maîtrisée de la modernité et la complaisance idéologique peuvent conduire à l'absurde... Le thème de la lassitude est repris sous une autre forme par Serge Doubrovsky : « Ce n'est pas l'avilissement remédiable de la volonté, mais l'irréparable usure de l'être qui s'accuse chez Sertorius »[16]. L'âge interdit en effet au temps d'être rédempteur et l'ordre politique ne compensera pas les défaillances irréversibles de la nature.

Si « la politique fait l'âme de toute cette tragédie », il est essentiel d'en percevoir les enjeux sans les limiter à l'histoire romaine. La pièce s'ouvre sur une délibération dont l'objet est l'assassinat de Sertorius. Cette confirmation dramatique et politique semble rappeler la première scène de *La Mort de Pompée* : mais cette ressemblance est une illusion. Sertorius doit, certes, être assassiné, comme devait l'être Pompée, mais la raison d'Etat fait place à la raison d'intérêt. Perpenna agit exclusivement par « ambition » (v. 9) et reste très conscient qu'il sacrifie Sertorius à ses seuls intérêts, politiques et sentimentaux. Dans *La Mort de Pompée*, la raison d'Etat égyptienne justifiait le recours à la force et à la violence. Dans *Sertorius*, c'est « la soif du premier rang » qui permet de répandre « un peu de mauvais sang » (v. 19-20). Aufide rappelle certains traits de Photin mais sa politique est plus corrosive encore que celle du conseil égyptien :

Avez-vous oublié cette grande maxime,
Que la guerre civile est le règne du crime,
Et qu'aux lieux où le crime a plein droit de régner,
L'innocence timide est seule à dédaigner ?

(I, 1, v. 21-24.)

14. Robert Brasillach, *op. cit.*, p. 274.
15. *Ibid.*, p. 276-277.
16. Serge Doubrovsky, *op. cit.*, p. 349.

Photin déclarait à Ptolomée :

> Le choix des actions ou mauvaises ou bonnes
> Ne fait qu'anéantir la force des couronnes;
> Le droit des rois consiste à ne rien épargner,
> La timide équité détruit l'art de régner.
>
> (*La Mort de Pompée*, I, 1, v. 105-108.)

Le droit de la guerre civile remplace le droit des rois. Photin œuvrait à la restauration de l'ordre monarchique et voulait éviter à son pays comme à son roi de subir les conséquences de la guerre civile à Rome. Aufide entend profiter du désordre des guerres civiles pour avancer les affaires de son maître et, par la même occasion, les siennes. Le machiavélisme, philosophie de l'exercice du pouvoir au nom de la seule raison d'Etat, s'est dégradé en opportunisme, technique de gestion des intérêts et de l'ambition de chacun. La guerre civile autorise et justifie tout : la légitimité politique n'a plus aucun sens dans un monde dominé par les rapports de forces. Sylla et Marius :

> Ont sacrifié Rome à leurs dissensions,
>
> (I, 1, v. 32.)

alors qu'Horace se sacrifiait à Rome. Mais, en assassinant Sertorius, Perpenna serait plus qu'un meurtrier, un traître : si dans une guerre civile tout est permis contre les adversaires, est-il permis :

> D'assassiner son chef pour monter en sa place ?
>
> (I, 1, v. 38.)

Avec les rares réticences de Perpenna, Corneille souligne l'importance de la fidélité. Le droit à l'erreur existe dans les guerres civiles, non pas le droit à la trahison. Toutefois, dans le désordre absolu des valeurs et des vérités, l'amour de l'Etat disparaît au profit de l'amour de soi. Aufide conseille un meurtre politique qui ouvre à Perpenna le chemin du pouvoir, mais d'un pouvoir de factieux. Photin conseillait une élimination politique qui devait consolider le trône légitime de l'Egypte. L'enjeu n'est plus le même. Aufide répond d'ailleurs aux réticences de Perpenna par un ralliement à Sylla qui montre la faiblesse de ses convictions républicaines et la supériorité de la Rome réelle sur la Rome idéale :

> Si nous voulons servir, Sylla nous tend les bras.
> C'est mal vivre en Romain que prendre loi d'un homme,
> Mais, tyran pour tyran, il vaut mieux vivre à Rome.
>
> (I, 1, v. 44-46.)

La politique de la raison d'intérêt, de l'ambition et de l'amour propre est la pire de toutes car elle change au gré des circonstances. Le culte de la raison d'Etat prédisposait au service de la raison d'intérêt en apprenant à se soumettre au temps pour mieux l'utiliser. Si Aufide renonce à ses idées républicaines, Perpenna renoncerait à son projet politique pour épouser Viriate : ces deux « républicains romains » seraient soumis l'un à un tyran, l'autre à une reine, même si Rome n'abhorre rien tant que les tyrans et les rois. Le marchandage est le corollaire du désordre : si Sertorius cède Viriate et son trône à Perpenna, celui-ci renoncera à poursuivre le général romain. Peut-on imaginer situation plus contraire aux principes de l'héroïsme et aux règles de la raison d'Etat ? Si la guerre civile permet tous les crimes, elle s'interdit aussi toute solution politique fondée en raison. Corneille approfondit ici sa propre réflexion. Lorsque le système politique reflète l'ordre de la nature, sa désorganisation provient le plus souvent du non-respect de l'ordre de la nature et sa restauration intervient dès que chacun reconnaît la vérité naturelle. Lorsque le système politique n'a aucun lien avec l'ordre de la nature, sa désorganisation, la guerre civile par exemple, réclame, pour être réduite, un effort exceptionnel de générosité. Tel est peut-être le lien politique entre *Œdipe* et *Sertorius*. *Œdipe* montre les limites d'une confiance absolue en l'ordre naturel dans une monarchie. *Sertorius* montre les limites d'une confiance totale dans la générosité pour sauver une république. Œdipe était condamné, malgré sa nature royale ou à cause d'elle. Sertorius est condamné, malgré sa générosité républicaine ou à cause d'elle. Ni la nature ni l'histoire ne sont désormais capables d'arracher le héros à sa condition tragique.

L'amour ne saurait être un refuge : il est très vite compromis par l'ambition politique. Aristie aime Pompée mais, par dépit de voir son ancien mari l'abandonner, elle est prête à épouser Sertorius. Viriate, de son côté, a choisi Sertorius pour satisfaire à son ambition politique. Les complexités de la tragédie matrimoniale et politique correspondent à la dégradation du sentiment amoureux et à la corruption de l'ambition politique. Le mariage de Sertorius et Viriate anticiperait l'union des soldats républicains avec les femmes de Lusitanie : le sang et l'intérêt commun seraient ainsi mêlés à jamais (v. 187). Perpenna conseille à Sertorius d'épouser Aristie et lui rappelle qu'il détient en « otages » (v. 218) des membres de la famille de Viriate. Tout contribue à dégrader la raison d'Etat pour l'asservir aux intérêts des personnes. Il appartient à la Romaine Aristie d'en apporter la preuve : elle apprend la venue de Pompée et demande à Sertorius de la protéger contre son ancien mari :

> L'ordre de son tyran et sa flamme inquiète
> Me pourront envier l'honneur de ma retraite :
> L'un en prévoit la suite, et l'autre en craint l'éclat,
> Et tous les deux contre elle ont leur raison d'Etat.
>
> (I, 3, v. 249-252.)

La seule adjonction d'un adjectif possessif au terme « raison d'Etat » témoigne du bouleversement intervenu dans l'ordre politique. L'ordre de Sylla et l'amour de Pompée sont une double raison d'Etat suffisante pour menacer Aristie. Celle-ci n'offre d'ailleurs pas à Sertorius son amour,

> Ce commerce rampant de soupirs et de flammes.
>
> (I, 3, v. 286.)

Elle lui propose un pacte politique :

> Unissons ma vengeance à votre politique,
> Pour sauver des abois toute la République.
>
> (I, 3, v. 289-290.)

Aristie refuse toute liberté à la féminité. Chimène sacrifiait la vengeance à la féminité. Aristie sacrifie la féminité à la vengeance. La piété républicaine succède à la piété filiale et les enjeux sont inversés. Mais Aristie perdrait tout là où Chimène gagnait tout : l'amour de Rodrigue était une réalité, l'idéal républicain n'est plus qu'une chimère. Aristie ne propose pas sans raison à Sertorius un mariage blanc : elle offre sa main, non sa personne car

> ... en cet hymen, l'amour n'a point de part
> ... il n'est qu'un pur effet de noble politique.
>
> (I, 3, v. 328-329.)

La politique en effet avait déjà dénaturé l'amour et Pompée, pour plaire à Sylla, avait répudié Aristie. L'amour se venge de la politique mais il reste extérieur à toute forme de désir ou de sensualité. Sertorius accepte mal cette nouvelle distribution des valeurs :

> Que c'est un sort cruel d'aimer par politique.
>
> (I, 3, v. 370.)

Rodrigue avait gagné dans l'ordre de l'amour et dans l'ordre de l'Etat. Sertorius perdra des deux côtés. Dans un univers qui refusait le change, le héros gagnait deux fois. Dans un monde soumis aux lois du change, le héros perd deux fois.

Si Aristie aime Sertorius par intérêt et par ambition, Viriate éprouve pour le général républicain un amour politique :

> J'aime en Sertorius ce grand art de la guerre
> Qui soutient un banni contre toute la terre.
>
> (II, 1, v. 405-406.)

Elle est amoureuse d'une « vertu » et d'un « mérite » plus qu'elle n'est éprise d'un homme. Cet amour est un effet des guerres civiles :

> Rome seule aujourd'hui peut résister à Rome.
>
> (II, 1, v. 421.)

Comme Laodice, comme Sophonisbe, Viriate sait que les « alliés » de Rome sont en réalité ses « sujets ». La guerre civile dans Rome offre à la reine de Lusitanie une chance politique que n'a pas eue la reine d'Arménie, que n'aura pas la reine de Numidie. Les hasards de l'histoire donnent parfois des occasions qu'il ne faut pas mépriser : la faiblesse de Sertorius sera de ne savoir ni maîtriser ni dominer des circonstances que tous les personnages de la tragédie utilisent à des fins incohérentes parce qu'intéressées. L'héroïsme est maintenant impuissant à transcender, dans une vision providentielle de l'Etat, la dispersion des intérêts politiques. Pourquoi d'ailleurs l'Etat se compromettrait-il pour gérer cette dispersion ? Si Rome ne parvient pas à dépasser ses contradictions, la monarchie lusitanienne s'essaie à une authentique restauration du pouvoir royal. La restauration se fera par les femmes qui acceptent l'amour politique auquel les hommes, Sertorius comme Pompée, se résignent mal. Aussi la jouissance de Viriate sera-t-elle équivoque :

> Jouissons, en dépit de l'envie,
> Des restes glorieux de son illustre vie.
>
> (II, 1, v. 465-466.)

Aristie épousait plus le général que l'homme. Viriate s'attache plus à la renommée qu'à la personne de Sertorius. Le temps biologique et le temps politique ont fait leur œuvre : Viriate désire ce qui lassait et décevait Auguste, la jouissance du pouvoir.

Ce renversement de perspective conduit la reine de Lusitanie à préciser la nature de son ambition. Elle s'offre à Sertorius avant de faire éclater l'impuissance de l'héroïsme politique, voire l'impossibilité de son existence :

> Car enfin, pour remplir l'honneur de ma naissance,
> Il me faudrait un roi de titre et de puissance,
> Mais comme il n'en est plus, je pense m'en devoir
> Ou le pouvoir sans nom ou le nom sans pouvoir.
>
> (II, 2, v. 533-536.)

Telle est l'impasse que laissait craindre et deviner l'évolution du théâtre de Corneille. Le héros ne peut plus espérer le nom et le pouvoir en même temps. Déjà, dans *Pertharite*, était apparue la nécessité d'un dédoublement du pouvoir royal tandis qu'*Œdipe* prouvait l'absurdité biologique et politique d'une telle division. *Sertorius* est la conclusion de la tragédie du héros. L'identité du pouvoir et du nom était accordée aux héros d'Etat dont Auguste, plus qu'Horace, restait la figure historique. L'Etat depuis a séparé le pouvoir du nom et le nom du pouvoir avec la secrète espérance que le nom soit un jour oublié pour que le pouvoir reste seul en lice. La mort de Sertorius signifiera bientôt que le pouvoir et le nom ne pouvaient plus coexister longtemps dans la personne du héros. La politique avait rempli sa fonction de division des indivisibles et de dissociation des indissociables. Viriate voulait en Sertorius un être capable de pallier la disparition des rois « de titre et de puissance » (v. 534). Aussi refuse-t-elle l'aide d'Aristie : elle refuse de « partager la gloire » de la victoire sur Sylla (v. 634). Voilà le climat politique qui précède le célèbre entretien de Sertorius et Pompée. Avant même que ne commence le dialogue de généreux à généreux, de Romain à Romain, Corneille a pris soin de mettre en valeur les faiblesses du héros et la force des intrigues politiques.

La première scène du troisième acte est à juste titre fameuse. Il convient de l'analyser, à notre sens, en respectant trois principes : l'attention à l'histoire romaine car Sertorius et Pompée seront, dans l'histoire, deux vaincus des guerres civiles; l'attention aux thèmes politiques en dehors de leur signification par rapport à l'héroïsme ou à la tragédie; l'attention aux enjeux cornéliens d'une confrontation des généreux dans un Etat divisé. Le dialogue des généreux est possible en raison de la non-confusion des ordres : d'un côté, la guerre civile dont Aufide et Perpenna ont montré les effets; de l'autre l'honneur, le mérite, l'estime, le respect. D'un côté, la force, de l'autre la grandeur. Sertorius et Pompée appartiennent à l'ordre de la grandeur : leur seule politique est le souci de la grandeur de Rome. Sertorius est même un « exemple » pour Pompée, preuve que la singularité héroïque est reconnue malgré la division politique. Pompée devient à son tour un exemple (v. 780-805) : la chaîne constitutive de l'héroïsme semble enfin retrouvée, l'héroïsme redevient une « création continuée ». Pompée et Sertorius ont l'un et l'autre « l'âme toute romaine » (v. 790, 822, 842). Mais le véritable problème n'est pas là. Il est de savoir comment le héros doit agir lorsque l'histoire précipite un Etat dans la guerre civile. Le dialogue entre Cornélie et César, dans *La Mort de Pompée*, avait apporté une première réponse. Corneille exclut l'indifférence ou l'apolitisme qui ne sont même pas les plus bas degrés de l'héroïsme. Pompée s'explique donc sur les origines et sur la nature de l'engagement politique chez le héros. Au début de la guerre civile, la vérité politique est tout sauf évidente : l'histoire est aussi obscure que la nature. Cette absence de vérité rend au héros sa liberté. Cette liberté choisit « au hasard » (v. 850) : le choix du héros est tragique car il ne répond à aucune rationalité. Dans le désordre et la confusion des valeurs, le héros ne s'épuise plus à chercher la vérité et la justice, il y renonce même implicitement.

La vérité était nécessaire à Œdipe. Elle est inutile à Sertorius et Pompée. La vérité naturelle est essentielle. La vérité historique ou politique est accessoire. Si le choix du héros est dû au hasard, il ne doit pas compromettre le héros : celui-ci préservera une part de lui-même. Pompée rappelle son attitude envers Sylla :

> Je lui prête mon bras sans engager mon âme.
>
> (III, 1, v. 862.)

Horace donnait à Rome et son bras et son âme. Lorsque la grandeur politique et la grandeur héroïque coïncidaient, le héros pouvait, devait s'engager tout entier au service de l'Etat. Désormais l'Etat divisé annonce un héros divisé. Pourquoi le héros resterait-il un si Rome se divise ? Le héros se divise donc, non entre les deux camps, car ce serait une ignominie, mais il se divise lui-même en un bras et une âme, en une force et une grandeur. L'insuffisance de vérité conduit le héros à se diviser. Cela préfigure tous les jeux de la tragédie politique et matrimoniale sur le cœur qui se donne sans la main et la main sans le cœur. Cela annonce aussi *Suréna* et la tentative du pouvoir de soumettre la main et le cœur du héros. Pompée résume en fait la situation de l'héroïsme cornélien : lorsque les valeurs de la politique relèvent de la grandeur et de la vérité, le héros s'engage tout entier à leur service; lorsqu'il n'en est plus ainsi, le héros conserve une part de liberté. Pour reprendre la comparaison de Robert Brasillach, si Horace était un « volontaire » et Curiace un « mobilisé », Sertorius et Pompée seraient plutôt des « mobilisés ». Le danger de cette division du héros reste qu'elle légitime l'apparence : Pompée travaille peut-être pour lui en soutenant Sylla et le républicain Sertorius dispose des pleins pouvoirs à Nertobrige. Pompée et Sertorius pourraient être moins sincères qu'ils souhaitent qu'on le croie. Si le héros se divise en une personne et un personnage, le risque est grand que le personnage domine : *Othon* en apportera bientôt la preuve. Si la personne agit en fonction de la seule grandeur, le personnage peut réagir d'après ses intérêts. Aussi Pompée propose-t-il plus une « politique par provision », au sens cartésien de « morale par provision », que les principes d'un héroïsme intemporel. Pompée ne peut offrir plus car l'usure du temps et de l'histoire ne laisse plus un choix très grand au héros. En effet, le gouvernement vertueux de

Sertorius est mis en accusation : le général républicain se trouve soupçonné de machiavélisme alors qu'il est tout sauf machiavélien. Sertorius ne gouverne pas avec vertu pour mieux assurer une quelconque tyrannie, mais parce qu'il croit dans la vertu comme fondement de l'autorité politique. Sertorius ne gouverne pas, comme Sylla, par « maximes d'Etat ». En fait, par ses vertus républicaines, il est le seul détenteur de la légitimité romaine :

> Rome n'est plus dans Rome, elle est toute où je suis.
>
> (III, 1, v. 936.)

Pompée avait conseillé de diviser le héros en un bras et une âme pour éviter de le compromettre dans la confusion et l'horreur des guerres civiles, pour répondre à la division de l'Etat. Sertorius propose de réunir, de réunifier l'Etat autour de la personne du héros, d'un héros tout entier généreux. La thématique cornélienne atteint ici l'un de ses sommets politiques. Pompée répond à la division de l'Etat par la division du héros, à la tragédie de l'histoire par la tragédie du héros. Sertorius répond à la division de l'Etat par l'unité de l'héroïsme seul moyen de reconstruire l'unité de l'Etat; il oppose aux défis de l'histoire la politique de la grandeur. *La Mort de Pompée* a déjà donné tort au lieutenant de Sylla. *Cinna* a déjà donné raison à Sertorius. L'échec et la mort de Sertorius prouvent que la politique tragique l'a emporté sur la politique héroïque. Octave avait prêté son bras, Auguste avait engagé son âme. Lorsque Auguste était encore Octave, que la division du héros renvoyait à la division de l'Etat, et inversement, la politique de la grandeur ne pouvait pas triompher. La solution de Pompée constitue en réalité une double régression héroïque et politique puisqu'elle affaiblit le héros sans renforcer l'Etat. Elle suppose que le héros fasse le premier pas et qu'il se contente de la parole de l'Etat. Elle implique que le héros cornélien fasse confiance à la politique machiavélienne. Sertorius perçoit le danger :

> Je ne m'éblouis point de cette illusion.
> Je connais le tyran, j'en vois le stratagème :
> Quoi qu'il semble promettre, il est toujours lui-même.
>
> (III, 1, v. 964-966.)

Autant Horace acceptait de se sacrifier pour Rome, autant Sertorius refuse de mourir pour Sylla.

L'entrevue a donc échoué sur le plan politique. Pompée refuse de reconnaître à Sertorius la légitimité romaine. Sertorius oppose le même refus à Pompée en écartant la demande formulée par Sylla de désarmer ses troupes. Il existe donc un conflit de légitimités qui noue la tragédie politique. Seule la violence peut résoudre une telle crise puisqu'il n'existe pas, comme dans *Pertharite*, la possibilité de dédoubler le pouvoir. C'est la disparition du héros qui fera l'unité de l'Etat mais Rome ne sera plus Rome : la République aura vécu et sera morte avec Sertoirus. L'Etat existe toujours mais il a changé. En ce sens, *Sertorius* est essentiellement liée à la situation politique de la France : c'est la tragédie de l'instauration d'un nouveau régime. La France passe du ministériat et de la Fronde à la vraie monarchie absolue. La mort de Mazarin, la disgrâce de Fouquet, l'arrivée de Colbert sont, en 1661, des événements qui vont au-delà des personnes et qui portent sur la nature même du pouvoir. *Sertorius*, en 1662, est la tragédie de la naissance de l'Etat moderne.

Pompée avait perdu face à Sertorius. Il perd également devant Aristie en lui proposant une conception machiavélienne de l'amour :

> Vous saurez accorder votre amour et ma gloire,
> Céder avec prudence au temps prêt à changer,
> Et ne me perdre pas au lieu de vous venger.
>
> (III, 2, v. 1110-1112.)

Rebelle à la fidélité républicaine de Sertorius, Pompée refuse à son ancienne femme ce qu'il revendiquait pour lui-même, la division du héros. L'amour d'Aristie doit s'engager tout entier au service de la gloire de Pompée alors que Pompée refusait de s'engager tout entier pour la gloire de Sylla. Pompée exige d'Aristie une fidélité qu'il n'a pas su lui garder. Le désordre amoureux correspond au désordre politique : Pompée a répudié Aristie pour épouser, sur ordre de Sylla, Emilie, maîtresse de Glabrion. La logique des mariages est aussi tortueuse que celle des alliances politiques. En effet le désordre matrimonial, loin de résoudre la crise politique, contribue à l'aggraver : Pompée rompra la trêve dès qu'il verra Aristie prête à épouser Sertorius. Où se trouvent la grandeur de Rome et la grandeur du héros ? Pompée réclamait tout à l'heure la distinction des ordres, il pratique maintenant la confusion : la guerre civile envahit les cœurs et les esprits autant qu'elle jette le trouble à Rome. Sertorius demande à Viriate d'attendre, comme Pompée exigeait d'Aristie qu'elle attendît l'abdication de Sylla. Le tragique de l'indécision et de l'irrésolution commence son action désastreuse. Pompée et Sertorius étaient excusables dans l'ordre politique car l'erreur de choix est le propre des guerres civiles. Ils sont inexcusables dans l'ordre de l'amour car ils savent qui ils aiment et refusent, par intérêt politique, d'en tirer les conclusions. Sertorius paiera ces hésitations de sa vie puisqu'elles hâteront l'heure de son assassinat.

Comme la mort de Pompée, la mort de Sertorius ne doit pas rester impunie. Perpenna a commis la même erreur que Ptolomée dans *La Mort de Pompée* : il ne lui appartenait pas de se substituer à César. La déclaration de Perpenna à Pompée est une accumulation d'erreurs :

> Je vous ai de la paix immolé l'adversaire,
> L'amant de votre femme, et ce rival fameux
> Qui s'opposait partout au succès de vos vœux.
>
> (V, 5, v. 1822-1824.)

Cela revient à dire que Pompée était incapable de gagner la paix, incapable de recouvrer Aristie, incapable de combattre Sertorius. La démesure politique de Perpenna est sans bornes : il détruit lui-même son propre plan en dénonçant publiquement la trahison d'Aristie. On ne touche pas à la femme de Pompée... Le lieutenant de Sylla se comporte en généreux : il fait exécuter Perpenna après avoir pris soin de neutraliser ses accusations. L'ordre revient peu à peu dans le camp romain : Pompée retrouve Aristie et l'abdication de Sylla a mis fin aux guerres civiles. Seul le cas de Viriate n'est pas résolu. La reine de Lusitanie accepte la paix et renonce au mariage après la perte « irréparable » qu'est la disparition de Sertorius. Cet adjectif nous semble important. Il prouve que Pompée ne remplace pas Sertorius dans l'ordre politique car la mort du général républicain est aussi pour Rome une perte irréparable. Il prouve que le héros est irremplaçable. En refusant la division du héros en une personne et un personnage, Sertorius avait accédé au degré le plus élevé de l'héroïsme cornélien, la singularité. Pompée sera remplacé par César. Sertorius est irremplaçable tant à Rome que pour Viriate : à la fin de la République répondra la stérilité de la reine de Lusitanie qui déclare à Pompée :

> Mais si je puis régner sans honte et sans époux,
> Je ne veux d'héritiers que votre Rome, ou vous.
>
> (V, 7, v. 1899-1900.)

Viriate sauve sa nature royale en sacrifiant la féminité et la maternité. A cet égard, elle préfigure Pulchérie. Viriate est ici toute cornélienne puisqu'elle se rend maîtresse de tout son sort et qu'elle s'égale à son destin. Mais sur le plan politique, l'impuissance de Sertorius à rétablir la République renvoie à l'incapacité de Viriate de prolonger la monarchie. Peut-être faut-il en déduire que l'avenir des régimes politiques a moins d'importance que la sauvegarde des valeurs héroïques.

Le personnage de Sertorius invite à une déduction analogue : la grandeur politique, c'est-à-dire la Rome républicaine, appartient désormais au passé. Sertorius incarne en même temps la grandeur du héros et la grandeur de Rome : la nature tragique du personnage est due au fait qu'il incarne ces deux grandeurs non dans Rome, mais hors de Rome. Aussi la disparition de Sertorius, outre sa signification pour l'héroïsme, impliquera-t-elle la disparition d'un régime rebelle à la grandeur. Le « Grand Pompée » obtient une victoire toute provisoire et ne sera pas longtemps maître de Rome. *Sertorius* marque une étape décisive dans la réflexion et l'évolution de Corneille : elle apporte la certitude que la grandeur héroïque ne peut pas survivre à l'échec politique du héros et que la grandeur politique ne peut pas survivre à la mort du héros. Telle est la conséquence d'un engagement politique total du héros lorsqu'il échoue. Auguste, après Horace, sauvait le héros et l'Etat : le salut héroïque et le salut politique participaient d'une même conception de la grandeur. Sertorius ne sauve ni le héros ni la vision héroïque de l'Etat : le héros et l'Etat héroïque meurent ensemble tandis que naît un autre Etat qui ne doit rien au héros et qui s'est constitué contre lui. Dans *Horace*, l'Etat sauvait le héros car il était trop faible pour survivre sans créateur. Dans *Sertorius*, l'Etat ne sauve pas le héros car il n'a plus besoin de tuteur. La genèse de Rome sauvait Horace de la mort. La métamorphose de Rome condamne Sertorius.

Le héros se trouve à la merci d'un changement de régime : la logique de l'Etat est indépendante de la logique du héros. Rome et Horace, Rome et Auguste ne pouvaient survivre séparés : le héros et l'Etat auraient succombé à leur séparation. Rome ne peut maintenant vivre que par la mort de Sertorius et le général républicain n'aurait pas sa place dans la nouvelle Rome.

Sertorius est sans nul doute un héros, mais il est un héros au passé :

> Son nom fait tout pour lui sans qu'il en sache rien,
>
> (I, 1, v. 88.)

note avec jalousie Perpenna. La grandeur de son nom autorise Sertorius à mépriser le marchandage et le machiavélisme :

> D'un homme tel que vous la foi vaut cent otages,
>
> (I, 2, v. 126.)

note encore Perpenna dont la foi vaut autant que le nom, c'est-à-dire rien. Mais la générosité de Sertorius, sans être suspecte, n'est pas assurée d'elle-même : le héros, en effet, reconnaît devoir sa « puissance » à Perpenna et accepte d'abandonner Viriate à son lieutenant par « reconnaissance ». Sertorius mesure les limites de la grandeur sans la force : il n'a pas besoin de Perpenna pour être grand, mais il a besoin de lui pour être fort contre Rome comme il a besoin d'Aristie pour être fort contre Sylla. Pour l'emporter dans l'ordre politique, Sertorius doit renforcer sa puissance militaire hors de Rome et semer la division dans Rome. Perpenna et Aristie lui servent à atteindre ce double objectif donc à gagner la guerre civile et rétablir la République. Mais Perpenna et Aristie lui interdisent d'épouser Viriate, qu'il aime. Sertorius vérifie l'affirmation de Thésée :

> L'amant et le héros s'accordent mal ensemble.
>
> (*Œdipe*, II, 4, v. 712.)

Ou la réalité de l'histoire est trop forte pour Sertorius, ou le héros est trop faible pour la dominer, ou, plus gravement encore, le héros croit être trop faible alors qu'il ne l'est pas réellement. A aucun moment Sertorius, en effet, ne force le destin : que se passerait-il s'il épousait Viriate en négligeant l'appui militaire de Perpenna et l'alliance politique d'Aristie ? Sertorius n'a plus la force intellectuelle et morale d'affirmer sa grandeur envers et contre tous. Le perdant, en cas de guerre civile, n'est pas le plus faible mais le plus usé. Sertorius, après Œdipe, paie les effets du désordre des valeurs. Une malédiction naturelle pesait sur Œdipe. Une fatalité historique pèse sur Sertorius. Le héros a trop vu l'inutilité de tous les efforts et de tous les sacrifices. Si le vrai et le faux, la légitimité et l'usurpation, la vertu et le crime sont interchangeables, si la nature et l'histoire mentent à tour de rôle pour satisfaire l'ambition politique, que gagnerait le héros à prendre des risques inutiles ? Horace prenait avec joie un risque nécessaire. Sertorius refuse avec lassitude un risque inutile.

Sertorius ne peut plus compter sur la nature. Il est un héros de la seule histoire. Aristie le rappelle avec force :

> ... Ce que vous faites
> Montre à tout l'univers, Seigneur, ce que vous êtes.
>
> (I, 3, v. 297-298.)

C'était l'exacte situation de Carlos, du soldat Carlos. Mais Carlos était porté par une nature qui le sauvait des impasses de l'histoire. Carlos était ce qu'il faisait avant d'être ce qu'il était, don Sanche, roi d'Aragon. L'identité héroïque de Carlos appartenait à la nature. L'identité héroïque de Sertorius appartient à l'histoire. D'une manière symbolique, Corneille insiste sur l'affaiblissement de Sertorius qui apparaît dans le manque d'acuité de son regard. Les yeux d'Œdipe ne reconnaissaient ni Laïus ni Jocaste. Les yeux de Sertorius ne décèlent rien dans le cœur de Viriate : incapable de « voir » l'amour que lui propose et lui porte la reine de Lusitanie, il lui offre Perpenna. Il commet ainsi, au-delà de la bévue sentimentale, une erreur politique :

> Vous donnez une reine à votre lieutenant.
>
> (II, 2, v. 516.)

Les erreurs politiques et les fautes amoureuses se répondent : le manque de lucidité amoureuse crée un nouveau désordre politique. Ce manque de lucidité est en fait un manque de courage, un symptôme de soumission plus qu'un signe de passion :

> Je ne veux que le nom de votre créature.
>
> (II, 2, v. 550.)

Le héros n'est plus un créateur ni dans l'ordre politique, ni dans l'ordre amoureux. La dégradation cependant ne s'arrête pas là. Le combat politique contraint Sertorius à emprunter les voies du machiavélisme. Il épousera donc Aristie par intérêt et imposera Perpenna à Viriate pour pouvoir abattre Sylla plus facilement. Il faut en effet éviter que Viriate, par dépit, n'abandonne le camp républicain. Il faut qu'elle soit sous le contrôle politique de Sertorius qui en vient à prononcer, malgré sa générosité naturelle, des phrases scandaleuses :

> Je tiens Sylla perdu, si vous laissiez unie
> A ce puissant renfort votre Lusitanie.
> Mais vous pouvez enfin dépendre d'un époux,
> Et le seul Perpenna peut m'assurer de vous.
>
> (II, 2, v. 601-604.)

Ce plan idéal est en fait une catastrophe politique car Viriate dresserait Perpenna contre Sertorius. L'habileté dramatique de Corneille est, bien entendu, de multiplier les fausses solutions pour mettre en valeur l'isolement tragique de son héros. L'entretien avec Pompée explique la faiblesse politique de Sertorius, comme nous avons essayé de le montrer, mais la rhétorique du général républicain masque, plus que cette défaillance, un véritable affaiblissement.

Sertorius prend conscience de son état. L'authenticité de son héroïsme éclate dans sa lucidité :

> Ah ! pour être Romain, je n'en suis pas moins homme :
> J'aime, et peut-être plus qu'on n'a jamais aimé;
> Malgré mon âge et moi, mon cœur s'est enflammé.
> J'ai cru pouvoir me vaincre, et toute mon adresse
> Dans mes plus grands efforts m'a fait voir ma faiblesse.
> Ceux de la politique et ceux de l'amitié
> M'ont mis en un état à me faire pitié.
>
> (IV, 1, v. 1194-1200.)

Tout n'était donc qu'illusion. Seule la politique faisait agir Sertorius. La révélation de la vérité est aussi celle de l'impuissance :

> Mais près d'un coup fatal, je sens par mes ennuis
> Que je me promettais bien plus que je ne puis.
>
> (IV, 2, v. 1279-1280.)

Sertorius est un héros au passé : la promesse se conjugue à l'imparfait et la puissance au présent. Sertorius est un personnage tragique : il est divisé dans le temps et par le temps. Lorsque le héros n'est que ce qu'il fait, en cessant d'agir, il cesse d'être. Viriate et Aristie ne demandent donc pas un amant mais un époux, un nom (v. 360, 1286, 1288). Elles veulent épouser Sertorius pour satisfaire leur gloire, non leur passion. Le drame de Sertorius est qu'il aime Viriate par amour et non par gloire. En séparant l'amour et la gloire, Viriate et Aristie sauvent leur liberté. Il existe même une correspondance entre la division de la féminité et la division de l'héroïsme chez Pompée. D'un côté la gloire et le bras, formes politiques de la grandeur. De l'autre l'amour et l'âme, formes héroïques de la grandeur. Aristie, Viriate et Pompée survivront. Sertorius mourra. Le général républicain donne tardivement raison à Sabine :

> Mais enfin je renonce à la vertu romaine,
> Si pour la posséder je dois être inhumaine.
>
> (*Horace*, IV, 7, v. 1367-1368.)

Le conflit entre Sertorius et Viriate est un conflit de gloire. La contradiction entre le Romain et l'homme pourrait se résoudre, selon Viriate, si Sertorius sacrifiait sa gloire de Romain à la gloire de Viriate : point n'est besoin de « chercher d'autre gloire au pied de l'Aventin » (v. 1332). Sertorius perdra car il n'aura pas su répondre aux défis de la gloire. La gloire de Viriate anime un idéal politique qui explique la rupture avec la nouvelle Rome mais aussi, dans la France du XVIIe siècle, l'opposition de l'aristocratie à la naissance de l'Etat moderne. Viriate jouit de la servitude imposée par Rome aux Romains. L'héroïsme atteint ici les contradictions de sa philosophie de la liberté :

> La liberté n'est rien quand tout le monde est libre.
>
> (IV, 2, v. 1334.)

Viriate met en avant la faiblesse conceptuelle de l'idéal républicain, selon laquelle la liberté est tout puisque tout le monde est libre. L'idéal républicain n'est pas conforme aux principes de l'héroïsme cornélien. *Œdipe* était la dernière tragédie de la légitimité. *Sertorius* est la dernière tragédie de la République. La République, fût-elle la meilleure de toutes, celle de Rome, n'est pas le régime politique de l'héroïsme. Les Romains de Sertorius n'obéiraient d'ailleurs pas « au mari d'une reine » (v. 1366).

Sertorius, comme républicain, n'a plus sa place à Rome et il ne l'aurait guère, comme prince consort, en Lusitanie. Sertorius n'a sa place nulle part : telle est la réalité politique.

Marie-Odile Sweetser privilégie l'interprétation providentielle de la mort de Sertorius[17]. Il nous semble plus opportun de méditer sur la situation de l'héroïsme, sur la nature de l'Etat et sur la place des valeurs. Dans cette perspective, une comparaison avec *La Mort de Pompée* n'est pas inutile. Pompée mourait assassiné au début de la tragédie et il n'apparaissait sur scène à aucun moment. Sertorius meurt assassiné au dénouement après une longue présence sur le théâtre. Pompée venait de perdre une bataille décisive. Sertorius est un général victorieux qui tient tête aux troupes de Sylla. On ne savait rien de l'homme Pompée. On sait tout de l'homme Sertorius. La disparition de Pompée ne marque pas la fin de la guerre civile puisque Cornélie doit rejoindre ses partisans en Afrique. La mort de Sertorius est une des causes de la paix et de la réconciliation romaine. Enfin, l'assassinat de Sertorius est un signe du destin à Pompée. Cette comparaison ne se veut pas exhaustive. Elle permet seulement de mesurer l'évolution de Corneille.

Rome sert de prisme à l'analyse de cette évolution. Rome est un Etat dont la durée de vie explique une succession de formes politiques différentes. L'Etat n'est pas un concept neutre ou abstrait. L'Etat est une réalité politique qui évolue, qui transforme les êtres et se transforme elle-même. De même que la nature d'Œdipe n'est pas la nature de Rodrigue ou de Cléopâtre, de même la Rome de Sertorius n'est ni l'Etat de Tulle, ni celui d'Auguste, ni, à plus forte raison, celui de Sylla. *Sertorius*, à cet égard, est autant une tragédie historique qu'une tragédie politique : le temps agit sur l'Etat comme sur le héros. *Sertorius* révèle ainsi la faillite du pari héroïque de construire un Etat hors du temps : Horace et Auguste construisaient une Rome aussi éternelle qu'irréelle. L'Etat cher au héros était un Etat « en idée », selon la formule de Marcelle et Cléopâtre. Avec *Sertorius*, l'histoire donne à l'Etat sa chair et son corps. Le héros avait créé l'Etat, mais l'Etat n'est plus aujourd'hui le même : il a ses principes, ses lois, ses règles que l'histoire a façonnés hors de l'héroïsme, il

17. Marie-Odile Sweetser, *op. cit.*, p. 196.

est tout où il est. La tautologie héroïque de Sertorius renvoie à la tautologie totalitaire de Rome. L'heure n'est désormais ni au héros d'Etat d'*Horace*, ni à l'Etat-héros de *Cinna*. L'heure est venue de savoir quelle est la place du héros dans l'Etat. Le tragique de la coexistence succède au tragique de l'identification. Ce tragique est un conflit de grandeurs : la grandeur de l'Etat et la grandeur du héros peuvent-elles subsister ensemble ? La réponse de *Sertorius* est négative, preuve que l'interprétation providentielle est aléatoire : la Providence transcende, la Fatalité ampute. Or si le héros est amputé de l'existence, l'Etat est amputé de l'héroïsme. Dans *Œdipe*, la nature transformait la Providence en Fatalité. Dans *Sertorius*, cette même métamorphose est le fait du temps historique. Après l'aveuglement d'Œdipe, le héros se trouvait coupé de la nature. Après l'assassinat de Sertorius, il est privé de l'histoire. Il lui reste l'ultime espoir que la nature et l'histoire se réunissent pour le sauver : ce sera l'illusion et la déception de *Sophonisbe*.

Sophonisbe, reine sans trône : l'héroïsme sans effet

Le thème n'est pas une nouveauté. Deux « grandes » *Sophonisbe* avaient marqué le théâtre français, celle de Montchrétien en 1596, très proche de la Renaissance, et surtout celle de Mairet, en 1634, très proche du classicisme. L'Italien Trissino avait donné en 1515 une *Sophonisbe*, dont le succès européen avait été considérable. Corneille s'explique longuement, dans l'Avis au lecteur, sur les choix de ses prédécesseurs et les siens. Par rapport à Mairet, il est important de noter que Corneille laisse Syphax en vie et qu'il introduit Eryxe. La dramaturgie cornélienne peut ainsi jouer sur deux reines et deux rois. Comme dans *Sertorius*, comme dans *Agésilas* et *Attila*, les femmes sont plus fortes que les hommes : elles incarnent mieux la grandeur héroïque et la légitimité politique. Il n'est pas sans signification que Corneille veuille reprendre, trente ans après, le sujet d'un triomphe de 1634 comme si le poète cherchait dans le passé un moyen de conjurer l'évolution du public vers une esthétique différente de la sienne. *Sophonisbe* répond aussi à *Nicomède* comme *Sertorius* répondait à *La Mort de Pompée*. Les guerres puniques assurent en politique étrangère la liaison que Pompée incarnait en politique intérieure. La Rome de Flaminius est-elle identique à la Rome de Lélius ? Comment évoluent l'impérialisme et la raison d'Etat ? Une vraie reine, Sophonisbe, est-elle plus assurée de son destin qu'un faux roi, Prusias ? Sertorius et Pompée meurent assassinés. Sophonisbe et Nicomède n'ont pas le même sort. Quelles conclusions peut-on en proposer ? Autant de questions qui donnent à la tragédie une portée beaucoup plus profonde que celle d'une vieille rivalité avec Mairet.

La critique a, selon nous, trop ignoré ou condamné *Sophonisbe*. Le jugement de Robert Brasillach est sans appel : « Plus encore que *Pompée*, cette *Sophonisbe* a l'air d'un pastiche de Corneille : il n'a rien écrit encore d'aussi ennuyeux, d'aussi froid, d'aussi scolaire. Quelques beaux vers, quelques beaux cris ne rachètent pas ce flot incolore de verbalisme romain, d'où toute vie s'est retirée. Le vieux Syphax n'a pour nous toucher que quelques souvenirs de Sertorius, et la Reine que quelques inconséquences de femme. Mais l'ensemble est mortellement glacé »[18]. La superficialité et la misogynie ne suffisent pas à aiguiser le regard critique... Le mérite de Serge Doubrovsky est au contraire d'avoir cherché dans cette tragédie romaine et carthaginoise les signes d'une progression de Corneille : « En remettant l'essence monarchique dans le circuit de l'existence, *Sophonisbe* reprend et amplifie le constat de faillite de *Sertorius*, au niveau non des héros, mais des rois »[19]. Corneille sauve en effet l'héroïne, mais il sacrifie la reine. Serge Doubrovsky entend ainsi démontrer que Corneille poursuit l'expérimentation de l'échec du héros : « Le projet monarchique ne saurait donc impunément changer de sexe. Après la volatilisation de l'essence héroïque dans *Sertorius*, nous assistons à la déperdition de la substance royale dans *Sophonisbe* »[20]. L'intérêt de cette analyse, dont nous ne partageons pas certains présupposés idéologiques, est de prouver que le héros, quelle que soit sa nature, quelle que soit sa situation, est existentiellement condamné à l'impuissance. Qu'il s'agisse de la malédiction thébaine, de la dictature de Sylla, de la raison d'Etat

18. Robert Brasillach, *op. cit.*, p. 287-288.
19. Serge Doubrovsky, *op. cit.*, p. 351.
20. *Ibid.*, p. 358-359.

romaine, le héros n'a plus sa place dans l'univers politique : l'histoire rejette le héros et celui-ci doit lutter non pour l'emporter, comme faisait Nicomède, mais pour rester ce qu'il est, un héros. Œdipe, Sertorius, Sophonisbe perdent tous dans l'Etat mais préservent tous leur héroïsme, leur gloire et leur grandeur.

Le temps et l'histoire jouent contre Sophonisbe comme ils menaçaient Sertorius. Le lieutenant de Syphax le rappelle, dès le premier vers, à la reine de Numidie :

> Madame, il était temps qu'il nous vînt du secours.
>
> (I, 1, v. 1.)

La menace de Rome est en effet immédiate. Bocchar confirme que l'objectif des Romains reste :

> D'asservir par leur prise et vous et tout l'Etat.
>
> (I, 1, v. 6.)

Cette formule souligne la double progression par rapport à *Nicomède* et *Sertorius*. La politique étrangère de Rome ne consiste plus seulement à tisser un réseau d'alliances et de clientèles, mais à conquérir des Etats par la guerre : Sophonisbe subit en Numidie le sort que Nicomède voulait éviter à la Bithynie; Sophonisbe est une preuve de l'échec politique de Nicomède; Lélius, un militaire, remplace Flaminius, un ambassadeur; Flaminius était le fils du vaincu de Trasimène, Lélius est le lieutenant du vainqueur de Zama; Nicomède était prince, Sophonisbe est reine. Bref tout contribue à la nouvelle donne politique. En second lieu, la mort de Sertorius signifiait la disparition de l'Etat républicain à Rome, non la disparition de Rome en tant qu'Etat : Sertorius était un héros dans l'Etat, il n'était pas le maître de l'Etat. La mort de Sophonisbe implique au contraire non la fin de la monarchie numide, mais la fin de la Numidie. L'ordre des mots et des sens le prouve : « et vous et tout l'Etat ». Rome sait fort bien que son ennemi Syphax et son allié Massinisse sont impuissants à sauver leur Etat. Rome sait que la reine seule est capable de préserver la Numidie, de lui garantir son indépendance. Rome doit, nécessairement, asservir Sophonisbe pour asservir la Numidie. Sophonisbe se trouve dans la situation d'Auguste : elle est l'Etat. Sa nature la prédestinait à être reine dans l'histoire. Mais sa nature lui a donné en même temps la féminité et la légitimité, et sa condition de femme lui interdit d'assumer sa condition de reine : en étant l'Etat, Sophonisbe, parce qu'elle est femme, affaiblit l'Etat.

Sophonisbe dépend en effet, non d'elle-même, mais de Syphax dont les armées protègent Cyrthe, capitale de la Numidie. Elle est consciente de cette faiblesse héroïque et politique. C'est pourquoi elle conjure son mari :

> De penser à sa gloire encor plus qu'à l'amour.
>
> (I, 1, v. 34.)

La gloire est, plus que jamais, le ressort et la récompense, le principe et le couronnement de toute conduite héroïque. Sophonisbe ne se fait aucune illusion sur l'authenticité du sentiment amoureux, soumis aux périls du change. Seule la gloire reste à l'abri de l'agitation des sentiments. Sophonisbe vérifie, comme tous les vrais cornéliens, la définition d'Octave Nadal : « La gloire cornélienne est la loi suprême d'un *modus vivendi* personnel »[21]. La gloire de Sophonisbe est autant celle du héros que celle du monarque. Corneille reprend le thème sacrificiel de la gloire du héros d'Etat :

> J'immolai ma tendresse au bien de ma patrie :
> Pour lui gagner Syphax, j'eusse immolé ma vie.
> Il était aux Romains, et je l'en détachai;
> J'étais à Massinisse, et je m'en arrachai.
>
> (I, 2, v. 43-46.)

Sophonisbe a sacrifié la sensualité à l'Etat, la nature à l'histoire, la « tendresse » à la « gloire ». Ce « change » (v. 49) est, pour reprendre l'expression de Polyeucte, « un change avantageux » : Syphax conquiert les Etats de Massinisse pour offrir deux couronnes à la fille d'Asdrubal, Massinisse se trouve au contraire « réduit à sa seule personne ». D'un côté deux couronnes, de l'autre une personne. D'un côté la grandeur de Carthage, de l'autre la foi et le cœur, la fidélité et l'amour. Sans être une machiavélienne, Sophonisbe s'est comportée comme telle : elle s'est faite parjure par intérêt politique. En réalité, elle a plus répondu aux exigences de la grandeur qu'aux séductions de l'intérêt, mais le résultat politique est le même. Sophonisbe, authentique cornélienne, a

21. Octave Nadal, *op. cit.*, p. 300.

les apparences d'une authentique machiavélienne. Cette confusion apparente intervient aussi dans le vocabulaire : le mot « appas » (v. 49) ne désigne pas l'agrément d'une personne mais l'importance d'une politique. Auguste, en son temps, avait déjà perçu ce double langage de la politique. La confusion est d'autant plus forte dans la langue qu'elle est impossible dans la réalité : Massinisse est jeune, Syphax est « un prince à cheveux gris » (v. 69). Sophonisbe n'a donc pas choisi Syphax par amour et Massinisse le sait :

> Ce choix fait sans amour est pour lui sans mépris,
> Et l'ordre ambitieux d'un hymen politique
> N'a rien que ne pardonne un courage héroïque.
>
> (I, 2, v. 70-72.)

Une infidélité politique n'est pas une vraie infidélité. Sophonisbe revendique même le droit à une seconde infidélité, elle aussi politique : sa grandeur et sa gloire sont au-dessus des mariages qui ne l'engagent pas. Le véritable danger, pour Sophonisbe, n'est donc ni Syphax, ni Massinisse, mais Eryxe, ou plutôt la « gloire » d'Eryxe (v. 94) : la paix signifie que Massinisse épousera Eryxe, alors que Syphax avait fait la guerre « pour empêcher ce fâcheux hyménée » (v. 95). L'union d'Eryxe et Massinisse serait un échec personnel et politique de Sophonisbe : personnel, car Massinisse était son amant; politique, car la reine de Gétulie et le roi de Numidie sont les alliés de Rome contre Carthage. Sa gloire empêche Sophonisbe de goûter les charmes de la paix. Sophonisbe entend dominer Massinisse :

> Ne pouvant être à moi, qu'il ne soit à personne,
> Ou qu'il souffre du moins que mon seul choix le donne.
>
> (I, 2. v. 139-140).

La gloire et la préciosité ont ici partie liée : la grandeur de la reine et la grandeur de la femme se reconnaissent aux mêmes signes.

La paix, la *pax romana*, signifie une diminution politique de Sophonisbe puisque Rome laisse à Syphax sa première couronne et lui enlève la seconde. En acceptant cette paix, Syphax dénonce implicitement l'accord politique avec Carthage. En acceptant cette paix, Sophonisbe légitimerait cette dénonciation (v. 304); elle serait « le prix d'une amitié rompue ». Syphax refuse de combattre les troupes de Lélius alors que l'absence de Scipion est une chance qu'il devrait saisir : Sertorius était encore un vainqueur,

Syphax est un vaincu, heureux de rester roi sans combattre. Sophonisbe accepte de mourir. Syphax refuse. Sophonisbe préfère périr à Carthage. Syphax refuse de régner à Cyrthe, même s'il est un roi « en idée ». Sophonisbe sait « vivre et mourir en reine » (v. 384). Syphax ne sait même pas « vaincre ou mourir en roi » (v. 386) : il sera battu par Lélius sans être tué. L'échec militaire de Syphax interdit désormais à Sophonisbe tout recours à la force mais, en étant moins forte, elle sera plus grande.

> Sa disgrâce peut plus qu'un sceptre qu'on me rend,
>
> (II, 1, v. 430.)

constate Eryxe avec amertume. Corneille utilise toutes les informations du premier acte pour démontrer la grandeur de Sophonisbe. La reine de Numidie ne sombre pas avec Syphax, elle séduit Massinisse afin de préserver la majesté royale, afin d'

> Eviter le triomphe et les fers des Romains.
>
> (II, 1, v. 438.)

Elle avait contraint Syphax à combattre Lélius. Elle entend contraindre Lélius à la sauver de l'humiliation. Face à son amant, Massinisse, Sophonisbe revendique, sans la moindre mauvaise conscience, la responsabilité de tous ses actes. Le service de la gloire écarte les affres de la culpabilité :

> Je fus ambitieuse, inconstante et parjure.
>
> (II, 4, v. 607.)

L'alliance de ces trois termes s'explique en effet par le seul souci qu'a eu Sophonisbe de sa grandeur et de sa gloire. Elle avait une ambition d'Etat, non une ambition de personne. C'est pourquoi elle avait le droit de ne pas respecter ses promesses : la gloire et la raison d'Etat carthaginoise la libéraient des scrupules de fidélité. De même qu'il ne fallait pas apprécier la Cléopâtre de *Rodogune*, en fonction du bien et du mal, mais admirer la source de ses actions, de même il ne faut pas analyser le personnage de Sophonisbe d'après la morale commune de la fidélité. L'inconstance peut désormais être l'apanage du héros si elle est un effet de sa gloire. Mais que le change et le parjure aient droit de cité sur la scène cornélienne n'est pas sans conséquences pour l'héroïsme. Le héros subit ici la contagion de l'Etat : tant vaut l'Etat, tant vaut la raison d'Etat, tant vaut le héros d'Etat. Le gloire de Sophonisbe relève avant tout de l'ordre politique et cela explique le mimétisme machiavélien inconscient. Lorsque le héros était le seul créateur des valeurs, l'inconstance, le change et le parjure étaient exclus : il suffit, pour s'en convaincre, de songer à Rodrigue et Chimène. Depuis que l'Etat, créature du héros, est devenu lui-même créateur de valeurs, d'anti-valeurs, l'inconstance, le change et le parjure font partie intégrante de l'héroïsme. La politique a ainsi porté atteinte à l'ambition la plus haute du héros, maîtriser le temps. La constance était le seul moyen de transformer l'instant en figure de l'éternité. L'inconstance est le plus sûr moyen de diluer la temporalité en une cascade d'instants contradictoires. L'héroïsme de Sophonisbe sera sans effet parce qu'il est sans constance. L'héroïsme intériorise le désordre de l'histoire dans *Sophonisbe*, comme il avait intériorisé le désordre de la nature dans *Œdipe*. Le héros a perdu son rôle d'être que l'on imite pour devenir être qui imite : Rome imitait Auguste, Sophonisbe imite l'Etat. L'Etat est devenu objet d'imitation ou d'admiration. A la limite, la gloire est le masque héroïque de la raison d'Etat. La politisation absolue de la gloire chez Sophonisbe expliquera sans doute que la gloire de Suréna brille hors de l'Etat et contre l'Etat.

La rhétorique cornélienne de la volonté qui donne naissance à l'être :

> Voilà quelle je suis, et quelle je veux être.
>
> (II, 4, v. 695.)

confirme que l'héroïsme est engagé tout entier dans l'Etat. Sophonisbe refuse la division du héros suggérée par Pompée dans *Sertorius*. Sophonisbe exprime en fait sa nature providentielle :

> En un mot, j'ai reçu du ciel pour mon partage
> L'aversion de Rome et l'amour de Carthage.
>
> (II, 4, v. 687-688.)

Le mariage politique est le seul moyen d'éviter l'esclavage. Les « conditions » (v. 699) que Sophonisbe pose à Massinisse sont claires :

> J'accepte votre hymen, mais pour vivre sans maître.
>
> (II, 4, v. 696.)

Telle est la contradiction de Sophonisbe : elle ne peut accéder à la puissance politique que par le mariage mais elle exige du mariage ce qu'il est hors d'état de lui apporter. Sophonisbe fonde son action sur la confusion des ordres :

> Il est à mon pays puisqu'il est tout à moi.
>
> (II, 5, v. 718.)

Rome lui montrera bientôt le caractère illusoire de cette proclamation : c'est paradoxalement Lélius qui, au nom de la raison d'Etat romaine, rétablira la distinction des ordres en séparant le roi et l'amant que Sophonisbe avait confondus. Sophonisbe croit avoir gagné mais elle n'a triomphé qu' « en idée » : le système héroïque fonctionne parfaitement, mais il a perdu toute prise sur la réalité. Le héros est d'autant plus isolé qu'il est plus parfait. La gloire d'Auguste était un exemple pour l'Etat. La gloire de Sophonisbe est une exception dans l'Etat. Chez le héros, perfection est désormais synonyme d'impuissance. Le héros triomphe, certes, mais il triomphe hors de la nature depuis Œdipe et hors de l'histoire avec Sophonisbe. Or le héros se veut un héros d'Etat, une reine avant tout : Sophonisbe porte bien à leur paroxysme les contradictions de l'héroïsme politique. En sacrifiant tout à l'Etat, Sophonisbe s'est enlevé tout moyen de s'opposer un jour à la raison d'Etat. Corneille découvre le véritable enjeu de sa tragédie politique : le héros avait tout sacrifié à l'Etat avant que l'Etat ne se sacrifie tout l'héroïsme. Il faut que Sophonisbe soit totalement héroïque pour que la victoire de l'Etat — Rome en l'occurrence — soit totale.

La rhétorique de la gloire est aussi parfaite que la logique de l'héroïsme :

> Je sais ce que je suis et ce que je dois faire,
> Et prends pour seul objet ma gloire à satisfaire.
>
> (III, 5, v. 993-994.)

Sachant ce qu'elle est, Sophonisbe ignore ce qu'elle peut. Elle avait abandonné Massinisse pour devenir reine. Elle abandonne Syphax pour rester reine. Sa gloire est d'être reine : elle n'a commis aucune perfidie. Le système de la gloire tourne cependant à vide car Rome n'a pas encore fait connaître son sentiment. Massinisse en effet ne saurait être l'ami de Rome et le gendre d'Asdrubal (v. 1291). Rome n'acceptera pas que Sophonisbe use avec Massinisse du même « artifice » qu'avec Syphax. Lélius reprend devant Massinisse l'argumentation de Flaminius devant Attale. L'ambassadeur de Rome avait des ordres pour le prince Attale, non pour le roi de Pont (v. 1428-1430). Le lieutenant de Scipion a des ordres pour réunir sous la couronne de Massinisse les deux trônes de Numidie mais également pour que la « captive » Sophonisbe suive son époux Syphax. Comme Attale, Massinisse découvre que l'amitié de Rome ne tient compte que des personnages et ne s'intéresse pas aux personnes : la raison d'Etat ne connaît ni les individus ni leurs sentiments. Massinisse acceptera ce qu'Attale aura refusé. Sophonisbe n'est qu'une « proie » « commune » à Rome et à Massinisse (v. 1338) : peut-on imaginer plus grande déchéance politique pour la reine de Numidie ? C'est le républicain Lélius qui doit rappeler à Massinisse les exigences de la dignité du monarque :

> Mais quand à cette ardeur un monarque défère,
> Il s'en fait un plaisir et non pas une affaire :
> Il repousse l'amour comme un lâche attentat,
> Dès qu'il veut prévaloir sur la raison d'Etat.
>
> (IV, 3, v. 1373-1376.)

Sophonisbe et Lélius se ressemblent étrangement mais la reine n'a pas les moyens de sa politique alors que le Romain les a. Sophonisbe est moins que Nicomède. Lélius est plus que Flaminius. Dans *Nicomède*, Rome n'a pas encore engagé l'épreuve de force. Dans *Sophonisbe*, elle vient de la gagner. C'est pourquoi *Nicomède* reste en deçà de la tragédie, alors que *Sophonisbe* est nécessairement une tragédie.

Sophonisbe éprouve la faiblesse de Massinisse après avoir constaté la résignation de Syphax. Elle prend conscience des limites de sa politique : elle dépend des deux rois qui ne sont réellement rois ni l'un ni l'autre.

> Je ne veux qu'éviter l'aspect du Capitole,
> Que ce soit par l'hymen ou par d'autres moyens...
> Et n'ai changé d'époux que pour prendre un appui.
>
> (IV, 5, v. 1450-1451... 1456.)

Si les époux successifs cessent d'être des appuis, la politique du change s'effondre d'elle-même. Les « moyens » tracent les frontières de l'héroïsme : l'héroïsme d'Horace était immédiat; celui de Sophonisbe a besoin d'une médiation, cette reine a besoin de deux rois. Plus gravement, la gloire de Sophonisbe est menacée par la jalousie (v. 1553) : sans Eryxe, la reine de Numidie se serait mieux défendue. Massinisse est hors d'état cependant de secourir la reine : il ne peut que lui envoyer du poison pour l'aider à se tuer. Sophonisbe croyait avoir trouvé un appui contre Rome, elle découvre un « empoisonneur » (v. 1662), un « esclave des Romains » (v. 1666). La fille d'Asdrubal ne peut en fait triompher que dans la mort :

> Leur bassesse aujourd'hui de tous deux me dégage,
> Et n'étant plus qu'à moi, je meurs toute à Carthage.
>
> (V, 7, v. 1791-1792.)

Sophonisbe meurt donc « sans trouble » (v. 1800). La reconquête de l'identité héroïque coïncide avec la mort politique. Etre tout à soi pour le héros, c'est mourir tout à l'Etat. La gloire de Sophonisbe, c'est la raison d'Etat carthaginoise. La nouvelle Rome, la Rome impériale confirme sa supériorité. Sertorius était le dernier adversaire à l'intérieur comme Sophonisbe est la dernière ennemie à l'extérieur : l'ultime grandeur de Sophonisbe est de céder à la grandeur de Rome.

Corneille a créé le personnage d'Eryxe pour donner à la tragédie politique une force plus grande : « Eryxe... ajoute des motifs vraisemblables aux historiques, et sert tout ensemble d'aiguillon à Sophonisbe, pour précipiter son mariage, et de prétexte aux Romains pour n'y point consentir »[22]. La mise en parallèle des deux héroïnes est indispensable pour mesurer l'évolution des rapports entre la féminité et la politique : Sophonisbe est reine plus qu'amante, Eryxe est reine et amante (v. 227). Eryxe réhabilite la personne, que Sophonisbe avait écartée :

> J'aime en lui sa personne autant que sa fortune.
>
> (II, 1, v. 488.)

Eryxe refuse la règle du change : elle ne changera pas d'amant si Massinisse change de sort. Elle ne peut toutefois rester indifférente à la politique et contraint Massinisse à reconquérir ses Etats car elle ne saurait épouser « un roi sans trône » (v. 493). Il est exclu que la féminité royale d'Eryxe reste extérieure à la sphère de l'Etat. Son amour l'empêche de succomber aux séductions du

22. Avis au lecteur, *OC*, p. 644.

change politique. Sa « dignité » (v. 498) l'empêche d'épouser un roi « en idée ». Eryxe représente ainsi la nécessaire contre-épreuve de Sophonisbe. Sophonisbe choisissait l'Etat en renonçant totalement à l'amour. Eryxe choisit l'amour sans pouvoir renoncer totalement à l'Etat. Eryxe, consciente de sa propre faiblesse comme femme, ne peut accepter de redoubler cette faiblesse en épousant un roi sans couronne. Elle devine que les Romains laisseront à Massinisse le nom de roi sans le pouvoir d'un roi. Elle comprend que Massinisse impuissant à être roi se contente de « fantômes d'Etat ». Elle décèle la double défaillance du roi de Numidie pour qui elle avait une « apparence » d'amour (v. 822) et qui aura du mal à « paraître » roi (v. 914). Massinisse n'est en fait qu'une apparence de héros, qu'un héros en apparence. La politisation de la scène cornélienne se confirme avec la multiplication des simulacres : l'heure est aux amants sans amour et aux politiques sans pouvoir. Aussi la solidarité des reines répond-elle à l'impuissance des rois : Eryxe ne se réjouit pas de la déchéance de Sophonisbe :

> Et Reine, c'est mon sort en vous que je contemple !
>
> (III, 3, v. 930.)

Eryxe perçoit, mieux peut-être que Sophonisbe, les atteintes à la majesté royale. Elle n'a pas essayé sa gloire dans le service exclusif de l'Etat et, n'étant ni aveuglée ni éblouie, elle conserve une lucidité plus grande que la fille d'Asdrubal, elle apprécie mieux qu'elle le rapport de forces :

> Mais ce qui vous et moi nous doit mettre en souci,
> C'est que ni vous ni moi ne commandons ici.
>
> (III, 3, v. 923-924.)

Le mouvement de la pièce témoigne d'un intérêt de plus en plus grand pour la politique chez Eryxe. La reine de Gétulie ne reproche pas à Massinisse d'être un amant infidèle par raison d'Etat, elle lui reproche son incapacité à être roi :

> Mais si tout inconstant il est digne de moi,
> Il a cessé de l'être en cessant d'être Roi.
>
> (V, 6, v. 1721-1722.)

Eryxe accepte par nécessité que son sceptre soit choisi par Rome :

> Je suis femme, et mon sexe accablé d'impuissance
> Ne reçoit point d'affront de cette dépendance.
>
> (V, 6, v. 1743-1744.)

Elle accepte la fatalité biologique de sa nature. Elle refuse la fatalité politique d'épouser un faux roi soumis à Rome. Ce refus est d'autant plus important que Lélius lui propose les exemples d'Attale et Prusias (v. 1751). Sophonisbe avait mis sa personne au service de sa couronne, disposant elle-même de sa personne pour éviter que Rome ne dispose de sa couronne. Abandonnée par la « fortune jalouse » de l' « amour infidèle », la fille d'Asdrubal, la Carthaginoise, ennemie héréditaire de Rome, s'est montrée égale à son destin : son « grand cœur » a sauvé sa grandeur et sa gloire. Le destin d'Eryxe est le même que celui de Sophonisbe (v. 1737) mais la reine de Gétulie entend préserver à tout prix sa personne.

Si la conscience de la faiblesse est, chez Eryxe, le signe d'une conscience forte, la faillite de la volonté est, chez Syphax comme chez Massinisse, la preuve d'une conscience défaillante. Corneille avait essayé, dans *Rodogune* et *Héraclius*, de dédoubler des personnages masculins. Si les reines sont pénalisées par leur condition de femme, les hommes sont atteints d'une déficience plus ontologique encore que biologique. Les femmes sont biologiquement amputées par la force. Les hommes sont métaphysiquement amputés de la grandeur. Les premières relèvent à l'évidence de l'ordre héroïque. Les seconds n'ont aucune chance d'y accéder. Syphax n'est même pas un machiavélien puisqu'il accepte la neutralité que lui propose Rome : il espère gagner sans combattre :

> Je reçois sans combat le prix de la victoire,
> Je rentre sans péril en ma première gloire.
>
> (I, 4, v. 275-276.)

Sophonisbe acceptait les plus grands périls pour conserver sa gloire. Syphax se contente d'une diminution de souveraineté obtenue sans le moindre risque : il accepte d'être à nouveau ce qu'il était avant d'épouser Sophonisbe, roi d'une moitié de la Numidie, il consent à être l'esclave de Carthage si tel est le prix de Sophonisbe. Il se trouve hors d'état d'agir comme roi de Numidie :

> La paix eût sur ma tête assuré ma couronne :
> Il faut la refuser, Sophonisbe l'ordonne,
> Il faut servir Carthage et hasarder l'Etat.
>
> (I, 4, v. 375-377.)

Syphax résume ainsi toutes les fautes politiques qu'un souverain ne doit jamais commettre. Il avait jadis trahi Rome par amour pour

Sophonisbe. Il hasarde maintenant son Etat pour la même raison. Sophonisbe hasarde ses amants pour sauver l'Etat. Syphax hasarde l'Etat pour sauver son amour. Après son échec, Syphax devrait être mort et il vit, ou plutôt il survit à sa « gloire trahie » (v. 1030) : Sophonisbe ne lui reproche pas d'être vaindu, mais vivant :

> Je vis pour vous punir de trop aimer à vivre.
>
> (III, 6, v. 1094.)

Imagine-t-on Rodrigue survivant à une victoire des Mores ? Syphax est tombé dans le piège du désir : sa dépendance amoureuse l'a conduit sur les chemins de la dépendance politique. Corneille découvre avec Syphax un nouveau personnage, le battu. Jadis, les vaincus mouraient. Désormais, les battus survivent. Leur survie est une catastrophe pour l'héroïsme, car elle donne prise à la politique : Syphax vivant est un atout supplémentaire pour Rome. Il manifeste surtout l'impuissance de la raison lorsqu'elle est désertée par la volonté.

> Mais que sert un bon choix dans une âme inconstante,
>
> (IV, 2, v. 1162.)

avoue Syphax à Lélius. Le choix de l'alliance romaine était bon mais cette lucidité politique n'était rien face à la séduction de Sophonisbe. Ce vers témoigne d'une fracture irrémédiable : l'héroïsme est impossible si la volonté ne prolonge pas la raison. L'inconstance de Sophonisbe n'était qu'apparente : elle cachait une constance absolue dans l'ordre de la gloire. Syphax est au contraire inconstant car il est soumis à l'extériorité : son sort ne dépend pas de lui, mais de Sophonisbe. L'inconstance de Sophonisbe est celle d'une femme qui séduit et qu'on ne séduit pas. L'inconstance de Syphax est celle d'un homme qu'on séduit et qui ne séduit pas. Sophonisbe entraîne Syphax et Massinisse. Syphax ne s'entraîne pas lui-même. Syphax a d'ailleurs subi la séduction amoureuse de Sophonisbe autant qu'il avait subi la séduction politique de Rome. Si Horace était un « volontaire » et Curiace un « mobilisé », Syphax n'est plus qu'un supplétif. Sophonisbe est un sujet tragique, Syphax est un objet tragique. Sa lucidité est illusoire. Il croyait être maître de lui quand il était l'allié de Rome (v. 1187). Syphax croit avoir compris la séduction amoureuse mais il n'a vu ni la séduction politique de Rome ni la séduction politique de Sophonisbe. Incapable de deviner que Rome l'aimait par intérêt, il n'a pas vu que l'amour de Sophonisbe était politique. Syphax est victime de sa vieillesse : le temps et l'âge l'ont dévalué.

Tel n'est pas le cas de Massinisse qui est jeune. Corneille le rappelle pour accentuer sa condamnation du personnage : Massinisse n'a pas les excuses de Syphax. Massinisse est une créature politique d'Eryxe :

> Et je suis seulement ce que vous m'avez fait.
>
> (II, 2, v. 534.)

Il tient sa « gloire » et sa « puissance », sa grandeur et sa force de la reine de Gétulie (v. 536, 834). Il doit tout à Eryxe mais il propose le mariage à Sophonisbe. Cet homme sous influence n'a pas le temps pour lui :

> Demain Lélius entre, et je ne suis plus maître...
> Il faut ménager mieux ce moment de pouvoir.
>
> (II, 4, v. 631-661.)

Massinisse utilise les instants et les fragments de pouvoir que lui laisse Lélius pour trahir Eryxe et trahir Rome. Il masque cette double infidélité par une rhétorique de la monarchie absolue qui s'inspire de l'héroïsme politique :

> Un Roi doit pouvoir tout, et je ne suis pas Roi,
> S'il ne m'est pas permis de disposer de moi.
>
> (III, 2, v. 863-864.)

Syphax avait l'illusion d'être maître de lui quand il était l'esclave de Rome. Massinisse a l'illusion d'être maître de lui quand il est l'esclave de Sophonisbe. Massinisse reproche à Eryxe d'avoir préféré sa couronne à sa personne et considère que la reconquête de son trône lui rend la liberté. Corneille ne manque jamais une occasion de souligner les dangers du marchandage politique et matrimonial. Ce roi si sourcilleux de ses prérogatives royales n'hésite pas en effet à se jeter aux genoux de Lélius (v. 1332) pour obtenir de Rome la main de Sophonisbe. Les revirements des deux rois sont d'autant plus nets que les reines restent attentives à leur gloire. Massinisse et Syphax illustrent la dégradation d'un monde désorienté où le désordre traduit la volonté de satisfaction immédiate des intérêts d'amour et de pouvoir. Syphax était inconstant. Massinisse est agité. Le roi de Numidie est en effet réduit à parodier Sertorius :

> Les héros des Romains ne sont-ils jamais hommes ?
>
> (IV, 3, v. 1345.)

Il faudrait à Massinisse une fermeté d'âme dont il ne fait guère preuve puisqu'il n'envisage plus la constance que sous le mode de la fugacité :

> Reprenons toutefois un moment de constance.
>
> (IV, 5, v. 1514.)

Syphax méritait peut-être la pitié qu'on éprouve pour les faibles. Massinisse mérite plutôt le mépris qu'on ressent pour les lâches. Il témoigne sa constance et sa fidélité en faisant porter du poison à Sophonisbe. Il est plus cruel que Rome : comme Félix, Valens et Prusias, il fait plus que ne demande le service de Rome, il est cruel avec lâcheté. Corneille prend soin de faire peser la mort de Sophonisbe plus sur Massinisse que sur Lélius. La brève mais célèbre oraison funèbre :

> Une telle fierté devait naître romaine.
>
> (V, 7, v. 1812.)

reconstitue l'unité des généreux dans la grandeur et la gloire d'Etat. Lélius et Sophonisbe appartiennent à la race des héros : ils peuvent se combattre au nom de la raison d'Etat mais ne cessent jamais de s'estimer, comme Sertorius et Pompée. Massinisse et Syphax sont de faux rois autant que de faux héros. Pompée et Lélius ont une responsabilité historique dans la mort de Sertorius et de Sophonisbe. Perpenna et Massinisse ont une culpabilité politique. « Rome, comme Carthage, n'est que la patrie temporelle de l'héroïsme, le lieu de la domination, l'effort pour incarner le projet de maîtrise dans l'histoire »[23]. En d'autres termes, la tragédie politique est un moment de la tragédie historique : Corneille n'associera pas au nom ou à la puissance de Rome, les intérêts de tel ou tel personnage. Dans *Sophonisbe*, la raison d'Etat carthaginoise se heurte à la raison d'Etat romaine. La tragédie a pris une dimension géopolitique d'autant mieux perceptible qu'*Othon*

23. Serge Doubrovsky, *op. cit.*, p. 357.

plonge aussitôt après le monde cornélien dans les obscurités politiciennes et courtisanes.

Œdipe, *Sertorius* et *Sophonisbe* nous semblent ainsi correspondre à un triple échec du héros : Œdipe échoue dans l'ordre de la nature, Sertorius échoue dans l'ordre de l'histoire, Sophonisbe échoue dans l'ordre de la politique. Le héros se trouve donc chassé de ses terres d'élection. Si la nature est plus maudite que providentielle, si l'histoire est plus dictatoriale que républicaine, si la politique est plus romaine que carthaginoise, le héros ne peut agir ni sur la nature, ni sur l'histoire, ni sur la politique. La mort visuelle du roi de Thèbes, la mort physique du général républicain et de la reine de Numidie montrent assez quel est le prix de l'échec pour le héros. Mais cet échec dans l'ordre de la force est une victoire dans l'ordre de la grandeur : quand la politique se réduit à une physique, l'héroïsme devient une métaphysique. Plus que jamais la gloire doit mettre le héros à l'abri des contingences mondaines. Le destin d'Horace et d'Auguste était de s'identifier à l'Etat : la tragédie était le moment final de cette identification. Le destin d'Œdipe, de Sertorius, de Sophonisbe était d'être tout puis rien dans l'Etat : la tragédie représente la disparition du héros d'Etat. L'échec du héros ne signifie pas nécessairement le succès de l'Etat. L'Etat se trouve en effet face à lui-même, sans nature, sans histoire, sans héros. La tragédie de l'Etat succède à la tragédie du héros.

2

La faillite de la politique

Les intrigues de cour : Othon *et l'amour politique*

Avec *Othon*, la tragédie politique devient la tragédie du pouvoir comme technique. Le tacitisme et les *arcana imperii* sont plus que jamais à l'ordre du jour. Les héros de la Fronde sont remplacés par des ministres qui, loin de contester l'Etat, associent leurs intérêts à ceux de l'Etat. Si *Othon* met en scène la naissance et l'organisation d'une nouvelle forme d'Etat, Jean Schlumberger rappelle qu'il s'agit avant tout d'une réflexion sur Rome : « Par trois fois, Corneille va chercher l'intérêt tragique dans la méditation de ce qu'il a fallu fouler aux pieds pour établir cette domination et qui se cache derrière sa grandiose façade : anéantissement des dernières libertés républicaines défendues en Espagne par Sertorius, humiliation du patriotisme carthaginois incarné par Sophonisbe, enfin avilissement des consciences par les intrigues qui portent Othon au pouvoir impérial »[1]. Cette analyse n'est pas fausse si l'on précise que le véritable héros d'*Othon* n'est pas le futur empereur, mais la cour, figure dégradée de l'Etat. Tallemant des Réaux reprochait à Corneille de substituer, dans son théâtre, « la politique de Tacite » aux « déclamations de Lucain ». Mais Corneille ne faisait en cela que suivre l'histoire romaine : la politique technique remplace la politique héroïque sur la scène comme dans les faits, à Rome comme dans la France de Louis XIV. Louvois aurait d'ailleurs déclaré qu'il faudrait « un parterre composé

1. Jean Schlumberger, *op. cit.*, p. 199.

de ministres d'Etat pour juger cette pièce »[2]. La technicité politique n'est pas une invention de Corneille, mais une création de la monarchie moderne. Rome est le miroir de cet Etat étranger à l'héroïsme. La Rome de Galba justifie les pires craintes de Sertorius : « A la grandeur de Rome, succèdent les grandeurs de Rome; aux âmes fières et généreuses, les âmes souples, intéressées; au portrait des héros, celui des politiques; à leurs actions exemplaires, les ruses, les complots, les intrigues de cour. Une sorte de byzantinisme politique, mélange de finesses, d'audaces et de prudences, de sourdes machinations s'y double d'un byzantinisme intime tout aussi délicat et retors »[3]. La disparition du héros laisse l'Etat seul avec lui-même : la cour est l'espace tragique par excellence. Corneille en avait dénoncé les dangers dans la Dédicace de *La Mort de Pompée*. Il précise ses accusations dans l'Avis au lecteur d'*Othon* : « J'ai tâché de faire paraître les vertus de mon héros en tout leur éclat, sans en dissimuler les vices, non plus que lui, et je me suis contenté de les attribuer à une politique de cour où, quand le souverain se plonge dans les ébauches, et que sa faveur n'est qu'à ce prix, il y a presse à qui sera de la partie »[4]. Avec le développement de la cour, le temps héroïque se referme en espace politique. La cour est l'espace tragique du pouvoir. « La cour est un huis clos »[5]. Avec *Othon*, Corneille, pour la première fois, met en scène un Etat sans héros, un Etat qui vit la tragédie de l'autodestruction : « Ce sont intrigues de cabinet qui se détruisent les unes les autres »[6]. Dès qu'il cesse de se battre contre le héros, l'Etat se bat contre lui-même. Comme *Sertorius*, *Othon* est une tragédie de la guerre civile; mais il existe entre ces pièces deux différences majeures : la structure de l'Etat n'est pas en jeu dans *Othon* et la confrontation des généreux s'est dégradée en concurrence de factieux. Avec *Othon*, Corneille trouve également une nouvelle définition de la politique dans laquelle le héros d'Etat et la vraie raison d'Etat ont disparu. Horace aimait l'Etat. Photin aimait la raison d'Etat. Othon n'aime ni l'Etat, ni la raison d'Etat : il aime Othon et l'Etat d'Othon. La politique, c'est l'amour-propre.

2. Cité par Robert Brasillach, *op. cit.*, p. 289.
3. Octave Nadal, *op. cit.*, p. 243.
4. *OC*, p. 664-665.
5. Bernard Dort, *op. cit.*, p. 111.
6. Avis au lecteur, *OC*, p. 665.

Est-ce un hasard si l'année 1664 voit en même temps la première représentation de la tragédie et le début de la publication des *Maximes* de La Rochefoucauld ?

Si *Sertorius* est une tragédie politique avant qu'*Othon* ne soit une tragédie de la politique, cela signifie que la politique est un véritable personnage. « La politique de cour » vit et croît en fonction de ses principes, de ses règles, de ses lois : elle est autonome. Personne n'imaginait Rome sans Auguste. Tout le monde peut imaginer la cour de Galba sans Othon. Rome ne pouvait pas être Rome sans Auguste. Rome pourrait fort bien être Rome sans Othon. *Othon* marque donc une première rupture avec la politique héroïque, la politique de la grandeur. *Othon* marque également une seconde rupture, avec la politique de raison d'Etat. Dans *La Mort de Pompée*, le roi et les conseillers machiavéliques agissaient au nom de la grandeur de l'Etat. Ils se trompaient peut-être, mais ils étaient au seul service de l'Etat en s'opposant à Pompée puis à César. La politique de Ptolomée était une politique d'Etat plus qu'une politique de cour. Dans *Othon*, au contraire, la grandeur a abandonné l'Etat : la raison d'Etat est devenue exclusivement « raison d'intérêt ». Photin était au service du roi d'Egypte. Martian est au service de Martian. *Othon* marque ainsi le troisième temps de la tragédie politique chez Pierre Corneille. *Cinna* était la tragédie de l'identification du héros à l'Etat. *La Mort de Pompée* était la tragédie de l'affrontement entre le héros et l'Etat. *Othon* est la tragédie de l'inutilité du héros dans l'Etat.

Quelle est donc la politique d'*Othon* ? Il nous semble ici opportun de ne pas placer sur le même plan la situation politique dans Rome et la conduite politique des personnages. La cause et le déroulement des « intrigues de cabinet » comptent plus que les meneurs de ces intrigues qui réagissent plus qu'ils n'agissent. La prédominance des combinaisons politiciennes s'explique en effet plus par la faiblesse des hommes que par la force propre de ces intrigues. La situation dans Rome est celle d'une crise dynastique : l'empereur Galba est âgé et il n'a pas de fils.

> La nièce de Galba pour dot aura l'Empire,
>
> (I, 1, v. 77.)

rappelle Albin pour mettre en valeur l'enjeu de la politique matrimoniale. Trois hauts dignitaires, Vinius, Lacus et Martian, ont préparé la succession de Galba : leur force vient de la faiblesse de l'Etat qu'Othon décrit avec minutie. Il emploie très vite (v. 16) le mot « cour » pour en évoquer la fonction contraignante. Jadis les fiefs du héros étaient la nature et l'histoire. Son domaine est maintenant la cour : le héros ne la choisit pas, il est forcé d'y vivre, sous peine de disparaître. Le choix est simple pour Othon : être un héros courtisan ou un héros mort. Le destin du héros est la cour. La cour remplace l'histoire et l'Etat les remplace nécessairement :

> Un homme tel que moi jamais ne s'en détache,
> Il n'est point de retraite ou d'ombre qui le cache,
> Et si du souverain la faveur n'est pour lui,
> Il faut, ou qu'il périsse, ou qu'il prenne un appui.
>
> (I, 1, v. 17-20.)

Seule la mort rendrait la liberté à Othon. Ou le héros d'Etat devient un héros de cour, ou il disparaît. Corneille atteint la conclusion logique de sa réflexion politique. Qu'est-ce que la cour ? C'est l'Etat sans héros. C'est l'impossibilité d'un Etat-héros. *Sertorius* et *Sophonisbe* avaient condamné le héros dans l'Etat et le héros d'Etat : *Othon* en révèle la conséquence, un Etat sans héros. Othon ne peut être ni un héros d'Etat puisque Galba est empereur ni un héros dans l'Etat puisque Vinius, Lacus et Martian sont au pouvoir. Othon résume ainsi l'évolution de la politique cornélienne :

> Quand le monarque agit par sa propre conduite,
> Mes pareils sans périls se rangent à sa suite,
> Le mérite et le sang nous y font discerner.
> Mais quand le potentat se laisse gouverner,
> Et que de son pouvoir les grands dépositaires
> N'ont pour raison d'Etat que leurs propres affaires,
> Ces lâches ennemis de tous les gens de cœur
> Cherchent à nous pousser avec toute rigueur,
> A moins que notre adroite et prompte servitude
> Nous dérobe aux fureurs de leur inquiétude.
>
> (I, 1, v. 21-30.)

Lorsque le roi est un héros, que sa politique est celle de la grandeur, qu'il ne dépend de personne dans la conduite de l'Etat, les autres héros lui sont naturellement fidèles. Le roi sait voir les qualités de ses sujets : le mérite et le sang, la vertu et la naissance suffisent à les faire reconnaître. L'allusion au mérite prouve que l'hérédité nobiliaire n'est pas la seule voie d'accès au pouvoir : Carlos et Grimoald n'étaient pas inutiles. Mais, dès que le prince n'est plus un héros — le mot « potentat », qui fait songer plus à la violence de la *potentia* qu'à la majesté de la *potestas*, remplace le terme « monarque » —, dès qu'il perd son autonomie, péril conjuré par Auguste mais subi par Ptolomée, dès qu'il est incapable d'être un vrai chef d'Etat, tout s'effondre. La raison d'Etat est la première victime de cette catastrophe. Machiavel avait pressenti le péril d'une dégénérescence de la raison d'Etat en raison d'intérêt lorsqu'il précisait les critères de choix d'un bon ministre : « Mais quels sont les moyens de connaître les ministres ? En voici un qui est infaillible. C'est de voir s'ils s'occupent plus de leurs intérêts propres, que de ceux de l'Etat. Un ministre doit être tout entier à la chose publique, et n'entretenir jamais le Prince de ses affaires particulières »[7]. Corneille condamne Photin et Martian, car Martian est l'héritier logique de Photin. Machiavel justifie Photin et condamne Martian au nom de la même raison d'Etat. Les politiques sont les ennemis des « gens de cœur ». Valère, dans *Horace*, plaidait, contre le héros, en faveur des « gens de bien » (v. 1482). Othon plaide ici, pour le héros, en faveur des « gens de cœur ». La situation s'est en effet aggravée et l'univers coupé en deux : d'un côté la lâcheté des politiques, de l'autre le courage des héros. Le jeu toutefois n'est pas égal : les politiques sont lâches, mais forts; les héros sont courageux, mais faibles. Aussi les héros choisissent-ils l'esclavage pour éviter la mort. En traçant le parcours accompli par le héros cornélien depuis *Le Cid*, Othon a donné les causes et les effets de la tragédie politique.

Si Othon est en deçà de Pompée parce que Martian est au-delà de Photin, cela implique que l'univers héroïque ait subi un véritable séisme. Le premier signe de ce bouleversement est, comme prévu, le « change ». Vinius, protecteur d'Othon, lui demande de délaisser sa fille Pauline pour la nièce de Galba, Camille :

> Et votre change seul nous peut tous secourir.
>
> (I, 2, v. 128.)

Le change était un moyen pour Sophonisbe. Il est une nécessité pour Othon : le change est désormais la seule règle. L'ordre poli-

7. Machiavel, *Le Prince*, *op. cit.*, p. 79.

tique est une résultante de désordres et d'échanges. La notion de stabilité devient plus utile à l'Etat que celle de légitimité : une stabilité se constate dans l'espace, une légitimité se reconnaît dans le temps. Une cour doit être stable. Une monarchie doit être légitime. *Othon* est, au sens moderne, une tragédie de la « déstabilisation ». Cette déstabilisation n'est pas la conséquence d'une subversion, intérieure ou extérieure à l'Etat. Elle est le corollaire d'une frénésie de la stabilité qu'Othon perçoit lorsqu'il parle de l' « inquiétude » (v. 30) des dignitaires du régime. Quand la nature et l'histoire, le sang et le mérite ne sont plus les fondements de l'Etat, celui-ci engendre fatalement un espace de stabilité, la cour, qui est en fait l'espace où doivent s'annuler des instabilités antinomiques. Rodrigue construisait l'ordre cornélien en refusant le change. Othon assure sa propre survie par le recours au change. La cour était presque invisible dans *Le Cid*. Elle est omniprésente dans *Othon*. La cour est aussi un espace de précipitation, un espace réducteur de temps :

> Ils nous perdront bientôt si nous ne les perdons.
>
> (I, 2, v. 144.)

Le change est donc aussi immédiat que nécessaire : Rodrigue repoussait immédiatement le change, Othon doit l'accepter non moins immédiatement. Si en effet le change tarde à venir, la stabilité de tout l'édifice politique sera menacée : le change est maintenant un facteur d'ordre. En refusant le change, Rodrigue portait l'héroïsme à la conquête de l'éternité. En acceptant le change, Othon asservit l'héroïsme à la maîtrise de l'espace, au maintien de la stabilité. Celle-ci, pour la première fois chez Corneille, se mesure par l'expression du suffrage : d'un côté Lacus, Martian et Pison; de l'autre Vinius, Othon et Camille. La politique dénombre après avoir échangé :

> Et l'unique remède est de gagner Camille :
> Si sa voix est pour nous, la leur est inutile.
> Nous serons pareil nombre, et dans l'égalité
> Galba pour cette nièce aura de la bonté.
>
> (I, 2, v. 169-172.)

Peut-on concevoir pire dégradation de l'héroïsme que cette réduction des personnes à des voix ? Sous prétexte de rétablir l'équilibre en sa faveur, Vinius introduit d'ailleurs un déséquilibre. Galba n'est pas en effet un empereur, mais un président à voix prépondérante qui pèsera en faveur de sa nièce. Peut-être faut-il comparer *Othon* à *Horace*. Dans *Horace*, trois Horaces sont opposés à trois Curiaces. Dans *Othon*, Lacus, Martian et Pison s'opposent à Vinius, Othon et Camille. L'analogie s'arrête là car la grandeur héroïque n'est pas l'arithmétique politique. Corneille met en scène Horace et Curiace : la singularité symbolique de chacun suffit. Les deux autres Horaces et les deux autres Curiaces n'apporteraient rien, hors leur courage personnel aussi évident qu'inutile, car ils ne sont ni mari de Sabine ni fiancé de Camille. Les Horaces et les Curiaces sont des héros choisis par la nature pour s'affronter dans l'histoire. Rome certes avait désigné les trois Horaces, Albe certes avait désigné les trois Curiaces, mais les six combattants avaient été élus par la Providence avant d'être retenus par leur patrie : la nature et l'histoire interdisaient toute autre « combinaison ». Que se passe-t-il dans *Othon* ? Corneille met en scène cinq protagonistes sur six et évoque longuement Pison. Chacun défend des intérêts personnels que personne d'autre ne peut soutenir à sa place. Horace et Curiace étaient des symboles. Les personnages d'*Othon* sont des individus. La grandeur était générale. L'intérêt est particulier. Enfin, il existe, dans *Othon*, plusieurs autres « combinaisons ». On n'imagine pas un Horace abandonnant Rome pour Albe ou un Curiace délaissant Albe pour Rome. On voit par contre Martian et Lacus changeant de camp selon que change l'intérêt personnel. *Horace* était une tragédie de la fidélité. *Othon* est une tragédie de la trahison.

La fatalité qui pèse sur Othon est exclusivement politique :

> Seigneur, quand pour l'Empire on s'est vu désigner,
> Il faut, quoi qu'il arrive, ou périr, ou régner.
>
> (I, 2, v. 235-236.)

Othon est dans une situation tragique parce que Vinius a donné son nom à Galba. Horace était dans une situation tragique parce que son sang et Rome le prédestinaient à tuer les Curiaces. Vinius a cité Othon pour défendre son propre intérêt (v. 164). Le destin d'Horace était l'avenir de Rome. Le destin d'Othon est l'intérêt de Vinius. La source du tragique est toujours de nature politique mais la politique a changé de nature. Si les Horaces étaient tués,

Rome était perdue. Si Othon n'est pas empereur, Pison l'est à sa place et Vinius, Plautine, Othon mourront :

> Si vous manquez le trône, il faut périr tous trois.
>
> (I, 3, v. 279.)

La politique est désormais affaire d'adresse et d'habileté. Othon évoquait devant Albin la nécessité d'une « adroite et prompte servitude » (v. 29). S'il est adroit, il ne manquera pas le trône. Horace faisait preuve de « prudence » au sens philosophique du terme. Othon fera preuve d'adresse : le héros fait place au technicien. Ce thème rejoint d'ailleurs celui de la stabilité : rien n'est plus dangereux pour la stabilité que la maladresse, personne n'est plus mal considéré dans une cour qu'un maladroit.

La situation politique semble claire. Galba, proche de la mort, n'a pas d'héritier. Il donnera sa nièce Camille et Rome à Pison ou à Othon. Pison est allié à Lacus, préfet du prétoire, et à Martian, affranchi de Galba. Othon est le protégé du consul Vinius, mais aussi l'amant de sa fille Plautine. En créant le personnage de Camille qui n'existait pas dans la vérité de l'histoire, Corneille complique l'intrigue de cabinet. Serge Doubrovsky met en parallèle, pour les opposer, la complexité d'*Othon* et celle d'*Héraclius* : « L'obscurité, la complexité de l'intrigue prennent un sens tout à fait différent dans *Héraclius* et dans *Othon*. Dans le premier cas, l'illusion n'est que privation momentanée de connaissance — comme l'erreur chez Spinoza —, dissipée au dénouement, quand le héros "se montre" et que brille la vérité *index sui*. Dans le second cas, l'épreuve n'apporte aucune preuve; nous assistons à la tragédie, autrement poignante, d'une confusion indissipable. Dans les pièces de la Fronde, à travers les apparences, le héros remontait jusqu'à son être; avec *Othon*, l'être du héros n'est plus que jeu d'apparences. Alors qu'il vivait auparavant le drame de l'ambiguïté, le personnage est condamné dorénavant à la tragédie de l'équivoque. C'est pourquoi l'on va passer soudain, à la scène, d'un univers de monades leibniziennes à un monde de fantômes pirandelliens »[8]. Il n'est pas certain que Leibniz et Pirandello apportent beaucoup plus que Hegel à l'interprétation de Corneille et la référence à *Héraclius* semble inopportune. Dans *Héraclius*,

8. Serge Doubrovsky, *op. cit.*, p. 365.

les personnages subissent l'obscurcissement de la nature par la politique. Le doute est second dans *Othon*, car la nature est absente. La complexité était tragique dans *Héraclius*, car elle exprimait la dialectique de la nature et de la politique. Elle est tautologique dans *Othon*, car elle se contente de superposer des intérêts. Dans *Héraclius*, le doute portait sur l'identité. Dans *Othon*, l'interrogation porte sur l'intérêt. *Héraclius* était une tragédie implexe. *Othon* ne l'est pas.

Corneille complique la situation politique initiale pour mettre en évidence la réalité des mécanismes politiques. Ainsi Martian, qui est dans le camp de Pison, peut-il passer dans celui d'Othon s'il obtient de Plautine « la gloire d'être aimé » (v. 465). L'affranchi de Galba détruit le plan de Galba puisqu'il sépare la main du trône : la *libido sentiendi* se heurte à la *libido dominandi*. Plautine résiste en révélant la nature servile de Martian :

> Je m'étonne de voir qu'il ne vous souvient plus
> Que l'heureux Martian fut l'esclave Icélus,
> Qu'il a changé de nom sans changer de visage.
>
> (II, 2, v. 491-493.)

Martian est l'héritier d'Euphorbe. L'inversion des valeurs et des situations est totale : le héros ne survit que dans la servitude et l'esclave est un affranchi puissant. Dans *Cinna*, la hiérarchie sociale reflétait la hiérarchie héroïque. Dans *Othon*, elle lui est exactement inverse. La basse naissance de Martian est à ses yeux un « crime du sort » que compense son « mérite » : la naissance, qui était une nécessité, devient un « hasard ». Le monde cornélien paie ici le prix des manipulations dynastiques de *Rodogune*, *Héraclius* et *Don Sanche*. La fierté de Carlos fait place à l'arrogance de Martian. Carlos déclarait avec noblesse :

> Ma valeur est ma race, et mon bras est mon père.
>
> (*Don Sanche*, I, 3, v. 253.)

Martian affirme avec ostentation :

> On voit ce que je vaux, voyant ce que je puis.
>
> (II, 1, v. 496.)

En identifiant sa « valeur » à sa « race », Carlos avait raison sans le savoir. En comparant la valeur à la puissance, Martian a tort sans le savoir. Carlos sera sauvé par sa race. Martian sera victime de son impuissance; il est à la merci d'un « stratagème » (v. 1737) et sera trahi par Atticus, comme Phocas avait été trahi par Exupère. Carlos avait inconsciemment perçu que la nature était irremplaçable. Martian n'a pas deviné que la trahison était tout sauf irréversible : ce traître n'imagine pas qu'on puisse le trahir. La situation politique s'est aggravée sur d'autres points : l'exception que constituait le soldat Carlos ou le vertueux Grimoald est devenue une règle. Martian est désormais la règle et, dans une longue déclaration d'autojustification, il légitime les craintes de Sertorius : le gouvernement des esclaves était la conséquence logique de la fin du régime républicain :

> Quelque tache en mon sang que laissent mes ancêtres,
> Depuis que nos Romains ont accepté des maîtres,
> Ces maîtres ont toujours fait choix de mes pareils
> Pour les premiers emplois et les secrets conseils :
> Ils ont mis en nos mains la fortune publique,
> Ils ont soumis la terre à notre politique :
> Patrobe, Polyclète, et Narcisse, et Pallas,
> Ont déposé des Rois, et donné des Etats.
> On nous élève au trône au sortir de nos chaînes...
>
> (II, 2, v. 501-509.)

Martian date sans ambiguïté du début de l'Empire l'entrée en scène des affranchis : Euphorbe, malgré son rôle subalterne, lui donne raison. L'obscurité de la naissance prédestine au ministériat et au machiavélisme : les grands agissaient dans la lumière, les esclaves s'affairent dans l'ombre. La critique du ministériat et l'apologie du gouvernement personnel s'appliquent d'ailleurs autant à la France de Corneille qu'à Rome. Le péril est d'autant plus grand que ces affranchis ont leur politique et leurs hommes. Othon citait une série de nobles assassinés par Lacus (v. 52), Martian cite une liste d'affranchis parvenus au sommet de l'Etat. Martian inverse et reproduit la rhétorique des Grands : les faux noms répondent aux grands noms. L'affranchi Martian est donc habilité à courtiser la nièce de Galba. Othon a le nom sans le pouvoir et Martian le pouvoir sans le nom (v. 516, 520). La nouveauté de la pièce est que les « politiques » sont nombreux face à des héros compromis ou isolés. La « nature » de Martian garde « sa première teinture » (v. 529-530) : un esclave reste un esclave comme un héros reste un héros. Corneille retrouve les certitudes de la nature, mais sans doute trop tardivement pour sauver l'héroïsme.

Plautine est consciente de la faiblesse du héros : elle joue donc sur la faiblesse de ses adversaires et attise le désaccord surgi entre Lacus et Martian. Lacus annonce en effet que Galba accepte son mariage avec Othon : les deux intrigues de cabinet s'entre-détruisent. En l'absence d'une raison d'Etat, il faut donc trouver un accord entre ministres d'Etat :

> Grands ministres d'Etat, accordez-vous ensemble,
> Et je pourrai vous dire après ce qui m'en semble.
>
> (II, 3, v. 569-570.)

Les conseillers de Ptolomée ne rencontraient pas le même genre de difficultés. Photin, Achillas et Septime n'avaient pas exactement la même analyse de la situation politique mais leur délibération en présence du roi dégageait toujours une décision et une stratégie communes. Ils étaient tous les trois animés par la même philosophie de la raison d'Etat et aucun d'entre eux[9] ne défendait ses intérêts. Dans *Othon*, la raison d'intérêt remplace la raison d'Etat : le désordre se manifeste donc à l'intérieur de la politique. Quels sont les arguments de deux « ministres d'Etat ». Martian estime que son mariage avec Plautine leur vaudrait l'appui de Vinius et permettrait de constituer une sorte de triumvirat :

> Le pouvoir de tous trois, par tous trois affermi,
> Aurait pour nœud commun son gendre en votre ami...
>
> (II, 4, v. 579-580.)

Lacus refuse cette combinaison politique et matrimoniale au nom des « intérêts de cour » (v. 583) :

> Vous seriez mon ami, mais vous seriez son gendre.
>
> (II, 4, v. 581.)

Martian consoliderait sa dynastie d'esclaves affranchis en épousant la fille du consul Vinius. Lacus refuse surtout que l'union de Martian et Plautine facilite l'accès d'Othon au trône. Lacus redoute l'avènement d'Othon car il signifierait la fin de l'influence des « ministres d'Etat » :

> Sous un tel souverain, nous sommes peu de chose...
> Sitôt qu'il nous veut perdre, un coup d'œil nous détruit.
>
> (II, 4, v. 613-620.)

9. Sauf peut-être Septime.

L'allusion au « coup d'œil », à la puissance du regard héroïque, n'est pas vaine. Le politique Lacus craint la restauration des deux grandeurs qui lui seraient fatales : la grandeur du héros et la grandeur de l'Etat. L'ennemi de la politique est bien la grandeur. Pison aux yeux de ce même Lacus serait un bon empereur car il est dénué de toute grandeur même s'il est d'origine aristocratique :

> Pison a l'âme simple et l'esprit abattu...
> Lui-même il nous priera d'avoir soin de l'Empire...
> Et c'est là justement le maître qu'il nous faut.
>
> (II, 4, v. 635, 645, 648.)

Ce n'est plus le maître qui choisit les esclaves, ce sont les esclaves et leurs alliés qui choisissent le maître. Lacus est plus corrompu que Martian qui condamne le choix de Pison :

> Mais, Seigneur, sur le trône élever un tel homme,
> C'est mal servir l'Etat, et faire opprobre à Rome.
>
> (II, 4, v. 649-650.)

Cette indignation reflète pourtant moins l'honnêteté politique de Martian que son intérêt amoureux. Il faut qu'Othon soit empereur pour qu'il épouse Plautine. Il abandonne le camp de Lacus et Pison. Lacus se trouve conduit par les réserves de Martian à développer sa politique jusque dans ses ultimes conséquences :

> Et qu'importe à tous deux de Rome et de l'Etat ?...
> De notre grandeur seule ayons des cœurs jaloux,
> Ne vivons que pour nous, et ne pensons qu'à nous.
>
> (II, 4, v. 651, 655, 656.)

Rome et l'Etat ne comptent plus. La grandeur, comme la gloire de Martian, n'est que le masque de l'amour-propre. Cette scène souligne l'originalité du théâtre politique. Jamais un texte théorique ou abstrait ne ferait aussi bien comprendre la pensée politique de Pierre Corneille. La tension dramatique est un outil remarquable de compréhension des mécanismes du pouvoir. L'emportement de Lacus nous semble confirmer que Corneille parvient au troisième et dernier moment de sa réflexion. Il y avait deux politiques : une politique de la grandeur héroïque et une politique de la raison d'Etat. La première est une création du héros. La seconde est l'adversaire du héros. Corneille révèle, dans *Othon*, que ces deux politiques en cachent nécessairement une troisième qui doit éliminer le héros et l'Etat. Toutes les hypothèses mises en scène par Corneille prennent maintenant leur ultime signification : la politique était le masque de l'amour-propre dans « la démolition du héros », pour reprendre l'excellente formule de Paul Bénichou. La politique de l'amour-propre, telle qu'elle s'exprime dans *Othon*, condamne autant l'Etat que le héros. La politique de Sylla consistait à écarter Sertorius. La politique de Lacus consiste à écarter Rome. Si Lacus fait allusion à son besoin de grandeur, c'est pour mieux masquer qu'il ne supporte pas la grandeur d'Othon ni celle de Rome. Nous ne sommes plus très éloignés de La Rochefoucauld : « Les grandes et éclatantes actions qui éblouissent les yeux sont représentées par les politiques comme les effets des grands desseins, au lieu que ce sont d'ordinaire les effets des humeurs et des passions. Ainsi la guerre d'Auguste et d'Antoine, qu'on rapporte à l'ambition qu'ils avaient de se rendre maîtres du monde, n'était peut-être qu'un effet de jalousie »[10]. Après la politique de la grandeur et la politique de l'Etat, Corneille met ainsi en scène la politique de l'intérêt et de l'amour-propre. Cette évolution correspond au mouvement des idées du siècle. Elle montre également que Corneille, loin d'être sensible à tel ou tel désaveu, a organisé sa propre dialectique, repéré les défaillances de l'héroïsme, utilisé le machiavélisme ou le tacitisme selon les enjeux de ses tragédies. De même que toute vraie philosophie doit organiser la rhétorique de sa réfutation — Descartes et Pascal venaient d'en apporter la preuve —, de même toute vraie création doit produire les avatars de ses créatures. Corneille lui-même a compris les périls auxquels était exposé le héros afin de sauver sa grandeur, à défaut de sa vie. Othon sauve sa vie plus que sa grandeur. Suréna sauvera sa grandeur, non sa vie. L'intérêt d'*Othon* est essentiellement de montrer que le héros et l'Etat ne sont plus des adversaires mais des alliés lorsque la politique n'est plus qu'*amor sui*.

L'argumentation de Lacus est efficace : Martian se range à son avis et se rallie à Pison à la condition que celui-ci lui « assure Plautine » (v. 666). Le premier cas de figure de la pièce est donc rétabli : d'un côté Pison, Lacus, Martian; de l'autre Vinius,

10. La Rochefoucauld, *Maximes*, édition de 1678, max. 7.

Othon et, si possible, Camille. Après avoir affronté Plautine, la fille de Vinius, Lacus et Martian affrontent Camille, la nièce de Galba. Celle-ci a les « yeux perçants » (v. 731) et rappelle aux deux « ministres d'Etat » qu'il ne leur appartient pas de disposer de sa personne ou de choisir à la place de l'empereur :

Galba connaît l'Empire, et je connais mon cœur.
Je sais ce qui m'est propre, il voit ce qu'il doit faire,
Et quel Prince à l'Etat est le plus salutaire.

(II, 5, v. 724-726.)

La double restauration de l'héroïsme et de l'Etat représente la pire des menaces pour la politique de la raison d'intérêt : d'un côté la grandeur, de l'autre l'intérêt. Le conflit tragique est éclatant. Camille plaide pour une stratégie commune de l'amour et de l'Etat contre la politique des affranchis. L'amour de Camille serait en l'occurrence plus formel que réel car elle obéirait à la décision de Galba, mais son intervention constitue un facteur suffisant pour accélérer le complot qui doit porter Pison au trône. Camille reste pourtant victime de sa condition de princesse :

Et tel est en aimant le sort d'une Princesse
Que quelque amour qu'elle eut et qu'elle ait pu donner,
Il faut qu'elle devine et force à deviner.

(III, 1, v. 818-820.)

Octave Nadal avait analysé le lien entre la préciosité et la politique dans un esprit qui nous semble éclairer la situation de Camille : « Se sentant si nue, elle (la femme) désire tout ce qui la couvre : la pudeur, les conventions, les politesses, la politique. Accordée à l'instinct le plus immédiat et le plus impérieux, mais douée d'une sensibilité inquiète, elle doit, pour sauver et purifier l'amour, opposer à l'attaque virile tout un jeu délicat de défenses, s'enfermer dans un réseau de réserves destinées précisément à contenir la violence de l'instinct »[11]. Albiane le rappelle sans fard à Camille :

Il faut qu'en dépit d'elle elle s'offre à demi.

(III, 1, v. 824.)

La nièce de Galba est affaiblie par sa féminité : on peut s'en servir contre elle, mais elle n'ose pas s'en servir contre les autres. Si

11. Octave Nadal, *op. cit.*, p. 46.

Camille ne s'offre pas à Othon, c'est aussi parce que Sophonisbe s'était offerte en vain à Massinisse. La préciosité peut affaiblir un instant Camille, mais elle lui évite de se compromettre dans le marchandage matrimonial.

Galba toutefois n'a pas encore choisi son successeur, futur époux de Camille, et il s'en explique avec sa nièce. La politique reprend ses droits. Galba est un empereur de transition :

> Et laisser après moi dans le trône un grand homme,
> C'est tout ce qu'aujourd'hui je puis faire pour Rome.
>
> (III, 3, v. 873-874.)

La fonction du prince n'est plus de régner mais de gérer une crise de succession. Galba a donc choisi Pison, le sang de Crassus et Pompée. Il choisit sans contraindre :

> Votre main est à vous, mais l'Empire est à moi.
>
> (III, 3, v. 996.)

Il n'est pas un tyran, mais un faible. Il est en deçà de la fonction impériale et, en retenant Pison pour lui succéder, il retient un autre lui-même.

La crise politique, loin de se résoudre, se complique une nouvelle fois. Camille et Plautine ont mis en lumière le manque de courage d'Othon. Vinius reprend les arguments de la politique de l'amour-propre pour convaincre Plautine d'aimer, ou du moins d'épouser, par politique :

> Aime Othon, si tu peux t'en faire un sûr appui,
> Mais s'il en est besoin, aime-toi plus que lui.
>
> (IV, 3, v. 1323-1324.)

Les « étranges maximes » (v. 1329) de cette politique que Plautine refuse sont encore celles de La Rochefoucauld. L'armée cependant ne reste pas absente : Othon vient d'être proclamé empereur par quelques révoltés. Il vient surtout de commettre un crime d'Etat (v. 1491). La crise dynastique risque de déboucher sur la guerre civile. Galba se cherchait un successeur. Il doit maintenant rétablir l'ordre : la politique devient une affaire de police et Corneille, qui avait opposé Lacus et Martian sur le choix du nouvel empereur, oppose maintenant Lacus et Vinius sur l'attitude que Galba doit adopter devant la rébellion. La complexité du mouvement dramatique répond à un objet précis : mettre en scène l'autodestruction de la politique, qui est le nœud tragique d'*Othon*. Lacus conseille d'employer la force contre Othon. Vinius choisit la prudence. Mais leur politique reflète leurs intérêts : ils n'ont pas le même candidat à l'Empire. Aussi leurs conseils, étant intéressés, sont-ils inutiles, sans intérêt : Galba doit les rappeler à l'ordre et au service de Rome... qui est aussi le service de Galba. La révolte d'Othon laisse une place à Pison et une autre place à Martian. Pison sera empereur et Martian épousera Plautine :

> Il est temps qu'un sujet à son Prince fidèle
> Remplisse heureusement la place d'un rebelle...
>
> (V, 5, v. 1697-1698.)

Othon occupait une place et sa disparition nécessite que cette place soit prise. La politique a horreur du vide et la stabilité exige que toutes les places soient occupées : Pison et Martian sont deux pour tenir la place d'Othon. Corneille reprend le thème de la place vide esquissé dans *Don Sanche* pour lui donner une signification toute différente. Carlos prenait la place d'un comte alors qu'il était roi. Martian prend la place d'un sénateur alors qu'il est esclave. Ce jeu sur la place des uns et des autres est le jeu préféré d'une cour : les vrais problèmes sont ceux de l'étiquette. Ce jeu prouve aussi que l'histoire a déserté la scène : le temps historique ne compte plus, seul compte le temps politique, celui que l'on met pour aller d'une place à une autre place. Le temps, dans *Othon*, est l'instrument de mesure des changements de place politiques.

Mais Othon n'est pas mort et les intrigues de cabinet s'effondrent toutes d'un seul coup. Atticus a trahi Martian. L'armée a tué Pison. Lacus et Vinius accompagnent Galba pour combattre Othon. Corneille insiste, dans cet ultime affrontement, sur l'aspect spatial du dénouement :

> Tous deux près de Galba marchaient d'un pas égal,
> Lorsque tournant ensemble à la première rue,
> Ils découvrent Othon maître de l'avenue...
>
> (V, 6, v. 1776-1778.)

Le plan des rues de Rome est à l'image des couloirs du palais impérial. Lacus assassine Vinius et Galba avant de se tuer sans qu'Othon intervienne. La crise politique se trouve donc dénouée au profit d'Othon, mais non grâce à lui. Othon doit son trône à l'armée qui refuse Pison et à Atticus qui trahit Martian. Quand la politique domine, l'héroïsme est inutile. L'histoire donne raison à Corneille puisque le règne d'Othon sera très bref : comme Galba, Othon est un empereur de transition.

L'analyse du personnage confirme sa faiblesse. Poursuivant l'application à Corneille de la dialectique hégélienne du maître et de l'esclave, Serge Doubrovsky note qu'*Othon* correspond au moment où « le Maître de l'apparence n'est qu'une apparence de Maître »[12] et développe ainsi son jeu de mots critique : « Dans cette pièce extraordinaire de l'équivoque et de la double face, Othon, pour le plus grand dam de l'ordre monarchique est, en définitive, l'*alter ego* fraternel de son rival en pouvoir et en amour, Martian — tout comme Martian rêve, pour comble de succès, d'être en tout le sosie d'Othon »[13]. Serge Doubrovsky n'a pas tort de souligner les effets dévastateurs d'un mimétisme aux antipodes de l'imitation. L'intérêt de la pièce est peut-être de montrer comment et pourquoi l'héroïsme prend modèle sur la cour au risque de se perdre lui-même : Othon incarne en effet tous les périls qui guettent le héros et menacent sa grandeur. Othon est le premier héros corrompu de Corneille.

Le signe immédiat de cette corruption est l'adéquation des sentiments amoureux aux réalités politiques : « l'amour nouveau » d'Othon et le « nouvel Empire » de Galba sont apparus en même temps. Pourtant Othon semble répondre aux critères de l'héroïsme : ses « hauts faits » soutiennent son « grand nom » (v. 8) et il s'abaisse en courtisant la fille du consul Vinius. Othon lui-même dénonce l'illusion de son héroïsme : il s'est rallié à Galba dont il est un des « premiers suivants » (v. 37). Othon séduit aujourd'hui Plautine, car il a besoin, en la personne de Vinius, d'un « protecteur » (v. 56). Etrange vocabulaire pour brosser le tableau d'un héros cornélien ! Sertorius, malgré son échec politique, n'avait besoin ni de créateur, ni de guide, ni de protecteur. Othon, pour obtenir un succès politique, a besoin des trois : Néron le crée, Galba l'a guidé, Vinius le protège. Voilà la genèse du héros lorsque la politique est aux mains des faibles. La confu-

12. Serge Doubrovsky, *op. cit.*, p. 376.
13. *Ibid.*, p. 381.

sion des ordres est à son comble. Elle éclate dans la formule « rivaux d'Etat » (v. 63) qu'Othon emploie pour qualifier Lacus et Martian. *La Mort de Pompée* était la tragédie de la raison d'Etat. *Othon* est la tragédie de la rivalité d'Etat. Othon est d'ailleurs « un rival ensemble et d'amour et d'Etat » (v. 1084) pour Pison. La notion même de rivalité est contraire à l'exigence de singularité et d'autonomie propre à l'héroïsme. Jadis le héros avait des adversaires. Désormais il a des rivaux. La preuve est une nouvelle fois apportée que la politique est une force de nivellement : être le rival de quelqu'un, c'est être à son niveau. Cette égalité de niveau permet la totale réversibilité des valeurs : le déplacement est horizontal. Albin déclare à Othon :

> Ainsi tout votre amour n'est qu'une politique.
>
> (I, 1, v. 65.)

avant qu'Othon ne lui réponde :

> Mais cette politique est devenue amour.
>
> (I, 1, v. 68.)

La grandeur a disparu. Seule la grandeur en effet interdisait ce va-et-vient en organisant le monde d'une manière verticale. Auguste entraînait les personnages de *Cinna* vers le haut : la conversion à la grandeur et par la grandeur annonçait sa propre apothéose, l'héroïsme était un mouvement ascendant pour le héros comme pour l'Etat. Dans *Othon*, l'Etat a perdu sa dimension historique au profit de sa seule dimension politique : Othon n'entraîne personne pour l'excellente raison qu'il est incapable de se porter lui-même. Il était exclu qu'Auguste revînt en arrière. Il est nécessaire qu'Othon le puisse : il courtise Plautine par politique avant de croire l'aimer d'amour mais il aimera bientôt Camille par politique avant de cesser de l'aimer, toujours par politique. En découvrant la cour comme espace politique et tragique, Corneille donne à son théâtre une dimension différente. Horace utilisait l'espace pour tuer successivement les trois Curiaces, Othon utilise l'espace pour esquiver les coups de ses adversaires devenus ses rivaux. Quatre raisons attachent Othon à Plautine :

> La beauté de l'objet, la honte de changer,
> Le succès incertain, l'infaillible danger.
>
> (I, 1, v. 100-101.)

Les deux premières sont dignes d'un héros, les deux autres en sont indignes. Mais elles disparaîtront d'un seul coup toutes les quatre devant la nécessité de séduire Camille pour succéder à Galba.

Othon s'offre en effet à Camille (v. 373) à la demande de Vinius et Plautine,

> Mais la civilité n'est qu'amour en Camille,
> Comme en Othon l'amour n'est que civilité.
>
> (II, 1, v. 426-427.)

Le jeu de l'amour et de la civilité, aussi réversibles qu'inconsistants, reprend le jeu sur l'amour et la politique. La politique de cour est une étiquette, une politesse apte à cacher la fausseté des sentiments :

> Othon à la Princesse a fait un compliment,
> Plus en homme de cour qu'en véritable amant.
>
> (II, 1, v. 399-400.)

L' « éloquence accorte » (v. 401) accompagne les « regards de mesure » (v. 405) : la rhétorique remplace les yeux. Imagine-t-on Corneille évoquant l'éloquence accorte de Rodrigue mesurant ses regards à Chimène ? Cette habileté verbale dans la déclaration correspond, dans l'ordre des sentiments, à l'adresse politique. Chez Thésée, l'amant et le héros s'accordaient mal ensemble (*Œdipe*, II, 4, v. 712). Chez Othon, l'amant et l'homme de cour s'accordent fort bien. Thésée était le héros des inconciliables. Othon est l'homme des indiscernables. L'héroïsme et l'amour s'opposaient chez Thésée. La politique et l'amour se confondent chez Othon. On distinguait Thésée, on ne discerne pas Othon. Le masque de héros est d'ailleurs souligné par Plautine qui donne une signification providentielle à l'ascension d'Othon sur le trône de Galba :

> L'univers a besoin qu'un vrai héros y monte.
>
> (II, 2, v. 534.)

L'absence de héros est donc une catastrophe. La supériorité d'Othon sur ses rivaux est reconnue autant par ces rivaux eux-mêmes (v. 603 sq.) que par les femmes mais cette reconnaissance ne suffit pas car Othon a brouillé son propre portrait :

> Il sait trop ménager ses vertus et ses vices.
>
> (II, 2, v. 605.)

En prononçant l'éloge, ambigu, d'Othon, Lacus et Martian donnent raison à La Rochefoucauld : « La marque d'un mérite extraordinaire est de voir que ceux qui l'envient le plus sont contraints de le louer »[14]. L'ambiguïté de leur éloge reflète l'ambiguïté du mérite qui est, en apparence, extraordinaire.

Othon s'était offert à Camille pour des raisons politiques. Lorsque Galba donne Rome à Pison en laissant libre sa nièce, Othon repousse Camille au nom de la « magnanimité » (v. 1034-1035) et compromet ainsi l'une des grandes valeurs cornéliennes qui n'était pas encore corrompue. Camille épouserait Othon sans être impératrice mais Othon simule un concours de magnanimité en refusant que la nièce de Galba renonce au trône pour l'épouser : Camille était magnanime en renonçant au trône pour épouser Othon, elle serait plus magnanime encore en renonçant à Othon pour retrouver le trône. Si en effet Pison est empereur et si Othon épouse Camille, tout est perdu : Othon n'a gagné ni dans l'ordre politique ni dans l'ordre amoureux. Othon renvoie Camille à Pison avant d'être lui-même renvoyé à Plautine par Camille. Ce nouveau jeu de va-et-vient rappelle le mouvement dramatique des comédies. En invoquant la magnanimité pour justifier ses infidélités, Othon fait apparaître la logique de l'intérêt :

> C'est votre intérêt seul qui fait parler ma flamme,
>
> (III, 5, v. 1114.)

confie-t-il à Camille. L'hypocrisie est complète car Othon défend son intérêt, non celui de la Providence. Nous apercevons ici l'utilité de la complexité de l'intrigue : Corneille multiplie les situations et les hypothèses contradictoires pour montrer comment l'intérêt politique et la politique de l'intérêt bouleversent ou modifient toutes les valeurs. Si l'intrigue était plus simple, la capacité de change des personnages ne serait pas mise en évidence. Il appartient aux femmes de révéler la faiblesse du héros. A l'aveu de Camille :

> Vous n'aimez que l'Empire, et je n'aimais que vous.
>
> (III, 5, v. 1144.)

14. La Rochefoucauld, *Maximes*, *op. cit.*, max. 95.

répond la remarque de Plautine :

Pour vous avec ce trône elle était adorable,
Pour vous elle y renonce, et n'a plus rien d'aimable.

(IV, 1, v. 1165-1166.)

La lucidité est désormais l'apanage des femmes : elles comprennent mieux que les hommes les effets dévastateurs de la politique sur l'amour. Othon se trouve en effet isolé par les politiques et par les femmes. Vinius, Lacus et Martian montrent qu'il n'est pas un héros d'Etat, Camille et Plautine qu'il n'est pas un héros du cœur. En jouant sans arrêt dans les deux ordres, celui de l'Etat et celui de l'amour, Othon risque à tout instant de tout perdre.

Les contraintes politiques engagent la féminité dans une voie nouvelle, que Viriate avait inaugurée dans *Sertorius* et qui refuse la sensualité avant de revendiquer la stérilité. Lorsque la politique contraint Othon à séduire Camille, Plautine rappelle à son amant les règles de cet « autre amour » :

Si l'injuste rigueur de notre destinée
Ne permet plus l'espoir d'un heureux hyménée,
Il est un autre amour dont les vœux innocents
S'élèvent au-dessus du commerce des sens.
Plus la flamme en est pure et plus elle est durable,
Il rend de son objet le cœur inséparable,
Il a de vrais plaisirs dont le cœur est charmé,
Et n'aspire qu'au bien d'aimer et d'être aimé.

(I, 4, v. 309-316.)

Ce texte confirme les analyses d'Octave Nadal sur l'influence de la préciosité dans l'œuvre de Corneille[15]. Mais Corneille ne rencontre pas la préciosité par hasard. La préciosité, comme l'amour-propre, est, à notre avis, une conséquence de sa conception de la politique. La préciosité est la seule réponse que la féminité puisse apporter à la tyrannie de la politique. Il suffit, pour s'en convaincre, de songer à Pauline retrouvant Sévère puis lui demandant de sauver Polyeucte : Pauline était déchirée (v. 516), Plautine est divisée, voire déguisée (v. 344). Les « troubles du dedans » évoqués par Plautine (v. 356) rappellent le « trouble » et

15. Octave Nadal, *op. cit.*, chap. III, p. 39 à 53.

la « sédition » ressentis par Pauline (v. 504). Les deux héroïnes se ressemblent en apparence mais, si la sensualité de Pauline est réprimée avant d'être convertie à un ordre supérieur, celle de Plautine est réprimée définitivement. Dieu a couronné la gloire de Pauline. Rien ni personne ne couronnera la gloire de Plautine. La gloire de Pauline était mondaine avant d'être divine. Celle de Plautine sera toujours mondaine. C'est pourquoi la préciosité convient bien à l'air de la cour : les yeux doivent être indépendants du cœur et seule l'apparence doit être prise en compte (v. 350, 355). La leçon de préciosité est une leçon de politique : le dédoublement est désormais indispensable, la survie est à ce prix. Pauline avait donné à Polyeucte la main et le cœur. Plautine accepte qu'Othon donne à Camille la main et le cœur. Pauline était réellement amoureuse de Sévère puis de Polyeucte. Othon n'aime réellement ni Camille ni Plautine car il aime Othon et l'Empire. L'entrée en scène de la préciosité et celle de l'amour-propre coïncident. *Polyeucte* était la tragédie de l'amour de Dieu. *Othon* est la tragédie de l'amour de soi. Le sacrifice de la sensualité avait une signification providentielle dans *Polyeucte*. Il a une explication politique dans *Othon*. *Polyeucte* était la tragédie du refus du compromis au nom de l'héroïsme. *Othon* est la tragédie de la nécessité du compromis au nom de la politique. Enfin, la préciosité confirme la supériorité de la femme sur l'homme : Othon sera une créature de Plautine, comme il fut une créature de Néron :

> Et n'oubliez jamais, quand vous serez le maître,
> Que c'est moi qui vous force et qui vous aide à l'être.
>
> (I, 4, v. 369-370.)

Sévère répondait à Pauline par un effort de gloire. Othon cède à Plautine comme la faiblesse plie devant la force. Dans *Polyeucte*, le sacrifice de la sensualité était créateur de gloire. Dans *Othon*, il est créateur de pouvoir. Pauline révélait la gloire de Sévère. Plautine révèle l'ambition d'Othon.

Plautine est précieuse devant Othon. Elle sera ironique et méprisante face à Martian. La féminité n'entretient pas avec un héros, fût-il faible, les mêmes relations qu'avec un esclave, fût-il puissant. Plautine avait renoncé à Othon pour qu'il fût empereur, mais elle n'épousera pas Martian pour obtenir le même résultat : la politique conduit à la préciosité sans contraindre à la prostitution. Cependant les intrigues de cabinet ne mènent à rien : Othon est incapable d'accéder seul à l'Empire. Or Plautine a besoin qu'Othon soit empereur pour qu'elle-même et Vinius aient au sommet de l'Etat un protecteur :

> ... C'est donc à moi de vous faire Empereur.
>
> (IV, 1, v. 1215.)

La précieuse, par intérêt et par nécessité politiques, recourt au chantage : ou Othon épouse Camille pour être empereur, ou elle-même se donne à Martian (v. 1236). La politique avait fait naître la préciosité; elle en limite désormais le rôle. Plautine condamnait « le commerce des sens » pour porter Othon à l'Empire. Elle revendique maintenant le marchandage sensuel pour atteindre le même objectif. La méthode de Corneille fonctionne une nouvelle fois à merveille : la complexité politique dénature la féminité après l'avoir protégée en apparence. Certes, dans *Othon*, les pires hypothèses ne deviendront pas réalité, mais l'essentiel est qu'elles aient été formulées.

L'analyse du personnage de Camille conduit à des conclusions analogues. La nièce de Galba prend plaisir à se laisser séduire par Othon bien qu'elle ne nourrisse aucune illusion sur la sincérité de l'amant de Plautine : la feinte passion d'Othon flatte son amour-propre (v. 420). L'amour-propre légitime ainsi l'hypocrisie politique : Camille perçoit les « stratagèmes » d'Othon (v. 833) mais elle s'obstine avec joie dans son aveuglement. Ainsi, l'amour d'Othon pour Camille, qui est faux, se trouve-t-il porté par la politique de Vinius, la préciosité de Plautine et l'amour-propre de la nièce de Galba. Le plan de Vinius semble un moment réussir : bien qu'elle se dise « ignorante en matière d'Etat » (v. 903), Camille plaide fort bien devant son oncle la candidature d'Othon qui réunit en sa personne :

> Les grâces d'un amant et les hauteurs d'un maître.
>
> (III, 3, v. 922.)

Galba choisit pourtant Pison, et Camille tente de reconquérir Othon en faisant jouer l'intérêt politique. Camille, en effet, est de « sang » impérial et Othon a les « qualités » d'un empereur (v. 1052) : leur union est donc un double atout dans l'ascension au trône. Othon mettait l'amour au service de la politique. Camille met la politique au service de l'amour. Ce double jeu met en lumière la double faiblesse d'Othon et fait apparaître la « pitié » de Camille (v. 1147) pour ce simulacre de héros. Othon découvre ici un sort étrange, celui du héros méprisé par les femmes : il ne mérite même pas l' « inimitié » de Camille (v. 1148). Voilà où conduisent les mécanismes pervers de l'intrigue politique. Pour la première fois dans le théâtre de Corneille, le héros cesse d'être respecté. Sertorius perdait dans le respect. Othon gagnera dans le mépris. L'amour politique et la politique amoureuse, les intrigues de cour et les intrigues de cœur révèlent un nouveau type de personnage dans *Othon*, le héros discrédité. Othon est l'objet du « généreux mépris » (v. 1356) de Camille et Plautine. La nièce de Galba et la fille de Vinius (v. 1142, 1383) se renvoient Othon, victime de son inconsistance amoureuse comme de son impuissance politique.

Ainsi Corneille a-t-il mis en scène, avec *Othon*, l'un des pires moments de la dégradation du héros. L'examen du texte nous rend prudents sur l'identification du héros à Louis XIV. Cette identification est probable s'il s'agit de faire l'éloge de la politique de la grandeur telle qu'elle est décrite par Othon. Elle est douteuse si Louis XIV est réduit à un personnage aussi faible qu'Othon. Il nous semble plus important de méditer sur les raisons de la fidélité de Corneille à Tacite. Corneille met en scène le tacitisme pour mieux réfuter le machiavélisme et ses conséquences. Le machiavélisme est la politique de la raison d'Etat. Le tacitisme est la politique de la raison d'intérêt. En découvrant que la raison d'Etat est le masque de la raison d'intérêt, Corneille se réfère naturellement plus à Tacite qu'à Machiavel. Etienne Thuau a montré comment Tacite et Machiavel ont suscité les mêmes sympathies ou les mêmes haines[16] et nous avons suivi la plupart de ses conclusions. Avec *Othon*, Corneille prouve que le tacitisme est l'origine de la corruption du machiavélisme. Il justifie en même temps le combat de ses héros contre les abus de la raison d'Etat : il fallait s'opposer aux plans de Photin pour ne pas tomber sous les coups de Martian. Corneille a enfin découvert une dramaturgie d'essence exclusivement politique fondée sur les jeux d'apparence et les mouvements de cour. Lorsque la

16. Etienne Thuau, *op. cit.*, chap. II, p. 33 à 102.

tragédie est toute politique, elle porte totalement sur l'apparence. La vérité et l'erreur n'ont plus d'importance : seule compte l'apparence qui se fait et se défait à tout instant au gré de l'intérêt. *Othon* met en lumière la dégénérescence de l'Etat lorsqu'il exclut le héros, et du héros lorsqu'il reste au service d'un tel Etat. L'Etat d'*Othon*, c'est la politique contre l'histoire. L'Etat de *Cinna*, c'était l'histoire contre la politique : seule l'histoire pouvait construire une politique de la grandeur. *Othon*, en ce sens, est peut-être la plus complète des tragédies politiques de Corneille puisque toutes les valeurs, sans exception, sont compromises. Sertorius et Sophonisbe mouraient dans la grandeur et leur disparition ne portait pas atteinte à la gloire de Rome. Othon survit dans la médiocrité et son accession à l'Empire ne sauve pas Rome : Othon n'est pas Vespasien. Bernard Drot insiste à juste titre sur le caractère artificiel de la victoire d'Othon : « La réconciliation reste un fait de hasard. Elle n'est plus ni la loi de l'Etat ni le produit d'une convergence entre la nécessité historique et la liberté individuelle. Elle est une pure contingence : un accident heureux »[17]. Dans *Suréna*, le hasard aura disparu et l'héroïsme sera sauvé. Dans cette perspective, *Othon* se situe en deçà et au-delà de *Suréna*. En deçà pour la tragédie du héros, puisque Corneille sauve Othon et non Suréna. Au-delà pour la tragédie politique, puisque la catastrophe est universelle dans *Othon* et que la corruption de la *libido dominandi* a ravagé l'Etat en compromettant l'héroïsme. Othon était un héros faible dans un Etat faible. Agésilas sera un héros fort dans un Etat faible. Corneille poursuit méthodiquement ses expériences et ses hypothèses sur les relations entre l'Etat et le héros.

Les intrigues de cœur :
Agésilas *et la politique amoureuse*

Comme *Don Sanche* après *Héraclius*, *Agésilas* après *Othon* marque un changement de genre. La pièce est certes présentée comme une tragédie mais le recours aux vers libres autant que le climat de l'intrigue font plus songer à une comédie héroïque.

17. Bernard Dort, *op. cit.*, p. 111.

Après les désordres de la nature mis en scène dans *Héraclius*, Corneille restaurait la nature royale. Après les désordres de l'Etat mis en scène dans *Othon*, il rétablit la politique royale. Dans les deux cas la contestation de la supériorité, naturelle ou politique, de la monarchie est condamnée. Le roi de Sparte cependant n'est pas le roi d'Aragon : l'Etat continue de s'affaiblir sans que l'héroïsme qui s'oppose à l'Etat soit reconnu. Corneille semble éprouver le besoin de rappeler ses propres convictions politiques : il est illégitime, quelles que soient les circonstances, de s'opposer à une monarchie légitime. Orode sera plus cruel qu'Agésilas mais Suréna ne saurait être un second Lysander. *Othon* venait de montrer la faillite de l'Etat sans héros. *Agésilas* souligne la faillite d'un héros qui s'oppose à son prince. Tout naturellement, *Attila* sera l'ultime tentative de reconstruire l'Etat-héros. Certains critiques, comme Serge Doubrovsky, ont omis, dans leur analyse, de traiter *Agésilas*. Etrange décision, d'esquiver le face à face entre un jeune roi et un vieux général lorsqu'on revendique la nécessité d'une interprétation totale. La pièce fait en effet apparaître plusieurs difficultés, en raison même d'une originalité que Corneille clame haut et fort dans l'Avis au lecteur, mais il nous semble possible de les résoudre, du moins de les discerner, en plaçant cette « tragédie enjouée »[18] dans le mouvement général de l'œuvre.

La plupart des thèmes politiques chers à Corneille sont présents, d'une manière ou d'une autre, dans *Agésilas*. Lysander entend faire jouer le « mérite » contre le « sang » pour affaiblir la monarchie :

> Nous avons trop longtemps asservi sa couronne
> A la vaine splendeur du sang,
> Il est juste à son tour que la vertu la donne,
> Et que seul le mérite ait droit à ce haut rang.
>
> (II, 5, v. 700-704.)

Ce propos du général spartiate est, au sens plein du mot, subversif : le héros crée le désordre par ambition. Au-delà d'une rébellion qui n'est pas seulement verbale et quelles que soient ses raisons, Lysander préfigure Suréna en évoquant l'attitude du pouvoir envers le héros : l'Etat ne tolère ni l'éclat de sa vie ni

18. André Stegmann, *op. cit.*, t. II, p. 630.

l'obscurité de sa mort (v. 872-873). L'originalité d'*Agésilas* est peut-être, en particulier dans la célèbre scène du troisième acte qui oppose le roi au général, d'utiliser l'absence d'une réelle tension tragique pour approfondir l'analyse psychologique et politique. Le roi décèle la politique de l'intérêt chez Lysander :

> Votre intérêt s'y mêle en les prenant pour gendres.
>
> (III, 1, v. 909.)

Le choix de Cotys et Spitridate n'est pas innocent : Lysander n'est donc pas irréprochable, même s'il est « un grand homme » (v. 890). Le mariage de ses filles lui donne en effet une audience et une influence internationales qui pourraient nuire au roi de Sparte : la politique matrimoniale est plus l'affaire des rois que celle des Grands. Lysander est sensible à l'intérêt autant qu'à l'amour-propre (v. 956-957). Il appartient donc au prince de rétablir la vérité. Il admet qu'il doit son trône à Lysander mais il refuse d'être un « fantôme éclatant » (v. 983), un « général en idée », un « monarque en peinture » (v. 988), bref une « créature » de Lysander (v. 991). Agésilas veut être le maître absolu d'un Etat qu'il n'a pas conquis lui-même : son projet héroïque et politique s'en trouve compromis, puisque le roi dépend du sujet. La restauration de la monarchie devra s'affirmer dans le renouvellement du pacte fondateur de l'Etat :

> Si vous m'avez fait Roi, Lysander, je veux l'être.
> Soyez-moi bon sujet, je vous serai bon maître,
> Mais ne prétendez plus partager avec moi
> Ni la puissance ni l'emploi.
>
> (III, 1, v. 994-997.)

Othon dénonçait le partage du pouvoir entre un Etat faible et des conseillers puissants. *Agésilas* condamne ce même partage entre un roi et son plus illustre sujet. Lysander s'était d'ailleurs comporté en tyran et Sparte doit au roi le rétablissement d'un exercice du pouvoir fondé sur la gloire (v. 1026). Corneille critique ainsi les excès de la féodalité pour mieux affirmer l'alliance naturelle des peuples et des princes. Il n'est guère éloigné sur ce point des ambitions de Louis XIV. La réaction de Lysander assimile les « jalouses craintes » du souverain à des « raisons d'Etat » (v. 1042), réponse indirecte aux accusations d'Agésilas sur la politique de l'intérêt : la raison d'Etat, chez le roi, est une forme de la jalousie comme l'intérêt, chez le sujet, est une forme de l'amour-propre. Lysander en déduit qu'il n'est pas un « criminel », mais un « malheureux » (v. 1043). On pense à la question de Dircé à Œdipe :

> Quel crime avez-vous fait que d'être malheureux.
>
> (*Œdipe*, V, 5, v. 1819.)

mais ce qui était vrai chez le roi de Thèbes est, bien entendu, faux dans le cas du général spartiate. Lysander correspond au cas de figure dénoncé par Amelot de La Houssaye dans le *Discours politique sur Tacite*, paru en 1683, un an avant la mort de Corneille : « Le sujet qui se targue insolemment du bouclier de son innocence, quand il est accusé par son Prince, devient criminel de lèse-majesté »[19]. André Stegmann note à juste titre que « contrairement à Nicomède, Lysander a la manie de la persécution »[20]. Il n'hésite pas non plus à compromettre la raison d'Etat :

> J'ai fait tout pour l'Etat, et n'ai rien fait pour moi.
>
> (III, 1, v. 1059.)

Si cela était vrai, il n'aurait fait que son devoir, mais cela est faux. Xénoclès, lieutenant d'Agésilas, doit rappeler que Lysander est un conspirateur (v. 1094), contrairement à Nicomède et Suréna. Corneille évoque ici les méthodes policières mises en œuvre pour accuser le héros. Perpenna, dans *Sertorius*, détenait les lettres d'Aristie. Xénoclès a en main le texte d'une harangue vendue par Cléon d'Halicarnasse à Lysander pour « renverser l'Etat » (v. 1098) : les esclaves et les mercenaires apparaissent à nouveau sur le théâtre (v. 1102-1103). Ces faits constituent une double progression de la réflexion cornélienne : d'une part, Lysander est effectivement un criminel d'Etat et Xénoclès a contre lui les preuves dont Araspe et Arsinoé ne disposaient pas contre Nicomède; d'autre part, la pièce démontre que la police politique peut devenir l'expression d'une vraie raison d'Etat et que la subversion risque d'être la seule issue d'un héroïsme authentique. Dans *Nicomède*, Corneille avait évité à son héros le risque du régicide. Dans *Agésilas*, il protège le roi de la tentation policière.

19. Cité par Etienne Thuau, *op. cit.*, p. 44.
20. André Stegmann, *op. cit.*, t. II, p. 402.

Le roi de Sparte se trouve en effet dans une situation qui l'embarrasse (v. 1120) et se caractérise par le désordre (v. 1133). Le tragique politique d'Agésilas réside dans la contradiction entre l'intérêt et la prudence (v. 1132). Son intérêt exige qu'il perde Lysander. Sa prudence réclame qu'il ne se heurte ni au Sénat ni au peuple. Agésilas souffre en réalité d'une double faiblesse : il doit l'origine de son pouvoir à Lysander, ce pouvoir est « limité » (v. 1137) par les institutions de Sparte. Peut-on en déduire que le véritable coupable, sur le plan politique, n'est ni Agésilas ni Lysander, mais Sparte c'est-à-dire :

> ... cette politique
> Qui met chacun en droit de régner à son tour ?
>
> (III, 2, v. 1147-1148.)

La tragédie d'*Agésilas* est la faillite de l'Etat :

> Sparte est un Etat populaire,
> Qui ne donne à ses rois qu'un pouvoir limité.
>
> (III, 2, v. 1136-1137.)

Si les règles de succession au trône avaient été claires, si les pouvoirs du roi avaient été conformes à la monarchie, Lysander n'aurait pas eu besoin de porter Agésilas au trône et la crise politique n'aurait pas éclaté. Le roi et le héros sont victimes de l'Etat. Corneille poursuit donc l'expérience d'*Othon* pour démontrer que l'Etat, dans ses principes comme dans son fonctionnement, est une force tragique, le visage politique du destin. Agésilas est victime d'un système politique mal conçu, il n'est pas lui-même un tyran :

> C'est me connaître mal, je ne contrains personne,
>
> (V, 2, v. 1759.)

répond-il sans hésiter à Spitridate. La réconciliation politique se fait en l'absence de Xénoclès alors que l'affrontement avait eu lieu en sa présence. C'est le signe d'une double restauration monarchique et héroïque qui n'a besoin d'aucun témoin. Agésilas admet qu'à la place de Lysander il aurait peut-être agi avec plus de violence encore contre un roi (v. 2020). Cette compréhension personnelle de la révolte du sujet précède la grâce royale et la destruction des preuves rassemblées par Xénoclès contre Lysander. Pompée brûlait sans les lire les lettres d'Aristie, mais il le faisait en présence de Perpenna. Agésilas remet les pièces du dossier compromettant à Lysander, mais il le fait en secret. Le renouvellement du pacte entre le roi et le sujet relève du secret d'Etat : Agésilas n'est pas Pompée. Le mérite du roi est toutefois grand car Lysander affirme que la rébellion aurait été légitime si elle avait réussi. La solution politique de la pièce reste en effet équivoque : Agésilas épouse Aglatide, manière de « partager » le trône avec Lysander (v. 2057). Celui-ci reconnaît certes qu'il doit sa vie et sa gloire à son roi (v. 2043) mais le triple hymen du dénouement est suspect. Agésilas subit une double amputation. Une amputation d'ordre politique, car la soumission de Lysander ne fait oublier ni sa rébellion ni les contraintes de l'Etat spartiate. Une amputation d'ordre amoureux, car, contrairement à l'éloge de la monarchie grecque prononcé par Spitridate (v. 444-452), le mariage avec Aglatide ne fait pas oublier le sacrifice de Mandane. Le dénouement d'Agésilas apporte plus une solution dramaturgique, celle du « triple hymen », qu'une solution politique : la solution est plus matrimoniale que politique. Le dénouement est ce qu'il est parce que la pièce n'est pas une tragédie. *Agésilas* est une apparence de tragédie et le dénouement une apparence de réconciliation. En dehors du changement de goût qui porte le public vers l'esthétique racinienne, la pièce de Corneille échoue peut-être parce qu'elle est une étape de la réflexion politique plus qu'un moment de la pensée tragique. *Attila* sera un grand succès parce que Corneille aura retrouvé le fil de cette pensée tragique. Que les solutions matrimoniales et politiques coïncident avec un changement de genre souligne, à notre avis, la parenté entre *Agésilas* et *Don Sanche*. Il faut cependant noter que la solution était sentimentale dans *Don Sanche* puisque Isabelle et Carlos s'aimaient, tandis qu'elle est matrimoniale dans *Agésilas*, puisque le roi et Aglatide ne s'aiment pas. Corneille avait restauré l'authenticité de l'amour après le désordre de la nature dans *Héraclius*. Il rétablit la possibilité du mariage après le désordre de l'amour politique dans *Othon* : le triple hymen d'*Agésilas* « compense » l'absence de mariages d'*Othon*.

La politique du mariage s'organise autour de personnages féminins dont les sentiments sont souvent corrompus par l'ambition et l'intérêt. Corneille poursuit la mise en scène des ravages de la corruption politique. Elpinice est promise à Cotys, roi de

Paphlagonie, mais sa sœur Aglatide ne veut pas se contenter de Spitridate, grand seigneur persan. Aglatide succombe à l'« amour du diadème » et n'hésite pas à affirmer :

> Que pourvu qu'un amant soit Roi,
> Il est trop aimable pour moi.
>
> (I, 1, v. 126-127.)

tandis qu'Elpinice rejette l'amour politique :

> Si mon cœur, si mes yeux, en étaient consultés,
> Leur choix irait à la personne,
> Et les hautes vertus, les rares qualités
> L'emporteraient sur la couronne.
>
> (I, 1, v. 140-143.)

Elpinice propose donc à sa sœur un « échange » (v. 146) : elle épouserait le prince Spitridate qu'elle aime et laisserait à Aglatide le roi Cotys qu'elle n'aime pas. Cet échange n'est pas en lui-même une nouveauté mais il est nouveau dans sa cause, qui est amoureuse et non politique. La soumission d'Aglatide à l'ambition politique lui laisse un choix simple :

> Je mourrai fille, ou vivrai Reine.
>
> (II, 6, v. 809.)

Pulchérie vivra et mourra fille et reine. Aglatide semble disposer d'une plus grande liberté pour l'excellente raison qu'elle n'est pas née reine. Mandane résume la tentation générale lorsqu'elle affirme dans le style d'Othon :

> Réduisons nos souhaits à la cause publique,
> N'aimons plus que par politique,
> Et dans la conjoncture où le ciel nous a mis,
> Faisons des protecteurs, sans faire d'ennemis.
>
> (IV, 2, v. 1438-1441.)

Othon, en effet, avait plaidé pour l'amour politique et fait allusion à la nécessité d'un protecteur. Que le même langage soit repris par une femme, dans *Agésilas*, n'est pas sans signification. Les femmes peuvent, elles aussi, céder au mouvement de politisation qui entraîne et compromet le théâtre. Le dénouement témoigne, pour elles, d'une solution partagée : Mandane et Elpinice épousent par amour, Aglatide épouse par politique. De même qu'un partage dénouait la crise politique, de même un partage dénoue la crise sentimentale. Corneille a sauvé *Agésilas* de la tragédie en divisant le dénouement : la fausse solution est une fausse tragédie. Corneille a sans doute voulu vérifier que l'absence de tragédie ne résout la crise que d'une manière artificielle puisqu'elle maintient à leur place les éléments de la contradiction : *Attila*, *Tite et Bérénice*, *Pulchérie*, *Suréna* montreront, au contraire, qu'un triomphe dans l'ordre politique interdit un triomphe dans l'ordre amoureux. Agésilas cependant n'est pas un vrai roi : il tient son trône de Lysander, son pouvoir est limité par les institutions de Sparte. Que se passerait-il si le roi disposait de la plénitude héroïque et des pleins pouvoirs politiques, si les intrigues amoureuses mettaient en jeu le destin du monde, si le héros et l'Etat s'identifiaient à nouveau dans une ultime synthèse ? Que se passerait-il si l'Etat appartenait à un héros, prince authentique et véritable amant ? Ce sera l'hypothèse d'*Attila*.

Le monstre « en idée » : Attila

En renouant avec le succès[21], Corneille retrouve la problématique providentielle, le destin historique de Rome, la grandeur du héros et celle de l'Etat, en un mot, la logique de la gloire. Est-ce un hasard si l'Avis au lecteur contient une réponse assez vive aux critiques des jansénistes ? *Attila* est une tragédie cornélienne du héros, de l'Etat, de la grandeur qui refuse toute concession. Serge Doubrovsky s'interroge sur l'authenticité cornélienne du roi des Huns : « Attila commence par répudier la réalité et l'héroïsme pour s'en tenir, comme les personnages d'*Othon*, aux apparences du pouvoir. La politique n'est plus, à la façon d'Auguste ou de Tulle, insertion vigoureuse d'une éthique dans l'histoire : à la quête du triomphe, elle substitue la simple recherche du succès. A ce stade, où les fins aristocratiques se laissent définitivement gagner aux moyens de l'esclavage, l'affrontement d'autrui devient manipulation habile et sans risques »[22].

21. André Stegmann (*OC*, p. 711) s'oppose sur ce point à Georges Couton (*op. cit.*, p. 167) : pour le premier, *Attila* est un succès ; pour le second, c'est un échec.
22. Serge Doubrovsky, *op. cit.*, p. 382-383.

Cette analyse correspond au schéma hégélien qui organise la réflexion de Serge Doubrovsky mais il est à craindre qu'*Attila* ne condamne ce schéma, au lieu de le confirmer. Le roi des Huns n'est pas une parodie de héros, mais une parodie de monstre. Attila est un vrai « cornélien » comme Cléopâtre, mais, à la différence de Cléopâtre, il n'est pas un vrai monstre. Toutes les monstruosités cornéliennes, de Marcelle à Rodélinde, de Cléopâtre à Léontine, étaient plus ou moins des parricides. Attila n'est pas un parricide. Il n'est donc pas un monstre. Seules la nature et la crise de la nature donnaient naissance à des monstres. Attila est un héros et il est l'Etat : en cela, il ressemble étrangement à Auguste. Mais Attila n'est pas non plus Auguste, ni une parodie d'Auguste : il éprouve l'impuissance de sa double nature héroïque et politique. L'heure n'est plus aux héros d'Etat ni à l'Etat-héros. Attila est un Auguste usé par l'histoire. Bernard Dort, dans cette perspective, souligne la place de la pièce dans la création cornélienne : « Héros noir dont l'éblouissement n'est plus qu'une puissance de mort, Attila pousse jusqu'à son terme l'échec des tentatives de reconnaissance et de réconciliation qui ont jalonné l'œuvre de Corneille. Par-delà Auguste même, il rejoint Alidor. » Octave Nadal l'a bien vu qui définit ainsi *Attila* : « Ce sont le caractère et le drame d'Alidor transposés dans une tête politique et sur le plan de l'histoire »[23]. Avec *Attila* puis, dans un style différent, avec *Tite et Bérénice* et *Pulchérie*, Corneille porte une dernière fois la tragédie au sommet de l'Etat comme pour s'assurer, à trois reprises, que le héros ne sauve plus l'Etat, que l'Etat ne sauve plus le héros. Attila est autant un héros de la terreur qu'un héros de la pitié. Il exprime, une dernière fois chez Corneille, le rêve de la grandeur du héros et de l'Etat. Attila est plus un personnage déchiré qu'un être qui déchire. Il ne parvient ni à retrouver son identité politique ni à conquérir son identité amoureuse. La tragédie d'Auguste était celle de l'identification progressive du héros à l'Etat. La tragédie d'Attila est celle des identifications impossibles du héros. La parodie de la monstruosité est le masque de ce double échec.

Corneille prend soin de rappeler les qualités du personnage et de préciser qu'il ne cède ni à la démesure ni au désordre : « Il

23. Bernard Dort, *op. cit.*, p. 120-121.

était plus homme de tête que de main, tâchait de diviser ses ennemis, ravageait les peuples indéfendus, pour donner de la terreur aux autres, et tirer tribut de leur épouvante, et s'était fait un tel empire sur les rois qui l'accompagnaient que quand même il leur eût commandé des parricides, ils n'eussent osé lui désobéir »[24]. Attila est un prince exceptionnellement original sur le plan politique : il est cornélien lorsqu'il s'agit de plaider pour la grandeur et la dignité royales (v. 23-28), il est machiavélien lorsqu'il s'agit d'étendre son Empire et d'enchaîner les hasards (v. 39-44). La restauration de la majesté royale est indispensable après *Othon* et *Agésilas* : seule une grande monarchie est conforme aux principes de l'héroïsme. Le rétablissement d'une ambition historique est nécessaire après les miasmes de la cour de Galba : seule la maîtrise du temps exprime les ambitions providentielles de l'héroïsme. Attila est enfin un prudent qui ménage ses forces :

> J'ai su les rétablir, et cherche à me venger,
> Mais je cherche à le faire avec moins de danger.
>
> (I, 1, v. 55-56.)

Le roi des Huns vient en effet de subir une défaite en Gaule et il doit jouer avec finesse pour diviser ses adversaires. Attila sait que la grandeur ne suffit plus et même ne peut rien sans la force. Auguste n'avait pas besoin de la force pour triompher. Attila en a cruellement besoin pour réussir. La stratégie du mariage politique est la conséquence de la prudence d'Attila, mais aussi de sa faiblesse militaire : il négocie son mariage avec la sœur de Méroüée et la sœur de Valentinian. Le résultat de cette bigamie est évident :

> L'une sera ma femme, et l'autre mon otage.
>
> (I, 1, v. 62.)

En réalité, l'épouse d'Attila sera également son otage : les deux adversaires du roi des Huns sont neutralisés :

> Ainsi je les tiendrai l'un et l'autre en contrainte,
> L'un par mon alliance, et l'autre par la crainte.
>
> (I, 1, v. 65-66.)

Le projet politique d'Attila semble infaillible. Mais il suppose que son maître d'œuvre soit un être insensible. La réussite poli-

24. Avis au lecteur, *OC*, p. 711.

tique n'est absolue que si les hommes ne sont plus des êtres de chair et de sang : à l'esclavage d'Honorie et d'Ildione doit répondre à tout prix l'insensibilité d'Attila. Corneille retrouve le conflit de la nature et de l'histoire : si la nature triomphe, l'histoire échoue; si l'histoire triomphe, la nature échoue. Attila amoureux condamne Attila politique. Attila politique condamne Attila amoureux. *Tite et Bérénice* puis *Pulchérie* renoueront avec la même problématique.

Attila rejette la dépendance amoureuse en des termes qui rappellent les propos d'Alidor (v. 201-224) :

> L'amour chez Attila n'est pas un bon suffrage,
> Ce qu'on m'en donnerait me tiendrait lieu d'outrage,
> Et tout exprès ailleurs je porterais ma foi,
> De peur qu'on eût par là trop de pouvoir sur moi.
>
> (I, 2, v. 117-120.)

Mais Attila n'est pas un second Alidor. L'Etat en effet n'existait pas dans *La Place Royale*. Le roi des Huns ne saurait se comporter comme l'amant d'Angélique : il redoute l'usurpation de l'amour à l'égal de celle d'un tyran. Alidor protégeait Alidor. Attila protège Attila et l'Etat : il sacrifie le cœur (v. 127) à la grandeur (v. 128). Mais cette grandeur est autant celle de l'Etat que celle de la personne. En consultant Valamir et Ardaric sur le choix de sa future épouse, Attila rappelle que l'intérêt d'Etat doit seul décider. Le roi des Huns est tout à son ambition politique devant les deux faux rois. Il sera bientôt tout à sa passion amoureuse devant Ildione. La politique triomphe dans le champ du simulacre. L'amour l'emporte dans le domaine de la réalité. Attila a les moyens de sa politique. Il n'en a pas les sentiments, c'est-à-dire l'absence de sentiments. Attila est un praticien scrupuleux de la physique politique :

> En matière d'Etat, ne fût-ce qu'un atome,
> Sa perte quelquefois importe d'un royaume...
>
> (I, 2, v. 133-134.)

Attila condamne le moindre « atome » de faiblesse d'Etat, mais bientôt sa faiblesse excédera l'atome, infiniment. Sur le plan politique, la consultation des deux rois mène à l'impasse :

> Plus j'entends raisonner, et moins on détermine.
>
> (I, 2, v. 269.)

Auguste, après avoir entendu Cinna et Maxime, prenait une décision. Attila n'en prend aucune. Les thèses politiques des deux rois reproduisent leurs intérêts sentimentaux, mais tel était également le cas de *Cinna.* Attila est un héros de discours plus qu'un héros d'Etat.

Il est opportun de noter à ce propos que Méroüée, champion de l'héroïsme politique, est absent de la scène. Son portrait correspond donc plus à un idéal extérieur à la tragédie qu'à la réalité (v. 556-589). Corneille ne qualifie pas sans raison le roi des Francs de l'adjectif « auguste » (v. 562). Dans *Cinna*, le héros et l'Etat appartenaient à l'histoire : leur épreuve tragique était précisément d'entrer dans l'histoire pour fonder Rome. Dans *Attila*, le héros et l'Etat existent « en idée » : leur épreuve tragique consiste à ne pouvoir maîtriser ou dominer l'histoire. Auguste devait choisir entre Octave et Rome. Attila doit choisir entre les Francs et Rome, mais surtout entre Ildione et Honorie. Dans *Cinna*, l'obstacle à l'héroïsme s'appelait Octave. Dans *Attila*, il se nomme Ildione. Octave divisait le passé d'Auguste. Ildione déchire le présent d'Attila. Il faut d'ailleurs rappeler que ni don Fernand, ni Tulle, ni Auguste ne connaissaient l'amour. Corneille se trouve désormais confronté à une situation qui n'existait pas dans les premières tragédies. L'originalité d'Attila est de vouloir construire en même temps une grandeur héroïque et une grandeur politique. Mais l'heure de la synthèse est passée chez Corneille. Cela ne signifie pas qu'*Attila* soit une régression par rapport à *Cinna*. Auguste ne perdait rien en sacrifiant tout. Attila perd tout en ne sacrifiant rien. Attila entend triompher dans l'ordre de l'histoire contre Valentinian et Méroüée et dans l'ordre de la nature. Auguste savait qu'une telle ambition était démesurée, que la nature devait être sacrifiée à l'histoire, que la sensibilité n'avait pas sa place dans l'Etat.

L'ambition qui dévore Attila de conquérir une maîtrise universelle hors de sa portée le conduit à transformer la scène en prison politique : les deux rois et les deux reines sont placés sous une surveillance policière constante. Incapable de maîtriser le temps, en faisant un choix, Attila s'essaie à contrôler l'espace, sans faire de choix. Le phénomène d'*Othon* se reproduit : la politique se dégrade en police. Dans *Othon*, cela s'expliquait par l'absence d'enjeu historique. Dans *Attila*, cela s'interprète par l'excès de ce même enjeu. Le roi des Huns emprisonne dans sa cour les deux reines pour détenir symboliquement, entre ses mains et sous son pouvoir, l'avenir des Francs et le destin de Rome. Corneille souligne ainsi l'impuissance politique d'Attila qui ne sait pas profiter des faiblesses de Rome. Le roi des Huns subit une contradiction insurmontable entre sa « gloire » et son « cœur » (v. 754-756), qui préfigure *Suréna*. L'intérêt d'*Attila*, sur le plan de l'évolution des notions cornéliennes, réside dans la précision et l'ampleur du conflit. La gloire et la politique ont partie liée contre l'amour. D'un côté la « raison » et l' « orgueil ». De l'autre, un « coup d'œil » d'Ildione :

> Je sens combattre encor dans ce cœur qui soupire
> Les droits de la beauté contre ceux de l'Empire.
>
> (III, 1, v. 757-758.)

La tragédie d'Attila est un affrontement de légitimités dans l'Etat-héros mais le roi des Huns est une victime de la séduction du charme d'Ildione (v. 777-822). La gloire est la voie droite du héros. La séduction, au sens étymologique, est le mauvais chemin. Le roi perd en effet la mémoire de sa fonction :

> Et j'oublie Attila dès que je pense à vous.
>
> (III, 2, v. 828.)

En oubliant Octave, l'empereur devenait Auguste. En oubliant Attila, le roi cesse d'être le roi. L'oubli était rédempteur dans *Cinna*. Il est maintenant tragique, au sens où il divise la personne du héros et l'Etat lui-même. Si Attila est un anti-Auguste, il est, pour cette raison, un faux Alidor. Conscient des périls que l'amour représente pour sa liberté, le roi des Huns supplie Ildione de lui rendre cette liberté : il espère échapper à la dépendance par une autre dépendance, il succombe à la dialectique de l'impuissance.

> Prêtez-moi des refus, prêtez-moi des mépris,
> Et rendez-moi vous-même à moi-même à ce prix.
>
> (III, 2, v. 843-844.)

Cinna était une tragédie de l'intériorité. *Attila* est une tragédie de l'extériorité. Auguste était à Octave. Attila est à Ildione. Dans *Cinna*, la maîtrise de l'Etat intervenait après la maîtrise de soi. Dans *Attila*, la maîtrise n'existe ni dans l'ordre de la personne, ni dans l'ordre de la couronne. Un vers traduit particulièrement la faiblesse d'Attila :

> Madame, laissez-moi séparer mes douleurs.
>
> (III, 2, v. 908.)

Imagine-t-on Rodrigue ou Polyeucte tenir de tels propos ? Le héros cornélien n'est plus en état d'affronter en même temps tous les périls. Il joue donc sur le temps, sur les délais. Il commet l'erreur que ne commettait pas le Cid : si Rodrigue avait hésité entre l'amour et le devoir, il ne serait jamais devenu le Cid. Attila se comporte avec ses douleurs comme avec ses ennemis : il essaie de diviser pour régner. Mais ce qui réunit dans l'ordre politique échoue dans l'ordre héroïque. On peut séparer Méroüée de Valentinian. On ne peut séparer une douleur d'une autre. La politique a compromis l'héroïsme en lui imposant ses méthodes.

Le roi des Huns espère gagner grâce au partage dont il rappelle les termes à Honorie :

> Mes deux traités de paix m'ont donné deux Princesses,
> Dont l'une aura ma main, si l'autre eut mes tendresses.
> L'une aura ma grandeur, comme l'autre eut mes vœux :
> C'est ainsi qu'Attila se partage à vous deux.
>
> (III, 4, v. 965-968.)

Cette solution est l'exact contraire de l'héroïsme : Rodrigue ne peut être à don Diègue et à Chimène, Polyeucte ne peut être « idolâtre et chrétien ». Cette solution est pourtant la seule possible, celle que devrait adopter Honorie en renonçant à Valamir pour épouser Attila. Le roi des Huns est-il cependant un être qu'on imite ?

> Mais bien loin qu'avec gloire on te puisse imiter,
> La vertu des tyrans est même à détester.
>
> (III, 4, v. 1063-1064.)

Attila n'est pas Auguste. Il ne suscite par l'admiration et n'invite pas à l'imitation. Honorie rappelle qu'Attila a été parricide. Mais il ne le sera pas sur scène, à la différence des vrais monstres. L'absurdité de la situation matrimoniale et politique accentue le sentiment de désordre : Honorie accepte d'épouser Attila s'il interdit le mariage d'Ildione avec Ardaric, mais le roi des

Huns impose à Honorie d'épouser Octar si elle se refuse à Attila. Corneille met en valeur l'incohérence de ces propositions pour mieux faire apparaître le dérèglement des valeurs politiques et amoureuses. La force d'Auguste résolvait les crises que la faiblesse d'Attila accentue. Le roi des Huns impose aux deux rois une relation de bourreau à victime (v. 1354). Ardaric tuera Valamir coupable d'aimer Honorie promise à Attila ou Valamir tuera Ardaric coupable d'aimer Ildione, elle aussi promise au roi des Huns. Attila n'est pas pour rien le « fléau de Dieu », le « ministre » de Dieu sur terre : il est engagé dans une logique de monstruosité qui ne cesse de se compliquer. Mais il est un monstre « en idée » : la Providence ne lui laisse pas le temps d'aller plus avant. La description par Valamir de la mort du tyran souligne que la rhétorique seule exprime la tragédie d'Attila. Le roi des Huns ne meurt pas sans grandeur. Sa disparition signifie d'abord la lassitude de la nature (v. 1750). Cléopâtre se tuait, Phocas était assassiné : Attila meurt naturellement. Le « monstre » a lassé la nature qui n'est plus en état de tolérer ce qu'elle a si longtemps toléré. *Othon* était aussi une manifestation de la lassitude de l'histoire. Le théâtre de Corneille éprouve les effets du temps et de la fatigue. La Providence anticipe moins un ordre futur qu'elle ne sanctionne un désordre passé. La mort de Cléopâtre ouvrait, comme celle de Phocas, sur une solution politique et amoureuse conforme à la légitimité. Ardaric et Valamir sauront-ils « remplir ce trône vide » (v. 1783) ? Attila avait une fonction providentielle qui était d'exténuer la monstruosité et de révéler l'impuissance par l'excès. Attila échoue comme héros et comme roi mais ce double échec, s'il a une signification historique pour Valentinian et Méroüée, est surtout un signe du destin : la politique de grandeur du héros et de l'Etat manque son but si le héros qui incarne l'Etat n'est pas assez héroïque. Attila est tyran d'autrui, parce qu'il n'est pas maître de lui. Corneille retrouve ainsi la vérité de *Cinna* sans en reproduire la situation. *Attila* n'est donc une exception ni dans le théâtre politique, ni dans la pensée tragique, ni dans la philosophie héroïque de Corneille. Les excès d'Attila ne sont pas des exceptions, mais les manifestations, accentuées par la Providence, de la double impasse du héros et de l'Etat. *Attila* n'est pas une exception à la règle, mais la preuve du dérèglement. Attila démontre l'impossibilité de ce dont Auguste prouvait la nécessité. Le héros cornélien avait, dans un premier temps, sacrifié la nature à l'Etat. Il avait ensuite compris que la nature était un rempart contre l'Etat. Il refuse désormais de tout donner à l'Etat et tente de substituer une rhétorique politique à la réalité du sacrifice : Attila ne triomphe ni dans l'ordre des faits, ni dans l'ordre des idées, mais dans l'ordre des mots. Le discours est l'ultime refuge de la grandeur. C'est pourquoi le nom, scandé sans arrêt, retrouve toute son importance :

> Encor plus, s'il le faut, mais toujours Attila,
> Toujours l'heureux objet de la haine publique,
> Fidèle au grand dépôt du pouvoir tyrannique.
>
> (V, 3, v. 1564-1566.)

Attila croit que la répétition de son nom suffit. La gloire s'est faite verbe. Attila perd la parole avant de perdre la force (v. 1737). Tite et Pulchérie vivront d'une autre manière l'impuissance du héros d'Etat : leur stérilité sera la forme naturelle du silence. Othon et Agésilas pouvaient espérer des héritiers. Attila, Tite et Pulchérie n'en auront pas. Attila ne transmettra pas le verbe. Tite ne transmettra pas la vie. L'Etat a gagné la partie.

Si Attila est faible en regard de son ambition héroïque, sa faiblesse n'exclut ni la gloire ni la grandeur. Il n'en est pas de même des deux rois. Corneille aggrave l'hypothèse d'Antiochus et Séleucus. Ardaric et Valamir ont de « vains titres » de roi. Ils sont « amis d'Attila » comme Prusias et Massinisse étaient « amis de Rome ». Leur inconsistance politique permet à Corneille de les utiliser, d'une manière neutre, pour révéler les voies de la Providence. Valamir plaide pour Méroüée, car il aime Honorie. Ardaric plaide pour Rome, car il aime Ildione. Leur géopolitique est moins historique que sentimentale. En soutenant, l'un qu'il est grand d'accélérer le destin, l'autre qu'il est grand de le ralentir, ils démontrent surtout leur impuissance commune. La faiblesse psychologique des personnages en fait des politiques loquaces. Ce qu'ils disent n'est pas faux mais ils le disent pour de fausses raisons. Que disent-ils ? Ils reprennent toute l'argumentation politique de Corneille. Rome est certes faible, mais Aétius, le vainqueur des champs Catalauniques, est un grand général; mais Honorie apporte sa couronne plus que sa personne. Méroüée est certes « un roi magnanime », mais son trône n'est pas celui de Théodose; mais Ildione apporte sa personne sans sa couronne. Les deux rois, en multipliant les arguments contradictoires, rappellent aussi qu'Attila, loin de construire son destin, choisit de l'enchaîner à Rome ou aux Francs. Maxime et Cinna plaidaient l'un et l'autre pour la grandeur de l'Etat. Valamir et Ardaric plaident contre Attila et contre le royaume des Huns. La grandeur était de choisir son destin, celui de Rome. La politique consiste à se rallier à un destin ou à un autre. Si Attila n'a pas les moyens personnels de sa politique, il n'en a pas non plus les moyens matériels : sa faiblesse le contraint à des alliances. Si Attila n'avait pas été vaincu par Aétius et ses alliés, il ne serait pas contraint de négocier. La grandeur d'Attila est de choisir entre une grandeur ascendante et une grandeur descendante. Auguste réfléchissait sur deux formes de régimes possibles à l'intérieur d'un même Etat. Attila réfléchit sur l'alliance d'un Etat avec un autre Etat. La division entre Auguste et Octave était intérieure à Rome. Le déchirement entre Attila et Ildione est extérieur à l'Empire des Huns. Corneille a pris soin de distinguer, sur le plan personnel comme sur le plan politique, les deux cas de figure.

Valamir découvre la forme ultime de la déchéance de l'Etat. Rome n'est plus qu'un « grand corps » dont on fait « mouvoir tous les ressorts » (v. 207-208). La politique est réduite à un simple mouvement de ressorts. Cela implique, outre l'analogie avec Hobbes, une conception nouvelle de l'Etat et de la politique. Qu'est-ce en effet qu'un ressort sinon un objet qui, par nécessité mécanique, ne peut subir qu'un certain nombre de déformations prévues d'avance ? Qu'un ressort se tende ou se détende, il ne pourra jamais être plus ou moins long que prévu. Un ressort est incapable de création, d'innovation. Une politique fonctionnant comme un ensemble de ressorts est un système de répétition à l'infini des mêmes situations : les mêmes causes produisent les mêmes effets. La politique héroïque suppose au contraire une possibilité permanente de création. La Rome de Valentinian n'est plus celle d'Auguste, ni même celle d'Othon, elle fonctionne selon des automatismes de dépendance. Théodose II dépendait de sa sœur, Valentinian de sa mère et d'Aétius. Auguste ne dépendait de personne, il n'exerçait pas le pouvoir par procuration. *Cinna* était une tragédie existentielle de la politique. *Attila* en est la tragédie fonctionnelle : Rome s'est dégradée en machine. Le ressort est même le signe extérieur de la tragédie puisque son destin est celui de l'inéluctable répétition. Attila n'est certes pas Valentinian, mais la déchéance de Rome peut être contagieuse. Le seul fait qu'Attila puisse épouser Honorie et rallier Rome contre les Francs suppose la victoire d'une certaine conception de l'Etat. Le héros est héroïque en étant imprévisible. La politique est tragique en étant inévitable. Méroüée, au contraire, représente l'espoir d'une politique héroïque, d'une conception moderne de la monarchie héréditaire : Ildione, comme nous l'avons vu, apporte sa personne sans engager la succession de Méroüée car

> Ses Francs n'admettent point de femme à dominer.
>
> (I, 3, v. 259.)

Attila se trouve confronté à un étrange paradoxe : s'il épouse Honorie, qu'il n'aime pas, il penche vers une conception dépassée de l'Etat; s'il épouse Ildione, qu'il aime, il accompagne le développement d'un Etat moderne. Donc, la sœur de Méroüée incarne le choix sentimental et politique le plus juste. Encore faudrait-il qu'elle aime Attila et non Ardaric : le roi des Huns aime sans être aimé.

L'authenticité du sentiment amoureux chez les deux rois reflète la réalité des situations politiques. Valamir aime Honorie, qui apporte avec elle les droits de la couronne, par ambition politique. Ardaric aime Ildione, qui n'apporte que sa personne, d' « un véritable amour ». Valamir et Ardaric, en conseillant au roi des Huns d'épouser la femme qu'ils n'aiment pas pour qu'eux-mêmes épousent celle qu'ils aiment, renversent la problématique de la politique matrimoniale. Celle-ci, en effet, a pour règle que les sentiments n'ont aucune importance dans les mariages royaux : la raison d'Etat précède et commande l'amour. Dans *Attila*, la situation est inverse : l'amour précède et commande la raison d'Etat. Ardaric formule avec force ce renversement de perspective :

> Cependant le tyran prendra pour attentat
> Cet amour qui fait seul tant de raisons d'Etat.
>
> (I, 3, v. 339-340.)

Le critère de l'héroïsme reste le même. Ardaric et Valamir ne sont pas des héros car ils sont deux à supporter ce qu'Attila affronte seul. La figure du dédoublement opposée à l'unité reste vraie : Cinna et Maxime devant Auguste, Antiochus et Séleucus devant

Cléopâtre, Ardaric et Valamir devant Attila. Corneille conserve les mêmes schémas dramaturgiques pour mieux éprouver la cohérence de sa réflexion : le signe irréfutable de l'héroïsme est le déchirement, non le dédoublement. Auguste est déchiré entre Octave et l'empereur. Cléopâtre est déchirée entre la nature et la passion du trône. Attila est déchiré entre l'amour et l'Etat. Cinna et Maxime, Antiochus et Séleucus, Ardaric et Valamir subissent sans créer. Auguste, Cléopâtre, Attila subissent ce qu'ils créent. Les premiers sont faibles en étant doubles. Les seconds sont grands en étant uniques. Seuls Cinna et, à un moindre degré, Maxime seront sauvés, non par eux-mêmes, mais par Auguste. Seul Auguste triomphera et vivra. La monstruosité de Cléopâtre tuera Séleucus et la Providence sauvera Antiochus. Ardaric et Valamir seront épargnés en raison de la mort providentielle du « monstre ». Les figures amoureuses et politiques de ce schéma de dédoublement sont complexes : Cinna et Maxime sont amoureux de la même femme et, malgré l'identité « républicaine » du complot, Cinna est un ambitieux, Maxime un faible; Antiochus et Séleucus sont amoureux de la même femme et détenteurs, *a priori*, de la même légitimité politique mais leur identité politique la dédouble en se redoublant; Ardaric et Valamir sont amoureux de deux femmes ne disposant pas des mêmes droits politiques mais ils sont réunis par Attila qui rend leurs bonheurs incompatibles (v. 358). Le mouvement s'oriente donc vers un dédoublement et un affaiblissement général des personnages : deux conspirateurs et une dame romaine dans *Cinna* : deux héritiers et une princesse dans *Rodogune*; deux faux rois et deux princesses dans *Attila*. Les hommes sont politiquement faibles dans les trois cas et ils ne cessent de s'affaiblir malgré leur progression dans la hiérarchie des titres : les deux rois peuvent moins que les deux héritiers qui peuvent moins que les deux conjurés. Les femmes, plus fortes avec Rodogune qu'avec Emilie, ne sont plus rien dans *Attila* malgré leur séduction amoureuse ou politique : Emilie se venge plus qu'elle n'aime, Rodogune aime Antiochus et le trône, Honorie humilie politiquement Attila (v. 1020) en le comparant à Valamir et Ildione l'humilie amoureusement en préférant Ardaric. Corneille poursuivra le dédoublement de la féminité avec Bérénice et Domitie puis Pulchérie et Justine avant de retrouver l'unité tragique d'Eurydice. Il suivra la même évolution pour les personnages masculins. Dans *Rodogune*, le dédoublement des princes était une faille de la nature exploitée par Cléopâtre. Dans *Attila* la présence de deux rois, faibles tous deux, dissimule la faiblesse d'Attila. La faiblesse d'Antiochus et Séleucus renvoyait à la force de Cléopâtre. La faiblesse d'Ardaric et Valamir renvoie à la faillite d'Attila. En passant d'une complexité incompréhensible à une complexité évidente, Corneille a changé de héros.

Le crime de Cinna et Maxime était le complot. Le crime d'Antiochus et Séleucus était leur gémellité. Le crime d'Ardaric et Valamir est leur amour :

> Le crime de tous deux, c'est d'aimer deux Princesses.
>
> (IV, 6, v. 1397.)

Ce crime amoureux est en réalité un crime politique pour Attila :

> C'en est un que prétendre en même lieu que moi.
>
> (IV, 4, v. 1340.)

Cinna et Maxime étaient réellement coupables. Antiochus et Séleucus réellement innocents. Ardaric et Valamir, comme Pison et Othon, sont les « rivaux d'Etat » du roi des Huns. Leur amour commandait tout à l'heure leur raison d'Etat. Voici que la raison d'Etat d'Attila condamne leur amour. Quelle est la vraie cause de la crise dans *Attila* ? C'est l' « amour politique » de Valamir pour Honorie. En aimant, par ambition, la sœur de l'empereur de Rome, le roi des Ostrogoths a provoqué la jalousie du roi des Huns. La cause première de la tragédie est la *libido dominandi* : Valamir est, en l'occurrence, le premier coupable. Cela ne signifie pas que Corneille innocente Attila mais que Valamir est, lui aussi, coupable. S'il fallait réduire, schématiquement, la pièce à un conflit de *libido*, il apparaîtra qu'Ardaric cède à la *libido sentiendi*, que Valamir réponde à la *libido dominandi* et qu'Attila affronte seul le conflit de ces deux *libido*. L'irrémédiable faiblesse des deux rois est marquée par l'expression qu'utilise Attila pour les désigner : « nobles gladiateurs » (v. 1545). Les rois sont devenus des combattants stipendiés.

La même impuissance menace la sœur de Valentinian et la sœur de Méroüée. Mais Honorie comprend très vite que l'affrontement s'est déplacé dans le champ de la rhétorique et que celle-ci se trouve limitée par la politique :

> La bravade est aisée, un mot est bientôt dit :
> Mais où fuir un tyran que la bravade aigrit ?
>
> (II, 1, v. 407-408.)

C'est pourquoi si Valamir aime Honorie par ambition, celle-ci refusera d'épouser un faux roi :

> Je ne veux point de Rois qu'on force d'obéir.
>
> (II, 1, v. 420.)

L'amour politique de Valamir se heurte à la gloire politique d'Honorie : la princesse romaine humilie le roi des Ostrogoths :

> Enfin, je veux un Roi : regardez si vous l'êtes.
>
> (II, 3, v. 490.)

Corneille reprend, en l'aggravant, le schéma du dialogue entre Rodogune et Antiochus mais le vrai critère est désormais exclusivement politique. Ildione semble plus effacée qu'Honorie et accepte son sacrifice comme « victime d'Etat » (v. 611) : elle accepte ce que la princesse des Parthes refusait (*Rodogune*, III, 3, v. 874), ce que la reine de Numidie, Sophonisbe, refusait, c'est-à-dire être immolée à la « fierté romaine ». Cette soumission apparente d'Ildione cache une ambition secrète : épouser Attila pour l'assassiner :

> Il est beau que ma main venge tout l'univers.
>
> (II, 6, v. 704.)

Mais ce projet héroïque d'Ildione est faussé dès le départ : Corneille prend soin de le souligner en modifiant un vers essentiel de la rhétorique héroïque. Le héros n'affirme plus qu'il est ce qu'il est parce qu'il le veut. Il affirme ce qu'il est et ce qu'il pense :

> Voilà quelle je suis, voilà ce que je pense.
>
> (II, 6, v. 705.)

La volonté cède la place à la pensée. Chez Auguste la volonté donnait naissance à l'être :

> Je le suis; je veux l'être...
>
> (*Cinna*, V, 3, v. 1697.)

Dans *Attila*, l'être est d'un côté, la pensée de l'autre. Il ne s'agit plus seulement d'hypocrisie : Ildione pourrait épouser Attila en aimant Ardaric. Il s'agit de l'essentiel : la rupture entre l'être et la pensée n'est pas la rupture entre l'être et l'apparence. La fausse solution d'*Othon* est condamnée : Othon était divisé, Ildione est, comme Attila, déchirée. En aimant Ildione, Attila aime inconsciemment un autre lui-même. Othon répondait aux contraintes politiques par la dissimulation. Ildione y répond en se brisant : la pensée a pris la place de l'apparence, l'apparence protégeait l'être, la pensée le détruit en le dissolvant. L'avènement de la pensée marque la fin de l'union cornélienne de la raison et de la volonté et le début d'une nouvelle forme de tragique dont les origines sont, encore et toujours, politiques puisque Ildione est une « victime d'Etat ».

Attila domine Honorie mais il essaie de maîtriser Ildione qui le domine. La condition tragique d'Ildione est mise en valeur par Attila. La princesse est sous surveillance :

> Vous serais-je suspecte ? Et de quoi ?
> — D'être aimée.
>
> (III, 2, v. 809.)

La princesse ne possède rien, mais ce rien est plus que tout :

> Je n'ai que ma personne
> — Et c'est plus que l'Empire.
>
> (III, 2, v. 869.)

L'amour qu'on lui porte et que sa personne inspire devient un chef d'accusation : être, c'est déjà être coupable. La grandeur tragique d'Ildione l'autorise à dominer Attila et Honorie :

> Je vous rends à vous-même, et ne puis rien de plus,
> Et c'est à vous de faire accepter mes refus.
>
> (III, 3, v. 955-956.)

Ildione affronte le destin qu'Honorie essaie de contourner : son héroïsme est authentique.

Ildione combattait Attila comme un héros se heurte à un autre héros. La tactique d'Honorie est toute différente : elle est politique. En dédoublant les personnages féminins, Corneille met en valeur la double nature, amoureuse et politique d'Attila. La confrontation classique entre l'usurpation et la légitimité intervient à nouveau : Honorie oppose les « droits légitimes » de Valamir aux « droits usurpés » d'Attila; la « vertu » et la grandeur de Valamir sont plus que « la vertu des tyrans ». La sœur de Valentinian œuvre ainsi pour une restauration politique qui est devenue possible, à Rome même, depuis la mort d'Aétius. Mais, de même que le projet authentiquement héroïque d'Ildione était faussé par la rupture entre l'être et la pensée, de même l'ambition réelle de grandeur politique qui anime Honorie est faussée par la logique du change. Honorie en effet donne la main de sa dame d'honneur au capitaine des gardes d'Attila si celui-ci obtient pour elle la main de Valamir. Ainsi les deux femmes voient-elles leurs espérances détruites par l'implosion des valeurs de l'héroïsme. La politique a scindé l'héroïsme en une intention et un effet. Elle a détruit l'unité fondatrice du héros cornélien.

Ildione est sans doute plus conforme qu'Honorie aux exigences de l'héroïsme en revendiquant la nécessité de son union avec Attila. Ildione serait une épouse « parricide » (v. 1450) mais elle triompherait « en effet » et non « en idée » d'Attila dont l'amour et la politique seraient enfin compatibles :

> Rendez, rendez-le moi, cet empire suprême,
> Qui ne vous laissait plus disposer de vous-même,
> Rendez toute votre âme à son premier souhait,
> Recevez qui vous aime, et fuyez qui vous hait.
> Honorie a ses droits, mais celui de vous plaire
> N'est pas, vous le savez, un droit imaginaire,
> Et pour vous appuyer, Méroüée a des bras
> Qui font taire les droits quand il faut des combats.
>
> (V, 4, v. 1633-1640.)

Cette adresse d'Ildione au roi des Huns implique une restauration amoureuse et politique conforme à la gloire de la sœur de Méroüée et aux désirs d'Attila. L'amour y justifie par anticipation toutes les raisons d'Etat. La gloire et l'amour sont récompensés sans trahison de l'Etat : les armées de Méroüée légitiment *a posteriori*, dans l'ordre de l'histoire, l'amour d'Attila pour Ildione. Cette solution idéale est pourtant refusée par la Providence comme si Corneille n'acceptait pas de compromettre Ildione dans un mariage conforme à sa gloire mais non à ses sentiments. Seule la solution providentielle permet le triomphe réel de l'amour et apparent de la politique. Si en effet les cœurs sont réunis au dénouement d'Attila, les Etats sont plus divisés que jamais : d'un côté Rome et les Ostrogoths, de l'autre Méroüée et les Gépides. La réconciliation amoureuse reflète la faillite politique dans *Attila*. Rien ne reste du projet démesuré d'accélérer ou de ralentir le destin de Rome. Le faible Valamir ne sera qu'un faux roi avec Rome. Le faible Ardaric, un autre faux roi derrière Méroüée.

La tragédie d'Attila est ainsi un moment privilégié dans l'évolution de Pierre Corneille. Le roi des Huns présente plusieurs traits de caractère communs à tous les héros : Alidor, Auguste, Cléopâtre sont ses ascendants. Corneille retrouve également une problématique majeure de son théâtre : la tragédie de l'Etat-héros. Mais le poète, ayant épuisé toutes ses hypothèses, déplace la tragédie de la réalité vers le discours. En effet, il ne se passe rien dans *Attila* si l'on compare la pièce aux tragédies précédentes : *Sertorius* était marquée par l'arrivée de Pompée, *Sophonisbe* par une bataille, *Othon* par un coup d'Etat militaire. Le seul événement d'*Attila*, dont l'annonce pourrait modifier l'équilibre de la pièce, est l'annonce de la mort d'Aétius. Toute l'action se concentre donc dans les discours. Les menaces sont extrêmes, mais verbales. Les ripostes sont extrêmes, mais verbales. La rhétorique de la monstruosité et la rhétorique de la gloire sont sans faute, mais sans effet. Attila est « une ombre de courage » (v. 1062) que des « bravades » peuvent aigrir. Cette absence de bouleversements apparents cache le pire désordre. *Othon* était une tragédie de l'apparence. *Attila* est une tragédie de l'intériorité dont la Providence offre la solution apparente. La violence des discours dans *Attila* reflète la maladie du roi des Huns : les vaisseaux sont les discours et les passions le sang, la rhétorique enferme la tragédie comme le corps enveloppe la maladie. La mort d'Attila porte condamnation de ses passions : l'amour tyrannique et la tyrannie amoureuse. En condamnant ces passions, Corneille sauve son héros. Le dénouement condamne plus les excès d'Attila qu'Attila lui-même : Tite et Pulchérie en apporteront bientôt la preuve. Avec *Attila*, Corneille a confirmé, en portant les choses à l'extrême, une nouvelle certitude de la tragédie politique : quelle que soit la grandeur du héros ou de l'histoire, l'heure n'est plus au triomphe de l'Etat-héros. Attila peut avoir des successeurs. Il n'aura pas d'héritier. *Attila* signe l'échec d'une raison d'Etat qui serait aussi la grandeur du héros. *Attila* répond ainsi à *Othon* : plus jamais le héros et l'Etat ne gagneront ensemble. Attila est le dernier héros providentiel de Corneille. Tite, Pulchérie, et surtout, Suréna, seront des héros sacrificiels. Attila avait voulu triompher comme Auguste sans accepter les sacrifices d'Auguste. Tite ne sera pas sans raison, et de son propre aveu, l'inversion d'Auguste. Auguste était maître de lui et de l'univers, en le voulant. Tite sera maître de l'univers sans être maître de lui en le sachant : la maîtrise politique aura détruit la maîtrise héroïque.

Stérilité de la politique et politique de la stérilité : Tite et Bérénice, Pulchérie

Don Sanche, comédie héroïque, succédait à *Héraclius*, tragédie de la monstruosité. *Tite et Bérénice* et *Pulchérie*, comédies héroïques, font suite à une parodie de monstruosité, *Attila*. Les enjeux politiques semblent ne plus être des enjeux tragiques parce que les véritables enjeux ne sont plus d'ordre politique. Corneille met en scène l'avant-dernière étape de sa réflexion par un dédoublement général : l'action se déroule à Rome dans *Tite et Bérénice*, à Constantinople dans *Pulchérie* comme si les deux capitales de l'Empire témoignaient ensemble de la faiblesse du héros ; Tite et Pulchérie, un homme et une femme, prennent l'un après l'autre la décision de mourir sans héritiers comme si les monarques ne devaient plus avoir désormais que des successeurs dans l'ordre de l'histoire et non des descendants dans l'ordre de la nature. La politique de la stérilité reste en effet le refus le plus irréversible qui se puisse imaginer : la nature n'est plus au service de l'histoire même si le héros reste au service de l'Etat. Tite et Pulchérie sacrifient réellement leur amour à la raison d'Etat mais ce sacrifice est inutile parce qu'il marque une fin et non un début. Rodrigue était un héritier fondateur. Tite est un héritier sans héritier. En ce sens Octave Nadal n'a pas tort de souligner le parallélisme entre « le caractère apolitique du héros » et la transformation de l'amour qui n'est plus « un sentiment, mais une passion »[25]. En ce sens également, Georges Couton note « l'esprit de renoncement » et « le

25. Octave Nadal, *op. cit.*, p. 255.

défaitisme devant le bonheur » des principaux protagonistes[26]. Cet affaiblissement de l'héroïsme correspond d'ailleurs, selon Serge Doubrovsky, à un désastre politique : « Les scrupules moraux de Tite, dans le contexte cornélien, ne sont rien d'autre que l'indice de la dispersion du pouvoir, c'est-à-dire de sa faillite politique »[27]. Bernard Dort développe une analyse assez proche : « Il est trop tard : Tite n'assume plus la fonction unificatrice d'Auguste. Il ne signifie plus l'unité du monde puisqu'il est lui-même divisé : d'un côté son métier de roi, de l'autre son rôle d'homme, définitivement coupés l'un de l'autre »[28]. De même que Corneille avait découvert dans *Cinna* le triomphe de l'Etat-héros, de même il découvre dans *Tite et Bérénice* l'impuissance d'un Etat et d'un héros disproportionnés. La clémence d'Auguste répondait à la grandeur de Rome. L'amour de Tite s'efface devant la raison d'Etat. D'une manière plus grave, il se confirme que Tite et Rome perdent là où Auguste et Rome avaient gagné. L'héroïsme et la politique ont encore partie liée, mais seulement dans leur échec commun.

Dans *Tite et Bérénice* puis dans *Pulchérie*, la politique prend de nouveaux aspects. L'« ambitieux caprice » (v. 55) risque de devenir la règle : l'univers cornélien reste soumis au change. Le principe de conduite d'un personnage ne lui est plus intérieur, mais extérieur. La condition tragique s'affirme dans la rupture entre la « gloire » (v. 5) et les « plaisirs » (v. 6). Le cœur de Domitie est ainsi soumis au martyre :

> L'ambition l'entraîne, et l'amour le déchire.
>
> (I, 1, v. 148.)

La politique n'a certes pas le même sens dans tous les cas mais elle emporte toujours le personnage vers l'extérieur : Auguste avait deviné et su éviter ce piège. Le héros revenait en lui et vers lui pour ne pas succomber au change et au temps. Domitian rappelle cruellement à Domitie les effets de son « illustre inconstance » :

> Mais les temps sont changés, Madame, et vous aussi.
>
> (I, 2, v. 198.)

26. Georges Couton, *Corneille*, *op. cit.*, p. 191.
27. Serge Doubrovsky, *op. cit.*, p. 399.
28. Bernard Dort, *op. cit.*, p. 133.

L'ambition se substitue à la grandeur. Domitie est candidate à l'Empire. Auguste était empereur. Les intérêts l'emportent sur l'amour (v. 230). Tout est sacrifié au succès du dessein politique :

> Et je n'ai point une âme à se laisser charmer
> Du ridicule honneur de savoir bien aimer.
> La passion du trône est seule toujours belle,
> Seule à qui l'amour doive une ardeur immortelle.
>
> (I, 2, v. 221-224.)

Ce n'est plus l'exigence héroïque, mais l'ambition politique qui confère l'immortalité. En même temps, cette ambition est une source de désordre, un facteur de subversion :

> Tout mon cœur vous préfère à cet heureux rival :
> Pour m'avoir toute à vous, devenez son égal.
>
> (I, 2, v. 233-234.)

Le trône se trouve une nouvelle fois mis aux enchères. La politique est le seul critère d'évaluation des valeurs : Tite et Domitian sont appelés à devenir des « rivaux d'Etat » comme Pison et Othon. Domitie suscite le bouleversement de la légitimité pour que son intérêt et ses sentiments puissent enfin coïncider. L'utilité du personnage de Domitie est précisément, pour Corneille, de distinguer l'ambition d'Etat de la raison d'Etat. Domitie a le sens de ses intérêts. Tite a le sens de l'Etat. Les deux dimensions de la politique sont en concurrence : d'un côté la politique de l'intérêt, de l'autre la politique de la grandeur. Domitie est différente de Tite dans l'ordre politique comme elle est différente de Bérénice dans l'ordre amoureux.

L'ambition d'Etat est la forme politique de l'amour-propre (v. 276) : amoureuse par ambition, Domitie est surtout amoureuse d'elle-même. Elle vérifie une maxime célèbre de La Rochefoucauld : « On passe souvent de l'amour à l'ambition, mais on ne revient guère de l'ambition à l'amour » (maxime 490). Il existe ainsi un mouvement irréversible de la corruption politique qui est de nature tragique : lorsque l'amour s'est trouvé corrompu une seule fois par l'ambition, les jeux sont faits. Une « âme ambitieuse » (v. 195) ne sera jamais une « âme amoureuse ». Mais Domitian cède autant que Domitie à l'amour-propre : en aimant la fille de Corbulon, il s'aime lui-même :

> L'amour-propre est la source en nous de tous les autres :
> C'en est le sentiment qui forme tous les nôtres.
>
> (I, 3, v. 279-280.)

rappelle Albin avant d'affirmer au frère de Tite :

> Et vous n'aimez que vous, quand vous croyez l'aimer.
>
> (I, 3, v. 294.)

On ne saurait être plus proche de La Rochefoucauld. La logique de l'amour-propre s'est substituée à la contagion de la gloire, de la générosité, de l'héroïsme. Trahis par la nature, trompés par l'histoire, les personnages de Corneille se réfugient dans la contemplation d'eux-mêmes et dans le service de leurs intérêts. L'amour-propre est l'exact contraire de la gloire comme la politique de l'intérêt s'oppose à la politique de la grandeur. Les idées et les choix de Corneille sont maintenant arrêtés : la rencontre avec La Rochefoucauld n'est en rien le fruit du hasard, elle s'explique par la corruption de toutes les valeurs. Ainsi la mémoire, le souvenir, le passé, qui étaient, dans *Cinna*, les composantes de la tragédie sont-ils réhabilités dans *Tite et Bérénice*. Lorsque Auguste était Octave, il restait un homme des guerres civiles. Lorsqu'il cessait d'être Octave, il devenait empereur. Le projet d'Albin est de même de jouer sur le passé :

> Retraçons à ses yeux l'image du passé.
>
> (I, 3, v. 313.)

Domitie invitait Domitian à la subversion. Albin l'invite à provoquer la régression. Corneille utilise le passé comme principe de désordre. L'oubli était possible chez Auguste car il était politique mais surtout héroïque. Est-il possible chez Tite lorsqu'il s'agit d'oublier non une rébellion, mais une passion ?

Corneille, avec *Tite et Bérénice*, joue sur toutes les variations des prétextes politiques : la tragédie devient un art du prétexte ou un art de dissiper les prétextes selon un schéma résumé par Domitian :

> Les scrupules d'Etat, qu'il fallait mieux combattre,
> Assez et trop longtemps nous ont gênés tous quatre.
>
> (III, 2, v. 799-800.)

L'heure n'est plus à l'Etat ou à la raison d'Etat, mais aux scrupules d'Etat. L'origine de la tragédie n'est plus l'Etat mais la représentation, plus ou moins juste, que s'en font les protagonistes et qui commande leur action. L'Etat n'est ni une fin, ni même un moyen, mais un alibi, qui a nom « chimère » pour Tite et « ambition » pour Domitie. L'heure n'est plus de servir l'Etat, mais de se servir de l'Etat :

> Ah ! que le nom de Rome est un nom précieux
> Alors qu'en la servant on se sert encor mieux,
> Qu'avec nos intérêts ce grand devoir conspire,
> Et que pour récompense on se promet l'Empire !
>
> (IV, 3, v. 1209-1212.)

Il suffit de comparer ce texte aux proclamations d'Horace pour mesurer la dégradation de l'univers cornélien et l'évolution de la politique. La construction de l'Etat était la finalité de l'héroïsme : Horace était un héros d'Etat. L'utilisation de l'Etat est désormais l'objectif des personnages. Domitian et Domitie se servent l'un et l'autre et se servent de Rome. L'ambition politique crée l'amour mercenaire (v. 1216), l'infidélité (v. 1308) : elle est une force de modification et d'altération des sentiments, au lieu d'être un principe de conversion, comme dans *Cinna*. Le mot « Etat » est le même mais la réalité correspondante n'est plus la même : la subversion des valeurs s'est développée à l'abri d'un vocabulaire identique. La logique du change est omniprésente. Albin suggère ainsi à Domitian de solliciter Tite :

> Demandez Bérénice afin d'obtenir l'autre.
>
> (IV, 4, v. 1320.)

Félix disait « l'autre » en évoquant un mariage de Pauline avec Sévère (v. 1054). Cela confirme, d'une part, que Domitian ne chercherait pas à obtenir ce qu'il veut d'une manière directe, d'autre part, que les personnes sont ravalées au rang de moyens interchangeables. Le combat intransigeant du héros pour la conquête de son identité n'était pas seulement une exigence de la gloire mais une nécessité vitale : un héros interchangeable n'est plus un héros. Imagine-t-on Rodrigue demandant l'Infante pour « obtenir » Chimène ? Plus gravement, il existe un mouvement parallèle entre l'ambition politique de Domitie et l'ambition amoureuse de

Domitian : la première s'aime en aimant l'Etat, le second s'aime en aimant Domitie. Les chaînes de l'amour-propre ont remplacé les solidarités de l'héroïsme mais le premier coupable reste la « passion du trône » qui anime la fille de Corbulon.

L'originalité de *Tite et Bérénice*, par rapport à *Othon*, reste de refuser l'hypocrisie. L'empereur refuse les illusions de l'apparence. Domitie refusait de séparer la « personne » et le « rang » (v. 1534). Tite refuse de séparer le « dedans » et le « dehors » : le héros rejette le double jeu qui faisait tous les plaisirs d'Othon. Tite ne se sacrifie pas pour se compromettre dans un simulacre matrimonial : il refuse ce que Pulchérie, parce qu'elle est une femme, sera contrainte d'accepter. Le paradoxe de Tite est qu'il refuse d'autant plus vivement les fausses solutions qu'il n'est pas assuré de sa propre vérité.

> Maître de l'univers, a-t-il un maître à craindre ?
>
> (I, 1, v. 40.)

interroge Plautine, comme si la réponse était évidente alors qu'elle est tout sauf évidente. La maîtrise de l'univers n'implique pas la maîtrise de soi : l'adversaire n'est pas à l'extérieur, mais à l'intérieur.

> Maître de l'univers sans l'être de moi-même,
> Je suis le seul rebelle à ce pouvoir suprême.
>
> (II, 1, v. 407-408.)

L'emploi du mot « rebelle » qui appartient au vocabulaire de la politique souligne, ici encore, l'évolution de Corneille. Cette constatation en forme d'œuvre n'est pas seulement une réponse au triomphe d'Auguste. Certes, elle confirme que les victoires remportées à l'extérieur du moi ne sont pas les plus importantes : Auguste savait déjà que son véritable adversaire n'était pas Cinna mais Octave. Plus la politique offre de réussites, plus elle souligne sa propre faiblesse et son statut de « divertissement », au sens pascalien du mot. Le choix de Tite n'est pas innocent : la puissance de Rome est plus grande qu'à l'époque de *Cinna* et l'empereur dispose d'un pouvoir plus considérable. Corneille accroît la force politique de Tite pour accentuer sa faiblesse personnelle. Lorsque l'Etat est parvenu à un certain degré de développement, ses adversaires disparaissent. Seul Tite peut s'opposer à Tite. Seul Octave pouvait s'opposer à Auguste. Mais Octave devenait Auguste, alors que Tite reste Tite : tel est le bouleversement. Octave, issu des guerres civiles, était le fils adoptif de César, un héritier politique et non naturel : en devenant Auguste, il accomplissait le rêve impossible de César. Tite, fils de Vespasien, est un souverain absolu et incontesté qui ne subit ni crise de régime ni opposition interne. Cinna et Emilie défendaient un système politique. Domitian et Domitie protègent un système d'intérêts. En créant une monarchie irréprochable, qui ressemble fort à celle de Louis XIV, Corneille place dans la seule personne du souverain les risques tragiques. Mais, dans *Tite et Bérénice*, l'Etat lui-même ne risque rien : le Sénat et le peuple acceptent Bérénice. Il ne faut pas confondre, en effet, le « droit imaginaire » (v. 410) de Domitie avec le « sang héréditaire » (v. 420) de Tite. Le machiavélisme du conseiller de l'empereur :

> En un mot il vous faut la perdre ou l'épouser
>
> (II, 1, v. 426.)

relève plus de l'automatisme politique que d'une stratégie indispensable. Tite rejette le conseil de Flavian au nom de la magnanimité naturelle : Tite n'est pas Orode. L'ambition de Corneille est d'écarter tout risque de condamnation politique de son héros. Tite est un empereur parfait : sa condition tragique est précisément cette perfection politique. Tite est un « produit » de la politique. C'est sa place dans Rome qui lui confère ses sentiments.

> J'ai pris ses sentiments lorsque j'ai pris sa place...
> J'ai des yeux d'Empereur et n'ai plus ceux de Tite.
>
> (II, 4, v. 492-495.)

C'est la place qui fait la personne. C'est le trône qui défait les sentiments. Tite sacrifie la nature à l'histoire et sa passion à l'Etat. Mais il mesure la grandeur de ce sacrifice autant que sa fragilité :

> Qui se vainc une fois sait bien ce qu'il en coûte :
> L'effort est assez grand pour en craindre un second.
>
> (II, 2, v. 516-517.)

Le héros redoute la répétition de l'acte fondateur de l'héroïsme que Rodrigue et Polyeucte revendiquaient dans les mêmes termes :

> Je le ferais encore si j'avais à le faire.

Tite ne compense pas cette faiblesse par le recours à la tyrannie. Comme Agésilas (v. 1759), il ne devient pas un tyran :

> Je ne contrains personne.
>
> (II, 2, v. 557.)

Corneille confirme ainsi que l'utilisation de la violence, dont *Théodore*, *Rodogune*, *Héraclius* avaient montré le caractère tragique, n'est pas la solution. Tite sait que la tyrannie est vaine, qu'il ne sauvera ni ses sentiments ni sa grandeur dans l'abus de pouvoir. Ce refus de la tyrannie correspond à une réhabilitation de la personne :

> De tout ce que je suis ne regardez que Tite.
>
> (II, 3, v. 568.)

Le héros se divise lui-même : il joue le dédoublement pour éviter la duplicité, il croit que sa personne peut être indépendante de son personnage. Mais Tite n'est pas Suréna car il est roi : ce qu'un sujet peut faire, un monarque ne le peut pas. Tite retrouvera son unité, sa grandeur et sa gloire en sacrifiant Bérénice. Suréna les maintiendra en sacrifiant sa vie. La vraie grandeur de Tite est dans l'Etat comme la vraie grandeur de Suréna est hors de l'Etat. A cet égard la réflexion de Domitian sur Tite, devant Bérénice, résume assez bien l'attitude de l'empereur :

> En vain, par politique, il fait ailleurs l'amant,
> Il s'y réduit en vain par grandeur de courage.
>
> (III, 1, v. 746-747.)

Mais Domitian n'a interprété que les apparences. Il se trompe sur la politique de Tite qui n'est pas de courtiser Domitie mais de se sacrifier à Rome. Comment imaginer que la « grandeur de courage » s'exprime dans une séduction hypocrite ? Domitian imagine Tite à sa propre image : il est incapable de concevoir l'authentique héroïsme.

Tite en effet reconnaît que l'absence de Bérénice lui avait permis d'être « maître du dehors » (v. 950). L'ambition de la maîtrise s'est fâcheusement dégradée : le contrôle de l'extériorité semble suffire. Mais Tite n'est pas Othon. Othon était en deçà de la grande politique comme il était en deçà de l'amour véritable. Tite est réellement empereur et amant; il sert l'Etat autant qu'il aime Bérénice. Othon se sauvait par le change. Tite se sauve par le sacrifice. La restauration des valeurs premières de l'héroïsme se confirme : la tragédie n'est plus dans la multiplication des compromis mais dans le refus de tout compromis. *Othon* est la tragédie du désordre politique et amoureux. *Tite et Bérénice* est la tragédie des sacrifices de l'ordre amoureux à l'ordre politique. Bérénice avait perçu le danger :

> Il fait en liberté ce qu'il faisait contraint.
> Cet ordre de sortir, si prompt et si sévère,
> N'a plus pour s'excuser l'autorité d'un père :
> Il est libre, il est maître, il veut tout ce qu'il fait.
>
> (III, 4, v. 890-893.)

Lorsque Vespasien régnait encore, Tite était un héros sous influence. Il est maintenant libre mais cette liberté ne consiste pas à faire ce qu'il veut, elle consiste à vouloir ce qu'il fait. Ici encore la différence avec Auguste est considérable : Auguste voulait ce qu'il était, Tite veut ce qu'il fait. Cette distinction montre comment la politique a exténué l'essence héroïque en une conduite héroïque. La maîtrise se limite désormais aux actes. Elle ne s'exprime plus dans l'être lui-même. Elle n'est pas, en réalité, une maîtrise véritable. Tite stigmatise « le dur caprice » des Romains qui lui interdit d'épouser une reine avant d'éprouver la tentation du renoncement et de la fuite. Auguste envisageait de rendre Rome à la République. Tite envisage d'abandonner Rome en se rendant à Bérénice :

> Ma gloire la plus haute est celle d'être à vous.
>
> (III, 5, v. 1030.)

La gloire ne serait plus couronnée dans l'ordre politique mais dans l'ordre amoureux. Mais Tite sait que la tentation amoureuse est une illusion politique. Il retrouve la grandeur et les exigences de sa fonction :

> Un monarque a souvent des lois à s'imposer
> Et qui veut pouvoir tout ne doit pas tout oser.
>
> (IV, 5, v. 1341-1342.)

Cette maxime est une réfutation de Photin qui déclarait, dans *La Mort de Pompée* :

> Et qui veut tout pouvoir doit oser tout enfreindre.
>
> (I, 1, v. 110.)

Tite limite la tragédie à sa seule personne. Les tyrans cherchaient la solution des crises dans la domination des autres. Tite la cherche dans le contrôle de soi. La tragédie politique s'échappait dans toutes les directions au point de menacer l'univers entier. Elle se concentre maintenant chez le monarque. La politique de la grandeur consiste d'abord à éviter la politisation de ce qui n'est pas politique. Le temps du « Politique nouvelle ... Politique partout » d'*Œdipe* est révolu. Quel est l'effet de cette maxime de Tite sinon d'éviter le désordre ? En se limitant lui-même, le pouvoir devient réellement absolu, au sens étymologique du terme : la monarchie absolue est celle qui fixe ses propres limites. Une tyrannie est toujours relative car un tyran, comme un bourreau, n'est rien sans ses victimes. Tite, au contraire, est tout sans Rome, sans le peuple, sans le Sénat. Corneille découvre ainsi la perfection de l'ordre politique, une perfection presque plus parfaite que celle d'Auguste puisque Tite n'a jamais été Octave. Mais cette perfection est celle d'un « miracle vivant » (v. 1128) : Tite est un miracle, non un exemple. Il incarne la synthèse d'Auguste et de Polyeucte, mais cette incarnation n'est pas une genèse puisque l'empereur sacrifie toute son humanité en refusant d'être un père.

Le double refus de Bérénice et de la paternité confère une grandeur exceptionnelle à Tite. Comme Sertorius, Tite ressent la contradiction entre les deux ordres : l'humanité et Rome, la nature et l'histoire. Il sait que la double victoire est impossible, que l'amputation est nécessaire, que la fatalité de l'Etat lui interdit d'être heureux. Tel est le tragique propre de Tite qui découvre que la plénitude politique laisse la place libre à la plénitude amoureuse bien que celle-ci n'existe pas au sommet de l'Etat. Auguste était tenté par l'abdication, Tite est tenté par la passion. La dialectique du désir était exclusivement politique dans *Cinna*; elle change de nature dans *Tite et Bérénice*. Il nous semble ici opportun de confronter la méditation d'Auguste à la réflexion de Tite. L'ambition du premier se repliait dans l'assouvissement du pouvoir. L'ambition du second se déploie dans la passion amoureuse. Auguste confiait à Cinna et Maxime :

L'ambition déplaît quand elle est assouvie,
D'une contraire ardeur son ardeur est suivie,
Et comme notre esprit, jusqu'au dernier soupir,
Toujours vers quelque objet pousse quelque désir,
Il se ramène en soi n'ayant plus où se prendre,
Et monté sur le faîte, il aspire à descendre.

(*Cinna*, II, 1, v. 365-370.)

L'ambition reste dans le seul ordre de l'histoire : la seule issue est dans la régression, le retour sur soi, la descente dans l'abdication politique. La situation de Tite est toute différente :

> Moi qui n'ai que les Dieux au-dessus de ma tête,
> Qui ne vois plus de rang digne de ma conquête,
> Du trône où je me sieds, puis-je aspirer à rien
> Qu'à posséder un cœur qui n'aspire qu'au mien ?
> C'est là de mes pareils la noble inquiétude :
> L'ambition remplie y jette leur étude,
> Et sitôt qu'à prétendre elle n'a plus de jour,
> Elle abandonne un cœur tout entier à l'amour.

(V, 2, v. 1515-1522.)

L'ambition change d'ordre chez Tite : elle est dans l'ordre de l'Etat puis dans celui de l'amour. L'ambition était régressive chez Auguste. Elle est progressive chez Tite. Auguste échappait à sa condition tragique en créant un Etat nouveau. Tite assume toute sa condition tragique en maintenant un Etat ancien. Auguste ne devait pas redevenir Octave. Tite ne doit pas s'abandonner à Bérénice. Le salut d'Auguste n'était pas dans la guerre civile. Le salut de Tite n'est pas dans l'amour de Bérénice. Mais, en rejetant Octave, Auguste triomphait. En renonçant à Bérénice, Tite ne triomphe pas. Le service de l'Etat grandissait Auguste alors qu'il diminue Tite. Auguste conduisait la politique vers l'héroïsme. Tite sacrifie les valeurs amoureuses de l'héroïsme à une politique qu'il subit sans la transformer.

Tite en effet renonce à la dimension dynastique de la politique. A Bérénice qui lui rappelle ses devoirs :

> Vous vous devez des fils, et des Césars à Rome,
> Qui fassent à jamais revivre un si grand homme.

(V, 5, v. 1751-1752.)

Tite répond :

> Pour revivre en des fils, nous n'en mourons pas moins,
> Et vous mettez ma gloire au-dessus de ces soins.

(V, 5, v. 1753-1754.)

Auguste était un exemple. Tite est une exception. Le héros accepte de vivre, il ne se résigne pas à revivre. L'immortalité politique acquise par l'hérédité n'est rien à côté de la gloire. L'essentiel n'est pas la descendance de Tite, mais l' « illustre souvenir » de

Tite et Bérénice. Auguste demandait que tout fût oublié. Tite souhaite que tout reste dans les mémoires. Auguste pensait au bonheur de l'Etat. Tite fait le bonheur des autres (v. 1774). Que signifie donc, pour la tragédie politique, le choix de Tite ? Corneille semble esquiver le tragique mais, en réalité, la catastrophe de *Suréna* est toute proche. En renonçant à Bérénice, Tite sacrifie l'amour à l'Etat. En refusant le mariage et la paternité, il condamne l'Etat. La monarchie suppose en effet l'alliance indissociable de la nature et de l'histoire, d'une nature qui reproduit l'histoire et d'une histoire qui reproduit la nature. Tite révèle l'impossibilité de cette alliance : la politique se fera sans le héros et l'héroïsme ne sera plus politique. Cela préfigure *Suréna*. Si la survie du héros est politique, elle est inutile : la stérilité biologique sanctionne la vanité politique. *Pulchérie* aggravera cette conclusion en la complétant : le refus de la maternité dans le mariage est plus fort que le refus de la paternité et du mariage.

Le personnage de Bérénice semble correspondre à un temps d'arrêt dans la réflexion de Corneille. Comme d'autres héroïnes, elle est victime des « chimères d'Etat » (v. 927). Rodogune était une « victime d'Etat ». Cela ne signifie pas tout à fait la même chose. Le statut de l'Etat et, par corollaire, celui de la politique se sont transformés. L'origine de la tragédie est moins l'Etat lui-même qu'une certaine représentation symbolique et mythologique de l'Etat. En effet la dénaturation de l'Etat coïncide avec le développement de la politique de l'amour-propre : Bérénice est victime des chimères que Domitie entend conquérir. La fille de Corbulon, si Tite l'épousait, ne serait pas épousée au nom de la seule raison d'Etat selon Bérénice (v. 956 sq.) qui a toutes les raisons objectives d'être jalouse. Dans *Othon* la rivalité était politique. Dans *Tite et Bérénice*, elle devient féminine. La véritable question n'est d'ailleurs pas là. Bérénice regrette que Tite soit empereur. Elle préférerait posséder :

> Au lieu d'un Empereur, le plus grand des héros.
>
> (III, 5, v. 1026.)

Voilà le vrai problème. Selon Bérénice, Tite ne peut être en même temps au sommet de l'ordre politique et au sommet de l'ordre héroïque. Ce qui était évident pour Auguste est impossible pour Tite. L'héroïsme de Tite, aux yeux de Bérénice, n'appartient pas à Rome. Tite, divisé pour lui-même, est également divisé pour Bérénice : l'Etat et l'amour sont à jamais inconciliables. Laodice aimait en Nicomède un héros et un prince, un héros princier autant qu'un prince héroïque. Bérénice voudrait posséder un héros à la place d'un monarque. L'héroïsme de Tite, selon Bérénice, s'exprime tout entier dans l'ordre amoureux, il est apolitique. C'est pourquoi Bérénice s'attache à la seule personne de Tite tandis que Domitie s'intéresse au seul personnage de l'empereur : l'attachement amoureux et l'intérêt politique ne sont pas interchangeables. Bérénice rappelle qu'elle a déjà tout sacrifié à cet amour :

> C'est à Tite, à lui seul, que j'ai tout immolé.
>
> (IV, 1, v. 1086.)

Elle refuse de tout sacrifier, une seconde fois, à des chimères d'Etat. Tite hésitait à mettre à l'épreuve son courage en rejetant Bérénice. Celle-ci redoute de tout perdre : après avoir tout immolé à Tite, elle refuse d'immoler Tite à l'Etat. La condition tragique de Bérénice est de croire que son premier sacrifice lui a donné des droits sur Tite alors qu'il ne compte pas, puisqu'il n'intègre pas la dimension politique. Bérénice découvre que son premier sacrifice était inutile puisque rien n'avait été sacrifié à l'Etat. Aussi exige-t-elle, si elle est chassée de Rome, d'être bannie non par le Sénat, qui n'a aucun droit politique sur elle, mais par Tite. La décision du Sénat qui approuve le mariage de Tite et Bérénice ne change pas la nature de la tragédie : elle sauve la gloire de Bérénice mais elle ne dénoue pas la situation. Il appartient en effet à la reine de Judée, par « un refus généreux » (v. 1707), de ne pas accepter la décision du Sénat.

> Ma gloire ne peut croître, et peut se démentir.
> Elle passe aujourd'hui celle du plus grand homme,
> Puisqu'enfin je triomphe et dans Rome et de Rome.
>
> (V, 5, v. 1718-1720.)

La gloire reste chez Bérénice la première des valeurs. Le refus du mariage évite de dégrader cette gloire, ce triomphe qui semble presque venger l'échec de Sertorius. Bérénice n'est plus la victime de Rome, elle domine Rome : sa victoire est donc authentiquement politique. Elle laisse Tite épouser Domitie parce que Rome l'a laissé épouser Tite et l'empereur ne peut s'égaler à Bérénice, reconquérir sa gloire qu'en refusant Domitie. Tite et Bérénice se trouvent ainsi engagés, au dénouement de la pièce, dans un concours de gloire qui conduit à la politique de la stérilité. Bérénice n'épouse pas Tite par gloire. Tite écarte Domitie par gloire. Tite refuse d'avoir des héritiers par gloire. La gloire explique et justifie la totalité du dénouement qui intervient au détriment de l'Etat : Domitian succédera à Tite. Le rôle de Bérénice était de sauver la féminité que Domitie avait compromise dans la politique de l'amour-propre et de la restaurer dans toute sa gloire. Mais de même que Tite sacrifiait l'Etat en croyant le sauver, de même Bérénice sacrifie la féminité en pensant la faire triompher. Un empereur sans héritier est un monarque amputé. Une femme sans amour est également amputée. Tite et Bérénice ne triomphent pas ensemble mais séparément : la conversion de toutes les valeurs à un ordre supérieur est désormais impossible. Tite et Bérénice sont peut-être les victimes des chimères d'Etat autant que des chimères de gloire. L'Etat, comme la gloire, est une impasse.

Pulchérie semble victime d'une conspiration de la critique. Serge Doubrovsky est particulièrement sévère : « Après *Tite et Bérénice*, le théâtre de Corneille demeure l'art d'accommoder les restes : après les "restes d'Empire" de Bérénice, *Pulchérie* s'essaie à mettre sur le trône de Théodose les "restes de son sang"[29]. S'il est vrai que le poète mette en scène des « restes », encore faut-il expliquer ses raisons au lieu d'ironiser sur son échec. Dans cette perspective, la pièce relève d'abord d'une analyse politique. Elle s'ouvre en effet par la mise à jour d'une crise dynastique :

> L'Empire est à donner, et le sénat s'assemble
> Pour choisir une tête à ce grand corps qui tremble.
>
> (I, 1, v. 25-26.)

Cette crise intervient dans un environnement international difficile : les Huns, les Goths, les Vandales, les Francs menacent l'Empire. *Pulchérie* et *Attila* correspondent à la même période de l'histoire romaine. Pulchérie sera impératrice d'Orient mais la mort de son frère (v. 22) l'oblige à choisir un mari : la féminité est une faiblesse politique. Aspar, Léon, Martian sont candidats au trône et à l'amour de Pulchérie. Corneille retrouve indirecte-

29. Serge Doubrovsky, *op. cit.*, p. 415.

ment une situation dramatique comparable à celle de *Don Sanche*. La condition tragique de Pulchérie est d'être une impératrice sans empereur : elle se marie par nécessité politique. Chacun d'ailleurs semble devoir se soumettre à la politique :

> Son cœur suivra le sceptre, en quelque main qu'il brille.
>
> (I, 3, v. 201.)

déclare Irène à propos d'Aspar. D'une manière plus grave, le système de coalition d'intérêts, tel qu'il était apparu dans *Othon*, se met en place. Ainsi, la proposition d'Aspar à Léon :

> Agissons de concert, et sans être jaloux,
> En ce grand coup d'Etat, vous de moi, moi de vous,
> Jurons-nous que des deux qui que l'on puisse élire
> Fera de son ami son collègue à l'Empire...
>
> (I, 4, v. 259-262.)

L'intérêt de l'Etat s'efface devant les intérêts des candidats à la direction de l'Etat. Comment Léon et Aspar seraient-ils collègues si Pulchérie est déjà impératrice ? L'héritière vient en effet d'être choisie officiellement par le Sénat, sur proposition de Léon. L'élection de Pulchérie provoque l'agitation des candidats qui ressemble à l'anarchie de l'aristocratie guerrière (v. 557-562).

Cette nouvelle donne inclut le recours au machiavélisme. Aspar, le plus jaloux des rivaux de Léon (v. 627), est un homme de coup d'Etat, qu'il faut empêcher de nuire :

> C'est un homme à tout perdre à moins qu'on le prévienne.
>
> (II, 3, v. 634.)

La politique de l'intérêt, incarnée par Aspar, se heurte à la politique machiavélienne. L'Etat n'est plus assez fort pour entraîner les énergies mais il reste assez séduisant pour déchaîner les ambitions. Pulchérie, parce qu'elle est une femme, subit une faiblesse dans l'ordre de la nature puis dans l'ordre de l'histoire. L'analyse du personnage montrera comment l'impératrice se substitue à l'amante : cette « politisation » de l'impératrice n'est pas sans conséquences. Irène en prend acte la première :

> Puisqu'en vain je m'attache à qui ne m'aime pas,
> Il faut avec honneur franchir ce mauvais pas,
> Il faut, à son exemple, avoir ma politique.
> Trouver à ma disgrâce une face héroïque.
>
> (IV, 1, v. 1107-1110.)

Irène imite Aspar en se politisant : ce seul processus suffit à prouver que la politique n'est pas ou n'est plus une valeur héroïque. Rejetée pour des raisons politiques au profit de Pulchérie, Irène entend utiliser les apparences de l'héroïsme pour sauver la face. Tout relève désormais de l' « artifice » (v. 1125). L'essentiel n'est plus la vérité ou la réalité mais leur modification, dont l'origine est exclusivement politique. La politique est tragique parce qu'elle joue sur le temps pour transformer les êtres et les choses :

> Trois jours peuvent suffire à faire bien des choses :
> La cour en moins de temps voit cent métamorphoses.
>
> (IV, 4, v. 1365-1366.)

La cour est l'espace maléfique du pouvoir : le héros ne subit pas les effets de la métamorphose, le politique en est au contraire la première victime. La fonction politique transforme les personnages et les valeurs. En devenant Auguste, Octave accomplissait une métamorphose mais le dénouement de *Cinna* excluait toute nouvelle transformation du personnage. Dans *Pulchérie*, l'origine de la tragédie réside au contraire dans la possibilité de subir « cent » métamorphoses. Lorsque les valeurs de l'héroïsme dominaient la scène, la métamorphose était unique, elle était une forme de conversion. Depuis que l'intérêt commande les personnages, il suffit d'un rien pour que le désordre se généralise. La tragédie politique de l'intérêt a remplacé la tragédie politique de l'ordre.

L'originalité de *Pulchérie* est d'introduire, avec Léon, un personnage qui n'est réellement ni un héros, ni un amant, ni un politique. Léon se trouve en concurrence, en rivalité avec des généraux qui ont plus servi l'Etat que lui. Irène lui rappelle sa faiblesse :

> Vous les passez peut-être en grandeur de courage;
> Mais il vous a manqué l'occasion et l'âge.
>
> (I, 3, v. 221-222.)

Le temps et les circonstances comptent désormais de plus en plus. Imagine-t-on un personnage du *Cid* interroger Rodrigue sur son âge et lui reprocher de ne pas être assez vieux ? Rodrigue avait eu deux occasions — le duel avec don Gomès et la bataille contre les Mores. Léon n'en a aucune. Plus gravement, il n'a pas d' « expériences » (v. 384), comme se plaît à rappeler Martian avant qu'Aspar ne mette en évidence l'essentiel :

> Il est jeune, et l'on craint son peu d'expérience.
>
> (II, 2, v. 546.)

L'univers cornélien a vieilli en devenant tragique : la jeunesse est une faiblesse, l'inexpérience également. En quoi la notion d'expérience reflète-t-elle l'évolution de la tragédie politique ? L'importance accordée à l'expérience signifie que l'histoire a triomphé de la nature et que la politique l'a emporté sur l'héroïsme. En devenant Auguste, Octave avait une expérience du pouvoir, mais celle-ci était impuissante à le convertir en héros. Horace avait une expérience de soldat qui lui permettait d'affronter les Curiaces, mais celle-ci était inutile lorsqu'il s'agissait de dominer Camille. Un personnage expérimenté est plus tourné vers la répétition du passé que vers l'avenir ou la création. Auguste ressentait ainsi l'inutilité de l'expérience :

> Mais l'exemple souvent n'est qu'un miroir trompeur.
>
> (*Cinna*, II, 1, v. 388.)

Un héros cornélien n'apprend rien de la contemplation du passé : l'héroïsme se conjugue au présent. Si l'expérience devient un critère, c'est que l'héroïsme n'existe plus. Léon ne peut accéder à l'Empire car il n'a pas exercé de responsabilités politiques pendant un temps assez long. Rodrigue sauvait l'Etat dans un mouvement spontané de la nature. Léon est exclu de l'Etat parce que sa nature est encore trop naturelle. Léon n'est pas un héros parce qu'il imite les autres et les exemples des autres. Rodrigue était un héros parce que les autres l'imitaient et qu'il était pour eux un exemple. Rodrigue inventait un plan de bataille contre les Mores : l'innovation stratégique n'était pas un fruit de l'expérience. De même, Rodrigue n'était pas un amant expérimenté devant Chimène. L'expérience est en réalité synonyme d'usure, de vieillissement, de fatigue. Martian possède l'expérience que n'a pas Léon mais cette expérience sera sans effet puisqu'elle conduira à la politique de la stérilité. L'inexpérience privera Léon du pouvoir. L'expérience de Martian lui conférera un pouvoir politique mais le condamnera à une forme d'impuissance.

Léon est victime de sa propre politique. En portant Pulchérie à l'Empire, il a perdu l'espoir de l'épouser. Si Léon avait été expérimenté, il se serait fait empereur pour épouser Pulchérie et la porter au trône. Mais, par manque d'expérience, il a inversé l'ordre des facteurs : il a choisi l'impératrice alors qu'il fallait choisir l'Empire.

> Vous aimez, vous plaisez, c'est tout auprès des femmes,
> C'est par là qu'on surprend, qu'on enlève leurs âmes :
> Mais pour remplir un trône et s'y faire estimer,
> Ce n'est pas tout, Seigneur, que de plaire et d'aimer.
>
> (III, 3, v. 977-980.)

lui rappelle, non sans cruauté, Pulchérie. Léon commence à comprendre qu'il est victime de la « gloire chimérique » et de la « dure politique » (v. 1005-1006). Si Léon avait eu de l'expérience, il aurait joué les règles du jeu politique. Il reconnaît implicitement son erreur lorsqu'il demande à Pulchérie le nom de celui qu'il devra imiter (v. 1015) : il a perdu son identité et son autonomie. Cette erreur se double d'une faute : Léon accuse Pulchérie de machiavélisme (v. 1052-1056) et fait passer sa condition de sujet après celle d'amant, comme si la rébellion ou la menace de rébellion était la seule réponse au choix de Pulchérie. L'impératrice sait que Léon n'a aucun droit héréditaire au trône et qu'il obtiendrait seulement « les droits de la puissance » (v. 1205) sans la vraie légitimité. Or plus tard Léon sera empereur, preuve que la légitimité politique vient du temps et de l'expérience, non de l'appartenance à une dynastie. L'expérience, c'est-à-dire l'histoire, s'est substituée à la nature comme critère politique. S'il était possible d'employer un concept de la science politique contemporaine, on écrirait volontiers que le « consensus » ne se fait pas sur le nom de Léon. Personne ne mettait en doute l'autorité naturelle de Rodrigue. Tout le monde conteste l'autorité politique de Léon. Si Léon devenait empereur, une guerre civile pourrait éclater (v. 1270-1272). Jadis la seule présence du héros sur la scène entraînait l'adhésion à une évidence. Désormais la reconnaissance du héros est laborieuse, voire douteuse : la situation de Léon est pire que celle d'Othon. Même les esclaves acceptaient la supériorité d'Othon et ils s'opposaient à lui pour éviter la restauration d'une monarchie authentique. Dans *Pulchérie*, Léon n'est même pas *primus inter pares* : les autres sont des rivaux plus que des égaux.

La rhétorique du secret d'Etat machiavélien (v. 1290-1302) accompagne cette incertitude politique et héroïque. Corneille retrouve une autre forme de l'anarchie aristocratique : Pulchérie détient la légitimité héréditaire, mais elle ne peut pas régner seule, ce qui affaiblit sa légitimité en la compromettant dans les nécessités de la politique matrimoniale; les prétendants au cœur et au trône de Pulchérie sont nombreux, plus ou moins égaux, soucieux de leur intérêt et peu attentifs à l'avenir de l'Etat. Selon l'expression consacrée, le royaume est tombé en quenouille et il n'existe, en réalité, ni solution héroïque puisque Léon a besoin d'expérience pour être reconnu, ni solution politique puisque l'héritière du trône renonce à mettre au monde ses propres héritiers. L'univers cornélien ne peut plus susciter de vrais héros : Léon, Martian et Aspar sont en deçà de l'héroïsme. Léon n'a pas assez d'expérience. Aspar et surtout Martian en ont trop. Seule une femme, Pulchérie, pourra, du moins pour un temps, éviter la catastrophe.

Elle est en effet le seul personnage tragique de la pièce et, pour cette raison, elle empêche la pièce tout entière de sombrer dans le tragique. Pulchérie aime Léon mais cet amour, loin de s'exprimer dans le « tumulte » des sens, dans les « désirs » et les « plaisirs », est une « passion », « généreuse et solide », fondée sur la « vertu », la « raison » et la « gloire » (v. 5 à 12). Le choix ultime de Pulchérie traduira la nature de ce sentiment : l'impératrice est amoureuse mais elle n'est pas soumise à sa passion. Dès les premiers vers, Corneille rappelle que l'hyménée, à la différence de l'amour, est fondé sur le respect de la gloire (v. 79-80). Les valeurs cornéliennes sont incarnées par la seule Pulchérie qui domine ses sentiments et ses passions en étant une héroïne de la grandeur. La référence à la Providence confirme l'authenticité cornélienne de Pulchérie :

> Le ciel m'inspirera ce que je devrai faire.
>
> (I, 2, v. 110.)

André Stegmann note, dans son édition, que le vers est « déjà textuellement dans la bouche d'Auguste »[30]. Mais Auguste dit :

> Le ciel m'inspirera ce qu'ici je dois faire.
>
> (*Cinna*, IV, 3, v. 1258.)

30. *OC*, p. 780.

Lorsque Auguste parlait au présent, Pulchérie parle au futur; la différence est plus qu'une nuance, le rapport que le héros entretient avec la Providence n'est plus tout à fait le même. Pulchérie donne le sentiment de vouloir s'aligner sur une décision de la Providence. Auguste avait la volonté d'accompagner, dans l'instant, une telle décision.

La différence essentielle entre Auguste et Pulchérie reste que le premier ne devait sa légitimité politique puis héroïque qu'à lui-même tandis que Pulchérie, parce qu'elle est une femme, subit la pire des contradictions. Si elle conquiert le trône avant de se marier, elle devra sacrifier son amour à la raison d'Etat. Si un autre qu'elle devient empereur, il devra l'épouser pour devenir légitime. Léon sera victime de la première hypothèse et il devine les risques de la seconde :

> Le trône met une âme au-dessus des tendresses.
> Quand du grand Théodose on aura pris le rang,
> Il y faudra placer les restes de son sang :
> Il voudra, ce rival, qui que l'on puisse élire,
> S'assurer par l'hymen de vos droits à l'Empire.
>
> (I, 1, v. 114-118.)

Ces quelques vers témoignent de la politisation du champ cornélien. La règle est désormais que l'amour ne signifie rien lorsqu'il est confronté au pouvoir, que les « tendresses » ne comptent plus lorsque le trône est en jeu. L'utilisation du mot « on » révèle l'importance de l'anonymat : le premier « on » désigne le personnage qui accéderait à l'Empire, le second « on » désigne les membres du Sénat. La valeur des personnes n'est rien devant la situation politique des personnages. Cela explique que le rang passe avant le sang. Le sang précédait le rang. Le rang précède maintenant le sang. La nature prédestinait à l'histoire. La nature légitime maintenant l'histoire. Les concepts majeurs de la tragédie politique étaient sens dessus dessous depuis que la crise des valeurs avait éclaté dans l'ordre de la nature. Imagine-t-on Rodrigue utilisant Chimène pour assurer sa propre légitimité ? Imagine-t-on Nicomède utilisant Laodice pour consolider son pouvoir ? Imagine-t-on même Sertorius épousant réellement Viriate ou Aristie pour affermir sa position face à Sylla et Pompée ? Léon a deviné le péril. L'homme qui monterait sur le trône serait, quel qu'il soit, son rival et il épouserait nécessairement Pulchérie pour associer l'héritière légitime de Théodose à l'exercice du pouvoir. Le mariage devient exclusivement une assurance politique.

Léon cependant n'est pas aussi lucide qu'il le croit. Il a compris une partie, mais une partie seulement de la politique. Pour cette raison, il accepterait que Martian soit porté à l'Empire car cette élection lui rendrait Pulchérie :

> Notre Empire, il est vrai, n'a point de plus grand homme :
> Séparez-vous du rang, Madame, et je le nomme.
> S'il me peut enlever celui de souverain,
> Du moins je ne crains pas qu'il m'ôte votre main :
> Ses vertus le pourraient, mais je vois sa vieillesse.
>
> (I, 1, v. 137-141.)

Léon manque en effet d'expérience et de jugement. Il commet, à propos de Martian, une erreur comparable à celle que don Gomès commettait à propos de don Diègue : un homme vieux n'est pas un homme mort. Don Gomès n'avait pas deviné que don Diègue pouvait avoir un fils, que la faiblesse pouvait cacher une force. Léon ne devine pas que Martian puisse avoir des sentiments, qu'un amour platonique puisse devenir un amour politique. Ce manque de discernement fait que Léon reconnaît la supériorité politique de Martian dont il légitime lui-même par anticipation l'accession à l'Empire. Léon reconnaît Martian comme empereur parce qu'il le récuse comme rival. Il ne voit pas que s'il peut être empereur, il est nécessairement un rival. Léon fait la même erreur en demandant à Pulchérie de renoncer à ses droits dynastiques : il plaidera pour l'élection de Martian au Sénat si Pulchérie abdique avant même de régner. Léon n'a pas décelé que l'univers cornélien était désormais tout entier soumis aux règles de l'ambition politique. Si Martian peut être empereur, il doit être le mari de Pulchérie. Pulchérie, de son côté, cesserait d'être elle-même en refusant l'Empire. La situation politique se résume ainsi : si Martian est empereur, il épousera Pulchérie; si Pulchérie est impératrice, elle épousera Martian. La première hypothèse correspond au mouvement classique de légitimation : le vote du Sénat sera confirmé par l'union du nouveau souverain avec l'héritière légitime. La seconde correspond à la nécessité politique, pour Pulchérie, d'éviter la rébellion aristocratique en préférant le vieux Martian au jeune Léon. Dans les deux cas, Léon est perdu : il ne triomphe ni dans l'ordre amoureux, ni dans l'ordre politique.

Que Léon agisse pour Martian ou pour Pulchérie, il agit contre lui-même. La raison d'Etat s'opposera à ses intérêts. Lorsque Irène suggère à son frère de servir Pulchérie pour se servir lui-même :

> Et vous vous servirez vous-même en la servant.
>
> (I, 3, v. 236.)

elle fait preuve d'une méconnaissance totale de la politique. La situation dans *Pulchérie* n'est pas celle d'*Othon* : Irène commet les mêmes fautes que Domitie. Tite et Pulchérie sont des souverains tragiques, mais ils sont des souverains. Othon est une victime de la tragédie sans être un souverain. Tite et Pulchérie sont sincères : c'est pourquoi la logique de l'intérêt et de l'amour-propre n'a aucune prise sur eux.

Si Pulchérie est sincère, Martian ne l'est pas moins. La critique s'est intéressée au rôle du vieillard amoureux[31]. La référence à l'âge de Corneille n'est pas une explication suffisante. Martian n'a pas le même rôle que Sertorius. Le personnage du « vieux sénateur, ministre d'Etat » correspond à une nécessité politique : les structures du pouvoir sont telles que Martian est indispensable à l'équilibre des forces politiques. Il faut que Martian soit vieux puisque l'expérience est désormais un atout. Il faut que Martian soit amoureux pour que son mariage soit possible. Si Martian n'existait pas, *Pulchérie* serait une tragédie. Il n'y aurait ni solution héroïque ni solution politique. C'est à lui que Pulchérie fait l'aveu décisif qui rappelle une réflexion de Tite :

> Je suis impératrice et j'étais Pulchérie.
>
> (III, 1, v. 754.)

Grâce à Martian, elle sera impératrice sans compromissions et restera Pulchérie puisque son mariage sera un mariage blanc. Pulchérie amoureuse était divisée : une « personne » et une « couronne ». En accédant au trône puis en épousant Martian, elle se rend maîtresse de la couronne puis de la personne, de l'Etat puis d'elle-même (v. 755-762). De même que Léon reconnaissait la supériorité de Martian sur tous les autres candidats à l'Empire, de même Pulchérie admet que le vieux sénateur est l'homme « le plus digne »

31. Joseph Marthan, *Le vieillard amoureux dans l'œuvre cornélienne*, Paris, Nizet, 1979.

d'elle (v. 828). La légitimité de Martian est donc aussi réelle dans l'ordre politique que dans l'ordre matrimonial. Telle est l'originalité du vieillard amoureux. Si l'âge et l'expérience sont les vertus majeures, il n'y a plus de place pour un jeune héros, quel qu'il soit. Le schéma du Cid est inversé : don Diègue ouvrait la voie à Rodrigue, Léon ouvre la voie à Martian.

Léon, en effet, se heurte au « devoir » et à la « gloire » de Pulchérie. En aidant Pulchérie à monter sur le trône, Léon est allé trop loin :

> M'avoir fait obtenir plus qu'il ne m'était dû,
> C'est ce qui m'a perdue, et qui vous a perdu.
>
> (III, 3, v. 908-909.)

Léon a utilisé l'Etat et la raison d'Etat s'est retournée contre lui. Pulchérie, impératrice d'Orient, ne saurait faire pression sur le Sénat : Léon devra obtenir le trône par ses seuls mérites. S'il réussit, Pulchérie épousera l'empereur plus que l'amant. S'il échoue, Pulchérie ne sera à personne : elle sera une victime d'Etat dont la « gloire » et le « supplice » coïncideront (v. 1178). Plus encore que Tite, Pulchérie s'essaie à une restauration des valeurs de la grandeur politique : elle est une héroïne du sacrifice et de la grandeur qui sacrifie totalement la nature à l'histoire :

> Je sacrifierai tout au bonheur de l'Etat.
>
> (IV, 2, v. 1224.)

Pulchérie retrouve ainsi, d'une manière spontanée, le vocabulaire d'*Horace* et de *Cinna*. Mais l'Etat n'est plus le même : il était une création historique, il est devenu une machine politique. Pulchérie est d'ailleurs plus une impératrice qu'une amante et sa revendication de souveraineté politique répond à sa volonté d'indépendance féminine. Elle en vient à souhaiter que le Sénat prenne la décision providentielle de lui confier l'Etat sans lui choisir un époux. Sémiramis et Zénobie sont, pour elle, des exemples et des modèles. L'ambition politique et l'ambition féminine vont l'une et l'autre dans le sens de la solitude. Le Sénat supplie cependant Pulchérie de choisir un mari : à défaut d'un exercice solitaire du pouvoir, Pulchérie aura donc une conception stérile de la politique. C'est parce que les calculs de la politique sont de plus en plus stériles que la stérilité sera elle-même un choix politique.

La décision est beaucoup plus grave chez Pulchérie que chez

Tite. L'impératrice d'Orient a trop vu le sang de Théodose « dégénérer » (v. 1536) pour souhaiter des héritiers et elle mesure les contradictions de la nature : si elle a des fils, elle sait qu'ils seront des princes faibles; si elle a des filles, elle sait qu'elles seront, en tant que femmes, soumises aux hommes. La maternité est doublement inutile. La nature n'est plus à l'origine de l'Etat. L'hérédité et la dynastie n'ont plus la moindre signification. Pulchérie ne saurait mettre au monde des enfants qui seraient ceux de son mari, donc de son sujet : la politique interdit la sexualité avant d'interdire la maternité. Le mari de Pulchérie doit être une « ombre » d'époux et un vrai « premier ministre » capable de « tenir en bride un peuple sans raison » (v. 1551). Le mariage blanc de Pulchérie et Martian a pour fonction politique d'éblouir le peuple (v. 1555). Pulchérie, en épousant Martian, s'acquitte envers lui d'une dette d'Etat et d'une dette personnelle :

> ... A vos hauts faits je dois ce grand salaire,
> Et j'acquitte envers vous et l'Etat et mon frère.
>
> (V, 3, v. 1561-1562.)

Le mariage blanc permet à Pulchérie de se libérer d'une dette et, en même temps, de clore la dynastie de Théodose. Le paiement de cette dette est un échec dans l'ordre de la nature :

> Je fais vœu de mourir telle que je suis née.
>
> (V, 6, v. 1670.)

Pulchérie conquiert son identité par l'affirmation de la virginité et de la stérilité : la nature est une impasse absolue. L'impératrice sauve sa personne par un mariage qui ne sera pas consommé mais ce salut n'est qu'une illusion. En effet, Pulchérie, en sacrifiant la nature à l'Etat condamne aussi l'Etat puisque sa décision signe la fin de la monarchie héréditaire. La politique, dans *Pulchérie*, aura détourné la féminité de la sexualité et de la maternité. Elle se sera ainsi condamnée elle-même en supprimant à jamais toute référence à l'ordre naturel. Les personnages de la pièce échappent, en tant que personnes, au chaos tragique, mais l'univers cornélien tout entier sombre dans ce chaos. La rupture entre la nature et l'histoire est maintenant irrémédiable. En sauvant sa personne, Pulchérie remporte une victoire illusoire : le salut de la reine est la défaite de la monarchie héréditaire; en croyant sauver l'Etat, l'impératrice d'Orient le condamne au désordre ainsi que le prouvera, plus tard, l'affrontement entre Aspar et Léon.

Tite et Pulchérie sauvent l'Etat momentanément. Ils sacrifient leur amour et leur personne à la grandeur de l'Etat. Ils atteignent par là une forme de grandeur toute cornélienne mais leur sacrifice est sans portée : il apporte un sursis de quelques années. Corneille a déjà l'intuition d'une vérité qui sera la tragédie de *Suréna* : l'échec du héros préfigure l'échec de l'Etat, même si l'Etat n'est plus un Etat héroïque. Rome ne sera plus Rome lorsque Domitian et Domitie régneront. Constantinople ne sera plus Constantinople lorsque Léon et Justine régneront. La stérilité masculine dans l'Empire romain d'Occident annonçait la stérilité féminine dans l'Empire romain d'Orient. L'Etat a condamné la nature à se renier avant d'être lui-même condamné à disparaître. Corneille sauve Tite et Pulchérie comme personnes, mais il le fait sans illusion. Il n'existe plus aucun espoir si le souverain légitime refuse de se reproduire dans l'ordre de la nature pour assurer la continuité de l'Etat dans l'ordre de l'histoire. L'héroïsme n'a plus aucun sens si le héros ne se sent plus assez fort pour transmettre à des enfants les valeurs du sang et du rang.

3

Suréna ou la catastrophe de l'univers cornélien

Lorsque Corneille fait représenter *Suréna*, la tragédie n'est plus, malgré les succès de Racine, le genre dominant. *Suréna* est cependant la plus parfaite des tragédies de Corneille. Jean Starobinski devine dans cette pièce un renversement complet des valeurs cornéliennes : « Ce qui triomphe maintenant, c'est l'envers de la gloire : la nuit, son adversaire et sa complice. Tout se passe alors comme si la vérité dernière n'appartenait pas à l'éblouissement, mais au fond nocturne sur lequel l'éblouissement avait choisi d'apparaître. Quand se taisent l'artifice et la fiction, quand l'imaginaire est dénoncé, quand la volonté n'invente plus ses décrets absolus, seule demeure cette obscurité confuse : un froid mortel se produit »[1]. Le temps n'est plus à l' « obscure clarté » du *Cid*, le temps est à la mort du héros sans le moindre espoir de résurrection. Les jeux sont faits, définitivement : la nuit de *Suréna* n'annonce aucune aurore. « Rien ne vient atténuer l'impression finale de meurtre atroce, d'injustice et d'arbitraire, de chute irrémédiable dans le crime et la tyrannie »[2]. Il ne faut pas oublier en effet que le général des Parthes meurt victime d'un assassinat politique dont l'auteur direct reste inconnu. On avait connu les meurtriers de Pompée et l'assassin de Sertorius. On ne saura jamais qui a lancé les flèches contre Suréna. L'absence de coupable précis est le symptôme le plus net de la tragédie. Faut-il pour autant estimer que

1. Jean Starobinski, *op. cit.*, p. 67.
2. Marie-Odile Sweetser, *op. cit.*, p. 238.

Suréna marque un reniement du poète ? La thèse de Robert Brasillach nous semble, sur ce point, manquer de force : « Le chemin ouvert avec tant de timidité par *Tite et Bérénice* et par *Pulchérie* est enfin parcouru. Le sacrifice de Suréna, dans cette incomparable lumière du soir qui tombe à la fin de toute tragédie classique, c'est la fin de tout un monde, c'est l'adieu de Pierre Corneille à sa jeunesse et à son passé. *Suréna*, que ne surpassent peut-être en beauté que *Le Cid* et *Polyeucte*, est le chef-d'œuvre du reniement »[3]. Où seraient donc les reniements de Corneille dans *Suréna* ? Il ne renie pas les valeurs de la race, ni celles de l'amour, ni celles de la grandeur. Il constate seulement que ces valeurs n'ont plus leur place dans un monde que dominent un Orode et un Pacorus. *Suréna* n'est pas davantage une tragédie du renoncement. *Suréna* est une tragédie de l'achèvement, une tragédie de la logique : la logique de l'Etat et la logique du héros sont portées à leurs conclusions extrêmes. *Suréna* est une tragédie parce qu'elle est un constat. *Rodogune* et *Héraclius* étaient des exemples de tragédie limite. *Suréna* est un modèle de tragédie constat. Il est à craindre que Robert Brasillach n'ait confondu l'évolution des idées du théâtre de Corneille avec la possibilité d'une contradiction chez Corneille lui-même. Que Suréna échoue et meure là où d'autres héros cornéliens avaient réussi ne saurait signifier que le poète renonce à ses idées ou qu'il renie ses convictions. Corneille prend seulement acte de la condamnation de l'héroïsme par une certaine forme de la politique.

« Le héros est désormais de trop dans l'univers héroïque »[4]. Serge Doubrovsky développe ainsi son analyse : « C'est ici que la tragédie se consomme : la sainte alliance du héros et du roi, de l'élan personnel et de l'ordre social, l'accord fondamental que Corneille avait cherché de toute sa passion de penseur et de dramaturge en trente et une pièces, tout cela s'écroule d'un seul coup, en un instant, s'évanouit, se volatilise. La fin de *Suréna*, c'est plus que la fin d'une pièce, c'est la fin d'un monde »[5]. Bernard Dort n'est pas très éloigné, sur ce point, de Serge Doubrovsky : « L'exemple de Suréna est sans réplique. La condamna-

3. Robert Brasillach, *op. cit.*, p. 333.
4. Serge Doubrovsky, *op. cit.*, p. 452.
5. *Ibid.*, p. 464-465.

tion que porte Corneille contre le monde, contre l'histoire, contre son œuvre même, ne souffre plus de sursis. Maintenant, pour sauver sa gloire, il faut mourir. Et la mort elle-même est sans espoir »[6]. La question reste de savoir si *Suréna* est une condamnation ou une conséquence des œuvres antérieures de Corneille.

Dans cette perspective, il convient sans doute d'analyser la tragédie elle-même, mais aussi de l'interpréter comme le dénouement de toute la dramaturgie tragique de Corneille. Comment en effet comprendre le rôle de l'Etat si l'on oublie la réflexion antérieure du poète sur le machiavélisme, sur l'exercice du pouvoir, sur la dégénérescence de la politique ? Orode, Pacorus et Sillace incarnent chacun une figure de la politique qui répond à des critères précis : Orode plaide pour la raison d'Etat et la dignité de la fonction royale, Pacorus confond volontairement raison d'Etat et raison d'intérêt, Sillace résume toutes les hypothèses du machiavélisme. Suréna affronte donc trois adversaires différents qui utilisent contre lui l'arme politique mais qui n'ont pas tous la même idée de l'Etat. Orode est plus que Prusias, Sillace est plus qu'Araspe. Pacorus représente une nouveauté absolue : celle d'un prince héritier dont la seule présence sur la scène témoigne d'un dédoublement, donc d'un affaiblissement de la monarchie. L'Etat parthe est la synthèse des analyses antérieures de Corneille. Tite et Pulchérie avaient incarné deux versions de la politique romaine qui restaient conformes aux exigences de l'héroïsme. Orode représente, hors de Rome, le triomphe d'une politique extérieure à l'héroïsme. Il justifie donc, *a posteriori*, les décisions de Tite et Pulchérie : son fils est pire que lui, preuve que l'idéal de légitimité dynastique a vécu. Orode et Pacorus sont le pouvoir, mais ils ne sont que le pouvoir : les valeurs de l'héroïsme sont toutes absentes du champ politique. Suréna et Eurydice, de leur côté, réunissent toutes les valeurs, toutes les exigences du héros cornélien, mais ils n'ont pas une once de pouvoir. Le pouvoir dispose à jamais de la force sans la grandeur. L'héroïsme a la grandeur sans la force. Le temps est loin où Nicomède et Laodice pouvaient jouer de leurs forces pour agir dans l'ordre politique : la fille d'Artabase n'a pas les moyens de

6. Bernard Dort, *op. cit.*, p. 153.

la reine d'Arménie. Corneille a enlevé tout moyen d'agir à Suréna et Eurydice qui ne sont d'ailleurs pas des rebelles. Corneille a mis en scène l'ultime confrontation entre un Etat qui n'est qu'un Etat et un héros qui n'est qu'un héros. *Suréna* est la tragédie d'une politique désertée par l'héroïsme face à un héroïsme désertant la politique. Il ne faut pas pour autant affirmer que *Suréna* porte condamnation de la monarchie. Même si tout le laisse à penser, rien ne prouve qu'Orode a donné l'ordre d'assassiner Suréna. La nature du régime politique n'est pas en cause. L'essentiel est de montrer que l'Etat et le héros ne peuvent plus coexister. La tragédie est politique dans son principe comme dans sa finalité. L'Etat parthe ne peut subsister et survivre qu'en éliminant le général parthe. Corneille est parvenu au dénouement de sa dramaturgie et de sa réflexion. Ce n'est plus le héros qui est nécessaire à l'Etat, mais la mort du héros. Le héros devait vivre dans *Horace*. Il doit mourir dans *Suréna*. Le héros avait construit l'Etat. L'Etat élimine le héros : la créature s'est retournée contre son créateur. En ce sens, *Suréna* ne peut pas être un reniement de Corneille, ni même un reniement du héros. *Suréna* est un retournement, un renversement, c'est-à-dire le contraire d'un reniement.

Georges Couton n'a pas tort d'employer le terme « anachronisme » pour évoquer l'atmosphère de *Suréna* : « Suréna sera tué par quelque flatteur du roi ou du prince héritier; un flatteur qui sait bien qu'on le blâmera peut-être du bout des lèvres, mais qu'on lui sera reconnaissant de l'initiative. Et Corneille ne marque pas ce roi, moralement assassin, au fer rouge. Il a un sentiment désabusé : c'était inévitable. Il nous autorise à prolonger sa pensée : un serviteur trop grand n'a plus sa place dans une monarchie absolue; le glorieux est un anachronisme dans l'ordre nouveau »[7]. L'heure n'est pas à Condé, ni même à un Condé loyal; elle est à Colbert ou Louvois. L'analyse de Georges Couton fait apparaître trois notions : la gloire, le temps, l'ordre. La gloire est la même, mais elle n'est plus reconnue de la même manière. Le temps et l'ordre ont changé et ils n'ont plus besoin de la gloire pour exister. Orode peut être roi sans être glorieux, ce qui était impossible et impensable pour Auguste. Il vaut même

7. *Corneille*, *Europe*, *op. cit.*, p. 70.

mieux qu'Orode ne soit pas glorieux pour être un prince conforme aux nécessités de l'ordre nouveau. Suréna, de son côté, est un personnage tragique parce qu'il est anachronique. Lorsque le héros cornélien annonçait un avenir providentiel, il était momentanément tragique. Lorsque le héros cornélien témoigne d'un passé révolu, il est essentiellement tragique. Pour Rodrigue, Horace et Auguste, l'Etat était une exigence du héros. Pour Suréna, l'Etat est une réalité de l'histoire. Les premiers vivaient le moment tragique de leur identification à l'Etat. Le dernier subit le temps tragique de sa soumission à l'Etat. Jadis le héros existait avant l'Etat. Désormais l'Etat existe avant le héros. Jadis l'Etat naissait dans un monde héroïque. Désormais le héros naît dans un monde étatique. C'est pourquoi Tite et Pulchérie, étant souverains, décidaient d'être des souverains stériles. C'est pourquoi Suréna décide d'être un héros sans héritier. Si en effet le souverain héroïque choisit la stérilité, le héros non souverain a encore plus de raisons de faire le même choix. Si d'autre part Orode a engendré Pacorus, pourquoi Suréna engendrerait-il une nouvelle victime d'Etat ? L'héroïsme politique n'a donc plus sa place dans le monde cornélien, ni dans le camp des princes ni dans celui des sujets. Si le héros ne peut plus être ni prince ni sujet, il est radicalement inutile. *Suréna* est autant la tragédie de l'inutilité du héros que la tragédie de la nécessité de l'Etat.

Un pouvoir sans héros : Orode et Pacorus

Les données politiques de *Suréna* sont simples. Orode, roi des Parthes, vient d'affronter la coalition de Rome et de l'Arménie. Il a battu l'armée d'Artabase, roi d'Arménie, mais Suréna, que Corneille prend soin de présenter comme le « général de son armée contre Crassus », a remporté la victoire décisive sur les troupes romaines. Orode entend que son fils Pacorus épouse Eurydice, fille d'Artabase, et que Suréna épouse sa propre fille. Par ce double mariage politique, le roi des Parthes consolide son trône à l'extérieur et à l'intérieur, en neutralisant un voisin puissant et un sujet puissant. Le double mariage politique est donc un double calcul de raison d'Etat chez Orode. Pour que la tragédie soit parfaite, Corneille met en scène avec Orode un souverain tout à fait légitime et avec Suréna un sujet tout à fait loyal. Le tragique provient de la seule confrontation entre une légitimité et une loyauté. La tyrannie d'Orode est une tyrannie d'exercice, non une tyrannie d'usurpation. Elle n'en est que plus forte sur le plan tragique. Il n'existe pas en effet de solution politique comparable à celle d'*Héraclius* : la restauration de la monarchie légitime. Il n'existe pas non plus de solution comparable à celle de *Nicomède* : le prince héritier n'est pas un héros et le héros n'est pas prince héritier. Il n'existe pas enfin de solution comparable à celle d'*Agésilas* : le général des Parthes n'est ni un comploteur ni un factieux. On comprend l'attention que Corneille portait à la multiplication des hypothèses : il fallait mettre à l'épreuve toutes les possibilités d'échapper à la tragédie pour pouvoir montrer qu'il serait finalement impossible, pour le héros, d'échapper à sa condition tragique.

Orode est donc un roi légitime mais il doit à Suréna son autorité politique : c'est en effet le héros qui a su le « rendre au diadème » (v. 34). Orode avait, pour cette raison, choisi Suréna comme ambassadeur auprès d'Artabase. Or Suréna rencontre Eurydice en accomplissant cette mission diplomatique. D'une manière plus grave, Orode reconnaît l'importance politique de Suréna, comme ambassadeur et comme général : le héros est indispensable à l'Etat; sans Suréna, Orode ne serait plus roi des Parthes. Corneille ne prend pas soin sans raison de donner toutes ces précisions : il entend démontrer, dès le début de la tragédie, que l'assassinat de Suréna sera, aussi, une erreur politique. La mission de Suréna auprès du roi d'Arménie échoue : l'ambassadeur fait place au général, Crassus est battu. Suréna devient aussitôt, comme Eurydice, une victime de la paix, une victime d'Etat. La fille d'Artabase n'est pas rebelle aux volontés de son père et elle accepte d'épouser Pacorus (v. 97). Si les choses en restaient là, *Suréna* ne serait pas une tragédie. Mais Pacorus demandera le cœur d'Eurydice alors qu'il devait se contenter de la main. De même, Orode demandera plus à Suréna qu'une loyauté formelle. Pacorus et Orode sortiront l'un et l'autre de leur ordre et deviendront tyranniques. La main d'Eurydice et le silence de Suréna devraient leur suffire mais ils provoquent la tragédie en cherchant à obtenir ce qui ne leur est pas dû. Eurydice doit à Pacorus un amour politique, sans plus. Suréna doit à Orode une loyauté politique, sans plus. Mais ni Pacorus ni Orode ne se contentent de ce qui leur est dû.

Pacorus déclare en effet à Suréna, en évoquant Eurydice :

> Mais ce n'est pas m'aimer, ce n'est qu'être soumise,
> Et tout le bon accueil que j'en puis recevoir,
> Tout ce que j'en obtiens ne part que du devoir.
>
> (II, 1, v. 410-412.)

Pacorus sait que son mariage est politique. Il le sait d'autant plus que, jadis, il courtisait la sœur de Suréna. Pourquoi exige-t-il qu'Eurydice éprouve pour lui un amour non politique alors que le mariage suffit à lui donner satisfaction ? Corneille retrouve ici sa réflexion sur l'impérialisme tyrannique de la politique qui contraint là où l'héroïsme convertit. Il ne suffit plus de distinguer la main et le cœur. Après avoir obtenu la main, la politique entend soumettre le cœur. Cette ambition détruit toutes les solutions élaborées par la politique matrimoniale et permettant aux héros de préserver le cœur en sacrifiant la main. *Suréna* souligne les faiblesses d'*Othon*. La politique cependant, en voulant tout contrôler, se condamne elle-même : ou bien, en effet, le héros peut se révolter contre un pouvoir tyrannique; ou bien le héros, en tombant sous les coups de ce pouvoir, cesse d'être pour lui un soutien. Pacorus joue constamment sur les deux ordres : ne pouvant obtenir d'Eurydice une déclaration amoureuse, il lui rappelle les conditions du traité signé par Artabase et Orode. Pacorus manque ainsi de « prudence » (v. 529) et succombe à la démesure. Eurydice le renvoie vers Palmis qui le rejette : le prince héritier se trouve ainsi écarté par les deux femmes qu'il a successivement courtisées. Son amertume le conduit d'ailleurs à reconnaître que son mariage avec Eurydice ne répondait pas à une nécessité politique; la raison d'Etat n'était que raison d'intérêt :

> Ma légèreté seule a fait ce nouveau choix,
> Nulles raisons d'Etat ne m'en ont fait de lois,
> Et pour traiter la paix avec tant d'avantage,
> On ne m'a point forcé de m'en faire le gage.
>
> (II, 3, v. 615-618.)

La politique est un prétexte, un alibi. L'Etat est un moyen, un instrument. L'origine de la tyrannie est l'intérêt. La raison d'Etat est l'effet d'une « légèreté », mais l'auteur de cette « légèreté » est le fils du roi des Parthes. L'aveu de Pacorus à Palmis n'est pas innocent : il est annonciateur d'un chantage. Si la sœur de Suréna lui donne le nom de l'amant d'Eurydice, il l'épousera. Mais Pacorus comprend vite que l' « intérêt » de Palmis est « préférable » au sien (v. 688) : la stratégie du chantage a échoué. Le prince héritier apparaît donc comme indigne de sa fonction : le personnage ne mérite pas d'être destiné au sommet de l'Etat. Tite et Pulchérie étaient des souverains héroïques. Pacorus, n'étant pas héroïque, deviendra roi des Parthes sans l'avoir mérité. Le pouvoir est un cadeau de la nature mais ce cadeau est disproportionné chez Pacorus, qui ne devine pas que Suréna est en même temps son « rival » et son « appui » (v. 668-669). En sacrifiant Suréna, il perdra un rival et un appui.

Le même schéma préside aux relations qu'Orode entretient avec Suréna. Pacorus ne supportait pas le silence d'Eurydice. Orode n'acceptera pas la « froideur » de Suréna. Le machiavélien Sillace confirme l'ambition du pouvoir face à Suréna. Elle est de :

> Pénétrer le secret de son indifférence.
>
> (III, 1, v. 694.)

Voilà le mécanisme de la politique : violer les consciences. Le pouvoir, l'Etat, le roi — les termes sont ici synonymes — n'admettent pas chez le héros-sujet le moindre secret alors qu'eux-mêmes utilisent le secret d'Etat. Ils ne tolèrent pas non plus que le héros-sujet manifeste une forme d'apolitisme ou d'absence d'intérêt pour la politique. Sillace tend ainsi à créer un climat absurde : si le héros se révoltait, il faudrait l'éliminer; s'il fait preuve de « tranquillité » (v. 700), on lui reproche de préméditer cette tranquillité. Quoi qu'il fasse, qu'il parle ou ne parle pas, qu'il agisse ou n'agisse pas, le héros est donc nécessairement, sinon coupable, du moins suspect. La situation de Suréna est plus tragique que celle de Nicomède : le fils de Prusias avait commis une faute en abandonnant son armée sans ordre; le général des Parthes ne commet qu'une faute, celle d'exister. La simple présence du héros devient un chef d'inculpation. La politique révèle ici son caractère paranoïaque : toute forme de pouvoir est rebelle à l'existence de l'autre. Orode le reconnaît en prononçant l'éloge de Suréna et il admet que le seul « nom » du général l' « importune » (v. 722). Orode pose le problème de l'existence du héros dans une monarchie lorsque le monarque n'est pas lui-même un héros :

> Qu'un monarque est heureux quand parmi ses sujets
> Ses yeux n'ont point à voir de plus nobles objets,
> Qu'au-dessus de sa gloire il n'y connaît personne,
> Et qu'il est le plus digne enfin de sa couronne !
>
> (III, 1, v. 723-726.)

On songe au vers de Phocas dans la première scène d'*Héraclius* :

> Mon trône n'est fondé que sur des morts illustres,
> Et j'ai mis au tombeau, pour régner sans effroi,
> Tout ce que j'en ai vu de plus digne que moi.
>
> (*Héraclius*, I, 1, v. 18-20.)

Mais Phocas n'était pas le souverain légitime et il devait éliminer ses rivaux pour conserver le pouvoir. Orode est un souverain légitime dont le discours est celui d'un tyran inquiet. L'essentiel est là : le sang et le rang coïncident légitimement chez le roi des Parthes mais le sang reste en fait inférieur au rang. Orode est roi sans être le plus digne d'être roi. C'est pourquoi son conflit avec Suréna est un conflit de gloire : la gloire de Suréna brille plus que celle d'Orode. La gloire du héros est désormais un scandale pour le roi.

Encore faut-il trouver une solution :

> Seigneur, pour vous tirer de ces perplexités,
> La saine politique a deux extrémités.
> Quoi qu'ait fait Suréna, quoi qu'il en faille attendre,
> Ou faites-le périr, ou faites-en un gendre.
>
> (III, 1, v. 727-730.)

conseille Sillace à son roi. Le machiavélien confirme ainsi qu'il n'y a pas de milieu : les solutions extrêmes sont nécessaires. Pourquoi Orode est-il perplexe ? Parce qu'il est faible. Seuls les faibles deviennent des tyrans : Félix annonçait Orode. Mais Félix, par anticipation, réfute la solution du mariage politique puisqu'il assassine lui-même le gendre qu'il s'était choisi. Suréna, gendre d'Orode, serait aussi suspect que Polyeucte, gendre de Félix : l'expérience est donc inutile. Corneille parvient à la synthèse de toutes les tragédies précédentes. Lysander et, à un moindre degré, Nicomède n'étaient pas politiquement irréprochables mais ils échappaient à un sort tragique. Suréna est politiquement irréprochable mais il ne cesse à aucun moment de subir sa condition tragique. Le couple politique Orode-Pacorus s'oppose au couple héroïque Suréna-Eurydice : l'affrontement ne peut se dénouer sans la disparition des premiers ou des seconds. De même qu'il ne suffirait pas à Pacorus qu'Eurydice fût une épouse loyale, de même il ne suffit pas à Orode que Suréna soit un sujet loyal. Le pouvoir ne se contente plus de ce qu'il a lui-même imposé : la démesure politique a gagné la partie. Le danger d'un devoir allant au-delà du devoir était apparu avec *Horace* mais la grandeur du héros était telle que l'Etat ne pouvait rien contre elle. Pacorus et Orode exigent d'Eurydice et Suréna ce qu'ils ne sont pas en droit d'exiger. Le roi des Parthes s'aligne sur son conseiller :

> Ma pensée est la vôtre.
>
> (III, 1, v. 737.)

Imagine-t-on Auguste ou même Tite aliénant ainsi sa pensée à autrui ? Orode hésite pourtant à condamner Suréna :

> Son trépas... Ce mot seul me fait pâlir d'effroi,
> Ne m'en parlez jamais, que tout l'Etat périsse :
> Avant que jusque-là ma vertu se ternisse,
> Avant que je défère à ces raisons d'Etat
> Qui nommeraient justice un si lâche attentat !
>
> (III, 1, v. 740-744.)

Corneille prend soin de ne pas compromettre directement la personne royale d'Orode dans le meurtre de Suréna. Il souligne ainsi la puissance de la tragédie politique. Si le vrai coupable n'est pas Orode, le vrai coupable est la politique, l'anonymat du pouvoir, l'anonymat au pouvoir. Quel qu'ait été le souverain, la situation de Suréna serait la même. Cinna était sauvé par Auguste, non par Rome. Suréna sera assassiné par l'Etat, non par Orode. On comprend maintenant que le héros cornélien des premières tragédies ait tout sacrifié à la conquête d'une singularité exemplaire. Auguste était irremplaçable, Orode ne l'est pas.

Orode a d'ailleurs commis une faute politique, aux yeux des machiavéliens, en laissant Suréna commander ses troupes face à Crassus. D'une part, il a cédé à l'amour-propre en croyant que Suréna seul serait incapable de battre les armées de Rome.

D'autre part, il a renoncé à mener lui-même l'ensemble de ces forces alors qu'un roi, comme le rappelle Machiavel, est d'abord un chef de guerre : « C'est au prince à se mettre à la tête de ses armées »[8]. La conséquence de cette faute d'Orode aggrave la tension tragique : le roi des Parthes a le « fruit » de la victoire, le général des Parthes en a « toute la gloire » (v. 766). Le seul remède est, pour Orode, de recourir à « une basse et dure politique » (v. 774). L'enchaînement des mécanismes politiques et tragiques est ici essentiel. Dans un premier temps, Orode commet une faute politique qui accroît la gloire de Suréna. Dans un second temps, Orode met en œuvre une politique indigne d'un roi pour se venger d'un héros dont il a lui-même accru la grandeur. Le mot « basse » n'est pas employé par hasard : la grandeur, si chère à Corneille, n'est pas du côté d'Orode. La politique provoque une crise que le pouvoir résout par un abus de politique. Suréna tombe donc aussi victime des erreurs d'Orode qui se venge sur son sujet de sa propre faiblesse. Si une interprétation psychanalytique de *Suréna* était envisagée, ne faudrait-il pas se demander si Orode n'effectue pas un « transfert » sur le général des Parthes[9] ? Suréna possède en effet la « gloire » qu'Orode rêve, inconsciemment et vainement, de posséder un jour. Le pouvoir politique est un moyen d'assouvir des passions et des désirs qui ne peuvent être assouvis autrement. Pour poursuivre la métaphore psychanalytique, *Cinna* n'était pas une tragédie parce que le transfert se faisait d'Octave à Auguste. Octave pouvait, donc devait devenir Auguste. Orode ne saurait être ou devenir Suréna : il doit donc le neutraliser ou, même encore, l'éliminer. Dans *Cinna*, la grandeur héroïque investissait peu à peu l'Etat. Dans *Suréna*, la bassesse politique contrôle peu à peu l'Etat. Auguste était un héros plus qu'un souverain. Orode est un souverain qui ne sera jamais un héros. La preuve est définitivement apportée que si le héros n'investit pas la politique, la politique se tourne contre le héros. Corneille a pensé la tragédie politique comme la mise en scène de l'affrontement entre la personne du héros et l'anonymat du pouvoir.

8. Machiavel, *Le Prince*, *op. cit.*, chap. XII, p. 46.
9. Jean Laplanche et Jean-Bertrand Pontalis, *Vocabulaire de la psychanalyse*, Paris, PUF, 1967, article « Transfert », p. 492-499.

Cet affrontement éclate dans le dialogue entre Orode et Suréna (acte III, scène 2). Il s'inscrit dans les perspectives ouvertes par la confrontation entre Prusias et Nicomède, Agésilas et Lysander, mais il introduit une nouveauté : Sillace n'assiste pas à l'entretien tandis qu'Araspe et Xénoclès étaient présents. L'ultime crise entre le pouvoir et le héros n'aura aucun témoin. Orode entend marquer sa « gratitude » (v. 799) envers Suréna par un « salaire » (v. 805). Si la monarchie fonctionnait normalement, Orode ne devrait aucune gratitude à un sujet loyal et Suréna ne mériterait aucun salaire d'un roi juste. La gratitude et le salaire sont des notions extérieures au pacte politique entre le roi et le sujet : un roi ne doit rien à un sujet qui fait son devoir, un sujet n'attend rien d'un roi lorsqu'il a fait son devoir. La proposition d'Orode, malgré les apparences, est donc un abus de pouvoir. Elle repose d'ailleurs sur un mensonge puisque le roi des Parthes rappelle que le mariage d'Eurydice avec Pacorus est une clause du traité avec Artabase : Pacorus lui-même avait démenti ce fait (v. 616-619). Le mariage, jadis possible, de Pacorus et Palmis est désormais impossible pour deux raisons dont l'alibi est politique : d'une part, Pacorus doit épouser Eurydice; d'autre part, Suréna ne serait pas assez neutralisé par le mariage de sa sœur avec le prince héritier. La construction dramatique de l'entretien entre Orode et Suréna reflète celle du dialogue entre Pacorus et Eurydice. Il s'agit, dans les deux cas, de tresser, autour du héros, un filet d'arguties politiques de plus en plus contraignantes et de moins en moins convaincantes. Orode en est conscient puisque Suréna l'oblige à lui parler « avec pleine franchise » (v. 882). Cette franchise coïncide avec la mise à jour du nœud de la tragédie politique : le héros est trop grand pour le roi. « Au terme de son théâtre, avec une remarquable clairvoyance, Corneille montre chez un roi et chez un héros, tous deux de bonne volonté, l'opposition des personnes comme manifestant les contradictions de l'histoire »[10]. Serge Doubrovsky met en évidence la « bonne volonté » des protagonistes. Mais les contradictions, dont il fait à juste titre état, se situent entre la nature et l'histoire, non à l'intérieur de l'histoire : l'histoire cornélienne n'est pas l'histoire hégélienne. La tragédie n'est pas une nécessité

10. Serge Doubrovsky, *op. cit.*, p. 455.

de l'histoire. Elle exprime la contradiction entre une nature, celle de Suréna et une histoire, celle d'Orode. L'histoire, dans *Suréna*, est trop étroite pour la nature : la cour de Séleucie est trop limitée pour la grandeur du héros. En expliquant qu'il doit tout à Suréna, dans le seul ordre politique, Orode confirme que l'Etat ne sera jamais assez grand pour le héros. Suréna est en effet le garant de l'ordre monarchique : c'est sa « fidélité » qui garantit l' « autorité » d'Orode. Le roi des Parthes ne peut pas supporter que sa légitimité et son identité politique ne lui appartiennent pas. Suréna est aussi nécessaire au royaume parthe d'Orode qu'Horace était nécessaire à la Rome de Tulle. C'est le héros qui crée l'Etat à son image et qui en garantit la survie temporelle. Lorsque le héros était l'Etat, l'affrontement était évité, mais la politique de la stérilité, avec Tite et Pulchérie, marquait la double agonie de la nature et de l'histoire. Lorsque le héros est sujet, l'Etat tente de l'écarter par un meurtre qui sera en fait un parricide. L'Etat, en assassinant Suréna, assassine son fondateur et son protecteur : l'assassinat du héros est la mise à mort de la nature par l'histoire.

Orode toutefois, par « franchise », laisse à Suréna une issue : le mariage avec Mandane, qui est une nécessité politique :

> Et s'il faut qu'avec vous je m'explique,
> Je ne vous saurais croire assez en mon pouvoir,
> Si les nœuds de l'hymen n'enchaînent le devoir.
>
> (III, 2, v. 898-900.)

L'abus de pouvoir est ici évident. Il correspond, comme toujours chez Corneille, à une faiblesse politique entraînant la confusion des ordres. Orode craint Suréna. Le craindrait-il moins si le général des Parthes était son gendre, si un lien d'ordre familial s'ajoutait à un lien d'ordre politique ? On songe à *Théodore* : Placide serait-il plus loyal s'il épousait la fille de Marcelle ? La tyrannie apporte-t-elle une once supplémentaire de loyauté politique ? Orode, comme Pacorus, ne comprend pas que l'abus de pouvoir du prince et la confusion des ordres pourraient au contraire légitimer la révolte. Suréna est le plus « digne » d'aimer Eurydice, comme il est le plus digne d'occuper le trône d'Orode. Soumettre les deux héros à des contraintes de plus en plus fortes peut être dangereux pour le pouvoir : Eurydice l'avait rappelé à

Pacorus. Suréna ne menace pas Orode mais il tente de trouver une issue politique à la crise : Artabase accepterait que le projet de mariage de sa fille avec Pacorus soit annulé sans pour autant se rallier à Rome, le peuple parthe s'irrite de l'alliance avec l'Arménie. Ces arguments sont secondaires et Suréna le sait, mais il essaie de gagner du temps pour éviter la catastrophe. Suréna a de la gloire, mais il a aussi de l' « esprit » (v. 964) : ce vainqueur de Crassus est aussi un héritier de Nicomède.

Orode ne se contente pas des raisons avancées par Suréna et il tente, comme Pacorus, de « faire parler » Palmis. Corneille joue une nouvelle fois sur le parallélisme des scènes pour accentuer la tension tragique. L'entretien d'Orode avec Palmis confirme que le roi des Parthes est tout entier soumis à l'ordre politique :

> La seule politique est ce qui nous émeut.
>
> (III, 3, v. 1035.)

D'un côté la politique. De l'autre l'héroïsme. Les jeux sont faits. Mais Orode est ici moins tyrannique que Pacorus et son attitude plus cohérente que celle du prince héritier : Orode sait que les rois doivent se contenter de la main sans exiger le cœur; il désavoue ainsi son fils qui veut obtenir la main et le cœur. La situation continue cependant de se dégrader, sans que l'on sache pourquoi la cour devient une prison. Comme dans *Othon* et *Attila*, l'espace politique devient un espace policier :

> Madame, à chaque porte on a posé des gardes :
> Rien n'entre, rien ne sort qu'avec ordre du Roi.
>
> (IV, 2, v. 1074-1075.)

La responsabilité d'Orode est engagée. Corneille joue sur toutes les ambiguïtés avant le dénouement : Orode n'aura peut-être pas donné l'ordre d'assassiner Suréna, mais il a donné l'ordre de placer son palais sous surveillance, donc d'enlever à Suréna sa liberté de mouvement. Pacorus reconnaît devant Eurydice qu'il s'agit de contraindre Suréna à parler, à avouer le nom de l'amant de la fille d'Artabase. Corneille joue ici sur l'ironie tragique : Pacorus ne sait pas que l'amant et le confident ne sont qu'un :

> Si je devine mal, je sais à qui m'en prendre,
> Et comme votre amour n'est que trop évident,
> Si je n'en sais l'objet, j'en sais le confident.

Il est le plus coupable : un amant peut se taire,
Mais d'un sujet au Roi, c'est crime qu'un mystère.
Qui connaît un obstacle au bonheur de l'Etat,
Tant qu'il le tient caché, commet un attentat.

(IV, 3, v. 1170-1176.)

Pacorus croit deviner, comme Phocas dans *Héraclius*. Mais le secret n'a plus le même sens : la vérité était obscure dans *Héraclius*, elle est évidente, dans *Suréna*, sauf pour Pacorus. Le prince héritier accuse Suréna d'être un criminel d'Etat lorsqu'il garde le silence. Coupable quand il parle, le héros est également coupable quand il se tait. Pacorus fait une nouvelle faute en déplaçant le débat vers la politique. Avant d'être un criminel d'Etat, Suréna est un héros d'Etat. Eurydice menace Pacorus :

Si Crassus est défait, Rome n'est pas détruite :
D'autres ont ramassé les débris de sa fuite,
De nouveaux escadrons leur vont enfler le cœur,
Et vous avez besoin encor de son vainqueur.

(IV, 3, v. 1221-1224.)

Eurydice humilie d'ailleurs plus qu'elle ne menace. Le général des Parthes reprendra la même argumentation devant Pacorus. Si le « crime d'amour » est un « crime d'Etat » (v. 1332), si tout se juge et s'apprécie selon des critères politiques, il ne faut pas oublier que Suréna est politiquement indispensable à Pacorus. Le pouvoir se croit assez fort pour tout politiser, mais il ne l'est pas puisqu'il dépend des victoires de Suréna. Plus Suréna se rapproche de la mort, plus la monarchie parthe est menacée.

Suréna n'est plus un « sujet », mais « le rival de son maître » (v. 1329). Orode craint donc de n'être plus qu'un maître en idée (v. 1458) et de voir la réalité du pouvoir lui échapper au profit de Suréna. Il découvre une Eurydice aussi « politique » (v. 1453) qu'amoureuse : il opère donc un mouvement contraire à celui de Pacorus, il déplace le débat de la politique vers l'amour (v. 1460). Il exige que Suréna épouse Mandane ou que Pacorus épouse Eurydice. Il exige ainsi un seul mariage au lieu de deux et accepte que Suréna ne soit pas son gendre, preuve que les propositions faites au général des Parthes n'étaient pas tout à fait sincères. Cette apparente réduction des exigences d'Orode ne change rien puisque, dans les deux cas, Eurydice et Suréna sont séparés. Orode, dont c'est la dernière apparition sur la scène, annonce que Suréna sera exilé jusqu'au mariage d'Eurydice. Or Suréna est assassiné en sortant du palais. Faut-il en déduire que l'exil facilitait l'exécution en permettant que Suréna fût tué hors du palais ? Qui est, en d'autres termes, responsable de la mort du général des Parthes ? Le récit de cette mort par Ormène prouve seulement deux choses : la préméditation du meurtre et l'anonymat des meurtriers.

> A peine du palais il sortait dans la rue,
> Qu'une flèche a parti d'une main inconnue,
> Deux autres l'ont suivie, et j'ai vu ce vainqueur,
> Comme si toutes trois l'avaient atteint au cœur,
> Dans un ruisseau de sang tomber mort sur la place.
>
> (V, 5, v. 1713-1717.)

La préméditation est évidente. Les conditions de l'exécution de Suréna sont celles d'une mise à mort soigneusement préparée; le général des Parthes était guetté par des archers d'élite qui ne laissent rien au hasard en visant trois fois le cœur. Ils ont reçu l'ordre d'abattre Suréna et ils exécutent cet ordre à la lettre. On pense à la mort de Pompée ou à la tentative d'assassinat de Nicomède. Toutefois, jusqu'à présent, on savait le nom des tueurs : Septime dans *La Mort de Pompée*, Métrobate et Zénon dans *Nicomède*. On savait aussi le nom des commanditaires : Ptolémée et Arsinoé. Désormais les meurtriers et les organisateurs du meurtre restent inconnus. Corneille ne veut pas accuser Orode ou Pacorus pour préserver la dignité royale. Si le coupable est anonyme, il s'agit donc bien de l'Etat. Tel est le dénouement de la tragédie politique : le héros est condamné à disparaître. Mais est-il pour autant certain que la politique ait définitivement gagné la partie ? Suréna mort, l'Etat parthe est fragile, à la merci de ses adversaires, en particulier de Rome. Suréna n'est pas un autre don Gomès. Suréna est un autre Rodrigue. Que ferait don Fernand sans Rodrigue si les Mores revenaient ? Que fera Orode sans Suréna si les armées de Rome et d'Artabase se rejoignent contre lui ? En éliminant le héros le pouvoir croit avoir triomphé d'un rival, alors qu'il s'est privé d'un appui. La politique ne sera plus désormais qu'un rapport de forces où la grandeur et la valeur n'auront plus leur place. Orode et Pacorus incarneront ensemble un pouvoir sans héros. Auguste vivait dans la solitude de la conversion héroïque. Ils vivront dans l'isolement de la perversion politique. Auguste était plus qu'Octave. Pacorus sera sans doute moins qu'Orode. L'Etat cornélien a cessé de vivre. L'Etat politique est né.

Des héros sans pouvoir : Suréna et Eurydice

Corneille avait déjà opposé, dans *Nicomède*, un « couple héroïque » à un « couple politique ». Il reprend l'idée dans *Suréna* et il la transforme : le prince héritier n'est plus un héros, mais un politique qui « remplace » Arsinoé. Corneille conserve donc le couple héroïque en l'opposant à un pouvoir dédoublé. Plus encore que Nicomède et Laodice, un prince et une reine, Suréna et Eurydice, un sujet et une princesse, sont l'ultime refuge des valeurs cornéliennes les plus authentiques. Ce qui leur est refusé est le droit même d'exister, plus encore que le droit d'aimer. Si en effet la politique d'Orode et Pacorus interdisait à Suréna d'épouser Eurydice, elle ne serait pas tyrannique. Cette politique les contraint d'une part à sacrifier le cœur à la main, d'autre part à trahir le cœur. Plus gravement, l'Etat parthe interdit à Suréna d'être lui-même, c'est-à-dire un général victorieux, un sujet loyal, un amant discret, bref un héros. Il serait donc, à notre sens, dangereux de réduire *Suréna* à un affrontement entre l'Etat et le bonheur. Le héros cornélien sait depuis longtemps que le bonheur de l'Etat est contraire à son propre bonheur. Il sait aussi que sa place est au service de l'Etat, qu'il est né et qu'il vit pour servir l'Etat, qu'il doit mourir au service de l'Etat. Il ne sait pas encore qu'Orode et Pacorus vont inventer une nouvelle forme de service de l'Etat : l'assassinat d'un sujet loyal, mai- plus grand et plus glorieux que son roi. Horace, Pompée, Nicos mède, Sertorius étaient déjà trop grands et trop glorieux. Valère rappelait jadis à Tulle qu'Horace était une menace pour son trône :

Arrêtez sa fureur, et sauvez de ses mains,
Si vous voulez régner, le reste des Romains.

(*Horace*, V, 2, v. 1489-1490.)

Photin utilisait le même argument pour conseiller à Ptolomée d'assassiner Pompée :

> Vous ne pouvez enfin qu'aux dépens de sa tête
> Mettre à l'abri la vôtre et parer la tempête.
>
> (*La Mort de Pompée*, I, 1, v. 101-102.)

Araspe récite à Prusias une leçon de machiavélisme sur la nécessité de poursuivre un héros trop glorieux :

> Aussitôt qu'un sujet s'est rendu trop puissant,
> Encor qu'il soit sans crime, il n'est pas innocent.
>
> (*Nicomède*, II, 1, v. 433-434.)

Sertorius fait à Perpenna une déclaration prophétique :

> Le tyran après moi vous craint plus qu'aucun autre,
> Et ma tête abattue ébranlerait la vôtre.
>
> (*Sertorius*, IV, 3, v. 1421-1422.)

Ces quatre exemples prouvent que l'élimination du héros semble être une nécessité politique, mais qu'elle risque aussi d'être une catastrophe politique. La mort d'Horace condamnerait Tulle et Rome à brève échéance. La mort de Pompée entraîne celle de Ptolomée. Prusias sait que Nicomède est son plus sûr appui. Perpenna mourra peu de temps après avoir assassiné Sertorius.

L'originalité de *Suréna* est que la tragédie se déroule en temps de paix, même si cette paix est précaire, et que la scène n'est pas ensanglantée par une guerre, civile ou extérieure, dont les épreuves atteignent chacun. Horace vient de tuer les trois Curiaces et Camille. Pompée vient d'échapper à Pharsale et à « ses fleuves teints de sang ». Nicomède est à la tête d'une armée en guerre. Sertorius également. Tel n'est pas le cas de Suréna. Il n'y a aucune guerre civile dans le royaume parthe et l'échec de Crassus écarte pour un temps la menace de Rome. La tension politique n'est donc pas due à un état d'exception comme dans *Horace*, *La Mort de Pompée*, *Nicomède* ou *Sertorius*. Elle est créée de toutes pièces par Orode et Pacorus qui vérifient la réflexion de Prusias à propos de son fils :

> Et sa seule présence est un secret reproche.
>
> (*Nicomède*, II, 1, v. 420.)

La culpabilité politique et la condition tragique de Suréna sont les effets de « sa seule présence ». C'est la politique seule qui crée toute la tragédie.

Eurydice délimite très vite la nature politique du temps et du lieu tragiques :

> ... C'est ici que doit s'exécuter
> Ce traité qu'à deux Rois il a plu d'arrêter.
>
> (I, 1, v. 3-4.)

Les murs de Séleucie entourent la cour d'Orode, lieu prédestiné et fatal au héros. Eurydice ne dit pas sans raison :

> J'aime ailleurs
>
> (I, 1, v. 15.)

comme si elle voulait exorciser la malédiction d'un lieu pour en choisir métaphoriquement un autre : « ailleurs » désigne en effet Suréna qui incarne déjà la seule espérance de liberté. Eurydice doit épouser Pacorus aux yeux de Suréna, c'est-à-dire subir et infliger un « tourment » horrible. Corneille approfondit sa réflexion sur la cour, espace tragique par excellence, qui enlève toute dimension temporelle à l'héroïsme. Marcelle voulait déjà perdre Théodore aux yeux de Placide (v. 221) : le « sadisme » s'ajoute au tragique en raison même de l'étroitesse de l'espace. Suréna, héritier de Nicomède (v. 45-46), n'est pas un homme de cour. Il est un parfait amant et un homme d'Etat. Corneille retrouve la thématique des « yeux » et des « regards » pour évoquer la genèse de l'amour chez les deux héros : Suréna est un amant aussi discret que Pacorus sera un séducteur brutal. Le général des Parthes est aussi un politique indispensable à l'Etat. Il n'est certes pas roi,

> Mais il sait rétablir les rois dans leurs Etats.
>
> (I, 1, v. 60.)

Suréna ressemble ainsi de plus en plus à Nicomède : il est un politique aussi efficace qu'Orode sera un souverain tyrannique. Suréna est le contraire d'Othon : chez le sénateur romain, l'amour et la civilité étaient indiscernables (v. 427); chez le général des Parthes, la civilité protège la sincérité de l'amour. Corneille retrouve, avec le vers célèbre :

> Notre adieu ne fut point un adieu d'ennemis
>
> (I, 1, v. 80.)

la première émotion de la litote du *Cid* :

> Va, je ne te hais point.
>
> (III, 4, v. 963.)

La séparation des amants coïncide avec une faute politique d'Artabase qui choisit Crassus contre Orode : après l'échec de son père et des Romains, Eurydice sera une victime d'Etat. Suréna subit de même, nous l'avons vu, les effets d'une erreur politique de son roi. L'erreur d'Etat succède à la raison d'Etat.

Suréna, amant d'Eurydice, sait ne rien exiger qui aille au-delà de ce que peut donner la fille d'Artabase :

> Elle m'a tout donné ce qui dépendait d'elle,
> Et ma reconnaissance en doit être éternelle.
>
> (I, 2, v. 193-194.)

L'influence stoïcienne est proche : Suréna sait ne pas attendre ce qui ne dépend pas d'Eurydice et manifester par là sa reconnaissance. Orode et Pacorus ne sauront pas pratiquer la même distinction des ordres. Corneille, en construisant un Suréna mesuré, joue sur le contraste avec des souverains démesurés et ingrats. La mesure et la reconnaissance s'opposent à la démesure et à l'ingratitude. Corneille achève surtout le portrait du héros parfait, plus parfait qu'un roi :

> La main de Suréna vaut mieux qu'un diadème.
>
> (I, 2, v. 233.)

Le général est supérieur au souverain, dans l'ordre amoureux comme dans l'ordre politique : Suréna est supérieur à Pacorus et à Orode. Le dédoublement de la fonction monarchique en deux personnages : un amant et un roi, accentue la supériorité naturelle du héros.

Le contraste est grand entre la prédominance héroïque de Suréna et sa faiblesse politique :

> Puis-je encor quelque chose en l'état où je suis ?
>
> (I, 3, v. 275.)

L'impuissance de Suréna conduit Eurydice à lui demander de ne pas épouser Mandane. La princesse d'Arménie est la digne héritière des héroïnes cornéliennes qui entendent disposer de leur amant et lui interdire de choisir, fût-ce sous la contrainte, une « rivale » : Eurydice est « jalouse » (v. 98). Elle accepte pour elle les marchandages de la politique matrimoniale, sans doute par gloire, mais elle en refuse le droit à son amant, sans aucun doute par jalousie. Eurydice peut donner la main sans le cœur, puisqu'il s'agit d'un mariage d'Etat. Suréna ne doit pas donner la main, même s'il s'agit d'un mariage d'Etat. Suréna se trouvera donc confronté à la jalousie d'Eurydice et à la tyrannie d'Orode... mais il ne donnera ni le cœur ni la main.

Suréna, comme Tite et Pulchérie, choisit la stérilité :

> Que tout meure avec moi, Madame, que m'importe
> Qui foule après ma mort la terre qui me porte.
>
> (I, 3, v. 301-302.)

Suréna, comme Pulchérie, sait que des héritiers n'apporteront que déshonneur et dégénérescence[11]. Le héros n'assume plus les risques de la vie. Tite et Pulchérie stérilisaient la monarchie héroïque. Suréna stérilise l'héroïsme. Eurydice demandait à Suréna d'avoir des héritiers, comme Bérénice l'avait demandé à Tite, mais le héros n'est plus en état d'assurer sa propre descendance. *Suréna* est la tragédie du suicide de la nature. La politique a exténué la nature. L'univers cornélien est, au sens propre, exsangue. L'ordre des valeurs du *Cid* est bouleversé. L'acte fondateur de l'héroïsme était bien le sacrifice de toutes les valeurs à l'ordre de la nature : Rodrigue était un héros parce qu'il était le fils de don Diègue avant d'être l'amant de Chimène. Rodrigue fixait une chronologie des sacrifices car ceux-ci n'étaient pas inutiles. Suréna sait depuis longtemps que les jeux sont faits; même l'immortalité du nom est une illusion :

> Quand nous avons perdu le jour qui nous éclaire,
> Cette sorte de vie est bien imaginaire,
> Et le moindre moment d'un bonheur souhaité,
> Vaut mieux qu'une si froide et vaine éternité.
>
> (I, 3, v. 309-312.)

Il suffit, pour apprécier la transformation du monde cornélien, de comparer cet aveu de Suréna au texte du *Cid* :

> Viens, tu fais ton devoir et le fils dégénère
> Qui survit un moment à l'honneur de son père.
>
> (*Le Cid*, II, 2, v. 441-442.)

11. *Pulchérie*, V, 3, v. 1535-1536; *Suréna*, I, 3, v. 307-308.

Le moment de bonheur s'est substitué au moment d'honneur. Don Diègue et don Gomès étaient des guerriers; Rodrigue était un héros. Suréna est déjà un héros; un fils ne pourrait donc que dégénérer. Le général des Parthes éprouve, dans l'ordre de la nature, la tentation qu'Auguste avait vécue dans l'ordre politique : Suréna aspire à « mourir » comme l'empereur aspirait à « descendre ».

Eurydice pourtant ne laisse pas Suréna sous le charme de cette tentation. Elle contraint son amant à épouser toute autre femme que Mandane mais elle lui interdit de rester seul :

> Il faut qu'un autre hymen me mette en assurance...
> Je veux que vous aimiez afin de m'obéir.
>
> (I, 3, v. 321-324.)

Cette exigence, que la critique a souvent méconnue, est essentielle. Ces deux vers pourraient être prononcés par Orode : Eurydice, comme le roi des Parthes, a besoin d'être rassurée par l'obéissance de Suréna. Il existe certes un couple Eurydice-Suréna mais, à l'intérieur de ce couple, la jalousie féminine a les mêmes ambitions que la raison d'Etat. La stérilité choisie par Suréna est le seul moyen de retrouver sa liberté, donc sa gloire. La jalousie passionnelle d'Eurydice et la jalousie politique d'Orode ont, pour des raisons différentes, le même effet : elles limitent le héros et lui enlèvent son autonomie de décision. Le cœur ne suffit pas à Eurydice, la vraie loyauté ne suffit pas à Orode. Cette interprétation ne signifie pas qu'Eurydice soit, comme Orode, une adversaire consciente de Suréna. Elle implique que la tragédie personnelle du héros soit plus qu'une contradiction entre l'amour et la politique. Si en effet tel était le cas, la dernière pièce de Corneille constituerait une régression par rapport à l'évolution de toute l'œuvre. *Suréna* est plus une tragédie de la gloire qu'une tragédie de l'amour (v. 1651) : le vrai crime d'Etat n'est pas l'amour — sauf pour Pacorus qu'Orode désavoue sur ce point —, mais la gloire, c'est-à-dire la manifestation de l'essence héroïque.

Suréna reste cependant une tragédie politique, c'est-à-dire une pièce de théâtre où les héros subissent la contrainte du pouvoir d'Etat. Le dialogue entre Pacorus et Eurydice rappelle les origines et les frontières de la tragédie. La fille d'Artabase confirme la nature du traité signé par les Arméniens et les Parthes :

> S'il a pu l'une à l'autre engager nos personnes,
> Au seul don de la main son droit est limité,
> Et mon cœur avec vous n'a point fait de traité.
>
> (II, 2, v. 502-504.)

On ne peut imaginer définition plus rigoureuse de la politique matrimoniale. Il existe deux ordres : d'un côté le cœur, la personne, l'amour; de l'autre la main, la couronne, la politique. L'heure n'est plus où le héros cornélien se révolte contre l'existence de ces deux ordres : il en accepte le principe et le fonctionnement. La violation de l'ordre politique admis par le héros sera le fait du seul Pacorus : c'est le pouvoir lui-même qui prend l'initiative de la subversion en exigeant ce qui lui est interdit. Le héros acceptera de mourir lorsqu'il comprendra que tout pacte avec le pouvoir est impossible quand le pouvoir viole lui-même les pactes qu'il propose au héros. Horace acceptait la parole de Tulle. Suréna sait que la parole d'Orode et Pacorus ne vaut rien. Horace pouvait accepter de vivre pour servir Rome. Suréna ne peut accepter de survivre pour servir l'Etat parthe. La Rome de Tulle justifiait *a posteriori* la conduite héroïque d'Horace. L'Etat d'Orode condamne *a priori* l'existence de Suréna. L'originalité des relations entre le pouvoir et les héros est soulignée par une construction dramatique qui fait apparaître l'accroissement des pressions politiques. Corneille laisse à Eurydice le soin de démontrer à Pacorus qu'il enfreint le traité et qu'il prend la responsabilité d'une crise entre Artabase et Orode (v. 459-564). La démesure politique trouve en elle sa propre sanction : l'utilisation abusive de la politique détruit la politique.

Orode ne commet pas les mêmes erreurs que Pacorus. Il sait que le général est un sujet irréprochable : le seul « salaire » de Suréna est la « gloire » d'avoir servi loyalement son roi. Le héros est loyal mais, pour ne pas épouser Mandane, il développe une rhétorique de l'hypocrisie : la notion de déguisement qualifie fort bien le héros (v. 574-881). Le déguisement n'est pas le mensonge, mais l'habile dissimulation de la vérité : Suréna est aussi un vieux courtisan, il sait ne pas affronter son roi. Il est un successeur d'Othon autant qu'un héritier de Nicomède et cela ne diminue en rien son héroïsme. Corneille entend sans doute prouver que le héros, même s'il joue le jeu des apparences politiques, reste une victime d'Etat. Nicomède était sauvé par sa nature royale. Suréna est condamné par sa condition de sujet, une condition qu'il revendique pour écarter l'hypothèse de son mariage avec Mandane (v. 877-880). Cette condition n'est pas en réalité un atout pour Suréna qui ne pourrait rien contre la force. Ormène le rappelle à Eurydice :

> Un héros arrêté n'a que deux bras à lui,
> Et souvent trop de gloire est un débile appui.
>
> (IV, 1, v. 1063-1064.)

Laodice avait jadis déclaré à Nicomède :

> Vous n'avez en ces lieux que deux bras comme un autre.
>
> (*Nicomède*, I, 1, v. 92.)

La grandeur isolait le héros de la foule. La force le met au rang de tout le monde. La faiblesse physique de Suréna est l'inverse de sa grandeur héroïque. Lorsque la politique devient une affaire de police traitée par un Sillace ou un Araspe, le héros est un coupable ou une victime « comme un autre ». Palmis et Eurydice, la sœur et l'amante, mesurent le péril encouru par Suréna : Corneille retrouve les accents du dialogue entre Camille et Sabine, entre la loi du cœur et la loi du sang. Palmis reproche à Eurydice :

> Cette mâle vigueur de constance héroïque.
>
> (IV, 2, v. 1097.)

tandis que la princesse d'Arménie refuse d'accepter Pacorus pour sauver Suréna :

> Mon amour est trop fort pour cette politique.
>
> (IV, 2, v. 1129.)

Eurydice refuse le compromis car elle sait qu'il est inutile. Elle n'a pas les illusions de Palmis dont la lucidité est mise en échec par les « tendresses du sang ».

Eurydice affirme refuser la politique mais elle sait y recourir pour s'opposer à Pacorus. Elle donne au prince héritier une leçon de dignité cornélienne : l'amour est fondé sur l'estime et elle n'estimerait pas l'assassin de Suréna; sa gloire est engagée dans son mariage et elle doit veiller à la gloire de Pacorus. La rhétorique de la menace succède à la rhétorique du déguisement. L'heure n'est plus à la dissimulation mais à la dissuasion. Eurydice, qui n'est pas la sujette de Pacorus, lui tient un discours que Suréna ne pourrait développer sans devenir un rebelle. Le général des Parthes sait que tout lui sera reproché par le pouvoir :

> Je le vois bien, Seigneur : qu'on m'aime, qu'on vous aime,
> Qu'on ne vous aime pas, que je n'aime pas même,
> Tout m'est compté pour crime, et je dois seul au Roi
> Répondre de Palmis, d'Eurydice et de moi.
>
> (IV, 4, v. 1301-1304.)

Eurydice déplaçait le débat vers le terrain politique. Suréna le ramène vers l'amour pour exclure la politique : « l'empire des cœurs » n'appartient pas à l'Etat. L'obstination de Pacorus contraint le héros à confirmer l'avertissement d'Eurydice :

> J'ai vécu pour ma gloire autant qu'il fallait vivre,
> Et laisse un grand exemple à qui pourra me suivre,
> Mais si vous me livrez à vos chagrins jaloux,
> Je n'aurai pas peut-être assez vécu pour vous.
>
> (IV, 4, v. 1357-1360.)

Le temps n'a aucune prise sur la gloire de Suréna. Le héros retrouve la force de Rodrigue et d'Horace : la mort et la gloire ont partie liée. Mais là où le Cid déclarait :

> Rodrigue peut mourir sans hasarder sa gloire,
>
> (*Le Cid*, V, 1, v. 1530.)

là où Horace proclamait :

> La mort seule aujourd'hui peut conserver ma gloire,
>
> (*Horace*, V, 2, v. 1580.)

bref, là où le héros pensait à la mort plus qu'à la vie, le général des Parthes mesure son devoir en termes de longueur de vie. Suréna méprise Pacorus en lui laissant la maîtrise de la vie, valeur secondaire par excellence :

> J'aurai soin de ma gloire, ordonnez de mes jours.
>
> (IV, 4, v. 1380.)

Les rôles sont répartis : le pouvoir a celui de gérer la vie et la mort du héros mais le héros mort ne sera pas moins héroïque que le héros vivant; le héros a celui de défendre sa gloire, ce qui exclut le pouvoir de toute participation à la gloire. Auguste avait le pouvoir et la gloire. Pacorus a le pouvoir sans la gloire. Suréna la gloire sans le pouvoir. La tragédie politique est parvenue à son dénouement : l'Etat et le héros ne seront plus jamais dans le même camp.

La tension tragique de *Suréna* repose, pour l'essentiel, sur la pression du temps qui n'est plus ouvert sur une histoire, mais enfermé dans l'espace d'une cour. Le bannissement du général serait donc une fausse solution : le héros en a conscience. Il existe en effet un lien entre le « crime » de Suréna et la fonction du temps. Certains crimes s'effacent avec le temps : le pardon d'Auguste dans *Cinna* l'avait jadis prouvé. D'autres s'aggravent et interdisent tout pardon dans l'ordre de l'histoire. *Suréna*, tragédie du suicide de la nature par la stérilité du héros, est aussi la tragédie du suicide de l'histoire par la disparition du temps rédempteur. Il suffit, pour s'en convaincre, de comparer le dernier vers du *Cid* :

> Laisse faire le temps, ta vaillance et ton roi.
>
> (*Le Cid*, V, 7, v. 1840.)

à la réflexion de Suréna :

> Mon crime véritable est d'avoir aujourd'hui
> Plus de nom que mon roi, plus de vertu que lui,
> Et c'est de là que part cette secrète haine
> Que le temps ne rendra que plus forte et plus pleine.
>
> (V, 2, v. 1511-1514.)

L'univers cornélien est irrémédiablement tragique lorsque l'ordre politique ne reflète plus l'ordre héroïque, lorsque l'ordre historique ne correspond plus à l'ordre naturel. Le héros est désormais plus grand que le roi à l'intérieur même du temps historique : le nom du héros, expression de sa gloire[12], devient un scandale pour le pouvoir. Le désordre est universel : Orode, roi grâce à Suréna, entend être le « tyran » de son cœur. Le sujet a rétabli la légitimité de son roi pour que celui-ci se comporte à son égard comme un tyran : la politique est la tragédie de l'ingratitude.

12. Jean Starobinski, *op. cit.*, p. 61.

Comment la catastrophe serait-elle évitée dès lors que la légitimité exerce une tyrannie envers celui qui l'a rendue légitime ? Corneille a éprouvé la solution du dédoublement, en particulier grâce à la politique matrimoniale, mais cette phase de sa réflexion est maintenant dépassée puisque le tyran veut asservir la main et le cœur. Le dédoublement n'est pas une réponse à la démesure de la déraison d'Etat.

Suréna est plus lucide dans l'examen de sa condition que dans l'appréciation des moyens politiques d'Orode. Il se trompe quand il déclare, à propos du roi :

> Il est trop généreux pour perdre son appui.
>
> (V, 3, v. 1595.)

Le général des Parthes n'aura prononcé aucune parole blasphématoire contre Orode. Mais le souverain n'est ni assez « généreux » ni assez intelligent pour comprendre que la perte de Suréna signifierait sa propre perte. Corneille prend soin de ne pas accuser directement le roi d'assassinat. Palmis confirme cette hypothèse en accusant par anticipation un « jaloux », un « flatteur » d'organiser contre le héros un coup d'Etat. On pense à l'assassinat de Thomas Becket par les barons de Henri II Plantagenêt. La situation est d'ailleurs telle que Suréna ne serait même pas protégé par le statut de gendre. Il rappelle que la politique est une antinature, que les lois du sang ne sont pas une protection dans l'Etat (v. 1639-1640), que le parricide est à l'origine du pouvoir des rois. Suréna retrouve ici l'argumentation de Tulle dans *Horace*. Que lui servirait-il d'être le gendre d'Orode ? Aurait-il, en épousant Mandane, moins de vertu, moins de grandeur, moins de nom que son roi ? Le crime d'Etat du héros n'est pas d'aimer Eurydice :

> Mon vrai crime est ma gloire, et non pas mon amour.
>
> (V, 3, v. 1651.)

Si le crime était l'amour, il existerait une solution en séparant le cœur de la main. Si le crime est la gloire, il n'existe aucune solution car la gloire et l'héroïsme ne font qu'un. Un héros sans amour reste un héros. Un héros sans gloire n'est plus un héros : la notion même d'un héroïsme sans gloire est impossible à concevoir. En renonçant à Bérénice, Tite ne cessait d'être ni un héros ni un souverain. En renonçant à sa gloire, Suréna cesserait d'être Suréna. La gloire est le seul chef d'inculpation dans le procès politique du héros. Pourquoi donc « inutilement faire une lâcheté » (v. 1660) en épousant Mandane, dès lors que la mort est « inévitable ». Les « lâchetés » d'Othon étaient utiles puisque la mort était évitable et qu'il existait l'espoir de reconstruire un Etat héroïque. Une « lâcheté » de Suréna souillerait en vain son nom et sa gloire. Le héros a démonté les mécanismes du dernier piège tendu par le pouvoir en montrant que la solution du mariage avec Mandane voulue par Orode ne lui conviendrait pas longtemps. Corneille renoue avec une des conclusions politiques de *La Mort de Pompée* : le machiavélisme se détruit lui-même; plus Photin est habile, plus il menace Ptolomée en croyant le servir. Orode, nous l'avons vu, est un émule de Félix : il sacrifierait son gendre sans la moindre hésitation pour assurer son pouvoir. Le héros ne gagnerait rien à se compromettre dans la politique matrimoniale pour être assassiné quelques mois plus tard. Tragédie du suicide de la nature, tragédie du suicide de l'histoire, *Suréna* est enfin une tragédie du suicide de la politique.

La mort du héros annonce la mort d'Eurydice. Les vers célèbres :

> Non, je ne pleure point, Madame, mais je meurs...
> Généreux Suréna, reçois toute mon âme.
>
> (V, 4, v. 1732-1734.)

répondent à l'une des dernières phrases du général des Parthes :

> La tendresse n'est point de l'amour d'un héros.
>
> (V, 3, v. 1675.)

La grandeur et les larmes s'accordent mal. La grandeur s'accorde mieux avec la mort. Si l'amante meurt, la sœur appelle à la vengeance : Corneille laisse à Palmis le soin de lancer une malédiction religieuse contre le pouvoir politique. Cette malédiction n'est pas un effet gratuit de colère ou de haine. Elle annonce l'échec d'un Etat sans héros. Serge Doubrovsky a tort de minimiser le rôle du héros dans l'histoire : « La flèche qui perce Suréna dégonfle une baudruche : elle ne tue pas seulement un homme mais un mythe »[13]. Est-ce une baudruche qui a rétabli Orode sur le trône ?

13. Serge Doubrovsky, *op. cit.*, p. 467.

Est-ce une baudruche qu'aime Eurydice ? Est-ce une baudruche qui a écrasé les armées de Crassus ? Est-ce une baudruche qui attire la jalousie amoureuse de Pacorus et la jalousie politique du roi ? Suréna est tout sauf une baudruche. Si Suréna est une baudruche, la pièce est un vaudeville sanglant. L'absence du héros prouvera bientôt la faiblesse de l'Etat. La gloire de Suréna était une menace pour Orode. Son absence sera une catastrophe. Le paradoxe de la *libido dominandi* est que la passion du pouvoir devienne une passion sans pouvoir. L'Etat a éliminé le héros par jalousie, mais il ne se souvient pas que le héros l'avait créé : l'Etat n'a pas tué son sujet mais son père, son fondateur. Orode a commis la faute que, pour diverses raisons, Tulle ne pouvait pas commettre.

La pensée cornélienne a trouvé sa conclusion et la dramaturgie son dénouement. Les valeurs et les idées, la grandeur et la force sont à leur place. Corneille ne peut plus écrire après *Suréna*. Il a atteint une forme de calme intellectuel que Serge Doubrovsky lui refuse, encore une fois à tort, pour des raisons idéologiques : « A aucun moment, au sens dialectique du terme, le projet cornélien ne peut se rejoindre et se reposer, tel l'Esprit hégélien, en une plénitude parfaite »[14]. *Suréna* n'est pas en effet la tragédie de « la fin de l'histoire »... Mais *Suréna* correspond à un équilibre que Corneille n'avait trouvé ni après *Polyeucte* ni après *Pertharite*. *Polyeucte* résolvait la crise tragique dans l'ordre surnaturel, mais *La Mort de Pompée* démontrait aussitôt l'omniprésence de l'histoire et de la politique. *Pertharite* échappait à la tragédie en dédoublant le trône et en instaurant la vertu, mais *Œdipe* démontrait, après un long silence, l'omniprésence de la nature et de la politique. *La Mort de Pompée*, tragédie politique de l'histoire, et *Œdipe*, tragédie politique de la nature, avaient prouvé la fragilité de *Polyeucte* et de *Pertharite*. Avec *Suréna*, Corneille parvient à mettre en ordre toutes les données de sa pensée tragique. Polyeucte avait une certitude surnaturelle. Grimoald et Pertharite trouvaient une assurance historique. Suréna n'attend rien ni de la Providence, ni de la nature, ni de l'histoire. La Providence, en permettant à Orode de régner, enlève toute espérance au héros. La nature ne mérite plus que le héros assume les risques de la vie. L'histoire

14. *Ibid.*, p. 475.

condamne le héros à disparaître au profit de l'Etat. Le héros était prédestiné par sa nature à remplir une mission providentielle dans l'histoire. Désormais, le héros est condamné à occuper le rôle et la fonction de victime d'Etat. *Suréna* est la dernière tragédie du héros. Le destin est devenu fatalité, au sens où la fatalité est le triomphe du fatum. On peut même estimer que, si toutes les tragédies de Corneille sont, d'une manière ou d'une autre, des hypothèses portant sur le héros et sur l'Etat, *Suréna* est une démonstration, une vérification simultanée de toutes les hypothèses. L'univers héroïque est devenu un monde politique. La tragédie du héros a trouvé son terme. La tragédie de l'Etat peut commencer. C'est en ce sens que la pensée tragique de Corneille est annonciatrice des temps nouveaux : l'Etat a cru l'emporter en éliminant le héros, mais il doit maintenant assumer seul la tragédie de la *libido dominandi*. La passion politique a chassé la gloire, elle est désormais seule sur la scène. La tragédie était nécessairement politique quand le héros se heurtait à la raison d'Etat. La politique sera exclusivement tragique lorsque l'Etat et la raison d'Etat seront seuls dans un monde sans héros.

4

La politique tragique et les perversions de l'héroïsme

En découvrant, avec *Œdipe*, la tradition grecque, Corneille découvre également les nécessités de la tragédie, la force du destin. Le détour par la mythologie œdipienne était sans doute indispensable au héros cornélien. L'analyse de Jean Schlumberger nous semble contestable lorsqu'il dénie à Corneille la capacité de penser le destin : « La lourde présence du destin est justement ce qui fait défaut dans la plupart des ouvrages de Corneille. Jamais n'y apparaît cette écrasante force cosmique qui broie les humains, leur arrache des cris d'impuissance, les humilie et les rend fous. Même dans les pièces qui sont à proprement parler des tragédies, l'obstacle qui contrarie les désirs des hommes n'est jamais l'aveugle nature, ni une force démoniaque, mais toujours une puissance vénérable : honneur, patrie ou Dieu »[1]. Cette réflexion nous semble contraire à l'évolution du théâtre de Corneille après *Œdipe* : l'aveugle nature et la force démoniaque sont omniprésentes, l'idée d'un destin hostile se substitue à celle d'une Providence bienveillante. Le poids de la fatalité se fait sentir dans le théâtre et l'espérance d'une issue favorable disparaît peu à peu : la mort inéluctable d'Œdipe, de Sertorius et de Sophonisbe préfigure celle de Suréna. La mort n'est plus une possibilité, comme pour Horace ou même Pertharite, mais une nécessité.

Ce changement de perspective a trois conséquences : les

1. Jean Schlumberger, *op. cit.*, p. 11.

femmes jouent un rôle de plus en plus grand, les hommes cessent d'exprimer toutes les certitudes de l'héroïsme, la tragédie politique investit les moindres espaces de la scène. Les deux premières conséquences sont liées : elles expriment la revanche posthume de Camille et de Curiace. Les femmes, qui ont vécu dans leur chair la crise de la nature et la monstruosité, ont acquis une grandeur exemplaire qui suscite l'admiration ou le désir d'imitation. Dircé, Aristie et Viriate, Eryxe et Sophonisbe, Honorie et Ildione, Bérénice, Pulchérie, Eurydice entraînent les personnages masculins. Parallèlement, ceux-ci semblent perdre leur indépendance, leur volonté : Œdipe et Thésée, Sertorius et Pompée, Massinisse et Syphax, Othon, Attila, Tite, Léon subissent plus souvent qu'ils n'agissent. La politisation enfin ne cesse de s'accentuer : l'Etat, la raison d'Etat, le pouvoir obsèdent et menacent le héros dans un face-à-face où le compromis n'est plus de mise. Tous les héros, hommes ou femmes, sont des « victimes d'Etat ». Leur condition de héros est nécessairement celle de subir la raison ou la déraison d'Etat. D'*Œdipe* à *Suréna*, l'Etat et le héros ne cessent d'être des adversaires. Jadis, Horace et Auguste construisaient Rome. L'avènement d'Antiochus ou d'Héraclius, l'idée de royauté chez Nicomède, le double règne de Pertharite et Grimoald montraient que la crise tragique avait été surmontée. Après *Œdipe*, elle ne sera jamais dominée : la mort d'Œdipe n'éteint pas la malédiction, la mort de Sertorius ne marque pas la fin des guerres civiles, la disparition de Sophonisbe signifie l'extinction des monarchies indépendantes, Othon n'est pas une réincarnation d'Auguste, la stérilité de Tite et de Pulchérie exprime la chute de la monarchie héroïque, le succès d'Orode et Pacorus prouve que l'Etat politique l'a emporté sur l'Etat héroïque. Dans tous les cas, les valeurs héroïques cèdent devant les forces politiques. La politique a changé de sens sans changer de nom : elle était un mode héroïque, elle est une passion tragique; elle était une forme de gloire, elle est une nécessité mécanique. Le roi de Thèbes et le général des Parthes sont condamnés dès leur naissance : ils naissent victimes de leur destin. La tragédie n'est plus une étape, mais un état.

La revanche de Camille

Dans *Horace*, la femme était une menace pour le héros. Dès *Œdipe*, elle est un modèle. Thésée le confirme à Dircé dès les premiers vers :

> Votre exemple est pour moi la seule règle à suivre.
>
> (*Œdipe*, I, 1, v. 37.)

L'exemplarité héroïque est passée du côté des femmes. Camille est un contre-exemple dans *Horace*. Dircé est un modèle dans *Œdipe*. La princesse de Thèbes doit rappeler à Thésée que le propre de l'homme n'est pas d'aimer, mais d'agir :

> Il faut qu'en vos pareils les belles passions
> Ne soient que l'ornement des grandes actions.
>
> (*Œdipe*, I, 1, v. 67-68.)

La hiérarchie des actions et des passions est essentielle : elle laisse deviner un renversement de perspective. Les actions cessent d'être masculines, les passions cessent d'être féminines. Dans la tragédie de l'obscurcissement des origines, la femme est plus forte que l'homme, elle agit plus qu'elle ne subit. La reconquête de l'héroïsme sera mieux assurée par Dircé que par Thésée. La légitimité héroïque de Dircé est aussi une légitimité politique. Cela explique qu'elle puisse affronter Œdipe et revendiquer, devant l'usurpateur dont elle ne sait pas encore qu'il est régicide et parricide, le droit de choisir un mari :

> Seigneur, quoi qu'il en soit, j'ai fait choix de Thésée;
> Je me suis à ce choix moi-même autorisée.
>
> (*Œdipe*, II, 1, v. 425-426.)

L'autonomie féminine et l'indépendance politique ont partie liée. En choisissant la féminité contre la politique matrimoniale, Dircé résiste à la tyrannie et soutient la vraie politique héroïque. Dircé ne sera pas, comme Camille, une victime d'Etat. Elle tente de promouvoir, contre l'usurpation d'Œdipe, une interprétation de la politique conforme aux exigences de l'héroïsme. Elle décide de mourir avec l'idée de sauver l'Etat :

> Finir les maux publics, obéir à mon père,
> Sauver tous mes sujets.
>
> (*Œdipe*, II, 4, v. 680-681.)

Dircé affronte le risque de la mort ainsi que doit le faire tout héros cornélien, pour accéder à l'ordre de la gloire et se libérer des entraves de la médiocrité. Le sacrifice de Camille était nécessaire à l'Etat, mais la sœur d'Horace ne mourait pas pour servir Rome. Le sacrifice de Dircé, qui ne sera pas nécessaire à l'Etat, a pour objet de servir l'Etat. Ici encore, la répartition des rôles dans l'Etat est inversée. Dircé déclare en effet à Thésée :

> Votre bras de la Grèce est le plus ferme appui :
> Vivez pour le public comme je meurs pour lui.
>
> (*Œdipe*, II, 4, v. 729-730.

Dircé remplace Tulle. Ce n'est plus le roi, mais une femme, qui demande au héros de vivre pour servir l'Etat. Dircé sert en fait sa gloire plus que Thèbes :

> ... et je meurs plus pour moi
> Que pour ces malheureux qui se sont fait un roi.
>
> (*Œdipe*, III, 2, v. 903-904.)

La politique de Dircé est l'alibi de la gloire. L'essentiel est que les valeurs cornéliennes soient incarnées par la sœur d'Œdipe et que l'héroïne soit plus forte que son amant dans l'adversité. La restauration de l'ordre providentiel aura été préparée par l'attitude de Dircé.

Cette domination des femmes s'accentue dans *Sertorius* avec les personnages de Viriate et d'Aristie qui mettent en œuvre une politique de la gloire d'autant plus brillante que les hommes sont victimes de la division de l'Etat. L'accentuation de la tragédie politique correspond à une accentuation du rôle héroïque et politique des femmes. Le dédoublement de la féminité permet à Corneille de mettre en scène la politique amoureuse de Viriate et l'amour politique d'Aristie. Viriate aime Sertorius par amour et par intérêt. Aristie aime Pompée par amour et Sertorius par intérêt. La différence n'est pas insignifiante dans l'analyse de l'évolution des valeurs. Viriate n'éprouve pas pour le général républicain une passion sensuelle mais une inclination presque militaire : c'est la séduction du vieux soldat. L'ambition de la reine de Lusitanie s'organise autour de deux notions dont la confrontation est à l'origine de la tragédie politique. Viriate doit à sa nature, à sa « naissance » d'obtenir :

> Ou le pouvoir sans nom ou le nom sans pouvoir.
>
> (*Sertorius*, II, 2, v. 536.)

C'est déjà l'équation tragique de *Suréna*. La gloire condamne Viriate à un choix politique dont les effets seront nécessairement tragiques. Cléopâtre et Rodogune voulaient le nom et le pouvoir. L'heure n'est plus à formuler de telles exigences. En revendiquant l'un ou l'autre, Viriate prend le risque de n'avoir ni l'un ni l'autre. Plus encore que chez Dircé, la politique est le masque de la gloire :

> Quand nous sommes au bord d'une pleine victoire,
> Quel besoin avons-nous d'en partager la gloire ?
>
> (*Sertorius*, II, 2, v. 633-634.)

Viriate tient certes un langage héroïque, mais elle le tient par jalousie et par intérêt. Par jalousie, car elle veut écarter Aristie de Sertorius. Par intérêt, car elle veut maintenir Sertorius en Espagne. Le discours héroïque de Viriate est irréprochable. Les motivations en sont suspectes. La force de Viriate n'est pas l'expression désintéressée des valeurs de l'héroïsme mais le reflet des préoccupations de l'intérêt : tel est l'effet de la contagion politique. La passion du pouvoir corrompt peu à peu la féminité sous les apparences d'une grandeur retrouvée. La gloire est désormais synonyme de jalousie :

> Soyons d'un tel honneur l'un et l'autre jaloux,
> Et quand nous pouvons tout, ne devons rien qu'à nous.
>
> (*Sertorius*, II, 2, v. 639-640.)

Le dessein de Viriate est conforme aux principes de l'héroïsme mais il recouvre une logique de l'intérêt qui sera bientôt une logique de l'amour-propre. L'ambition politique est devenue un instrument de domination aux mains des femmes.

La prédominance des femmes apparaît dans l'étrange renversement de la stratégie matrimoniale. Aristie déclare à Pompée :

> Me voulez-vous, Seigneur ? Ne me voulez-vous pas ?
>
> (*Sertorius*, III, 1, v. 1116.)

Viriate déclare à Sertorius :

> Au lieu de Perpenna, donnez-moi votre main.
>
> (*Sertorius*, IV, 2, v. 1300.)

La nécessité où elles se trouvent de soutenir leur gloire politique et personnelle conduit les héroïnes à solliciter la main des héros. Sertorius et Pompée ont perdu l'initiative. Dans l'ordre politique, ils subissent les divisions de l'Etat. Dans l'ordre amoureux, ils subissent les ambitions des femmes. Si l'authenticité héroïque se mesure par la capacité d'agir avec des vues à l'infini, Sertorius n'est plus tout à fait un héros lorsqu'il reproche à Viriate de « porter dès l'abord les choses à l'extrême » (v. 1386). Rodrigue, Horace, Polyeucte, Cléopâtre, Rodogune accédaient à l'héroïsme en portant les choses à l'extrême, en refusant les compromis : Viriate leur ressemble plus que Sertorius qui recherche les accommodements; Viriate refuse autant le compromis politique que le compromis matrimonial. Le dénouement donnera tort à Sertorius, victime de ses hésitations autant que de Perpenna, et raison à Viriate qui sauve sa gloire de reine devant Pompée. La reine de Lusitanie éprouve d'ailleurs, malgré son amour pour Sertorius, une certaine lassitude devant les hésitations politiques et sentimentales du général romain :

> Tant de précaution commence à me lasser.
>
> (*Sertorius*, IV, 2, v. 1392.)

Viriate supporte mal que Sertorius joue sur le temps, donnant ainsi prise à la tragédie, tandis qu'elle-même privilégie la volonté pour maîtriser le temps.

Le héros se trouve en réalité pris entre deux logiques féminines qui intègrent les nécessités de la politique et les exigences de la gloire. Viriate et Aristie, du côté des rois et du côté de Rome, portent avec elles la volonté de restauration d'une politique de la gloire que les hommes, usés par l'histoire, ne peuvent plus soutenir. *Sophonisbe* confirmera bientôt cette évolution vers une féminisation de l'héroïsme dans la tragédie politique. Les femmes refusent les concessions que les hommes acceptent par fatigue, par irrésolution, voire par lâcheté. Mais, nous l'avons vu, cette restauration est limitée dans l'ordre de la nature donc dans l'ordre de l'histoire. Viriate, comme plus tard Tite et Pulchérie, sauve la politique de la gloire, mais pour une génération seulement : sa gloire est assez grande pour sauver sa personne et sa couronne le temps d'un règne, mais non pour sauver l'institution monarchique. La reine de Lusitanie le dit elle-même à Pompée :

> Mais si je puis régner sans honte et sans époux,
> Je ne veux d'héritiers que votre Rome, ou vous.
>
> (*Sertorius*, V, 8, v. 1899-1900.)

Nicomède succédait à Prusias. Personne ne succède à Viriate. L'heure n'est plus de remporter un triomphe, comme Auguste, ni même de rétablir une situation, comme Nicomède. Il s'agit de sauver une personne et un système pour quelques années. Sophonisbe, en portant les choses à l'extrême, aggravera l'expérience de Viriate : la reine de Numidie n'aura pas le sursis dont bénéficie encore la reine de Lusitanie. Sophonisbe, en engageant toute sa gloire dans le service exclusif de l'Etat et en échouant, sauvera sa gloire sans sauver l'Etat et choisira la mort, non la stérilité. Viriate restait reine : elle pouvait vivre « sans honte » et sans héritier. Sophonisbe serait soumise à Rome : elle ne peut donc plus vivre. La mort et la stérilité sont le double aspect d'une même réalité : l'échec politique de la gloire. La mort est un échec immédiat, la stérilité est un échec ajourné, mais tout aussi inéluctable. En se politisant, les héroïnes se heurtent au pouvoir sous toutes ses formes et se condamnent à choisir entre leur disparition et la politique matrimoniale.

Viriate et Aristie menaient chacune une politique déterminée. Corneille reprend le thème avec Sophonisbe et Eryxe, mais il multiplie les renversements de situation pour accentuer l'analyse psychologique de leur gloire et de leur grandeur face à de perpétuelles modifications des rapports de forces. Corneille entend sans doute opposer les aléas d'une victoire politique aux certitudes de la gloire héroïque : la maîtrise du pouvoir n'est pas, chez une femme, un atout suffisant, alors qu'elle l'était chez l'homme.

> Sophonisbe, en un mot, et captive et pleurante,
> L'emporte sur Eryxe et reine et triomphante.
>
> (*Sophonisbe*, II, 1, v. 427-428.)

Camille refusait les règles du jeu politique et les lois de la raison d'Etat. Sophonisbe, en les acceptant, en les revendiquant contre

Syphax et Massinisse, risque de dénaturer la féminité en séduction. L'un des signes de la politisation de l'univers cornélien est que les amoureuses deviennent des séductrices. Sophonisbe, captive de Massinisse, l'emportera mais Sophonisbe, captive de Rome, échouera : telle est l'ambiguïté politique de la séduction. Elle donne prise à tous les retournements en laissant croire que les situations et les personnages sont interchangeables. Tout ce qui grandit Sophonisbe face aux deux rois l'affaiblit devant Rome : la gloire de reine est un atout autant qu'un risque. Sophonisbe peut séduire des hommes, non l'Etat romain.

La reine de Numidie contribue pourtant à l'entreprise de restauration héroïque, dans une situation plus délicate que celle de *Sertorius*. Elle manifeste très vite sa supériorité : là où Massinisse joue sur le temps (v. 659-661), elle sait mesurer la grandeur du péril (v. 676). Elle est ainsi plus héroïque et plus politique que Massinisse dont l'impuissance et l'aveuglement sont à l'opposé des valeurs cornéliennes. Massinisse n'est ni un héros, puisqu'il tergiverse au lieu de vouloir, ni un politique puisqu'il méconnaît la stratégie de Rome. Ce ne sont plus les femmes, mais les hommes qui sont des révélateurs de faiblesse, comme le lui rappelle, non sans cruauté, Eryxe :

> Vous allez hautement montrer notre faiblesse,
> Dévoiler notre honte, et faire voir à tous
> Quels fantômes d'Etat on fait régner en nous.
>
> (*Sophonisbe*, III, 2, v. 902-904.)

L'accusation de « faiblesse » qu'Horace formulait contre Camille (v. 528) et Sabine (v. 1356) est reprise par une femme contre un homme : la faiblesse a changé de sexe depuis que les femmes s'engagent dans le service de l'Etat. Eryxe elle-même, qui est plus une amoureuse qu'une politique, n'accepte pas la dégradation de la monarchie dont Massinisse ne s'offusque guère. Eryxe et Sophonisbe sont d'autant plus attentives à leur grandeur de reines qu'elles ne règnent pas (v. 923-924). Viriate était une reine en exercice. Sophonisbe et Eryxe sont des reines en idée : leur politisation menace leur personne autant que leur couronne. Sophonisbe, pour satisfaire sa gloire, joue sur les mots; la rhétorique féminine et la rhétorique politique se soutiennent pour justifier le « change » :

> Ainsi mon changement n'a point de perfidie :
> J'étais et suis encore au roi de Numidie.
>
> (*Sophonisbe*, III, 6, v. 1057-1058.)

La gloire de Chimène, de Camille, de Pauline éclatait dans le refus du change. La gloire de Sophonisbe brille dans la revendication et la nécessité du change. La féminité politique se substitue à la féminité héroïque : la séduction amoureuse et l'instabilité politique sont désormais la règle, la déstabilisation des valeurs féminines est achevée. Camille mourait pour rejoindre Curiace, Pauline se convertissait pour retrouver Polyeucte, Sophonisbe accepte Syphax ou Massinisse, selon les circonstances, pour préserver sa gloire de reine. Parallèlement, le trouble des sens n'est plus réservé aux femmes mais aux hommes : les hommes découvrent la sensualité quand les femmes découvrent le pouvoir (v. 1433). Eryxe cependant a conservé sa foi (v. 1650) alors que Sophonisbe l'a compromise dans l'ambition politique, et elle entend préserver sa personne des compromissions politico-matrimoniales (v. 1820). Les deux héroïnes ont voulu, malgré l' « impuissance » de leur sexe (v. 1743), protéger la « grandeur royale ». Elles sont, chacune à sa manière, des héroïnes de la grandeur d'Etat : Eryxe sait fort bien que l'échec de Sophonisbe est aussi le sien, que l'échec d'une reine est plus grave que l'échec d'une rivale.

Dircé, Viriate et Aristie, Sophonisbe et Eryxe témoignent de la même volonté : restaurer dans le désordre de la nature ou les aléas de l'histoire une politique de la gloire fondée sur une nouvelle féminité, échapper à la tragédie politique en contrôlant un pouvoir que les hommes sont incapables d'assumer. Si les héros ne peuvent plus résister à la dérive tragique de la politique, les héroïnes se doivent de redresser la situation. Mais les femmes prennent ainsi un double risque : le risque naturel de la stérilité et le risque politique de la séduction. Leur sexe les condamne dans l'ordre de la nature et dans l'ordre de l'histoire au moment même où leur politique les conduit à se préférer aux hommes. Viriate et Sophonisbe mourront sans héritiers ou plutôt leur héritier sera Rome, un Etat gouverné par des hommes : leur stérilité politique est la limite de leur ambition. Elle l'est d'autant plus que la Rome de Sertorius, de Pompée, de Sylla, de Scipion, de Lélius devient la Rome d'*Othon*. Que peuvent espérer les femmes lorsque l'Etat tombe aux mains des affranchis, des médiocres, des faibles, des esclaves et qu'elles n'ont aucun espoir de monter elles-mêmes sur le trône ? Avec *Othon*, les futures épouses des empereurs remplacent les reines. Camille rappelle ainsi à Martian qu'elle détiendra indirectement le pouvoir politique. Elle évoque en ces termes son mari qu'elle ne connaît pas encore :

> Il sera votre maître, et je serai sa femme.
>
> (*Othon*, II, 5, v. 746.)

Jamais Viriate et Sophonisbe n'auraient prononcé un tel vers. Othon porte les espérances politiques de Camille et Plautine, mais ces espérances ne sont déjà plus des ambitions. La nièce de Galba et la fille de Vinius n'engagent ni leur gloire ni leur féminité dans le service de Rome même si la première obéit à son oncle et la seconde à son père. Camille met toutefois en œuvre une nouvelle stratégie politique, qui sera celle d'Eurydice et qui consiste à simuler l'incompétence, à feindre l'ignorance « en matière d'Etat » (v. 903) pour mieux influencer le pouvoir. La stratégie de l'influence succède à la stratégie de l'engagement : Camille succède à Sophonisbe. Dans la même perspective, le héros doit triompher dans l'ordre de l'amour et dans l'ordre politique. Il doit manifester :

> Les grâces d'un amant et les hauteurs d'un maître.
>
> (*Othon*, III, 3, v. 922.)

Othon ne sera pas un nouveau Syphax ou un nouveau Massinisse. En prenant moins de risques personnels que Sophonisbe, Camille tente d'obtenir un meilleur résultat. Mais le statut du héros, son pouvoir dans l'Etat continuent d'appartenir aux femmes : c'est Camille qui donne une leçon de politique à Galba et non l'inverse. Dans le même esprit, Plautine déclare à Othon :

> C'est donc à moi de vous faire Empereur.
>
> (*Othon*, IV, 1, v. 1215.)

La tragédie d'Othon n'est pas la tragédie du pouvoir, mais la tragédie de la candidature au pouvoir. Cette situation originale donne aux femmes un rôle nouveau : elles gèrent le temps et l'espace qui séparent le héros du pouvoir. *Othon* confirme aussi une des conclusions de *Sophonisbe* : Plautine, comme Eryxe, n'a aucune hâte de se marier. Eryxe avait mesuré les faiblesses de Massinisse. Plautine constate celles d'Othon. D'*Œdipe* à *Suréna*, une seule pièce se résout par la politique matrimoniale, mais il s'agit d'*Agésilas* qui n'est pas une vraie tragédie. Le mariage est rendu impossible, dans certains cas, par la disparition du héros, dans d'autres, par la stérilité. Le mariage n'est donc en fait ni une solution héroïque ni une solution politique : *Othon* en est la meilleure preuve. Les femmes découvrent que le « généreux mépris » (v. 1356) des mariages politiques est le seul moyen de sauver leur grandeur, leur gloire, leur dignité.

Les héroïnes semblent en effet se substituer aux héros. Ayant été moins engagées dans l'histoire, elles sont moins usées par elle. La Rome de Valentinian, dans *Attila*, est bien l'héritière de la Rome de Galba. L'usure politique a épargné les femmes :

> Le débris de l'Empire a de belles ruines :
> S'il n'a plus de héros, il a des héroïnes.
>
> (*Attila*, I, 2, v. 253-254.)

Corneille a rarement été aussi clair sur la féminisation de l'héroïsme. Lorsqu'un Etat s'effondre ou commence à s'effondrer, les héros s'effondrent avec lui, tandis que les héroïnes résistent mieux au déclin. Ce n'est pas un hasard si Pulchérie, dans la chronologie cornélienne comme dans la réalité historique, règne longtemps après Tite. Les souverains médiocres contribuent eux-mêmes à la disparition des héros : Valentinian fait assassiner Aétius, vainqueur des champs Catalauniques et sujet trop dangereux. Aétius préfigure Suréna et Valentinian, en supprimant son meilleur général, commet une faute politique comparable à celle d'Orode. Les héroïnes sont moins dangereuses pour le pouvoir et risquent moins d'être assassinées que les héros : la politique épargne les femmes lorsqu'elle condamne les hommes. Les héroïnes représentent pourtant un réel danger politique : Ildione est l'héritière de Rodélinde. La veuve de Pertharite acceptait d'épouser Grimoald pour mieux l'assassiner. Ildione revendique le même droit :

> Assez d'autres tyrans ont péri par leurs femmes :
> Cette gloire aisément touche les grandes âmes,
> Et de ce même coup qui brisera mes fers,
> Il est beau que ma main venge tout l'univers.
>
> (*Attila*, II, 6, v. 701-704.)

La sœur de Méroüée ne répugne pas au tyrannicide : le souci de sa gloire et de sa grandeur l'y invite. Comparées à Valamir et Ardaric, qui ne sont ni de vrais amants ni de vrais rois, Ildione et Honorie incarnent la vraie féminité et la vraie grandeur politique : elles sont les seules adversaires dignes d'Attila. Est-il certain que les deux princesses seront grandies par leur mariage ? N'étaient-elles pas plus grandes lorsqu'elles s'opposaient au roi des Huns ? La grandeur et la politique matrimoniale s'accordent mal. Ildione et Honorie cesseront d'être des personnages tragiques en épousant Ardaric et Valamir mais elles cesseront aussi d'être des héroïnes car elles n'épousent pas des héros. Tel est le danger qu'Eryxe et Plautine avaient voulu éviter en conservant leur liberté : ni le cœur ni la main ne doivent être sacrifiés à des compromis inutiles.

Tite et Bérénice prend acte de cette évidence : le mariage, fût-il héroïque, n'est plus une nécessité. Les abus de la politique matrimoniale ruinent le mariage en tant qu'institution. Le mariage est plus un dédoublement de la solution qu'une vraie solution. Bérénice, Pulchérie, Eurydice s'éloignent des règles de la politique matrimoniale. Ainsi Bérénice s'est-elle rappelée elle-même à Rome sans prévenir Tite (v. 628). Bérénice seule décide de revenir comme elle décidera seule de partir. Elle brave Rome deux fois : en revenant, bien qu'elle ait été jadis exilée par Tite; en partant, bien que le Sénat accepte son mariage avec l'Empereur. Dans les deux cas, l'héroïne marque son indépendance face au pouvoir politique. Domitie est au contraire soumise à la règle du jeu politique, donc à la passion et à l'ambition. Cependant Domitie et Bérénice reprochent l'une et l'autre à Tite son manque de courage. Domitie souligne son impuissance :

> Quoi ? vous ne pouvez pas ce que peut une femme ?
>
> (*Tite et Bérénice*, V, 2, v. 1508.)

Bérénice regrette :

> De voir tant de faiblesse en une si grande âme !
>
> (*Tite et Bérénice*, V, 4, v. 1644.)

avant de rappeler — c'est la leçon du *Cid* — que l'estime et l'amour sont inséparables. Que se passerait-il si l'héroïne cessait réellement d'estimer le héros ? Ce serait la situation de Pulchérie et Léon. Si, en effet, Tite retrouve d'un seul coup son identité et sa gloire, il retrouve également une grandeur égale à celle de Bérénice. Il échappe au péril de la faiblesse par la solitude et la stérilité.

Léon, n'étant pas souverain, mais sujet, succombe à la faiblesse dont Tite était en partie protégé par sa fonction politique. Il dépend entièrement de Pulchérie :

> Mais c'est à la Princesse à disposer de moi :
> Je ne puis que par elle, et n'ose rien sans elle.
>
> (*Pulchérie*, I, 4, v. 272-273.)

Léon est, en tous les sens du terme, une créature de Pulchérie, comme Cinna était une créature d'Auguste : il est un héros par procuration, ce qui n'est guère la définition cornélienne du héros. La princesse, devenue impératrice, ne change pas de sexe et continue de subir la loi de la nature :

> Sexe, ton sort en moi ne peut se démentir :
> Pour être souveraine, il faut m'assujettir,
> En montant sur le trône entrer dans l'esclavage,
> Et recevoir des lois de qui me rend hommage.
>
> (*Pulchérie*, V, 2, v. 1475-1478.)

Pulchérie se trouve confrontée au même paradoxe que Viriate et Sophonisbe : sa nature limite son pouvoir. Cléopâtre avait jadis surmonté ce paradoxe en recourant aux parricides : la monstruosité lui permettait de dominer l'histoire en chassant la nature. Mais la monstruosité n'était qu'un moment dans l'évolution de la tragédie. Le mariage blanc est la dernière hypothèse possible : il évite la tragédie en supprimant la dynastie. Une héroïne peut être reine mais elle ne peut pas transmettre la couronne à un fils : elle n'a donc pas sa place au sommet de l'Etat. Léon y aura sa place. Il y aura été conduit par son amante et son impératrice, par Justine et Pulchérie. Le trône sera donc occupé par un personnage faible, soumis à une double influence féminine, incapable sans doute de mener une politique héroïque. Léon succédera à Pulchérie, comme Domitian succédait à Tite : les derniers rois-héros ont vécu.

Eurydice saura tirer la conclusion d'une situation qui enlève peu à peu aux héroïnes le pouvoir d'Etat. Les échecs de Viriate, de Sophonisbe, de Pulchérie ne sont pas innocents. Les femmes incarnent toutes les réalités et exigences de la nature telles qu'elles s'expriment dans l'ordre politique. Est-ce un hasard si l'Etat fait échec aux ambitions politiques des femmes en utilisant contre elles leur nature ? La dernière phase de la tragédie politique chez Corneille correspond donc une fois encore à un affrontement entre la nature et l'histoire, d'où les héros sont exclus au profit des héroïnes. La politique ajoute l'inversion des sexes au renversement des valeurs. Cette prédominance des femmes est également une revanche de Camille. L'héroïne, loin d'être un obstacle au développement de l'Etat, est la seule qui songe à la grandeur de l'Etat et qui conçoive une politique de la gloire. Viriate, Sophonisbe, Pulchérie identifient leur gloire à celle de l'Etat : en cela, elles sont les héritières d'Horace et d'Auguste. Les femmes qui restent en deçà de l'Etat, Eryxe, Camille, Bérénice, n'en connaissent pas moins tous les mécanismes et savent les utiliser mieux que les hommes, même si elles préfèrent isoler leur gloire loin du pouvoir d'Etat. La grandeur est devenue, dans un univers de plus en plus politisé, une valeur plus féminine que masculine. La condition tragique des femmes reste que cette grandeur est l'otage de leur sexe. La grandeur d'une Viriate, d'une Bérénice, d'une Pulchérie est certes totale, mais elle est sans effet dans l'histoire puisque la stérilité est le seul moyen d'éviter le compromis. Rodogune et Laodice ne cessaient ni d'être des reines ni d'être des héroïnes en épousant le faible Antiochus et le grand Nicomède : elles gagnaient dans l'ordre de la nature et dans l'ordre de l'histoire. Cette double victoire est désormais impossible : la féminité cornélienne doit choisir entre l'impuissance du sexe et le pouvoir d'Etat ou, comme Eurydice, mourir parce que le choix est illusoire. La gloire ne s'accomplit plus que dans et par la mort.

Après *Œdipe*, le temps cornélien se dénature en espace politique. Cette transformation explique que la prédominance des héroïnes corresponde à un déclin des héros. Le héros n'a pas d'espace autre que celui de la scène; il n'a pas de temps providentiel ouvert devant lui. Nicomède était sauvé par le temps dynastique. Pertharite par l'élargissement de l'espace. Œdipe ne sera roi ni à Corinthe ni à Thèbes : ni le temps ni l'espace ne peuvent le mettre à l'abri de la fatalité. Symboliquement, la durée de l'action coïncide presque avec la durée de la représentation et l'étendue de la scène coïncide avec l'espace politique de la cour. Cette double coïncidence temporelle et spatiale existait déjà dans *Cinna* mais l'univers cornélien avait une dimension providentielle que la politisation n'a cessé de réduire. Auguste changeait les cœurs et changeait l'Etat. Œdipe, Sertorius, Othon, Tite ne changent rien et subissent tout. Lorsque le héros construisait l'Etat, il installait l'Etat dans la perspective d'un temps héroïque. Lorsque l'Etat se retourne contre le héros, il installe le héros dans les limites d'un espace politique.

La définition même de la tragédie semble parfois mise en cause. « Sa dignité demande quelque grand intérêt d'Etat ou quelque passion plus noble et plus mâle que l'amour, telles que sont l'ambition ou la vengeance, et veut donner à craindre des malheurs plus grands que la perte d'une maîtresse. » Ce texte célèbre du premier *Discours* semble fort éloigné de l'affirmation de Thésée :

> Je dirai seulement qu'auprès de ma princesse
> Aux seuls devoirs d'amant un héros s'intéresse,
> Et que de l'univers fût-il le seul appui,
> Aimant un tel objet, il ne doit rien qu'à lui.
>
> (*Œdipe*, I, 1, v. 93-96.)

L'« intérêt d'amour » (v. 135) l'emporte sur l'intérêt d'Etat chez le prince d'Athènes. Thésée a pour destin d'être un héros d'Etat, mais il refuse ce destin par amour pour Dircé. Le héros abandonne ses responsabilités dans l'Etat et laisse vacante une place qu'il aurait dû occuper. Cette place ne restera pas vide longtemps : l'Etat, comme la nature, a horreur du vide. En choisissant l'intérêt d'amour contre l'intérêt d'Etat, le héros est complice de l'extension du pouvoir d'Etat : il contribue sans le savoir à son propre affaiblissement. Thésée accepte de « rejoindre » (v. 764) Dircé dans la mort, comme Horace envoyait Camille « joindre » (v. 1320) son Curiace. Tulle réunissait Camille et Curiace dans « un même tombeau » après leur mort. Thésée souhaite s'unir à Dircé « dans le tombeau même ». Mais l'acte de Tulle était symboliquement un acte politique d'union entre Albe et Rome, tandis que le souhait de Thésée est un élément de rhétorique amoureuse. Si Thésée souhaite mourir avec Dircé, il souhaite également mourir pour ne pas être le rival politique d'Œdipe. S'il apparaît que Thésée a des droits légitimes au trône de Thèbes, il ne les affirmera pas et acceptera de disparaître. Qu'il s'agisse donc d'intérêt d'amour ou d'intérêt d'Etat, Thésée est un étrange héros, un mort en sursis. Qu'il meure amant ou frère de Dircé, il mourra. Mais Thésée doit être inceste et parricide pour « remplir » le nom de fils de Laïus, pour accomplir le destin annoncé par les Dieux. Imagine-t-on Rodrigue, Horace ou Nicomède devant « remplir » son nom ? Certes Thésée n'est pas Œdipe et la revendication du libre arbitre est aussi une révolte de la nature. Mais, en sacrifiant tout à l'amour de Dircé, le prince d'Athènes s'est affaibli à Thèbes. Né pour être un héros d'Etat, Thésée doit accepter le destin de sa nature pour mieux la dominer. Il doit comprendre qu'en renonçant à son intérêt d'Etat, il renonce aussi à son intérêt d'amour puisque l'Etat peut le contraindre à un mariage politique. Le libre arbitre n'a de sens que si le héros accepte sa condition de héros : la liberté, pour le héros, ne consiste pas à se libérer de certaines exigences de l'héroïsme. Le héros n'acquiert aucune liberté en préférant l'amour à l'Etat.

Sertorius commet donc la même erreur que Thésée lorsqu'il déclare à Viriate :

> Je ne veux que le nom de votre créature :
> Un si glorieux titre a de quoi me ravir.
>
> (*Sertorius*, II, 2, v. 550-551.)

Sertorius renonce à son nom et à sa gloire pour les transférer à Viriate : il abandonne donc sa propre essence par passion amoureuse. Il donnera ainsi prise à l'ambition et à la vengeance de Perpenna. En cédant à l'intérêt d'amour, le héros porte atteinte à sa fonction dans l'Etat : il accepte bientôt, il propose même d'être le lieutenant de Pompée avant de céder Viriate à son propre lieutenant. Rodrigue avait raison de tout sacrifier à la loi du sang et non à la loi de l'amour. Sertorius perdra tout — la vie, le pouvoir, Viriate — là où Rodrigue avait tout gagné. L'usure politique a divisé le héros pour en faire un être fragmenté. Pompée est aussi faible que Sertorius, faible devant Sylla, faible devant Aristie :

> Mais tant qu'il pourra tout, que pourrai-je, Madame ?
>
> (*Sertorius*, III, 2, v. 1085.)

Sertorius et Pompée, comparés à Perpenna et Sylla, sont sans nul doute des héros, mais, en renonçant à être des héros dans tous les ordres, ils risquent de ne plus être des héros. Sertorius est trop faible avec Perpenna. Pompée est trop soumis à Sylla. Sertorius est trop hésitant devant Viriate. Pompée est trop équivoque avec Aristie. Le héros qui cesse d'être un héros politique n'est plus un amant héroïque. Attila portera cette contradiction à ses conséquences extrêmes. Le dénouement de *Pertharite* était donc une illusion : le roi légitime retrouvait certes son trône, sa femme et son fils, mais il les retrouvait grâce à la vertu de Grimoald, non grâce à lui-même. Lorsque le héros sera seul, il n'aura plus la même chance. Telle est la condition tragique du héros d'*Œdipe* à *Suréna* : qu'il soit divisé ou non, il échoue. Œdipe, Sertorius, Othon, Attila, Tite, Suréna peuvent vivre ou mourir : ceux qui vivent survivent plus qu'ils ne vivent et leur descendance sera maudite ou inexistante, preuve que la nature n'a plus la force d'engendrer d'authentiques héros. Avant *Œdipe*, le héros cornélien dominait le péril tragique en gagnant sur tous les points : Rodrigue vengeait son père, sauvait son roi, épousait sa maîtresse. Désormais, le héros n'échappe plus à la tragédie car il ne remporte qu'une victoire partielle : Œdipe perd le trône de Thèbes, Sertorius sauve sa gloire en mourant, Othon accède à l'Empire par hasard, Attila meurt et affaiblit son Etat, Tite perd Bérénice, Suréna entraîne Eurydice dans la mort. La politisation des enjeux de la tragédie empêche le héros de triompher dans tous les ordres de l'héroïsme. Jadis le héros acceptait toutes les exigences de sa condition de héros d'Etat et conservait ainsi la maîtrise de l'Etat qui ne pouvait lui échapper. Désormais le héros renonce à certaines nécessités de sa condition politique et laisse ainsi au pouvoir d'Etat les moyens de s'étendre puis de le menacer. Jadis le héros accomplissait un rite sacrificiel d'identification à l'Etat pour ne pas être sacrifié par l'Etat. Désormais le héros renonce à s'identifier à l'Etat et prend le risque d'être désigné, par d'autres que par lui, comme victime d'Etat. Tel est le renversement de perspective majeur dont les dernières tragédies apportent la confirmation. Pompée est maître — parce que Sertorius est mort —, maître de lui — parce que Sylla vient d'abdiquer et que sa femme Emilie est morte. Pompée parvient à une illusion de maîtrise pour laquelle il n'a fait aucun effort. Pompée ne réussit donc pas là où Sertorius échouait : Pompée, comme plus tard Othon, est une apparence de maître.

Corneille poursuit l'investigation des formes du déclin héroïque avec Syphax et Massinisse, qui sont le jouet de Rome et de Sophonisbe. Un seul vers de Syphax mesure l'ampleur de la chute :

> Mais que sert un bon choix dans une âme inconstante ?
>
> (*Sophonisbe*, IV, 1, v. 1162.)

Lorsque l'ambition politique domine la scène et que l'intérêt d'Etat ne cesse de se déplacer, le héros n'a plus de référence. Jadis le héros était le pôle autour duquel toutes les valeurs s'organisaient. Désormais, le héros suit au lieu de créer, il cherche des exemples au lieu d'être lui-même un exemple. Syphax admet qu'il a cessé d'être maître de lui (v. 1187). Seule la maîtrise, de soi et du monde, empêchait l'univers cornélien de plonger dans le désordre et l'inconstance. Seuls l'ordre et la constance empêchaient le change tragique de corrompre les valeurs. Ni les valeurs politiques ni les valeurs amoureuses ne sont désormais à leur place. Seules Sophonisbe et Rome, qui refusent l'inconstance, restent des références. Seules Sophonisbe et Rome, qui s'affrontent mais se respectent, savent où se trouvent les véritables valeurs, celles de la grandeur d'Etat. L'inconstance de Syphax et Massinisse fait plus pour Rome que les armées de Scipion. La faiblesse des deux rois fait la force de Rome. Le déclin de l'héroïsme accroît le péril politique.

Le pouvoir et la constance ont en effet partie liée. Malheureusement, Massinisse est hors d'état de penser ces deux valeurs dans la durée. Il tente de préserver un « moment de pouvoir » (v. 661) avant de reprendre un « moment de constance » (v. 1514). Jadis l'irrésolution héroïque ou politique était un moment exceptionnel dans une continuité de constance. Désormais, la résolution héroïque ou politique est un moment inattendu dans un état d'inconstance. Jadis, il existait des instants tragiques. Désormais, il existe des instants héroïques. Jadis, la tragédie arrachait quelques fragments de temps à la durée héroïque. Désormais, l'héroïsme arrache quelques fragments de temps à la durée tragique. Jadis, l'héroïsme était la règle. Désormais, il est l'exception.

Othon prolonge cette évolution de Corneille : la tragédie du hasard succède à la tragédie du moment. Le hasard est maintenant nécessaire au salut du héros et de l'Etat. Massinisse accédait par moments à la grandeur royale. Othon accède par hasard à la grandeur impériale. Tel est le double péril qu'Attila tente en vain de conjurer. Il mesure les dangers du déséquilibre géopolitique et cherche à construire un monde constant dont les principes d'organisation soient appelés à durer. La beauté d'Ildione est une menace pour le projet héroïque et politique du roi des Huns mais ce projet est authentiquement cornélien. Attila redoute le « charme dominant » (v. 822) d'Ildione : il craint qu'Ildione ne le domine par son charme, ne parvienne à la maîtrise par la séduction. La condition tragique d'Attila est qu'il ne saurait être en même temps esclave d'Ildione, maître du monde et fléau de Dieu. Attila en est conscient mais tout son effort héroïque ne tend qu'à triompher dans tous les ordres et à refuser la moindre amputation. Othon était faux empereur et faux amant. Attila est véritable empereur et véritable amant. Sa mort est le signe de son double échec, même si sa gloire est intacte. Othon n'était ni un héros d'Etat ni un héros d'amour : il acceptait tous les compromis pour réussir. Attila est un héros d'Etat et un héros d'amour : il refuse tous les compromis pour triompher. Les dénouements d'*Othon* et d'*Attila* montrent assez que l'intransigeance est désormais le seul critère du véritable héroïsme : l'apparence héroïque réussit dans *Othon*, la vérité héroïque échoue dans *Attila*. Mais Othon a compromis les valeurs de l'héroïsme tandis qu'Attila les a couronnées.

Si l'évolution du théâtre de Corneille se caractérise par un renversement total des perspectives de la tragédie, si Tite est l'anti-Auguste, c'est que les rapports entre le héros et l'Etat sont eux aussi totalement inversés. Tite remplace Attila comme l'impuissance par défaut succède à l'impuissance par excès. La véritable question est une nouvelle fois celle du temps :

> Qui se vainc une fois sait bien ce qu'il en coûte :
> L'effort est assez grand pour en craindre un second.

(*Tite et Bérénice*, II, 2, v. 516-517.)

Cette impuissance devant la répétition de l'acte héroïque explique par avance la décision de stérilité : l'héroïsme n'est plus une « création continuée », le héros est une créature exténuée. Aussi la maîtrise se limite-t-elle à l'extériorité : Tite est aussi l'héritier d'Othon (v. 950). Tite, comme plus tard Pulchérie, est assujetti à l'Etat (v. 992) : Auguste créait un Etat à l'image de sa personne, Tite asservit sa personne à un Etat abstrait. L'Etat cesse d'être héroïque dès qu'il devient une abstraction. Tite n'est pas un maître, mais un esclave (v. 996). Si la dialectique du héros cornélien est une dialectique du maître et de l'esclave, elle est celle d'une transformation du maître en esclave par un Etat impersonnel et abstrait. Ce nouvel Etat ne trouve pas sa légitimité dans l'ordre naturel d'une dynastie : Rome peut continuer malgré la stérilité volontaire de Tite. La rupture des liens historiques entre l'Etat et la nature contribue à l'isolement du héros et au renforcement de l'Etat. *Cinna* était la tragédie de l'identification du héros à l'Etat. *Tite et Bérénice* sera la tragédie de la soumission du héros à l'Etat. Le héros a changé sans cesser d'être un héros : Auguste était un héros, Tite est un héros. L'Etat a changé sans cesser d'être un Etat : Sertorius avait tort, Rome est toujours Rome. L'usure du temps politique a fait commettre au héros l'erreur de préférer, ne fût-ce qu'un instant, d'autres valeurs à celles de l'Etat. La vengeance de l'Etat sera de préférer, pour plus d'un instant, ses propres valeurs à celles du héros. Dieu peut se désintéresser de sa créature, l'homme, sans prendre de risque. Le héros ne peut pas de désintéresser de sa créature, l'Etat, sans prendre de risque.

Désormais, les héros de Corneille subissent l'Etat. L'Etat lui-même, qui était perçu comme une expression des valeurs de l'héroïsme, acquiert une autonomie de fonctionnement, qui s'appelle la politique. Le mot « politique » est omniprésent depuis *Œdipe*. La tragédie héroïque est devenue une tragédie politique : l'Etat est la forme historique de la fatalité. L'Etat était la forme providentielle de l'action du héros dans l'histoire : la grandeur d'Auguste appelait la grandeur de Rome. L'Etat n'appartient plus à l'ordre héroïque, mais à l'ordre tragique, à l'ordre du destin. Le héros était à l'origine de l'Etat. L'Etat est à l'origine de la tragédie.

La tragédie politique, chez Corneille, n'est ni une évidence ni une révélation, mais une construction et une nécessité. L'univers du *Cid* n'est pas un univers tragique au sens où tragique est synonyme d'inéluctable. L'univers de *Suréna* est, au même sens du terme, un univers tragique. Corneille est un penseur de la tragédie avant d'être un metteur en scène de la réalité tragique. La tragédie, chez Corneille, est la fille du héros et de la politique. Corneille a pensé l'héroïsme, puis l'Etat, puis la tragédie politique qui est la tragédie du héros dans l'Etat. Après *Œdipe*, après l'ultime usurpation et l'ultime crise de la nature, Corneille organise sa dramaturgie autour de la réflexion sur les conditions du face-à-face entre le héros et l'Etat. Toutes les interrogations sur la légitimité disparaissent peu à peu : Orode est un souverain légitime, Suréna est un héros légitime. Les querelles sur la légitimité étaient donc une diversion nécessaire, mais une diversion : le temps n'est plus où Héraclius, don Sanche et Pertharite subissaient une politique illégitime qui leur donnait implicitement le droit de se révolter. *Suréna* ne sera pas le conflit entre une légitimité héroïque et une usurpation politique, mais entre deux légitimités qui ne peuvent coexister. La véritable tragédie politique est bien celle de la coexistence impossible du héros et de l'Etat.

Œdipe ne peut ni être un roi à Corinthe, puisqu'il n'est pas le fils du roi de Corinthe, ni être un roi à Thèbes, puisque, bien qu'il soit le fils du roi de Thèbes, il est régicide et parricide. Sertorius ne peut ni être général républicain en Espagne, puisque la République est à Rome, ni être un héros à Rome, puisque Rome n'est plus républicaine. Sophonisbe pourrait être reine de Numidie si elle n'était pas fille d'Asdrubal et pourrait rester carthaginoise si elle n'était pas reine de Numidie. Othon ne peut pas être un héros sans être candidat à la succession de Galba, mais il ne sera jamais empereur de Rome s'il reste un vrai héros. Attila, roi des Huns, peut aimer Ildione ou Honorie mais il ne peut pas aimer Ildione en choisissant Valentinian ou aimer Honorie en préférant Méroüée. Tite peut gouverner Rome et épouser Bérénice mais, parce qu'il le peut, il ne doit pas agir ainsi. Pulchérie peut gouverner Constantinople et épouser Léon mais, parce qu'elle le peut, elle ne doit pas le faire. Suréna peut épouser Mandane en aimant Eurydice,

Eurydice, peut épouser Pacorus en aimant Suréna, mais ils se doivent l'un et l'autre de ne sacrifier ni la main ni le cœur, puisque l'Etat veut les éliminer de toute façon.

Jadis l'origine de la tension tragique correspondait à une exigence propre du héros. Rodrigue cessait d'être un héros en n'affrontant pas le Comte. Horace cessait d'être un héros en acceptant la malédiction de Camille. Auguste cessait d'être un héros en abdiquant ou en faisant exécuter les comploteurs. Polyeucte cessait d'être un héros en étant « tout ensemble idolâtre et chrétien ». Nicomède cessait d'être un héros en pactisant avec Rome. Grimoald cessait d'être un héros en assassinant Pertharite ou son fils. En assumant les exigences de la nature héroïque, les cornéliens remportaient aussi un triomphe politique, fût-il plus surnaturel qu'historique. Après *Œdipe*, le héros sacrifie les valeurs de l'héroïsme soit à la raison d'Etat soit à la raison d'intérêt : la politique est en même temps une coupable et un alibi. Si Œdipe, Sertorius et Sophonisbe sont des victimes de l'Etat, Othon est une victime consentante de la politique de l'amour-propre. Œdipe est régicide et parricide sans le savoir. Sertorius pense défendre l'intérêt de Rome. Sophonisbe combat sans nul doute pour sauver une politique de la grandeur. Corneille met en scène leur échec, mais il ne les condamne pas en tant que héros. Œdipe est victime d'une malédiction divine, et les véritables criminels sont ses parents qui auraient dû obéir à l'oracle. Sertorius est victime de la guerre civile mais Sylla, en substituant la dictature à la République, lui donne des raisons de défendre la tradition politique de Rome. Sophonisbe est victime de la vieille haine entre Rome et Carthage mais, là où Cléopâtre était soumise à la passion du trône, elle défend une conception héroïque de la grandeur royale. Œdipe est condamné dans l'ordre de la nature. Sertorius et Sophonisbe sont condamnés par l'histoire de Rome qui exclut le régime républicain à l'intérieur et l'alliance carthaginoise à l'extérieur. Œdipe, Sertorius et Sophonisbe se sont sacrifiés à des valeurs et à des idées : ils n'ont porté atteinte ni à l'héroïsme ni à l'Etat.

Il n'en est pas de même pour Othon. Le sénateur romain est certes plus conforme aux exigences de la politique héroïque qu'un Lacus, un Martian, un Vinius, voire un Galba, mais la défense de la grandeur de Rome et celle de ses propres intérêts coïncident étrangement. La politique de l'amour-propre se substitue à la politique de la gloire : Othon accepte tout et le contraire de tout, la fidélité et l'inconstance, la loyauté et la traîtrise, pourvu que ses reniements ne soient pas des renoncements au pouvoir. La cour de Ptolomée était moins corrompue que la cour de Galba : les machiavéliens ont fait place aux politiciens. *Othon* est la première tragédie de la technique politique. Photin avait une ambition d'Etat. Othon a une carrière politique. Photin meurt au service de son roi. Othon survit au service d'Othon. La raison d'Etat est devenue la tautologie contemplative de l'amour-propre. En ce sens *Othon* n'est pas une espérance, mais une catastrophe : Sertorius mort est plus utile à Rome qu'Othon vivant. Sertorius servait Rome, Othon se sert de Rome. Faut-il en déduire que le héros, fatigué de servir l'Etat sans être jamais récompensé de ses peines, décide maintenant de sauvegarder ses propres intérêts ? L'ingratitude de l'Etat est-elle la seule cause du triomphe de la raison d'intérêt ? La Rome de *Sertorius* et *Sophonisbe*, de Pompée et Scipion, n'est certes pas la Rome d'*Othon*. L'histoire a transformé l'Etat en enlevant le pouvoir aux héros et aux nobles pour le confier aux affranchis. Othon est victime de la dégénérescence de Rome, mais il y contribue. Il est contraint d'y contribuer s'il entend survivre. Othon appartient à la race des héros, mais Rome ne reconnaît plus cette race. Le choix d'Othon est simple : disparaître en silence ou accepter le compromis politique. Dans les deux cas, Othon est un héros tragique : ou bien il accepte son destin sans bruit ou bien il tente de résister à la fatalité du déclin. Avec *Othon*, Corneille découvre que la décadence de l'Etat crée une dimension tragique. Dans *Horace* et *Cinna*, la grandeur naissante de l'Etat réduisait la tension tragique dans la perspective d'une histoire providentielle. Il était certain qu'Auguste serait un grand empereur et que Rome serait un exemple d'Etat construit selon les principes de l'héroïsme. Il est probable qu'Othon sera un meilleur empereur que Galba ou Pison mais il n'est pas évident que l'Empire soit à l'image de l'empereur. *Cinna* était la tragédie de l'Etat-héros. *Othon* est la tragédie du héros dans l'Etat. Cette dégradation de la politique correspond à une aggravation du péril tragique : l'effacement de la raison d'Etat devant la raison d'intérêt est un symptôme décisif. Si le héros commence à se préférer à l'Etat, cela signifie peut-être que l'Etat n'a plus guère de raisons d'être préféré au héros.

Attila, Tite et Pulchérie développent donc une politique de la gloire qui tente de dominer la tragédie en identifiant une dernière fois les valeurs du héros aux valeurs de l'Etat. Ils sont les trois derniers souverains héroïques du théâtre de Corneille et portent déjà implicitement condamnation d'Orode. Suréna leur ressemble, mais il n'a pas la chance d'être né prince. Etant au sommet de l'Etat, ils devraient pouvoir organiser cet Etat selon un modèle héroïque. Mais le roi des Huns est un tyran légitime qui risque de compromettre ses ambitions de gloire dans une dictature politique. Mais l'empereur de Rome est un monarque irrésolu encore plus soumis à Bérénice qu'Attila ne l'était à Ildione. Mais l'impératrice d'Orient, prolongeant l'épreuve de Tite, confirme que la gloire triomphe dans le refus de la nature. Sertorius et Sophonisbe échouaient contre l'Etat. Attila, Tite et Pulchérie échouent avec l'Etat. Le général républicain et la reine de Numidie ne parvenaient pas à imposer les valeurs de l'héroïsme. Othon s'imposait plus qu'il n'imposait l'héroïsme. L'espoir existait donc que le héros, devenu prince légitime, triomphât de l'Etat et dans l'Etat. Mais cela impliquait que l'Etat fût resté docile aux volontés et aux inspirations du héros. Or Attila se trouve confronté à une situation historique dont l'évolution n'est pas évidente : Ildione et Honorie compliquent une délibération incertaine. La meilleure preuve de cette incertitude sera la disparition providentielle du roi des Huns à qui Valamir et Ardaric ne sauraient en aucun cas se substituer : la mort d'Attila annonce le repli des Huns vers leurs terres ancestrales. Tite n'a aucune influence réelle sur la politique de Rome qui devient un Etat abstrait, un mécanisme institutionnel. Corneille ne souligne pas sans raison le rôle du Sénat. Imagine-t-on Auguste consultant le Sénat pour déterminer sa politique envers Cinna ? Les faiblesses du système impérial renvoient, comme dans *Pulchérie*, à la faiblesse du souverain. Rome et Constantinople sont devenues des machines administratives capables de contraindre, mais incapables de créer. Jamais le Sénat n'aurait osé conseiller la clémence à Auguste, même dans un esprit de réconciliation nationale. Jamais il n'oserait suggérer la solitude à Tite et le mariage blanc à Pulchérie. Ces deux solutions sont pourtant conformes aux exigences de l'héroïsme et aux nécessités de la politique. Si Tite acceptait la décision du Sénat, il perdrait sa liberté de héros et compromettrait son indépendance d'empereur : il ne peut pas épouser Bérénice. Pulchérie sait qu'elle pourrait imposer Léon au Sénat, mais elle sait aussi que ce choix diminuerait son autorité. Le fléau de Dieu, l'empereur de Rome et l'impératrice d'Orient sont des souverains tout-puissants mais ils doivent préférer leur identité héroïque à cette puissance même : leur gloire reste le principe et la fin de leurs actions.

Cette intransigeance dans l'ordre de la gloire annonce *Suréna* mais le général des Parthes paiera de sa vie, parce qu'il est un sujet, ce que Tite et Pulchérie payaient indirectement, en sacrifiant la loi du sang. Le héros cesse d'être un héros s'il accepte le moindre compromis avec l'Etat. L'Etat cesse d'être un Etat s'il engage la moindre transaction avec le héros. L'Etat donne d'ailleurs raison au héros en ne respectant pas les engagements qu'il a pris envers lui. Jadis Rodrigue devait le nom et la place du Cid au temps, à sa vaillance, à son roi. Suréna doit à son nom, à sa vaillance et à son roi d'être assassiné. La grandeur du héros et la grandeur de l'Etat ne peuvent plus exister ensemble, en même temps et en même lieu dans la même histoire. Le temps héroïque du *Cid* est devenu l'espace politique de *Suréna.* La politique, c'est-à-dire la durée du pouvoir dans l'histoire, est d'abord une force de modification : la passion politique, la *libido dominandi* a modifié toutes les valeurs, les unes après les autres, avant de modifier le cadre même dans lequel ces valeurs s'inscrivaient. *Suréna* est, en ce sens, la première tragédie totale de Corneille donc, logiquement, la dernière. Avant *Suréna*, le dénouement, si grave ou meurtrier fût-il, laissait deviner ou espérer une possibilité de restauration héroïque. Le sacrifice d'Œdipe mettait fin à une usurpation tyrannique. La présence de Pompée donnait un espoir à Rome. La victoire de Scipion et Lélius était celle de vrais héros. Othon portait sur son nom les aspirations de l'héroïsme politique. La disparition d'Attila ouvrait la voie à un nouvel ordre international. Tite et Pulchérie étaient des souverains conformes à l'héroïsme. Dans tous ces cas, le héros avait sa place ou du moins une place après le dénouement de la tragédie. Souvent même le nouveau détenteur du pouvoir politique était supérieur à ses prédécesseurs. Dans *Suréna*, il n'en est pas ainsi. Pacorus sera nécessairement pire qu'Orode puisqu'il est déjà, avant même de régner, plus tyrannique que son père. La situation politique ne peut donc que s'aggraver : si Tite et Pulchérie laissaient un sursis, Orode et Pacorus n'en laisseront aucun. Le héros n'a donc plus à sa disposition que l'espace et le jeu sur l'espace : c'est la signification de la condamnation à l'exil. Mais le pouvoir ne lui laisse plus la libre disposition de cet espace. L'espace est une catégorie de l'ordre politique, non de l'ordre héroïque. La mort du héros permet à l'Etat d'occuper la totalité de l'espace politique. La présence simultanée d'Orode et Pacorus dans le même espace démontre la vanité du temps dynastique : la nature royale ne se prolonge pas dans le temps — comme pour Pacorus et Nicomède —, elle se dédouble dans l'espace.

Le nouvel Etat est donc né : la naissance de cet Etat coïncide avec la mort du héros. Jadis la double genèse de Rome avait coïncidé avec deux assassinats, ceux de Rémus et de Camille. Mais ces deux meurtres avaient été commis par deux héros au nom de l'Etat. Désormais, c'est l'Etat lui-même qui organise anonymement l'assassinat du héros. Horace et Camille ne pouvaient pas coexister dans Rome parce que l'ordre d'Horace et l'ordre de Rome étaient le même : deux conceptions antinomiques du héros ne pouvaient pas avoir en même temps droit de cité dans la même cité. La situation est toute différente dans *Suréna* : la question n'est plus celle de la coexistence de deux héros dans l'Etat, mais celle de la coexistence du héros et de l'Etat. Horace vivait pour servir l'Etat. Suréna meurt pour que l'Etat naisse. L'Etat est la forme ultime et inéluctable de la passion politique, de la *libido dominandi*.

Conclusion

« Corneille a beaucoup écrit sur son mérite et pourtant n'a jamais risqué une définition globale de la tragédie. Sans doute voulait-il ne pas se lier les mains. Il y a dans sa dramaturgie, tout au fond, l'idée que la tragédie est une création perpétuelle, qui se prouve, et qui s'éprouve en s'écrivant et en se jouant »[1]. Par cette remarque et le recours à l'idée de « création perpétuelle », Georges Couton ne semble guère éloigné des analyses de Jean Starobinski qui définissait l'héroïsme comme une « création continuée »[2]. De même que la tragédie n'est pas une réalité figée, de même l'héroïsme n'est pas une conquête immuable. Du *Cid* à *Suréna*, de 1636 à 1674, Pierre Corneille a évolué d'une manière telle que la critique doit en tenir compte avant de formuler ses conclusions. Il n'est plus possible de se reconnaître dans le long réquisitoire de Louis Herland : « Le Corneille des années 58 à 70 environ n'est plus tout à fait Corneille : il a encore des parties admirables, mais un certain sens de la grandeur s'est perdu, une sorte de pureté et de générosité du talent, qui constituait le climat cornélien authentique. Déjà les tragédies de la quarantaine marquaient un recul certain par rapport à celles de la trentaine; maintenant, non seulement il n'est plus capable de refaire des tragédies d'une noblesse comparable à celle du *Cid*, d'*Horace*, de *Cinna* ou de *Polyeucte* : il n'est même plus capable de comprendre ce qui en faisait la grandeur, comme le

1. Georges Couton, *Corneille et la tragédie politique*, Paris, PUF, 1984, p. 43-44.
2. Jean Starobinski, *op. cit.*, p. 59.

montre l'affligeante lecture des Examens et des *Discours* de 1660. C'est le pire moment de sa carrière : à la remorque de Thomas, il ne voit que par l'abbé de Pure, leur correspondant parisien, il se laisse tourner la tête par les belles dames de Rouen ou de Paris, il met son génie et ses hommages au pied de jolies actrices, il vend sa plume au richissime surintendant Fouquet, sans trop s'inquiéter d'où vient l'argent, et confectionne en hâte pour lui cette affreuse tragédie de commande, *Œdipe*, où il essaie d'attraper le bel air de Paris »[3]. L'affirmation péremptoire ne suffit pas à condamner une partie de l'œuvre cornélienne ni à mesurer ses « faiblesses ». Mieux vaut s'interroger sur l'unité du théâtre et sa cohérence intellectuelle.

Si la tragédie est donc bien une « création perpétuelle », si l'héroïsme est une « création continuée », cela implique que la critique soit une création en mouvement. Dans cette perspective, il est sans doute imprudent de proposer des interprétations qui enlèvent sa mobilité à la totalité tragique. Ainsi certains jugements négatifs sont-ils pour le moins hasardeux. Jean Schlumberger élimine trop vite l'idée de destin : « La lourde présence du destin est justement ce qui fait défaut dans la plupart des ouvrages de Corneille. Jamais n'y apparaît cette écrasante force cosmique qui broie les humains, leur arrache des cris d'impuissance, les humilie et les rend fous. Même dans les pièces qui sont à proprement parler des tragédies, l'obstacle qui contrarie les désirs des hommes n'est jamais l'aveugle nature, ni une force démoniaque, mais toujours une puissance vénérable : honneur, patrie et Dieu... Cela devient une sorte de tournoi où l'homme risque sa vie pour des raisons de magnificence. Et parfois la pièce n'est plus en réalité qu'une comédie dramatiquement mouvementée »[4]. « L'aveugle nature » et la « force démoniaque » seraient donc absentes de *Rodogune* et d'*Héraclius* ! Le premier hémistiche de *La Mort de Pompée* : « Le destin se déclare » serait donc un effet du hasard ! Quant aux héros eux-mêmes, loin de risquer leur vie par magnificence, ils la perdent par amour de la gloire[5].

La terreur et la pitié existent chez Corneille. L'horreur et la

3. Louis Herland, *Corneille par lui-même*, *op. cit.*, p. 51.
4. Jean Schlumberger, *op. cit.*, p. 11-12.
5. Il est essentiel, à notre avis, d'insister sur l'authenticité tragique de Corneille qui reste trop souvent minimisée.

monstruosité également. Les combats du héros ne sauraient être réduits à une rhétorique d'aristocrate. Les notions contiguës et essentielles qui constituent la tragédie comme telle depuis Aristote sont toutes présentes chez Corneille. Le poète a certes joué également sur l'admiration, sur le sublime, sur l'ironie... mais il n'a pas abandonné l'essence tragique. C'est pourquoi l'analyse de Lucien Goldmann opposant le « drame » à la « tragédie » ne nous paraît guère convaincante[6]. S'il existe en effet une solution à la crise dans *Le Cid*, *Horace* et *Polyeucte*, pour reprendre les trois exemples de Lucien Goldmann, il n'y a pas de solution dans *La Mort de Pompée*, dans *Théodore*, dans *Sophonisbe*, dans *Suréna*, au sens où la solution implique le maintien intégral des données : la mort du héros signifie la disparition des valeurs qu'il représente, la « solution » est en fait l'élimination d'une composante majeure de la pièce. Quant aux solutions providentielles de *Rodogune* et d'*Héraclius* voire d'*Attila* et aux solutions matrimoniales comparables à celle d'*Othon*, elles restent des dénouements provisoires. Corneille résout, cas par cas, les équations qu'il a lui-même posées, mais chaque solution particulière le conduit vers l'absence de solution générale, vers *Suréna*. De même, Serge Doubrovsky limite les enjeux de la tragédie lorsqu'il les réduit à une interprétation extérieure et postérieure à Corneille : « Le théâtre de Corneille se présente donc comme la vérification sans cesse répétée d'un même théorème : la reconnaissance agonistique de la Maîtrise est, par nature, destructrice de l'ordre qu'elle prétend instaurer. La synthèse "horizontale" des héros entre eux et "verticale" du héros et du roi, indiquée à la fin d'*Horace*, n'est réalisée *in extremis* que dans *Cinna*, que pour se briser définitivement avec *La Mort de Pompée*. Le reste du théâtre cornélien est un immense effort qui vise à résoudre l'angoissante contradiction de l'éthique et de la politique aristocratiques, le conflit entre la source essentielle de la puissance et la forme du pouvoir »[7]. Mais il n'est pas certain que la tragédie puisse relever d'une interprétation dialectique. La dialectique suppose en effet que la négation porte la solution. La tragédie exige que l'affirmation porte l'absence de solution.

Deux questions restent liées : celle du caractère authentique-

6. Lucien Goldmann, *Jean Racine, dramaturge*, Paris, L'Arche, 1956, p. 11-13.
7. Serge Doubrovsky, *op. cit.*, p. 476.

ment tragique du théâtre de Pierre Corneille, celle de la nécessité d'une analyse exhaustive de ce théâtre. Il nous semble que la reconnaissance de la réalité tragique et l'attention à toutes les tragédies sont inséparables. Encore faut-il discerner le caractère propre du tragique cornélien. Georges Couton écrit que Corneille « refuse une vision tragique du monde »[8]. Nous écririons plus volontiers que Corneille parvient à une vision tragique du monde. La tragédie est une possibilité momentanée dans *Le Cid*. Elle est une fatalité historique dans *Suréna*. L'une des plus grandes originalités du poète reste en effet d'avoir pensé et mis en scène les mécanismes de la naissance et du développement de la tragédie. Chaque pièce est l'étude d'une situation exemplaire qui fait progresser la réflexion. L'étude des textes théoriques de Corneille puis l'analyse du contenu des pièces semblent confirmer l'hypothèse selon laquelle la tragédie est d'essence politique. En ce sens, la réflexion de Robert Brasillach ne peut pas être retenue : « Corneille n'a jamais conçu de pièce politique pure, il a toujours tout ramené aux mythes amoureux à la mode sous Louis XIII, et sa dernière tentation, plus encore que la tentation de la tendresse, fut bien la tentation de la carte du Tendre »[9]. Que seraient donc *Cinna*, *La Mort de Pompée*, *Nicomède*, *Sertorius*, *Othon*, sinon des pièces politiques pures, c'est-à-dire des pièces conformes à la définition élaborée par Corneille lui-même de la « dignité » du genre tragique ? La politique ne suffit peut-être pas à tout expliquer chez Corneille, mais il est impossible de prétendre tout expliquer en excluant la politique comme le fait à tort Robert Brasillach.

La problématique que Jacques Truchet a mise en œuvre pour l'ensemble de la tragédie classique reste, à notre avis, le meilleur guide : « Ayant entrepris d'examiner le phénomène *tragédie* comme tel, ce qui nous importe, c'est de savoir si la tragédie est politique par nature, et si l'on peut entrevoir une politique de la tragédie. Aucun doute : ces questions admettent une réponse positive »[10]. Avant d'approfondir cette question, il est indispensable de confirmer les orientations politiques de Corneille telles qu'elles apparaissent du *Cid* à *Suréna*. Les analyses détaillées de Georges

8. Georges Couton, *Corneille*, *op. cit.*, p. 97.
9. Robert Brasillach, *op. cit.*, p. 319.
10. Jacques Truchet, *op. cit.*, p. 89.

Couton[11] et André Stegmann[12], auxquelles nous nous sommes souvent référé dans l'étude des pièces, sont claires : Pierre Corneille est un monarchiste convaincu. Cet attachement du poète à la royauté explique d'ailleurs la cohérence politique des tragédies l'une par rapport à l'autre : « Corneille, clinicien politique, diagnostiquait les maux dont souffrent et meurent les empires en songeant à son propre pays, qui voulait se sentir gouverné par son roi. Il exprimait les satisfactions, les vœux, les craintes aussi d'un homme qui souhaitait trouver dans la monarchie absolue à la fois un régime et un gouvernement. Ces dernières pièces condensent l'expérience d'une vie en une manière de testament politique. De là leur unité profonde »[13]. Georges Couton n'emploie pas sans raison les deux mots « régime » et « gouvernement ». La notion de « régime » est abstraite : elle évoque la nature et les principes de l'Etat. La notion de « gouvernement » est concrète : elle évoque la forme et le fonctionnement du pouvoir. En d'autres termes, la monarchie est un « régime », alors que le ministériat est un « gouvernement ». Seule la théâtralisation pouvait mettre en scène des systèmes dont les traités politiques décrivaient les mécanismes plus que le fonctionnement lui-même. Seul le théâtre pouvait mettre un régime à l'épreuve du gouvernement.

Dans cette perspective, l'objectif constant de Corneille est de condamner l'abus de pouvoir, c'est-à-dire la confusion des ordres. La valeur qui assure l'équilibre entre le régime et le gouvernement est celle de la générosité. « Les vertus qui constituent la générosité varient selon les situations et les cas : d'une part, loyauté dans l'obéissance, dépouillement de l'envie, mais aussi, chez le plus fort, dépouillement de la tyrannie et sincérité dans la protection ; d'autre part, assurance et autorité dans le commandement, mais aussi, chez le plus faible, refus de se plier au commandement injuste. Corneille a une prédilection, dans cette double série de vertus, pour les deux termes les plus favorables au vassal ; il a choisi, comme par hasard, entre toutes les attitudes généreuses, celle de la résistance héroïque à l'oppression, et de la résistance, non moins héroïque, à la tentation d'opprimer. Stoïque ou clément, tel est

11. Georges Couton, *La vieillesse de Corneille*, *op. cit.*, sixième partie, troisième chapitre.
12. André Stegmann, *op. cit.*, t. II, deuxième partie, chap. II.
13. Georges Couton, *Corneille*, *op. cit.*, p. 185.

partout, nous l'avons vu, le héros cornélien. Stoïque comme Cinna, comme Nicomède, comme Suréna, comme tant d'autres ; clément comme Auguste, comme César, comme Agésilas, comme Nicomède lui-même après sa victoire. Du champ varié de la grandeur d'âme, Corneille a surtout retenu ce qui pouvait condamner l'abus de pouvoir »[14]. Nous souscrivons volontiers à cette analyse de Paul Bénichou qui définit bien la politique héroïque, la politique telle qu'elle doit être si elle est conforme à la générosité. Le suzerain et le vassal, le roi et le héros restent à leur place dans un ordre qui reflète les hiérarchies naturelles. La politique chère à Corneille est sans nul doute celle d'une monarchie absolue qui reconnaît la grandeur du héros.

Cependant, la réflexion de Jacques Truchet ne conduisait pas à limiter l'interrogation du critique aux convictions politiques du poète tragique. Il convient même de prolonger la voie ouverte par les deux questions qu'il a posées. Il existe en effet nécessairement une tragédie politique. Il existe non moins nécessairement « une politique de la tragédie »[15]. Cela n'interdit pas d'affirmer que la tragédie est nécessairement politique parce que la politique est fatalement tragique. La nécessité est un concept logique. La fatalité est un concept tragique. Si la politique n'était pas tragique, la tragédie ne serait pas politique. Mais la politique est tragique. Donc la tragédie est politique. Pourquoi la politique est-elle, chez Corneille, fatalement tragique ? Parce qu'elle est une passion, une *libido dominandi*, qui dénature la nature, qui détruit l'ordre providentiel. Cette passion crée l'Etat, forme historique de la domination. « L'Etat est un organisme spontané, naturel, produit des besoins inhérents à la nature de l'homme, issu de lois naturelles régissant le développement des sociétés, qui sont des faits nécessaires, indépendants de la volonté humaine. L'Etat se constitue spontanément, sans que les hommes y songent. Lorsque les hommes commencent à prendre conscience de l'Etat, il existait depuis longtemps »[16]. L'Etat est une nécessité d'origine naturelle.

14. Paul Bénichou, *Morales du Grand Siècle*, *op. cit.*, p. 87-88.
15. Au sens de Jacques Truchet.
16. Roland Mousnier, *Les institutions de la Fronde sous la monarchie absolue*, *op. cit.*, t. I, p. 500. L'analyse de l'Etat (p. 499-526) faite par Roland Mousnier inspire ici notre propre réflexion et prolonge nos hypothèses précédentes.

L'Etat ne pouvait pas ne pas exister : il est une fatalité. Il est significatif que Roland Mousnier emploie l'imparfait pour évoquer l'existence de l'Etat qui est antérieure à toute prise de conscience par les hommes de son existence.

Cet Etat n'est pas aristocratique mais héroïque. A son origine, ce n'est pas l'Etat de don Gomès, c'est l'Etat de Rodrigue. Le Comte en effet déclare à tort :

> Tout l'Etat périra, s'il faut que je périsse.
>
> (*Le Cid*, II, I, v. 378.)

L'Etat qui meurt avec le Comte n'est pas réellement l'Etat, mais une vision aristocratique de l'Etat. L'Etat qui se construit avec Rodrigue est un autre Etat, un nouvel Etat issu de l'héroïsme. Ce nouvel Etat se constitue spontanément grâce à « une troupe d'amis » (v. 1245) qui sollicite d'être commandée par Rodrigue pour combattre les Mores (v. 1246). Le maître formel de l'Etat est don Fernand. Le créateur réel de l'Etat est Rodrigue. *Horace*, *Cinna*, *Polyeucte* confirment que l'Etat est une émanation de l'héroïsme. Le héros ne peut pas ne pas créer l'Etat, sauf à cesser d'être un héros. Mais l'Etat n'est pas une créature docile : « L'Etat exprime la durée de la communauté. Il est immuable, permanent, perpétuel, identique à lui-même, indépendant de ses membres passagers... L'essence de l'Etat c'est la domination, le "pouvoir de commander d'une façon absolue et avec une puissance de coercition irrésistible en droit"[17]. L'Etat existe donc indépendamment de son créateur, le héros. C'est le second moment de l'Etat, le moment de la raison d'Etat. L'expression de "raison d'Etat" est le terme le plus célèbre du vocabulaire étatiste. Désignant les considérations d'intérêt général devant lesquelles doivent céder les intérêts particuliers, cette notion laisse vite voir le caractère tyrannique et dangereux des prétentions du Léviathan »[18]. L'Etat s'organise et construit un vocabulaire propre : raison d'Etat, intérêt d'Etat, maximes d'Etat, crimes d'Etat. Ce système de mots et d'idées s'oppose peu à peu au système de mots et d'idées propres à l'héroïsme : générosité, vertu, gloire, sang, mérite. Octave Nadal a remarquablement mis en lumière cette évolution de la

17. Roland Mousnier, *ibid.*, p. 500.
18. Etienne Thuau, *op. cit.*, p. 398.

tragédie politique chez Corneille : « La conception monarchique (l'Etat c'est le Roi) conduit Corneille à abandonner peu à peu l'univers de l'héroïsme, celui de ses premières tragédies, du *Cid* à *Polyeucte*; nous l'avons dit, le Héros fait place au Souverain et au Politique. Ce qui importe désormais, ce sont les signes de la puissance et du règne, non ceux de l'être ou de la volonté d'être qui caractérisaient le héros. Or, dans le monde de la tragédie dynastique, la gloire attachée à la naissance et au rang se confond avec la raison d'Etat. A ce niveau elle n'est plus poursuivie avec cette ferveur qui brûlait Rodrigue ou Horace, par exemple. En outre, comme il n'est plus question du salut ou de la création de l'Etat, tâche qui incombait au héros, mais de la maintenance et de la continuité du règne, nous n'assistons plus qu'aux conflits et aux complots des intérêts royaux et de la politique parmi lesquels le héros ne pourrait retrouver son noble exercice »[19]. C'est l'évolution de l'Etat qui explique la disparition du héros. Mais cette évolution n'est pas liée aux options monarchiques de Corneille : elle appartient à la logique propre de l'Etat.

Pourquoi l'Etat échappe-t-il fatalement au héros ? Pourquoi l'Etat héroïque n'est-il qu'un moment ? Pourquoi la raison d'Etat elle-même n'est-elle en fin de compte que « raison d'intérêt » ? Parce que l'Etat n'est pas seulement une forme juridique : l'Etat est la forme d'une passion maléfique. « Sous les traits de Machiavel, Satan se métamorphose. Le mal devient l'œuvre de l'homme, d'un homme nouveau qui, au sein de cette vie terrestre, met tout son art à tromper son semblable, à faire de lui sa propre créature, à jouir de son malheur à seule fin d'exercer un pouvoir. Le mal devient l'œuvre d'une science humaine, qui dissout les règles établies et met sens dessus dessous l'ordre social »[20]. L'Etat est une force de subversion tournée contre les valeurs dominantes de l'héroïsme avant d'être une force d'oppression de ces mêmes valeurs lorsque le rapport de forces a changé. Si les créatures de Dieu ne sont pas des créatures divines, pourquoi l'Etat, créature du héros, serait-il une créature héroïque ? Corneille est ici plus profond, à notre avis, que Machiavel et les étatistes. « La raison d'Etat désigne la politique de l'Etat nouveau, qui s'appuie sur

19. Octave Nadal, *op. cit.*, p. 314.
20. Claude Lefort, *Le travail de l'œuvre. Machiavel*, Paris, Gallimard, 1972, p. 88.

la raison naturelle et est largement affranchie du contrôle de la religion »[21], note à juste titre Etienne Thuau. Les étatistes veulent libérer la gestion de l'Etat du contrôle de l'Eglise. La conclusion à laquelle parvient Corneille nous semble plus radicale. La passion du trône qui animait Cléopâtre dans *Rodogune* était une passion héroïque invitant à l'admiration — de l'aveu même du poète — mais elle ne triomphait que par la négation de la nature : elle affirmait la gloire et la grandeur hors de l'ordre naturel. La passion du pouvoir chez Orode n'est plus une passion héroïque et elle ne triomphe que dans la négation de tout ce qui n'est pas l'Etat : elle affirme la présence d'un ordre fondé sur la seule *libido dominandi*. L'Etat d'Orode est le fruit d'une passion d'Etat, non d'une raison d'Etat. Les étatistes mettaient la raison d'Etat au service d'un idéal de libération de l'homme. L'Etat final de Corneille asservit l'homme à une seule passion, celle du pouvoir. Nous retrouvons ainsi les trois moments que nous avons voulu dégager dans l'évolution de la tragédie politique cornélienne qui est la mise en scène de l'affrontement entre le héros et l'Etat : du *Cid* à *Polyeucte*, le héros construit l'Etat et s'égale ainsi à son destin; de *La Mort de Pompée* à *Pertharite*, le héros subit l'Etat et les exigences de la raison d'Etat; d'*Œdipe* à *Suréna*, le héros succombe sous les coups de la raison d'intérêt, de la déraison d'Etat, de la passion d'Etat. La politique est tragique car loin d'être une nécessité rationnelle, elle est une fatalité passionnelle. La politique est une passion tragique.

Il suffit, pour s'en convaincre, d'embrasser toutes les tragédies de Corneille d'un seul regard et de constater que la *libido dominandi* est à l'origine de la terreur et de la pitié. L'Etat, quelle que soit sa forme, qu'il soit monarchique ou républicain, est un Etat meurtrier : Rome tue dans *Horace* et *Polyeucte*, la cour d'Egypte tue dans *La Mort de Pompée*, la passion du trône tue dans *Rodogune*, Œdipe, Sertorius et Sophonisbe sont des victimes d'Etat, Suréna est assassiné. L'idée d'un héros apolitique est un scandale dans l'univers cornélien. Rodrigue se porte spontanément au secours de l'Etat. Camille est assassinée pour avoir manifesté l'existence d'un ordre de valeurs extérieur à l'Etat. Rodogune imite Cléopâtre plus qu'elle n'aime Antiochus. Les héros apolitiques n'ont jamais

21. Etienne Thuau, *op. cit.*, p. 401.

les premiers rôles : Pertharite, Thésée, Massinisse et Syphax, Valamir et Ardaric, Domitian, Léon demeurent au second plan. Le mouvement du théâtre de Corneille reflète aussi l'évolution de la société et de l'Etat français vers une disparition des héros politiques : Colbert n'est pas l'héritier de Condé. La tragédie politique de Pierre Corneille est la tragédie de l'Etat moderne incarné en France par Louis XIV mais aussi par le système construit à son image. Parmi toutes les valeurs constitutives de l'héroïsme, l'Etat n'en aura retenu qu'une seule, la grandeur, mais il n'en retient que le nom. Le premier et le dernier rois de la tragédie cornélienne, don Fernand et Orode sont certes investis de la grandeur royale mais, comme par hasard, ils restent extérieurs à l'héroïsme. Le premier a l'intelligence de savoir qu'il est faible, le second l'illusion de croire qu'il est fort, mais l'un et l'autre sont grands. La tragédie du héros et de l'Etat est aussi la tragédie de la grandeur qui est le plus petit commun dénominateur de l'héroïsme et de la politique. Auguste est grand. Othon est grand. Mais la grandeur n'est pas la même dans les deux cas : Auguste est grand en triomphant de la *libido dominandi*, Othon est grand en y cédant. La grandeur était le visage de l'héroïsme. Elle n'est plus que le masque du pouvoir. La grandeur pouvait égaler la raison d'Etat. Elle doit maintenant dissimuler la raison d'intérêt. La grandeur est la dernière victime de la tragédie politique.

L'ordre des mots n'était pas innocent dans la définition du champ de notre étude : « Politique et tragédie dans l'œuvre de Pierre Corneille ». La politique précède et commande la tragédie dans l'œuvre de Corneille. Nous avons volontairement limité notre réflexion au seul texte de Corneille, mais nous sommes conscients de la nécessité de la prolonger au moins dans deux directions : la comparaison avec les œuvres d'autres dramaturges du siècle qui n'ont pas rencontré sans raison le problème des rapports entre le héros et l'Etat, la comparaison du texte de Corneille avec l'ensemble de la littérature politique du siècle afin de déterminer si l'idée d'une politique fatalement tragique est partagée ou non par les contemporains du poète. La démarche que nous avons retenue et les limites que nous avons fixées suffisent déjà pour expliquer le succès de Corneille en son temps et l'intérêt que présentent encore pour nous ses tragédies. Pierre

Corneille a révélé la nature tragique de l'Etat en montrant comment l'Etat, construit par l'homme et pour l'homme, se tournait fatalement contre l'homme. Pierre Corneille a fait voler en éclats l'idée d'une rationalité de l'Etat sous les coups d'une dramaturgie de la passion d'Etat, de la *libido dominandi*. Pierre Corneille a prouvé que l'histoire est nécessairement tragique puisqu'elle est la fille d'une nature elle-même tragique. Le héros cornélien devient tragique dès qu'il pense à sa nature de héros : il suffit de songer aux stances de Rodrigue et Polyeucte. Le héros cornélien espère dominer la nature en la portant sur la scène de l'histoire et du temps, en construisant un Etat à son image. Le héros s'imite et s'admire dans l'Etat : telle est la genèse de la tragédie. Dieu ne s'admirait pas dans l'homme : voilà la différence que le héros paiera de sa vie après la succession de sacrifices inutiles. L'inévitable tentation politique chez le héros correspond à l'irrésistible séduction de l'amour de soi : la *libido dominandi* succède à l'*amor sui*. Lorsque Jacques Morel oppose Corneille à Rotrou, en opposant « le drame de l'immanence » au « drame de la transcendance », il définit parfaitement le champ tragique cornélien[22]. Le héros cornélien est en même temps responsable et victime de son destin, comme le confirme la rupture avec Sophocle dans *Œdipe*. Le héros s'identifie à l'Etat dans *Horace* ou *Cinna* avec le secret espoir que l'Etat s'identifie à lui, preuve que son sacrifice confond déjà raison d'Etat et raison d'intérêt. L'Etat n'est pas une fatalité extérieure à l'héroïsme, donc de nature transcendante. L'Etat est une fatalité intérieure à l'héroïsme, donc de nature immanente. Le héros est victime de sa propre démesure : l'Etat est un effet de l'*hybris*.

Ainsi tous les concepts de la tragédie prennent-ils place dans l'univers cornélien : l'*hybris* et la *nemesis* dans l'ordre des idées, la terreur et la pitié dans l'ordre du théâtre, sont essentiellement politiques. La tragédie est politique parce que la politique est tragique. Les passions tragiques et les passions politiques sont les mêmes. Les monstres sont des monstres d'Etat. Les crimes sont des crimes d'Etat. Les victimes sont des victimes d'Etat. La tragédie politique est la mise en scène d'une politique tragique qui conduit d'un héros sans Etat à un Etat sans héros. Le théâtre,

22. Jacques Morel, *La tragédie*, *op. cit.*, p. 51.

les règles du théâtre, les spectateurs du théâtre sont au service d'une réflexion sur le pouvoir et l'homme au pouvoir. En ce sens, la singularité de Corneille est aussi grande que forte sa vision de la tragédie. Le penseur politique et le dramaturge ne font qu'un. Corneille n'a pas exploré en vain du *Cid* à *Suréna* les variations et répétitions de la politique : il a découvert et prouvé que le pouvoir est à l'homme ce que l'homme croit être à lui-même, un champ d'expérience des passions. Corneille confirme ainsi l'irrémédiable division du monde entre des valeurs sans pouvoir et un pouvoir sans valeurs. *Le Cid* était le moment de l'illusion tragique. *Suréna* est le moment de la réalité tragique et de l'illusion politique : la nécessité du théâtre coïncide avec la fatalité de la pensée. *Suréna* est une conclusion autant qu'un dénouement. Corneille a en 1674 la révélation des intuitions ou des hypothèses de 1636 : un héros d'Etat est une future victime d'Etat. C'est en vain que le héros prospère, l'Etat est déjà né sur la scène.

En jouant sur les mêmes mots, mais en ne leur donnant pas toujours le même sens, Corneille a multiplié les effets dramatiques et souligné la complexité de sa problématique. Ainsi certains personnages parlent-ils le langage de la générosité et de la gloire, sans être ni généreux ni glorieux. Ainsi l'Etat désigne-t-il tantôt une forme juridique abstraite *(Horace)*, tantôt l'expression d'une volonté héroïque *(Cinna)*, tantôt l'appareil d'une usurpation tyrannique *(Héraclius)*, tantôt la coalition d'intérêts contradictoires *(Othon)*, tantôt une conception baroque du pouvoir *(Attila)*. Cette polysémie, loin de prêter à confusion, permet à Corneille de confronter des valeurs, des idées et des passions en montrant comment l'Etat devient un idéal ou un alibi. Seul le mot « politique » a une signification presque constamment péjorative qu'il s'agisse de qualifier l'action des conjurés dans *Cinna*, les projets machiavéliens de la cour d'Egypte dans *La Mort de Pompée*, la stratégie d'Arsinoé ou les conseils d'Araspe dans *Nicomède*, les calculs d'alliances matrimoniales dans *Œdipe* et plus encore dans *Othon*... L'Etat peut être une fin. La politique n'est jamais qu'un moyen. L'Etat, parce qu'il est une créature du héros, a une vocation intemporelle. La politique n'est que l'art des circonstances, donc l'art d'utiliser le temps pour renforcer les faibles et affaiblir les forts. La politique n'est pas au service de l'Etat, mais à la solde des ambitions d'Etat. Auguste est l'Etat. Othon fait de la politique. Par son origine héroïque, l'Etat répond à une volonté de dominer le temps. Par la médiation politique, l'Etat se dégrade dans la manipulation du temps ou dans le « change » si néfaste à l'héroïsme. Lorsque l'Etat est héroïque, il n'existe aucune distance, aucun espace entre le héros et l'Etat. Lorsque l'Etat n'est plus héroïque, une distance et un espace apparaissent, ceux de la politique et de la cour. L'Etat n'est plus, comme pour Auguste, une mission providentielle, mais une fonction historique à briguer ou à gérer : Othon brigue, Orode gère. La politique devient exclusivement une anti-valeur, un mécanisme de corruption et de subversion des valeurs. La politique est tragique, parce qu'elle est une puissance de modification de l'ordre naturel ou providentiel. La politique défait ce que le héros avait fait sous le regard bienveillant des Dieux.

La politique de Corneille et la tragédie de Corneille sont donc intimement liées. La vision cornélienne du monde est autant politique que tragique. La politique et la tragédie sont une seule et même chose : la politique non tragique est impossible, la tragédie non politique est impensable. Il apparaît ainsi que le choix de notre problématique était moins une hypothèse qu'une nécessité. La politique de Corneille est une introduction à la tragédie, une initiation au tragique. Toutes les tragédies, du *Cid* à *Suréna*, sont les moments de cette initiation. L'originalité de la tragédie politique chez Corneille est d'être autant une découverte ou une construction qu'une fatalité ou une nécessité. Le poète, en cela, répond sans doute aux interrogations de son siècle autant qu'il prépare les interrogations du nôtre.

La tradition critique a souvent minimisé ou mésestimé le caractère tragique du théâtre de Pierre Corneille, comme si le poète avait été insensible à la notion de fatalité. Il nous semble au contraire indispensable de mettre en valeur la force du théâtre et de mettre en évidence la puissance de la tragédie. Le théâtre apporte une exceptionnelle plus-value à la réflexion politique, à l'analyse de l'Etat, à l'évocation des mécanismes du pouvoir. Le théâtre reste en effet la mise en scène des passions, des formes de la *libido*. Corneille ne s'adresse pas en vain à un public cultivé : il utilise cette culture et cette attention des spectateurs pour donner à son œuvre une signification exemplaire. La politique n'est pas seulement l'apanage des historiens, des philosophes ou des juristes. Elle réclame une perspective et un champ d'application. Le genre littéraire qu'est le théâtre apporte une authentique nouveauté, la mise en équation des passions sur une scène : cette évidence est d'ailleurs plus qu'une évidence. Ce théâtre en effet est un théâtre tragique, un théâtre de la terreur et de la pitié, un théâtre de sensations et de convictions. Les idées de la philosophie politique et de la réflexion historique ne sont pas abstraites chez Corneille : la légitimité, la tyrannie, l'usurpation, la loyauté s'incarnent dans des êtres qui restent plus des personnes que des personnages. Si le théâtre de Corneille n'était pas un théâtre tragique, aucun metteur en scène ne songerait à représenter aujourd'hui les pièces du répertoire. La réalité tragique de ce théâtre reflète en même temps son enracinement dans la culture classique et son aptitude à séduire toute culture sensible à l'idée de fatalité. Cette fatalité était, au XVIIe siècle comme elle est au XXe siècle, la passion du pouvoir, le pouvoir de la passion. C'est le pouvoir qui opprime, qui tue, qui engendre les monstres, qui absout les assassins, qui dénature la nature, qui asservit l'histoire. Au tribunal du théâtre tragique, il n'existe et ne peut exister qu'un coupable, la passion politique. Pierre Corneille, après d'autres et avant d'autres, a mis en scène cette vérité dont l'essence tragique reste inaliénable. La politique est, chez Corneille, la passion tragique, la passion de la terreur et de la pitié, la passion du sang et des monstres.

Bibliographie

BIBLIOGRAPHIE DES SOURCES

ŒUVRES DE CORNEILLE

Œuvres de Pierre Corneille, nouvelle édition par Charles Marty-Laveaux, 12 vol., Paris, Hachette, 1862.

Corneille, *Œuvres complètes*, préface de Raymond Lebègue, présentation et notes d'André Stegmann, Paris, Editions du Seuil, 1963.

Corneille, *Œuvres complètes*, textes établis, présentés et annotés par Georges Couton, Paris, Gallimard, t. I, 1980, t. II, 1984.

Rodogune, édition de Jacques Schérer, Paris, Droz, 1946.

Sertorius, édition critique publiée par Jeanne Streicher, Genève, Droz, 1959.

Suréna, général des Parthes, édition, introduction et notes de José Sanchez, Paris, Librairie Nizet, 1974.

AUTRES AUTEURS

Aristote, *Poétique*, texte établi et traduit par J. Hardy, Paris, Les Belles-Lettres, 1932.

Abbé d'Aubignac, *La pratique du théâtre*, présentation et index de H. J. Neuschäfer, Genève, Slatkine Reprints, 1971.

Bossuet, *Politique tirée des propres paroles de l'Ecriture sainte*, édition critique avec introduction et notes par Jacques Le Brun, Genève, Droz, 1967.

Henri de Campion, *Mémoires* suivi de trois entretiens sur divers sujets d'histoire, de politique et de morale, édition présentée et annotée par Marc Fumaroli, Paris, Mercure de France, 1967.

Innocent Gentillet, *Anti-Machiavel*, édition de 1576 avec commentaires et notes par C. Edward Rathé, Genève, Droz, 1968.

Thomas Hobbes, *Leviathan*, introduction, traduction et notes de François Tricaud, Paris, Sirey, 1971.

Machiavel, *Œuvres complètes*, introduction par Jean Giono, édition établie et annotée par Edmond Barincou, Paris, Gallimard, 1952.

Machiavel, *Le Prince*, édition de Raymond Naves, Paris, Garnier, 1968.
La Rochefoucauld, *Maximes*, édition de Jacques Truchet, Paris, Garnier, 1967.

BIBLIOGRAPHIE DES ÉTUDES

HISTOIRE POLITIQUE ET INSTITUTIONNELLE

Guy Cabourdin et Georges Viard, *Lexique historique de la France d'Ancien Régime*, Paris, Armand Colin, 1978.
André Corvisier, *Précis d'histoire moderne*, 2e éd. mise à jour, Paris, PUF, 1981.
Georges Dethan, *Mazarin, un homme de paix à l'âge baroque (1602-1661)*, Paris, Imprimerie Nationale, 1981.
Georges Durand, *Etats et institutions, XVIe-XVIIe siècles*, Paris, Armand Colin, 1969.
Pierre Goubert, *L'Ancien Régime*, Paris, Armand Colin, 1968.
Jean-Pierre Labatut, *Louis XIV, roi de gloire*, Paris, Imprimerie Nationale, 1984.
Ernest Lavisse, *Louis XIV*, 2 vol., Paris, Tallandier, 1978.
François Lebrun, *Le XVIIe siècle*, Paris, Armand Colin, 1967.
Georges Livet, *Guerre et paix de Machiavel à Hobbes*, Paris, Armand Colin, 1972.
Robert Mandrou, *La France aux XVIIe et XVIIIe siècles*, 2e éd. revue et corrigée, Paris, PUF, 1970.
Robert Mandrou, *Louis XIV et son temps*, Paris, PUF, 1973.
Robert Mandrou, *L'Europe « absolutiste »*, Paris, Fayard, 1977.
Marcel Marion, *Dictionnaire des institutions de la France aux XVIIe et XVIIIe siècles*, Paris, Picard, 1972.
Hubert Méthivier, *L'Ancien Régime en France*, Paris, PUF, 1981.
Hubert Méthivier, *La Fronde*, Paris, PUF, 1984.
Roland Mousnier, *Les institutions de la France sous la monarchie absolue*, 2 vol., Paris, PUF, 1974 et 1980.
Victor L. Tapié, *La France de Louis XIII et de Richelieu*, Paris, Flammarion, 1967.

HISTOIRE DES IDÉES ET PHILOSOPHIE POLITIQUE

Pierre Barrière, *La vie intellectuelle en France du XVIe siècle à l'époque contemporaine*, Paris, Albin Michel, 1961.
Louis Batiffol, *Richelieu et Corneille*, Paris, Calmann-Lévy, 1936.
Paul Bénichou, *Morales du Grand Siècle*, Paris, Gallimard, 1970.
Claude Bontemps, Léon-Pierre Raybaud et Jean-Pierre Brancourt, *Le Prince dans la France des XVIe et XVIIe siècles*, Paris, PUF, 1965.
Pierre Boutang, *La Fontaine politique*, Paris, J. E. Hallier/Albin Michel, 1981.
Jean Delumeau, *Le catholicisme entre Luther et Voltaire*, Paris, PUF, 1971.
Jean Delumeau, *Naissance et affirmation de la Réforme*, 3e éd. mise à jour, Paris, PUF, 1973.
Gérard Ferreyrolles, *Pascal et la raison du politique*, Paris, PUF, 1984.

Marc Fumaroli, *L'Age de l'éloquence. Rhétorique et « res literaria » de la Renaissance au seuil de l'époque classique*, Genève-Paris, Droz, 1980.
Pierre Guenancia, *Descartes et l'ordre politique*, Paris, PUF, 1983.
Héroïsme et création littéraire sous les règnes d'Henri IV et Louis XIII, Actes du Colloque de Strasbourg (5-6 mai 1972), Paris, Klincksieck, 1974.
Claude Lefort, *Le travail de l'œuvre, Machiavel*, Paris, Gallimard, 1972.
Pierre Manent, *Naissances de la politique moderne : Machiavel, Hobbes, Rousseau*, Paris, Payot, 1977.
Friedrich Meinecke, *L'idée de la raison d'Etat dans l'histoire des Temps modernes*, traduit de l'allemand par Maurice Chevallier, Genève, Droz, 1973.
Pierre Mesnard, *L'essor de la philosophie politique au XVIe siècle*, 3e éd., Paris, Vrin, 1969.
Claude Mossé, *La tyrannie dans la Grèce antique*, Paris, PUF, 1969.
Emile Namer, *Machiavel*, Paris, PUF, 1961.
André Robinet, *La pensée à l'âge classique*, Paris, PUF, 1981.
Victor L. Tapié, *Baroque et classicisme*, Paris, Plon, 1972.
René Taveneaux, *Jansénisme et politique*, Paris, Armand Colin, 1965.
Jean-Louis Thireau, *Les idées politiques de Louis XIV*, Paris, PUF, 1973.
Etienne Thuau, *Raison d'Etat et pensée politique à l'époque de Richelieu*, Paris, Armand Colin, 1966.
Jean Touchard, *Histoire des idées politiques*, 1 : *Des origines au XVIIIe siècle*, Paris, PUF, 1959.
Jacques Truchet, *Politique de Bossuet*, Paris, Armand Colin, 1966.

THÉATRE ET TRAGÉDIE

Roland Barthes, *Sur Racine*, Paris, Le Seuil, 1963.
René Bray, *Formation de la doctrine classique*, Paris, Nizet, 1966.
Jean-Marie Domenach, *Le retour du tragique*, Paris, Le Seuil, 1967.
Paul Ginestier, *Valeurs actuelles du théâtre classique*, Paris, Bordas, 1975.
Jean Giraudoux, *Littérature*, Paris, Gallimard, 1967.
Henri Gouhier, *L'essence du théâtre*, nouv. éd., Paris, Aubier-Montaigne, 1968.
Henri Gouhier, *Le théâtre et l'existence*, nouv. éd., Paris, Vrin, 1973.
Roger Guichemerre, *La tragi-comédie*, Paris, PUF, 1981.
Jan Kott, *Manger les dieux, Essais sur la tragédie grecque et la modernité*, Paris, Payot, 1975.
Pierre Larthomas, *Le langage dramatique*, Paris, Armand Colin, 1972.
Madeleine Lazard, *Le théâtre en France au XVIe siècle*, Paris, PUF, 1980.
Raymond Lebègue, *La tragédie française de la Renaissance*, Bruxelles, Office de la publicité SA éditeurs, 1954.
Georges May, *Tragédie cornélienne, tragédie racinienne, Etude sur les sources de l'intérêt dramatique*, The University of Illinois Press, 1948.
Jules Monnerot, *Les lois du tragique*, Paris, PUF, 1969.
Henry de Montherlant, *La tragédie sans masque*, Paris, Gallimard, 1972.
Jacques Morel, *La tragédie*, Paris, Armand Colin, 1964.
Henri Peyre, *Qu'est-ce que le classicisme ?*, éd. revue et augmentée, Paris, Nizet, 1971.

Jacqueline de Romilly, *La tragédie grecque*, Paris, PUF, 1970.
Jacqueline de Romilly, *Le temps dans la tragédie grecque*, Paris, Vrin, 1971.
Jacques Schérer, *La dramaturgie classique en France*, Paris, Nizet, 1973.
Le théâtre tragique, études réunies et présentées par Jean Jacquot, 3e éd. illustrée, Paris, Editions du CNRS, 1970.
Jacques Truchet, *La tragédie classique en France*, Paris, PUF, 1975.

OUVRAGES SUR PIERRE CORNEILLE

Robert Brasillach, *Corneille*, Paris, Fayard, 1938.
Georges Couton, *La vieillesse de Corneille*, Paris, Maloine, 1949.
Georges Couton, *Corneille et la Fronde*, Paris, Belles-Lettres, 1951.
Georges Couton, *Corneille*, nouv. éd. revue et mise à jour, Paris, Hatier, 1969.
Georges Couton, *Corneille et la tragédie politique*, Paris, PUF, 1984.
Bernard Dort, *Corneille dramaturge*, 2e éd., Paris, L'Arche, 1972.
Serge Doubrovsky, *Corneille et la dialectique du héros*, Paris, Gallimard, 1963.
Corneille, *Europe*, nº 540-541, Paris, avril-mai 1974.
Robert Garapon, *Le Premier Corneille, De Mélite à l'Illusion comique*, Paris, Sedes, 1982.
Armand Gasté, *La Querelle du Cid*, Genève, Slatkine Reprints, 1970.
Louis Herland, *Corneille par lui-même*, Paris, Le Seuil, 1954.
Joseph Marthan, *Le vieillard amoureux dans l'œuvre cornélienne*, Paris, Nizet, 1979.
Jacques Maurens, *La tragédie sans tragique. Le néo-stoïcisme dans l'œuvre de Pierre Corneille*, Paris, Armand Colin, 1966.
Charles Mauron, *Des métaphores obsédantes au mythe personnel*, Paris, José Corti, 1964.
Georges Mongrédien, *Recueil des textes et des documents du XVIIe siècle relatifs à Corneille*, Paris, Editions du CNRS, 1972.
Charles Muller, *Etude de statistique lexicale. Le vocabulaire du théâtre de Pierre Corneille*, Paris, Larousse, 1967.
Octave Nadal, *Le sentiment de l'amour dans l'œuvre de Pierre Corneille*, Paris, Gallimard, 1948.
Robert J. Nelson, *Corneille, his heroes and their worlds*, Philadelphie, University of Pennsylvania Press, 1963.
Thomas G. Pavel, *La syntaxe narrative des tragédies de Corneille*, Paris-Ottawa, Klincksieck, 1976.
Gordon Pocock, *Corneille and Racine — Problems of tragic form*, Londres, Cambridge University Press, 1973.
Germain Poirier, *Corneille et la vertu de prudence*, Genève-Paris, Droz, 1984.
Georges Poulet, *Etudes sur le temps humain*, Paris, Plon, 1950.
Jean Schlumberger, *Plaisir à Corneille*, Paris, Gallimard, 1936.
Jean Starobinski, *L'œil vivant*, Paris, Gallimard, 1961.
André Stegmann, *L'héroïsme cornélien. Genèse et signification*, 2 vol., Paris, Armand Colin, 1968.
Marie-Odile Sweetser, *La dramaturgie de Corneille*, Genève-Paris, Droz, 1977.
Hans Verhoeff, *Les grandes tragédies de Corneille. Une psycholecture*, Paris, Lettres Modernes, 1982.

Table

Imprimé en France
Imprimerie des Presses Universitaires de France
73, avenue Ronsard, 41100 Vendôme
Octobre 1988 — N° 34 273

COLLECTION « QUADRIGE »

DURKHEIM E.	Les Formes élémentaires de la vie religieuse
DURKHEIM E.	Education et sociologie
DURKHEIM E.	De la Division du travail social
FEBVRE L.	Martin Luther, un destin
FESTUGIÈRE A.-J.	Epicure et ses dieux
FOCILLON H.	L'Art des sculpteurs romans
FOCILLON H.	La Vie des formes
FOUCAULT M.	Naissance de la clinique
GANDHI	Autobiographie
GINOUVÈS R.	L'Art grec
GODECHOT J.	La Contre-Révolution, 1789-1804
HAMSUN K.	La Faim
HAYEK F. A.	La Route de la servitude
JANKÉLÉVITCH V.	Philosophie première
KANT E.	Critique de la raison pratique
KANT E.	Critique de la raison pure
KAUTSKY K.	Le Bolchevisme dans l'impasse
LACOSTE Y.	Géographie du sous-développement
LAGACHE D.	La Jalousie amoureuse
LAGACHE D.	L'Unité de la psychologie
LAMARCK J.-B. DE	Système analytique des connaissances positives de l'homme
LAPLANCHE J.	Hölderlin et la question du père
LE BON G.	Psychologie des foules
LÉONARD E. G.	Histoire générale du protestantisme
	T. I : La Réformation
	T. II : L'Etablissement
	T. III : Déclin et renouveau
LEROI-GOURHAN A.	Les Religions de la préhistoire
LEVINAS E.	Le Temps et l'autre
LÉVI-STRAUSS C.	L'Identité *(Séminaire)*
LOVY R.-J.	Luther
MAIMONIDE M.	Le Livre de la connaissance
MARÇAIS G.	L'Art musulman
MAUSS M.	Sociologie et anthropologie
MONTAIGNE	Les Essais, livre I
MONTAIGNE	Les Essais, livre II
MONTAIGNE	Les Essais, livre III
MORENO J.-L.	Psychothérapie de groupe et psychodrame
MOUSNIER R. et LABROUSSE E.	Le XVIIIe siècle
PARISET F.-G.	L'Art classique
POULANTZAS N.	L'Etat, le pouvoir, le socialisme
PRIGENT M.	Le héros et l'Etat dans la tragédie de Pierre Corneille
ROMILLY J. DE	La Tragédie grecque
ROSSET C.	Schopenhauer, philosophe de l'absurde
ROSSET C.	L'Esthétique de Schopenhauer

COLLECTION « QUADRIGE »

ROSSET C.	L'Anti-Nature
SARTRE J.-P.	L'Imagination
SCHOPENHAUER A.	Aphorismes sur la sagesse dans la vie
SEIGNOBOS C.	Histoire sincère de la nation française
SENGHOR L. Sedar	Anthologie de la nouvelle poésie nègre et malgache
SIEYÈS E.	Qu'est-ce que le Tiers Etat ?
STERN H.	L'Art byzantin
SUZUKI, FROMM, DE MARTINO	Bouddhisme Zen et psychanalyse
TAZIEFF H.	Les Volcans et la dérive des continents
VAN TIEGHEM P.	Dictionnaire des littératures, vol. 1 : A-C
VAN TIEGHEM P.	Dictionnaire des littératures, vol. 2 : D-J
VAN TIEGHEM P.	Dictionnaire des littératures, vol. 3 : K-Q
VAN TIEGHEM P.	Dictionnaire des littératures, vol. 4 : R-Z
VAX L.	La Séduction de l'étrange
VERNANT J.-P.	Les Origines de la pensée grecque
WALLON H.	Les Origines du caractère chez l'enfant
WALLON H.	L'Enfant turbulent
ZAZZO R.	Les Jumeaux, le couple et la personne